Salvador Dalí

Unabhängigkeitserklärung der Phantasie und Erklärung der Rechte des Menschen auf seine Verrücktheit

Gesammelte Schriften

Herausgegeben von
Axel Matthes und Tilbert Diego Stegmann

Deutsch von Brigitte Weidmann

Rogner & Bernhard

1. Kunstkritische Manifeste und Aufsätze sowie literarische Texte Dalís aus den Jahren 1927—1929

Diese Texte wurden aus dem Katalanischen übersetzt von Tilbert Diego Stegmann-Steinwachs

Von links nach rechts: Sebastià Gasch, Lluís Montanyà, Carbonell, García Lorca, Salvador Dalí und M. A. Cassanyes.

Gelbes Manifest*

Bei dem vorliegenden MANIFEST haben wir uns in unserer Haltung von allen Höflichkeitsfloskeln freigemacht. Jegliche Diskussion mit den Vertretern der heutigen katalanischen Kultur, die, obwohl in anderen Bereichen sehr wirksam, auf künstlerischem Gebiet versagt hat, scheint nutzlos. Versöhnlichkeit oder Korrektheit führen zu zerfließenden lamentablen Konfusionismen aller Arten, zu der geistig stickigsten Luft, zu dem schädlichsten aller Einflüsse. Beispiel: »Die Neue Revue – *La Nova Revista*«. Heftige Feindseligkeit hingegen läßt die Werte und die Positionen deutlich hervortreten und schafft einen hygienischen geistigen Zustand.

WIR ELIMINIEREN	alle Argumentation	Es gibt eine enorme Bibliographie sowie die Anstrengungen aller heutigen Künstler, auf die jeder zurückgreifen kann.
WIR ELIMINIEREN	alle Literatur	
WIR ELIMINIEREN	alle Lyrik	
WIR ELIMINIEREN	alle Philosophie zugunsten unserer Ideen	

WIR BESCHRÄNKEN UNS	auf die objektivste Aufzählung von Fakten
WIR BESCHRÄNKEN UNS	auf den Hinweis auf das groteske und traurige Schauspiel, das die katalanischen Intellektuellen von heute bieten, die in einem zurückgezogenen und muffigen Milieu eingeschlossen sind.
WIR WARNEN	die noch nicht Angesteckten vor der Ansteckung. Eine Frage strikter geistiger Asepsis.
WIR WISSEN	daß wir nichts Neues sagen werden. Wir wissen aber auch, daß dies allein die Basis für alles Neue bildet, das es heute gibt und das möglicherweise geschaffen werden kann.

* Über die Entstehung dieses Manifests und über entschärfende Veränderungen seines Wortlauts vor dem Druck berichtet Sebastià Gasch in seinem Artikel: *Un „manifest" i un „full groc"*, in *Serra d'Or*, X (1968), n. 107 (agost), p. 27—30 [667—670]. (A. d. Ü.)

DALÍ

Geboren am 11. Mai 1904 in Figueras (Ampurdán). Besucht die Schule seiner Heimatstadt und beginnt 1918 impressionistisch zu malen.
Macht das Bakkalaureat und geht 1921 nach Madrid, wo er den Prado besucht und auf Drängen seiner Familie auf die Fachschule für Malerei, Bildhauerei und Graphik geht.
Durchläuft alle Klassen und erhält Preise, bis er am 19. Februar 1924 für die Dauer eines Jahres und 1926, auf königlichen Erlaß vom 20. Oktober desselben Jahres, für immer relegiert wird.
Während dieser Zeit frönt er außerhalb der Akademie dem Kubismus von Severini und dem Purismus von Ozenfant und Jeanneret. Beteiligt sich an der Ausstellung »Artistas Ibéricos« (Madrid, Juni 1925). Im Mai 1924 wurde er wegen politischer Differenzen für fünfunddreißig Tage eingekerkert; neun Tage verbrachte er in strenger Einzelhaft im Gefängnis von Figueras, die übrigen in dem von Gerona. Gibt seine erste Einzelausstellung in Barcelona (Galerías Dalmau, 14. November 1925) und beschickt die vom »Heraldo de Madrid« veranstaltete »Exposición de Arte Catalán« (Madrid, 15. Januar 1926). Während seines Aufenthalts in Madrid wohnt er im Studentenheim und gehört zur Gruppe García Lorca, Buñuel Centeno, María Luisa, Ernestina, Vicens u. a.
Kehrt in seine Heimatstadt und nach Cadaqués zurück, wo er seine zweite Einzelausstellung vorbereitet (Galerías Dalmau, Januar 1927).
Fährt nach Paris, wo er Picasso besucht, und macht eine Studienreise nach Brüssel.
Am 1. Februar 1927 wird er zum Militärdienst im Castillo de San Fernando einberufen. Während der Dienstzeit veröffentlicht er seine ersten Artikel in »L'Amic de les Arts«, beteiligt sich an der »Exposició del Saló de Yardor« und malt die Bühnendekoration für Lorcas »Mariana Pineda«.
Im März 1928 veröffentlicht er das mit Gasch und Montanyà gemeinsam verfaßte Manifest. In Sitges nimmt er teil an dem Meeting »Devant etvanguardista del Céntaure«. Im Juli hält er einen Vortrag über moderne

Kunst anläßlich der Kunstausstellung in Figueras und am 16. Oktober anläßlich der im Saló de Yardor.
Seit dem Aufkommen des Kubismus, und früher schon, seit dem Jünglingsalter, führt ihn der Impressionismus zu den gegenwärtigen Ausbruchsversuchen des Surrealismus, nachdem er alle Tendenzen der jüngsten Zeit, insbesondere eine lange Periode, während der er der *Neuen Sachlichkeit* anhing, durchgemacht hat.
(Aus: La Gaceta Literaria, Madrid, 1929. Deutsch von Rudolf Wittkopf.)

Die Schreibung von »Dalí« ohne Akzent auf der letzten Silbe, auf der die Betonung liegt, ist unkorrekt.

WIR LEBEN — eine neue Epoche von unerwarteter poetischer Intensität.

DER MASCHINISMUS — hat die Welt verändert

DER MASCHINISMUS — – Antithese des zeitweilig unentbehrlichen Futurismus – hat die tiefste Änderung verursacht, die die Menschheit je erfahren hat.

EINE GROSSE MASSE — die anonym und anti-künstlerisch ist, trägt mit ihrer täglichen Anstrengung zur Bestätigung der neuen Epoche bei, indem sie in Einklang mit ihrer Gegenwart lebt.

EIN POST-MASCHINISTISCHER GEISTIGER ZUSTAND HAT SICH GEBILDET

DIE KÜNSTLER — von heute haben eine neue Kunst in Einklang mit diesem geistigen Zustand geschaffen. In Einklang mit ihrer Zeit.

HIER JEDOCH GRAST MAN IDYLLISCH WEITER

DIE KULTUR — des heutigen Katalonien ist untauglich für die Lebensfreude unserer Zeit. Nichts ist gefährlicher, falscher und verderblicher.

WIR FRAGEN DIE KATALANISCHEN INTELLEKTUELLEN:

– Was hat euch die Stiftung Bernat Metge genützt, wenn ihr nachher das alte Griechenland mit den pseudo-klassischen Ballettänzerinnen verwechselt?

WIR BEHAUPTEN — daß die Sportler näher am Geist Griechenlands sind, als unsere Intellektuellen.

WIR FÜGEN HINZU — daß ein Sportler, der nichts von Kunst und wissenschaftlicher Bildung weiß, geeigneter ist, die Kunst und die Dichtung von heute aufzunehmen, als

	die kurzsichtigen Intellektuellen, die mit einer negativen Bildung vorbelastet sind.
FÜR UNS	setzt sich Griechenland in der vollendeten Berechnung eines Flugzeugmotors fort, im antikünstlerischen Stoff einer englischen Textilfabrik, der für einen Golfanzug dienen soll; in den nackten Frauen einer amerikanischen music-hall.
WIR STELLEN FEST	daß das Theater für einige und für fast alle zu existieren aufgehört hat.
WIR STELLEN FEST	daß die Konzerte, Vorträge und die heute bei uns üblichen Vorführungen meist Synonyme für stickige und superlangweilige Orte sind.
HINGEGEN	fordern neue Tatsachen von intensiver Freude und Heiterkeit die Aufmerksamkeit der Jugend von heute heraus:
ES GIBT	das Kino
ES GIBT	das Stadion, das Boxen, das Rugby, das Tennis und tausend Sportarten
ES GIBT	die populäre Musik von heute: Jazz und moderne Tanzmusik
ES GIBT	den Autosalon und das Flugwesen
ES GIBT	die Spiele am Strand
ES GIBT	die Schönheitskonkurrenzen unter freiem Himmel
ES GIBT	die Modeschauen und die Mannequins
ES GIBT	die nackten Frauen unter dem Scheinwerferlicht in der music-hall
ES GIBT	die moderne Musik
ES GIBT	die Autorennbahn
ES GIBT	die Kunstausstellungen der modernen Künstler
ES GIBT	auch noch große Ingenieurleistungen und phantastische Ozeandampfer
ES GIBT	eine heutige Architektur
ES GIBT	Werkzeuge, Gegenstände, Möbel in aktueller Form
ES GIBT	die moderne Literatur

ES GIBT	die modernen Dichter
ES GIBT	das moderne Theater
ES GIBT	das Grammophon, eine kleine Maschine
ES GIBT	den Fotoapparat, eine andere kleine Maschine
ES GIBT	Tageszeitungen mit sehr schneller und ausgiebiger Information
ES GIBT	Enzyklopädien von außerordentlicher Gelehrsamkeit
ES GIBT	die sehr aktive Wissenschaft
ES GIBT	die Kritik, die gut dokumentiert ist und gute Hinweise gibt
ES GIBT	usw. usw. usw.
ES GIBT	schließlich ein unbewegliches Ohr auf einer kleinen geraden Rauchsäule.
WIR BRANDMARKEN	den sentimentalen Einfluß der rassistischen Gemeinplätze von Guimerà
WIR BRANDMARKEN	die kränkliche Gefühlsduselei des Orfeó Català, mit seinem Repertoire voller Volkslieder, die durch zutiefst unmusikalische Leute arrangiert und verdorben sind, und sogar originaler Kompositionen. (Wir denken mit Optimismus an den Chor der amerikanischen *»Revellers«.)*
WIR BRANDMARKEN	das vollkommene Fehlen der Jugendlichkeit bei unserer Jugend
WIR BRANDMARKEN	das vollkommene Fehlen von Entschiedenheit und Wagemut
WIR BRANDMARKEN	die Angst vor neuen Tatsachen, vor Worten, vor der Gefahr der Lächerlichkeit
WIR BRANDMARKEN	die Schläfrigkeit des verfaulten Milieus der Künstlergruppen und Kunstvereinigungen
WIR BRANDMARKEN	die vollkommene Undokumentiertheit der Kritiker bezüglich der heutigen und gestrigen Kunst
WIR BRANDMARKEN	die Jungen, die die alte Malerei wiederaufwärmen wollen
WIR BRANDMARKEN	die Jungen, die die alte Literatur nachahmen wollen

WIR BRANDMARKEN	die Stil-Architektur
WIR BRANDMARKEN	die dekorative Kunst, die nicht funktional ist
WIR BRANDMARKEN	die Maler krummer Bäume
WIR BRANDMARKEN	die gegenwärtige katalanische Dichtung, die nur aus den abgegriffensten Gemeinplätzen von Maragall besteht
WIR BRANDMARKEN	die künstlerischen Medizinen für Kindergebrauch, Typ »*Jordi*«. (Für die Freude und das Verständnis der Kinder ist nichts geeigneter als Rousseau, Picasso, Chagall . . .)
WIR BRANDMARKEN	die Psychologie der Mädchen, die »*Röslein, Röslein* . . .« singen
WIR BRANDMARKEN	die Psychologie der Jungen, die »*Röslein, Röslein* . . .« singen.

SCHLIESSLICH BERUFEN WIR UNS AUF DIE GROSSEN HEUTIGEN KÜNSTLER, innerhalb der verschiedensten Tendenzen und Kategorien:

PICASSO, GRIS, OZENFANT, CHIRICO, JOAN MIRÓ, LIPCHITZ,
BRANCUSI, ARP, LE CORBUSIER, REVERDY, TRISTAN TZARA,
PAUL ELUARD, LOUIS ARAGON, ROBERT DESNOS, JEAN COCTEAU,
GARCÍA LORCA, STRAWINSKI, MARITAIN, RAYNAL, ZERVOS, ANDRÉ BRETON USW. USW.

SALVADOR DALÍ
LLUÍS MONTANYÀ
SEBASTIÀ GASCH

Barcelona, März 1928

Aktuelle Themen

Rechte und Linke

Dalí, *Selbstporträt* (1920).

Josep M. Junoy hat bei der Eröffnung des Herbstsalons einige erstaunliche Erklärungen abgegeben, denen sich ausführlich der Kunstkritiker und Maler Rafael Benet in der Zeitung *Die Stimme Kataloniens* angeschlossen hat. Junoy sagte, als er über den gegenwärtigen Stand der katalanischen Bildhauerei sprach: »Das grundsätzliche Orientierungsproblem ist nicht ein Problem von Rechts und Links.« Und Rafael Benet schrieb: »Über aller Ideologie steht in der Kunst das Problem der Intensität.« Wir glauben, daß man mit solchen vagen Äußerungen das Problem nicht in den Griff bekommt und nur einen ausgesprochenen Konfusionismus heraufbeschwört. Man muß sich zunächst einmal über einige Ideen einigen, die von grundsätzlicher Wichtigkeit sind.

Zum Beispiel muß man zunächst darin übereinkommen, daß der Künstler – soll seine Produktion wirken können – seine Aktivität in den Rahmen einer, sei es rechten oder linken, aber auf jeden Fall LEBENDIGEN Tendenz stellen muß. Auf die Voraussetzung, daß der Künstler sich in einer noch nicht erloschenen, sondern lebenskräftigen Bahn bewegen muß, das heißt einer Bahn, die Fortsetzungs-, Wachstums- und Erneuerungsmöglichkeiten hat, kann beim lebendigen Schaffen nicht verzichtet werden, wenn es nicht vermoderter Abklatsch vergangener Werke sein soll, die längst abgeschlossen und schon aufs beste erledigt sind.

Ist man sich in diesem wesentlichen Punkt erst einmal einig, dann muß man zwecks besserer Übersichtlichkeit die verschiedenen Schulen getrennt betrachten, die von der modernen Kunstgeschichte einhellig, und zwar von den in Europa angesehensten Leuten, herausgearbeitet worden sind.

Der Impressionismus ist eine Kunstrichtung, die vollkommen tot ist. Das heißt, daß er wie alle alte Malerei zu Geschichte geworden ist. Er besitzt seine großen, unnachahmlichen Meisterwerke. Alle seine Etappen, seine Zielvorstellungen, seine Einflüsse und seine Realisationen sind ausführlichst und aufs wunderbarste katalogisiert. Sein Lebenskreis ist geschlossen. Und trotz seiner zeitlichen Nähe, stehen der Sensibilität und dem Verständnis der heutigen Malergeneration Breughel, Bosch oder Mantegna näher, als irgendein impressionistischer Maler. Zur Zeit gibt es in ganz Europa keinen einzigen Kultivator dieser veralteten Richtung, der nicht zu einer beklagenswerten und grotesken Fratze der wunderbaren Renoir, Monet, Pissarro, Seurat, Cézanne usw. würde.

Nehmen wir also die lebenden und die lebendigen Richtungen der Malerei; dann könnte die Rechte durch den heutigen Kubismus (die erste kubistische Epoche ist ebenfalls bereits Geschichte), durch den Neo-Romantizismus, durch die Fauvisten, durch die Neue Sachlichkeit usw. usw. vertreten sein, und die Linke durch den jüngsten poetischen Kubismus von Picasso bis hin zu den unkontrollierbarsten Fortsetzungen des Surrealismus und anderer latenter Richtungen.

Figueras um 1920

In diesem Haus verbrachte Dalí seine Kindheit.

Die außergewöhnlichste Intensität und Begabung werden immer unwirksam bleiben, wenn sie sich in der Schaffung eines abgeschlossenen Werkes vergeuden, das einer toten Richtung angehört, die bereits alle ihre Probleme ausgeschöpft und gelöst hat. Hingegen kann sogar ein durchschnittlich begabtes Talent in der Umgebung einer Kunst wirksam werden, die sich innerhalb einer lebendigen Richtung entfaltet.

Man muß allerdings hinzufügen, daß ein großer Künstler immer intuitiv erspürt oder versteht, wo noch Möglichkeiten zur Kreativität vorhanden und wo sie aufgebraucht sind. Der große Künstler hält sich immer bei der lebendigsten und am wenigsten erforschten Kunst auf. Die Geschichte der Kunst zeigt uns das sattsam.

Erst nach diesen Feststellungen bekommen die Aussagen des ausgezeichneten Schriftstellers Josep M. Junoy einen genauen Sinn. Ohne die obige Klarstellung bezüglich lebendiger und beendeter Richtungen wäre es zum Beispiel gefährlich, die ölige Malerei des satten Pinselstrichs, die eine Rückkehr zu Martí Alzina und Fortuny darstellt, zur Rechten zu zählen. Und das ist heute mehr denn je eine sehr delikate Angelegenheit.

Der Vorfall M. A. Cassanyes – Sebastià Gasch

Es ist ermutigend, das gesamteuropäische Niveau festzustellen, das die Polemik zwischen Sebastià Gasch und M. A. Cassanyes erreicht hat über die Frage, welche die repräsentativste Richtung der gegenwärtigen modernen Kunst sei, oder besser gesagt: der lebendigsten modernen Kunst beziehungsweise der vitalsten.

Ich glaube, daß beide Verfasser sich einfach in ihrer Sensibilität und Intuition unterscheiden. Die Meinungsverschiedenheit rührt daher, daß Cassanyes unter den nachimpressionistischen Richtungen den deutschen Expressionismus und alle seine Folgeerscheinungen, also auch die Neue Sachlichkeit über alles stellt. Und Sebastià Gasch, wie ich selbst auch, zieht den Gegenpol vor, nämlich den französischen und spanischen Kubismus mit seinen sämtlichen poetischen Fortführungen.

Die Methode der langen Namenslisten von Malern, die der einen oder der anderen Schule zugehören, scheint mir

wenig erfolgversprechend: die Anzahl von Leuten, die sich malend betätigen, ist heute so angewachsen, daß es ausgesprochen leicht ist, für jede x-beliebige Richtung eine umfassende Repräsentantenreihe aufzubieten.
Ich glaube, dieser Fall ist deshalb so wichtig und delikat, weil es sich gerade um Nichtgreifbares, um gewisse in der Luft liegende ästhetische Tendenzen der europäischen Bildhaftigkeit zusammen mit äußeren Anzeichen einer starken und expressiven Eloquenz handelt, von denen einerseits die letzte Ausstellung von Picasso in der Galerie Rosenberg und andererseits die gegenwärtige Produktion unseres Joan Miró sowie der aufschlußreiche Verkauf von Henri Rousseaus *Bohémienne endormie* ein außergewöhnlich deutliches Zeugnis ablegen.
Wir stehen am Beginn einer hervorragenden poetischen Epoche, die eine noch gar nicht abzusehende Kraft entwickeln kann. Eine Poesie, die uns einfach zugefallen ist, obwohl wir uns andererseits durch höchste Redlichkeit – vielleicht die nüchternste und strengste in der Geschichte der Kunst – die legitimsten Rechte erworben haben, um aus ihrer vollkommen neuen Art der Heiterkeit Kraft zu schöpfen. [1927]

Bulletin:

Zitate aus den Vorträgen anläßlich des »Herbstsalons«

»In unserer heutigen Zeit geht vom anti-künstlerischen Schaffen mehr Frische, mehr poetische Kraft, mehr Intensität aus, als von dem abgewirtschafteten Phänomen des sogenannten Künstlerischen. Wir sollten alles wirklich Lebendige, was die neuen Richtungen hervorbringen, die zur Zeit weiter Kunst machen, zur Beruhigung der Künstler ganz einfach ›Produktion‹ nennen, mit anderen Worten ›intuitiv-instinktive Erfindungen auf dem weiten, unbekannten und leidenschaftlichen Feld des menschlichen Geistes‹.
Diese Erfindungen des Geistes sind es nun, von denen die sensibelsten Leute ganz Europas in Bann geschlagen sind. Man muß aber zugleich objektiv feststellen, daß neben den Hunderten, die sich heutzutage in Katalonien ›Künstler‹ nennen, nur ein einziger – und der gehört nicht dazu –, nämlich Joan Miró, mit seinem Gesamtwerk, einem der reinsten unserer Zeit, ein wirklich europäisches Ansehen genießt.

Gibt es eine autochthone katalanische Kunst?

Ich glaube, daß jedermann klar sieht, daß es zur Zeit keine selbständige katalanische Malerei gibt, die zum Beispiel etwas Analoges zu dem Geist und dem hochgradig autochthonen Wesen unserer romanischen Kunst und auch unserer gotischen Kunst darstellen würde (obwohl diese, da sie schr stark von außen beeinflußt war, bald den größten Teil ihrer selbständigen Merkmale verlor). Es ist unmöglich, in der zeitgenössischen Malerei etwas zu finden, was ein wenig von dem Stil unserer einfachsten, volkstümlichen Produktion durchscheinen ließe und auch nichts, was den gänzlich linearen Eindruck der minuziösen Konturen und des trockenen und analytischen Lichtes unserer Landschaft wiedergäbe.

Die Bilder, die unsere Maler im allgemeinen zustande bringen, sind ganz das Gegenteil davon. Wir sehen, wie man bei uns zu Hause die nördlichen Errungenschaften neu erfindet oder neu improvisiert, um impressionistische Verschwommenheiten hervorzubringen, oder man verfällt in

Cadaqués, von Dalí im expressionistischen Stil gemalt, 1921.

Cadaqués, 1923 von Dalí gemalt.

die Frivolität des französischen Charmes, der doch ein vollkommenes Gegenbild der Eigentümlichkeiten unseres Volkes darstellt.
Nur Miró, der alle Heimatkunst, alles Anekdotische meidet, schafft die authentische Kunst unserer Zeit, indem er den einzigen Weg geht, der zum Kern unseres Volkscharakters führt, nämlich den der psychischen Intimität.
Es ist wirklich paradox, daß gerade die Maler knorriger Bäume, die doch so besorgt sind um die Katalanität und so bodenständig, daß sie den Namen eines Landstrichs zur Bezeichnung ihrer Schule machen, so unkatalanische Bilder und Landschaften fabrizieren, daß sie wie unschuldige Parodien von Sisley aussehen . . ., und andere bemühen sich zwar sichtlich um heimatverbundene Kunst, karikieren aber in Wirklichkeit Courbet und versetzen ihn noch mit der hausbackenen Mittelmäßigkeit eines Martí Alzina.«

[1928]

Joan Miró

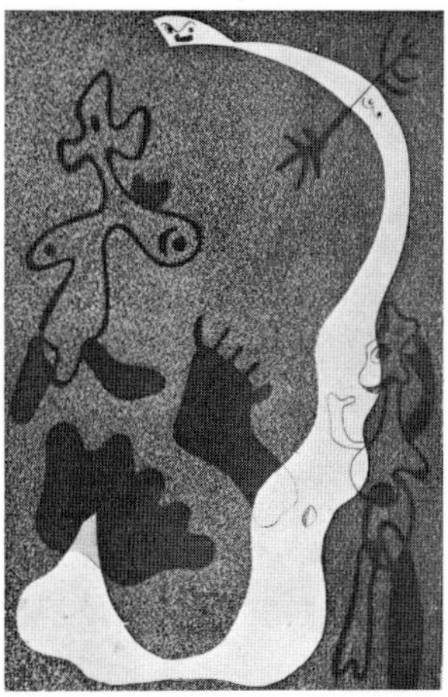
Miró, *Pintura — encolado* (1934).

Mit den gleichen Pflanzen und dem gleichen Sand, mit denen ein Maler alter Landschaften einen schwachsinnigen Vorrat exotischer Anblicke hervorbringen könnte, stellt der Papua des neuen Guinea die Abbilder seiner tönenden Geister her, die durch den Wind des Waldes wie ein Pfeifchen zum Pfeifen gebracht werden.
Was mich betrifft, so kenne ich die Methode, um einen getrockneten Hammelkopf in einen seltsamen haarigen Apparat zu verwandeln, der mir die Nähe schlechten Wetters anzeigt. Und ich kenne sogar die Art und Weise, mit einem Korkstück und farbigen Federn einen Lockvogel zu fabrizieren, um den Fötus einer trächtigen Katze herauszuziehen und den blinden und grausamen Flug der Tauben wegzulenken.
Joan Miró aber kennt die Weise, ganz sauber die Haut eines Eies abzutrennen, um den astronomischen Lauf einer Mähne erkennen zu können. Joan Miró bringt die Linie, den Punkt, die leichte Ausziehung, die figurative Bedeutung, die Farben, zu ihren reinsten und elementarsten magischen Möglichkeiten zurück.
Die Bilder von Joan Miró führen uns über einen Weg des Automatismus und der Surrealität dazu, daß wir annähernd die Wirklichkeit selbst erkennen und abschätzen können; damit erweist er den Gedanken André Bretons als richtig, wonach die Surrealität in der Realität enthalten sei und umgekehrt. [. . .]
Es gibt Momente bei Bosch, die dieser in der Realität enthaltenen Surrealität zu gehorchen scheinen; aber der Prozeß ist bei Bosch rein imaginativ, additiv und letztlich auch aktiv; oft trennt ein abrupter Bruch Realität und

Surrealität. Dieser Bruch verschwindet, wenn die Imagination ersetzt wird durch die reine Inspiration, den religiösen Trieb, den passiven Zustand des Automatismus usw. Aus diesem Grunde entsteht bei Joan Miró zwischen der Surrealität und der Realität eine Wechselwirkung mit einer unbegrenzten Möglichkeit für Rätselhaftes, die in der Lage ist, uns mit der äußerst lebendigen Intensität der entferntesten und schärfsten magischen Verwirklichungen zu bewegen.

Natürlich ist die Kunst Joan Mirós eine Nummer zu groß für die blöde Welt unserer Künstler und Intellektuellen, in der dem Malen krummer Bäume die größte Realität zugesprochen wird.

Aber Miró tröstet uns über die bedrückende einheimische Leere und über die schwere Last der Absurditäten und Gemeinplätze hinweg, die unsere hiesigen Ausstellungssäle und Kunstzeitschriften bevölkern. [1928]

Federico García Lorca: Ausstellung von Farbzeichnungen

(Galerie Dalmau [Barcelona])

1905 gelangte Giorgio de Chirico zu den poetischen Grenzen, die eine ganze spiritualistische, auf dem Prinzip der Offenbarung fußende Theorie anbieten konnte, um zu den elementarsten und sinnlichsten physischen Feststellungen vorzustoßen.

Einige glaubten erraten zu können, daß mit ihm der Anfang einer Art von Objektivierung einer sinnlichen Metaphysik gekommen sei, aber die spiritualistische Malerei von Chirico fiel vollständig in das Gebiet des Mystizismus und ihre Fortführung war nur möglich bei großem, anhaltendem und wachsendem Glauben. Doch Chirico, ein Maler mit erotischem Hintergrund, ein wirklich Besessener, wie wenige ein Meister der subtilsten Fieberschauer, der leidenschaftlichsten Lyrismen und bestürzend konkreter Halluzinationen, fühlte keine Berufung zur Heiligkeit und hat sich jetzt dem liederlichen Leben hingegeben, jenem unschuldig liederlichen Leben, das einige junge Leute in Paris treiben und das sich »surréalisme« nennt.

Inzwischen haben die kubistischen Maler, mißtrauisch gegenüber dem spiritualistischen Mystizismus Italiens und nur auf die unmittelbaren, mit den Händen greifbaren Möglichkeiten versessen, am Ende ihrer physischen und geometrischen Abstraktionen plötzlich gemerkt, daß sie das Wunder mit den Fingerspitzen ertastet hatten und daß sie Meister der reinsten und desinfiziertesten Poesie waren.

Diese Maler gelangen zum Geist auf einem Weg idealisti-

scher Logik und Ökonomie; einem Idealismus, der immer sinnlich-geometrische Gestaltung meint, im Gegensatz zu der entmaterialisierten Algebra, die jedes Prinzip eines beliebigen metaphysischen Systems voraussetzt.
Der metaphysizistische Vorstoß der Italiener ging von dem geistigen Anlaß als Konsequenz des körperlichen Wunders aus, das heißt von den auf immaterieller Ebene gruppierten Aspekten, die eine neue Tatsache, ein »Gespenst« formen, um schließlich zur äußersten, fast erotischen Konkretisierung des Tastsinns zu kommen.
Die Kubisten hingegen, die von diesem idealistisch-sinnlichen Tastsinn ausgehen, haben sich in einer reinen und neuen Weise der Geistigkeit wiedergefunden.
Lorca gehört zu denen, die auf den Wegen höchsten Mißtrauens zu dieser neuen Art des Wunders kommen, da er nicht einmal seinen Händen traut, außer um die physiologischen und unkonkreten Tafeln nicht mit einem einzigen Fuß bewegen zu müssen.
All diese mit den Händen und nicht mit dem Herzen gefundene Poesie – mit der Geduld eines Uhrmachers gefunden – hat es Lorca möglich gemacht, von dieser Poesie auszugehen und bis zu den Grenzen vorzuschreiten; und da es bei ihm nicht die der Hände sein können, mußten es die der Musik sein.

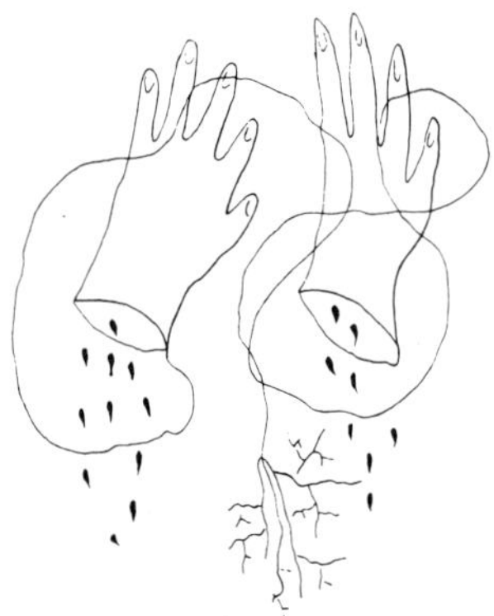

Lorca, *Manos cortadas.*

Der aphrodisiakische Instinkt Lorcas erschafft alles schon vor seiner Phantasie, sein Geist spielt immer eine Nebenrolle; wenn seine Einbildungskraft seinen Zeichnungen vorausgeht, dann sperren sich diese und bleiben auf reine Illustrationen beschränkt, die nur unter volkstümlich-kindlichen Gesichtspunkten mehr oder weniger bezaubernd sind.
Das poetische System der Zeichnungen Lorcas neigt zu einer organischen Unstofflichkeit; der feinste und physiologischste Kalligraphismus geht ihr voran. Lorca, von eindeutig andalusischem Blut, hat ein sehr alteingesessenes Gefühl für farbliche und architektonische Beziehungen, die in eine unkontrollierte harmonische Asymmetrie gegossen werden, wie sie alle wirklich reine Plastik des Orients charakterisiert.
Auf den besten Zeichnungen Lorcas, zum Beispiel dem »Wassertropfen«, findet man die feinsten und exquisitesten orientalischen Gifte eingestreut, diese feinen aber tödlichen Gifte, die sich in den Augenblicken schwerster Blutarmut der abendländischen Plastik oft zu Lebens- und Verjüngungselixieren verwandelt haben.
Die Plastik Lorcas nimmt gelegentlich und in ihren besten Momenten an dem grafischen Leben einiger Linien teil, die von den Surrealisten und dem einfältigen und schillernden Dekorativismus der farbenprächtigen und spiralförmigen Interieurs der Glaskugeln diktiert sind.
Die ganze aphrodisiakische und poetische Plastik der jüngst von Lorca ausgestellten Zeichnungen hat für uns nur einen

einzigen Defekt, einem, dem wir Empordanesen* wohl niemals verfallen würden: nämlich dem täglich unwiderstehlicher werdenden Defekt der übertriebenen Auserlesenheit. [1927]

7 Skizzen, die Dalí in seinen Knabenjahren zeichnete.

Für das »Meeting« von Sitges

Meine Herren:
Schuhe tragen wir, solange wir sie brauchen können; wenn sie ausgebraucht und alt geworden sind, werfen wir sie in die Ecke und kaufen neue. Von der Kunst sollte man nichts anderes verlangen; denn einmal wird sie alt und ist für unser Empfinden nicht mehr zu brauchen und muß also in die Ecke. Sie wird Geschichte.

Die Kunst, die wir heute brauchen können und die maßgerecht für uns ist, kann natürlich nur die sogenannte Avantgarde-Kunst, also die neue Kunst sein. Die alte Kunst aller Zeiten war, das liegt auf der Hand, zu ihrer Zeit neu und wurde genauso wie die heutige Kunst nach den Maßen der Leute, die sie gebrauchen sollten und somit in Übereinstimmung mit ihnen geschaffen. Der Parthenon wurde nicht als Ruine erbaut. Der Parthenon wurde als Neubau geschaffen ohne jegliche Patina, genauso wie unsere Autos.
Wir werden das Gewicht des Leichnams unseres Vaters nicht bis in unbestimmte Zeit auf unseren Schultern tragen, so sehr wir ihn auch wertgeschätzt haben, um dann Zeuge aller Phasen seiner Zersetzung werden zu müssen, sondern wir werden ihn mit Ehrerbietung begraben und werden uns daran ehrfürchtig erinnern.
Wir würden uns freuen, wenn dieses hohe Gefühl des Respekts etwas allgemeiner verbreitet wäre, das wir für die vergangene Kunst und ganz allgemein für alles das empfinden, was zur Archäologie gehört, das uns verpflichtet, alles ehrfürchtig aufzubewahren, was uns die Vorfahren hinterlassen haben, indem wir es sorgfältig und schön archivieren, bevor sein Verfaulen ein Hindernis werden könnte für unser Wohlempfinden und unsere Eigenschaft, zivilisierte Leute zu sein.
Hier aber verehrt man und betet man die *Kacke* an, denn was anderes ist die Patina? Die Patina ist nichts anderes, als der Dreck, den die Zeit auf den Gebäuden anhäuft oder auf den Gegenständen, Möbeln usw. usw. ... Hier aber verehrt man die Patina. Unseren Künstlern gefällt alles, was die Zeit oder die Hand des Antiquars dort abgelagert haben; diesen typischen vergilbten, so abstoßenden Ton,

* Einwohner der nordkatalanischen Region um *Empúries,* von den Griechen als *Emporion* gegründet. Hauptstadt ist *Figueras,* Dalís Geburtsstadt.

sehr ähnlich dem, den die Straßenecken annehmen, wenn die Hunde dort beharrlich ihr *Pipi* machen. Unsere Künstler verehren die Patina, leben mitten in der Patina und ihre Produktionen kommen schon patiniert zur Welt, genauso wie ihr Geist.
Wenn eine Sache keine Patina hat, oder wenn man findet, sie habe zuwenig, dann wird sie hinzuerfunden oder nachgemacht, sie schmieren falsches Grün in die Ecken der Skulpturen, sie kopieren getreulich das Verkrustete und beschießen die Möbel mit Schrot, um Holzwurmbefall vorzutäuschen.
Unsere Künstler sind heiße Verehrer der *Kacke.*
Deswegen haben auch unsere Künstler, die das Ruinöse, Makabre und Verfaulende der Archäologie anbeten, als sie bezüglich der Sanierung des gotischen Stadtviertels in Barcelona um Rat gefragt wurden, mitnichten für die logischste und zivilisierteste Lösung, nämlich für den Abriß plädiert, da doch dieses Barri Gòtic der dreckigste, ungemütlichste und beschämendste Ort ist. Die Erhaltung des Barri Gòtic bedeutet die Verewigung seiner steten Entweihung, bedeutet das Spannen elektrischer Leitungen und das Verlegen der Leitungsröhren, die die alten Fenster erdrücken, bedeutet Feuchtigkeit, Gestank, bedeutet das ewige Zerfallen vieler ungesunder Gassen, in denen das Leben des modernen Menschen vollkommen unmöglich wird.

Glücklicherweise gibt es ja die Fotografie und den Film, die aufs beste alle archäologischen Feinheiten mit einer Wirklichkeitsnähe archivieren können, die dem direkten Anschauen weit überlegen ist. In der Tat können uns die Fotografie und der Film mit absoluter Genauigkeit und mit spezieller Beleuchtung den exakten Eindruck eines Kapitells vermitteln, das sonst zehn Meter hoch in schwärzester Dunkelheit liegt.
Was würde die Menschheit für eine komplette Abbildserie und einen detaillierten Film vom Parthenon kurz nach seiner Fertigstellung geben, vergleicht man jetzt die spärlichen Reste! Phydias hätte den Film den Ruinen vorgezogen, unsere einheimischen Künstler nicht, denn das, was sie gerade vergöttern, sind die Ruinen, wie wir schon gesehen haben und alles, was nach Vergangenheit riecht, alles was sich in vollem Zerfall befindet, also alles, was ihren unausrottbaren Gefühlsgrund kitschiger Sentimentalität anspricht.
Wir anderen würden an der Stelle, wo sich heute die verfallenen Straßen unseres Barri Gòtic erstrecken, die ersten klaren und heiteren Bauten aus Stahlbeton, sonnen- und winddurchflutet wünschen.
Meine Herren: Wenn wir einen Bauernjungen sehen, der die traditionelle Bauernmütze und -kleidung nicht tragen will, sondern einen modischen Pullover, dann spüren wir

mit unserem Optimismus, daß jener Bauernjunge schon mehr auf der Seite der Zahnbürste und der Badewanne ist. Die Abschaffung alles Regionalen und Typischen muß eine der vordringlichsten Anstrengungen aller kritischen Jugend in Katalonien sein. Lokalkolorit heißt Rückstand, heißt Antizivilisierung. Die Japaner übernehmen die europäische Kleidung: darüber muß man sich freuen.
Aber die Künstler vergöttern alles, was typisch ist, alles Lokale, sie bewundern das Gewicht des Wasserkruges auf dem Kopf, das den Mädchen die Zähne ausfallen läßt, sie lieben den Wasserhahn, der nicht wie ein Wasserhahn aussieht, sondern wie ein Vers von Dante; der grün angelaufen und in der Mitte eines Ornaments eingelassen ist, das von ausgesuchten Scherben alter Kacheln und Fliegenschiß gebildet wird.
Wir anderen sind weit entfernt von solchen Genialitäten. Wir wollen nur die Sauberkeit der Nickelgriffe und die Porzellanwaschbecken mit Kalt- und Warmwasser.
Muß ich noch weiter ausführen, welche Entweihung das folkloristische Tanzen der Sardana ist und daß heute dieser hervorragende Tanz zu einer höchst respektlosen und amoralischen Betätigung unserer Jugend geworden ist? Oder kann uns etwa, meine Herren, mitten im zwanzigsten Jahrhundert noch freuen, daß wir eine lokale Kuriosität sind?
Wir schlagen allen Leuten, die für die Zivilisation eintreten, folgendes vor:

I. Abschaffung der Sardana.
II. Das heißt also, alles zu bekämpfen, was regional, lokal, typisch usw. ist.
III. Verachtung aller Gebäude, die älter als zwanzig Jahre sind.
IV. Verbreitung des Gedankens, daß wir wirklich in einer postmaschinistischen Epoche leben.
V. Verbreitung des Gedankens, daß der Beton wirklich existiert.
VI. Daß es die Elektrizität wirklich schon gibt.
VII. Notwendigkeit der Badezimmerhygiene und Notwendigkeit, die Unterwäsche zu wechseln.
VIII. Ein sauberes Gesicht zu haben, also ohne Patina.
IX. Die modernsten Gegenstände unserer Epoche benutzen.
X. Die Künstler als Hindernis für die Zivilisation betrachten.

Meine Herren: Aus Respekt zur Kunst, Respekt zum Parthenon, zu Raffael, zu Homer, zu den ägyptischen Pyramiden, zu Giotto, müssen wir uns alle zu Anti-Künstlern erklären. Wenn sich unsere Künstler täglich waschen, Sport treiben, außerhalb der Patina leben werden, dann erst wird es wieder sinnvoll sein, sich um die Kunst zu kümmern.
Ich danke Ihnen. [1928]

Anmerkung: Aus Anlaß der bevorstehenden Ankunft von Le Corbusier in Barcelona, dem Architekten, der den neuen Plan Voissin für Paris entworfen hat, den er dem gegenwärtigen Paris gegenüberstellt, das unzureichend und unbrauchbar für die Ansprüche eines modernen Lebens ist, schlage ich vor, daß dieser Vortrag als glühende Huldigung an Le Corbusier-Saugnier angesehen werden soll, einem der kompromißlosesten Verteidiger des Poetischen in unserer Zeit und zugleich einem der hygienischsten Geister unserer Epoche.

Moralische Position des Surrealismus

Zuallererst ist es, glaube ich, dringend erforderlich, den höchst unwürdigen Charakter einer Handlung, wie der eines Vortrages, zu brandmarken; ganz zu schweigen von dem Akt des Zuhörens. Ich kann also nur unter höchsten Vorbehalten in einen solchen Akt zurückfallen, den man ohne Zweifel als den am weitesten vom reinen Surrealistischen Akt entfernten ansehen muß, der, wie Breton im Zweiten Manifest ausführt, darin bestünde, mit Revolvern in den Fäusten auf die Straße hinunterzugehen und wahllos, solange man kann, in die Menge zu schießen.

Dennoch kann, unter einer bestimmten relativierenden Sicht, der unwürdige Akt eines Vortrags auch noch mit höchst demoralisierenden und konfusionistischen Absichten benutzt werden. Konfusionistisch, weil uns parallel zu den Methoden (die immer dann als gut zu gelten haben, wenn sie dazu dienen, die Ideen von Familie, Vaterland und Religion endgültig zum Einsturz zu bringen) genauso alles interessiert, was zum Einsturz und zum Verruf der sensiblen und intelligiblen Welt dienen kann und was sich bei dem mit der Wirklichkeit geführten Prozeß im rasenden paranoischen Willen zur Systematisierung der Konfusion verdichten kann. Da diese Konfusion für das abendländische Denken tabu ist, ist es so weit gekommen, daß es sich in schwachsinniger Weise auf das Nichts der Spekulation, die Vagheit oder auf Blödheiten eingeschränkt findet.

Der unwürdige Snobismus hat die Erkenntnisse der modernen Psychologie popularisiert, indem er sie bis zu dem unerhörten Punkt verfälschte, daß sie zur feinsinnigen Verschönerung der geistvollen Salonkonversation dienen und in den ungeheuren Modersumpf des modernen Romans und Theaters eine dumme Neuigkeit einpflanzen konnten. Immerhin sind die von Freud aufgezeigten Mechanismen recht abstoßend und vor allem ziemlich ungeeignet zur Zerstreuung der gegenwärtigen Gesellschaft.

Man muß aber sagen, daß diese Mechanismen die menschlichen Handlungen mit einer fahlen und zugleich blendenden Helle erleuchtet haben.

Es gibt da die familiären Affektbeziehungen.

Es gibt Entsagung: Eine ihren Mann innig liebende Gattin umsorgt diesen zwei Jahre lang während einer langen und grausamen Krankheit; sie umhegt ihn Tag und Nacht mit einer Entsagung, die alle Grenzen der Zärtlichkeit und der Opferbereitschaft übersteigt. Natürlich genest der erwähnte Mann, als Lohn für so viel Liebe; doch sofort erkrankt die Frau an einer schweren Neurose. Die Leute denken logischerweise, daß diese Krankheit Konsequenz der nervlichen Erschöpfung ist. Aber weit gefehlt! Für die Glücklichen gibt es keine nervliche Erschöpfung. Die Psy-

choanalyse und die geduldige Deutung der Träume der Kranken bestätigen den äußerst intensiven und unbewußten (und daher der Kranken unbekannten) Wunsch, ihren Mann aus dem Wege zu räumen. Daher verursacht dessen Heilung ihre Neurose. Der Todeswunsch wendet sich gegen sie selbst. Die äußerste Entsagung wurde als eine Verteidigung des unbewußten Wunsches benutzt.
Eine Witwe erschießt sich auf dem Grab ihres Mannes. Wer versteht so etwas? Die Hindus verstehen es; sie versuchen, die bösen Wünsche ihrer Frauen durch jenes Gesetz zu beseitigen, das die Verbrennung der Witwen anordnet.
Es gibt auch noch die höchst uninteressierte Opferwilligkeit zwischen Nicht-Familienmitgliedern. So hat man im Weltkrieg statistisch einen sehr weit gestiegenen Prozentsatz von Sadismus bei den Rot-Kreuz-Schwestern feststellen können. Gerade einige von den Entsagungsvollsten unter diesen, die einen bürgerlichen, oft privilegierten Wohlstand verließen und massenhaft zu den Schlachtfeldern kamen, wurden mehrfach dabei überrascht, wie sie mit ihren Scheren viele Zentimeter zu weit schnitten, aus reiner Lust, und es wurden sogar keineswegs isolierte Fälle von wirklichem Märtyrertum registriert. In der Tat bedurfte es einer ziemlich intensiven Lust, um so viele Leiden zu kompensieren; wenn nicht sogar, was sehr wahrscheinlich ist, der psychische Mechanismus der netten Krankenschwestern noch kompliziert wurde durch die Verführungen der schönen Tugend des Masochismus.

Man käme nicht zu Ende, wenn man die menschlichen Gefühle, die man üblicherweise als edel klassifiziert, so durchprüfen würde, wie es uns die jüngste Psychologie bequem ermöglicht. Und in der Tat ist jene Prüfung keineswegs nötig, um behaupten zu können, daß auf der *moralischen* Ebene, die die Gewissenskrise des Surrealismus vor allem zu provozieren meint, eine Figur, wie die des Marquis de Sade, heute von einer diamantenen Reinheit erscheint, während uns hingegen, um als Beispiel eine hiesige Persönlichkeit zu nennen, nichts niedriger, unwürdiger und schimpflicher vorkommt, als die »edlen Gefühle« des großen Schweines, des großen Homosexuellen, des unendlich verfaulten und behaarten Angel Guimerà.
Kürzlich habe ich auf ein Bild, das ein Herz Jesu darstellte, geschrieben: »J'ai craché sur ma mère«. Eugeni d'Ors (den ich für einen ausgemachten Dummkopf halte) hat in dieser Aufschrift eine rein privatistische Beleidigung, eine einfache zynische Manifestation gesehen. Es ist überflüssig zu sagen, daß diese Interpretation falsch ist und die ganze wirklich aufrührerische Bedeutung einer solchen Inschrift hintertreibt. Ganz im Gegenteil handelt es sich nämlich um einen moralischen Konflikt von sehr ähnlicher Art, wie ihn uns der Traum, in dem wir eine geliebte Person ermor-

den, stellt; und dieser Traum ist allgemein. Die Tatsache, daß die unterbewußten Impulse für unser Gewissen oft von äußerster Unmenschlichkeit sind, ist ein Grund mehr, um sie dort, wo die Freunde der Wahrheit sind, wirklich bekanntzumachen.
Die Krise der Sinnesempfindungen, der Irrtum, der systematisierte Konfusionismus, die der Surrealismus auf dem Gebiet der Bilder und der Wirklichkeit provoziert hat, sind noch höchst demoralisierende Verfahren. Und wenn ich heute sagen kann, daß der Jugendstil, der in Barcelona aufs Außerordentlichste vertreten ist, weit außerhalb des uns wirklich Schätzenswerten liegt, so ist das durchaus ein Beweis des Widerwillens und der Gleichgültigkeit gegenüber der Kunst; der gleiche Widerwillen, der uns die Postkarte als das lebendigste Dokument des modernen Durchschnittsdenkens anzusehen zwingt, eines Denkens von oft derart scharfsinniger Tiefe, daß es der Psychoanalyse nicht faßbar wird (ich beziehe mich besonders auf die pornographischen Postkarten).

Die Geburt der neuen surrealistischen Bilder muß vor allem als Geburt von Bildern der Demoralisierung angesehen werden. Man muß besonders die selten scharfe Aufmerksamkeit für die Paranoia betonen, die von allen Psychologen bemerkt wird; diese Paranoia ist eine Art geistiger Krankheit, die darin besteht, die Wirklichkeit so zu organisieren, daß sie zur Kontrolle eines Phantasiegebäudes benutzt werden kann. Der Paranoiker, der meint vergiftet zu sein, entdeckt in allem, was ihn umgibt, bis zu kaum wahrnehmbaren und subtilen Details, die Vorbereitung seines Todes. Jüngst habe ich durch einen eindeutig paranoischen Prozeß das Bildnis einer Frau herstellen können, deren Stellung, Schatten und Morphologie, ohne auch nur das allergeringste an ihrem gegenständlichen Äußeren zu ändern oder zu entstellen, zu gleicher Zeit ein Pferd darstellt. Man muß sich klarmachen, daß es nur die Frage einer vehementeren paranoischen Intensität ist, um das Erscheinen eines dritten Bildes, und eines vierten, und von dreißig Bildern zu erzwingen. In einem solchen Fall wäre es interessant zu wissen, was das erwähnte Bild nun wirklich darstellt, welches die Wahrheit ist; so stellt sich schließlich für den Verstand der Zweifel ein, ob man denken soll, daß die Abbilder der Wirklichkeit selbst nur ein Produkt unserer paranoischen Begabung sind.
Aber dies ist nur ein kleiner Nebenpunkt. Es gibt noch die großen Systeme, schon erforschte allgemeinere Zustände, die Halluzination, die Fähigkeit zu absichtlicher Halluzination, den Wachtraum, die Erleuchtung, den Tagtraum (denn man träumt ja ununterbrochen), die Geisteskrankheit und viele andere Zustände, die nicht weniger Sinn und Bedeutung haben, als der sogenannte Zustand des Nor-

malen, des ungeheuerlich vermoderten Normalen, der Kaffee trinkt.
Trotz der Normalität der Leute, die die Straßen füllen, werden ihre praktischen Handlungen peinlich durch den Automatismus verraten. Jeder krümmt sich voller Schmerz und bewegt sich nach Strukturen, die er für normal und logisch hält; dennoch gehören seine ganze Handlungsweise und alle seine Gesten unbewußt der Welt der Irrationalität und der Konventionen an, den in den Träumen kurz beobachteten, aber dann wieder verlorenen Bildern; aus diesem Grunde meint jeder, wenn er ähnliche Bilder findet, daß das Liebe sei und sagt, daß er schon wenn er sie anschaut ins Träumen gerate.

Die Lust ist der legitimste Wunsch des Menschen. Im menschlichen Dasein wendet sich das Realitätsprinzip gegen das Lustprinzip. Eine rabiate Verteidigung wird der Intelligenz aufgezwungen, Verteidigung alles dessen, was durch den abscheulichen Mechanismus des praktischen Lebens, durch die unwürdigen humanitären Gefühle und durch die schönen Aussprüche: Liebe zur Arbeit usw. usw., auf die wir scheißen, weiterführen kann zur Masturbation, zum Exhibitionismus, zum Verbrechen, zur Liebe.

Das Realitätsprinzip gegen das Lustprinzip; die wirkliche Situation der wirklichen intellektuellen Hoffnungslosigkeit besteht eben gerade in der Verteidigung alles dessen, was auf dem Wege der Lust und durch die geistigen Gefängnisse aller Arten die Wirklichkeit zerstören könnte, jene Wirklichkeit, die immer stärker, immer knechtischer der ungestümen Wirklichkeit unseres Geistes unterworfen ist.

Die surrealistische Revolution ist vor allem eine Revolution auf moralischer Ebene, diese Revolution ist eine lebendige Tatsache, die einzige, die innerhalb des modernen abendländischen Denkens einen geistigen Gehalt hat.

Die *Révolution Surréaliste* hat verteidigt: Die automatische Schreibweise – Den surrealistischen Text – Die onirischen Bilder – Die Träume – Den Wahn – Die Hysterie – Den objektiven Zufall – Die Umfragen über die Liebe – Die Schmähung – Die Angriffe auf die Religion – Den Kommunismus – Den hypnotischen Zustand – Die Plastiken der Primitiven – Die surrealistischen Objekte – Die Postkarte.

Die surrealistische Revolution hat diese Namen verteidigt: Comte de Lautréamont, Trotzkij, Freud, Marquis de Sade, Heraklit, Uccello usw.

Eine surrealistische Gruppe hat blutige Tumulte in der »Closerie des Lilas«, im Kabarett Maldoror, in den Theatern und mitten auf der Straße provoziert.

Die surrealistische Gruppe hat verschiedene Manifeste veröffentlicht, in denen Anatole France, Paul Claudel, der Maréchal Foch, Paul Valéry, der Kardinal Dubois, Sergej Diaghilew und andere beleidigt werden.

Ich wende mich an die neue Generation Kataloniens in der Absicht anzukündigen, daß eine moralische Krise von sehr ernster Art heraufbeschworen worden ist, und daß ich hiermit allen, die weiter in der Amoralität schicklicher und vernünftiger Ideen verharren wollen, ins Gesicht spucke.

[1930]

Die Fotografie, reine Schöpfung des Geistes

Die Malerei ist nicht Fotografie, sagen die Maler. Aber die Fotografie ist auch nicht Fotografie. René Crevel

Dalí, *Selbstporträt*

Klare Objektivität des kleinen Fotoapparats. Objektives Kristall. Glas von authentischer Poesie.

Die Hand greift nicht mehr ein. Feine physikalisch-chemische Harmonien. Platte, die empfänglich ist für die zartesten Nuancen.

Der vollendete und exakte Mechanismus zeigt durch seine ökonomische Struktur die Freude seines poetischen Funktionierens.

Eine leichte Bewegung, ein unmerkliches Senken, eine kluge Verschiebung in räumlicher Hinsicht, damit – unter dem Druck der weichen Fingerspitze und der Nickelfeder – aus der reinen kristallinen Objektivität des Glases die Geistestaube der 36 Grautöne und der 40 neuen Weisen der Inspiration hervortrete.

Wenn die Hände aufhören einzugreifen, beginnt der Geist die Abwesenheit der verworrenen Blüten der Finger kennenzulernen; die Inspiration trennt sich vom technischen Prozeß ab, der allein der automatischen Berechnung durch den Apparat anvertraut wird.

Die neue Art geistigen Schaffens, die das Fotografieren darstellt, rückt alle Phasen der Produktion des dichterischen Objekts an die richtige Stelle.

Vertrauen wir auf die neuen Weisen der Phantasie, die aus den einfachen, objektiven Übertragungen entspringen. Dem, was wir träumen können, fehlt es an Originalität. Das Wunder vollzieht sich mit der gleichen notwendigen Präzision wie ein Bank- oder Handelsgeschäft. Der Spiritismus ist ganz etwas anderes . . .

Begnügen wir uns mit dem unmittelbaren Wunder, die Augen zu öffnen und mit Geschick das richtige Sehen zu lernen. Die Augen zu schließen, ist eine antipoetische Weise, Resonanzen wahrzunehmen. Henri Rousseau konnte besser sehen als die Impressionisten. Erinnern wir uns, daß diese nur mit fast geschlossenen Augen schauten und nur die Musik der Objektivität aufnahmen, denn nur diese

allein konnte durch ihre halbgeschlossenen Lider hindurchfiltern.
Vermeer van Delft war etwas anderes. Seine Augen sind in der Geschichte des Sehens der Fall äußerster Redlichkeit. Und das bei allen Verführungskünsten des Lichts. Vermeer, ein neuer heiliger Antonius, bewahrt den Gegenstand unberührt mit einer gänzlich fotografischen Inspiration, die aus seinem bescheidenen und leidenschaftlichen Tastsinn entspringt.
Sehen zu können, ist ein vollkommen neues System geistiger Feldvermessung. Sehen zu können, ist eine Art des Erfindens. Und keine Erfindung ist so rein gewesen wie diejenige, die den anästhetischen Blick des glasklaren Auges ohne Wimpern von Zeiss geschaffen hat: so destilliert und aufmerksam, daß niemals die rosa Schwellung der Bindehautentzündung auftreten wird.
Der fotografische Apparat hat unmittelbare praktische Möglichkeiten bei neuen Themen, wo die Malerei innerhalb der Grenzen der Erfahrung und des Verstehens bleiben muß. Die Fotografie gleitet mit ununterbrochener Phantasie über die Neuigkeiten hin, die unter malerischem Aspekt nur eine Zeichenbedeutung haben können.
Die fotografische Linse kann die kühlen Weichheiten der weißen Waschbecken streicheln; sie kann die schläfrigen Langsamkeiten der Aquarien verfolgen, kann die feinsten Gliederungen der elektrischen Apparate mit all der unwirklichen Genauigkeit ihrer Magie analysieren. In der Malerei hingegen wird es unausweichlich, wenn man eine Meduse malen will, eine Gitarre darzustellen oder einen Harlekin, der Klarinette spielt.
Die neuen organischen Möglichkeiten der Fotografie!
Erinnern wir uns an die Fotografien von Man Ray; an das Bild des jüngst verstorbenen Juan Gris im Rhythmus mit seinem Banjo; und denken wir an diese neue organische Weise als reines Resultat des sauberen mechanischen Prozesses, unauffindbar auf anderen Wegen als denen der glasklaren fotografischen Schöpfung.
Fotografische Phantasie; wendiger und schneller im Finden als die trüben Prozesse des Unterbewußtseins!
Ein simpler Wechsel des Maßstabs bringt ungewohnte Ansichten und Analogien hervor, von denen keiner geträumt hätte und die doch existieren.
Das reine Abbild einer Orchidee vereinigt sich lyrisch mit dem fotografierten Inneren eines Tigerrachens, in dem die Sonne und tausend Schatten mit der Architektur der Larynx spielen.
Fotografie, die die feinste und unkontrollierbarste Poesie einfängt!
In einem großen und klaren Kuhauge verformt sich eine äußerst weiße, post-maschinistische Miniaturlandschaft zu einer Kugelsphäre, in der sich sogar ein Wolkenhimmel

aufs genaueste widerspiegelt, in dem kleinste und weiß leuchtende Wölkchen schwimmen.
Neue Gegenstände, die zwischen der geschickten Typografie der Werbeanzeigen fotografiert wiedergegeben sind! Alle neu fabrizierten Apparate, frisch wie eine Rose, bieten ihre funkelnden metallischen Temperaturen der zarten und frühlingshaften Luft der Fotografie dar.
Fotografie, reine Schöpfung des Geistes! [1927]

Das fotografische Faktum

Wir werden nicht aufhören, immer wieder von den bedauernswerten Konsequenzen zu sprechen, die sich überall dort zeigen, wo ein Künstler zeichnend eingegriffen hat. Dieser verdirbt automatisch alles, was ihm in die Hände fällt, Illustration, Plakat, Dokumentation usw. Wann wird man endlich den unwirksamen und unwirklichen Zeichner aufgeben und ihn durch die lebendige Emotion des fotografischen Faktums ersetzen?
Es ist nicht der Ort, um das Lob der Fotografie zu wiederholen, das wir schon oft mit solchem Eifer vorgebracht haben. Aber es ist der Moment, die Anwendung der Fotografie überall dort zu fordern, wo *immer noch* die scheußlichen Zeichnungen in Gebrauch sind.
Der Anwendungsbereich des fotografischen Faktums weitet sich täglich auf neue Gebiete aus, und seine höchst neuen und wirksamen Möglichkeiten betreffen die verschiedensten Tätigkeiten, die bisher nur in einer solch annähernden Weise kontrolliert werden konnten, daß man sie fast als sentimental bezeichnen kann.
Von den strikt wissenschaftlichen Werken – Naturkunden, Erdkundebüchern usw. – bis zu den neuesten Versuchen des Romans (*Nadja,* André Breton) spielt das fotografische Faktum mit, ebenso wie in der Werbung und im reinen Gedicht.
Die Fotografie kann in der Tat die vollständigste, sorgfältigste und beeindruckendste Katalogisierung zustande bringen, die der Mensch sich je vorstellen konnte. Von der Feinheit der Aquarien zu den schnellsten und flüchtigsten Bewegungen wilder Tiere bietet uns die Fotografie tausend Bildfragmente einer dramatisierten, wissensmäßigen Totalisierung. [. . .]

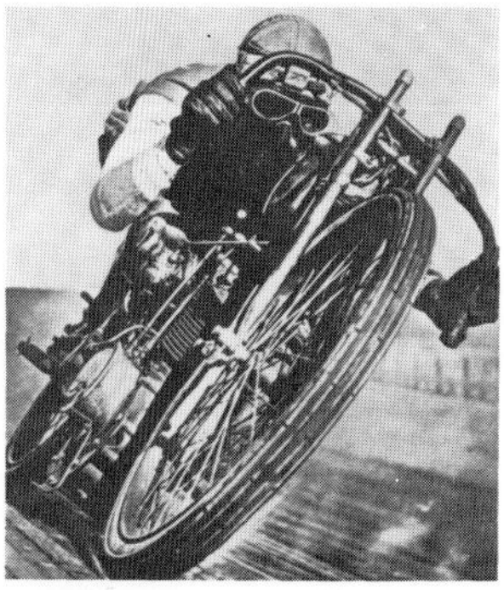

Zusätzlich zu der enormen Strenge, der das fotografische Faktum auf der einen Seite unseren Geist unterwirft, ist dieses außerdem und VOR ALLEM DER SICHERSTE TRÄGER DER POESIE und der geschickteste Vorgang, um die feinsten Wechselwirkungen einzufangen, die sich zwischen Realität und Surrealität ergeben.

Die Tatsache der fotografischen Umwandlung allein bedeutet schon ein vollständiges Neufinden: nämlich das Einfangen einer JUNGFRÄULICHEN WIRKLICHKEIT. Nichts gibt dem Surrealismus so viel Sinn wie die Fotografie. Erstaunliche Überraschungsfähigkeit des Zeissobjektivs!

Subias, Das Kreuz von Vilabertran (Detail).

Wir haben auch schon wiederholt gesagt, daß das Foto in wirklicherer Weise als das direkte Ansehen einen großen Teil der archäologischen Zeugen ersetzen und länger überdauern lassen kann, deren Konservierung große Schwierigkeiten macht und weitreichende Unbequemlichkeiten oder Konflikte in der Stadtplanung nach sich ziehen kann. Außerdem glauben wir, daß die archäologischen Dinge in jeder Hinsicht viel besser in ihrem Neubauzustand, so wie sie zu ihrer Zeit aussahen, betrachtet werden sollten, als in ihrem traurigen und kadaverigen, zeitzerfressenen Zustand mit all den Zeichen des Verfaulten, denen der sentimentale Kitschgeschmack seinen höchsten Enthusiasmus widmet. [. . .]

Es freut mich, auf die Anstrengungen von unserem Joan Subias hinweisen zu können, der eine große wissenschaftliche Bildung mit den wesentlichen geistigen Voraussetzungen verbindet, die sich im allgemeinen unter den Freunden des archäologischen Forschens sehr selten finden und die ihm erlauben, gleichzeitig ein Betrachter eines Werkes von Max Ernst und einer romanischen Skulptur zu sein. Joan Subias hat zum Beispiel den Kopf des Christus von Vilabertran in einer Weise einfangen können, die mit der Schöpfung des Künstlers gleichwertig ist; dieses Foto, Ergebnis einer langen Ausarbeitung und vieler Versuche, gibt uns zum erstenmal ein wirkliches Detail dieses ebenso nichtexistenten wie berühmten Kreuzes von Vilabertran zu sehen.

Subias, Kopf des Christus.

In Wirklichkeit ist der Kopf 6,5 cm hoch und 5,5 cm breit, und es ist, wegen der immer zufälligen Beleuchtung in der wirklichen Welt, völlig unmöglich, ihn auch nur annähernd so zu betrachten, wie ihn uns das so beschimpfte, kühle und antikünstlerische fotografische Faktum darbietet. [1929]

Kunst-Film — Antikunst-Film

Für Luis Buñuel

»Vorsicht! Es werden viele Vögelchen herauskommen!«

Das Vögelchen im Film, genauso wie dasjenige in der Fotografie, ist nie weit weg; man muß nicht weit laufen, um es zu erjagen; es sitzt überall, an einem beliebigen Ort, an der

unerwartetsten Stelle. Der Vogel des Films ist jedoch so raffiniert und perfekt getarnt, daß er bei seinem Flug durch die nackte Objektivität unsichtbar bleibt. Daher braucht man, um ihn zu entdecken, höchste poetische Inspiration.
Keine Jagd ist geistiger als die nach diesem Vogel, dessen Anwesenheit man nicht feststellen kann. Keine Jagd auch ist weniger grausam und blutig und doch fast ein Spiel: Der Vogel wird eingefangen, in die Dunkelkammer gesperrt und wieder freigelassen durch das Kristall der Linse, ohne Farben und mit chloroformierten Flügeln.
Wenn wir genau hinhorchen, dann hören wir die weiße und schwarze Musik der verschiedenen Geschwindigkeiten dieser Vögel, die durch die elektrische Milchstraße des Projektors herauskommen. Es ist dann wunderbar zu beobachten, wie die schwindelerregendsten Flüge aus einer Folge von Stillen bestehen, wie die begeistertsten Flügelschläge eine Sequenz betäubter Ruhen sind; jedes Licht, eine neue Betäubung.
Das Licht des Films ist ein vollkommen geistiges und zugleich vollkommen körperliches Licht. Der Film fängt ungewohnte Wesen und Gegenstände ein, die unsichtbarer und ätherischer sind als die Erscheinungen der spiritistischen Musselintücher. Jedes Bild des Films bedeutet das Einfangen einer unwiderleglichen Geistigkeit.
Der Baum, die Straße, ein Rugbyspiel werden im Kino in verwirrender Weise substanzverwandelt; ein faszinierender aber gemessener Taumel führt uns zu eigenartigen Gefühlswandlungen. Der Baum, die Straße, das Rugbyspiel können langsam, mit einem Strohhalm, wie die Eisgetränke, genossen werden. Den äußerst lebendigen Hauch des Windes in einem leichten Kleid, das *sie* trägt, kann man in einer Aluminiumschachtel einfangen, genauso wie Quecksilber.
Der Vogel des Films ist eine Klingel, der Vogel des Films ist sogar die Luft eines Ventilators.

Es gehört mehr Phantasie dazu, auf einen Baum voller unsichtbarer Vögel zu schießen, als auf einen, in dem diese vorher, als kubistische Vögel verkleidet, verteilt worden sind; der Vogel des Films ist jedoch durchsichtig und zart, er stirbt augenblicks unter jeder Verkleidung, unter jeglicher Farbschicht.
Der anti-künstlerische Filmemacher schießt auf eine Ziegelwand und fängt unerwartete und echt kubistische Vögel ein.
Der künstlerische Filmer schießt auf falsche kubistische Vögel und fängt einen unnützen Ziegel ein.
Der anti-künstlerische Filmer weiß nichts von Kunst; er filmt auf reine Weise und folgt nur den technischen Notwendigkeiten seines Apparats und dem kindlichen und freudigen Instinkt seiner sportlichen Körperlichkeit.

Der künstlerische Filmer kennt die Kunst meist nur in plumper Weise und ordnet sich den gefühlsmäßigen Willkürlichkeiten ihrer Genialität unter.
Der anti-künstlerische Filmer beschränkt sich auf psychologische, ursprüngliche, konstante und standardisierte Gefühle; daher neigt er zum Weglassen der Anekdote. Wenn man bis zu deren Eintönigkeit und steter Wiederholung gelangt ist und alles schon weiß, was passieren wird, dann erst kann man die Freude der unerwarteten technischen und ausdrucksmäßigen Variation spüren. Der anti-künstlerische Filmer benutzt konstante Handlungen und Symbole.
Das rasierte Gesicht des Guten; das scharfe und feine Bärtchen des Bösen; Verfolgung und Schüsse im Auto usw. usw.
Pfeife, Obstschale, Gitarre, Weintraube, Rumfläschchen, Notenpapier usw. usw.
Es ist bekannt, daß die großen griechischen Tragiker immer über die gleichen Themen schrieben, einer nach dem andern. Das Publikum erwartete beim Schauspiel keineswegs, durch unerwartete Ereignisse erstaunt zu werden; es suchte sein Vergnügen, seine Erregung in der unerwarteten Entfaltung von ihm bekannten und daher erwarteten Ereignissen.
Auf diesen Wegen hat der anti-künstlerische Film eine ganze charakteristische und differenzierte Welt von Gefühls- und Bildtypen geschaffen, die nach der allgemeinen Auffassung der Tausende, die das große Kinopublikum ausmachen, ganz klar definiert sind. Außerdem handelt es sich hier um eine organische und homogene Schöpfung, ein Produkt von anonymen Beiträgen und von einer Vervollkommnung, die auf dem Wege der Standardisierung erreicht wurde.
Die Maske des Bösewichts, seine Gesten, seine Kleidung, die Hand, die an die Tür klopft, gewinnt immer mehr an dramatischer und visueller Erregung, es verfeinert sich alles und wird mit jedem Film besser; es erreicht alles in einem ähnlichen Prozeß die Perfektion, wie die täglich verwirrendere Schönheit der Flugzeugformen.
Der künstlerische Film hat hingegen keinen allgemeinen Gefühlstyp zu schaffen vermocht; ganz im Gegenteil, jeder neue Film neigt zu stärkster Abtrennung, zu gänzlicher Zusammenhangslosigkeit, zu unkontrolliertestem Unorganischen.
Der künstlerische Filmer, verdorben durch die unverdaute Aneignung der Literatur und mit einer lächerlichen Sucht nach Originalität, neigt zur äußersten Komplexität der psychologischen und ausdrucksmäßigen Konflikte und verwendet dabei ein großes und vielfältiges Gemisch von oft außerfilmischen Mitteln; das alles soll zwar das Anekdotische transzendieren, ist aber im Grunde ausgemachte Einfalt und Kinderei.

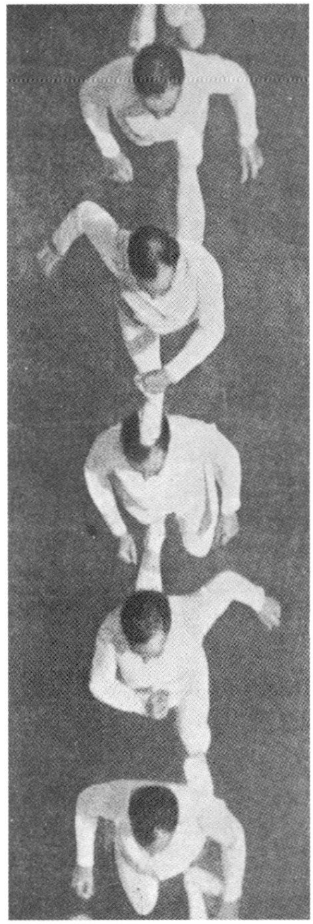
Marey, *Der Gang des Menschen* (1888).

Der anonyme anti-künstlerische Filmer filmt eine weiße Konditorei, irgendein harmloses und einfaches Zimmer, das Bremserhäuschen des Zuges, den Stern des Policeman, einen Kuß im Innern eines Taxis. Wenn der Film dann projiziert wird, stellt sich heraus, daß eine ganze Märchenwelt von unbeschreibbarer Poesie gefilmt worden ist.

Fritz Lang inszeniert ein großartiges Schauspiel: Architekten, Ingenieure, Überschneidung enormer Reflektoren, fabelhafte, dantische Szenerie, sogenannte überwältigende Proportionen, in denen sich die Massen bewegen, und die Lichter, die Maschinen usw. usw., mit der ganzen Theatralik der schlimmsten Historienmalerei. Ob ein Moreno Carbonero das Mittelalter oder einen Wolkenkratzer malt, ist uns gleich. Der Film wird jedenfalls auf diese Weise ein Ausdrucksmittel für die billigste und vulgärste Anekdote; sein reiner Herzschlag wird schon kurz nach seiner Geburt in gespenstischer Weise durch alle Keime der künstlerischen Fäulnis infiziert.
Vorsicht auch mit dem unschuldigen Begriff des Großartigen; Michelangelo mit dem *Letzten Gericht* ist nicht großartiger als Vermeer van Delft mit seiner *Klöpplerin* aus dem Louvre, eine Handspanne im Quadrat groß. Wenn man die plastischen Dimensionen in Betracht zieht, so kann man Vermeers *Klöpplerin* der *Sixtinischen Kapelle* gegenüber als von großartiger Dimension bezeichnen. Ein Zuckerwürfel auf der Filmleinwand kann größer werden als die endlose Perspektive gewaltiger Gebäude.
Das Kino kann uns wegen seiner enormen technischen Möglichkeiten den konkreten und erregenden Anblick der großartigsten und erhabensten Schauspiele bieten, was bisher nur das Vorrecht der menschlichen Phantasie war, sagt der künstlerische Filmer. So wird der Film reine Illustration dessen, was der geniale Künstler sich ausdenkt.
Der anti-künstlerische Film hingegen zeigt uns, weit entfernt von jeder Konzeption großartiger Erhabenheit, nicht die illustrierenden Gefühle künstlerischer Faselei, sondern die vollkommen neue poetische Emotion der einfachsten

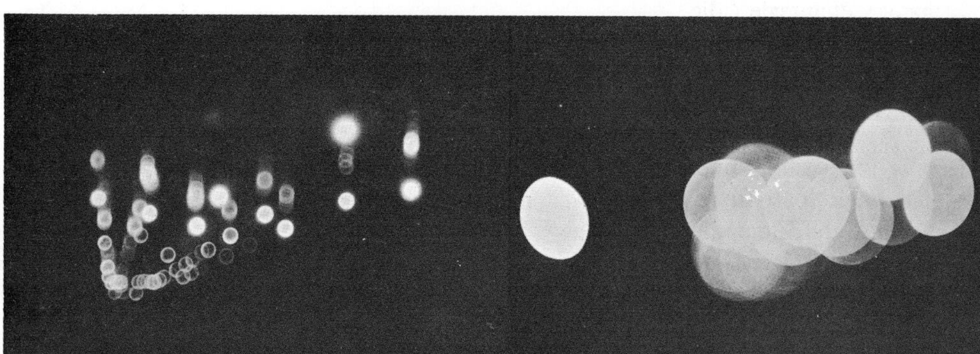

Man Ray

und unmittelbarsten Tatsachen, die man vor der Geburt des Films unmöglich sich vorstellen oder voraussehen konnte; die aus dem geistigen Wunder beim Einfangen des Film-Vogels entstanden.
Der künstlerische Regisseur benötigt unzählige und merkwürdige Umstände für seine Realisierungen, er muß sich zum Beispiel tausend Jahre in die Zukunft versetzen und die kosmische (immer nur illustrierende) Erregung des ungeheuren Rhythmus einer Monster-Streik-Manifestation filmen, die zwischen gewaltigen gepanzerten Gebäuden hindurchzieht . . ., aber für uns ist erregender der Rhythmus des beweglichen aber langsamen Aufstiegs des Absinths in der bleichen Kapillarität eines konkreten Zuckerstücks. Und wir verspüren nicht etwa wegen der einfachen und demütigen Physik unseres Dramas kein kosmisches Gefühl, sondern im Gegenteil bringt das zerstäubte vernickelte Zittern der Plattennadelspitze des Zuckerglimmers unsere Pupillen noch geistiger dem zarten, entfernten und schwachen Pulsschlag der Konstellationen näher.
Oh, Fritz Lang, der du das Dramatische in den unbegrenztesten und großartigsten Szenerien suchst, obwohl dich ein Schauspiel von einzigartiger Empfindung auf der Haut kitzelt! Die Fliege, die zwischen den Haaren deines frisch aufgekrempelten Armes schnell und ruhig auf ihren Tastapparatbeinen herumspaziert und sich gerade anschickt loszufliegen, um auf den klaren und eisigen Morgenhimmel die lebendigste und unerwartetste Schönschrift zu schreiben, die deine plumpe Phantasie niemals hätte erfinden können.
Die besten Versuche künstlerischen Films, einige wenige – nennen wir den von Man Ray und den von Fernand Léger –, gehen von einem unerklärlichen fundamentalen Irrtum aus; auch die reinste Gefühlsregung, die wir nur durch die Augen aufnehmen (Man Rays Film ist nur an die Sinne gerichtet), darf man nicht in einer Welt von erfundenen Formen suchen. Die Welt des Films und der Malerei sind sehr unterschiedlich; und die Möglichkeiten der Fotografie und des Films liegen gerade in dieser unbegrenzten Phantasie, die aus den Sachen selbst entspringt.
In den anderen mehr oder weniger künstlerischen Kinoproduktionen sind die Elemente der Ermüdung, der Langeweile und der Freudlosigkeit, die für das künstlerische Faktum typisch sind, unübersehbar; nur das anti-künstlerische Kino und besonders das komische Kino produziert jedesmal bessere Filme, die voller nie dagewesener, äußerst intensiver und lustiger Emotion sind.
Anti-künstlerischer Film, fröhlich, klar, sonnig, Produkt höchster Sinnlichkeit, die durch immer wieder neue Einspritzung des Anti-Opiums, nämlich der nackten Objektivität, eingeschläfert ist.

Stummer, tauber, ja sogar blinder Film würde ich sagen, denn der beste Film ist der, den man mit geschlossenen Augen wahrnehmen kann. [1927]

Die Poesie des Massenverbrauchsgegenstandes

»*. . . plus forte est la poésie des faits. Des objets qui signifient quelque chose et qui sont disposés avec tact et talent créent un fait poetique.*«
Le Corbusier-Saugnier

Ich sagte schon an anderer Stelle: Sehen gelernt zu haben ist ein vollkommen neues System geistiger Feldvermessung. Le Corbusier hat unter der Überschrift *Des yeux qui ne voient pas* und von der fein abgestimmten und vorzüglichen Logik von *L'Esprit Nouveau* aus tausendfach versucht, uns die einfache und hinreißende Schönheit der wunderbaren mechanisch industriellen Welt zu zeigen, die gerade geboren und noch makellos und rein wie eine Blume war. Doch der größte Teil der Leute, besonders die Künstler und ganz besonders die mit dem sogenannten ›kunstvollen Geschmack‹, verjagen immer noch aus ihrem überkomplizierten und irrationalen Inneren die heitere und präzise Klarheit der einzigen Objekte, denen Ebenmaß und Vollendung unzweifelhaft zugesprochen werden müssen.
Die mattglänzende mechanische Feinheit des Telefons wird erdrückt von einer monströsen Madame-Pompadour-Verkleidung, die zarte Fröhlichkeit der schwarzen und roten Nümmerchen des Elektrizitätszählers mit ihrem feinen Herzschlag, den das rhythmische Auftauchen des feinen blutroten Strichs anzeigt, wird verhehlt durch grausige Dekorationselemente aus geschnitztem Holz oder wird in die entlegensten Winkel des Hauses verbannt. Telefon, Waschbecken, weiße Eisschränke, die mit Ripolin poliert sind, Bidet, Plattenspieler . . . Alles Gegenstände authentischer und reinster Poesie!
All diese keimfreie Präzision, die anti-künstlerisch und heiter ist, Produkt einer erstaunlichen mechanischen Epoche, wo zum ersten Mal in der Menschheitsgeschichte die rechnerische Perfektion der Gebrauchsgegenstände erreicht wird, indem man einfach die Logik der praktischen und ökonomischen Notwendigkeiten wirken läßt, all diese Präzision will der ›kunstvolle Geschmack‹ ersetzen durch die Angst und Konfusion willkürlicher Gegenstände, die verbeult, traurig, schlecht gemacht, unbrauchbar, häßlich, antipoetisch sind: reine makabre Überbleibsel aus fast immer absurd anmutenden Stilepochen, voller Unbequemlichkeit,

und die man aus den unhygienischen, nekrologischen Abfallhaufen der Antiquare herausgeklaubt hat.
O wunderbare mechanisch industrielle Welt! Kleine metallische Apparate, in denen sich die langsamsten nächtlichen Auflösungen des Fleisches, der Pflanzen, des Meeres, der Sternbilder verzögern. Wenn Poesie die erotische Verflechtung des Entferntesten und Verschiedensten ist, dann hat sich der Mond niemals lyrischer mit irgendeinem Gewässer vereinigt, als mit der vernickelten Mechanik und dem schlafwandlerischen Sichdrehen der Schallplatte.
Anti-künstlerische Welt der Werbeplakate! Großartige Einladungen an die Sinne und zu Entdeckungsfahrten zu unbekannten Objekten, graue Autoreifen, blitzende Windschutzscheiben, sanfte Abtönungen der aufmerksamkeitserregenden Zigaretten mit lippenfarbenem Mundstück, Golfschläger, Marmeladen aller Farben, Teegebäck von verzaubernder Beschaffenheit. Die letzte Erfindung, eine Neuheit, mit acht Ausschnittfotos, die das Geheimnis des Geräts erklären; unregelmäßig aufeinander folgende Vergrößerungen; das Licht spielt um das riesige Gehäuse der kleinen fotografisch vergrößerten Schnecke. Schuhe nehmen eine ganze Seite ein, vollendete Erzeugnisse, ebenmäßiges Spiel der Linienbögen, Wechsel der verschiedenen Qualitäten, glatte Oberflächen, rauhe Oberflächen, polierte Oberflächen, getüpfelte Oberflächen; heitere, krankhafte, intellektuelle Reflexe, die auf die innere Form verweisen, die reine Metaphern für die Struktur des Fußes sind. Phantastische Schuhfotografien, so poetisch, wie das bewegendste Werk von Picasso.

Typografie der Werbeanzeigen: strikte Konsequenz der notwendigen und logischen Sichtbarkeit, geschickte Verbindung von Fotografie und Typografie, grafischer Rhythmus, Augenmusik, unbewußtes Kalligramm, kühner Instinkt, verbunden mit dem kindlichsten Menschenverstand. Anti-künstlerische Typografie der Werbeplakate! Geflügelt und plastisch, unendlich vergnügt...
Das Künstlerische ist etwas anderes... Armselige Anzeige, bei der ›Künstlerisches‹ dazwischengeraten ist! Fehlende Anregung, fehlende Lesbarkeit, Konfusion, visuelle Unwirksamkeit, kitschige Symbole, Unwirklichkeit des angekündigten Gegenstandes, Scheußlichkeit der Form.
Vorsicht auch beim falschen Schein von Modernität! – traurige Karikaturen des oberflächlichen Abbilds kubistischer Formen. Der Kubismus ist das Ergebnis seiner Epoche und für diese Epoche zeugt er, aber er ist nicht verantwortlich für den rein dekorativen, anekdotischen und pittoresken Einfluß, den er auf oberflächliche und snobistische Geister gehabt haben mag.
Modernität heißt nicht Gemälde von Sonia Delaunay und heißt nicht *Metropolis* von Fritz Lang. Sondern heißt: Hockey-Pullover aus unbekannter englischer Fabrik, heißt: anonymer und loser Unterhaltungsfilm zum Lachen. Die dekorative Kunst von heute ist nicht die Keramik, die Möbel, die kubistischen Tapeten. Sondern sie ist die englische Pfeife, das Büroregal aus Stahl und auch der Apparat aus Aluminium und gelbem Gummi, der in Meerwasser eingetaucht eine gallertartige Haartracht bekommt und dem sich langsam ein kleines Geschlechtsteil aus Glimmerplättchen öffnet.
Das Trinkglas ist aus Kristall.
Der Kodak-Film ist mit der gleichen Sorgfalt wie die prächtigste ägyptische Mumie eingewickelt in die Dunkelheit empfindlicher und verschiedener industrieller Eigenschaften.
Die verschiedenen Materialien bekommen einen neuen höchsten Rang, wenn sie zum ersten Mal fehlerlos und mit mechanischer Perfektion geschliffen werden. Das polierte Objekt, das gerade fertiggestellt ist und leicht fiebert wegen der Vollkommenheit seiner eigenen Teile, bietet uns seine Poesie dar.
Kann man so blind sein, um die Geistigkeit und den Adel des in sich selbst schönen Gegenstandes nicht zu sehen, dessen Struktur einzig, notwendig und harmonisch ist, bar jeder ornamentalen Künstlichkeit, ansprechend für die unzivilisiertesten und primitivsten Instinkte? Welcher scheußliche Weg kann einen bis zu der entweihenden Verzierung eines reinen Kristallglases oder eines schneeweißen Tellers bringen?
Entsetzliche Verzierungskunst! Dekorierte Gegenstände, unbrauchbar, geflüchtet in lachhafte Vitrinen, Staubnester,

in denen sich beklagenswerter Schauder zur Schau stellt, Produkte toter Gewerbe. Verhaßte Emaillen, geschmiedete Eisen, feuerbedruckte Leder, Goldschmiederei. Eingreifen menschlicher Hand. Traurigste Anstrengungen, um tote Prozeduren und Techniken wiederzufinden, denen keinerlei Möglichkeiten mehr innewohnen, die deplaziert und absurd sind . . . [1928]

Neue Grenzen der Malerei

Für Sebastià Gasch

Bei Rafael Benet läuft man die sehr bekannte Gefahr, ungefähr die gleichen Worte zu benutzen wie er und zugleich die vollkommene Unmöglichkeit einer Verständigung festzustellen.

Rafael Benet schrieb vor kurzem, als er auf die Extravaganzen der neuen Malerei anspielte: »Die Vögel werden sich noch in die Aquarien setzen.« Mit diesen Worten hat Rafael Benet sehr gut seine Schüchternheit bewiesen; vor nicht langer Zeit schrieb André Breton im Katalog einer Ausstellung von Arp (dem Erfinder der Schnurrbärte ohne Ende), daß die Vögel niemals besser gesungen hätten als auf dem Grund der Aquarien.

Nun handelt es sich aber trotz der Übereinstimmung nicht darum, Vögel in Aquarien zu setzen. Der Witz ist, daß sie dort singen, und zwar besser singen.

Wenn auch all dieses für Rafael Benet noch absurdes Zeug ohne Logik ist: für uns hat es längst aufgehört absurd zu sein, oder jedenfalls ist es das auf eine völlig andere Weise und erscheint uns dadurch vollkommen klar und alltäglich. Die Malerei und die Kunst von heute, die, wie wir sehen werden, sich einer großen unmittelbaren Kunst annähern, übersteigen, ebenso wie die besten Schöpfungen der Volkskunst, den normalen Verstand.

Für uns ist der Platz einer Nase, weit davon entfernt, notwendigerweise in einem Gesicht sein zu müssen, viel sinnvoller auf der Lehne eines Kanapees zu finden; und wir finden auch nichts dabei, daß die gleiche Nase auf einer kleinen Rauchwolke balanciert. Yves Tanguy hat schon längst seine feinsinnigen *messages* lanciert.

Rafael Benet kann versichert sein, daß die abgeschnittenen Formen ihr organisches und vollständiges Leben weiterleben; daß sie im Schatten der blutigsten Vegetation ruhen, *ohne sich selbst mit Blut zu beflecken* und daß sie sich nackt auf die schneidendsten und spitzstacheligsten Oberflächen der absonderlichsten Marmorsorten ohne Lebensgefahr hinlegen können.

Tanguy, *Eine kalte Nacht*

Muß man Rafael Benet auch noch daran erinnern, daß das *Leben* der Wesen, die die Oberfläche von Leinwänden und die Welt der Poesie bevölkern, auf ganz anderen Voraussetzungen fußt, als es bei den Wesen der Fall ist, die die Erdoberfläche bewohnen? Daß die plastischen und poetischen Körperfunktionen nicht diejenigen der lebenden Wesen sind? Daß das plastische oder poetische Leben eines Gemäldes oder eines Gedichts anderen Gesetzen gehorcht als dem des Blutkreislaufs? Daß ein Ungeheuer keines mehr ist, sobald gewisse Beziehungen zwischen den Linien und Farben, die es formen, hergestellt sind? Daß eine geköpfte Figur in der Welt der Kunst und der Dichtung keine kopflose Figur ist?

Außerdem könnten wir hinzufügen, daß auch eine kopflose Figur sich leichter mit den verfaulten Eseln verflechten läßt, und daß die Blumen so intensiv poetisch sind, gerade weil sie den verfaulten Eseln ähneln.

All dieses zu sagen ist eigentlich überflüssig, denn es gibt nichts Evidenteres seit dem Tag (und das ist genau der Tag des Surrealismus), als die poetische Autonomie der Dinge und der Worte begann, die aufhören, *paroles mendiantes* zu sein (wie André Breton sagt).

Für uns ist ein Auge schon nicht mehr abhängig von einem Gesicht, auch nicht von einer Vorstellung der Unbeweglichkeit oder des Enthaltenseins in etwas; ganz im Gegenteil haben wir seit langem gelernt, daß die Augen ebenso wie die einzelnen Weintrauben der irrsten Geschwindigkeiten fähig sind und sich in die widersprechendsten Verfolgungen stürzen können.

Daß Rafael Benet all dies nicht weiß, kann man gut verstehen, denn diese Dinge sind erst möglich geworden seit dem Tag, als die Maler die Beweise ihrer Augen zurückwiesen und den fundamentalen Fehler Paul Cézannes und die sensorische Herkunft seiner Absichten erkannten (Poussin *d'après nature* nachmachen zu wollen, das heißt also, ein Klassiker werden zu wollen mittels Empfindungen); den Malern gelang es, nach einer Zeit, in der die Sinneseindrücke nur immer weiter zerebralisiert wurden, die reinste und höchste der Abstraktionen wiederzufinden.

Aufgrund dieser Entwicklung schrieb Gino Severini: »Ich glaube heute feststellen zu können, daß der Weg, den wir gehen müssen, genau der entgegengesetzte Weg zu dem Cézannes ist.«

Man wird nicht ein Klassiker durch die Sinnesempfindungen, sondern durch den Geist; das Kunstwerk darf nicht mit der Analyse der Wirkung beginnen, sondern mit der Analyse der Ursache.

So weit wir heute auch von der »Ästhetik der Ordnung und der Zahl« Severinis entfernt sind, so muß man doch seine Leidenschaft für alles hervorheben, was Rückkehr zur

Boccioni und Marinetti, 1915.

geistigen Schöpfung, zur Abstraktion, zur Ausmerzung der letzten übriggebliebenen sensorischen Elemente und sogar zu den Anfängen des Kubismus war, also für alles, was die Herrschaft der Kategorie (ganz im Sinne von Eugeni d'Ors) über die Materie bedeutete, und daß diese nicht zur Herrscherin über die Kategorie würde.

Heute, sagt Severini, wo uns die zeitliche Entfernung erlaubt, distanziert die Epoche der Humanisten zu beurteilen, können wir sehen, wie diese, weit entfernt, offen und dorisch zu sein, zu sehr auf das Niveau des Menschen herunterstiegen und so den Ioniern zu ähnlich wurden. Die Idee, das Individuum mit dem Universum zu verbinden, die in der Malerei mit Giotto beginnt, war selbst eine erstaunliche Idee, aber wahrscheinlich schauten die Humanisten hauptsächlich aufs Individuum und wenig aufs Universum. So kamen auch sie zu sehr in Menschliches hinein.

Anstatt sich für Homer, Virgil, Cicero usw. zu begeistern, wäre es Severinis Meinung nach besser gewesen, der Linie von Orpheus, Pythagoras, Aristoteles und Platon zu folgen. So hätte nämlich die gesamte Bewegung, statt bei einer Art Neo-Paganismus anzukommen, vielleicht das Niveau der Systeme des Pythagoras erreicht.

Wenn wir in der Malerei den ungefähr parallelen naturalistischen Prozeß verfolgen wollen, dann werden wir feststellen, daß das spezifisch humane Prinzip der ionischen unendlichen Teilbarkeit unausweichlich in die sogenannte Perzeptionskunst führt, den Gegenpol der abstrakten sogenannten Konzeptionskunst. Wir werden sehen, daß die Perzeptionskunst, die in den Sinnen wurzelt und sinnliche Ziele hat, unter dem Licht Venedigs entsteht, dann sehr viel konkreter definiert wird in Holland und in Spanien, um schließlich ihren höchsten Ausdruck zu finden und die letzten Konsequenzen und Möglichkeiten auszuschöpfen und zu erschöpfen im französischen Impressionismus.

Zu diesem Zeitpunkt ist die Malerei auf einen rein musikalischen Wert reduziert. Die Perzeptionskunst, die ihren zarten und erschütternden Punkt in der Malerei Vermeer van Delfts hat, der in der Geschichte des guten Sehens für mich den Fall der höchsten, bescheidensten und dramatischsten Redlichkeit darstellt, erreicht im Impressionismus, wie Sebastià Gasch sehr richtig sagt, seinen Punkt höchster Herabwürdigung.

Das Absolute ist vollkommen aufgefressen vom Akzidentellen; die Wirklichkeit ist reduziert auf den unsicheren Schein des flüchtigsten und verwirrtesten ihrer Aspekte; von Objektivität ist nur schwächster Nachhall zu spüren, der außerdem noch durch einen äußerst subjektiven Sentimentalismus verformt ist.

Muß man noch anmerken, daß Monets Kathedralen von Rouen eine musikalische Form (Musik, die mit Duft

zu verwechseln ist) des Ausdrucks einer Reihe von seelischen Zuständen darstellen?
Ich weiß alle Einwände auswendig, die Rafael Benet zugunsten des Impressionisten allgemein und der Perzeptionskunst im besonderen vorbringen kann; sicherlich die gleichen, die man in der Akademie der Schönen Künste in Madrid geltend macht und benutzt, wo ich während langer Zeit Gelegenheit hatte, das vielsagende Paradox bestätigt zu finden, daß es ausgerechnet an der Akademie ist, wo man heute diese Perzeptionskunst verteidigt, die für Rafael Benet so kostbar ist, im Gegensatz zu der abstrakten, geistigen und anti-naturalistischen Kunst, für die wir kämpfen.
Es entspricht der üblichen Verzögerung, die zwischen den Schöpfern und den unfähigen Nachahmern herrscht, die sich in die Geschäftigkeit der Akademie geflüchtet haben und die Formeln, die die Schöpfer bereits als unbrauchbar verworfen haben, emsig kultivieren, wenn wir zum Zeitpunkt, an dem die Akademie so weit ist, mit Nachdruck und mit ihrem Prestige die sogenannte Perzeptionskunst auszubeuten, davon so weit entfernt sind, daß uns kein einziges der wirklichen Probleme, die diese Kunst zu ihrer Zeit aufgriff, auch nur im mindesten interessiert.
Die Perzeptionskunst bietet uns die höchste formale und farbliche Polyphonie dar, die man jemals auf den Wegen der Abstraktion hätte vermuten können; diese Tatsache allein bereichert gewaltig die Möglichkeiten, deren sich ein Künstler bedienen kann.
In dem unbedeutendsten Stückchen lichtdurchfluteter Natur . . . usw. usw. und dann folgt das schöne und lästige Lied.
Wir wollen nicht mehr auf diesen anachronistischen Fragen herumreiten, obwohl es leicht wäre, aber wir ziehen vor, mit Ozenfant und seinem so logischen Witz zu sagen:

Sehr schön, aber es gibt das Klavier.

»Das Klavier zwingt zu erstaunlicher Disziplin; die dauernde Kontrolle des Mittels über das Werk hat die Musik homogen gemacht; ohne die Kontrolle eines begrenzten Mittels kann sich ein Werk nur *au petit bonheur* verwirklichen, zwischen den beiden Pausen der wahrnehmbaren Geräusche auf der einen Seite und auf der anderen dem Vorhandensein einer Unmenge verschiedener möglicher Töne, genauso wie die Farben und Formen unendlich viele sind und so wie es Worte in unheimlicher Menge gibt.«
»Was ist das Klavier? Eine Auswahl notwendiger und hinreichender Töne. In der Tat: Kann man auf dem Klavier nicht Bach, Puccini, Beethoven, Satie spielen? Es ist ein

schematisiertes Ausdrucksmittel, sicherlich, aber es hat die Wirkung eines Systems.«
»Es macht uns lachen, weinen oder tanzen; glücklich die Musiker, denen die Pleyels dieses bewunderungswürdige und so vollendete Mittel zur Verfügung gestellt haben, das so vollkommen ökonomisch und großzügig ist. Welch ein Fortschritt gegenüber der chinesischen Tonleiter!«
Arme Maler! Die Chemiker denken nur daran, die Töne zu vervielfältigen! Arme Schriftsteller, die überhäuft werden von den Wörterbuchherstellern, denen es insbesondere darauf ankommt, die Wörter zu vervielfältigen, ohne jemals eines totzuschlagen.
»Denkt an ein Klavier, das 73 000 verschiedene Töne von sich gäbe: in solch einer Lage befinden sich die Maler.«
Man würde aber niemals zu einem Ende kommen, wenn man wieder vom Zeichnerischen und vom Malerischen, vom taktilen und vom visuellen Element zu sprechen anfangen wollte; es würden wieder alle üblichen Pro- und Contra-Argumente vorgebracht werden. Denn ich muß ja wohl nicht sagen, daß es sich hierum gar nicht handelt?
Das sonnenlichtgefleckte Blatt, das Leonardo erwähnt, erscheint uns ebenso verwirrt wie losgelöst von den erwähnten Lichtflecken, einfach deswegen, weil es aufgehört hat, es selbst zu sein, und eine Annahme geworden ist. Ich kann mir die Entmutigung des Lesers vorstellen, aber wir sind nicht dabei, wie vielleicht jemand annehmen könnte, zu immer konfuseren und verzwickteren Arten von Sprachspielen und Gedankenspielen fortzuschreiten, bis man an unzugänglichen und labyrinthischen Punkten ankommt. Nichts davon, ganz im Gegenteil. Auf diesen Wegen werden wir grundsätzlich die Essenz der einfachsten, frischsten, direktesten und am wenigsten verwickelten Kunst finden: die Volkskunst.
Christian Zervos sagt anläßlich von Picasso, daß die Seele des Volkes, wenn sie wirklich Neues schafft, alles, was sie ausdrücken will, abstrahiert. Wir wissen schon, daß die Volkskunst ein Ausdruck der Seele ist, der für die praktische Vernunft nichts bedeutet, aber unzählige Andeutungen schafft. Wir fügen hinzu, daß diese Andeutungen sich jedesmal verändern und bereichern, wenn eine neue Grenze bezüglich des Maßes oder des Ungleichgewichts, die innerhalb der Abstraktion befreiend wirken, erreicht wird.
Außerdem sind diese Andeutungen niemals fern der Wirklichkeit; eher umgekehrt erreicht diese einen höchst objektiven und poetischen Nachdruck, der nur in dem Augenblick möglich geworden ist, in dem sich eine neue und angemessene Ausdrucksweise gefunden hat.
Weit entfernt von den Vorausberechnungen und der mechanischen Herstellung der Ergebnisse Severinis, verlassen sich die Künstler heute, wenn nicht auf den Zufall, so auf Mutmaßungen. Der Fund solcher Andeutungen (uns er-

Picasso (B. Péret: »De derrière les fagots«), 1934.

scheint Maurice Raynals Ausdruck *trouvaille* geeigneter als der zweifellos unter dem Einfluß Bergsons geprägte des *Erschaffens)* hängt jeden Tag mehr von Mutmaßungen ab, die vollkommen vom normalen Menschenverstand entfernt sind und bei denen die Wahrheit und das Absurde die Hauptrollen spielen.

Maurice Raynal schreibt noch weiter: »Wenn es in der Kunst einen *Engel der Wahrheit* gibt, dann ist es sinnlos, abstreiten zu wollen, daß an seiner Seite oft der Genius des Absurden wandelt. Das Absurde ist doch wohl das, was keinen gesunden Menschenverstand hat. Was für ein schönes Lob! Aber man darf es nicht aussprechen. Stattdessen proklamieren sie mit lauter Stimme: *Was gibt es an hoffnungslos Gesünderem als den gesunden Menschenverstand?* Wenn das Absurde wirklich als das Gegenteil des gesunden Menschenverstandes aufgefaßt worden ist, dann heißt das, daß die Bejahung des individuellen Lebens immer in Gegensatz gestanden hat zur Bejahung des gesellschaftlichen Lebens. Ohne Zweifel scheint es schwierig, das erste vom zweiten zu trennen; das liegt daran, daß dieses, vorsorglich präpariert, von jenem aufgesogen worden ist. Wenn aber in der Politik eine solche Vorsicht vielleicht sinnvoll war, so darf die Kunst sich darum nicht kümmern, die ja in keiner Weise mit dem Geschäftemachen verglichen werden kann; die Ausdehnung dieses Gebarens auf das Gebiet der Kunst zeigt uns ihre ganze Armut und ihre ganze Nutzlosigkeit.«

»Es ist immer gefährlich, zu definieren; auch die Wörterbücher haben sich auf ein schwieriges Gebiet begeben, als sie das Absurde als das, *was keinen gesunden Menschenverstand hat,* bezeichneten. Das Absurde wäre dann etwas wie eine Summe individueller Kenntnisse, die als Ganzes durch den gesunden Menschenverstand zurückgewiesen werden und die dieser nie zu untersuchen für nötig befunden hat. Manche Psychologen haben die Wirkungsweise des Absurden entdeckt, aber nur um es, wie immer, mit goldenen Namen zu verzieren und es, wie fast immer, der allgemeinen Vernunft zu unterwerfen.«

De Chirico, *Porträt von G. Apollinaire* (Ausschnitt), 1914.

»Wenn andererseits dieses letzte Verfahren seine Einfachheit und seine guten Absichten für sich hat, so ist es keineswegs durch die Erfahrung legitimiert. Und da die Wahrheit für die Philosophie eine solche Wahrheit nur ist, weil sie allgemein anerkannt wird, kann das Absurde als eine Art Quellgrund von Wahrheiten rein persönlicher Bedeutung angesehen werden.«

Die eine neue Grenze, die durch den Kubismus geschaffen wurde, war die Statik; die andere die Begrenzung des Absurden, das heißt, die Schüchternheit oder Zurückhaltung im Gebrauch jenes Quellgrundes persönlicher Wahrheiten, von dem Raynal spricht.

In den strengsten und wissenschaftlichsten Momenten des

Kubismus könnten wir bereits klare Zeichen der Aufhebung der neuen Grenzen finden, die dieser, indem er seinerseits diejenigen der alten Malerei durchbrach, geschaffen hatte. Es wird einen kritischen Moment für die Malerei geben, in dem die Maler eindringlich das Wort Lyrismus aussprechen werden; man wird hauptsächlich in Richtung Picasso oder Chirico gehen, um mit wirklicher Begierde den neuen verwirrenden Sinn dieses Wortes zu finden, aber vorher wird man die sterile Geometrie in Rechnung ziehen müssen, die kalte Abgrenzung der aseptischen Holzeinlegearbeiten und der nichtssagenden Körper von Giorgio Morandi mit seinen Stilleben, aus denen die frische Luft geschwunden ist und deren Starrheit man nicht vergessen kann. Jene Kaltblütigkeit von Morandi hieß nicht absolute Harmonie oder absolute Ruhe; jene Kaltblütigkeit Morandis war die gleiche, die Max Ernst dazu brachte, eine neue Sprache zu finden, die aus den gebräuchlichsten und konformistischsten Zeichen gemacht war: eine Technik der kalten Lexikonzeichnung oder der Zeichnung für ein Lehrbuch, aber eine Assoziation und Verbindung von Dingen, so daß erregende, unerwartete und bedrängende Zusammenspiele entstanden.

Morandi, *Mannequin auf einem runden Tisch* (1918).

Max Ernst übte sich zu der Zeit bereits in den schmerzvollsten Erfahrungen; die Verstümmelungen waren aber weniger genau erfahrbar als die wahrnehmbaren Einzelheiten der Räume. Man wird dort allen äußeren Schrecken ahnen können, den uns je eine völlige Hoffnungslosigkeit zu zeigen fähig war.

Max Ernst, *Chimaera*

Es war jedoch wieder beruhigend, daß das Schauspiel seiner Seele uns alles das offenlegte, was in uns noch versteckt blieb, und wir trugen jedesmal einen Gewinn fort, wenn wir einen neuen Schrecken entdeckten und es unmöglich wurde, ihn fortan zu verbergen.

Giorgio de Chirico seinerseits entdeckte uns mit schrecklicher Ruhe figurative Andeutungen, die aus der ungereimten Vereinigung vielfältiger Objekte von unschuldigem Aussehen geboren wurden. Wenn die expressiven und die formalen Eigenheiten Chiricos zum Anlaß dafür werden konnten, daß ihn Franz Roh der Neuen Sachlichkeit zurechnete, so sehen wir die halluzinierende Verteilung der Relationen seiner Körper zueinander und seine blutbeflekten Perspektiven als ein neues Symtom.

All diese Ruhe, all diese Stille, all dieses Statische von Giorgio Morandi, Max Ernst und Giorgio de Chirico waren *dramatische* Stille und Statik, weil sie in jedem Moment bedroht wurden.

All diese geometrische Anästhesie war so erregend, weil sie den Futurismus hinter sich ließ und ganz vage den Surrealismus vorandeutete.

De Chirico, *Das Problem eines Tages* (1913).

Später führte uns Man Ray vom Organismus, den man puristisch nennen könnte, weg, und die Dinge verwoben

sich mit einer *andersartigen Liebe* als der des Rhythmus und der Architektur.
Ein Schwamm wird nicht mehr eine Bewegung sein, deren Ziel es ist, Person zu werden: Dieser Moment wird als Ausgangspunkt dienen, um die allerjüngsten neuen Grenzen der Malerei zu erreichen.

Eine einfache formale Prüfung der jüngsten plastischen Produktion des Surrealismus und auch des gegenwärtigen poetischen Kubismus wird uns dazu führen, eine Tabelle von Zeichen und aussagekräftigen Annahmen aufzustellen, aus der abgelesen werden kann, daß einige ganz neue Grenzen in der Welt der heutigen Malerei aufgetaucht sind. Diese neuen Grenzen muß man sicherlich auf dem entgegengesetzten Pol dessen suchen, was der Purismus von Ozenfant und Jeanneret, der letzten Konsequenz kubistischer Plastik, in sich verdichtete.
Dieser geistige Wechsel, den das voraussetzt, ist ein Beweis mehr für die dauernde gymnastische Übung, die unerläßlich ist, um die Entwicklung der Kunst unserer Zeit zu verfolgen.

D Vor allem muß angemerkt werden, daß fast die
Y gesamte geometrische Stabilität verschwunden ist,
N was schon von den auf dramatischste Weise sta-
A tischen lyrischen Momenten angedeutet wurde, ge-
M duldig ausgezogenen Inhalten. In der Annullie-
I rung des *oktogonalen* Geistes ist das Auftauchen
K eines Ungleichgewichts, einer Dynamik, gleich mitgegeben. Aber diese Dynamik hat nichts zu tun mit dem Inbegriff von Sinnesillusion, nämlich mit der geradezu perfekten Sinnesillusion des Films, dem letzten Zufluchtsort des Impressionismus, den die italienischen Futuristen suchten. Der genannte Dynamismus ist so beschaffen, daß er für unsere Sinne spezifisch plastisch und statisch erscheint, während er psychologisch wie Geschwindigkeit wirkt.

D Die Geschwindigkeit, ein dynamisches Element,
Y das bei Kandinsky einen musikalischen Wert hat-
N te; das in der Geschichte des deutschen Expressio-
A nismus einen expressiven Wert bekommt; das im
M Futurismus dann einen optischen Wert erhält und
I das bei den wichtigsten Problemen, die die barocke
K Kunst aufwirft, im Dekorativismus endet; – dieser Dynamismus nimmt in der neuesten Malerei einen äußerst komplexen Wert an, halb Dekoration, halb Surrealismus, halb Plastik, halb Ausdruck von . . . .

DYNAMIK

Dies ist vielleicht das Unerforschteste, obwohl es doch das zu sein scheint, von dem wir mit absoluter Sicherheit die haargenaue ›Wirklichkeit‹ kennen. Aber was soll hier wieder dieses Wort!

DYNAMIK

Wenn Yves Tanguy in eine neue aufsteigende Ekstase gerät, in der eine rabiate Reinigung sich durch all die Schwäche einer außergewöhnlich empfindsamen Seele auslöst, wird uns Picasso mit dem reinsten und wildesten Gefühl der Flucht eindekken. Die Friese der Gesimse und die auf den Tapeten der Zimmerdecken haben in seinen letzten Bildern eine neue, rasche und willentliche Richtung genommen. Die Kurven ihrer Profile, die poetischen Torsos (Monstren aller Art), wagen sich mit den kühnsten Formen des Todes und des Willens hervor.

Aus diesem Toben Picassos heraus werden sofort, wie aus jeder seiner geistigen Etappen, begeisterte und fleißige Schüler hervorkommen.

De la Serna wird zwischen Picasso und den letzten Braque einen Wechsel bei der Einrahmung einführen: er wird die höchste Leuchtkraft ausnutzen; Kiriato Ghyka wird bis zur Unschärfe kommen und mit jugendlicher Kraft die ersten Erregungen der Fauvisten wiederaufleben lassen. Außer einem erstaunlichen dynamischen Gespür für die Tiefe, werden ihn seine leuchtenden Vordergrundmotive in eine merkwürdige naturalistische Tradition einreihen.

De la Serna hingegen bleibt im klaren Einklang mit den Maßen der Leinwand und nutzt die Lösungen aus, die diese ihm bezüglich der Oberfläche anbietet. De la Serna kommt zu einer sehr kennzeichnenden dekorativen Poesie, die zwar nicht losgelöst ist von der Wirklichkeit, aber jeder surrealistischen Filtrierung entbehrt.

LEICHTIGKEIT

Man wird in der Malerei des Granadiners und des Griechen durchaus eine Selbständigkeit und zudem andere Absichten als die der reinen Vermischung von Kubismus und Fauvismus anerkennen, aber Picasso hatte zweifellos etwas anderes sagen wollen und hatte es auch gesagt. Picasso hatte schon, weit entfernt davon, auf einer Nebensächlichkeit zu beharren, eine gerade Linie eher durch ihre Abwesenheit erzwungen, als durch das Ausdenken einer Rechenregel für ihre Erzeugung. Da er sich mehr über ihre Unsichtbarkeit Gedanken machte als über ihre Entstehung, schritt er zu ihrer Annullierung, bevor er sie erzeugte.

Lassen wir Picasso beiseite. Wir werden lernen müssen, uns besser mit Arp zu verstehen, der uns mit fast unmerklicher Natürlichkeit ein äußerst weites Feld von Verwirklichungsmöglichkeiten auftut. Wenn die Malerei sich bei Masson noch mit physikalischen Methoden, das Schwergewicht aufzuheben, abgibt, so ziehen uns seine Bilder aus anderen Gründen, als denen ihres Nichtvorhandenseins, an. Fern jeder schmerzlichen Überzeugung, auf die Max Ernst noch abzielt, haben die Reliefs von Arp, wie Breton sagt, sowohl an der Schwere wie an der Leichtigkeit einer Schwalbe teil.

ONIRISMUS

Wenn man etwas Haltbares auf die Sägespäne bauen kann, die aus einem Käfig herausfallen, um sich an die kalte Haut und an die warme Haut zu kleben, und wenn diese Sägespäne dann noch ein Überrest von kalter Haut und warmer Haut sind, warum sollten wir dann Max Ernst vorwerfen, daß er die Verbindung und die Freundschaft der Worte möglich gemacht hat (die Liebe zum Bandwurm und die pflanzliche Lippe), wenn man sich einmal über ihren äußerst vielfältigen und zufälligen Sinn geeinigt hat?

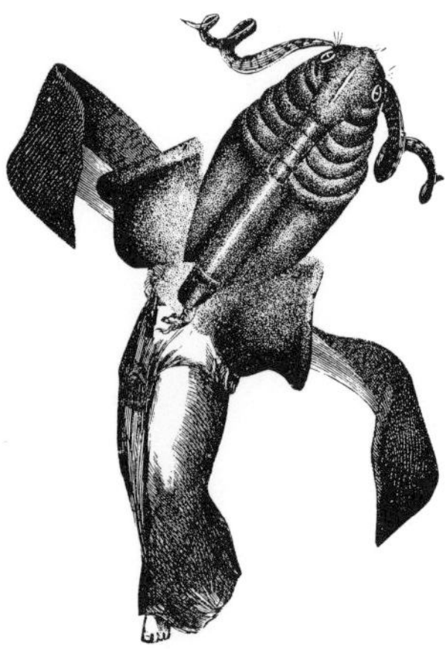

Max Ernst, *Pforte*

SURREALISMUS

Die wächsernen Eisen, die in den Baracken gezeigt werden, sind genauso Wirklichkeit wie ein bißchen Rauch oder eine Nase. Die Minutenzeiger sind von dem Augenblick an wirklicher, an dem sie nicht mehr ihrer ungewohnten Funktion unterworfen sind und wo sie einem Rhythmus zugehören, der ein anderer ist als der des Umlaufens, und zugleich das etwas verrückte Verschlucktwerden annehmen, das ihnen die Verbindung mit den Brotkrumen bringt.

NATUR

NATUR

Wenn man dieser neuen Verzweiflung und Freude nicht allergrößte Bedeutung zubilligen will, was bietet sich dann mit dem Namen Natur an? Ist denn wenigstens das bis heute ohne solche Hindernisse Geschaffene leichter und auch intensiver, in wirklicherer und dichterischer Weise körperlich, als eine nackte Gestalt von Joan Miró? So ist es also sehr

AUTOMA

erschreckend, daß durch diese Bedeutung der Inspiration die physische Wirklichkeit ein normales Aussehen wiedergewinnt, was ihr Fehlen konformistischer Anwendung, die eine überkommene Logik mit unüberwindlich antirealen Kennzeichen ausgestattet hat, betrifft; Kenn-

TISCHE SCHREIBWEISE

BEDEUTUNG

LE CADAVRE EXQUIS

NATUR

zeichen, die nur durch die Gewohnheit kontrolliert werden und von rein symbolischer und stereotyper Herkunft sind.

Wenn Miró die Natur durch Inspiration wiederfindet, dann ist diese in seinen Werken nicht weniger spürbar als in denen Max Ernsts. Außerdem hat in dem Augenblick, in dem die Inspiration und sogar das allerreinste Unbewußte bei der Entdeckung unserer persönlichen Wahrheit mitgewirkt haben, eine organische Welt voller sinntragender Zuordnungen die Gestaltungen der Maler durchdrungen. In diesen Momenten erwerben die gefühlsmäßigsten und verwirrendsten Gegebenheiten, die im Ausposauntesten unserer intimsten Schrecken und Freuden eingeschlafen sind, die höchste Lust des Lichts. Im Kubismus hatte der Verstand nicht dazu gedient, den Geist sichtbar zu machen, sondern ihn sinnlich zu machen und ihn auf die Bedeutung einer Chiffre, eines Zeichens, zu reduzieren, das uns durch seine mathematische Abstraktion in einem mit der Architektur harmonierenden Maße und Rhythmus ästhetisch bewegen konnte, ohne jedoch in die wildeste Zusammenhanglosigkeit zu fallen.

Wenn es schließlich möglich geworden ist, an die Notwendigkeit eines Sich-gegenseitig-Abstimmens zu glauben – ganz einfach und nicht ohne Ironie – über das, was die Worte Stuhl, Hemdkragen, Glühbirne usw. usw., abgesehen von ihrer Farbtontemperatur, bedeuten können, genauso wie es eines Tages unter den Kubisten notwendig wurde, sich definitiv über kleines Format, großes Format, gestricheltes Ding, gepunktetes Ding usw. zu einigen, die heute vollkommen von den zerschneidenden Möglichkeiten der Objekte und deren rein lyrischem und pittoreskem Wert entfernt sind, nachdem sie tausend stechende Bedeutungszuordnungen erreicht hatten; warum sollte man dann diesem so gefühlsbeladenen Wert der Bedeutung ausweichen, die im geistigen Zustand besonderer Abwesenheit oder besonderen Zorns auch nicht leichter zugänglich ist? Immerhin kann es im Namen des absoluten Eifers und wenn man einmal mit der Sache vertraut, aber auch wirklich vertraut ist, recht scharfsinnig sein, diese ›Bedeutung‹ als einen weiteren Beweis von Leichtigkeit beiseite zu lassen.

Magritte, *Die Notwendigkeiten des Lebens*

L E C A D A V R E E X Q U I S I N W I R K L I C H K E I T I N W I R K L I C H K E I T

In dem Augenblick, in dem sich die Dinge vom Vereinbarten entfernt haben und frei von ihren ganz spezifischen und individuellen Qualitäten haben Gebrauch machen können, wurde oft, und nicht immer mittels rein automatischer Prozesse, am Ende eines kurzen Lebens, das in die roten Kreise der Nacht unserer Augen übergeht, die Verstecktheit des Geistaushauchens festgestellt und die besondere Weise, außerhalb der Körperlichkeit abwesend oder anwesend zu sein in dem äußerst komplexen und verwirrendem Verlauf des Moments, wo diese Dinge, denen keine Sichtbarkeit anhaftet, zu gehen anfangen oder es für angebracht halten, die Richtung ihres Schattenwurfs zu ändern.

Schon recht entfernt von dem, was uns die neue Grenze der heutigen Dynamik im Formalen auferlegt, und auch von dieser organischen und körperlichen Bedeutung, die jüngst die unausweichlichsten architektonischen Wirbelsäulen ersetzt hat, rückt das Wort Realität, das im Kubismus einen konventionellen Sinn bekommen hatte, wieder auf einen ersten Platz, aber weitab von Rembrandts verfaultem Ochsen und auch abgesetzt von der so nutzlosen äußerlichen Aufzehrung.

Man neigt bei der verstandesmäßigen Aufnahme der auf die Surrealität bezüglichen Ideen leicht zu den plötzlichsten Regungen, die – im Einklang mit einem gewollten Romantizismus, sei er nach außen oder in die Tiefe gerichtet – zu den Regionen tragen wollen, wo wir, um uns zu orientieren, die wir doch bar jeder magnetischen Anzeige sind, zwangsläufig auf die unangenehmst paradoxen Vorgänge zurückgreifen müssen. Aber vielleicht war der Führungsmechanismus sicher, bevor man eine Abweichung vornahm. Ein gutes Mittel, was keineswegs heißen will: ein Vertrag, eher ganz einfach eine verschiedene Schicht, kann uns fern jeder persönlichen Genialität ein angenehmes Wissen davon geben, was diese facettenreiche Gesamtheit von ungewohnten und völlig neuen Dimensionen sein kann.

Breton sagte: »Alles was ich meine, alles was ich denke und fühle, führt mich zu einer besonderen Philosophie der Immanenz, aus der sich ableiten läßt, daß die Surrealität in der Realität selbst enthalten ist und ihr weder

IN WIRKLICHKEIT

übergeordnet noch äußerlich nebengeordnet ist. Und umgekehrt; da das Enthaltende auch der Inhalt ist. Es handelt sich gewissermaßen um eine kommunizierende Röhre zwischen Enthaltendem und Inhalt. Das heißt: Ich weise mit allen meinen Kräften die Versuchungen zurück, die innerhalb der Malerei wie der Schriftstellerei die beengende Konsequenz haben könnten, das Denken vom Leben abzuziehen oder auch das Leben unter die Vormundschaft des Denkens zu stellen. Das, was man versteckt, ist nicht mehr oder weniger wert als das, was man findet; und was man sich selbst versteckt, ist das, was man den anderen zu finden erlaubt. Ein grausam festgestellter und erlittener Bruch; ein einziger Bruch bewacht zugleich unseren Anfang und unser Ende.«

NATUR NATUR

POESIE

Natur! Muß man sich auf jenen verrückten Heraklit zurückbeziehen? Die jungen Leute von heute wissen etwas von diesem Wort und wissen sich darüber zu freuen. Der leichte Haarriß, feine Bahn einer Wimper, die sich kräuselt, der die kleinen Brüste der Jungfrauen der Flamen reif macht; der Riß, seine zwangsläufig schmerzvolle Richtung, zwangsläufig rhythmisch entzweit mit der Brust, die zum Wohlklang neigt, mit der zahlenmäßigen und geometrischen Perfektion des reinen sphärischen Lehrsatzes, ohne die tausend Venenflüßchen von rotem Blut wie rote Farbe einer von Raffael gemalten Brust.

POESIE

Heute wissen wir alle von den allerleichtesten Zwischenfällen, wo die Natur zu uns spricht und uns einen heftigen Schmerz antun kann, aber die Bindehautentzündung und die Muskelfaser durchkreuzen sich aufs zarteste mit den Gipsmuskeln, die Hahnenkrallen leiden grauenhaft, um aus dem Schlund der schon vorher verfaulten und vertrockneten Bestie herauszukommen, und der Himmel, der klar hinter dem Loch erscheint, das die leeren Augenhöhlen der Tauben freilassen, erinnert uns dauernd an unseren vollkommenen Mangel an chemischem Zusammenhalt, jenen Mangel an chemischem Zusammenhalt, von dem Max Ernst in einem Gedicht redet.

Wir haben zur Genüge bemerkt, daß neue Arten der Dichtung außerhalb der Grenzen, die der Mechanismus des Verses setzte, entstanden sind; außerhalb der Grenzen der Literatur gibt es Tausende von Arten der Flucht aus den artistischen Verfahren, die zu langsam und zu wenig geeignet für die fast immer sterilen Verjüngungsversuche sind. Die Poesie nimmt unerwartet Plätze ein, die vollkommen unerreichbar und unüberwachbar für diejenigen sind, die sich seit langem ungültiger Führer bedienen. Der neue Führer ist noch nicht zusammengestellt. Dieses ist der Zauber: die Poesie ohne die Ermüdung und das Gerädertsein des Sich-oft-damit-befaßt-Habens zu finden. Alle Wollust und alle Ohnmacht der Wollust vereinigen und konzentrieren sich in einer Haltung, die unersetzbar ist durch irgendein System von transzendentalem Skeptizismus. Wer sich nicht in der Quantität (Dosis von Léger) befriedigen kann, die es bei Arp gibt, dem fehlt es wahrscheinlich daran, das ganze Gewicht der Tradition tragen zu können, um eine Ernsthaftigkeit zu bewahren, die die einfachen *vermischten Nachrichten* der Zeitungen aufzuheben im Begriff sind.

MAN RAY

COLLAGEN

POETISCHE OBJEKTE

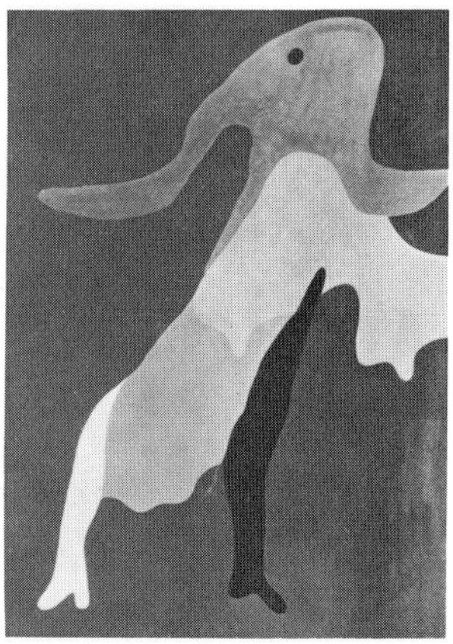

Arp, *Tänzerin* (1925—1926).

Notwendig verworrene Kräfte widerstreiten sich heute auf den lebendigsten Gebieten der Malerei. Hinreißende Epoche, denn es scheint, daß diese, psychologisch gesehen, anfangen kann, jeden zu begeistern, und das in dem Augenblick, wo ihre vollständigste Ermordung vonstatten geht. Es scheint, daß nichts mehr von der alten Malerei übrigbleibt; keine einzige der Sorgen der alten Maler führt die Hand unserer jungen Künstler. Ich glaube, daß es nicht einmal eine Frage des Mutes ist, unser ganzes Wohlwollen für diese totale Ermordung der Malerei und sogar der Kunst im allgemeinen einzusetzen. Wenn es so nicht wäre: wir finden schon jetzt außerhalb der Kunst Anregungen und Tatsachen, die uns wirksamer bewegen als die alten künstlerischen Mechanismen.

ERMORDUNG

DER MALE

Ermordung der Kunst! Was für ein herrliches Lob! Die Surrealisten sind Leute, die sich ehrlich so etwas widmen. Meine Gedanken sind recht weit davon, sich mit ihren Gedanken zu identifizieren, aber könnt ihr noch daran zweifeln, daß nur diejenigen, die alles

R voll und ganz aufs Spiel setzen, die totale
E Freude der neuen Einsichten werden genießen
I können?

Der Surrealismus hält wirklich den Kopf hin, die anderen kokettieren nur weiter, und viele legen sich einen Apfel beiseite für den Durst.

Wenn offensichtlich die letzten neuen Grenzen
der Malerei von solcher Art zu sein scheinen,
daß sie für Augenblicke selbst die ausgezeich-
netsten Eroberungen ableugnen; wenn ohne
den allergeringsten Kontakt mit dem, was
A der deutsche Expressionismus gemacht hat,
U die allerjüngste Malerei expressive Gesichts-
S züge zu tragen scheint, dann ist es auch für
D jedermann vollkommen klar, daß das Ziel
R dieser Expressivität ganz neu in der Kunst-
U geschichte ist und daß diese Kunst, Aus-
C druckskunst *par excellence,* sich noch in den
K Bahnen der Plastizität bewegt; sogar so sehr,
daß wir gerade deswegen zu behaupten wa-
gen würden, daß wir uns nicht so sehr in ei-
nem Augenblick großer Reaktion, sondern
in einer heftig überdehnten Verlängerung be-
finden.

Was macht es, daß der Künstler von heute
P die Probleme vernachlässigt, die einen Augen-
L blick lang fundamental schienen, indem er
A diese physischen Sorgen auf Miniaturgröße
S bringt? Oder daß er, weit entfernt von der
T Kälte und der Hitze, das *wirkliche* Feuer und
I das *wirkliche* Eis findet, indem er nur ab-
K wartet, daß die Glut in der Pupille des ver-
faulten Esels vereist und daß der Bleigießer,
ein Genießer, blutrot gefärbt, durch eine ge-
schickte Verwandlung die Feuerkugel wird,
die sich langsam durch die Nacht unserer
erotischen Vereinfachungen bewegt? [1928]

Reflexionen

Als ich klein war, lernte ich ein Gesetz über das Malen, das ich niemals mehr vergessen werde. Es war in der Malklasse der französischen Ordensbrüder. Wir aquarellierten einige einfache geometrische Figuren, die vorher mit schwarzen Ecklinien aufgezeichnet worden waren. Dabei sagte uns der Lehrer, daß die gute Maltechnik für diesen Fall und, ganz allgemein, das gute Malen überhaupt darin bestünde, *nicht über die Linie hinauszugehen.* Dieser Zei-

chenlehrer war Bruder des Ordens von Johannes dem Täufer von La Salle und wußte nichts von Ästhetik. Aber der gesunde Menschenverstand eines einfachen Lehrers kann nützlicher für einen eifrigen Schüler sein, als der göttliche Spürsinn eines Leonardo.

Nicht über die Linie gehen! Hier hat man eine Verhaltensnorm, bei der eine ganze Theorie der Redlichkeit und eine ganze Ästhetik der Malerei ansetzen kann.

Es hat immer zwei Arten von Malern gegeben: die einen, die über die Linie traten und die anderen, die mit Geduld und Respekt an ihre Grenze heranzugelangen wußten. Die ersteren sind wegen ihrer Ungeduld die Leidenschaftlichen und Genialen genannt worden, die letzteren sind wegen ihrer bescheidenen Geduldigkeit als kühl und nichts weiter als gute Handwerker bezeichnet worden.

Wenn es aber stimmt, daß die Tatsache der Linienübertretung eine Form des Ungestüms ist, die immer einen Beginn von Rausch, Verwirrung und Schwäche anzeigt, dann ist auch wahr, daß es eine Art von Leidenschaft gibt, die gerade in der Geduld des *Nicht-über-die-Linie-Hinausgehens* besteht und daß diese leidenschaftliche Tendenz zur Ausgeglichenheit eine starke Leidenschaft und Feindin allen Rausches ist. [1927]

Der heilige Sebastian

Für Federico García Lorca

Ironie

Heraklit sagt uns in einem Fragment, das Themistios überliefert, daß es der Natur gefällt, sich zu verstecken. Alberto Savinio glaubt, daß dieses Sich-selbst-Verstecken ein Zeichen von Scham ist. Hierbei handelt es sich wohl um eine ethische Begründung, denn diese Scham entsteht beim Zusammentreffen von Natur und Mensch. Und dieser entdeckt darin den ersten Ansatz für Ironie.

Enriquet, ein Fischer aus Cadaqués, sagte mir genau das gleiche auf seine Weise, als er neulich ein Bild von mir betrachtete, auf dem ich das Meer gemalt hatte. Er bemerkte: Das sieht wirklich genau wie das Meer aus. Nur daß es auf dem Bild besser ist, denn da kann man die Wellen *zählen.* Wenn Enriquet den Schritt von der Physik zur Metaphysik machen könnte, dann würde er in seiner Vorliebe für das Abbild den Beginn der Ironie sehen können.

Ironie, wie wir schon sagten, ist Nacktheit; sie ist der Athlet, der sich hinter dem Schmerz des heiligen Sebastian versteckt. Und sie ist zugleich dieser Schmerz, weil man ihn be*rechnen* kann.

Geduld

Es gibt eine Art von Geduld, zum Beispiel an Enriquets Art zu rudern, die man als eine reife Form des Nichtstuns bezeichnen könnte, es gibt aber auch eine leidenschaftliche Geduld, zum Beispiel das geduldige Ausarbeiten und Reifenlassen der Bilder bei Vermeer van Delft. Das ist eine Art von Geduld, wie die des Reifenlassens von Obstbäumen. Es gibt aber noch eine weitere Art, die zwischen dem Nichtstun und der Leidenschaft, zwischen Enriquets Rudern und Vermeers Malen liegt, und zwar ist das eine Art von Eleganz. Ich meine die Geduld im exquisiten Agonisieren des heiligen Sebastian.

Beschreibung der Figur des heiligen Sebastian

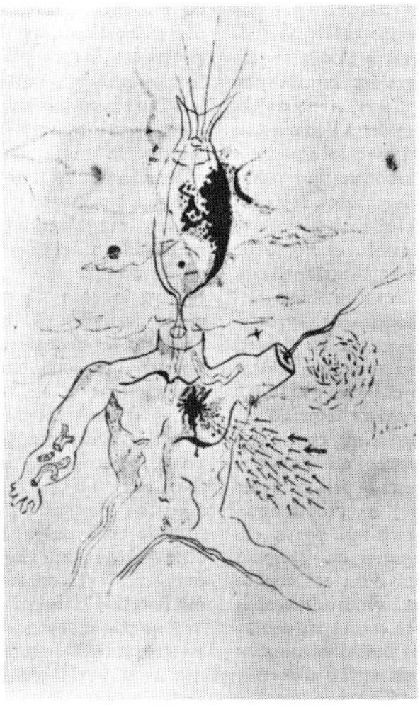

Dalí, *Der heilige Sebastian* (1927).

Ich entdeckte ihn in Italien am Ende des schwarz-weiß mit Marmor belegten Treppenaufgangs. Ich ging hinauf. Oben fand ich Sebastian an einen alten Kirschbaumstamm gebunden. Seine Füße berührten ein zerbrochenes Kapitell. Je mehr ich seine Gestalt betrachtete, um so merkwürdiger kam sie mir vor. Dennoch wurde ich den Eindruck nicht los, ihn schon mein ganzes Leben lang gekannt zu haben. Das keimfreie Licht des Morgens enthüllte mir auch das geringste Detail mit solcher Klarheit und Reinheit, daß meine Verwirrung eigentlich nicht erklärlich war.
Der Kopf des Heiligen bestand aus zwei Teilen: der eine war aus einem Material, das wie die Medusen aussah und war von einem sehr dünnen Nickelring gehalten; der andere wurde durch das halbe Gesicht eingenommen, das mich an etwas sehr Bekanntes erinnerte. Von dem Nickelring ging eine aus sehr weißem Gips gemachte Stütze aus, die wie die Wirbelsäule der Skulptur aussah. Die Pfeile trugen alle ihre Temperatur angegeben und eine kleine in den Stahl geritzte Inschrift lautete: *Einladung zur Blutgerinnung.* An manchen Stellen des Körpers traten die Venen mit ihrer intensiven Sturm-Bläue Patinirs an die Oberfläche und beschrieben schmerzvoll wollüstige Windungen unter dem Korallrosa der Haut. Wenn man zu den Schultern des Heiligen kam, sah man, wie auf einem empfindlichen Blatt, die Richtungen der Brise abgezeichnet.

Melancholische und anti-melancholische Winde

An seinen Knien hörte der sanfte Wind ganz auf. Die Aureole des Märtyrers war wie aus Bergkristall und in ihrem steingewordenen Whisky blühte ein rauher und blutiger Seestern. Auf den mit Muscheln und Glimmer bedeckten Sand projizierten exakte Instrumente einer unbekannten Physik ihre sprechenden Schatten und boten dem desinfizierten Licht ihr Kristall und Aluminium. Einige von Giorgio Morandi gezeichnete Buchstaben zeigten an: *Destillierte Apparate.*

Die Luft des Meeres

Jede halbe Minute strich ein Meeresduft vorbei, konstruiert und anatomisch wie die Teile eines Krebses.

Ich atmete. Nichts mehr war mysteriös. Der Duft des heiligen Sebastian war reiner Vorwand für eine Ästhetik der Objektivität. Ich atmete noch einmal und diesmal schloß ich die Augen, nicht aus Mystizismus, nicht um mein inneres Ich besser zu sehen – wie man platonisch sagen könnte –, sondern allein um die Beschaffenheit meiner Lider zu spüren.

Später las ich langsam die Namen und die genauen Anweisungen der verschiedenen Apparate; jede Angabe war ein Anlaß für eine ganze Reihe von intellektuellen Genüssen und zugleich eine neue Präzisionsskala für noch unbekannte Regelmäßigkeiten. Schon ohne vorherige Erklärungen erfaßte ich intuitiv die Anwendungsmöglichkeiten jedes Apparates und spürte die Freude über dessen jeweilige zweckentsprechende Genauigkeit.

Heliometer für Taubstumme

Einer der Apparate trug die Aufschrift: *Heliometer für Taubstumme.* Schon sein Name zeigte mir seine Beziehung zur Astronomie an, aber vor allem anderen wurde das durch seine Beschaffenheit deutlich. Es war ein Apparat von hoher, physikalischer Poesie, der durch Abstände und durch die Beziehungen zwischen diesen Abständen gebildet wurde; diese Beziehungen waren in manchen Abschnitten geometrisch ausgedrückt und in anderen arithmetisch; in der Mitte diente ein einfacher Anzeigemechanismus zum Messen der Agonie des Heiligen; dieser Mechanismus bestand aus einem kleinen Quadranten aus Gips, in dessen Zentrum ein rotes Blutgerinnsel zwischen zwei Glasscheiben eingefangen war und so für jede neue Wunde ein empfindliches Barometer darstellte.

Im oberen Teil des Heliometers befand sich das Vervielfältigungsglas des heiligen Sebastian. Dieses Glas war konkav, konvex und plan zugleich. In der Platinfassung der einzelnen, lupenreinen Kristalle las man eingraviert: *Ein-*

ladungen zur Astronomie; und weiter unten mit reliefartigen Buchstaben: *Heilige Objektivität.* Auf einem numerierten Glasstab konnte man weiterhin lesen: *Maß der Abstände zwischen reinen, ästhetischen Werten;* und an der Seite in einem sehr schmalen Reagenzglas diese subtile Ankündigung: *Sichtbare Abstände und arithmetische Maße zwischen reinen, sinnlichen Werten.* Dieses Reagenzgläschen war bis zur Hälfte mit Meerwasser gefüllt. In dem Heliometer Sebastians gab es weder Musik noch Stimmen und an manchen Stellen war es blind. Diese blinden Stellen des Apparats bildeten seinen feinsten Meßbereich; sie sollten das Insubstantiellste und Wunderbarste faßbar machen.

Einladungen zur Astronomie

Ich näherte mein Auge noch mehr dem Vervielfältigungsglas, einem Produkt einer langsamen Destillation, die zugleich zahlenbezogen und intuitiv war. Jeder Wassertropfen, eine Zahl. Jeder Blutstropfen, eine Geometrie.

Ich schaute hinein. Zunächst spürte ich das Streicheln meiner Wimpern auf der aus Rechenvorgängen bestehenden Oberfläche. Dann sah ich hintereinander glasklar mehrere Szenen, die ich mit einer derartig maßvollen und proportionierten Geordnetheit wahrnahm, daß sich mir jedes Detail wie ein schlichter und ebenmäßiger architektonischer Organismus darbot.

Auf dem Deck eines weißen Dampfers brachte ein Mädchen ohne Brüste den südwindgesättigten Matrosen bei, wie man Black-Bottom tanzt. Auf anderen Überseedampfern sahen die Charleston- und Bluestänzer jeden Morgen zur Zeit ihres Aperitifs Venus auf dem Grund ihrer Gin-Cocktails erscheinen.

All dieses zeigte sich keineswegs irgendwie unbestimmt, man sah alles sehr klar, mit der Klarheit eines Vervielfältigungsglases. Wenn ich mit meinen Augen bei irgendeinem Detail stehen blieb, dann vergrößerte sich dieses Detail wie im Film zu einer Nahaufnahme und gewann allerhöchste Plastizität.

Ich sehe die Polospielerin auf dem nickelglänzenden Leuchtturm der Isotta Fraschini. Ich tue nichts weiter, als meine Neugier auf ihr Auge zu konzentrieren und schon nimmt dieses das ganze Gesichtsfeld ein. Dieses einzige Auge wird plötzlich größer und wie ein einziges Schauspiel ist es nun ein ganzer Hintergrund und eine ganze Oberfläche von Ozean, in dem alle poetischen Eingebungen schwimmen und wo sich alle plastischen Möglichkeiten herausbilden. Jede Wimper ist eine neue Richtung und eine neue Ruhe; der klebrige und süße *Rimmel* bildet bei seiner mikroskopischen Vergrößerung exakte Kugelsphären, zwischen denen man die Jungfrau von Lourdes oder das Bild (1926) von Giorgio de Chirico: *Evangelisches Stilleben,* sehen kann.

Als ich die zarten Buchstaben auf dem Keks las

Superior
Petit Beurre
Biscuit

füllten sich meine Augen mit Tränen.

Ein Hinweispfeil darunter: *Richtung Chirico; zu den Grenzen einer Metaphysik.*

Die äußerst dünne Blutspur ist eine stumme und weite Ebene für die Untergrundbahn. Ich möchte nicht fortfahren bis zur Lebensgeschichte des strahlenden Leokoziten, und die roten Verzweigungen verwandeln sich in kleine Flecken, indem sie gleichzeitig sehr schnell alle Phasen ihres Abnehmens durchlaufen. Man sieht wieder das Auge in seiner ursprünglichen Größe auf dem Grund des Hohlspiegels im Leuchtturm, wie ein ungewöhnlicher Organismus, in dem bereits die exakten Fische der Reflexe blitzen in ihrer wässrigen Tränenflüssigkeit.

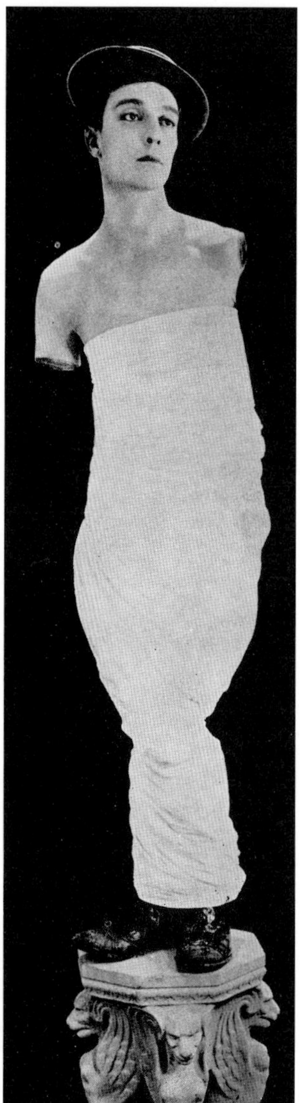
Buster von Milo

Bevor ich weiter schaute, versuchte ich noch einmal Einzelheiten des Heiligen präziser zu fassen. Sebastian, bar der Symbolismen, war ein reines Faktum in seiner einzigartigen und schlichten Gegenwart. Nur mit solcher Objektivität ist es möglich, in Ruhe ein Sternensystem zu verfolgen. Ich fuhr mit meiner heliometrischen Vision fort. Ich merkte sehr genau, daß ich mich in der anti-künstlerischen und astronomischen Bahn von Fox' Wochenschau befand.

Weitere Szenen lösen einander ab und rufen immer wieder neue lyrische Zustände hervor.

Das Barmädchen spielt auf ihrem kleinen Plattenspieler *Dinah,* während sie einen Gin-Cocktail für die Autofahrer zubereitet, die feinsinnige Mischungen von Glücksspielen und schwarzem Aberglauben mit der Mathematik ihrer Motoren erfinden.

Auf der Betonrennbahn erscheint das Wettrennen der blauen Bugattis vom Flugzeug aus gesehen, wie eine traumhafte Bewegung von Polypen, die sich in einer Spirale langsam auf den Grund des Aquariums sinken lassen mit aufgespannten Fallschirmen. Der Rhythmus von Joséphine Baker beim *Ralenti* stimmt genau überein mit dem reinsten und langsamsten Wachsen einer Blume im filmischen Zeitraffer.

Noch immer eine Brise vom Film her. Weiße Handschuhe mit schwarzen Tasten bei *Tom Mix,* rein wie das letzte erotische Sichkreuzen der Fische, der Kristalle und der Gestirne von Marcoussis.

Adolphe Menjou vermittelt uns in einer anti-transzendentalen Umgebung eine neue Dimension des Smoking und der Naivität (die man nur noch im Zynismus genießen kann).

Buster Keaton – hier ist die Poésie Pure, Paul Valéry! –,

post-maschinistische Alleen, Florida, Corbusier, Los Angeles. Schönheit und Ebenmaß des Massengebrauchsgegenstandes, aseptische und anti-künstlerische Schauspiele, konkrete, bescheidene, lebendige, freudige, beruhigende Klarheit, die sich der sublimen Kunst entgegenstellt, die zerfließt, bitter wird und verfault . . .
Laboratorium, Klinik.
Die weiße Klinik, die sich hinter der reinen Farblithographie einer Lunge verbirgt. Hinter dem Glas der Vitrine schläft das chloroformierte Seziermesser, hingestreckt wie eine schlafende Schöne in dem Wald der unmöglichen Verbindung zwischen Nickel und *Ripolin.*
Die amerikanischen Zeitschriften bieten den Augen *Girls, Girls, Girls* dar und – unter der Sonne von Antibes – stellt Man Ray das reine *Abbild* einer Magnolie her und schafft damit für unser Fleisch mehr als die taktilen Kreationen der Futuristen.
Eine Schuhvitrine im Grand Hotel. Mannequins. Reglose Mannequins, die in der elektrischen Pracht der Schaufenster stehen mit ihrer mechanischen Gefühlsneutralität und ihren verwirrenden Gelenken. Lebende Mannequins mit ihrer sanft-süßen Dummheit, die im Wechselrhythmus der Gegenrichtung Hüfte-Schulter ihre Schritte machen und die auf ihre Arterien die neu wiedererfundenen Kleidermoden spannen.

Fäulnis

Die andere Seite des Vervielfältigungsglases des heiligen Sebastian war die Seite der Fäulnis. Alles was man hierdurch sah, war Angst, Dunkelheit, aber auch Zartheit; auch Zartheit wegen der köstlichen Abwesenheit von Geist und Natur. Eingeführt durch ich weiß nicht welche Verse von Dante, sah ich nach und nach die ganze Welt der Fäulnis: die transzendentalen und weinerlichen Künstler, weit entfernt von Klarheit, Züchter aller Bakterien, Leute, die nichts von der Genauigkeit des doppelten, geeichten Dezimeters wußten; die Familien, die Kunstobjekte kaufen, um sie aufs Klavier zu stellen; der Straßenbauarbeiter; das beigeordnete Ausschußmitglied; der Professor der Psychologie . . . Ich wollte nicht mehr weitergehen. Der schmale Schnurrbart eines Schalterbeamten rührte mich. Ich fühlte im Herzen all seine auserlesene, franziskanische und zarteste Poesie. Meine Lippen lächelten, obwohl ich eher Lust zum Weinen hatte. Ich warf mich in den Sand, die Wellen schlugen an den Strand mit dem sanften Rauschen der *Bohémienne endormie* von Henri Rousseau. [1927]

Zwei Prosastücke

Für Lluís Montanyà

Meine Geliebte und der Strand

»Honig ist süßer als Blut.«

Jetzt fressen die kleinen Druckbuchstaben der Zeitung auf dem Strand den steifen Esel auf, verfault und sauber wie der Glimmer.

Wir gehen an die Stelle heran, wo die armseligen heruntergestürzten Tiere zugrunde gehen, denen bei ihrem zermalmenden Flug eine Ader geplatzt ist und die kleine Serumtropfen ausschwitzen. Dort zerbrechen wir die Schalen der Schnecken, bis wir die finden, in denen kleine Nickelgeräte enthalten sind, süß wie Honig, die zartfiebrig die transparente Vollkommenheit ihrer Glieder zeigen.

Nun, da ich unter dem Arm schwitze, werde ich in seinem Schwamm die feine Luft absterben lassen, die alle Geräte des Strandes abströmen, wenn sie die Freude der fliegenden, roten und heißen Brüste, aus denen Blut tropft, von sich geben.

Meine Geliebte liegt hingestreckt. Ihre Glieder sind zart abgetrennt. Sie ist voll von Fliegen und kleinen Aluminiumpropellern, die angezogen werden von ihrem halbpflanzlichen, nackten Körper, der mit all dem *Rimmel* eingerieben ist, den ich ihr zum Geburtstag schenkte. Meine Geliebte hat herrliche Ohren, meine Geliebte hat einen überall durchlöcherten Körper und ist durchsichtig wie trockene Blätter, die mit einer Bürste durchstoßen sind, im Gegenlicht.

Dalí, *Blut ist süßer als Honig* (1927).

Eines Morgens malte ich mit *Ripolin* ein gerade geborenes Kind und ließ es auf dem Tennisplatz trocknen. Nach zwei Tagen fand ich es gespickt voll von Ameisen, so daß es sich mit dem betäubten und lautlosen Rhythmus der Seeigel zu bewegen schien. Doch gleich bemerkte ich, daß das Neugeborene nichts anderes war, als die rosa Brust meiner Geliebten, die frenetisch von der massiven, metallblitzenden Nadel des Plattenspielers aufgezehrt wurde. Doch war es auch nicht ihre Brust: es waren die Fetzen meines Zigarettenpapiers, die sich flatternd um den magnetisierten Topas meines Verlobungsringes angesammelt hatten.
Meiner Geliebten gefällt die schläfrige Weichheit der Waschbecken und die Sanftheit der haarfeinen Seziermesserschnitte in der gekrümmten Pupille, die durch die Extraktion des Stars geschwollen ist.
Meine Geliebte trainiert jeden Morgen am Punchingball.
In meinem Notizbuch verwahre ich eine beunruhigende Röntgenaufnahme des Skeletts meiner Geliebten, auf der sie schöner und zarter aussieht, als auf ihren besten Fotos mit feinen und durchsichtigen Bekleidungen. Ihr Schmuck und die Platinfassung eines ihrer Zähne schwimmen reflexlos zwischen den milchigen Eisscheiben des Aquariums der Röntgenaufnahmen mit einer Bestimmtheit, die erloschen und astronomisch ist.
Heute sind wir sehr froh und gehen deshalb an den Strand, um die schmerzhaftesten Fasern unserer Körper zu zerreißen und um den schwächsten Puls unserer Membranen aufzureißen mit der scharfen Oberfläche kleiner Geräte und schneidender Korallen. Unsere Nerven anspannend und unsere Pupillen mit den Fingerspitzen pressend werden wir die gurgelnde Freude der Venen spüren, wenn sie aufplatzen, und die tausend Klänge unseres Blutes, wenn es unter Druck aus jeder neuen Wunde spritzt, mit lebhaften Rhythmen, die freudiger und lieblicher sind, als die ausgebluteten Synkopen der *Revellers.*

Weihnachten in Brüssel
(Ein altes Märchen)

»Auf den Dächern huschen Tierchen mit Kindergesichtern.«

Ein Haar mitten im Auge. Ich gebe mein Taschentuch her, damit Anna es mit der Spitze herauswischt. Ein gut geöffnetes Auge mit einem Haar quer drin. Nachher, Anna, bring mehr Marmelade und mehr Holz. Noch ist es nicht sechs. Ein Haar im Auge; auf dem Augengrund zeichnet sich eine Tiermaske ab, die uns anschaut. Bei den Tierchen, jedenfalls den weiblichen Tierchen darf man nicht ins Feuer blasen, sonst kann dir ein Span ins Auge kommen usw. usw. Die Tierchen, der Ochse und die Kuh.

Der Wald.
Der Hase, der Fuchs und der Igel.
Der Ochse und die Kuh, der Stall. Der Ochse und die Kuh, mehr als andere Tiere, tragen am Hinterkopf, dort wo der Tod sitzt, eine menschliche Maske, die uns anschaut.
Es war eine sehr große Kuh . . . nein, sondern ein Telefonfräulein . . . nein, es war ein Bär, der im Judenviertel bettelte. Salz und Pfeffer – gepfefferte Preise. Sie zählen Peseten auf dem Tisch der Kneipe. Peseten. Pessimistisch passiert der arme Bär die Zuckerbrücke und leckt sich den Schnee von den Holzschuhen. Sie brachten den Bären herein und brachten ihn ins Bett.
Letztes Jahr, ungefähr einen Kilometer vom Dorf, steinigten die Telefonistinnen acht kleine Jungen. Immer noch sieht man das Blut an der Mauer des Armenhauses. Hieronymus Bosch hat mit der Hilfe eines Teufelsfischchens ein grünes Feuer entzündet, mit Zweigen und Haaren, in der Mitte eines zugefrorenen Sees und wärmt sich die Hände.
Der Himmel hat sich am Abend trübe absinthen verfärbt. Sicherlich wird es wieder schneien.
Im unbewohnten Turm des alten Rathauses gab es ein dunkles Zimmer. In diesem dunklen Raum steckten sie solchen, die Anfälle hatten, Gummi in den Mund. Anna kochte Tee genau in der Küche, die Wand an Wand lag mit der Zelle, wo sie denen, die Anfälle hatten, Gummi in den Mund schoben. In der Speisekammer fand sich immer noch jener Teller mit den ölverschmierten Federn.
. . . es war schon der nächste Tag. Als Anna die Tür öffnete, um dem Bären Tee zu bringen, war der verschwunden und im Bett lag nur ein Haar. [1927]

Gedicht von den kleinen Dingen

Für Sebastià Gasch mit aller anti-künstlerischen Freude.

Es gibt ein kleines Ding, das liegt an hoher Stelle.
Ich freue mich, ich freue mich, ich freue mich, ich freue mich.
Die Nähnadeln bohren sich in die kleinen, sanften, zarten Nickelteile.
Meine Geliebte hat eine Hand aus Kork und voller Pariser Spitzen.
Die eine der Brüste meiner Geliebten ist ein regloser Seeigel, die andere ein zottiges Wespennest.
Meine Geliebte hat ein Knie aus Dunst.
Die kleinen Zauber, die kleinen Zauber, die kleinen Zauber, die kleinen Zauber, die kleinen Zauber, die kleinen Zauber, die kleinen Zauber, die kleinen Zauber . . .
DIE KLEINEN ZAUBER STECHEN.

Das Auge des Rebhuhns ist rot.
Kleine Dinge, kleine Dinge, kleine Dinge, kleine Dinge,
klcine Dingc, klcinc Dingc, kleine Dinge, kleine Dinge,
kleine Dinge, kleine Dinge, kleine Dinge, kleine Dinge . . .
ES GIBT KLEINE DINGE, STILL WIE EIN BROT.
[1928]

Fisch von einer Weintraube verfolgt

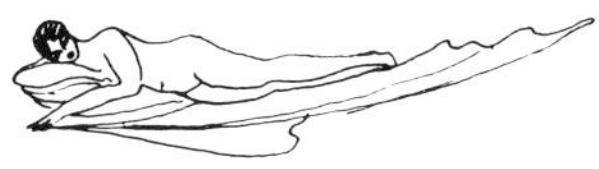

Dieser Fisch und die Weintraube waren nichts weiter als kleine Dinge: aber sie waren Dinge, die runder waren als andere und still oben an ihren Stellen lagen. Manche kleinen Dinge sind Sterne mit Schwanz und wenn man sie an eine andere Stelle legt, hinterlassen sie nasse Flecke. Das kleine Ding, das ein Stern mit Schwanz war, lag auf dem Tisch.
Es gibt flache Dinge; es gibt Dinge, die sich auf einem Bein halten.
Andere sind ein Haar, andere waren Salz gewesen. Der erwähnte Fisch war ein kleines Salz gewesen; dieses kleine Salz glänzte und wurde nach Europa gebracht zwischen den Haaren eines geknautschten Eskimomantels, im Heck jener Jacht verpackt, die den Namen einer Insel trug.
Jetzt war das kleine Salz ein Fisch, dank eines ganz speziellen Knalls.
Am Strand gibt es acht Steine: einer ist leberfarben; sechs sind voller Moos; einer ist ganz glatt. Es gibt noch einen nassen Kork, der sich in der Sonne trocknet; der Kork hat ein rundes Loch, in dem die Federn nisten.
Auf der Seite des Korks liegt ein zartes Röhrchen, am Bauch gespalten, auf dem Sand.
Zusammengenommen ist das alles nichts weiter, als eine schnelle und rasche Traubenspätfrucht. Die Steine waren nur ihre Süße; der leberfarbene Stein ihre giftige Süße; die anderen moosbedeckten die sechs zuletzt herausgekommenen Schallplatten; der Kork ihr Skelett; die Federn ihre einzelnen Trauben; das am Bauch gespaltene Röhrchen die Flügel; und der glatteste Stein: muß ich noch sagen, daß das der blutleerste Blues war, den mir meine Geliebte neulich nachmittags vorsang, die Augen schielend verdrehend und das Näschen rümpfend, wie ein kleines Tier?
Es war genau diese Traube, untergetaucht auf den Grund der Champagnerflasche, die mich an das Licht der Weinreben von Cadaqués erinnerte. Ich versuchte jenem Fischchen durch ein leichtes Bewegen meiner Karten und ohne deswegen meine Pokerpartie mit der Baronin von X zu unterbrechen, klarzumachen, wie man gegen Ende August, wenn die Winde stillstehen, das Geräusch des Süßeaufsaugens der Trauben hören kann, das ungefähr dem Geräusch gleicht, das der Regen auf den Disteln macht. Genau in diesem Augenblick – vielleicht wegen der Erschütterung, die, in dem Glanz der Juwelen der erwähnten Baronin, eine

plötzliche Erinnerung an den Ursprung des kleinen Salzes dieses Fisches verursacht hatte – schnellte die Traube los, erregt und rasch hinter dem Fisch her. Dieser rettete sich, dank einer geschickten Verwandlung in den Brillanten des Rings meiner Verlobten, versteckte sich in ihrem Finger und wurde in rasender Fahrt von dem Auto weggetragen, das ich selbst steuerte. Da beschloß die kleine Traube eine andere Art der Geschwindigkeit anzunehmen, die gleiche, die ich schon bei den Pfirsichkernen bemerkt hatte, wenn sie lange Zeit in leeren Schachteln verbringen müssen. So fing sie also an, ihre Größe zu verkleinern, bis sie eine sehr kleine Traube geworden war, von der bald nur noch die Kernchen übrig waren, die in der Luft weiterflogen, wie eine kleine Gruppe von Schrotkörnern.

Jeden Moment wurde die Menge der mit Banditen beladenen Autos größer, die uns abwechselnd verfolgten; die Banditen trugen kleine Wollmützen und einzelne auch Windschutzbrillen; der Weg war eine achtlöchrige Flöte und an jedem Loch lag ein kleiner, verfaulter Esel.

Wir hören neben uns ihre Motoren.

Wir werfen die Whiskyflasche hinaus. Die Erde sträubt sich mit lauter Gilletteklingen. Ein Weintraubenkern bildet ihre Augen.

Wir hören das schwarze Galoppieren ihrer Pferde.

Wir werfen den Federfächer. Der Weg ist ein Fluß von Blut.

Wir hören das rote Galoppieren ihrer Pferde.

Zwei Traubenkerne bilden ein kleines Salz.

Wir werfen die Karmintube. Schnee.

Wir hören das Gleiten ihrer Schlitten.

Am Ende hast Du Dich ausgezogen und hast Dein silbernes Ballkleid hinausgeworfen; und ein weites Meer, vom Mond beschienen, hat uns von unseren Feinden abgetrennt.

Das kleine Salz wollte wie Asche explodieren.

Wenn Du wolltest, könnten wir jetzt unseren Kuß, der im Dancing unterbrochen wurde, weiterküssen. Aber ist es denn nicht Nachmittag? Steht die Sonne nicht noch hoch? Die feinsten Gräser haben eine leuchtende Seite und eine Schattenseite, wie die Planeten.

Dort hinter dem Haus weiß ich ein kleines, eingeebnetes, trockenes Plätzchen.

Über den Steinen hängt reglos eine Olive.

Wenn ich Deine Finger drücke, zerquetsche ich die einzelnen, späten Trauben meines Nachmittagsbrotes und wenn ich mich an Deine Beine erinnern will, schaffe ich es nur, jenen bestürzenden, toten Esel mit Nachtigallenkopf wiederzusehen.

Die reglose Olive trägt ein kurzes Röckchen.

Ich besitze ein schönes Foto von New York. [1928]

Bin ich etwa abtrünnig geworden?

Für Pompeu Fabra*

Mitten auf dem Strand, auf einem merkwürdigen Tisch, der von einem Haufen trockener Seemuscheln gebildet wurde, und auf der Haut eines Rochens, der als Tischtuch diente, lag eine Olive reglos neben dem Schatten einer Nase, die ich gerade in einem Löffel aus meiner Handmuschel gesammelt hatte, wo er sich wohl aufgehalten hatte wegen des Wortes FLAUM, das auf allen Etiketten der kleinen Nudelpakete stand, da diese große Ähnlichkeiten mit den Nasenschatten haben, besonders wenn die genannten Nudeln, wie in diesem Fall, ihre Spitzen über das Paket hinausstrecken und so aufs genaueste die Dornenkränze der Flöhe nachahmen.

Auf dem gleichen Tisch lagen unendlich viele Brotkrumen, die alle ihre winzige Inschrift trugen. Sie glänzten in der Sonne, wie der Glimmer. Es waren so viele, daß ich Mühe hatte, die Ellbogen zu halten, ohne eine zu erdrücken und noch schwieriger war es, die unzähligen kleinen blitzenden Eicheln nicht zu zerdrücken, die eine ansehnliche Menge großer fliegender Ameisen vor sich hertrugen, mit fast dem gleichen Schritt wie die Brotstücke. Aber das war nicht alles: zusätzlich zu kleinen Schnecken, Muscheln, Perlmutt, Seeigelstacheln, Bambus, Federn, Glasstücken, Haaren, Mandelschalen, Eierschalen, Wimpern, Korkstücken usw. usw. war der Tisch noch bedeckt und gespickt mit unzähligen Schwimmern für Netze, großen Hörnern, die sich schon auflösten, verwesten Eseln, verwesten Kühen, verwesten Giraffen, verwesten Kamelen, verwesten Kamelinnen usw. usw. usw. usw. Das alles zwang mich endgültig, darauf zu verzichten, die Ellbogen auf den Tisch zu stützen, und stattdessen die Hände im Nacken zu verschränken; bevor ich mich jedoch in diese würdige Stellung begab und als ich gerade mit Daumen und Zeigefinger die Olive aufnehmen wollte, um sie neben die kleinen Eicheln zu legen, wo die Sonne mehr hinschien, da verwandelte sich diese in ein Rauchkügelchen und löste sich auf. Das inspirierte mich in großartiger Weise und ich begann zu singen: DER ZUCKER LÖST SICH IM WASSER AUF, VERFÄRBT SICH MIT DEM BLUT UND SPRINGT WIE EIN FLOH.

AUCH AUF DEN KÖPFEN DER FISCHCHEN GIBT ES EINE KLEINE FELLTIERMASKE, DIE MICH ANSCHAUT!

Dalís erstes kubistisches Gemälde, *Selbstporträt* (1920).

* Pompeu Fabra (1868—1948) ist Autor des offiziellen katalanischen Wörterbuchs, das den linguistischen Grund für das Wiedererstarken der katalanischen Sprache legte. Fabra ist daher zum Symbol für die Eigenständigkeit des Katalanischen geworden (A. d. Ü.).

ALLE GESICHTER TRAGEN IHRE NASE!
DAS SCHNEEWEISSE UND SCHNEIDENDE GEBISS DER SÄNGER KANN SICH ÖFFNEN, WIE DIE FLÜGEL DER KÄFER.
Nachher fuhr ich fort:
ICH WEISS, WO MAN HINUNTER MUSS, UM AUF DIE TOILETTEN DER BAR REGINA IN MADRID ZU GEHEN!
ICH WEISS, WO EINE KLEINE ANSCHOVIS MIT FLÜGELN UND SCHILDKRÖTENSCHNAUZE LIEGT!
ICH WEISS, WIE MAN DEN PLATTENSPIELER VON HINTEN DREHEN KANN, DAMIT ER SICH NICHT UNTER DEM VOGELFUTTER VERSTECKT!
ICH WEISS ALLE DIE S.T.EN AUSWENDIG UND ALL DIE STELLEN, WO IN DEN TANGOS DAS WORT ›NACHMITTAG‹ VORKOMMT.
Das letzte rief ich etwas enttäuscht aus, denn ich merkte gerade, daß ein kleiner klebriger Strahl mir in Abständen aus meinen Ohren floß.
Während dieser ganzen Zeit hatte sich der Tisch entvölkert; der Nasenschatten war so lang geworden, daß es schon unmöglich wurde, daran zu denken, ihn wie ein Würmchen in der Handfläche rollen zu lassen; jetzt könnte ich ihn nur noch dazu brauchen, ihn wie eine Schleimschnecke über den Abfall der glatten Küstenfelsen gleiten zu lassen.
Meine Füße stehen in dem etwas kalten Wasser, das gerade das Wespennest ersetzt hat, das mir bisher als Kissen diente. Die Löcher des Strandes füllen sich und das ansteigende Wasser belebt erneut den Haufen trockener Muscheln, die eilig bestrebt sind, zu verschwinden. Die Tischtücher, aus der Haut eines Rochens gemacht, sind schon nichts mehr, als eine weitentfernte Nachmittagswolke.
Die geflügelten Ameisen, die vor dem Meer fliehen, das mir schon bis zu den Knien geht, krabbeln mit Mühe – ihre Flügel kleben durch die Feuchtigkeit zusammen – an meinem nackten Körper hoch, der aus einer merkwürdigen grauen Paste gemacht ist. Die verwesten Esel, die verwesten Vögel, die verwesten Ochsen, die verwesten Kühe und die treibenden Netze werden auf jener Insel angeschwemmt, wo ein ganz besonderer Sand sie des Nachts näher heranführt, ja näher vereinigt mit dem Mond . . .
Ich könnte mich auch noch an Dich erinnern! . . . wenn ich wollte . . . Du trugst ein sehr ausgeschnittenes, silbernes Kleid, wie die Filmstars; aber ich fand Dich so grausam verunstaltet! . . . Du hattest Dir so viel Mühe gemacht mit der Maniküre, hattest so merkwürdige Wunden auf Deinen Knien vorgetäuscht! . . . An dem Nachmittag gingen alle Jack-Smith-Platten gleich nach den ersten Klavierakkorden kaputt, bevor er zu singen anfangen konnte . . .

Erinnerst Du Dich daran? Aber bist Du auch wirklich meine Geliebte von damals? Oder handelt es sich noch um jenen beunruhigenden verwesten Esel mit Nachtigallenkopf?

. . . .

Seit jener Abenddämmerung habe ich vor allen Nachtigallen Angst. [1928]

Gedicht*

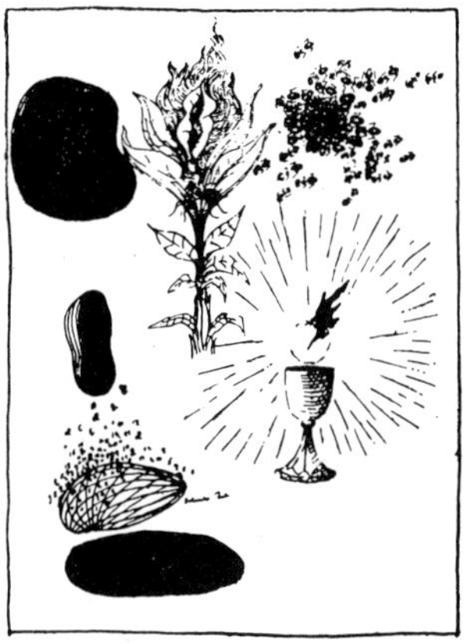

Ein regloses Ohr auf einer kleinen senkrechten Rauchsäule kündigt Ameisenregen über dem Meer an.
Auf der Seite des kalten Felsens liegt eine Augenwimper.
Ein Stück abgerissenes Fleisch kündigt das schlechte Wetter an.
Sechs verlorengegangene Brüste finden sich innerhalb eines quadratischen Wassers.
Kleine Minutenzeiger summen um einen verfaulten Esel, der den Beginn des Frühlings anzeigt.
Ein Bauchnabel ist irgendwo hingestellt, mit seinem weißen Mini-Gebiß einer Fischgräte.
Ein trockener Krebs auf einem Korkstück zeigt das Hochwasser an.
Eine nackte Figur steht mondfarben da und trägt ihre Nase.
Eine Flasche Anís del Mono schwebt horizontal über einem leeren Holzstück und gibt vor zu schlafen.
Man sieht den Schatten einer Olive in einer Falte.

[Cadaqués, 1927]

Mit der Sonne

Mit der Sonne wächst mir ein kleines Hörnchen aus einer Handvoll von mehr als tausend Fotografien trockener Motive.
Mit der Sonne, nah an einer leeren und nassen Stelle, singen sie von Speichelklecksen und einer kleinen schnarchenden Sardine.
Mit der Sonne steht eine kleine Milch senkrecht über dem After einer Schneckenmuschel.
Mit der Sonne wachsen mir zwei kleine zahnlose Haifische unter den Achseln.

* Die folgenden drei Gedichte sowie zwei Aufsätze sind aus dem originalen *Spanisch* übertragen (von Tilbert Diego Stegmann).

Mit der Sonne steht ein Nasenpopel aufrecht am Rand eines Bordsteins
und ein anderer Popel steht aufrecht auf der Spitze meines Fingers und will gleich losfliegen
und ein anderer Popel in 20 m Entfernung senkrecht auf einem Stein, der wie ein Papageienmonument aussieht,
und ein anderer Popel in 40 m Entfernung ruhig auf einer Urne, die ein frohes Lied ist,
und ein anderer trockener Popel, der eine Kurve ist,
und ein anderer fliegender Popel, der ein Schneideranzug ist,
und ein anderer aufgerichteter Popel, der die Geschichte einer Nuß ist,
und ein anderer Popel, ein Säufer, der von dem Lärm des europäischen Krieges kommt.
Wenn die Sonne scheint, wenn die Sonne scheint, wenn die Sonne scheint, wenn die Sonne scheint, wenn die Sonne scheint, wenn die Sonne scheint!
Wenn die Sonne scheint, baue ich schöne Schlösser
mit rot angemalten Korkstücken.
Mit farbigen Federn.
Mit Spucke.
Mit Haaren aus den Ohren meiner Familie.
Mit dem Gekotze der glücklichen Tierchen.
Mit den herrlichen Rahmen der kunstvollen Bilder.
Mit den Exkrementen der Sängerinnen, der Tänzerinnen, der Ziegen, der Chrysanthemenliebhaber, der vertrockneten Tiere.

Dieses Schloß baue ich eigens dafür, daß ein merkwürdiges Ehepaar aus einem alten Grashüpfer und einer kleinen Zigarrenasche es bewohnt. Der Grashüpfer ist aus mehr als 100.000.000 allerkleinsten Schwertfischen gebildet; wenn man ihn anbläst, verteilen sich die kleinen Schwertfische in der Luft und von ihm bleibt nur eine alte und äußerst dünne kahle Schreibfeder über.

Und was die kleine Asche betrifft, muß ich da noch andeuten, daß es sich um einen einfachen Popel handelt?

[1929]

Eine Feder . . .

EINE FEDER, die keine FEDER ist, sondern ein winziges GRAS, das ein Seepferdchen darstellt, mein Zahnfleisch auf dem Hügel und zu gleicher Zeit eine herrliche Frühlingslandschaft

. . .

Es gibt einen trockenen Hirschkopf auf dem Moos,
aus dem Hirschkopf steigt ein kleines Schwein
nachher noch ein kleines Schwein
nachher noch ein kleines Schwein
nachher noch ein kleines Schwein
nachher noch ein kleines Schwein
nachher ein kleiner Hirsch, grün wie ein Frosch
nachher noch ein kleines Schwein,
nachher noch ein kleiner Hirsch, grün wie Petersilie
nachher noch drei kleine Schweine
und nachher noch ein Hirsch
und diesem kleinen Hirsch kommt das Geweih durcheinander
aber er bewegt die Läufe
die Läufe rollen ein Faß voll zartem Stroh
aber das Faß voll Stroh rollt, weil darunter ein Fluß vorbeifließt
und die Strömung reißt das Faß fort
bei einem Wasserfall fällt es auf Zweige und Ziegenhaar wächst ihm
am nächsten Morgen ist das Faß vollgenistet von unendlich vielen Mini-Fotografien, die
farbige Sonnenschirme darstellen
auf denen die berühmten Seen aufgemalt sind.
Flußabwärts wohnt ein Popel in einer Hütte
der möchte keinen weiteren Schmuck
als nur eine kleine aber äußerst deutliche Fotografie eines Eichhörnchens
und anstelle eines Waschbeckens und als einziges Möbel
hat er eine frischgeschälte Mandel an einem Faden von der Mitte des Daches herunterhängen.

. . .

Zu der Zeit der schönen Landschaften
der schönen zusammenhängenden Landschaften
In 10.000 kleinen kunstvollen Kristallkrügen
mit Schaumwurzeln
der schönen zusammenhängenden Landschaften
in rasenden Pferden, die in einer Flasche eingemacht sind,
der schönen zusammenhängenden Landschaften
in weitentfernten Bergen, die 3 eiffelturmhohe Schneckenmuscheln sind
und die sich anstrengen, ein Pfefferminzblättchen darzustellen.

. . .

Warum so viel Höhe, Perlmuttschneckenmuscheln?
Warum schlafen die Hände, die von eurer Spitze herabfallen, weiter?
Warum sind mir Nägel an den Fingerspitzen gewachsen?
ist auch dies ein Geheimnis?
ich habe genügend Haare . . .

ist das ein Grund, um traurig zu sein?
muß ich etwa meine Haare ausreißen?
wäre es gut, einen schönen Tanz zu tanzen?
Einen nicht sehr müden Tanz?

...

Warum sollte man warten, daß der Schaum sich auf den glatten Felsen absetzt
wenn doch die Wolken gerade
innerhalb der Federn leben, die in den glatten Felsen liegen
aber die Wolken, der Schaum und die glatten Felsen
bilden nichts anderes als eine alte und bekannte Landschaft
in der ich meine Jugend verbrachte
meine Lippen, meine zwischen den Kieseln verlorenen Augen ...
meine Haare, die die Gesten der Steine nachahmen
und allein bewacht
durch eine wachsame Olive
fröhlich
wie ein heftiger Fußtritt mitten in den Arsch. [1928]

Realität und Surrealität

Dalí, *Zeichnung* (1928).

Als ich vor kurzem über Joan Miró schrieb, sagte ich, wie seine letzten Bilder zu Ergebnissen kommen, die uns auch bei der annähernden Erfassung der Wirklichkeit selbst helfen können. Das gleiche könnte man von allen heute lebenden Malern sagen: Picasso, Arp, Max Ernst, Yves Tanguy usw. Aber es war nötig, Miró hiervon abzusetzen als ein Beispiel größter Reinheit und weil außerdem in ihm dieses neue Gefühl der Zerstreuung, auf das Tenade sogar in den vom Surrealismus am weitesten entfernten Werken hinweist *(Die dichterische Epoche von Léger),* zu einer Verkörperung stärkster Leidenschaftlichkeit wird, die aus den absoluten Manifestationen des frühen Miró, zum Beispiel in *Die Berge* und später, innerhalb der Neuen Sachlichkeit, in *Der Bauernhof,* sich herleiten.
Diese Wahrnehmung der Realität, zu der uns der Automatismus führt, der die letzten naturalistischen Reste endgültig vertreibt, paßt zu André Bretons Formulierung, die Surrealität sei in der Realität enthalten und umgekehrt. In der Tat: In einem Augenblick besonderer Unaufmerksamkeit, wenn man weit entfernt ist von schöpferischen Eingebungen, die eine Störung des wirklich passiven Zustandes, den ich hier meine, bedeuten würden, könnte einem ein Eselskarren mit seinem Segel, vor den das unbewegliche Tier geschirrt ist, das außerdem die gleiche Farbe wie der Kar-

ren hat, *plötzlich* wie die verwirrendste, greifbarste und detaillierteste magische Zusammenstellung erscheinen, wenn wir das Tier, die Räder, das Zaumzeug und das Holz des Karrens als einen einzigen toten Gegenstand ansehen und hingegen das Segel mit seinen Bastschnüren als den lebendigen und hin und her schlagenden Teil empfinden, da es ja das einzige sich vor unseren Augen Bewegende ist.
Es handelt sich also um einen ganz kurzen Moment, in dem die Wirklichkeit dieses Gesamtgegenstandes eingefangen worden ist; einen Moment, in dem er sich uns durch eine plötzliche Umkehrung in einer Weise zur Betrachtung angeboten hat, die weit entfernt war von der antirealen stereotypen Vorstellung, die unser Verstand sich künstlich formte, als er ihn mit rationalen Kenntnissen belegte, die falsch und aus poetischen Gründen ungültig waren und die man nur durch Ausschalten der Verstandeskontrolle vermeiden kann.

Nichts ist geeigneter für die Wechselwirkungen, die sich zwischen der Realität und der Surrealität vollziehen, als die Fotografie; und die neue Sprache, die diese uns aufzwingt, erteilt uns zugleich eine Belehrung von höchster Strenge und Freiheit. Das fotografische Faktum ist sowohl vom rein Fotografischen her als auch wegen der unzähligen figürlichen Assoziationen, die es in unserem Geist weckt, eine dauernde Überprüfung der äußeren Welt, an der jedesmal mehr gezweifelt wird und die zugleich die ungewöhnlichsten Möglichkeiten zur Zusammenhanglosigkeit hat.

Dalí, *Der Kuß* (1929).

Wir werden nicht aufhören, die objektiven Fakten gegen die ungenaue Bastardpoesie abzusetzen, die von ästhetischem Subjektivismus infiziert ist – abgeschmackt und mit einem intellektuellen Impressionismus vermengt, in dem jeder Funke von Wirklichkeit von einer eleganten Selbstironie erstickt wird.
Zwangsläufig stellen sich die poetischen Lösungen mittels verstandesmäßigen Kombinationen als unbrauchbar heraus für heutige Ansprüche. [...] Mit dem falschen und absurden Einfluß von Sport, Film und Technik [...] wollen sich Dichtung und Literatur, die sich vage als avantgardistisch bezeichnen, hervortun; sie sind aber weit davon entfernt, diese neuen und herrlichen Ausdrucksmittel wirklich zu erobern, und sie werden von ihnen stattdessen aufs absurdeste und groteskeste verformt: sie sind schließlich vollkommen unlesbar.
Hingegen lieben wir die lebendige Erregung der rein objektiven Übertragungen von Boxkämpfen oder von einer Polarlandschaft, die ökonomisch und anti-künstlerisch dargestellt sind. Nichts würde die Poesie dabei gewinnen und keinerlei Interesse würden wir für die subjektiven Kombi-

nationen zeigen, die ein Cocteau, ein Giraudoux oder ein Gómez de la Serna usw. daraus fabrizieren könnten.

Dalí, *Der unsichtbare Mann* (Ausschnitt), 1929.

In diesem Wirbel von tausend Fasern unseres Geistes, in dem sich uns alles Tun verbietet, das nicht zur poetischen Erkenntnis der Realität führt (die Worte ›Poesie‹ und ›Realität‹ stehen uns immer ausdrücklichst vor Augen), und wo endlich die Worte ›schön‹ und ›häßlich‹ allen Sinn für uns verloren haben, kommen unsere Vorlieben klar zum Vorschein, die aus der Vereinigungsfähigkeit des höchst grausam und unerwartet Gegenübergestellten, das durch seine üppige Sterilität beeindruckt, entstanden sind. Oder es zeigen sich mit Exaktheit die Unmöglichkeiten einer Verknüpfung, ebenso beeindruckend wegen ihrer krankhaft nutzlosen Fruchtbarkeit, die sich als ausgedorrt oder schmerzvoll oder auch fröhlich erweist.

Da in der Tat alle Kunst in dem Moment, wo sie sich äußerlich perfektioniert, geistig verfällt, wie Miró sagt, und da sich unter dieser Perspektive alle glänzenden Epochen der Kunst als entsetzliche Dekadenzen erweisen, möchten wir hiervon ausgehend feststellen, daß gerade in diesen Perioden, die wir auch wissenschaftlich nennen können, die Wirklichkeit, die nur geistig eingefangen werden kann, verschwindet und an ihre Stelle verstandesmäßige Prozesse treten, die ästhetische Systeme auswerfen, denen Wirklichkeitserfassung fremd ist und die also unfähig sind, uns mit poetischer Kraft anzusprechen: denn einen lyrischen Eindruck, der außerhalb einer auf die Wirklichkeit bezogenen Sinneswahrnehmung existieren würde, können wir uns nicht vorstellen, und diese Wahrnehmungen sind es gerade, die uns der Automatismus und das Forschen im Irrationalen und im Unterbewußtsein zur Verfügung stellen kann.

Weit ab jeder Ästhetik und bei unserem Versuch zur Flucht, der sich Max Ernst seit so langem verschrieben hat, können wir ganz normale Gedankenverbindungen herstellen, auch entfernt von unserer gewöhnlichen Erfahrung. Für uns gibt es wirklich keinerlei Beziehung zwischen einem Bienenkorb und einem tanzenden Paar, oder, wie es André Breton will, zwischen diesen beiden Dingen gibt es keinen wesentlichen Unterschied. In der Tat kann es zwischen dem Reiter und dem Zügel nur ungefähr einen solchen poetischen Zusammenhang geben wie zwischen, sagen wir einmal, Saturn und der winzigen Larve, die in ihrer Puppe eingesponnen ist.
Die simple und so flache Annahme eines »Reiters zu

Pferde« (der Reiter schoß zu Pferde dahin) und die Voraussetzungen, die das einschließt (Idee der Geschwindigkeit, der horizontalen Lage des Pferdes und der vertikalen des Reiters usw. usw.), erscheint unserer Vorstellungskraft als etwas ungeheuer Unwirkliches und Konfusionistisches, wenn wir solch einen Zusammenhang von unseren natürlichen Sinnen her beurteilen. Jene simple und konformistische Annahme scheint uns von ungerechtfertigter Kühnheit zu sein. Denn eigentlich müßte man zunächst tausend höchst dringliche Fragen, die auf einen einstürmen, klären; insbesondere müßte man sich fragen, ob wirklich der Reiter auf dem Pferd reitet, oder ob nicht das einzige Bewegliche und ›Aufsitzende‹ des Gesamtbildes der Himmel ist, der zwischen den Beinen des Pferdes hindurchscheint, und ob die Zügel in Wirklichkeit nicht die direkte Verlängerung der Finger, nur in einem anderen Material, sind, und ob nicht die Härchen auf den Armen des Reiters viel mehr Geschwindigkeitseigenschaften haben als das Pferd selbst, und ob nicht dieses, weit entfernt davon, einer Bewegung fähig zu sein, in Wirklichkeit im Erdboden mit dicken Wurzeln festgewachsen ist, wie Mähnen, die direkt aus den Hufen herauswachsen und die mühevoll bis in die tiefen Schichten des Erdreichs hineinreichen, dessen feuchte Substanz durch ein zeitgleiches Auf- und Absteigen verbunden ist mit den Gezeiten einiger Schleimseen, die es auf gewissen kahlen Planeten gibt.

Wenn wir in unserem Eifer für Allgemeingültiges beim jetzigen Zustand der Dinge fortfahren, in dem wir diese von der absurden Einordnung befreien, in die sie unser Verstand hineingezwängt und damit ihre wirkliche Bedeutung durch eine völlig konventionelle ersetzt hat, stellen wir fest, daß die Dinge, wenn sie erst von den tausend merkwürdigen Zumutungen befreit sind, denen sie unterworfen waren, ihre wesentliche und angemessene Seinsweise wiederfinden, indem sie das Tiefste ihrer Bedeutung verändern und ihre Schatten in neue Richtungen werfen.

Was wir uns zu wünschen versagt hatten und dabei nicht einmal merkten, daß wir es uns versagten, das rückt jetzt ins klarste Licht. Was man nicht einmal im Traum zu zerbrechen wagte, wird mit absoluter Meisterschaft der Verstümmelung zerstört, und das Weichste wird hart wie die Minerale.

Das von Liebesmöglichkeiten entferntest Scheinende vereinigt sich in einer Verbindung vollendeter Liebe. Das unmöglich zu Verwechselnde wird nachlässig durcheinandergebracht, und zwar mit der gleichen Natürlichkeit, mit der sich die Dinge in Wirklichkeit vereinigen, abstoßen, verbinden, beruhigen oder ganz verschwinden.

In diesem Ganzen, in dem wir den Geist der Wirklichkeit selbst zu spüren glauben, beginnt sich unser Wortschatz aus einer Reihe von konkreten Kenntnissen zu formen, die

von unseren Instinkten aufs deutlichste wahrgenommen werden, aber sich schon außerhalb eines kulturellen Zustandes befinden.
Fern jedes Kulturzustandes, auf den man sich unausweichlich zurückbeziehen muß, um das zu verstehen, was Ergebnis verstandesmäßiger Erkenntnisse ist, werden unsere Zeichen durch die elementarsten Bedürfnisse, die immergleichen Wünsche und die gewissermaßen biologischen Reize des Instinkts gebildet werden.
Von diesem geistigen Zustand aus, von dem ich rede, verliert zum Beispiel ein Gedicht von Paul Valéry (das bei einem bestimmten Zustand des Verstandes so klar erscheint) jeden Sinn. So wie es auch für ein Kind und für einen Wilden ein Nichts ist. Außerhalb eines bestimmten Kulturbereichs, auf das es Bezug nimmt, erscheint jedes Wort dieses Gedichts als unentzifferbare Hieroglyphe, da nicht ein einziges dieser Worte ohne Ankettung an eine Reihe von verstandesmäßigen Kenntnissen über Kultur, Moral, Situation oder geläufige Gesprächsthemen gebraucht wird. Das heißt, daß diese Worte keinerlei absoluten, allgemeinen und damit realen Sinn haben.
Aber auch wenn wir die verstehens- und auffassungsmäßigen Einschränkungen beiseite lassen (die so sehr im Widerspruch stehen zu der Auffassungsfähigkeit kraftfahrer-keyserlingscher Elementarität): Ist der lyrische Effekt, den Valéry bei einem äußerst eingeschränkten und elitären Zirkel von Leuten von einem verstandesmäßigen Kulturniveau aus hervorruft, intensiver als die dichterische Wirkung der absoluten Sprache von Arp, Miró usw. (heute liegt die Dichtung in den Händen der Maler), die schon für ein Kind vollkommen verständlich ist, da sie sich speist aus dem elementarsten und feinsten Instinkt, an den sie sich zugleich richtet?

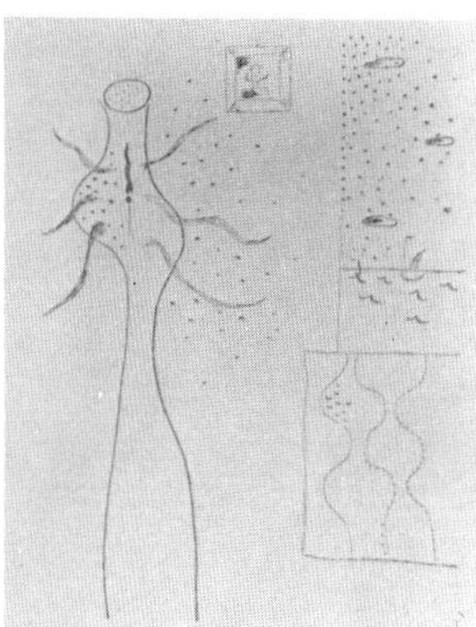
Miró, *Petroliumlampe* (1924).

Die heutigen Ausbruchsversuche haben zu einer grausamen und lustigen Revision der Gemeinplätze geführt, die durch Ästhetizismen aller Art verursacht worden waren. In dieser neuartigen Auffassung der Wirklichkeit, zu der uns die Überwirklichkeit führt, entsetzen wir uns über das, was uns früher vor Lust ohnmächtig machte; was der Dichter mit den phantastischen Schleiern seines Kitsches und mit allem ekelhaften Parfüm seines exquisiten und auserlesenen Geschmacks bedeckt hatte, das sträubt uns jetzt die Haare; die schwarze Maske genauso wie die schönste Frau; unter tausend Abscheulichkeiten werden wir ihre Zähne, die nicht gerade poetisch sind, durch herrliche Vergleiche mit den köstlichsten und entsetzlichsten schönen Dingen hervorheben, je nach dem Traumgespinst, mit dem man verdecken oder entblößen will, zum Beispiel durch den Vergleich mit Pinienkernen, die nicht einer Wurmlarve ähneln, sondern ... oder dem von wirklich konkreten Zähnen, die fähig sind zum Zerbeißen der Früchte und Vögel und jener wilden und schrecklichen Bestien oder ... je nachdem usw. usw.

Dieser äußerst schmale Arm, an dem eine riesige kränkliche Hand hängt, ist nicht erschreckender als die Rose, und diese hängt auch nicht an einem zarteren Stiel. Organische Monstrosität, vollendetes Leben der degenerierten Morphologie, rein wie die vitale Unmöglichkeit der normalen Gestalt, je nachdem usw. ...

Wenn wir brutal die Bereiche unserer Vorlieben einschränken, gewinnen wir an Intensität, was wir an weiten und faden Panoramas verlieren, die Bastardprodukte einer oberflächlichen und vollkommen verachtenswerten Perfektion sind. Die hochgeschätzten Epochen erscheinen uns völlig wertlos.

Wir begnügen uns mit *den* Ergebnissen menschlichen Schaffens, die uns durch ihre geistige Intensität zum lebendigen Einfangen der Poesie dienen können; nämlich alle direkte Kunst, die unter dem starken Eindruck des Unbekannten und der Instinkte entstanden ist, und alle Anti-Kunst, die aus ebenso dringenden und ebenso ästhetik-fernen Notwendigkeiten produziert wird.

Wir lieben die magischen Produkte der Papuas, die unter Schreckensangst hergestellt werden. Ein Parak aus Neu-Guinea erregt uns in wirksamerer Weise als lange Museumssäle; es erschüttert uns der Kontrast des Lichtes der alt-amerikanischen Kulturen, und während so viele indirekte und zweideutige Produktionen versinken, wird vor uns die ganze präkolumbische Kunst geboren und auch die Fotografie, Vermeer, die Holländer, Bosch, die anti-künstlerische Welt, von den amerikanischen Zeitschriften bis zum Film über mikroskopische Besamungsprozesse.

Picasso und die noch lebendigen Maler und Künstler der neuen Intelligenz. [Cadaqués, 1928]

Der Surrealismus

Isidore Ducasse, Comte de Lautréamont, sagte prophetisch: »Die Poesie muß von allen gemacht werden: nicht von ein paar wenigen.« Diese vermessene Behauptung, die ohne Umschweife die Zerstörung und den vollkommenen Verruf dessen, was wir im allgemeinen ›künstlerisches Talent‹ nennen, ins Auge faßt, ist wissenschaftlich untermauert worden durch die sensationelle Entdeckung des Unterbewußten durch Freud.

In der Tat: Das Unterbewußte bietet sich uns zur Analyse dar, als sei es selbst der Grund nicht nur für die Poesie, sondern für jede künstlerische Schöpfung überhaupt.

Die symbolische Sprache des Unbewußten ist die einzige

wirklich universelle Sprache, die allen Menschen gemeinsam ist, da sie nicht von einem bestimmten Stand der Kultur oder der Intelligenz abhängt, sondern auf den großen Lebenskonstanten ruht und aus ihnen folgt: dem Sexualtrieb, dem Todestrieb, der körperlichen Erfahrung des Raumes als Rätsel usw. usw.
Deswegen stellt der Surrealismus, der sich die systematische Erkundung dieser unbekannten und dunklen Welt des Unterbewußtseins zum Ziel gemacht hat, eine Tendenz und eine Richtung dar, die spezifisch und wesentlich verschieden sind von den übrigen künstlerischen Tendenzen dieser letzten Jahre. Diese Tendenzen stützten sich immer – sogar in den Fällen rein negativer Bedeutung, wie im Dadaismus –, stützten sich immer, wiederhole ich, auf eine verstandesmäßige ästhetische oder antiästhetische (das läuft aufs gleiche hinaus) Basis. Das will heißen, daß, außer durch die genannte verstandesmäßige Basis, solche Tendenzen unzugänglich sind.
Der Surrealismus hingegen hängt von keiner verstandesmäßigen Basis ab, da er, wie ich schon gesagt habe, auf den großen Lebenskonstanten ruht [. . .].
Der Surrealismus ist nicht *noch* eine künstlerische Richtung mehr. Der Surrealismus stellt eine Revolution des Lebens und der Moral dar. Wenn der Surrealismus die üblichen Verfahren der künstlerischen Aktivität, Malerei, Poesie usw. benutzt, so nur, um sie in den Dienst der Wünsche Leidenschaften und Bilder zu stellen, die verkannt, geheim, verboten und oft grausam durch das Gewissen des Menschen verurteilt sind. Wir Surrealisten benutzen die

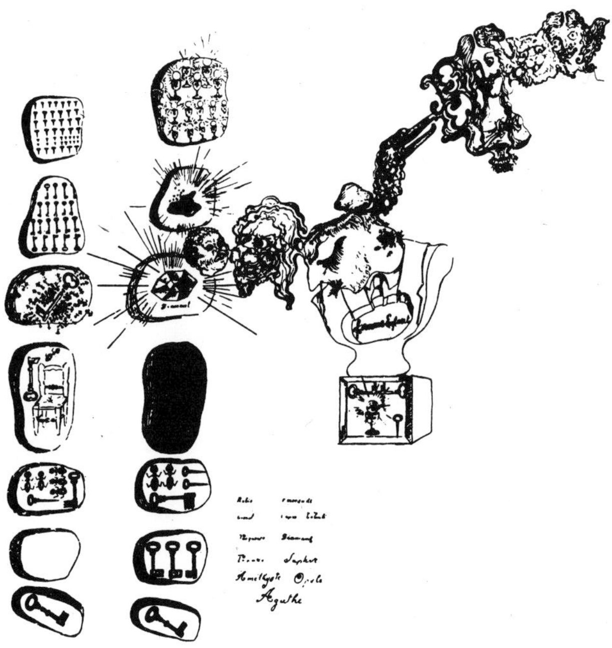

Dalí, Frontispiz für Bretons Zweites Surrealistisches Manifest (1930).

künstlerischen Verfahren als ein Mittel des Ausdrucks und der Mitteilung der Welt der konkreten Irrationalität; aber wir machen aus diesen Ausdrucksmitteln keinen Selbstzweck, wie das die Ästheten tun. Gerade aus diesem Grunde verachten wir keineswegs die akademischsten, anachronistischsten und die künstlerisch in Verruf gekommenen Techniken und Verfahren, wenn diese die wirksamsten für die Mitteilung unserer Visionen sind.
Im Leben des Menschen stehen zwei wesentliche Prinzipien gegeneinander, deren grimmiger Antagonismus uns zur Zeit unaufhebbar erscheint:
Lustprinzip gegen Realitätsprinzip.
Das Lustprinzip wird durch die Welt der unterbewußten Wünsche, »die irrationale Welt«, repräsentiert.
Das Realitätsprinzip wird durch das ganze System der Zwänge des praktisch rationalen Lebens repräsentiert: die Logik, die ästhetischen und kulturellen Systeme aller Arten, »geistige Gefängnisse aller Arten«.
Die Lust ist der legitimste Wunsch des Menschen. Wir Surrealisten beabsichtigen die Befreiung des Unterbewußten vom Realitätsprinzip, die Emanzipation der Phantasie, die Freiheit der Phantasie. Das bedeutet eine drohende Gewissenskrise, die wir Surrealisten, so behaupte ich, in wichtigen intellektuellen Meinungssektoren bereits zum Ausbruch gebracht haben.
Der Surrealismus ist kein Scherz wie manche meinen.
Der Surrealismus ist ein wirkliches Gift.
Der Surrealismus ist das gefährlichste Phantasiegift, das bis heute gefunden wurde.
Der Surrealismus ist wahnsinnig ansteckend. Achtung: »Ich habe Surrealismus!«
In New York sind bereits einige Personen durch die wunderbaren und belebenden Wunden des Surrealismus traumatisiert worden.
Surrealismus: Reiner psychischer Automatismus, durch den man den wirklichen Ablauf des Denkens aufzuzeichnen sucht. Diktat des Denkens unter Ausschluß jeglicher Verstandeskontrolle, unabhängig von ästhetischen oder moralischen Vorurteilen. [1935]

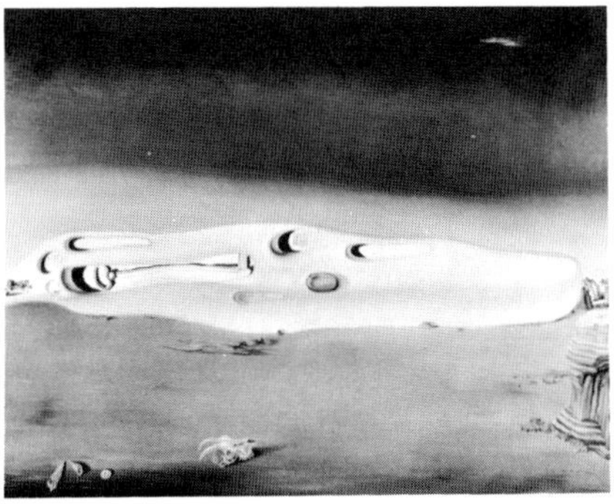

Dalí, *Hypnagogisches Bild*

Dalí, *Apparat und Hand* (1927).

In dem Moment . . .*

In dem Moment, in dem selbst für Nichtfachleute leicht die tolle und absolute Abneigung vorauszusehen ist, mit der wir alle gegen das künstlerische Faktum kämpfen werden und in dem uns alle jüngsten *ZEICHEN* dazu führen, die Verwirklichungen des Reinsten und Anspruchsvollsten an den gegenwärtigen Hervorbringungen des Geistes anzusehen[1] als die *NABELSCHNUR,* von der wir uns definitiv – mit einem noch sehr problematischen Trauma – trennen werden und damit das *KREBSARTIG WUCHERNDE KÜNSTLERISCHE VORGEHEN* hinter uns lassen; wo wir uns dann auf dem lebendigen Weg unserer Zuckungen (von denen wir keinerlei Trost, noch irgendeinen neuen Glauben erwarten) **IN DIE RICHTUNG DER FREIHEIT** begeben.

In diesem Moment also, in dem die Ironie[2] zur wirkungslosesten Droge geworden ist und in dem das Vergnügen an der Grausamkeit oder Sittlichkeit der Menschheit und anderen erhabenen Dingen, so wie die gesamte Philosophie, die sich um allgemeine *LÖSUNGEN* bemüht, mindestens so unannehmbar ist, wie die Ironie selbst.

Angesichts der Nutzlosigkeit, uns alles das noch weiter zu verstecken, was doch durch diese einzige und einfache Tatsache *GEFUNDEN* worden ist und was die Triebfeder der Angst hinweggewischt hat; angesichts dessen, für das *ALLE WILLENSANSTRENGUNG* nur noch daraus bestehen wird, **die Haut der ungewöhnlichen Heftigkeit AUSZUSETZEN, die dem Unwichtigen innewohnt.**

In diesem Moment, wiederhole ich, ist der *SURREALISMUS IN BEZUG AUF DIE REALITÄT,* als lebendiges *ANTI-KÜNSTLERISCHES* Faktum, als *MORALI-*

* Am 31. März 1929 wurde als Nr. 31 (Jahrgang IV) der katalanischen Kunstzeitschrift *L'Amic de les Arts* (»Der Kunstfreund«) in Sitges ein Sonderheft im Sonderformat und Zweifarbendruck (Schwarz-Rot: die Hervorhebungen im folgenden Text sind also teilweise in Rot zu denken) veröffentlicht, das bisher unbekannt und in öffentlichen Bibliotheken nicht vorhanden ist. Dieses Heft markiert aber durch die Aufsätze von Sebastià Gasch (»Die Aufhebung der Kunst«), Lluis Montanyà, J. V. Foix und die 7 Texte von Dalí wohl den Gipfelpunkt des katalanischen Surrealismus. Die Übersetzung dieser – bis auf das Interview mit Buñuel – von Dalí katalanisch geschriebenen Texte werden hier zusammen und in ihrer ursprünglichen Reihenfolge abgedruckt. Nicht abgedruckt werden zwei weitere kurze Texte, die von den drei Herausgebern mit »D. G. M.« (Dalí, Gasch, Montanyà) gemeinsam signiert sind. (A. d. Ü.)

[1] Vollkommene Gleichgültigkeit gegenüber der GUTEN MALEREI, Braque (Braque, der gute Maler) usw.

[2] Ich benutze dieses Wort in der Bedeutung, die ich vor einiger Zeit, durch den Mund Alberto Savinios, von Heraklit ableitete: es ist die auf sich selbst bezogene Scham der Natur, die diese dazu bringt, sich zu bedecken, zu verstecken. Das Wissen um diese Scham ist die erste Quelle der Ironie.

SCHER UMSTURZ, das einzige **ANTI-IMAGINATIVE** Mittel, das wegen seiner mechanischen Eigenschaften voll unbegrenzter Anpassungsfähigkeit und wegen der Geschwindigkeit jener am fruchtbarsten und schwindelerregendsten auf dem Gebiet der Erkenntnis[3] möglichen Gleichzeitigkeiten prädestiniert ist, da ja auf Grund von ... und geeignet für die besondere Beschaffenheit des psychischen Apparates[4], der, wie in den Träumen, dank den äußerst behenden und geschickten Übereinanderlagerungen der heterogensten und gegensätzlichsten Inhalte (und mit Hilfe anderer Spiegel-Spiele) die Wirklichkeit einer einfachen organischen Gestalt zuwege bringt (wie in den onirischen Bildern), was unserem Geist ermöglicht – dank der Zeitersparnis und dem Gipfel neuer Intensität – vor den *FAKTEN* selbst anzukommen und diese **IHRER EIGENEN FREIHEIT** unterwerfen zu können und dann noch, bei Abwesenheit jeglichen Systems[5] und mit der automatischen Hilfe der *NEUEN DREIGESCHLECHTIGEN BLUMEN,* die mit Schleim bedeckt sind, die *EINZIGEN* Möglichkeiten wahrzunehmen, die außerhalb jeder Kombinatorik von geistreichem und exquisit vaudevillehaftem *LYRISMUS* vorhanden sind. Für die *VERFAULTEN,* die sich *ZARTFÜHLEND ÜBER IHREN ZUSTAND* Sorgen machen ... es tut uns leid ... **ABER IN WIRKLICHKEIT** ...

... immer, noch über die Musik hinaus, Harry Langdon

Es war im Jahr 1922, als ich durch die Neger-Band Jackson im »Rectors Club« in Madrid, wo wir Freunde uns regelmäßig versammelten, die Musik entdeckte. Bis dahin waren für mich die Musik, die Konzerte, gleichbedeutend gewesen mit MAXIMALER LANGEWEILE, ausgenommen die UNTERHALTUNGSMUSIK, für die ich immer besondere Vorliebe gehabt, ja in ihr eine ANZIEHUNGSKRAFT gespürt habe und immer noch spüre. Schon früher hatten die Foxe, besonders die populärsten, die von den Pianolas in den Kinos gespielt wurden, Pepín Bello und mich IN VERSUCHUNG GEBRACHT, uns Tag und Nacht in ein leeres Kino einzuschließen, um dort zu leben, das Pianola ununterbrochen spielen zu lassen und Konserven zu essen, neben den Heizkörpern auf die Erde gehockt. Nur in bestimmten

[3] Gemeint ist: die sterile.

[4] Es ist verboten, von dem zu sprechen, was bis heute höchstens als Embryo einer Vorahnung existiert: nur die einfache fotografische Feststellung ist erlaubt.

[5] Das Bärtchen von Menjou kann man ohne jeglichen Filmtrick direkt, im Film selbst, auf ein Möbelstück setzen, wie eine Schwalbe.

Augenblicken, ähnlich denen, die ich später gelegentlich durchstehen mußte, ist es mir möglich gewesen, ungefähr zu kapieren, welche enorme Blödheit vonnöten ist, um zum Beispiel die *Heilige Johanna* von Bernard Shaw zu schreiben.
Harry Langdon kann mich heute, noch weit über die Musik hinaus, besonders durch sein UNWILLKÜRLICHES **Leben** bewegen, durch seine **Lebendigkeit**, DIE EINEM WASSERTROPFEN GLEICHT. Harry Langdon ist ein Etwas, das sich noch unbewußter bewegt als selbst die Tiere. Wenn er den Mund zu einem Lächeln öffnet, wenn er schon gelächelt hat, dann weiß er selbst es noch nicht und wird es auch nie wissen. Harry ist das elementare Leben, rein organisch, er lebt über das Vorhandensein seiner eigenen Gesten hinaus, in noch stärkerem Maße als die Tierchen von Joan Miró. – Plötzlich faltet sich sein Gesicht, plötzlich geht er zur Seite, plötzlich setzt er sich. – Alles bei vollkommener Abwesenheit eines Willensaktes. Es bewegt sich genauso wie eine Bohnenpflanze, wenn sie ihre Blätter hervortreibt. Keaton ist im Vergleich mit ihm ein Mystiker und Chaplin ein Verfaulter; das Gute an Chaplin war sein ursprüngliches MECHANISCHSEIN und nicht seine transzendentale Sentimentalität, die auf die Künstler ausgerichtet ist.
Harry Langdon ist eine der reinsten Blumen des Films und, darüber hinaus, unserer **Zivilisation**.

Buster Keaton

Nr. 1 bis 6

1 Warum ist, als ich die Korkkrumen von der Erde aufsammelte, mitten in meiner Hand ein schwarzes, ausgefülltes und kompaktes Loch eines wimmelnden Ameisenhaufens entstanden, das ich mit einem Löffel auszuleeren suche?

2 Warum bin ich so von Angst geschüttelt, wo es doch so süß und angenehm auszulöffeln ist?

3 Warum tut mir das Loch in meiner Hand nicht weh?

4 Warum leiden die Krallen der Hühner so, wenn sie aus dem Hals der Tiere herauskommen, die verfault und trocken daliegen?

5 Warum haben heute nachmittag alle Tauben ausgeleerte Augen?

6 Warum haben die verfaulten Esel einen Nachtigallenkopf? Wie kann es sein, daß es verfaulte Nachtigallen mit Eselskopf gibt?

. . . Die Befreiung der Finger . . .

Ich brauche wohl kaum darauf zu insistieren, wie vollkommen unannehmbar mir heute nicht nur das Gedicht, sondern alle Art literarischer Produktion scheint, die keine antikünstlerische, treue, objektive Aufzeichnung der Welt der Tatsachen darstellt, deren geheimen Sinn wir zu enthüllen drängen und zu enthüllen hoffen. Nichts ist weiter von unseren Zielen und von dem entfernt, was uns noch anziehen kann, als die Metapher und andere Techniken der verstorbenen Dichtung, die mindestens ebenso unannehmbar sind, wie die Einbildungskraft selbst.

Auch ist hier nicht der Ort, um noch einmal das leidenschaftliche Lob des fotografischen Faktums zu wiederholen, sondern der Ort, ohne methodische Festlegung, über die Wege des Unwillkürlichen zu schweifen und die einfachen Tatsachen festzustellen, die jeden Tag stärker sich innerhalb der Erkenntnis als die essentielle Vernunft herauskristallisieren oder, was vielleicht noch wichtiger ist, nur diejenigen Teilaspekte jener ALLGEMEINEN FÄHIGKEIT, auf die Breton anspielt, »QUI ME SERAIT PROPRE ET NE ME SERAIT PAS DONNÉE«.

Ich möchte hier erwähnen, daß ich im Alter von 7 oder 8 Jahren eine große Vorliebe für die Jagd auf Heuschrecken hatte; ich habe nicht den geringsten Hinweis, der eine stimmige Rechtfertigung für diese Vorliebe ermöglichen würde, denn obwohl ich noch mit Klarheit und in einer besonders lebendigen Weise mich an den Genuß erinnere, den mir die zarten Töne ihrer Flügel bereiteten, wenn ich sie selbst mit den Fingern auseinanderzog, so scheint es doch für meinen Verstand offensichtlich, daß dies nicht der EINZIGE Grund für meinen Jagdeifer war (ich muß hinzufügen, daß ich die Tierchen fast immer wenig nach ihrer Gefangennahme wieder freiließ).

Eines Tages nun, fing ich *in den Felsen vor unserem Haus in Cadaqués* mit der Hand einen Fisch von geringer Größe; sein Aussehen beeindruckte mich derartig stark und in so besonderer Weise, daß ich ihn zu Tode erschreckt wegschleuderte und dabei einen lauten Schrei ausstieß. *Er hat ein Gesicht wie eine Heuschrecke,* stellte ich dann laut redend fest.

Seit diesem Begebnis habe ich für mein ganzes Leben einen regelrechten Horror vor Heuschrecken bekommen, einen Schrecken, der sich jedesmal mit gleicher Intensität wiederholt, wenn mein Blick auf sie fällt; schon an sie zu denken bewirkt in mir ein Gefühl schmerzvollster Angst.

Ich muß weiterhin anmerken, daß das Geschehnis mit dem Fisch vollkommen aus meiner Erinnerung verschwand, ohne auch nur die leichteste Spur im Bewußtsein zu hinterlassen, bis mein Vater es mir erzählte, woraufhin ich es allerdings mit ungewöhnlicher Klarheit wiedererinnerte. Jenes Ge-

schehnis hatte meinen Vater merkwürdig berührt; er selbst bestätigte es mir.
Übrigens hatte ich mir den Grund für solch einen Schrecken bis dahin (also bevor mir mein Vater dies Geschehnis wieder wachgerufen hatte) durch verschiedene, vollkommen falsche Annahmen und andere Erlebnisse, denen ich einen ziemlichen Wahrheitsgehalt zugebilligt hatte, erklärt.
Nun möchte ich weiter in Erinnerung rufen, daß 1927, ohne die geringste Verbindung untereinander, drei seit langem getrennte Personen auf den verfaulten Esel stießen: Ich, in Cadaqués, malte in jenen Tagen eine Reihe von Bildern, auf denen eine Art verfaulter Esel voller Fliegen als obsessionierendes Thema wiederkehrte; fast gleichzeitig bekam ich zwei Briefe: einen von Pepín Bello aus Madrid, in dem er mir vom verfaulten Esel sprach und mehreres in einer zu meinen jüngst geschriebenen Sachen vollkommen parallelen Weise beschrieb; wenige Tage später schrieb mir Luis Buñuel von einem verfaulten Esel in einem Brief aus Paris.
Später hat sich Pepín Bello daran erinnert, wie er als Junge jeden Tag nach Schulschluß mehr als einen Kilometer lief, um einen verfaulten Esel anzugucken, den er bei einem Familienausflug entdeckt hatte, wo man ihm beim schnellen Vorbeigehen gesagt hatte: Schau da nicht hin!
Und jetzt erinnere ich mich, wie ich mit 3 oder 4 Jahren eine Eidechse sah, die schon ganz zerfallen und von Ameisen gespickt war.

Irgendwann einmal werde ich des längeren (vielleicht sogar in einem selbständigen Buch) auf eine Person namens Eugenio Sánchez eingehen müssen, mit dem mich eine große Freundschaft in den neun Monaten verband, in denen wir beide den Militärdienst absolvierten. Diesem außerordentlichen Menschen, von dem ich leider jede Spur verloren habe, verdanke ich die eindringlichsten Stunden meines Lebens und auch einige Texte von ungewöhnlicher Bedeutung. Dieser Mann war Karrenfahrer von Beruf und bar jeglicher Kultur; alles was er konnte war schreiben und lesen; mit ihm habe ich mich jedoch besser als mit sonst jemandem über Dinge verständigen können, die zu den am schwierigsten durch einen Dialog oder durch die eigene bewußte Kontrolle erreichbaren gehören. Nachdem er durch mich einige surrealistische Texte kennengelernt hatte, was praktisch das Einzige war, was er von Literatur kannte (er hatte niemals einen Roman gelesen), füllte er in automatischer Weise Seiten und Seiten voll unvergleichlicher Suggestivität. Mündlich äußerte er sich fast immer in den unerwartetsten Momenten, so daß es oft schwierig war, genau aufzuschreiben, was er sagte. Eines Tages zum Beispiel rief er nach einem sehr langen Schweigen aus: *Es gibt einen fliegenden Phallus* und sogleich zeichnete er ihn auf die Marmorplatte eines Café-

Tisches. Man braucht nicht meine Überraschung zu betonen, da er doch nichts von der Existenz des *Geflügelten Phallus* der alten Völker wissen konnte, über die ich später die Ausführungen von Freud las.
Wahrscheinlich auf Grund eines hypnagogischen Bildes aus dem Halbschlaf, in dem er einen einzelnen schwebenden Finger gesehen hatte (wie er mir berichtete), fand sich das Bild eines einzelnen Fingers häufig in den Texten, die er mir regelmäßig übergab. Ich hatte meinerseits schon seit längerem die Geste der Zärtlichkeit bei Müttern oder Liebenden beobachtet, die sich gegenseitig so die Hände fassen, daß aus einer Hand nur die Finger der anderen herausschauen, wobei sie diese Finger dann mit einem derartig sonderbaren Blick betrachten, daß ich jedesmal ganz verwirrt wurde. Mein eigener Daumen hatte mich oft plötzlich (trotz der Gewöhnung) überrascht, wenn ich ihn so alleine, wie etwas Verwirrendes und Ungewöhnliches, aus dem Loch der Palette herauskucken sah. Kürzlich habe ich bei Kindern die so unerklärliche Geste beobachtet, sich die Hand zu verbergen und nur die Finger frei zu lassen.
Ein einziger Finger ist das Thema einiger Gemälde und einiger Fotos, die ich gerade fertiggestellt habe ... auf diesem gewaltsamen Weg, auf dem wir NOCH die Dinge ihrer eigenen Freiheit unterwerfen können ...

... die Befreiung der Finger ...

Revue der anti-künstlerischen Tendenzen

SURREALISTISCHE OBJEKTE
ONIRISCHE OBJEKTE

Neben den schon geschaffenen und definierten *surrealistischen Objekten* hat Breton die Schaffung neuer Objekte vorgeschlagen, die den Bedürfnissen des menschlichen Fetischismus entsprechen und zugleich einen besonderen Lyrismus voraussetzen, der in bezug auf den Lyrismus des surrealistischen Objektes das sein soll, was der surrealistische Text in bezug auf den onirischen Text ist.
Diese neuen Objekte, die als *onirische Objekte* angesehen werden können, würden, wie Breton sagt, den stetigen Wunsch nach Verifizierung zufriedenstellen; er fügt hinzu, daß man soweit möglich einige Objekte herstellen müßte, denen wir uns nur in Träumen nähern können und die man kaum verteidigen kann, wenn man sie in bezug auf ihre Nützlichkeit oder in bezug auf die Unterhaltsamkeit betrachtet.

Hundertjahrfeier der Hysterie

Breton und Aragon haben in der *Révolution Surréaliste* den 100. Geburtstag der Hysterie gefeiert und vortrefflich deren Stellenwert deutlich gemacht, indem sie ihre ganze hochexemplarische und neue Bedeutung hervorhoben. Schon die leidenschaftlichen Fotos von einer Hysterischen erregten uns damals sehr stark. Heute können wir die einfachen und poetischen Mittel der Hysterie erwähnen und weisen auf die moralische Seite des Problems hin, auf die wir später ausführlicher eingehen zu können hoffen.

Dokumentarfilme

Eine vehement anti-künstlerische Tendenz zeigt sich in dem verbissenen Drängen zum Dokumentarfilm – (die Existenz und mit gleicher Notwendigkeit die Suche nach dem surrealistischen Text oder der surrealistischen Produktion) – und der minuziöse Dokumentarfilm zeigt einmal mehr die dauernde Osmose zwischen Realität und Surrealität.

Doch befindet sich der Dokumentarfilm, genauso wie die anderen anti-künstlerischen Tendenzen, in einem embryonalen Zustand, der allerdings nicht daran hindert, daß heute wichtige und extrem delikate Probleme angepackt worden sind, wie zum Beispiel das der Grenzen und Möglichkeiten der literarischen Dokumentation in bezug auf den Dokumentarfilm. Doch im Moment ist der Anstoß, der schon entscheidenden Einfluß gehabt hat, in infamer und künstlerischer Weise durch den Avantgardefilm abgefangen worden.

Hoffen wir, daß die ersten gefühlsmäßigen Versuche, die auf jeden ästhetischen Sinn verzichten, parallel zu den rein wissenschaftlichen Versuchen uns einen Dokumentarfilm von dem langen Leben der Haare eines Ohrs oder den Dokumentarfilm eines Steines oder in Zeitlupe den einer Luftströmung zeigen.

Erwähnen wir die strengen und wirkungsvollen Mittel, über die der Dokumentarfilm heute verfügt: den Plattenspieler, die Fotografie, das Kino, die Literatur, das Mikroskop usw. usw.

Die schwachen Dokumentarfilmversuche, die bisher bekannt sind, weisen uns darauf hin, daß wir kurz vor der Kenntnis von *erschütternden Geschichten* stehen.

Der Gummi-Klang

Konsequenz dieser neuen Freiheit, die so natürlich aus unseren wirklichen Impulsen geboren wurde, ist der gegenwärtige allgemeine Geisteszustand, der Lektüre, Malerei, Musik usw. nicht erträgt, der aber für einen einzigen Klang, den der Jazz erfunden hat, zweifellos en bloc die gesamte offizielle Literaturproduktion der Gegenwart eintauschen würde. Red-Nichols, der Erfinder des Gummi-Klangs, verwirklicht auf einer sinnlichen Ebene einen Akt der Desavouierung und Umstürzung des Bereichs der Vernunft, Bruder des Aktes der Aufhebung des Gewichts und der Schwerkraft, die besonders verwirrend ist und schon vom Surrealismus registriert wurde.

Umfragen über das Sexualleben
Für die weisen Mitbewohner unseres Landes wäre es von Vorteil, die Umfrage über das Sexualleben, die die Surrealisten in Paris durchgeführt haben, kennenzulernen. Wir empfehlen die genannte Umfrage, die in zwei aufeinanderfolgenden Nummern der *Révolution Surréaliste* erschienen ist, wegen ihres hohen und musterhaften moralischen Werts.

Drahtlose Einbildungskraft
Drahtlose Telegrafie, drahtloses Telefon, drahtlose Imagination ... die Schlußfolgerung ist leicht, sagt Breton, aber er meint, sie sei erlaubt; nichts gefährlicher als das. Stellen wir immerhin diese Art neuer Imagination in verschiedenen anti-künstlerischen Phänomenen fest. Den witzigen filmischen *Gag*, zum Beispiel; die reine Inspiration hingegen ist das Gegenteil der Imagination; denn Imagination heißt immer Eingreifen, Agieren. Die Imagination ist etwas, das man in einer mehr oder weniger inspirierten Weise fabriziert. Die Imagination ist der Springbrunnen, dessen Gewalt unserem Willen gehorcht. Die Inspiration hingegen ist etwas Unwillkürliches, ein Geysir, der plötzlich am stillsten Strand ausbricht und seinen salzigen und kochenden Strahl zu einer unvorhergesehenen Höhe der Leidenschaft aufrichtet.

Bücher
Ein *noch lesbares* französisches Buch, *LE GRAND JEU* von Benjamin Péret, dem authentischsten französischen Dichter unserer Zeit.

... EIN JUNGER MANN
von ganz normalem Äußeren, der aber trotz seiner Unbedeutendheit als Symbol der leidenschaftlichsten und verwirrendsten Poesie angesehen werden könnte ...

Die Idee einiger Minutenzeiger aus Gras (VON FACHLEUTEN HERGESTELLT, VERSTEHT SICH) drängte sich immer wieder in meine Gedanken, als diese eigentlich auf ganz anderen Wegen waren.
Ein Gegenstand jedoch, der der Haut gewisser Dickhäuter ähnelte, verstellte mir schließlich den Blick auf einige Haare, die sich auf der Spitze eines Fingers befanden. Wie weich ist das doch alles! – sagte ich zu mir und bezog mich dabei auf die genannten Haare (DIE ÜBRIGENS WIE NADELN ERIGIERT WAREN). Sofort stießen diese weichen Gegenstände, die man manchmal allein an den Orten zurückläßt (KLEINE KINDER) einen langen und scharfen Schrei aus, der sinnlos in jener Nachmittagsstunde verhallte, da er von niemandem gehört wurde. Das lag daran, daß ihnen das

Fleisch weh tat, sie schmerzte; ihnen stand eine feine Wunde offen, außerhalb des Schließmuskels, in der sich ein Haar verklemmt hatte: ja, wirklich, ein erigiertes Haar, wie eine Nadel.
Unter dem Mikroskop war dieses Haar eine Reihe von Flöhen und jeder von ihnen war aus einer Unzahl von kleinen Seeigeln zusammengesetzt und jede Spitze der Seeigel aus einer Reihe von usw. usw. usw. usw.
Nachdem ich das Verzehrte bezahlt hatte, fuhr ich fort: eine Gestalt hatte sich gerade hingehockt, um die Käfige zu arrangieren (SIE AUFZUREIHEN UND JEWEILS JEDEN ZWEITEN BIS ZUR HÄLFTE MIT KORKSTAUB ZU BEDECKEN).
In einem großen Haufen von Schwämmen dehnten sich die untenliegenden jedesmal aus, wenn oben einer weggenommen wurde (PHÄNOMEN DER ELASTIZITÄT); zuletzt, als nur noch der unterste übrig blieb, der flach war wie eine Hand, machte er sich plötzlich rund und füllte sich mit Löchern. Der erwähnte Schwamm war 1 m 35 cm von dem Schuhabsatz einer Person entfernt und lag aufrecht vor einem herrlichen verfaulten Mund (VOLLER KLEINER INFIZIERTER WUNDEN). Doch sogleich änderte die Person ihre Stellung und bewegte den Fuß nach hinten; daraufhin betrug die Entfernung zwischen dem Schwamm und dem Schuhabsatz 1 m 40 cm; dann bewegte sich die Person fast unmerklich, und die Entfernung zwischen dem Schwamm und dem Schuhabsatz der erwähnten Person betrug 1 m 38 cm; nach einer Viertelstunde war die Entfernung zwischen dem Schwamm und dem Absatz der Person erneut 1 m 35 cm; nach einer weiteren Viertelstunde betrug die Entfernung 2 km, und die Luftlinie zwischen dem Schwamm und dem Schuhabsatz der Person wurde zerbrochen, das heißt während dieser Zeit unterbrochen durch 250 weibliche und 300 männliche Genitalien – ich weise auch noch hin auf die nicht weniger zufällige Einfügung einer Olive in die genannnte Luftlinie, einer Olive, die aufrecht und allein sich auf einem Bartresen befand. Wenn man die ideale (?) gerade Linie, die den Schwamm und den Schuhabsatz der Person verband, ungeheuer verlängerte, so fand man, genau 80 000 km von dem Schwamm entfernt, eine andere Olive, die ebenfalls aufrecht stand auf einem Felsen von Cadaqués (Ort am Meer, Provinz Gerona).
DOCH ALL DIESES FÜHRT MICH ZU WENIG WEIT.
In der Tat, weiter als die relative und nichtige Kenntnis der Entfernungen, führte mich die Betrachtung eines herrlichen Mädchenkopfes, dessen Kopfhaut in senkrechten Streifen aufgerissen war und in einem frischen Rot von rohem Fleisch herunterhing über den Kragen des Mantels von feinstem Leder. Dieses Mädchen hatte gerade angehalten, um im Inneren eines merkwürdigen Geschäftes einen jungen Mann von ganz normalem Äußeren zu betrachten, der trotz seiner

Unbedeutendheit als perfektes Symbol der leidenschaftlichsten und verwirrendsten Poesie angesehen werden konnte; dieser junge Mann hatte gerade die Arme gehoben um ...

LUIS BUÑUEL

L. Buñuel

S. Dalí

»metteur en scène«, von dem der europäische Film sehr viel zu erwarten hat und dessen Produktionen bald an die Öffentlichkeit kommen werden, hat Salvador Dalí und für den »Amic de les Arts« Rede und Antwort gestanden:

Was steht dir näher, der anti-künstlerische industrielle Film oder die verschiedenen bisherigen Versuche des Kunst-Films?
Es scheint mir monströs, die traditionellen Kunstauffassungen auf die Industrie anzuwenden. Ob es nun um einen Film oder ein Auto geht. Der *Künstler* ist beauftragt, die reinsten Objekte unserer Zeit zu beschmutzen. Wo er doch am wenigsten von ihnen versteht. Und der europäische Film, mit ganz wenigen Ausnahmen, tut nichts anderes als Kunst zu machen. Selbst der russische Film, der nicht nur künstlerisch ist, sondern literarisch und tendenzhaft.

Glaubst du, daß man in Europa zu einem reinen surrealistischen Film kommen kann, mit Aufeinanderfolge surrealistischer Bilder, onirischer Szenerie usw.?
Eigentlich ist es der einzige Film, um den wir uns sinnvollerweise bemühen konnten. Aber auch dieser hält sich mehr oder weniger an die Ideen der Kunst, da er nicht industriell produziert werden kann, sonst könnte sich nicht ein einziger Film amortisieren. Das wäre ein Luxus, den wir uns auf keinen Fall erlauben können. Genauso ein Luxus, wie für Minderheiten zu malen oder zu schreiben, aber unendlich viel teurer. Sobald es in Europa eine wirkliche Filmindustrie gibt, wird automatisch der echte Film entstehen. Und auch so wird uns immer noch die herrliche Intuition fehlen, die die Amerikaner für den Film haben. Das ist eine Frage der Rasse.

Glaubst du, daß Man Ray als ein Element solcher Bemühungen angesehen werden kann oder glaubst du, daß er nur ein Einzelfall ist, der den Surrealismus nicht versteht, obwohl er zur Gruppe gehört?
Man Ray ist voller »esprit«. Viel näher an uns und am Surrealismus sind Pollard, Menjou, Ben Turpin usw.

Chaplin oder Buster Keaton?
Die Frage mußte kommen. Chaplin macht nur noch die Intellektuellen lachen. Die Kinder langweilen sich bei ihm. Die Bauern verstehen ihn nicht. Er ist bei allen Snobs und

bei allen Gesellschaften, die Vorträge veranstalten, angekommen: Die Marquisen sagen *C'est délicieux* oder weinen, wenn sie die Zirkusarena leer sehen. Es gibt noch gelegentlich einen verfaulten Alten, der sich reinhält und vom »*unwürdigen* Herzen Chaplins« spricht. Er habe die Seite der Kinder verlassen und richte sich jetzt an die Künstler und Intellektuellen. Aber in Erinnerung an die Zeiten, in denen er mehr zu sein versuchte, als nur ein Clown: Halten wir für ihn ein mitleidiges *merde* bereit! Und sehen wir ihn uns nie wieder an!

Ben Turpin

Welche Tendenz oder welche der derzeitigen Gruppen steht dir am nächsten?
Im Film keine. Sonst der Surrealismus. Obwohl mich dessen Werk weniger interessiert, als die einzelnen Surrealisten selbst. Dennoch interessiert er mich natürlich am meisten von allem auf der Welt und steht mir am nächsten.

Interessiert dich die Kunst?
Überhaupt nicht und noch weniger der Künstler. Ich finde die Ersatzstoffe vorteilhafter, die man in den zahlreichen neuesten Schöpfungen unserer Zeit hat. Ich bin gegen den Typhus immunisiert.

Welche Bedeutung gibst du »Drehbuch«, »Star«, »Schnitt«, »Rhythmus«, »Fotografie«, »Beleuchtung« usw.?
Genau dieses sind die Elemente, die, gut ausgewogen, einen Film ausmachen. Der Fotografie und dem Schnitt gebe ich eine fundamentale, definitive Bedeutung. Ich verweise dich auf meinen jüngsten Artikel über »découpage« in der *Gaceta Literaria.* Den »Star«, jedenfalls so wie die Masse ihn versteht, finde ich absolut unerwünscht. Wenn der Star so bescheiden ist wie Harry Langdon, dann scheint er mir das Wichtigste von den zufälligen Elementen eines Films zu sein. Was »Rhythmus« betrifft, so weiß ich nicht, was das sein soll.

Glaubst du, daß die jüngste geistige Produktion von Picasso, Miró usw. innerhalb von Kunst bleibt oder stellt sie eine Aktivität vollkommen außerhalb dieses Gebietes dar?
Picasso kann man – um sich zu eigen zu machen, was schon *alle* sagen – vollständig in die gesamte künstlerische Tradition einreihen. Er ist ein weiterer großer Maler in der Geschichte der Kunst. Aber keinesfalls kann man ihn als antikünstlerischen Maler bezeichnen. Mich erstaunt eure treue Anhängerschaft für ihn. Angefangen mit Breton. Miró hingegen bewegt sich auf einem sehr anderen Gebiet. Ich würde bei mir zu Hause Bilder von dir und von Miró aufhängen, hingegen würde ich meine Wände nicht mit einem Bild von El Greco oder Picasso beschmutzen.

Adolphe Menjou

Kann dir der Einfluß der Surrealisten noch helfen, um das Bärtchen von Menjou zu verändern und zu befreien?
Vielleicht. Natürlich bin ich weiterhin sehr stark mit diesen dauernden Evasionen beschäftigt und verfolge sie aus nächster Nähe. Zur Zeit bin ich aufs äußerste durch die Frage verwirrt, ob sein Bärtchen Männchen oder Weibchen ist. Ich bin sicher, daß ich das zusammen mit dir viel besser herauskriegen würde, als durch die erneute Lektüre der *Nadja,* die dir so lieb ist.

Harry Langdon

2. Beiträge zum Film

Dalí, Frontispiz für Bretons »Le revolver à Cheveux blancs« (1932).

Luis Buñuel und Salvador Dalí: Ein andalusischer Hund

Fantômas, Band 10 (1911).

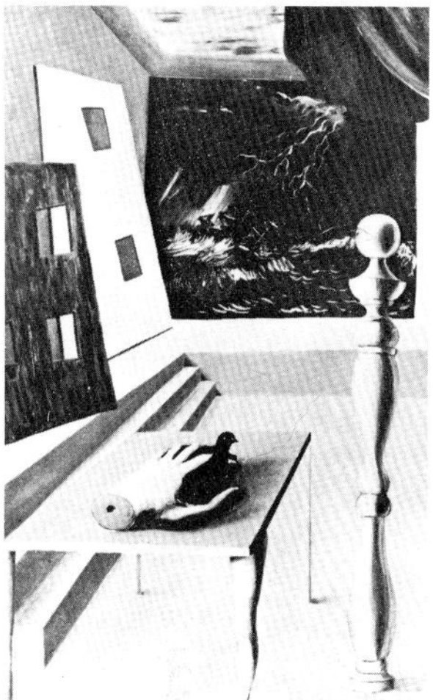
Magritte, *Die abgeschnittene Hand* (1926).

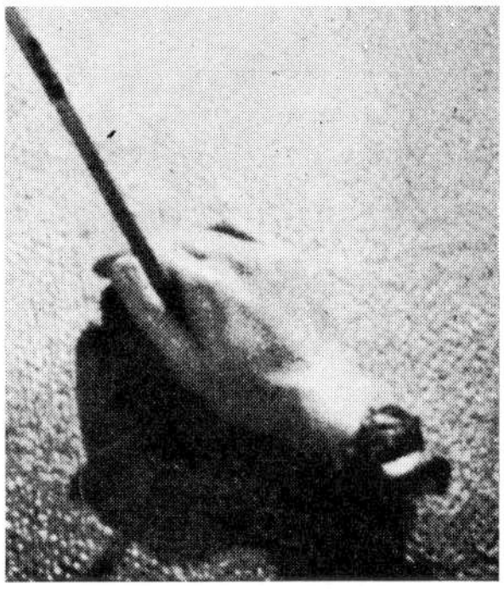
Ein andalusischer Hund (1929).

PROLOG
ES WAR EINMAL . . .

Ein Balkon, Nacht.
Ein Mann schärft sein Rasiermesser in der Nähe des Balkons. Der Mann betrachtet durch die Fensterscheiben den Himmel und sieht . . .
Eine leichte Wolke, die sich auf den Vollmond zubewegt.
Dann der Kopf eines jungen Mädchens mit weitaufgerissenen Augen. Eine Rasierklinge bewegt sich auf eins der Augen zu.
Die leichte Wolke zieht jetzt vor dem Mond vorbei.
Die Rasierklinge fährt durch das Auge des jungen Mädchens und schneidet es entzwei.
Ende des Prologes.

ACHT JAHRE SPÄTER

Eine menschenleere Straße. Es regnet.
Ein Mann in einem dunkelgrauen Anzug erscheint auf einem Fahrrad. Kopf, Rücken und Hüften sind von weißen Tuchumhängen umgeben. Auf seiner Brust ist mit Riemen ein rechteckiger Kasten mit schrägen schwarz-weißen Streifen befestigt. Der Mann radelt mechanisch, mit freier Lenkstange, die Hände auf den Knien.
Der Mann von hinten, bis zu den Schenkeln *(amerikanische Einstellung), Doppelbelichtung:* Er fährt mit dem Rükken zur Kamera in Längsrichtung der Straße weiter.
Der Mann fährt auf die Kamera zu, bis der gestreifte Kasten in *Großaufnahme* erscheint.
Irgendein Zimmer im dritten Stock in dieser Straße. In der Mitte sitzt ein junges Mädchen in einem stark farbigen Kostüm, sie liest aufmerksam in einem Buch. Plötzlich fährt sie auf, horcht neugierig und entledigt sich des Buches, indem sie es neben sich auf den Diwan wirft. Das Buch bleibt offen liegen. Auf einer Seite sieht man einen Stich von Vermeers *Spitzenklöpplerin.* Das junge Mädchen ist jetzt überzeugt, daß etwas los ist: sie steht auf, dreht sich um und geht rasch zum Fenster.
Der Mann von vorhin hat unten auf der Straße gerade angehalten. Aus Trägheit, ohne irgend etwas dagegen zu tun, kippt er mit dem Fahrrad in den Rinnstein, mitten in einen Schmutzhaufen.
Das junge Mädchen stürzt mit einer Geste der Wut, des Grolls zur Treppe, sie will hinunter auf die Straße.

Groß: der mit völlig ausdruckslosem Gesicht auf dem Boden ausgestreckte Mann; er befindet sich in der gleichen Stellung wie im Augenblick, als er stürzte.
Das junge Mädchen verläßt das Haus, stürzt sich auf den Radfahrer und küßt ihn wie rasend auf den Mund, die Augen und die Nase. Es regnet jetzt so stark, daß die geschilderte Szene verschwimmt.
Überblendung: der Kasten, dessen schräge Streifen diejenigen des Regens überlagern. Hände, die einen kleinen Schlüssel halten, öffnen den Kasten; sie entnehmen ihm eine in Seidenpapier eingeschlagene Krawatte. Man sollte beachten, daß der Regen, der Kasten, das Seidenpapier und die Krawatte schräge Streifen haben, nur ihre Breite ist verschieden.
Dasselbe Zimmer.
Das junge Mädchen steht neben dem Bett und betrachtet das Zubehör, das der Mann trug – Umhänge, Kasten und steifen Kragen mit dunkler, einfarbiger Krawatte – alles so angeordnet, als würden diese Sachen von einer auf dem Bett liegenden Person getragen. Dann entschließt sich das junge Mädchen, den Kragen in die Hand zu nehmen, sie macht die einfarbige Krawatte los und ersetzt sie durch die gestreifte, die sie gerade aus dem Kasten genommen hat. Sie legt sie wieder an die gleiche Stelle und setzt sich dann in der Haltung von jemandem, der die Totenwache hält, ans Bett.
(Anmerkung. – Das Bett, das heißt die Decke und das Kopfkissen, sind leicht zerknittert und durchgedrückt, als ob wirklich ein menschlicher Körper darauf läge.)
Die Frau hat das Gefühl, jemand sei hinter ihr, sie dreht sich, um zu sehen, wer es ist. Sie ist nicht im geringsten verwundert, als sie den Mann erblickt, diesmal ohne alles Zubehör, der mit großer Aufmerksamkeit etwas in seiner rechten Hand beobachtet. In dieser großen Aufmerksamkeit liegt viel Angst.
Die Frau kommt näher und betrachtet ebenfalls, was er in der Hand hat. *Groß:* die Hand, in deren Mitte Ameisen wimmeln, die aus einem schwarzen Loch herauskommen. Keine einzige fällt herunter.

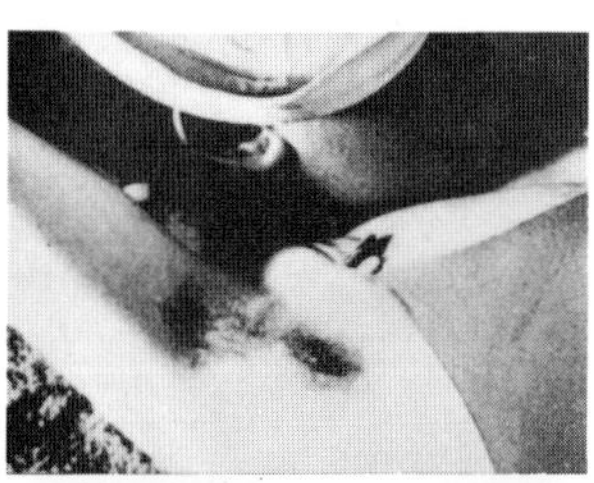

Überblendung: das Achselhaar eines jungen Mädchens, das an einem sonnigen Strand im Sand liegt. *Überblendung:* ein Seeigel, dessen bewegliche Stachel leicht schwanken. *Überblendung:* der Kopf eines anderen jungen Mädchens *(stark geneigte Einstellung)* in Kreisblende. Die Blende öffnet sich, und man sieht, daß sich das junge Mädchen mitten in einer Gruppe von Leuten befindet, die eine von Polizisten errichtete Absperrung durchbrechen wollen.
Das junge Mädchen versucht, eine in der Mitte des Kreises auf dem Boden liegende abgetrennte Hand mit lackierten Fingernägeln mit einem Stock aufzuheben. Einer der Polizisten nähert sich ihr und erteilt ihr einen scharfen Verweis;

er bückt sich, hebt die Hand auf, schlägt sie sorgfältig ein und legt sie in den Kasten, den der Radfahrer trug. Er händigt alles dem jungen Mädchen aus, das er militärisch grüßt, während sie ihm dankt.
Man muß sich im klaren darüber sein, daß sie im Augenblick, wo ihr der Polizist den Kasten aushändigt, von einer ungewöhnlichen Empfindung überwältigt wird, die sie von allem vollkommen isoliert. Sie ist wie verzaubert vom Echo einer fernen geistlichen Musik, die sie vielleicht in früher Kindheit gehört hat.
Da das Publikum seine Neugier befriedigt hat, zerstreut es sich allmählich in alle Richtungen.
Diese Szene ist von den Personen, die wir im Zimmer des dritten Stockes verlassen haben, beobachtet worden. Man sieht sie durch die Fensterscheiben des Balkons, von wo aus man das Ende der oben beschriebenen Szene verfolgen kann. Als der Polizist dem jungen Mädchen den Kasten aushändigt, sind die beiden Personen auf dem Balkon offenbar von derselben Empfindung bis zu Tränen überwältigt. Sie wiegen ihre Köpfe hin und her, als folgten sie dem Rhythmus dieser ungreifbaren Musik.
Der Mann sieht das junge Mädchen an und macht eine Bewegung, die auszudrücken scheint: »Hast du gesehen? Hab ich dir's nicht gesagt?«
Sie betrachtet wieder das junge Mädchen auf der Straße, das jetzt allein, in einem Zustand absoluter Funktionshemmung, gleichsam an Ort und Stelle gebannt ist. Autos fahren in schwindelerregendem Tempo vorbei. Plötzlich wird sie von einem überfahren und schrecklich verstümmelt.
Mit der Entschiedenheit eines Menschen, der völlig im Recht ist, nähert sich da der Mann seiner Gefährtin, sieht ihr geil und scharf in die Augen und faßt ihr durch die Jerseybluse hindurch an die Brüste. *Groß:* die geilen Hände auf den Brüsten, welche unter der Bluse hervorquellen. Man sieht, wie sich ein schrecklicher Ausdruck fast tödlicher Angst auf dem Gesicht des Mannes spiegelt. Eine blutige Speichelschliere fließt ihm vom Mund auf den entblößten Busen des jungen Mädchens.
Die Brüste verschwinden und verwandeln sich in Schenkel, die der Mann weiter betastet. Sein Gesichtsausdruck hat sich verändert. Seine Augen glitzern vor Bosheit und Sinnlichkeit. Sein weit offener Mund schließt sich wieder, winzig, wie von einem Schließmuskel zusammengezogen.
Das junge Mädchen weicht zurück ins Innere des Zimmers, der Mann folgt ihr in der gleichen Haltung.
Plötzlich macht sie sich mit einer energischen Bewegung aus seinen Armen los und entzieht sich seinen aufdringlichen Berührungen.
Der Mund des Mannes zieht sich vor Wut zusammen.
Sie ist sich im klaren, daß es zu einer unangenehmen oder gewaltsamen Szene kommen wird. Sie weicht Schritt für

Die Veröffentlichung dieses Drehbuches in der »Révolution Surréaliste« *ist die einzige von mir autorisierte.* Sie ist Ausdruck meiner vorbehaltlosen, vollständigen Zustimmung zum Denken und zur Aktivität der Surrealisten. *Ein andalusischer Hund* würde nicht existieren, wenn der Surrealismus nicht existierte.
Ein Erfolgsfilm, werden die meisten denken, die ihn gesehen haben. Doch was vermag ich gegen diejenigen, die geil sind auf alles Neue, selbst wenn es ihren tiefsten Überzeugungen ins Gesicht schlägt, gegen eine Presse, die unaufrichtig oder käuflich ist, gegen dieses stumpfsinnige Pack, das *schön* oder *poetisch* gefunden hat, was im Grunde nur ein verzweifelter, ein leidenschaftlicher Aufruf zum Mord ist.

L. B.

Schritt in eine Ecke zurück und verschanzt sich hinter einem kleinen Tisch.
Der Mann mimt den Theaterbösewicht. Er sieht sich um, sucht etwas. Er entdeckt vor sich auf dem Boden ein Stück Seil und nimmt es mit der rechten Hand auf. Er sucht auch mit der linken Hand und bekommt ein entsprechendes Seil zu fassen.
Das junge Mädchen drückt sich an die Wand und betrachtet angstvoll, was ihr Verfolger ausheckt.
Dieser geht auf sie zu und schleppt mit großem Kraftaufwand hinter sich her, was an den Seilen angebunden ist.

Es wird vorbeigeschleift: zuerst Korkstücke, dann eine Melone, zwei Brüder der Armenschule und schließlich zwei herrliche Konzertflügel. Die Flügel sind voller Eselskadaver, deren Hufe, Schwänze, Kruppen und Exkremente aus dem Resonanzkörper heraushängen. Bei einem der Flügel sieht man im Augenblick, wo er vor dem Objektiv ist, einen großen Eselskopf auf der Tastatur.
Der Mann schleppt diese Last mühsam hinter sich her und strebt verzweifelt auf das junge Mädchen zu. Er wirft Stühle, Tische, eine Stehlampe usw. usw. um. Die Eselskruppen bleiben überall hängen. Ein Knochen, von dem sich das Fleisch gelöst hat, stößt unterwegs gegen die an der Decke aufgehängte Lampe, die bis zum Ende der Szene schwankt.
Der Mann hat das junge Mädchen fast erreicht, da weicht sie ihm mit einem Satz aus und flieht. Ihr Verfolger läßt die Seile los und stürzt ihr nach. Das junge Mädchen öffnet die Verbindungstür und verschwindet im Nebenzimmer, doch nicht schnell genug, um sich einschließen zu können. Die Hand des Mannes, die er durch die Türspalte hatte schieben können, wird am Handgelenk eingeklemmt.
Das junge Mädchen drückt in seinem Zimmer die Tür immer mehr zu und betrachtet die Hand, die sich in *Zeitlupe* vor Schmerz zusammenkrampft, und die Ameisen, die wieder zum Vorschein kommen und sich auf der Tür ausbreiten.
Plötzlich sieht sie sich um im neuen Zimmer, das mit dem ersten identisch ist, durch die Beleuchtung aber anders wirkt: das junge Mädchen sieht . . .
Das Bett, auf welchem der Mann liegt, dessen Hand immer noch in der Türspalte eingeklemmt ist. Er trägt die Umhänge und den Kasten auf der Brust, ohne sich im geringsten zu bewegen; seine weitaufgerissenen Augen haben einen abergläubischen Ausdruck, als wollte er sagen: »In diesem Augenblick wird sich etwas wirklich Außerordentliches abspielen!«

GEGEN DREI UHR MORGENS

Auf dem Treppenflur vor der Wohnungstür ist ein anderer Mann mit dem Rücken zur Kamera gerade stehengeblieben. Er drückt auf den Klingelknopf an der Tür der Wohnung, wo die Handlung spielt. Weder die elektrische Glocke noch der elektrische Klöppel der Klingel ist sichtbar, aber an den entsprechenden Stellen sieht man, wie zwei Hände durch zwei über der Tür angebrachte Löcher greifen und einen silbernen »shaker« schütteln. Dies nur ganz kurz, wie wenn man in gewöhnlichen Filmen auf den Klingelknopf drückt.
Der Mann auf dem Bett fährt zusammen.
Das junge Mädchen öffnet.
Der Neue geht geradewegs auf das Bett zu und befiehlt dem Mann gebieterisch, er solle aufstehen. Er gehorcht, zieht dabei aber ein so saures Gesicht, daß der andere sich genötigt sieht, ihn an den Umhängen zu packen; er zwingt ihn brutal, aufzustehen.
Er reißt ihm die Umhänge einen nach dem andern ab und wirft sie zum Fenster hinaus. Der Kasten nimmt den gleichen Weg, auch die Riemen, die derjenige, der das alles erduldet, umsonst vor der Katastrophe zu bewahren versucht hatte. Das veranlaßt den Neuen, den Mann zu bestrafen, er muß sich aufrecht an eine Wand des Zimmers stellen.
Der Neue hat immer mit dem Rücken zur Kamera agiert. Jetzt dreht er sich zum erstenmal um und holt etwas auf der anderen Seite des Zimmers.
Untertitel:

VOR SECHZEHN JAHREN

Das Bild wird plötzlich unscharf. Der Neue bewegt sich in *Zeitlupe,* und man sieht, daß seine Gesichtszüge mit denjenigen des anderen übereinstimmen; sie sind ein und derselbe, nur sieht der Neue jünger und leidenschaftlicher aus, als der andere vielleicht vor einigen Jahren gewesen ist.
Der Neue geht auf das andere Ende des Zimmers zu, Kameraschwenk; er folgt *(amerikanische Einstellung).*
Ein Pult, auf das unser Individuum zugeht, rückt ins Bild. Auf dem Pult zwei Bücher und verschiedene in Schulen übliche Gegenstände: ihre Lage und ihre geistige Bedeutung werden sorgfältig bestimmt.
Er nimmt die beiden Bücher, dreht sich um und geht wieder auf den Mann zu. Plötzlich wird alles wieder ganz normal, die *Unschärfe* und das *Zeitlupentempo* verschwinden.
Sobald er neben ihm steht, befiehlt er ihm, die Arme zu kreuzen, gibt ihm in jede Hand ein Buch und befiehlt ihm, zur Strafe so stehenzubleiben.

Der Bestrafte hat jetzt einen stechenden, tückischen Gesichtsausdruck. Er wendet sich dem Neuen zu. Die Bücher, die er immer noch hält, verwandeln sich in Revolver.
Der Neue betrachtet ihn zärtlich; diese Empfindung steigert sich noch.
Der Mann mit den Umhängen bedroht den andern mit seinen Waffen und zwingt ihn zum »Hands up!«; obwohl ihm gehorcht wird, drückt er beide Revolver ab. *Amerikanische Einstellung:* Der Neue stürzt mit schmerzverzerrtem Gesicht tödlich verletzt zu Boden. (Die *Unschärfe* setzt wieder ein, und der Sturz nach vorn ist noch stärker in *Zeitlupe* als vorher.)
Man sieht von fern, wie der Verwundete stürzt, er befindet sich diesmal nicht im Zimmer, sondern in einem Park. Neben ihm sitzt mit dem Rücken zur Kamera, reglos, leicht nach vorn geneigt, eine Frau mit nackten Schultern. Im Fallen versucht der Verletzte diese Schultern zu umfangen und zu streicheln; eine seiner Hände wendet sich zitternd ihm selbst zu; die andere streift die Haut der nackten Schultern. Schließlich bricht er zusammen.
Totale. Ein paar Passanten und Wächter stürzen herbei, um ihm zu helfen. Sie richten ihn in ihren Armen auf und tragen ihn weg durch den Wald.
Den leidenschaftlichen Hinkenden dazwischenkommen lassen.
Dasselbe Zimmer. Eine Tür, diejenige, in der die Hand eingeklemmt gewesen war, öffnet sich langsam. Es erscheint das junge Mädchen, das wir bereits kennen. Sie schließt die Tür hinter sich und betrachtet sehr aufmerksam die Wand, an der der Mörder stand.
Der Mann ist nicht mehr da. Die Wand ist unbeschädigt, ohne Möbel oder Schmuck. Das junge Mädchen macht eine Bewegung des Ärgers und der Ungeduld.
Man sieht wieder die Wand, in der Mitte befindet sich ein kleiner schwarzer Fleck.
Dieser kleine Fleck ist von nahem gesehen ein Totenkopfschwärmer.
Groß: Der Schmetterling.
Der Totenkopf auf den Flügeln des Schmetterlings bedeckt die ganze Leinwand.
Amerikanische Einstellung: Plötzlich erscheint der Mann mit den Umhängen und führt rasch die Hand zum Mund wie jemand, der sein Gebiß verliert.
Das junge Mädchen betrachtet ihn verächtlich.
Der Mann nimmt seine Hand wieder weg, und man sieht, daß der Mund verschwunden ist.
Das junge Mädchen scheint ihm zu sagen: »Gut! Und nun?« und zieht sich mit dem Lippenstift die Lippen nach.
Man sieht wieder den Kopf des Mannes. Wo der Mund war, beginnen Haare zu sprießen.
Das junge Mädchen bemerkt es, unterdrückt einen Schrei

und betrachtet lebhaft ihre Achselhöhle, die vollkommen kahl ist. Sie streckt ihm geringschätzig die Zunge heraus, wirft sich einen Schal um die Schultern, öffnet die Verbindungstür, die sich neben ihr befindet, und geht ins Zimmer nebenan; es ist ein großer Strand.
In der Nähe des Wassers wartet ein dritter Mann. Sie begrüßen sich sehr freundlich und gehen die Brandung entlang spazieren.
Ihre Beine und die Wellen, die um ihre Füße branden.
Die Kamera *folgt ihnen im Wagen.* Die Wellen tragen ihnen sacht zuerst die Riemen, dann den gestreiften Kasten, dann die Umhänge und zuletzt das Fahrrad vor die Füße. Diese Einstellung bleibt noch eine Weile, ohne daß das Meer irgend etwas von sich gibt.
Sie spazieren weiter den Strand entlang und verblassen nach und nach, während am Himmel folgende Worte erscheinen:

Dalí und ich hatten die Absicht, Gags und Gegenstände zu wählen, die uns gerade einfielen, und erbarmungslos alles auszuscheiden, was etwas hätte bedeuten können.
Luis Buñuel

MIT DEM FRÜHLING

Alles ist verändert

Man sieht jetzt eine Wüste ohne Horizont. In der Mitte stehen, bis zur Brust im Sand versunken, der Mann und das junge Mädchen, beide blind, in zerfetzter Kleidung, von den Sonnenstrahlen und einem Insektenschwarm benagt.
[1928]

Ein andalusischer Hund war der Film von Jugend und Tod, den ich dem witzigen, eleganten, durch und durch intellektuellen Paris mit der ganzen Wirklichkeit und dem ganzen Gewicht des iberischen Dolches mitten ins Herz stoßen wollte; sein Griff ist aus dem blutroten, versteinerten Boden unserer Urgeschichte gemacht, seine Klinge aus den inquisitorischen Flammen der heiligen katholischen Inquisition, die verschmolzen sind mit dem Hohelied schwellenden, rotglühenden Stahles fleischlicher Auferstehung.
Salvador Dalí

Luis Buñuel und Salvador Dalí: Das goldene Zeitalter

Als ich mit Buñuel das Drehbuch zum *Goldenen Zeitalter* schrieb, war mein Hauptgedanke, die gerade, reine »Verhaltenslinie« eines Wesens zu zeigen, das durch die ekelhaften humanitären und patriotischen Ideale sowie andere erbärmliche Mechanismen der Realität hindurch seiner Liebe folgt.

Salvador Dalí

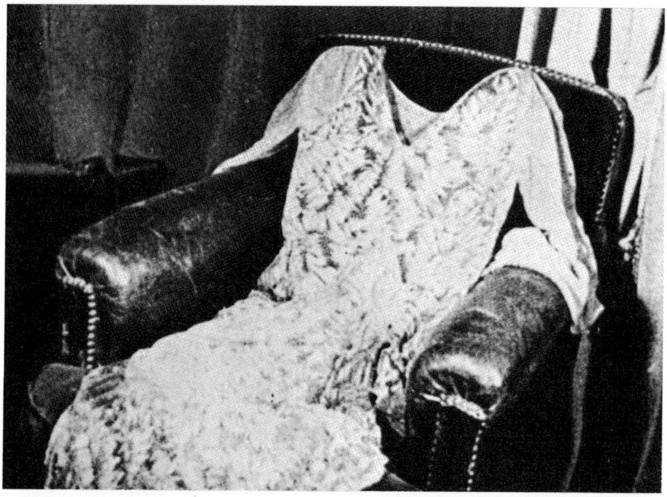

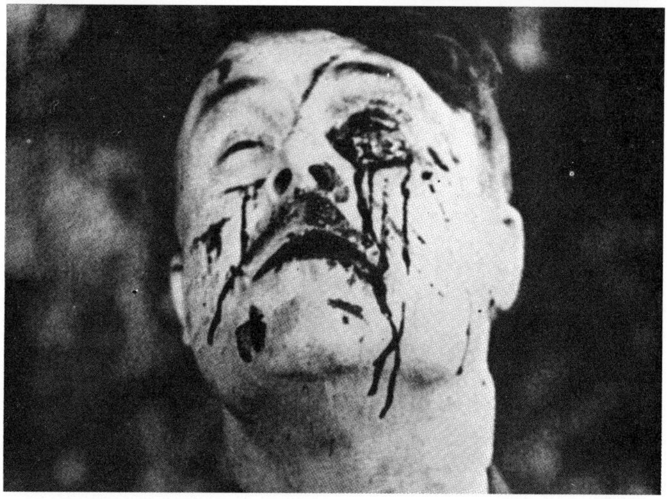

In den Felsen hausen Skorpione. Ein Bandit hockt auf einem Felsen und erblickt eine Gruppe von Erzbischöfen, die sich in einer Steinlandschaft niedergelassen haben und singen. Der Bandit rennt los, um seinen Gefährten mitzuteilen, es seien Mallorkiner* (Erzbischöfe) in nächster Nähe. Als er seine Hütte erreicht, trifft er seine Gefährten in ei-

* Mallorkiner: Bewohner der Insel Mallorca (Spanien).

nem seltsam schwachen, niedergedrückten Zustand an. Sie greifen zu den Waffen und gehen alle hinaus bis auf den jüngsten, der nicht einmal mehr aufstehen kann. Sie machen sich in den Felsen auf den Weg, doch einer nach dem andern kann nicht mehr und fällt hin. Zuletzt bricht auch der Anführer der Banditen verzweifelt zusammen. Von dort, wo er liegt, kann er das Brausen des Meeres hören und die Mallorkiner beobachten, die jetzt in den Felsen zerstreute Skelette sind.

Eine gewaltige Seefahrerkarawane geht an dieser zerklüfteten, einsamen Stelle an Land. Die Karawane besteht aus Geistlichen, Militärs, Nonnen, Ministern und verschiedenen Zivilisten. Alle begeben sich zu der Stelle, wo die Überreste der Mallorkiner liegen. Dem Beispiel der Würdenträger folgend, die den Leichenzug anführen, entblößt die Menge das Haupt.

Es geht um die Gründung des kaiserlichen Rom. Gerade wird der Grundstein gelegt, da lenken durchdringende Schreie die allgemeine Aufmerksamkeit ab. Im Schlamm ganz in der Nähe wälzen sich ein Mann und eine Frau im Liebeskampf. Sie werden getrennt. Der Mann wird geschlagen, Polizisten führen ihn ab.

Dieser Mann und diese Frau spielen in dem Film die Hauptrollen. Der Mann wird bald wieder freigelassen, als sich dank einem Dokument herausstellt, daß er eine hochgestellte Persönlichkeit ist und die Regierung ihm eine wichtige humanitäre und patriotische Mission anvertraut hat. Von nun an gilt alles, was er unternimmt, der Liebe. Während einer unvollendeten, von leidenschaftlichen Fehlleistungen bestimmten Liebesszene wird der Hauptdarsteller von der hochgestellten Persönlichkeit, die ihn mit der Verantwortung für die erwähnte humanitäre Mission betraut hat, am Telefon verlangt. Dieser Minister beschuldigt ihn. Weil er seine Aufgabe vernachlässigt hat, sind Tausende von alten Leuten und unschuldigen Kindern zugrundegegangen. Der Hauptdarsteller erwidert diese Anschuldigung mit Schimpfworten und kehrt, ohne weiter zuzuhören, an die Seite der geliebten Frau zurück, und zwar in dem Augenblick, wo es einem ganz unerklärlichen Zufall gelingt, sie noch endgültiger von ihm zu trennen. Man sieht dann, wie er eine brennende Tanne, ein gewaltiges landwirtschaftliches Gerät, einen Erzbischof, eine Giraffe und Federn aus dem Fenster wirft. All dies genau in dem Augenblick, wo die Überlebenden von Schloß Selligny über die schneebedeckte Zugbrücke schreiten. Der Graf von Blangis ist offensichtlich Jesus Christus. Diese letzte Episode wird von einem *pasodoble* begleitet*. [1930]

* Neben anderen Einzelheiten sieht man in diesem Film einen Blinden, der mißhandelt, einen Hund, der überfahren, einen Sohn, der von seinem Vater fast grundlos umgebracht, eine alte Dame, die geohrfeigt wird usw...

Manifest der Surrealisten zu »Das goldene Zeitalter«

PROGRAMME

PARIS-BESTIAUX
film de D ABRIC et M GOREI

UN FILM COMIQUE
Au Village
film de montage
de Leonid MOGUY

UN DESSIN ANIMÉ SONORE
et
L'AGE D'OR
film parlant surréaliste
de Luis BUNUEL
Scénario de Luis BUNUEL & DALI
interprété par
GASTON MODOT
LYA LYS
Caridad de LABERDESQUE — Lionel SALEM
Max ERNST — Madame NOIZET
Liorens ARTRYAS — DUCHANGE
IBANEZ

Da am Mittwoch, den 12. November 1930, und an den folgenden Tagen täglich einige hundert Personen in einem Zuschauerraum Platz nehmen sollen, die durch ganz verschiedene, sehr gegensätzliche Bestrebungen, welche gleichsam auf einer riesigen Skala von den besten bis zu den schlimmsten reichen, zusammengeführt werden, und zwar Personen, die sich im großen ganzen nicht kennen und sogar, gesellschaftlich gesehen, überhaupt wenig gemeinsam haben, sich aber, ob sie wollen oder nicht, kraft der Dunkelheit, einer unmerklichen Ausrichtung und der Stunde, die für alle dieselbe ist, verschwören, mit Buñuels *Das goldene Zeitalter* einem der anspruchsvollsten Programme, die dem menschlichen Bewußtsein bis zum heutigen Tag unterbreitet worden sind, zum Erfolg zu verhelfen oder es zu Fall zu bringen, empfiehlt es sich vielleicht eher, als einfach den Genuß auszukosten, daß man erkennt, wie hier endlich in höchstem Maße die niederschmetternden Gesetze übertreten werden, die das Kunstwerk entschärfen sollten, in dem ein Schrei lebt und angesichts dessen man sich heuchlerisch bemüht, in der Schönheit keinen Knebel zu sehen, empfiehlt es sich sogar entschieden, die Spannweite dieses am sinkenden Himmel, am sinkenden abendländischen Himmel heute ganz unverhofften Raubvogels mit einiger Schärfe zu ermessen: *Das goldene Zeitalter.*

Der Geschlechtstrieb und der Todestrieb

Es wäre vielleicht allzu wenig, wenn man von den heutigen Künstlern verlangte, sich an die übrigens geniale Feststellung zu halten, daß die in ihnen brütende, sublimierte Energie sie weiterhin mit gebundenen Händen und Füßen der Ordnung des Bestehenden ausliefert und außer ihnen selbst keine andern Opfer fordert. Es ist unserer Ansicht nach ihre ganz elementare Pflicht, die Aktivität mysteriöser Herkunft, die sich für sie aus dieser Sublimierung ergibt, einer scharfen Kritik zu unterwerfen und vor keiner scheinbaren Übertreibung zurückzuschrecken, da es ja vor allem darum geht, den erwähnten Knebel zu lockern. Es soll ihnen nicht nur gestattet, sondern sogar von ihnen verlangt werden, sich mit dem ganzen Zynismus, der zu dieser Aufgabe gehört, der Verirrung in sich selbst und der Bejahung aller versteckten Tendenzen zu überlassen, deren künstlerische Resultante nur ein ziemlich oberflächlicher Aspekt ist. Wenn sie mit dieser Sublimierung abgerechnet haben, deren Gegenstand sie sind und die nur Mystizismus für ein natürliches Ziel halten kann, so ist es ihre Sache, dem Urteil

der Wissenschaft einen anderen Begriff für Sublimierung vorzuschlagen.
Man erwartet heute von einem Künstler, daß er weiß, welchen fundamentalen Machenschaften er sein Künstlertum *verdankt,* und man kann seinen Anspruch, Künstler zu sein, nur insoweit anerkennen, als man überzeugt ist, daß er diese Machenschaften vollkommen durchschaut.
Nun zeigt uns die unvoreingenommene Prüfung der Bedingungen, unter welchen das Problem gelöst wird – oder auf eine Lösung zielt –, daß der Künstler, zum Beispiel Buñuel, nur der vordergründige Schauplatz einer Reihe von Gefechten sein kann, die sich zwei hintergründige, in jedem Menschen miteinander verbundene Triebe liefern: der Geschlechtstrieb und der Todestrieb.
Da die durchweg feindliche Haltung, die der Todestrieb auslöst, sich bei den einzelnen Menschen nur in ihrer Anwendung unterscheidet, da andererseits rein ökonomische Gründe in der gegenwärtigen bürgerlichen Gesellschaft verhindern, daß diese Haltung sich mehr als nur sehr partiell befriedigen kann, und da diese Gründe an sich schon eine unerschöpfliche Quelle von Konflikten sind, die sich aus denen ergeben, die zustandekommen könnten und die zu prüfen dann statthaft wäre, weiß man, daß die Haltung der Liebe, mit dem ganzen Egoismus, den sie voraussetzt, und den viel wahrnehmbareren Aussichten auf Verwirklichung, die sie hat, das Licht des Geistes eher erträgt als der Todestrieb. Daher die erbärmliche Vorliebe fürs *Refugium,* dem man in der Kunst seit Jahrhunderten schmeichelt, daher die sehr weitgehende Toleranz, die man in bezug auf alles an den Tag legt, was zum Ausgleich für eine Menge Heulen und Zähneklappern dennoch ermöglicht, diese Haltung der Liebe über alles zu stellen.
Fest steht, daß dialektisch gesehen die eine dieser Haltungen menschlich nur in Zusammenhang mit der andern von Belang sein kann und daß sich diese beiden Triebe der *Erhaltung,* wie man sie zutreffend genannt hat, die einen Zustand wiederherstellen möchten, der durch das Auftauchen des Lebens gestört worden ist, bei jedem Menschen vollkommen die Waage halten, so daß der Anti-Eros nur dank der Feigheit der Gesellschaft und auf Kosten des Eros aufkommt. Fest steht, daß wir an der Heftigkeit, die die leidenschaftliche Liebe eines Wesens beseelt, seine Fähigkeit zur Weigerung ermessen können, daß wir ihm, indem wir nicht weiter auf eine vorübergehende Funktionshemmung achten, in der seine Erziehung es vielleicht festhält, eine vom revolutionären Standpunkt aus mehr als bloß symptomatische Rolle zuordnen können.
Möchte sich doch einmal, hier tritt es ein, diese leidenschaftliche Liebe über ihre eigene Bestimmung klar genug werden, möchte sie doch einmal ihre Stacheln sträuben, die vom Blut dessen triefen, was man lieben will und manchmal

Yves Tanguy

auch liebt, möchte doch einmal der berüchtigte Wahnsinn eintreten, außerhalb dessen wir Surrealisten keinen künstlerischen Ausdruck für gültig halten, und wir werden die neue, dramatische Grenze des Kompromisses erfahren, den jeder Mensch durchläuft und den zu durchlaufen wir, als wir Schreiben oder Malen wählten, ohne weiteren Kommentar – denn dieser weitere Kommentar ist *Das goldene Zeitalter* – als erste und letzte eingewilligt haben.

Die Mythologie ändert sich

Zu einem der psychoanalytischen Forschung, die Ursprung und Entwicklung moralischer Mythen zu bestimmen sucht, zweifellos sehr günstigen Zeitpunkt scheint es uns auf Grund einfacher Folgerung und außerhalb jeder wissenschaftlichen Exaktheit möglich, auf das allfällige Vorhandensein eines Kriteriums zu schließen, das sich entschieden von allem freimachte, was in den Bestrebungen des surrealistischen Denkens insgesamt zusammengefaßt werden kann und was, biologisch betrachtet, aus einer Haltung hervorginge, die derjenigen entgegengesetzt wäre, die annimmt, daß verschiedene der vorhandenen moralischen Mythen Überbleibsel ursprünglicher Tabus seien. Ganz im Gegensatz dazu sind wir (so paradox das scheinen könnte) der Meinung, daß im Bereich dessen, was man für gewöhnlich auf das Angeborene beschränkt, eine diese Mythen herabmindernde Hypothese statthaft wäre, derzufolge Kult und Mythenbildung um gewisse fetischistische Vorstellungen mit moralischer Bedeutung (wie diejenige der Mutterschaft, des Alters usw.) ein Produkt wären, das sowohl durch seine Beziehung zur Gefühlswelt als auch durch seinen Mechanismus der Objektivierung und der Projektion nach außen als ein sicher sehr komplizierter Fall kollektiver Übertragung betrachtet werden könnte, wobei ein mächtiges, unergründliches Gefühl der Ambivalenz eine demoralisierende Rolle spielen würde.
Neben den individuellen psychologischen Möglichkeiten einer oft vollständigen Vernichtung eines großen mythischen Systems gibt es die nicht weniger häufige, wohlbekannte Möglichkeit, in späteren Zeiten auf Grund eines Regressionsprozesses bereits vorhandene archaische Mythen wiederzufinden. Das bedeutet einerseits die Bekräftigung gewisser symbolischer Konstanten des unbewußten Denkens, andererseits die Tatsache, daß dieses Denken von keinem mythischen System abhängig ist. Das ganze läuft also auf ein sprachliches Problem hinaus: durch die unbewußte Sprache können wir einen Mythos wiederfinden, doch wir sind uns darüber im klaren, daß die Mythologien sich ändern und daß ein neuer psychologischer Hunger mit paranoischer Tendenz bei jeder Gelegenheit unsere oft erbärmlichen Gefühle übersteigt.

Man darf nicht einer aus Mangel an Vergleichsmöglichkeiten aufkommenden Illusion vertrauen, jener Illusion, daß der stehende Zug fährt, wenn ein anderer Zug am Wagenfenster vorbeifährt, was im Bereich der Ethik der Illusion einer Verschiebung des Geschehens zum Bösen hin gleicht: alles spielt sich ab, als änderten sich, im Gegensatz zur Wirklichkeit, nicht etwa die Ereignisse, sondern als änderte sich, schlimmer, die Mythologie.
In künftigen moralischen Mythologien werden ganz selbstverständlich Skulpturen verschiedener Allegorien Platz finden, unter denen diejenige von zwei Blinden, die sich gegenseitig auffressen, und diejenige eines Jünglings mit wehmütigem Blick, »der aus reiner Lust auf das Bild seiner Mutter spuckt«, sich als die beispielhaftesten hervortun werden.

Das Geschenk der Gewalt

Die *Gewalt,* die in diesem Film einen hartnäckigen Kampf gegen alles Künstliche führt, ob es subtil oder plump sei, befreit die Einsamkeit von allem Schmuck.
In der Einsamkeit neigt jeder Gegenstand, jedes Wesen, jede Gewohnheit, jede Konvention, auch jedes Bild dazu, in seine Wirklichkeit ohne Werden zurückzukehren, kein Geheimnis mehr zu haben und sich in aller Ruhe überflüssigerweise durch die von ihm geschaffene Atmosphäre bestimmen zu lassen. Hier bleibt allein der Geist, *der sich nicht fügt,* der sich an allem rächen will, was sich der ihm aufgezwungenen Welt auf diese Weise bemächtigt.
In seinen Händen Sand, Feuer, Wasser, Federn, in seinen Händen die trockene Lust des Mangels, in seinen Augen die Wut, in seinen Händen die Gewalt. Nachdem der Mensch so lange das Opfer aller Umwälzungen gewesen ist, antwortet er der Ruhe, die ihn mit Asche bedecken wird.
Er zerbricht, er zwingt, er jagt Schrecken ein, er plündert. Die Tore der Liebe und des Hasses sind der Gewalt geöffnet. Obwohl unmenschlich, richtet sie den Menschen auf und läßt für diesen irdischen Schatz auch nicht die Möglichkeit eines Zweckdenkens übrig.
Der Mensch tritt aus seinem Versteck und berauscht sich, Auge in Auge mit der nichtigen Absicht der Bezauberungen und Entzauberungen, an der Kraft seines Wahnsinns. Was spielt es für eine Rolle, daß seine Arme schwach sind, wenn der Kopf selbst der Wut, die ihn schüttelt, so unterworfen ist?

Liebe und Verfremdung

Der Tag ist nicht fern, wo man merken wird, daß trotz aller Schlacken und Zwiste, die uns wie Säure beißen, und an der Basis dieser befreienden oder düsteren Aktivität, die einen Lebensversuch darstellt, der dem Kern sogar jenes Mechanismus näher ist, in dessen Bereichen Schande die Großstadt industrialisiert, allein

DIE LIEBE

außerhalb der vorstellbaren Grenzen bleibt und mit der Unfaßbarkeit des Windes, der Unergründlichkeit des Diamantenschachtes die Gebäude des Geistes und die Logik des Fleisches beherrscht.

Noch ist das Problem, warum Gefühle scheitern, das eng mit dem des Kapitalismus verbunden ist, nicht gelöst. Auf allen Gebieten wird offenbar nach neuen Konventionen gesucht, die dem Leben bis zum Zeitpunkt einer noch illusorischen Befreiung dienen sollen. Die Psychoanalyse hat auf diesem Gebiet die meisten Vorurteile hervorgerufen, denn das Problem der Liebe ist außerhalb der Erscheinungsformen geblieben, die sie begleiten. Es ist das Verdienst von *Das goldene Zeitalter,* die Irrealität und Unzulänglichkeit einer solchen Auffassung zu zeigen. Buñuel hat eine Hypothese über Revolution und Liebe aufgestellt, die anhand eines rührenden Kampfes das Innerste der menschlichen Natur berührt, und hat durch zahllose wohltuende Grausamkeiten hindurch diesen einzigartigen Augenblick festgehalten, wo man mit zusammengepreßten Lippen der ganz entfernten, ganz gegenwärtigen, trägen, eiligen Stimme folgt, die schließlich in ein so starkes Brüllen übergeht, daß man sie kaum mehr hört:

LIEBE ... Liebe ... Liebe ... Liebe ...

Es muß wohl nicht erwähnt werden, daß sich einer der Höhepunkte an *Reinheit* in diesem Film unserer Meinung nach in der Vision der Heldin auf dem Klosett kristallisiert, wo die Macht des Geistes eine für gewöhnlich bizarre Situation zu einem poetischen Element der reinsten Würde und Einsamkeit zu sublimieren vermag.

Yves Tanguy

Stellung in der Zeit

Es ist heute zwecklos, daß etwas sehr Reines, sehr Unangreifbares der Ausdruck des Reinsten, Unangreifbarsten ist, das ein Mensch in sich trägt, denn was er auch tut, was wir auch tun, um sein Werk vor Beleidigung, vor Zweideutigkeit zu schützen – weshalb wir nur die allerschlimmste herausgreifen wollen, nämlich die Verfälschung dieses Gedankens zugunsten eines anderen, der mit dem ersten überhaupt nichts zu tun hat –, was er auch tut, sagen wir, es ist umsonst. Heutzutage wird offenbar alles unterschiedslos Zwecken dienstbar gemacht, die wir zu sehr verurteilt, denen wir zu sehr den Kampf angesagt haben, als daß wir jedesmal darüber hinweggehen könnten, wenn man sie uns vorsetzt, wenn wir zum Beispiel in *Les Annales* die Erklärung eines miserablen Clowns gelesen haben, der sich in blödsinnigen Kommentaren über *Ein andalusischer Hund* gefallen und seine Bewunderung als Rechtfertigung benutzt hat, um eine Identität zwischen der Inspiration dieses Films und *seiner eigenen* Poesie zu enthüllen. Eine Verwechslung ist indessen ausgeschlossen. Doch mit welcher Einfriedung man einen scheinbar bereits gut abgesicherten Bereich auch umgibt, man erlebt nur zu bald, wie er mit Dreck beworfen wird. Obwohl es jetzt kaum mehr ausreicht, daß ein Buch, ein Bild oder ein Film als solche über Mittel der Aggression verfügen, die die Gauner abschrecken, sind wir doch nach wie vor der Meinung, daß Provokation eine Vorsichtsmaßnahme ist wie jede andere auch und daß in dieser Hinsicht *Das goldene Zeitalter* mit allem versehen ist, um jeden zu enttäuschen, der dort bequem sein eigenes Süppchen kochen möchte.

Man Ray

Wenn der Geist des Skandals, den Buñuel hier beschworen hat, und zwar nicht durch einen überlegten Einfall, sondern aus Gründen, die einerseits persönliche sind und die andererseits seiner Absichts dienen, Neugierige, Dilettanten, Witzbolde und Interpreten auf immer fernzuhalten, die hier einen Anlaß wittern könnten, mit mehr oder weniger großer Begabung loszuquatschen – wenn ein solcher Geist diesmal darin erfolgreich gewesen ist, braucht er unserer Meinung nach nichts weiter anzustreben. Es ist Sache der professionellen Kritiker, mehr zu fordern und bei diesem Film Fragen des Drehbuches, der Technik, der Vermittlung durch das Wort aufzuwerfen. Man kann doch nicht von uns erwarten, daß wir ihnen Argumente liefern, die ihren Debatten über die Zweckmäßigkeit von Stille oder Geräusch aufhelfen und dadurch einem so nichtssagenden, erbitterten Zank wie dem über den klassischen und den freien Vers Nahrung geben könnten. Wir werden immer zu empfänglich sein für das, was bei einem Werk oder an einem Menschen *zu wünschen übrig läßt,* um uns viel um das Vollkommene, um die Idee des Vollkommenen zu kümmern, woher sie auch kommt und was für Fortschritte sie auch zu machen scheint. Zudem verfolgt Buñuel wirklich nicht dieses Problem; ja kann man überhaupt von einem Problem sprechen bei einem Film, wo nichts von dem, was uns angeht, ausgespart wird und in der Schwebe bleibt? Von dieser endlosen Filmspule, die bis jetzt unseren Augen dargeboten wurde und sich heute verflüchtigt hat, wo gewisse Fragmente fast nur im Vergnügen bestanden, daß eine Abendgesellschaft umgebracht werden sollte, während gewisse andere Niedergeschlagenheit oder unglaubliche Verblödung zum Thema hatten, gewisse andere schließlich das Motiv einer kurzen, unverständlichen Exaltation – was bleibt uns heute von ihr, wenn nicht die Stimme der Willkür, die wir in einigen Komödien von Mack Sennett vernommen haben, die Stimme der Herausforderung in *Entr'acte,* diejenige einer wilden Liebe in *Ombres blanches,* von Hoffnung und Verzweiflung, beide gleich grenzenlos, in den Filmen von

Max Ernst

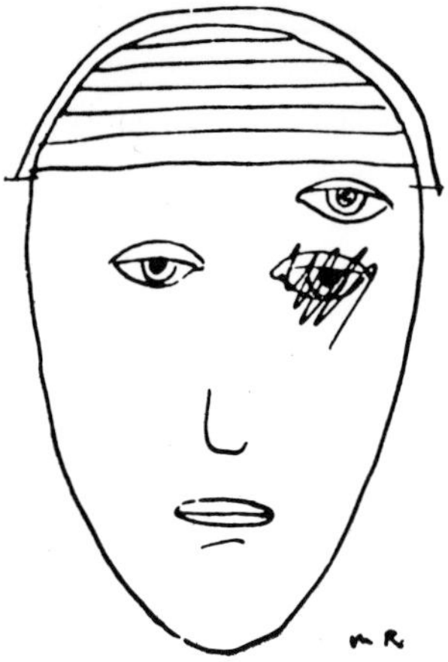

Man Ray

Chaplin? Davon abgesehen nur noch der untilgbare Aufruf zur Revolution im *Panzerkreuzer Potemkin.* Nichts außer *Ein andalusischer Hund* und *Das goldene Zeitalter,* die jenseits von allem sind, was es gibt.

Platz also dem Mann, der den Film von Anfang bis Ende mit Spuren von Staub und Schutt auf der Kleidung durchquert, gleichgültig gegenüber allem, was nicht einzig und allein der Gedanke der Liebe ist, die ihn beschäftigt und führt, und um den die Welt kreist und sich belebt, diese Welt, mit der wir uns nicht abfinden und der wir, wieder und noch einmal, nur insoweit angehören, als wir uns gegen sie erheben.

Gesellschaftlicher Aspekt – Subversive Elemente

Man muß schon eine weit zurückliegende Umwälzung suchen, um etwas zu finden, mit dem die heutige Zeit verglichen werden kann. Man muß sich wahrscheinlich den Verfall der Alten Welt vergegenwärtigen.

Unser Interesse für jene wirren Zeiten, die der heutigen Zeit, bei allen Vorbehalten, doch ziemlich ähnlich sind, würde in dieser Epoche gern etwas anderes wiederfinden als die Geschichte. Ach! überall macht sich das Christentum mit seinem Himmel breit, der nur das zu bieten hat, was wir bereits an der Decke des Innenministeriums oder über den Felsen am Ufer des Meeres gesehen haben. Deshalb werden die authentischen Spuren, die die Nadel eines großen geistigen Seismographen auf der menschlichen Netzhaut zurückgelassen hat, für die, denen vor allem daran liegt, den kritischen Punkt zu bestimmen, wo die »Wahnbilder« an die Stelle der Wirklichkeit treten, äußerst wichtig werden, sofern sie nicht beim Zerfall der kapitalistischen Gesellschaft verschwinden wie alles andre auch. Es geht darum, daß die Menschen den endgültigen Untergang der Sonne wollen. *Das goldene Zeitalter,* das zu einem Zeitpunkt gezeigt wird, wo Banken krachen, Revolten ausbrechen und Kanonen aus dem Zeughaus geholt werden, sollten alle sehen, die von den Nachrichten, die die Zensur in den Zeitungen stehen läßt, noch nicht beunruhigt sind. Es ist eine unerläßliche geistige Ergänzung zum Alarm der Börsenmakler, die eine sehr unmittelbare Wirkung haben wird, gerade weil sie surrealistisch ist. In der Tat liefert der Film keine Nutzanwendung für die Realität. Man setzt Grundsteine, die Wohlanständigkeit wird zum Dogma, die Bullen prügeln, wie es Tag für Tag geschieht, und wie jeden Tag ereignen sich auch verschiedene Vorfälle innerhalb der bürgerlichen Gesellschaft, denen mit völliger Gleichgültigkeit begegnet wird. Diese Vorfälle, die in Buñuels Film, wie man sehen wird, philosophisch rein erscheinen, schwächen die Widerstandskraft einer verfaulenden Gesellschaft, die überleben will und sich der Priester und Polizisten als einziger Stützen bedient. Der Pessimismus, der zuletzt gerade von der herrschenden Klasse ausgeht, deren Optimismus ins Wanken gerät, entwickelt sich seinerseits zu einer mächtigen Kraft, die diese Klasse zersetzt, und wird schließlich zur Verneinung, die sich sogleich in einer anti-religiösen, also revolutionären Aktion bestätigt, da *der Kampf gegen die Religion auch der Kampf gegen die Gesellschaft* ist. Der Weg vom Pessimismus des *Status quo* zur Aktion wird von der Liebe, dem Prinzip des Bösen in der bürgerlichen Dämonologie, bestimmt, die verlangt, daß man ihr alles opfert: Stellung, Familie, Ehre, und deren Scheitern innerhalb der gesellschaftlichen Ordnung das Gefühl der Revolte weckt. Eine ähnliche Entwicklung zeigt sich beim Marquis de Sade, einem Zeitgenossen des *goldenen Zeitalters* der absoluten Monarchie, dessen Leben und Werk von der unerbittlichen physischen und geistigen Repression durch die triumphierende Bourgeoisie unterbrochen wurde. Es ist deshalb kein Zufall, daß der blasphemische Film von Buñuel ein Echo der Gotteslästerung ist, die der göttliche Marquis durch die Gitterstäbe seiner Gefängnisse brüllte. Offensichtlich bleibt noch die Entwicklung dieses Pessimismus zu Kampf und Triumph des Proletariats aufzuzeigen, der die Auflösung der Gesellschaft als Sonderklasse bedeutet. Im Zeitalter des »Wohlstandes« wird der gesellschaftliche Gebrauchswert von *Das goldene Zeitalter* auf der Befriedigung des Zerstörungsbedürfnisses der Unterdrückten und vielleicht auf der Förderung der masochistischen Neigungen der Unterdrücker beruhen. Der drohenden Unterdrückung zum Trotz wird dieser Film unserer Meinung nach entscheidend dazu beitragen, einen Himmel zu sprengen, der nie so schön sein kann wie der, den er uns in einem Spiegel zeigt.

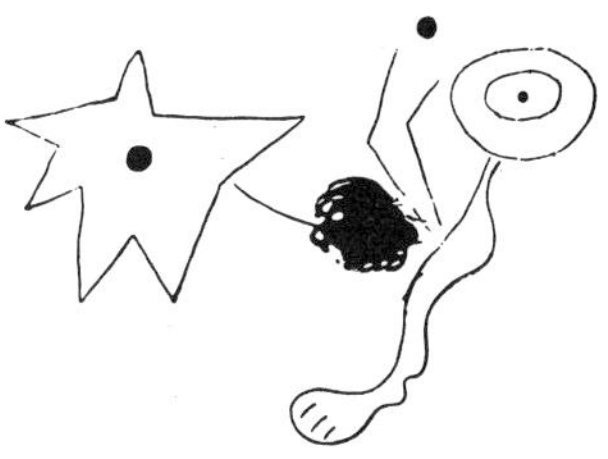

Joan Miró

Maxime Alexandre, Aragon, André Breton, René Char, René Crevel, Salvador Dalí, Paul Eluard, Benjamin Peret, Georges Sadoul, André Thirion, Tristan Tzara, Pierre Unik, Albert Valentin. [1930]

Dalí, *Das goldene Zeitalter* (1941).

Babaouo
Unveröffentlichtes Drehbuch
im Vorspann ein
Abriß einer kritischen Filmgeschichte
im Anhang
Wilhelm Tell
portugiesisches Ballett

Abriß einer kritischen Filmgeschichte

Entgegen einer weitverbreiteten Meinung ist der Film unendlich viel ärmer und begrenzter als das Schreiben, die Malerei, die Bildhauerkunst und die Architektur, wenn es darum geht, den *wirklichen Ablauf des Denkens zum Ausdruck zu bringen.* Nach ihm kommt nur noch die Musik, deren geistiger Wert bekanntlich überaus gering ist. Der Film ist seinem Wesen, seiner Eigenart nach an die sensorische, niedrige und anekdotische Oberfläche der Erscheinungen gebunden, an die Abstraktion, an die rhythmischen Eindrücke, mit einem Wort, an die Harmonie. Und die Harmonie, das sublimierte Erzeugnis der Abstraktion, steht definitionsgemäß im Gegensatz zum Konkreten und infolgedessen zur Poesie.
Die rasche, ununterbrochene Bildfolge des Films, der als stillschweigende Neuschöpfung direkt proportional ist zu einer visuellen, besonders verallgemeinernden Kultur, verhindert jeden Versuch einer Reduktion aufs Konkrete und hebt sehr oft (mit Hilfe des Faktors Erinnerung) das Absichtsvolle, Gefühlsbetonte, Lyrische des Konkreten auf. Der Mechanismus des Gedächtnisses, bei dem diese Bilder immer wieder ungewöhnlich scharf sichtbar werden, neigt schon an sich zur Auflösung des Konkreten, zur Idealisierung.
Im Wachzustand werden die latente Absicht und die Gewalt des Konkreten fast immer verdrängt, kommen aber in den Träumen häufig an die Oberfläche. Die Poesie des Films macht mehr als jede andre eine heftige traumatische Verlagerung des Schwerpunktes in die *konkrete Irrationalität* erforderlich, damit das wirklich Lyrische erreicht wird.

Die experimentellen Anfänge des Films bis einschließlich Méliès stellen seine metaphysische Zeit dar (weil die Dinge und Erscheinungen kontemplativ beleuchtet und in Frage gestellt werden und weil die Handlung als Wahnbild präsentiert wird). Nach trüben Zeiten, in denen die Technik vervollkommnet wird, erreicht der Film, der sich zaghaft einem vergänglichen Pseudo-Naturalismus genähert hat, in der Vorkriegszeit und zu Beginn des Krieges mit den ersten

Méliès, 1901

materialistischen Filmen der italienischen Schule jäh sein eigentliches goldenes Zeitalter. Ich spreche von der grandiosen Zeit des hysterischen Films mit Francesca Bertini, Gustavo Serena, Tullio Carminati, Pina Menichelli usw. . ., von diesem Film, der dem Theater so wunderbar, so *richtig* nahekommt; er liefert uns, und das ist sein ungeheures Verdienst, echte, konkrete Dokumente verschiedener psychischer Störungen, des tatsächlichen Verlaufs von Kindheitsneurosen, der im Leben verwirklichten schmutzigsten Sehnsüchte und Phantasien, welche vor ihm die bewundernswerten Jugendstilarchitekturen verkörperten; er verfügt zudem jetzt völlig über seine wesentlichen technischen Mittel. Von diesem Zeitpunkt an gerät der Film rasch in Verfall.

Lyda Borelli

Diese Filme wurden von den Schauspielern wirklich gelebt, und zwar so unausgesetzt und hemmungslos, daß unser großspuriger Humor sie nicht mehr ertragen würde. Damals zeigte sich der wissende weibliche Exhibitionismus in seinem ganzen Glanz. Ich erinnere mich an diese schwankenden, krampfhaft dahinschreitenden Frauen, an diese in der Liebe Gescheiterten, die sich mit ihren Händen die Wände, die Korridore entlangtasteten und sich an jeden Vorhang, jeden Strauch klammerten, an diese Frauen mit den dauernd von den Schultern rutschenden Dekolletés, den nacktesten Schultern, die jemals in einer ungestörten Nacht der Zypressen und Marmortreppengeländer auf der Leinwand zu sehen waren. Diese zerbrechlichen, von der Tuberkulose angehauchten Frauen mit ihren vor frühreifer, fiebriger Jugendlichkeit herausfordernden Körperformen bissen in der damaligen wilden Übergangszeit der Erotik in richtige Palmen und Magnolien und rissen sie mit den Zähnen aus.

Francesca Bertini, Gustavo Serena

Diana Karenne

In einem dieser Filme, der *Die Flamme* hieß, konnte man Pina Menichelli nackt in einem Federkleid sehen, das einen Uhu darstellte, offenbar einzig und allein zu dem Zweck, um bei hereinbrechender Abenddämmerung einen ganz groben, kläglich symbolischen Vergleich zwischen dem Uhu, den sie verkörperte, und einer Flamme – der Liebesflamme – zu rechtfertigen, die sie eben mit ihren verhängnisvollen Händen vor Gustavo Serena zerstörten, von den Ringen todsichrer Onanie tief umschatteten Augen angefacht hatte, welcher von diesem Augenblick an nur noch jene unumgänglichen mechanischen und deprimierenden Bewegungen machte, die ihm ermöglichten, ruckartig immer weiter hinunter zum See und ins Wasser zu gehen, wo dann die üblichen konzentrischen Kreise aufblühten, die nach dem Selbstmord, der Fabel des Films, die Ruhe des Wassers wiederherstellten. Mechanische, deprimierende Gesten, die nur mit denjenigen des alten, vom kupferroten Licht des Sonnenuntergangs geblendeten, todesbereiten Wilhelm Tell zu vergleichen sind, der mit blutbefleckten Knien und Tränen in den Augen weitergeht, zwei Spiegeleier (ohne Spiegel) lässig über die Schulter geworfen.

Szene aus: »The Exploits of Elaine«.

Nach dem italienischen Film und den außerordentlichen *Geheimnissen von New York* [The Exploits of Elaine] gehen Dynamik, Sport und viele andere mythologische Trostlosigkeiten, die uns der aufkommende amerikanische Standardfilm bescherte, am laufenden Band auf eine unwägbare Weise dauernde Osmosen mit ihren eignen avantgardistischen artistisch-literarischen Anwendungen ein, welche daraus Leckerbissen für die moderne katholische Intelligenz Europas zubereiten. Der Film schlägt mit voller Absicht den absurden, dummen Weg des Abstrakten ein. Er schafft eine langweilige, auf einer störenden visuellen, fast nur musikalischen Rhetorik beruhende Sprache, die in der rhythmischen Verwendung von Großaufnahmen, Travellings, Auf- und Abblenden, Doppelbelichtungen, in einem häßlichen Pointillismus des Schnitts, einer mit Anspielungen gespickten sentimentalen Unkörperlichkeit der Montage und unzähligen anderen Scheußlichkeiten gipfelt, welche unmittelbar vor dem Tonfilm in den erbärmlichen Filmen aller Länder der Welt anzutreffen waren, beim immer *filmischeren* Film (avantgardistischen*), besonders belgischen Filmen, endeten und sich ohne die plötzliche Erfindung des Tonfilms zu einem richtigen »cinéma pur« entwickelt hätten, das heißt zu einer womöglich noch bequemeren und umfassenderen Schande als derjenigen der *peinture pure* – wie man sie eigentlich zu Recht nennt.

Der Tonfilm bringt eine wunderbare Unreinheit und eine erfreuliche Verwirrung mit sich, die uns gestatten, auf einer bloßen Fläche an Dialogen teilzunehmen, die ein kleines bißchen länger sind als die des Stummfilms. Er bringt uns auch, bevor Literatur und Kunst eingreifen (was offensichtlich bereits bevorsteht), die Wiedereinsetzung gewisser Vorstellungen vom Konkreten, die wenigstens augenblicksweise Unordnung und Komplikationen schaffen können, nämlich auf Grund der Tatsache, daß gesprochene Worte länger im Gedächtnis haften als Bilder, was die Bilder denn auch herrlich beeinträchtigt.
In der Filmgeschichte und vor allem beim zeitgenössischen Film wird eine einzelne Richtung, die *konkrete Irrationalität,* das wahnhafte und pessimistische Streben nach Willkür, immer unfruchtbarer, immer bewußter weiterverfolgt, nämlich in Filmen, die unpassenderweise Filmkomödien genannt werden, aus dem einzigen und unzureichenden Grund, weil sie im allgemeinen Gelächter hervorrufen, ein ganz besonderes Gelächter, das nicht etwa die wohlbekannten Tränen stillschweigend miteinschließt, die dieses Lachen angeblich überdecken soll, was eine erbärmliche, schiefe, von Schweinen wie Bergson noch bekräftigte Erfindung der Literaten ist, die somit jedes *Lache, Bajazzo* propagieren, diese unerschöpfliche und fast immer reiche Quelle

* Ich nehme *Entracte* in Anbetracht seiner historischen Bedeutung davon aus. Trotz René Clair faßt dieser Film tatsächlich einige Ideen von Marcel Duchamp, Man Ray und Francis Picabia zusammen, Ideen, die für eine vereinzelte, zu den Schöpfungen der amerikanischen Filmkomödie parallele Richtung typisch sind, die aber, infolge der dichterischen, negativistischen und nonkonformistischen Bekräftigung der Autoren von *Entracte,* im philosophischen Bereich von einem Agnostizismus Zeugnis ablegen, der allerdings wenig bewußt ist, wenn man in Betracht zieht, daß sie den Erscheinungen und jedem Versuch totaler Reduktion dieser Erscheinungen ebenso mißtrauen wie der ganz besonderen Vorstellung vom Ungreifbaren und dem theoretischen Mangel an Wissen jenseits der zerrüttenden aphrodisischen Taumel der Zufälle.

Gags von Mack Sennett

Harry Langdon

William Powell

von Literatur und Kunst, eine Quelle, die im Film zum eigentlichen Thema, zum einzigen, obligatorischen, feierlichen, allmächtigen, erhabenen, kaiserlichen, notwendigen Thema von konsubstanzieller Notwendigkeit, von apotheotischer Strenge, von tödlicher Strenge wird.
Die filmgeschichtliche Analyse der sogenannten Filmkomödie hat nun gerade die Tendenz, die zunehmende Ausschaltung des *Lache, Bajazzo* darzustellen, das mit einem sehr lateinischen, sehr schweinischen Bilderreichtum alle sogenannten transzendentalen Keime der Abstraktion als im Bereich des Lebens befindlich voraussetzt.
Wenn wir uns an den zeitgenössischen Film halten, an diesen psychologischen, künstlerischen, literarischen, sentimentalen, humanitären, musikalischen, intellektuellen, geistigen, kolonialen, departementalen und portugiesischen Scheißdreck, wenn wir uns, sage ich, an diese Quadratscheiße des *Lache, Bajazzo* halten, die unterschiedslos und mit der gleichen Liebe von den Sternberg, Stroheim, Chaplin, Pabst usw. usw. gehätschelt wird, müssen wir feststellen, daß nur die Filmkomödien, die eine irrationale Tendenz haben, den wahren Weg der Poesie abstecken. So Mack Sennetts ungewöhnliche Filme, alle zweitrangigen Filmkomödien mit kaum bekannten, nicht besonders begabten Schauspielern sowie alle Filme, die wir dem Genie einzelner wie zum Beispiel Harry Langdon verdanken oder William Powell, dessen Filme ebenso oder ebensowenig komisch sind wie diejenigen Langdons. Vor kurzem haben die Marx Brothers mit *Animal Crackers* den Höhepunkt in der Entwicklung der Filmkomödie erreicht. In diesem bewundernswerten Film gipfelt das in allen Filmkomödien latent vorhandene Verlangen nach systematischer konkreter Irrationalität, ein Verlangen, das immer mehr auf Rechtfertigungen, Vorwände, subjektiven Humor usw. verzichtet, auf diese mildernden Umstände also, die verhinderten, daß man sich ihre heftige geistige Qualität, durch die sie zu Tendenzfilmen werden, bewußt machte. *Animal Crackers* erreicht diese Art Empfänglichkeit, diese schwere, hartnäckige und geisttötende, kalte und durchsichtige Ansteckung, zu der man so selten, nämlich erst dann vorstößt, wenn man das zu physiologische Stadium des Humors, das Stadium der frivolen Lösungen und sogar die erheiternden Schizophrenien hinter sich hat, wenn man den Bereich der Zugeständnisse an momentane innere Voraussetzungen überwunden hat und die wirkliche, greifbare lyrische Bestürzung erreicht, die einige Abschnitte Raymond Roussels bei mir hervorrufen. Ich bin in der Lage, mich diesem Zustand der Bestürzung auch durch bestimmte, von der Liebe angeleitete Vorstellungen zu nähern; sie können mir in Gestalt eines plötzlichen, wütenden Regens von sechs oder sieben Durchschnitts-Anna-Kareninas erscheinen, die wie portugiesische Tassen gekleidet sind, deren Henkel

vielleicht teilweise von Dickmilch, von Fickmilch bedeckt sind, vielleicht auch nicht.
Einer der Marx Brothers, der mit dem lockigen Haar, verweist sowohl am Ende des Films wie auch in dem viel zu kurzen Augenblick, wo er endlos Harfe spielt, mit seinem Gesicht, diesem Gesicht überzeugenden, triumphierenden Wahnsinns, Charlie Chaplins unendlich prosaischen Blick am Ende von *Lichter der Großstadt,* diesen Blick eines sanften Strebertums, der nur mit dem vermeintlichen Blick des niederträchtigen Blinden oder demjenigen des phänomenalen, stinkenden, kandierten und frühlingshaften Krüppels zu vergleichen ist, hinter den Horizont literarischer Initiationen in den psychologischen Pseudo-Transzendentalismus.
Im Jahre 1929 schrieben Buñuel und ich das Drehbuch zum *Andalusischen Hund,* 1930 das Drehbuch zum *Goldenen Zeitalter.* Das sind die beiden ersten surrealistischen Filme.
Abgesehen von den revolutionären kommunistischen Propagandafilmen, die sich durch ihren propagandistischen Wert rechtfertigen, verdient überhaupt nur das unsere Aufmerksamkeit, was man vom Surrealismus erwarten kann und was man von einer gewissen sogenannten Filmkomödie erwarten könnte.

Harpos sadistischer Impuls

Dalí zeichnet Harpo Marx

Babaouo

(Die Handlung des Films spielt im Jahre 1934
in irgendeinem europäischen Land
während des Bürgerkrieges.)

Vor Beginn des Films und während Titel und Untertitel ablaufen, hört man den Tango »Renacimiento«, der als Leitmotiv während des ganzen Films wiederholt wird.
Der Korridor eines Grand Hôtels. Ein sehr eiliger Butler, dem die Kamera im Wagen folgt, sucht ein Zimmer; er findet es am Ende des Korridors. Im Augenblick, wo er an die Tür klopfen will, hält er überrascht inne, denn er hört aus dem Zimmer ein richtiges gellendes, hysterisches Lachkonzert, dazu heftigen Lärm und Erschütterungen, die offenbar dadurch verursacht werden, daß man schwere Gegenstände gegen Wände und Möbel schleudert. Das Lachen erreicht sehr schnell seinen Höhepunkt, und man hat den Eindruck, daß sich ein Dutzend Personen in dem Zimmer befinden (als Vorbild für das Gelächter soll die Platte Pathé X 6285 dienen).
Der Butler nutzt nach einigem Zögern einen Augenblick, wo das Gelächter und der Lärm schwächer werden, um höflich an die Tür zu klopfen, aber sofort nehmen das Gelächter und die Schläge noch stärker als vorher zu. Der Butler, der ununterbrochen den Eindruck erwecken soll, daß er sehr ungeduldig ist, beginnt energisch an die Tür zu klopfen, doch umsonst.

Im Augenblick, wo der Lärm wieder abnimmt, bringt eine von Lachen unterbrochene Frauenstimme mühsam heraus: »Einen Augenblick, ich bitte Sie! Man kann jetzt nicht hereinkommen.«
Nach einer Pause, in der das Gelächter wieder anwächst und zwei kräftige Schläge zu hören sind, öffnet sich die Tür ein bißchen, gerade so weit, daß man eine Frau im durchsichtigen Négligé halb sehen kann. Amerikanische Einstellung: Der Butler von hinten und die Frau, die überaus jung und schön und ein wenig zerzaust ist und naiv aussieht. Ihr Haar bildet im Gegenlicht des Zimmers eine Art nebligen Lichthof um sie herum, ein Eindruck, der durch die ziemlich stark verschwommene Aufnahme, die unter den geschilderten Umständen unerläßlich ist, noch verstärkt wird. Mit unendlich sanfter Stimme: »Wen wünschen Sie?« – »Ein Eilbrief für Herrn Babaouo. Persönlich auszuhändigen.« – »Ich sage ihm Bescheid«, antwortet die Frau und schließt die Tür wieder. Der anhaltende Lärm und das Gelächter nehmen noch zu. Man sieht, wie die Tür von den Stößen wackelt, die sie erhält, dann wird sie plötzlich geöffnet und wieder zugekracht, nachdem ein geköpftes Huhn durchgeschlüpft ist, das mechanisch in den Korridor stürzt und schließlich umfällt. Es hat mit seinem Blut die graphische Darstellung seines Weges aufs Parkett gezeichnet. Groß: die letzten Zuckungen des Huhns in einer Blutlache.
Der Butler hat keinen Blick für das Huhn und wird immer ungeduldiger.
Die Tür des Zimmers öffnet sich, und Herr Babaouo erscheint. Er sieht ganz unbedeutend aus, hat aber ein gewisses feines Benehmen. Er ist in Hemdsärmeln und trocknet sich noch mit einem Frottiertuch die Hände ab. Er schüttelt Stroh von seiner Hose und liest auch welches aus seinem Haar.
Er nimmt den Brief, den der Butler ihm hinhält, und beginnt zu lesen, wobei er nicht die geringste Erregung zeigt.
Text des Briefes: »Seit drei Tagen ganz allein in Schloß Portugal. Ich kann nicht mehr. Zu Hilfe. Deine Angebetete, Mathilde Ibañez.«
Babaouo wirft das Handtuch weg, sieht auf die Uhr, holt sein Jackett und verläßt rasch das Hotel. Die Kamera folgt ihm ununterbrochen im Wagen.
Im Augenblick, wo er durch die Vorhalle des Hotels geht, stürzt ein Konzertflügel aus dem dritten Stockwerk durchs Treppenhaus und zerschellt krachend auf dem Marmorboden.
Babaouo ist kaum auf der Straße, da trifft er einen Freund, mit dem er ein sehr langes Gespräch anknüpft: 1. über den Umbau gewisser Teile einer ehemaligen »Landwirtschaftskammer« in Figueras, einer kleinen katalanischen Stadt in

der Provinz Gerona (Spanien), drei Stunden von Cerbère; 2. über Schwierigkeiten mit einer Buchbinderei, Schwierigkeiten, die seiner Meinung nach nur gelöst werden können, wenn man bei allen oder mindestens drei Vierteln der Kataloge, um die es sich handelt, die Broschur wieder entfernt. 3. Er verabredet mit seinem Freund ein Zusammentreffen, was nicht leicht ist, da er eine andere, noch unsichere Verabredung hat, die von einer sehr delikaten Spannung abhängt, die innerhalb seiner freundschaftlichen Beziehungen entstanden ist.
Während dieses Gesprächs gehen die beiden Männer langsam weiter und bleiben oft stehen (amerikanische Einstellung); die Kamera folgt ihnen im Wagen. Im Augenblick, wo die Kamera anhält, kommen sie, da sie weitergehen, wieder voll ins Bild. Man merkt jetzt, daß ein richtiger Strom die Straße hinunterzieht und daß die beiden Freunde bis zu den Knöcheln im Wasser gehen. Dieser Wildbach führt allerlei Trümmer und tote Tiere (Esel, Kühe, Pferde) mit sich. Die beiden Männer müssen oft über Tiere und Gegenstände steigen, um vorwärtszukommen, und manchmal sind sie gezwungen, ihnen auszuweichen und auf Bänke und Böschungen zu springen, was ihr Gespräch erschwert und in die Länge zieht. Sie verabschieden sich.
Babaouo geht jetzt auf einer ganz trockenen Straße und kommt auf einen großen Platz voller Radfahrer, die langsam aneinander vorbeifahren. Ihre Augen sind verbunden; jeder balanciert einen großen Stein auf dem Kopf. An ihren Schultern ist der berühmte kleine weiße, sehr saubere Umhang festgesteckt.
Babaouo geht über den Platz, wobei er vorsichtig zwischen den Radfahrern durchschlüpft.
Er steigt einen Metroeingang hinunter und winkt dabei einer Frau reiferen Alters im Hemd, die am Eingang geräuschvoll Holz sägt, vertraulich zu.
Die Kamera folgt im Wagen. Babaouo, der sehr lange die Treppe hinuntergeht. Ab und zu schwebt ein Tango tanzendes Paar mit einem einzigen, übertriebenen Schleifschritt über einen Treppenabsatz.
Babaouo erreicht den Bahnsteig, wo eine Menge Reisende warten; sie haben sich unter ein riesiges Orchester gemischt, das sich hier aufgestellt hat und gerade die Tannhäuser-Ouvertüre spielen will.
Die Musiker beginnen zu spielen, ohne die Menge zu beachten, die sich laut unterhält, zwischen ihnen auf und ab geht und sich nicht im geringsten um ihre Anwesenheit und ihre Musik kümmert.
Die Musiker verhalten sich überaus korrekt, wenn man bedenkt, daß sie durch das unbekümmerte Hinundhergehen der Leute fortwährend gestört werden. Ihre Gesichter, besonders aber das des Dirigenten, und jede kleine Bewegung und Reaktion zeugen von ihrer ausgezeichneten Erziehung

und einer würdevollen, ja stolzen Geduld und Resignation. Die hin und hergehenden Reisenden werfen oft die Partituren herunter, und die Musiker, die schon durch das fortwährende Gedränge aus dem Konzept geraten sind, beherrschen ihren berechtigten Zorn, bücken sich ergeben, mit bitterem Lächeln, heben ihre von den Schuhen der Menge beschmutzten, zerknitterten Noten wieder auf und setzen mit aufrichtigster Sorgfalt und tiefem beruflichen Verantwortungsgefühl an der Stelle, die ihre Gefährten inzwischen mit ebensoviel Schwierigkeiten und Mühe wie sie selbst erreicht haben, wieder ein. Dieses Schauspiel nimmt in dem Augenblick ein Ende, wo der Metrozug einfährt. Die Menge stürzt sich wie wild auf ihre Plätze, wobei sie sich im Laufschritt durch das Orchester drängt, das fast nicht mehr spielen kann. Ein paar Musiker müssen sogar ihre Instrumente schützen; sie drücken sie an die Brust. Andere suchen nach ihnen zwischen den Füßen der Leute, die sie wie Bälle vor sich herrollen. Wieder andere versuchen weiterzuspielen, obwohl es fast aussichtslos ist; sie drehen sich der Wand zu, um sich vor dem Chaos zu retten. Der Dirigent, der auf seinem Podium die Unordnung überblickt, behält seinen Taktstock fest in der Hand, als wolle er jeden Augenblick weiterdirigieren; von Zeit zu Zeit schlägt er ungeduldig damit auf sein Pult. Immer wenn das Durcheinander und der Tumult besonders unerträglich werden, schließt er die Augen und beißt sich auf die Unterlippe.

Der Zug fährt ab, und die Musiker sammeln sich fast augenblicklich wieder; sie wollen an der Stelle weiterspielen, wo sie unterbrochen wurden. Doch bevor das möglich ist, gerade im Augenblick, wo das ganze Orchester das entsprechende Zeichen erwartet, das unmittelbar bevorsteht, fährt ein anderer Zug ein, und eine neue Menschenmenge, die genauso unbekümmert ist wie die erste, stürzt aus den Wagen, drängt sich durch das Orchester und verursacht wieder das gleiche Durcheinander und die gleichen beklagenswerten Zwischenfälle wie zuvor.

Man sieht Babaouo im Wagen sitzen. Er sieht oft auf seine (weiche) Uhr. Unter den Reisenden entdeckt man eine völlig nackte Frau, die am Ende des Wagens steht. Neben Babaouo sitzt mit übereinandergeschlagenen Beinen ein Briefträger, der die Hände in den Taschen hat. Auf dem Schuh, der den Boden nicht berührt, liegen zwei Spiegeleier (ohne Spiegel), die bei einem jähen Halt auf den Boden rutschen. Diese Szene dauert drei Minuten.

Babaouo steigt um. Man sieht, wie er fünf Minuten lang auf das Eintreffen des Zuges wartet. Auf dem Bahnsteig nur zwei oder drei Frauen, jede trägt ein Kind auf dem Arm. Babaouo setzt sich auf eine Bank, geht auf und ab, setzt sich wieder usw. . . Schließlich bemerkt er einen kleinen Krüppel (in seinem Karren), der sich mühsam zwischen den Schienen vorwärtsbewegt und die Hand bettelnd gegen ihn aus-

streckt. Babaouo gibt ihm einen Franc, aber da in der Hand des Armen bereits zwei Spiegeleier (ohne Spiegel) liegen, läuft wegen des Franc ein Eigelb aus. Der Arme schließt die Hand, um die Münze festzuhalten, und zerquetscht dabei die beiden Eier ganz jämmerlich. Weiter weg im dunklen Tunnel erkennt man undeutlich ein paar Seehunde.
Einfahrt des Zuges. Babaouo steigt ein. Man sieht ihn zwei Minuten im fahrenden Wagen.
Babaouo verläßt die Metro und geht ein paar Augenblicke bis zu einem Taxistand. Er gibt dem Taxifahrer die Adresse des Schlosses Portugal und setzt sich ins Auto, wobei er nachprüft, ob sein Revolver geladen ist.
Das Taxi fährt über Land, da hält der Chauffeur plötzlich an und steigt wortlos aus. Er setzt sich einen Indianerfederschmuck auf (von diesem Augenblick an ist der Film in Farben) und geht auf eine große Tanne zu. Er beginnt langsam den Baum hochklettern, läßt sich dann an der Stelle, wo der Stamm sich gabelt, demütig nieder und schlägt den Kragen seiner Jacke hoch, als ob er friere. Sein Gesicht drückt große Langeweile, fast Unzufriedenheit aus. Babaouo sucht ihn mit allen Mitteln zu überreden, doch herunterzukommen und nach Schloß Portugal weiterzufahren, wo Mathilde auf Hilfe wartet. Aber der Chauffeur antwortet nur mit wiederholtem Achselzucken und einer sehr gleichgültigen Bewegung, die offenbar besagt: »Was soll ich denn dort?«
Babaouo gerät in Wut, wird sich aber bald klar, daß er keine Zeit zu verlieren hat; er setzt sich ans Steuer des Wagens, fährt wieder los. (Hier endet der farbige Teil.)
Babaouo kommt in die Stadt, wo sich Schloß Portugal befindet. Man sieht, wie er das Taxi fährt. Die Straßen sind ganz normal, aber vollkommen verlassen.
Babaouo hält an, steigt aus und betritt ein völlig leeres Café.
Man sieht ihn im Billardsaal, im Office, wobei ihm die Kamera im Wagen folgt. Niemand.
Er verläßt das Café, geht über mehrere sehr breite und immer noch menschenleere Straßen. Ein paar große Laken haben sich an den Häuserfassaden festgehakt; offenbar hat sie der Wind hergeweht, der so stark ist, daß er sie losreißt und durch die Straßen treibt. Man hört sehr leise den Tango »Renacimiento«. Babaouo geht immer weiter stadteinwärts, die Stadt ist offenbar riesig. Man hört deutlich seinen Schritt auf dem Pflaster. Die Dämmerung bricht herein. Babaouo geht schneller und dreht sich oft um, schaut zurück oder zur Seite. Sein Gesicht drückt wachsende Angst aus, es bedeckt sich mit Schweiß. Er befindet sich wieder vor einem sehr großen Café, geht hinein. Er betrachtet mit großer Aufmerksamkeit der Reihe nach Hunderte von völlig leeren Marmortischen und stößt plötzlich einen

KASTILISCHE UND KATALANISCHE INTELLEKTUELLE — AUSSTELLUNGEN — VERHAFTUNG EINES EXHIBITIONISTEN IN DER METRO

Ich halte es für absolut unmöglich, daß irgendein Fleck auf der Erde (natürlich außer dem widerlichen Gebiet von Valencia) etwas so Ekelerregendes hervorgebracht haben könnte wie das, was der Volksmund kastilische und katalanische Intellektuelle [Die wichtigsten katalanischen Intellektuellen sind: Domenech Guanse, Miramar de Xexos, Salvador Perarnon, Manuel Brunet, Avrea de Sarrà, Pompeu Fabra und noch ein paar andere: Clementina Arderiu und die Ferràns und andere Chefs, die mir nicht mehr einfallen.]
nennt; letztere sind eine Riesenschweinerei;
sie pflegen nicht nur Schnurrbärte zu tragen, die vor richtiger, authentischer Scheiße starren, die meisten von ihnen wischen sich auch noch den Arsch mit simplem Papier ab, ohne sich das Loch gehörig einzuseifen, wie es in verschiedenen andern Ländern Sitte ist, und in ihrem Haar an den Eiern und in den Achselhöhlen wüten wimmelnde Heerscharen winziger, leibhaftiger »Meister Millets« und »Angel Guimeràs«. Nicht selten tischen sich diese Intellektuellen gegenseitig Höflichkeitsbezeichnungen auf, gestehen sich deshalb auch »wechselseitig« zu, mit Engelszungen zu reden, und auf Grund dieser Tatsache tanzen sie wirklich Tänze, die »cojonudas« sind wie zum Beispiel die Sardana, die allein schon ausreichen würde, eine ganze Gegend mit Schimpf und Schande zu bedecken, wenn es überhaupt möglich wäre, die Schande, die die Landschaft, die Städte, das Klima usw. dieses gemeinen Landes an sich schon sind, noch um eine weitere zu vermehren.

Die surrealistische Bewegung plant eine systematische Abfolge von Ausstellungen, deren konkreter Inhalt gegenwärtig praktiziert wird und deren Tragweite und Bedeutung zur Zeit unmöglich vorhersehbar sind; was aber auf jeden Fall feststeht, ist ihr radikal außerkünstlerischer Charakter. Einen wichtigen Platz soll neben anderen Projekten eine Ausstellung von Objekten, Bildern und Fetischen des Katholizismus einnehmen, die auf Grund des besonderen Pfiffs ausgewählt werden, mit dem sie auf Päderastie, Sadismus usw. verweisen. Diese Ausstellung (die zweifellos höchst »eindrucksvoll« sein wird, von ihrem hochgradig profanierenden Charakter ganz abgesehen), soll die erste wirklich analytische Betrachtung dieser Frage leisten, denn es ist klar, daß sie mit einer fulminanten psychoanalytischen Vorrede von sachkundiger Seite eröffnet wird. Andere Ausstellungen sollten insbesondere den zeitgenössischen fetischistischen Neigungen gelten; bestimmte Objekte müßten gezeigt oder verkauft werden, die den verschiedensten, berühmtesten Leuten gehören, auch solche, die gewisse Leute, denen wir ganz besondere Bedeutung beimessen, in aller Ruhe auswählen könnten. Beim Ausstellen von Objekten, die bisher mehr oder weniger unzweideutig waren, bekäme eine umfassende Ausstellung rein pornographischer Objekte ein ganz besonders skandalöses Gewicht.

Lukas Cranach d. Ä.

Im vergangenen Mai schlug auf der Strecke Cambronne-Glacière ein etwa dreißigjähriger Mann, der einem sehr schönen jungen Mädchen gegenübersaß, geschickt eine Zeitschrift auf, in der er scheinbar las, und zwar so, daß nur das junge Mädchen sein entblößtes, voll erigiertes, hinreißendes Glied sah. Doch da irgendein Idiot diesen exhibitionistischen Akt beobachtet hatte – einen Akt, der das junge Mädchen in eine gewaltige, köstliche Verwirrung

durchdringenden Schreckensschrei aus. Krampfhaft bedeckt er sein Gesicht und stürzt zur Tür. Man merkt, daß er so entsetzt ist, weil er auf einem Tisch eine Kaffeetasse entdeckt hat, in der eine sorgfältig zusammengefaltete Serviette liegt. Er nimmt die Hände wieder vom Gesicht und erblickt an einem Fenster auf der anderen Straßenseite den Oberkörper einer stehenden Frau, deren Kopf durch den oberen Teil des Fensters verdeckt wird, und ihren nackten, sehr schönen Arm, der leicht schwankend, wie ermüdet herunterhängt. Babaouo geht mit einer Geste der Erleichterung auf dieses Fenster zu, doch beim Näherkommen erstarrt er offenbar wieder vor Schreck. Man sieht, wie er nach langem Zögern in das Haus stürzt und fast unmittelbar darauf in der gleichen Haltung wie im Café, mit den Händen vor dem Gesicht, wieder erscheint, nachdem er einen Schreckensschrei ausgestoßen hat. Der Tango »Renacimiento« setzt aus; es wird fühlbar dunkler.

Babaouo, dem die Kamera im Wagen folgt, auf einer fast ganz mit Blumen übersäten Straße. Viele Rosen; er vermeidet es, sie zu zertreten, und gibt seinem Abscheu Ausdruck. Er geht dicht an den Häusern entlang, da in der Mitte der Straße mehr Rosen liegen als am Rand. An einer Kreuzung stehen ihm zwei Straßen offen; die eine ist weiter mit Rosen bestreut, die andre nicht. Gegen seinen Willen schlägt er den mit Rosen gekennzeichneten Weg ein, der in den offnen Türschlund eines großen Theaters führt.

Er folgt den auf die Treppenstufen gestreuten Rosen bis in den vierten Rang des Theaters.

Durch eins der Fenster im vierten Rang betrachtet Babaouo das Panorama der Stadt mit ihren immer noch verlassenen Straßen. Man sieht auf den Straßen wieder die im Wind flatternden Laken; Babaouo fährt mit vor Schreck weit aufgerissenen Augen zurück und beißt sich in die Hände. Er stützt sich zurückweichend gegen eine Logentür, die unter seinem Gewicht nachgibt, Babaouo fällt ins Innere der Loge.

Er steht wieder auf und sieht das ganze, leere Theater sowie mitten auf der schwach erleuchteten Bühne einen in leidenschaftlicher Virtuosenpose erstarrten Geiger, der einen Schrank mittlerer Größe mit offenen Türen und Schubladen, aus denen in wilder Unordnung Wäsche hervorquillt, auf dem Kopf balanciert. Dieser Geiger in seiner schwärmerischen Pose hält sich auf einem Bein im Gleichgewicht, hat das Ende des andern Hosenbeins sorgfältig hochgekrempelt und den nackten Fuß in einen Teller voll Milch getaucht.

Plötzlich sieht Babaouo auf seine (weiche) Uhr, geht schnell wieder die Treppe hinunter und verläßt die Stadt. Vom Stadtrand aus erblickt er allmählich Schloß Portugal, das ganz gewöhnlich und höchst unbedeutend, aber ziemlich groß aussieht.

Während Babaouo auf das Schloß zugeht, hört man ein rhythmisches, anschwellendes Geräusch; offenbar ein monströses, erschöpftes Atmen.
Das Geräusch in immer größerer Nähe. Es ist betäubend, entsetzlich, und Babaouo, vor Angst zerstört und schweißüberströmt, klettert bei fast völliger Dunkelheit über eine lange, hohe Stützmauer.
Man sieht gewaltige Wellen auf einen von der Mauer zuvor verdeckten Kiesstrand branden. Diese Wellen hatten das beklemmende Atemgeräusch erzeugt. Das Geräusch nimmt immer mehr ab, je weiter Babaouo sich auf einem Weg, der offensichtlich auf Schloß Portugal zuführt, vom Meer entfernt.
Babaouo erreicht das Schloßtor, das zu beiden Seiten mit zwei symmetrisch aufgestellten Skulpturen geschmückt ist, die beide ein laufendes Huhn mit abgehauenem Kopf darstellen. Nachdem er durchs Gartentor gegangen ist, sieht man auf dem Rasen plötzlich ein fünfzehn Meter langes Bett, auf dem eine fast genauso lange Zypresse liegt. In der Ferne das Schloß; durch das halb geöffnete Hauptportal fährt sachte ein Sarg.
Babaouo eilt durch den Garten und betritt das Schloß.
Mathilde, eine sehr schöne, sehr vornehme Frau, stürzt Babaouo in die Arme, der sie tröstet und ihr zuredet, er sei bei ihr, sie sei nicht mehr allein. Dann geht er auf ein Zimmer zu, dessen Tür von einem großen Vorhang verhüllt ist, aber Mathilde vertritt ihm in hochtragischer Pose den Weg, um ihn am Eintreten zu hindern.
Babaouo stößt Mathilde weg und dringt mit Gewalt in das Zimmer ein.
Auf dem Bett liegt etwas unter einem weißen Laken; es ist größer als ein Leichnam. Babaouo will das Laken zurückschlagen und nachsehen, was sich darunter befindet, aber Mathilde widerspricht, indem sie kokett lacht und zu ihm sagt: »So etwas tut man nicht. Es ist zu grausig. Er ist seit sechs Tagen hier.« Babaouo, sichtlich verführt von Mathildes betörendem Laut, gibt nach und lächelt liebenswürdig.
Mathilde teilt ihm mit, ihre Mutter sowie einige Freunde, die man hoffentlich habe benachrichtigen können, würden wahrscheinlich eintreffen. Da aber diese Nacht wohl noch niemand komme, könnte man sich doch ausziehen und es sich bequem machen.
Babaouo und Mathilde kehren in das Zimmer zurück und beginnen sich auszuziehen. Mathilde schlüpft in einen sehr luxuriösen Pyjama. Plötzlich fällt ein Taschentuch, das auf dem Frisiertisch lag, auf einen schwarzen Fauteuil. Mathilde stößt einen durchdringenden Schrei aus und wird beinahe ohnmächtig.
Bevor Babaouo sich um sie kümmern kann, hört man jemanden mechanisch ins Zimmer nebenan laufen, wo sich das eingewickelte Ding befindet.

stürzte, ohne daß sie im geringsten protestiert hätte –, wurde der Exhibitionist von den Leuten verprügelt und hinausgeworfen. Wir können nicht umhin, unserer ganzen Empörung, unserer ganzen Verachtung laut Ausdruck zu verleihen angesichts dieser schändlichen Reaktion auf eine der reinsten und selbstlosesten Handlungen, die ein Mann in unserer Zeit des Niedergangs und moralischen Verfalls vollziehen kann.

Salvador Dali [1930]

Yves Tanguy

Mathilde und Babaouo stürzen hin, und gleichzeitig erscheint hinter dem Vorhang eine ziemlich alte, weißhaarige Frau, die sich Babaouo in die Arme wirft und schrecklich weint. Es ist Mathildes Mutter, die eben eingetroffen ist.

Im gleichen Augenblick kommt eine Gruppe von Freunden herein, Männer mit Frauen in Abendkleidern; sie bemühen sich um die alte Dame, die fast bewußtlos in einem Fauteuil ruht. Manche wirken bestürzt, andere sehr ruhig und völlig unbeteiligt. Einer von ihnen setzt den Phonographen in Gang, und es bilden sich einige tanzende Paare.

Die alte Frau, deren Kopf an Babaouos Brust ruht, der neben ihr kniet, kommt wieder zu sich; in klagendem Ton: »Ich will ihn noch einmal sehen.« Sie schickt sich an, in das Zimmer zu gehen, wo das merkwürdige Paket liegt.

Babaouo versucht sie mit Tränen in den Augen davon abzubringen, doch Mathilde rät ihm augenzwinkernd, er solle sie machen lassen: das wird ein Hauptspaß! Sie geht mit einem jungen Kerl, der sie ein paar Minuten zuvor in einer Ecke abgeküßt hat, rasch voraus ins Sterbezimmer.

Babaouo hat keine Tränen mehr in den Augen, sondern lächelt nachsichtig und spöttisch; er kommt dem Wunsch der alten Dame nach, führt sie behutsam zu dem Zimmer und schlägt eigenhändig den Vorhang zurück.

Man sieht Mathilde und den jungen Kerl; einer hält das Paket an den Füßen, der andre am Kopf. Sie schwenken es und werfen es, sobald es genügend Schwung hat, auf die alte Dame, die einen schauerlichen Schrei ausstößt und unter dem Gewicht zusammenbricht.

Die Verwirrung ist unbeschreiblich. Alle Gäste sind anwesend, sie eilen von allen Seiten herbei. Zwei Leute bemächtigen sich erneut des Paketes und werfen es auf eine Gruppe von Gästen, die zu flüchten versuchen. Das Spiel, das alle schrecklich aufregt, wirkt ansteckend und wird mehrmals wiederholt.

Als die Szene ihren Höhepunkt erreicht, nutzen Mathilde und Babaouo die im ganzen Schloß herrschende Verwirrung und flüchten in einem Wagen; Babaouo sitzt am Steuer.

Auf der Landstraße sieht man in regelmäßigen Abständen patrouillierende kommunistische Soldaten.

Der Wagen fährt jetzt über einen riesigen, vollkommen menschenleeren Platz. Ab und zu hört man Maschinengewehrfeuer. Sie fahren an einem kleinen, unterhalb der Landstraße gelegenen Weg vorbei, auf dem ein riesiger Autobus steht, der fünfmal so groß ist wie gewöhnliche Autobusse. Er ist mit Wasser gefüllt, und man sieht ein schmales Boot darauf schwimmen, in welchem drei kleine verkrüppelte Japaner mit verdrehten Augen und sehr sinnlich den Rumba »Der Erdnußverkäufer« singen. Babaouo hält an und betrachtet sie.

Die Sänger fühlen sich sehr gestört, weil sie beobachtet werden; sie lachen hinter vorgehaltenen Händen laut auf

und versuchen ganz umsonst, ihr Lied weiterzusingen.
Mathilde macht eine Geste des Wohlgefallens und lächelt; Babaouo fährt sehr erfreut wieder los.
Man sieht jetzt, wie der Wagen einen Abhang hinunterfährt, der von dichtem Wald gesäumt ist.
Da stürzt sich Mathilde urplötzlich auf Babaouos Schulter und gräbt ihm ihre Zähne in den Nacken.
Babaouo läßt das Steuer los. Der Wagen prallt gegen einen Baum.
Der vollkommen zertrümmerte Wagen. Mathilde ist herausgeschleudert worden und liegt drei Meter von ihm entfernt reglos da. Babaouo kriecht mühsam unter den Trümmern hervor. Er reibt sich die Augen. Blind! Er tastet suchend seine Umgebung ab, schreit und ruft Mathilde, ohne Antwort zu bekommen.
Man hört leise »Renacimiento«.
Babaouo läuft auf allen Vieren und sucht ringsum mit zitternden Händen nach Mathildes Körper.
Schließlich findet er einen Schuh, der drei Meter von ihr entfernt liegt, und meint, es sei ihr Fuß.
Er ist überzeugt, daß er Mathilde gefunden hat, und tastet weiter herum. Er findet einen aufgeplatzten Pneu und glaubt, er berühre ihre Beine. Er wagt kaum, Mathildes Körper mit den Händen zu streifen, und zittert beim Gedanken, sich ihrem Kopf zu nähern, denn er ahnt, daß sie nicht mehr atmet. Er streichelt ein Kissen, das er als Bauch und Brüste erkennt.
Dann nimmt er in die Hände, was er für ihren Kopf und ihr Haar hält; es ist aber nur ein zerfetztes Kissen, aus dem die Roßhaarfüllung herausquillt; mittendrauf liegen ein paar glühende Kohlen.
Babaouo nähert seine Lippen langsam und zutiefst bewegt dem, was für ihn Mathildes Kopf ist, dabei spricht er leidenschaftlich ihren Namen vor sich hin. Er mischt in seine Tränen alle Liebesworte, die er kennt. Auch: »Du lebst, ich finde die laue Wärme deines Lebens wieder.« Plötzlich küßt er mit einer endgültigen Geste der Umarmung inbrünstig die Kohlen auf dem Kissen; es fängt Feuer.
Schrecklich verbrannt, schleudert er das Kissen, das eine einzige Flamme ist, beiseite und schreit: »Scheiße!«

Epilog

Es ist viel Zeit vergangen. Auf Grund der anhaltenden Fortschritte der Chirurgie hat man Babaouo nach einer schweren, aber erfolgreichen Operation das Augenlicht zurückgeben können. Bald hat sich eine unwiderstehliche Berufung zur Malerei in ihm geltend gemacht und eröffnet eine neue Zeit ebenso ruhiger wie zurückhaltender Illusionen für sein schwergeprüftes Herz.
In einem der unerschöpflich malerischen Dörfer unserer

poetischen Bretagne will Babaouo den heitersten, längsten Teil seines Lebens verbringen. Er lebt bescheiden und findet Trost in der zugleich einfachen und groben Gutmütigkeit dieser fleißigen Bauern und Fischer; ihm gefällt ihr Leben, das ihm oft seine Lieblingsmotive liefert, Motive von beständiger, alltäglicher Dramatik, die mit der tiefen idyllischen und grandiosen Empfindung verbunden ist, die der unvergleichliche Rahmen der abwechslungsreichen bretonischen Landschaft schon immer ausgelöst hat.
(Dieser Text erscheint synchronisiert unter mehreren Überblendungen bretonischer Landschaften, abwechselnd gewaltige Gewitterhimmel oder Sonnenuntergänge im Gegenlicht, Kreuze, schwarze Frauensilhouetten am Strand, Apfelbäume, Apfelhaufen [Großaufnahme] und kleine Kinder, die mühselig an ihren Äpfeln kauen; eins dieser Kinder [ein Teil seines Gesichts in Großaufnahme] hat eine Rotznase, es schneidet eine Grimasse oder macht eine Bewegung, die bei den Zuschauern einstimmige Heiterkeit hervorruft. Die ganze Zeit über wird fast unhörbar das Leitmotiv des Films »Renacimiento« gespielt; sobald die Apfelbäume ins Bild kommen, nimmt die Intensität der Musik zu und anschließend gleich wieder ab.)
Nach der Großaufnahme des Kindes verschwinden die Untertitel, und man sieht alle Kinderszenen noch einmal, aber aus größerer Entfernung (die Landschaft muß von einer etwas verschwommenen Frühlingssonne hinreichend erleuchtet sein).
In diesem Augenblick sieht man Babaouo mit dem Rücken zur Kamera im Bild. Er ist merklich älter. Er trägt einen tadellosen weißen Sommeranzug, einen Panamahut und einen sehr schlanken Stock. Die Kamera folgt ihm im Wagen. Er nähert sich der Kindergruppe, kauert sich hin, um mit einem zu spielen. Groß: die beiden Kinder. Groß: der Kleine, dessen Gesicht völlig mit Rotz bedeckt ist, den er mit den Händen abwischen will. Groß: Babaouos Gesicht, er lächelt und hat feuchte Augen.
Groß: Babaouo mit dem gleichen Gesichtsausdruck; er ißt mechanisch einen Apfel.
Babaouo betritt ein sehr armseliges Fischerhaus, das aber sehr sauber und sogar etwas herausgeputzt ist. Durch das Fenster sieht man wieder die Apfelbäume mit den Kinderszenen.
Eine alte, sehr sympathische Frau steht auf und geht ihm entgegen: »Grüß Sie, gute Frau«, sagt Babaouo sehr sanft und streift unmerklich ihre Schulter. Er begrüßt die beiden Söhne der alten Frau, die um die dreißig sind. Die Männer sehen düster drein und wirken barsch, so übermäßig schüchtern sind sie. Sie geben Babaouo kaum die Hand (man sieht, daß sie sich nicht trauen, ihn anzublicken) und bessern weiter ihre Netze aus. Die Alte öffnet den Schrank, wo Babaouo für gewöhnlich seine Leinwände und Pinsel

verwahrt. »Dank, gute Frau«, sagt dieser und verschwindet so schnell, daß man spürt, wie eilig er es hat, sich an sein Bild zu machen.
Die Alte setzt sich wieder und liest weiter, während ihre beiden schweigsamen Söhne still ihre Arbeit erledigen. Man sieht durchs Fenster Babaouo vor seiner Staffelei, er malt. Die Musik des Leitmotivs setzt behutsam wieder ein, vermischt mit geradezu rasendem Vogelgezwitscher. Alles wird unmerklich verschwommen.
Plötzlich steht einer der Söhne mit ruckartigen Bewegungen auf, als ob er sich zu etwas sehr Wichtigem entschlösse, zögert aber wieder, bleibt ein paar Augenblicke unbeweglich, mit gesenktem Kopf mitten im Zimmer stehen und stürzt sich dann ins Zimmer nebenan, aus dem er mit großem Kraftaufwand und Getöse ein riesiges Eisenrad herbeischafft, von dem man nicht weiß, wozu es dient.
Er stülpt sich rasch eine Pickelhaube über den Kopf, stemmt das Rad mühsam hoch, wirft es in die Luft und fängt es mit der Spitze des Helmes genau im Mittelpunkt wieder auf. Groß: Sein vor Anstrengung verzerrtes Gesicht, die geschwollenen Muskeln und Adern. Der Aufprall des Rades auf dem Helm erzeugt eine beängstigende Explosion. Durch den Rauch hindurch sieht man, wie der Mann das Rad auf der Spitze seines Helms, die als Rotationsachse dient, rotieren läßt; dann gehen eine Menge Raketen los, die nach einer besonderen Anordnung auf dem Radkranz befestigt sind. Überall züngeln Flammen auf, und bald brennt das Rad lichterloh.
In diesem Augenblick schleudert der Mann, um sich nicht zu verbrennen und als ob der Brand alle seine Erwartungen überstiege, das Rad mit einer Geste des Ekels und der Verachtung gegen eine Tür, die in Brüche geht. Man sieht, wie es nach und nach verlöscht, der Rauch verzieht sich, und die alte Frau sieht ihren Sohn mit sanft vorwurfsvoller Miene unter ihrer Brille hervor an und sagt: »Was machst du denn nur?« Der Sohn antwortet nicht, setzt sich in die Ecke und nimmt die unterbrochene Arbeit wieder auf.
Der andere Sohn, der diese Szene nicht beachtet hat, lächelt jetzt unmerklich, hinterhältig und spöttisch.
Babaouo, der wieder zu sehen ist, nachdem sich der Rauch verzogen hat, malt weiter und pfeift dabei leise vor sich hin.
Die Szene wird wieder ruhig und ganz genau so, wie sie vorher war (Überblendung mit der Szene zu Beginn).
Man sieht Babaouo; er hört auf zu malen, packt seine Pinsel und Farben zusammen und kehrt ins Zimmer zurück, er bringt dabei mit einem Seufzer zum Ausdruck, wie zufrieden er mit der geleisteten Arbeit ist. »Schluß für heute«, sagt er. Er zieht seine weiße Jacke aus und eine schwarze über, die die alte Frau aus einem Schrank herausgeholt hat, wo sie sehr sorgfältig zusammengefaltet war. Die Frau

hilft ihm, die Jacke überzuziehen, und steckt mit Sicherheitsnadeln den wohlbekannten kleinen weißen Tuchumhang an seinen Schultern fest. Sie verbindet ihm mit einem Handtuch die Augen und befestigt mit Hilfe eines Riemens, der unter dem Bart durchführt, ein langes Brot auf seinem Kopf. Babaouo besteigt ein Fahrrad und fährt sehr langsam los, wobei er nach Art einsichtiger Leute schwach lächelt.
Die Kamera folgt ihm im Wagen durch die Apfelbäume: die Äste streicheln ihm die Stirn oder verfangen sich leicht in seinem Umhang. Je weiter er kommt, desto stärker hört man die Musik von »Renacimiento«. Er fährt an einigen Bauernhäusern vorbei. Durch eine offne Tür sieht man eine zum Abendessen um den Tisch gescharte Familie, eine kleine Frau ißt ihre Suppe mit einem drei Meter langen Löffel.
Jetzt kommt Babaouo auf eine ziemlich breite, provinziell wirkende Straße, die von einem riesigen Orchester verstopft ist. Man erkennt die Musiker und den Dirigenten der Metroszene wieder; sie sind da und dort verstreut und spielen »Renacimiento«. Ein paar haben, wenn man sie von nahem sieht, Tränen in den Augen.
Babaouo biegt in die nächste Straße ein, die ebenfalls von Musikern verstopft ist.
Ein paar Tangotänzer schieben sich zwischen die Musiker, bis zuletzt alle Musiker durch Tänzer ersetzt sind.
Die Musik wird schwächer. Babaouo fährt weiter, wobei er sich zwischen den Tänzern durchschlängelt, die jetzt seltener werden; er kommt zu einem vollkommen verlassenen, von Apfelbäumen gesäumten Abhang, den er hinunterfährt, ohne zu radeln.
Die Musik ist fast unhörbar. Babaouo reißt sich schnell, mit einer verzweifelten Geste, die Binde von den Augen. Man sieht ihn in einer tiefen, echten Gefühlsaufwallung schluchzen.
Er kommt auf gleiche Höhe mit einem am Straßenrand stehenden Automobil. Aus dem Automobil wird mit einem Maschinengewehr auf ihn geschossen. Babaouo stürzt, tödlich getroffen*.

Wilhelm Tell
Portugiesisches Ballett
(Auszug aus dem vorangehenden Film)

Schon bei den ersten Klängen der Sardana *Per tu ploro* öffnet sich der Vorhang auf einen zweiten, von Salvador Dalí gemalten, der eine weite, öde Steinlandschaft darstellt. Die konvulsivischen, katastrophischen Formen der Felsen vermitteln die starre Vorstellung von einem uralten geologischen Wahn. Ein zehn Meter langer Silberlöffel ragt jäh

* Es ist ein surrealistischer Film.

aus einem Felsen aus reinem Eisenoxyd heraus und zieht sich schräg durch die Landschaft. In seiner Höhlung liegen zwei Spiegeleier (ohne Spiegel), deren Eigelb durch die Spiegelung eines rostfarbenen, von der untergehenden Sonne beleuchteten Felsausläufers feuerrot ist, während die übrige Landschaft in einem schon etwas dämmrigen Schatten ruht bis auf das Eiweiß und den Silberlöffel, die das Licht des Himmels widerspiegeln; es ist ganz klar das Licht eines Aquamarins.

Der Vorhang öffnet sich am Ende der Sardana, und man sieht fünfunddreißig Krüppel, die die Bühne nahezu füllen; es ist fast kein freier Platz mehr übrig. Jeder trägt auf dem Kopf ein lebendiges Huhn mit den Beinen nach oben, das von einem unter dem Kinn durchgeführten Riemen festgehalten wird. Die Krüppel sind als junge Mädchen verkleidet und singen sehr sinnlich, mit verdrehten Augen und tückischem, fröhlichem Gesicht den Rumba *Der Erdnußverkäufer*.

Der Vorhang im Hintergrund ist moderner Dekorationsstil mit stark stilisierten Motiven fernöstlicher Flora; als Vorbild kann der Hintergrundsvorhang dienen, der zur Zeit im Cigale bei den Attraktionen verwendet wird. Er stellt im Raumkunst-Stil zwei herrlich symmetrische exotische Vögel dar, die man mitten in ein geometrisches Astwerk gesetzt hat wie zwei richtige Scheißhaufen.

Nach der ersten Hälfte des Rumbas erscheint auf der Bühne ein Tänzer vom Schlage der Tango-Exhibitionisten; er beginnt zu tanzen, ohne auf die Musik zu achten. Er vollführt ruckartige, steife Sprünge, wobei er den spärlichen freien Raum zwischen den Krüppeln ausnutzt, was zu einem dauernden Gedränge und allerlei Pannen führt. Dieser Tänzer hat einen Arm in Gips und einen ziemlich dick einbandagierten Fuß. Unmittelbar nach diesem Tanz, der sehr gewaltsam wirken soll und offensichtlich einen übermäßigen Kraftaufwand erfordert, fällt der Vorhang.

Der Tänzer der vorhergehenden Szene erscheint vor dem Vorhang; ein andrer ist ihm dabei behilflich, einen Tisch, einen Stuhl, ein großes Brett, Hämmer, Nägel und andere Requisiten herbeizutragen. Er breitet auf dem Stuhl ein Taschentuch aus und legt sorgfältig ein kleines Stück Brot darauf. Eine sehr schöne nackte Frau, die nur einen winzigen silbernen Cache-sexe trägt, setzt sich auf den Stuhl. Der Tänzer übt dann mit dem Vorderarm und der Hand des verletzten Armes sowie mit der andern Hand einen leichten Druck auf die Schultern der Frau aus, wie um zu veranlassen, daß sie am Sitz klebenbleibt, worauf sie verschwindet. In aller Ruhe nagelt dann der Tänzer mit seinem Gehilfen den Stuhl mitten auf eine große Holztafel. Nachdem das erledigt ist, scheint er überaus nervös zu werden. Er überprüft die letzten Handgriffe, wobei seine Verwirrung immer offenkundiger wird, entfernt das Stück Brot mit zwei Fingern, als ob er nicht wagte, es zu berühren, und legt es überaus sorgfältig auf den Tisch. Dann knüpft er das auf dem Stuhl ausgebreitete Taschentuch um eins der Stuhlbeine, wie wenn der Stuhl verwundet wäre. In der Mitte der Sitzfläche, wo das Stück Brot lag, pinnt er mit einem großen Nagel das Ende eines ziemlich dicken Seiles fest, das andere Ende des Seiles taucht er in ein auf dem Tisch stehendes Glas, das man unterdessen mit warmer, dampfender Milch gefüllt hat. In diesem Augenblick setzt ein melancholischer Blues, der während der vorhergehenden Szene ununterbrochen zu hören war, plötzlich aus. Der Tänzer prüft mit dem Finger ungeduldig die Temperatur der Milch. Sobald sie seiner Meinung nach genügend erkaltet ist, zieht er sich rasch aus bis auf einen winzigen Cachesexe (er hat, allerdings nicht so stürmisch, auch die Bandagierungen an Arm und Bein entfernt). Er taucht das Stück Brot in die lauwarme Milch und preßt es in die Achselhöhle des vorher bandagierten Armes, wobei sein Gesicht eine sanfte, unendliche Sehnsucht ausdrückt, dann grüßt er und verschwindet von der Bühne, während man herbeistürzt, um die verschiedenen Requisiten abzuräumen.

Der Vorhang hebt sich wieder zu den Klängen des Tangos »Renacimiento«. Die Bühne ist voller Radfahrer, die ein Brot auf dem Kopf tragen und mit verbundenen Augen langsam an Tangotänzern vorbeifahren. Dann verschwinden die Radfahrer und die Tänzer, die Bühne wird leer, und man sieht in der Mitte eine Frau reiferen Alters, die Harfe spielt. Sie trägt ein Jackenkleid von Chanel. Ab und zu versetzt sie der Harfe mit Broten, die sie aus einem neben ihr stehenden Korb herausholt, derbe Schläge. Die Brote zerbrechen dabei, und die Bruchstücke häufen sich vor ihr. Hin und wieder verursachen die Schläge mit den Broten mächtige Explosionen von Raketen und anderen Feuerwerkskörpern, die geschickt zwischen den Goldornamenten der Harfe versteckt waren. Manchmal gibt es große Augenblicke der Stille, wo sie einfach spielt, wobei sie nur ab und zu vom heftigen Aufprall der Enten, Wecker und Brotstücke unterbrochen wird, mit denen jemand aus den Kulissen die Harfe wutentbrannt bombardiert. Dann steht die Harfenspielerin auf und zieht sich aus. Sobald sie im Hemd ist, nimmt sie eine Säge und beginnt die Harfe krachend zu zersägen; sie zerlegt sie in kleine Stücke, die auch auf dem riesigen Haufen zerstückelter Brote landen, der ihr fast bis zu den Knien reicht. Jetzt erscheinen die Krüppel, diesmal als Japaner verkleidet. Sie schwenken scharlachrote bengalische Feuer, die die ganze Bühne wild beleuchten, und singen aus voller Kehle den Tango »Renacimiento«. Die Harfenspielerin besprengt den Brothaufen mit drei Tintenfässern voll Pelikantinte und zieht große

Metallschuhe an; sie beginnt einen brutalen Tanz, wobei sie geräuschvoll das Brot zermalmt, als sei ihr ein Rachetaumel in die Füße gefahren. Diese Frau sollte große, schöne Brüste haben, die bei ihrem wilden Tanz unter dem Hemd hervorquellen.

Im erregtesten Augenblick des Tanzes wird der Vorhang im Hintergrund plötzlich von einem Dutzend Motorräder mit laufendem Motor durchbrochen, die am Ende entsprechend dicker Seile baumeln, während ein paar Nähmaschinen und Staubsauger, die vom Schnürboden fallen, auf der Bühne zerschellen und der Vorhang sich langsam schließt.

[1932]

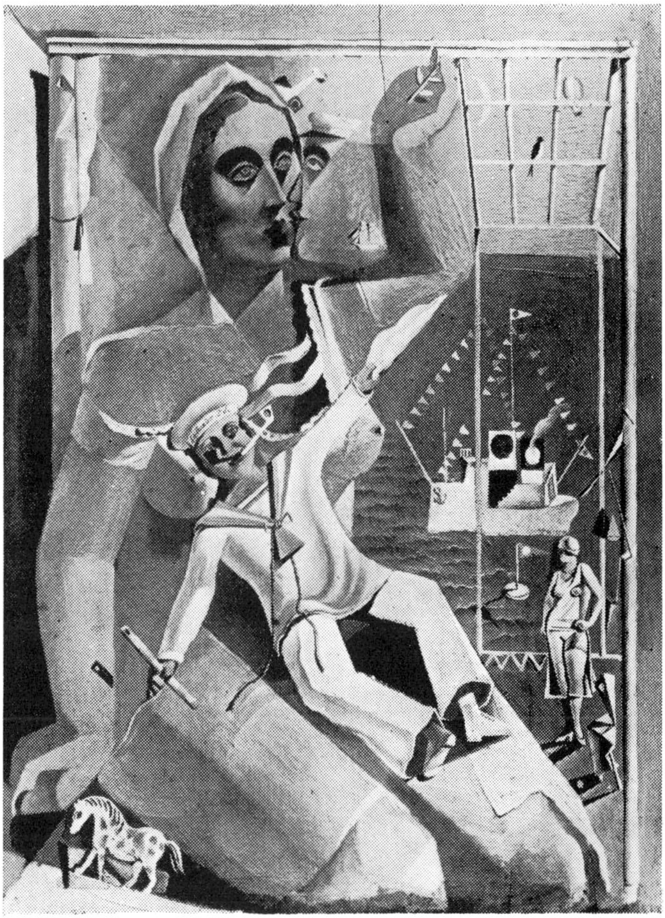

Dalí, *Venus und ein Matrose* (1925).

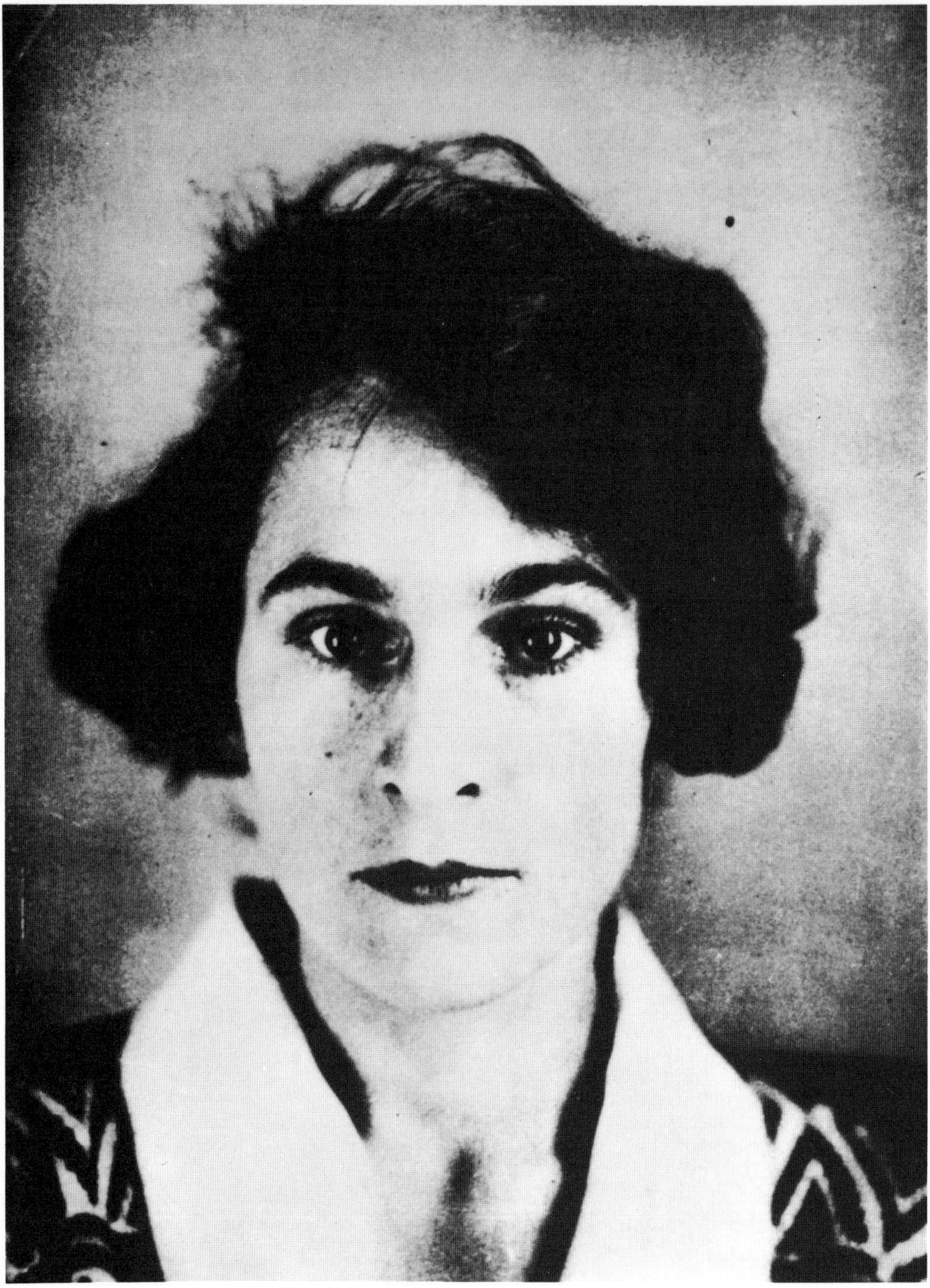

Gala

3. Die sichtbare Frau

Gala Eluard gewidmet

Der Eselskadaver

Durch den heftig paranoischen Willen, die Verwirrung zum System zu erheben, könnte eine moralisch ausgerichtete Aktivität hervorgerufen werden.
Die Tatsache der Paranoia selbst und insbesondere die Auffassung ihres Mechanismus als Kraft und Vermögen führt uns zu den Möglichkeiten einer geistigen Krise, die von gleicher Art sein mag wie die Krise, in die uns auch die Tatsache der Halluzination stürzt, ihr aber auf jeden Fall konträr ist.
Ich glaube, der Augenblick ist nahe, wo ein Denkvorgang paranoischen, aktiven Charakters (gleichzeitig mit dem Automatismus und anderen passiven Zuständen) die Verwirrung zum System erheben und zum vollständigen Verruf der realen Welt beitragen kann.

Nicht nur werden die neuen Wahnbilder, die das paranoische Denken jäh heraufbeschwören kann, vom Unbewußten ausgehen, diesem wird auch die Kraft des paranoischen Vermögens dienstbar gemacht.
Diese neuen, bedrohlichen Wahnbilder werden mit der Deutlichkeit körperlicher Tageserscheinungen eine geschickte, ätzende Wirkung ausüben und uns infolge ihrer besonderen Selbstscham an den alten metaphysischen Mechanismus erinnern kraft etwas, was wir gern mit dem innersten Wesen der Natur selbst verschmelzen würden, die sich Heraklit zufolge zu verhüllen liebt.

Dem Einfluß der Sinneserscheinungen, an die die Halluzination sich als mehr oder weniger gebunden betrachten kann, so fern als möglich, bedient sich die paranoische Aktivität stets kontrollierbarer, wiedererkennbarer Materialien. Es genügt, daß der Interpretationswahn dahin gelangt, den Sinn der Vorstellungsbilder verschiedenartiger, an einer Wand hängender Gemälde miteinander zu verknüpfen, und niemand kann mehr das wirkliche Vorhandensein dieser Verknüpfung leugnen. Die Paranoia bedient sich der Außenwelt, um der Zwangsvorstellung Geltung zu verschaffen, mit der verwirrenden Besonderheit, daß sie die Wirklichkeit dieser Vorstellung andern einsichtig macht. Die reale Außenwelt dient als Veranschaulichung und Beweis und wird der Wirklichkeit unseres Geistes dienstbar gemacht.
Alle Ärzte erkennen einhellig die beim Paranoiker oft auftretende Gewandtheit und seinen unfaßbaren Scharfsinn an; dieser beruft sich auf Beweggründe und Tatsachen von einer Feinheit, die den normalen Menschen abgeht, und gelangt oft zu Schlußfolgerungen, welche man unmög-

Die erbärmliche geistige Ausflucht, die sich hinter dem Wort »Realität« verbirgt, ist heute Gegenstand einer systematischen Denunziation, deren revolutionäre Konsequenzen außer Frage stehen. Es handelt sich tatsächlich um den Beweis, und gerade das hat der Surrealismus immer beabsichtigt, daß in erster Linie Erwägungen, die sich auf das Fortbestehen der Gesellschaft beziehen und auf individueller Feigheit beruhen, für das überaus anfechtbare Phänomen willentlicher Amnesie verantwortlich sind, auf das der Mensch zurückgreift, um nach Möglichkeit den andern wie sich selbst über die eigentliche Beschaffenheit seines Verlangens Sand in die Augen streuen.
Mehr als jedem andern kommt es im Jahre 1930 Dalí zu, den Menschen aus dieser Lügenhöhle herauszuholen, die dieser unter Beihilfe verabscheuungswürdiger obrigkeitlicher Gewalt um sich herum aufbaut, und ihn seinem ursprünglichen, höchsten Bewußtsein zurückzugeben, welches besagt, er komme aus dem Nicht-Sein und kehre dahin zurück, kehre aber zurück ohne unnütze Unterwürfigkeit gegenüber einem flüchtigen organischen Zustand.
Von Dalís außerordentlichen Fähigkeiten — Fähigkeiten auf künstlerischer Ebene — hängt heute die Liquidation eines veralteten Rezeptes ab, und zwar, wie man sich überzeugen kann, eines Rezeptes der bürgerlichen Welt, welche zu ihrer Verteidigung nichts mehr vermag als die immer schärfere, folglich also immer zerbrechlichere Waffe der Zensur einzusetzen.
Das dialektische Denken ist in seiner Verbindung mit dem psychoanalytischen Denken — wobei sich beide gegenseitig steigern durch das, was Dalí so hinreißend das paranoisch-kritische Denken nennt — das bewunderungswürdigste Mittel, das jemals vorgeschlagen worden ist, um in den unsterblichen Ruinen das weibliche Phantom mit dem Grünspangesicht, dem lachenden Blick, den harten Locken vorzuführen, das nicht nur der Geist unserer Geburt ist, nämlich der

Jugendstil, sondern auch das immer faszinierendere Phantom des *Werdens.*
André Breton und Paul Eluard

lich widerlegen oder von sich weisen kann und die sich der psychologischen Analyse jedenfalls fast immer entziehen.

Durch einen eindeutig paranoischen Vorgang ist es möglich geworden, ein doppeltes Vorstellungsbild zu erhalten: das heißt die Darstellung eines Gegenstandes, die ohne die mindeste figürliche oder anatomische Veränderung gleichzeitig die Darstellung eines anderen, völlig verschiedenen Gegenstandes ist, auch sie frei von jeder irgendwie gearteten Verzerrung oder Anomalität, die auf ein Arrangement schließen ließe.

Ein solches doppeltes Vorstellungsbild ist erreichbar geworden dank der Heftigkeit des paranoischen Denkens, das sich listig und geschickt der erforderlichen Anzahl von Vorwänden, Koinzidenzen usw. bedient und sie benutzt hat, um das zweite Vorstellungsbild, das in diesem Fall die Stelle der Zwangsvorstellung einnimmt, in Erscheinung treten zu lassen.

Das doppelte Vorstellungsbild (beispielsweise dasjenige eines Pferdes, welches gleichzeitig das einer Frau ist) kann fortgesetzt werden und den paranoischen Vorgang weiterführen; dann reicht das Vorhandensein einer anderen Zwangsvorstellung aus, um ein drittes Vorstellungsbild erscheinen zu lassen (beispielsweise das eines Löwen), und so nacheinander bis zum Wettstreit einer einzig durch den Grad der paranoischen Denkfähigkeit begrenzten Anzahl von Vorstellungsbildern.

Ich stelle den Materialisten anheim, diese Art von geistiger Krise, die ein solches Bild hervorrufen kann, zu prüfen, ich stelle ihnen das noch verwickeltere Problem anheim, herauszufinden, welches dieser Vorstellungsbilder mehr Seinsmöglichkeiten hat, wenn man zuläßt, daß das Verlangen sich einschaltet, sowie das schwerwiegendere und allgemeinere Problem, ob diese Darstellungsreihe begrenzt sein kann oder ob, wie wir mit gutem Grunde annehmen, eine solche Begrenzung überhaupt nicht oder lediglich je nach der paranoischen Fähigkeit jedes einzelnen besteht.

All das ermöglicht mir (vorausgesetzt, daß andere, allgemeine Ursachen sich nicht einschalten) zumindest die Behauptung, daß selbst die realen Vorstellungsbilder vom Grad unserer paranoischen Fähigkeit abhängen und daß also theoretisch ein hinreichend mit der besagten Fähigkeit begabtes Individuum erleben könnte, wie ein der Wirklichkeit entstammender Gegenstand je nach Verlangen fortlaufend seine Gestalt verändert, ganz wie im Falle der willentlichen Halluzination, doch mit der, im zerstörerischen Sinne, schwerwiegenderen Besonderheit, daß die verschiedenen Formen, die der fragliche Gegenstand annehmen kann, für jedermann nachprüfbar und wiedererkennbar sein werden, sobald der Paranoiker ganz einfach auf sie aufmerksam gemacht hat.

Dalí, *Schlafende, Pferd und Löwe sind unsichtbar* (1932).

Der paranoische Mechanismus, der das vielgestaltige Vorstellungsbild erzeugt, erschließt dem Verständnis die Entstehung und den Ursprung der Natur der Wahnbilder, deren Raserei das Blickfeld beherrscht, unter welchem sich die vielfältigen konkreten Erscheinungen verbergen. Gerade von der Raserei und der traumatischen Natur der Wahnbilder angesichts der Wirklichkeit und dem Fehlen auch der schwächsten Osmose zwischen dieser und den Wahnbildern schließen wir auf die (poetische) Unmöglichkeit jeder Art von *Vergleich*. Man könnte zwei Dinge nur vergleichen, wenn das Nichtvorhandensein jeglicher Art von bewußter oder unbewußter Verknüpfung zwischen ihnen möglich wäre. Ein dergestalt greifbar gemachter Vergleich würde für uns die Vorstellung, die wir uns von Willkür gemacht haben, klar veranschaulichen.

Gerade infolge mangelnden Zusammenhangs mit der Wirklichkeit und des willkürlichen Charakters ihrer Anwesenheit können die Wahnbilder leicht die Gestalt der Wirklichkeit annehmen und kann diese sich ihrerseits der Hef-

Dalí, *Der Eselskadaver* (1928).

tigkeit der Wahnbilder anpassen, welche ein materialistisches Denken idiotischerweise mit der Gewalt der Wirklichkeit verwechselt*.
Nichts kann mich hindern, das vielfache Vorhandensein der Wahnbilder im Beispiel des vielfachen Vorstellungsbildes wiederzuerkennen, selbst wenn einer seiner Zustände die Erscheinungsform eines Eselskadavers annimmt und ein solcher Esel wirklich grauenhaft verwest und mit Tausenden von Fliegen und Ameisen bedeckt ist; und da man in diesem Fall keine Bedeutung a priori der verschiedenen Zustände des Vorstellungsbildes außerhalb des Zeitbegriffs voraussetzen kann, wird mich nichts überzeugen, daß diese grausame Verwesung des Esels etwas anderes sei als der blendend harte Widerschein neuer Edelsteine.
Und wer weiß, ob sich hinter den drei großen Wahnbildern, der Scheiße, dem Blut und der Verwesung, nicht gerade das *ersehnte* »Land der Schätze« verbirgt.
Als Kenner von Wahnbildern haben wir seit langem gelernt, das Vorstellungsbild des Verlangens hinter den Wahnbildern des Schreckens und sogar das Erwachen der »Goldenen Zeitalter« hinter den schändlichen skatologischen Wahnbildern aufzuspüren.

Die Anerkennung von Wahnbildern, deren Erscheinungsformen die Wirklichkeit mühsam nachzuahmen sucht, führt uns zum *Verlangen* nach dem *Idealen.*
Vielleicht hat kein Wahnbild ein zusammenwirkendes Ganzes geschaffen, auf welches das Wort *ideal* besser zuträfe, als jenes große Wahnbild, das die aufwühlende ornamentale Jugendstilarchitektur darstellt. Keiner kollektiven Anstrengung ist es gelungen, eine so reine, so beunruhigende Traumwelt zu schaffen wie die Jugendstilbauwerke, welche am Rande der Architektur für sich allein echte Verwirklichungen verfestigten Verlangens darstellen, wo der überaus heftige, grausame Automatismus in der Art, wie sich eine Kindheitsneurose abspielt, schmerzlich den Haß auf die Wirklichkeit und das Bedürfnis nach Zuflucht in einer idealen Welt verrät.
Den eindrucksvollen Block dieser über ganz Europa verstreuten rasenden, kalten Bauwerke, die in Anthologien und Abhandlungen mißbilligt und vernachlässigt werden, ihn können wir noch lieben. Bloß das braucht man unseren zeitgenössischen Ästhetenschweinen, den Verteidigern dieser scheußlichen »modernen Kunst«, bloß das braucht man der ganzen Kunstgeschichte entgegenzuhalten.

* Ich habe hier besonders Georges Batailles materialistische Ideen im Auge, aber auch den greisen Materialismus überhaupt, den dieser Herr senilerweise zu verjüngen vorgibt, indem er sich willkürlich auf die moderne Psychologie stützt.

Es empfiehlt sich, den Kunstkritikern, Künstlern usw. ein für allemal zu sagen, daß sie von den neuen surrealistischen Vorstellungsbildern nichts als Enttäuschung, einen üblen Eindruck und Widerwillen zu gewärtigen haben. Ganz außerhalb der plastischen Erfindungen und anderer »Albernheiten« werden die neuen Vorstellungsbilder des Surrealismus mehr und mehr Gestalt und Tönung von Demoralisierung und Verwirrung annehmen. Der Tag ist nicht fern, wo ein gemaltes Bild den Wert, und einzig diesen Wert, eines einfachen moralischen Aktes haben wird und trotzdem den eines einfachen Willküraktes.
Die neuen Vorstellungsbilder werden, selbst wenn sie heftig verdrängt werden, als funktionelle Form des Denkens der freien Neigung des Verlangens folgen. Die tödliche Aktivität dieser neuen Vorstellungsbilder kann außerdem im Verein mit anderen surrealistischen Aktivitäten zum Ruin der Wirklichkeit und zum Besten all dessen beitragen, was uns über alle möglichen niederträchtigen und ekelhaften Ideale, die ästhetischen, humanitären, philosophischen usw. hinweg zu den klaren Quellen der Onanie, des Exhibitionismus, des Verbrechens und der Liebe zurückführt.
Idealisten, ohne an irgendeinem Ideal teilzuhaben. Die idealen Vorstellungsbilder des Surrealismus im Dienst der bevorstehenden Bewußtseinskrise, im Dienst der Revolution.

Die Sanitätsziege

Während heute der Zweifel an den Zeugnissen unserer Sinne die systematische Form eines unerbittlichen Prozesses angenommen hat, der mit dem Ruin und der bedingungslosen Kapitulation der Realität enden dürfte, muß man feststellen, daß das poetische Denken merkwürdig zurückgeblieben ist und psychoanalytisch vor dem Gefühlskonflikt angesetzt werden kann, was keine Übertreibung darstellt, da diesem Denken als einziges Kriterium die simpelsten psychologischen Reaktionen der Empfindung zugrunde liegen. Der hartnäckige Impressionismus des poetischen Denkens ist teilweise und oberflächenhaft in der ganzen anti-intellektualistischen Tendenz zum Ausdruck gekommen, vor allem seitens der ionistischen Vorstellungen Bergsons; es versteht sich von selbst, daß wir uns für diese Vorstellungen wie überhaupt für alles, was sich direkt mit einem biologischen Apriorismus verbinden läßt, kaum erwärmen können. Mit weit weniger Bedenken würden wir uns dagegen auf Pythagoras berufen, wenn Reverdys erbärmliches oder schlicht idiotisches kubistisches Experiment uns nicht genügend klargemacht hätte, wieviel geistige Unfähigkeit dazugehört, wenn man sich der Willkür auf abstraktem Wege wirksam nähern will. Die impressionistische Auflösung des poetischen Denkens wird hochtrabend bekräftigt in den Untersuchungen über den kognitiven Mechanismus des Instinkts, einen Mechanismus, der sich infolge unzureichender logischer Durcharbeitung plump, stillschweigend und lahmarschig mit dem Prinzip der ehrbaren Lust zusammentut. Aus dieser ehrbaren (dem Katholizismus so gewogenen) Lust geht die ganze adonische Haltung der neuen Ästhetik hervor, die ein absolut unzulässiges, ekelhaftes Glück begründet. Diese ganze abgetakelte Ästhetik von heute mit ihrem dogmatischen Anspruch, bestimmend auf Vorstellungen einzuwirken, langweilt uns mit eintönigen psychologischen Nichtigkeiten, die uns wieder einmal die dunkle Herkunft dessen beweisen, was wir zerstören wollen, und zwar mit einer Wildheit, mit einem Haß, die gar nicht groß genug sein können.

Der Gesang nimmt unzählige atheistische Formen der Lobpreisung Gottes an. Es genügt eine einzige Gegebenheit, zum Beispiel ein dynamisches, erregendes (sehr oft päderastisches) Problem, damit unser Geist plötzlich, instinktiv Verlauf und Scheitelpunkt der Kurve ahnt (denn es handelt sich immer mehr oder weniger um eine Kurve); wir folgen also der Kurve der in Rede stehenden Raketenflugbahn (es handelt sich im vorliegenden Fall um eine gerade in die nächtliche Feierlichkeit losgefeuerte Rakete), und die Rakete wird durch Vermittlung unserer Sinne die genaue graphische Darstellung besagter Kurve bestätigen, hatte doch der Instinkt im Augenblick, wo sie abgefeuert wurde, mit seiner phantastischen Schnelligkeit alle physikalischen Berechnungen über den Haufen geworfen und die Erkenntnis nach sich gezogen oder sie ahnen lassen, was bereits ein Erkenntnisvorgang von mathematischer Genauigkeit ist. Wir wollen nicht leugnen, daß die visuelle Bestätigung besagter intuitiv erkannter Kurve unter anderem die Eigenschaft hat, eine ausgiebige Sekretion der Speicheldrüsen in den Mund anzuregen. Wir möchten unsrerseits klarstellen, daß wir selten geifern, es sei denn, unser Speichel hätte zuvor die ätzende Kraft hochwirksamer Gifte gewonnen. Alles, was wir über die Kurve der Rakete gesagt haben, gilt für jede Kurve des Denkens.

Weil die psychologischen Reaktionen des Empfindungsvermögens das poetische Denken beherrschen und die Vorherrschaft des musikalischen Elementes im Aufbau dieses Denkens nach sich ziehen, sind tausendundeine Schweinerei gemacht worden, die der avantgardistische Film schamlos zeigt, sind zudem eine Unmasse langweiliger, optimistischer, schöner, deutlicher und abstoßender Fotos entstanden, die oft tadellos in luxuriösen, entzückenden Alben gesammelt werden, für uns ein Beweis der echtesten, düstersten Verzweiflung. Bei diesen Sammlungen schöner Fotos ist alles dazu angetan, uns in Entzücken zu versetzen – hier ist die Linie (ich meine die Kurve), der Scheitelpunkt, wo die Keimbestrebungen einer Pflanze zusammenlaufen – die dokumentarische Linie ohne voraufgehende künstlerische Absicht, und zwar trotz der Parallele mit dieser anderen Spitzenleistungskurve eines Tennisspielerarmes auf dem Foto gegenüber; sowohl beim Blatt wie beim Arm handelt es sich um eine Kurve, deren graphische Darstellung uns mit der Entwicklung eines Kraftaufwandes bekanntgemacht, der seinen Höhepunkt erreicht hat; im vorliegenden Fall stellt der Höhepunkt das Detail dar, das unserem Instinkt genügt, um sich eine genaue Vorstellung vom ganzen rhythmischen Ablauf zu machen – ich habe von einem rhythmischen Ablauf gesprochen, und da sind wir auch schon bei der Harmonie, beim Dreck, im reinen Bereich der Schande.

Die überaus schwere Krise des heutigen poetischen Denkens läßt sich anhand von Gegenständen aus primitiven Kulturbereichen erfassen oder zumindest veranschaulichen, mehr oder weniger ursprünglichen Erzeugnissen des Instinkts (die trotzdem nichts Geheimnisvolles oder Rätselhaftes haben), denen man mit täglich zunehmender Entschiedenheit musikalische Bedeutung beimißt, sich also kubistischen Betrachtungsweisen annähert, allerdings mit Ausnahme nordamerikanischer Totemdarstellungen, die auf Grund der bei ihnen feststellbaren sowieso schon beachtlichen Verwirrung und »Überladenheit« als Übergangselement betrachtet werden können.
In der Annahme, unsere Leser seien sich darüber im klaren, daß wir in zunehmendem Maße, besonders aber in diesem Augenblick, für das Komplizierte und Verwirrte, für möglichst klare Komplikationen und Verwirrungen eintreten, legen wir auch Wert darauf, daß der Leser sich bewußt macht, wie sehr die ganze Aktivität unseres paranoisch-kritischen Denkens bestrebt ist, sich nicht mit psychologisch-sensorischen Beziehungen und Einflüssen in Verbindung zu bringen, sondern sich von ihnen fernzuhalten. Nichts kann die offenkundige Tatsache antasten (vor allem nicht vom Standpunkt aus, den wir hinsichtlich der sensorischen und psychologischen Welt einnehmen), daß es vom Standpunkt des Verstandes her ganz egal ist, ob man die psychologisch-sensorischen Reaktionen (Reaktionen, deren Wirklichkeit uns in solchem Maße verdächtig vorkommt, daß wir darin wieder einmal die geschickte Sprache der Wahnbilder entdecken) oder sonst irgend etwas als Kriterium nimmt, eine andere Art von Zeugnis, das unabhängiger und willkürlicher, das uns zum Beispiel fremd

Allegorische Gruppe

ist – und entsprechend furchtbarer – und folglich (falls es das ist, was ich sagen will) subjektiver. Das Willkürliche würde etwas wie einen geometrischen Punkt darstellen, jenseits aller Physiologie und völlig abgesichert gegen psychosensorische Verseuchung und Einflußnahme, das heißt isoliert von allem Geschlechts- und Gefühlsverkehr. Dieser willkürliche Punkt (der zumindest ebensoviel Unordnung stiften könnte wie irgend etwas anderes, was in der Geometrie oder am Himmel auftauchte), würde nicht etwa ein unbestimmtes Verlangen nach Allgemeinheit äußern, sondern wäre streng konkret und in solchem Maße bedeutungsgeladen, daß er deutlich zum Ausdruck käme in der gewöhnlich für velleitär gehaltenen Geste eines Menschen, der auf einem Marmortisch den sicheren Fingersatz eines richtigen Pianisten (höchst vollkommen) nachahmt, obwohl er überhaupt nicht klavierspielen kann, wobei er von der völligen Identität seiner Nachahmung überzeugt ist. Ich habe gesagt, der fragliche geometrische Punkt wäre ganz im Gegensatz zu einem unbestimmten Streben nach dem Allgemeinen etwas streng Konkretes, und ich werde es jetzt beweisen, indem ich hinzufüge, daß dieser Punkt im vorliegenden Fall gerade in dem Augenblick konkret würde, wo der falsche Pianist momentan den absoluten Glauben an seine Nachahmung verlöre, sie aber fast genauso begeistert wie zuvor fortsetzte. Was diesen somit nun genauer bestimmten geometrischen Punkt angeht, der zweifellos eine beachtliche Entfernung von der Welt der Körper voraussetzen dürfte, schlage ich vor, daß er vorerst und mangels eines andern, passenderen Namens *Die Sanitätsziege* genannt werden soll, und zwar unter anderem deshalb, weil ich bis jetzt keine bewußte oder unbewußte Beziehung zwischen diesem Namen und dem damit Bezeichneten gefunden habe, was mich hoffen läßt, daß sich hier auf diese Weise echte Beziehungen ganz natürlich (pardon!) ergeben werden.

Wenn Einstein Abweichungen zwischen dem Meter als Maßeinheit und jenem materiellen Meter feststellt, den wir benutzen müssen, und dabei die Möglichkeit einer physikalischen Geometrie entwickelt, vollzieht er auf einer ganz speziellen Ebene von Interferenzen des Denkens den brutalen Bruch mit psychologischen Konstanten, die in diesem Fall große unkörperliche Symbole und abstrakte Wahnbilder geschaffen haben. Die Wahnbilder im Dienst des Denkens, die Wirklichkeit im Dienst der Wahnbilder, nichts mehr wird künftig Leute, die noch einen schwachen Begriff von Ehrlichkeit haben, daran hindern können, mit der Wirklichkeit der *wunderbaren* und identischen Nachahmung des Pianisten zu rechnen, den wir eben als Beispiel angeführt haben, und wer der Meinung ist, ein Ge-

sicht nachzuahmen, wird als doppelgesichtig betrachtet werden müssen. Wie man mit der physikalischen Ausdehnung gebräuchlicher oder ungebräuchlicher Maße rechnen muß, wird man parallel oder nicht parallel dazu mit der psychischen Ausdehnung von Vorstellungen rechnen müssen; auf abstrakte Kriterien wird man sich nicht mehr berufen. Auf der Ebene der Erkenntnis werden die instinktiven, psychosensorischen Reaktionen nur noch als Abstraktionen musikalischer Art gelten. Die neue Geometrie des poetischen Denkens macht eine gleiche physikalische Überprüfung und Korrektur erforderlich, wie sie die Einsteinsche Physik mit jedem Maß vornimmt.
Die Physik gehört in diesem Fall zu den Dingen, die man glauben kann, – die man selbst im Wahnsinn glauben oder interpretieren kann; die Physik, die die neue Geometrie des Denkens schaffen soll, wird ausgerechnet (es ist leicht vorauszusehen, was ich sagen will) der paranoische Interpretationswahn sein.

Alles weist darauf hin, daß man die Wirklichkeit in naher Zukunft nur noch als simplen Zustand depressiver Denkfaulheit auffassen wird, somit als Folge von Augenblicken, wo der Zustand des Wachseins aussetzt. Ich höre hier das stumpfsinnige Gelächter unserer Gegner, doch für uns ist diese unzusammenhängende Wirklichkeit schon lange wieder auf ihre richtigen Ausmaße zusammengeschrumpft, zu einer unbedeutenden »Trübung« des Denkens: zur Amnesie, die aus dem Schlaf entsteht im Augenblick, wo dieser bewußt wird; »Amnesie« ist das Wort, das ich soeben gesucht habe. Die Wirklichkeit: simple Vermittlungs-Amnesie.

Es ist leicht, viel zu leicht, sich zu amüsieren.
Doch es scheint in diesem Augenblick davon die Rede zu sein, das Denken zu mißbrauchen (das Wort mißbrauchen darf hier ruhig in seinem leidenschaftlichsten Sinn verstanden werden), und zwar nicht nur gegen die künstlerischen Ideale usw., sondern vor allem gegen alle möglichen erhabenen und ehrbaren menschlichen Empfindungen, konkreter noch, gegen alles, was gewisse Leute weiterhin »das Gute« nennen können, ohne vor Scham in den Boden zu versinken.
Die Wirksamkeit des poetischen Denkens wird darin bestehen, das Leben im großen Stil zu verfälschen. Die Poesie wird die Bilder des Lebens oder der Natur nie übertreiben können. Die Naturgeschichte kann in einem besonderen Zustand der Intuition als Film von kolossalen Ausmaßen betrachtet werden, in dem unsere Wahrnehmung uns nur die fragmentarische und statische Erkenntnis verschiedener

Momentaufnahmen verschaffen könnte: dank diesem besonderen, soeben erwähnten Zustand der Intuition ist es unserer Erkenntnis möglich, sich einen Begriff zu machen von der dynamischen Einheit, von der poetischen Konzeption der Lebewesen, derzufolge jedes einzelne dem Bild eines organischen, von Traumen befreiten Werdens entspricht. Schon dieses Beispiel kann uns helfen, den poetischen Ursprung einer Theorie wie der Darwinschen Evolutionstheorie aufzudecken. Es scheint mir ganz auffällig, daß man bei der gerade dargelegten evolutionistischen Konzeption nur die rhythmische Bildabfolge der Naturgeschichte festzusetzen braucht, damit diese Bilder harmonisch werden. Ich wiederhole zum letzten Mal, daß wir uns geschworen haben, gerade diese Harmonie zu zerstören. Diese Harmonie, an der wir, das ist uns bekannt, nicht teilhaben. Unser ganzes Bemühen zielt darauf, diesen Eindruck, diese Impression von Poesie, die wir zu empfinden, in unserem tiefsten Innern zu empfinden scheinen, für null und nichtig zu erklären; unser ganzes Bemühen zielt darauf, ich wiederhole es, alles für null und nichtig zu erklären, was uns auf irgendeine Weise vertraut scheinen könnte, weil es uns gerade so und nur so gelingen wird, uns ganz und gar außerhalb dieser Eindrücke und sogar in einem feindlichen Gegensatz zu ihnen zu fühlen, und weil wir nur so vom Denken eine revolutionäre und wirklich vernichtende Wirksamkeit erwarten können.

Port-Lligat, den 13. August 1930

Der große Masturbator

Der Sommer verendete hinter dem Pfahlzaun
im Westen erhob sich das Hauptgebäude der Stadt
aus roten Ziegelsteinattrappen
man hörte verworren den Stadtlärm
ein paar Passanten darunter immer mehr Bauern
bevölkerten die Landstraße die das armselige Dorf Hunt
mit dem stolzen Kistern verband.
Links schlängelte sich eine andre Straße
armseliger und kleiner
mit Melan-kolik
eine kleine Straße
an ihrem Rand hatte man
zum Düngen der Felder ringsum
Heuhaufen und Scheißhaufen abgeladen.
Ab Mittag blieb diese Straße leer
nur um diese Zeit war sie ein wenig belebt
dann erst war sie nämlich befahren von Arbeitern
für den Bau und den Wiederaufbau
der neuen Pa-villons

des Sanatoriums von Kistern.
Abends wenn die Arbeiter von der Arbeit zurück waren
wurde die kleine Landstraße wieder so still wie sonst
und war auch wieder leer.
Nur dann und wann
schleppte sich träge
ein großer Karren dahin
beladen mit Wirrstroh
und von zwei Schurken gefahren.

Der Abend brach
rasch über der Landschaft herein.
Am Horizont
verschwamm der große Umriß der Schokoladenfabrik
bereits
im Nebel der Dämmerung.

So dunkel es wurde
es war noch früher Abend
an den Rändern der großen Achattreppenfluchten
wo ermattet vom Tageslicht
das seit Sonnenaufgang währte
der große Masturbator
die ungeheure Nase aufs Onyxparkett gestützt
die riesigen Augenlider geschlossen
die Stirn von schrecklichen Falten zerfressen
und der Hals geschwollen von seinem berühmten Furunkel
worin Ameisen brodeln
erstarrt
von der noch zu hellen Abendstunde durchdrungen
während das Häutchen das seinen Mund überzieht
längs der furchtbaren Riesenheuschrecke hart wird
reglos angeschmiegt klammert sie sich an
fünf Tage lang fünf Nächte.

Die ganze Liebe
und der ganze Rausch
des großen Masturbators
sprachen
aus den grausamen Ornamenten aus falschem Gold
die seine zarten weichen Schläfen bedecken
und eine Kaiserkrone
nachbilden
deren bronzierte Akanthusblätter zart
sich ranken
bis zu den rosigen bartlosen Wangen
und ihre harten Fibern dehnen
bis sie verschmelzen
mit dem Alabasterweiß seines Nackens.

Jugendstilhaus in Barcelona

Um die eisige Wirkung alter Ornamentik eines unbestimmten Bastardstils zu erzeugen der mittels Mimikry eine Verwechslung mit der komplizierten Architektur der Allee möglich machen würde und um den begehrenswerten Greuel dieses triumphierenden kandierten strammen verspäteten gepflegten erregten weichen köstlichen entkräfteten marconisierten geschlagenen gesteinigten verschlungenen geschmückten bestraften Fleisches mit dem menschlichen Gesicht das demjenigen meiner Mutter gleicht unsichtbar oder wenigstens unscheinbar zu machen.

Das zweite Gesicht des großen Masturbators
war nicht so groß wie das des ersten
doch sein Ausdruck war stolz und sanfter.
Seit fünf Tagen war er rasiert
sein Schnauzbart keimte gerade
zerfressen rötlich
leicht verdreckt
von richtiger Scheiße.
Dieses Gesicht war
triumphierend
dem ersten
gegenüber

doch am Ende der Allee aufgestellt.
Zwischen den beiden großen Masturbatoren
ruhte auf einem Daunenkopfkissen
ein riesiger Rahmen aus
unendlich vielen
winzigen Skulpturen
in verschiedenen und lebhaften Farben
sie stellten Die Wilhelm Tells dar.
Weiter weg
hinter dem zweiten Gesicht des großen Masturbators
ragten
zwei große Skulpturen Wilhelm Tells empor
die eine aus
echter Schokolade
die andre aus falscher Scheiße
beide mit verwischten Mündern
und einander
triumphierend
gegenübergestellt.

Die beiden Gesichter des großen Masturbators der riesige Rahmen und die Skulpturen Wilhelm Tells standen so zueinander und waren so verteilt, daß sie eine geistige Krise herbeiführten wie sie auch die Asymmetrie im Geist erzeugen kann die eine schuldhafte Verwechslung zwischen dem Topas nach sich zieht der den Blick ersetzt in den Gesichtsskulpturen sie stellen den Augenblick der Lust und einen Haufen Exkremente dar.

Unter dem seltsamen
lauen Symbol
zweier großer Wilhelm Tells
suchten sie die Lust
indem sie sich gegenseitig
gleichzeitig
anpißten.
Der Urin sprudelte
ihr übers Kinn
war noch warm
unter den Achseln
wurde lau
wo die Fotze
beginnt
und wieder kalt
wo die Schenkel aufhören.
Sie pißte ihm
mitten ins Gesicht
der Urin sprudelte
mitten auf der Brust
und wurde erst lau
an den Fußsohlen.

Ihre Blicke waren erfüllt
vom kalten Andrang
der Bilder die
den berüchtigten Springbrunnen
gleichen
die mit dem Todestrieb
verbunden
und seit der Kindheit
im Strom
ihrer unbewußten
Bilder
fixiert sind.

Dalí, *Der große Masturbator* (1929).

Hinter den Schultern
des Trugbildes
unter der Erscheinung
zweier Wilhelm Tells
beschwor
eine kurze
Springbrunnenallee
die klare
Verwesung
von Eselskadavern
von Pferdekadavern
von Katzenkadavern
von Pferdekadavern
von Mundkadavern
von Hühnerkadavern
von schrecklichen Hahnkadavern
von Heuschreckenkadavern
von Vogelkadavern
von Frauenkadavern
von furchtbaren Heuschreckenkadavern
von Pferdekadavern
von Eselskadavern
von Seeigelkadavern
von Einsiedlerkrebskadavern
und ganz besonders
von Hühnerkadavern
und Eselskadavern
und auch von Heuschreckenkadavern
sowie einer Art Fisch
dessen Kopf
herzzerreißend
dem einer Heuschrecke gleicht.

Alle diese Springbrunnen bereicherten
viele Münzen aus falscher Bronze
die in ihre Steine eingesetzt
und oft halb verdeckt waren von Flechten
oder vom Moos das hervordrang
zwischen den Fugen.

Die Reliefbilder dieser Münzen und die nagelneuen Inschriften (sehr bedeutsam) hatten eine gewaltige demoralisierende Wirkung auf das Denken.

Auf einer dieser Münzen
war das Bild
eines in der Entwicklung
zurückgebliebenen
ungesund
veranlagten
Mannes
er symbolisierte
geichzeitig
das Bild
des Verlangens
das Bild
des Todes
und auch das Bild
getrockneter Scheiße
in ihr lag
die Frucht
einer Zypresse.
Neben dieser
Münze ohne Inschrift
sah man eine andre
zarte Reliefs
winziger Harfen
waren da eingraviert.
Auf einer andern Münze
sah man
sorgfältig ausgeprägt
Napoleons
und Wilhelm Tells Gesichter
die Szene des Massakers
der makkabäischen Brüder
und die ornamentale Erscheinung
eines Schmetterlings
der die Beleidigung
symbolisierte.
Es gab auch eine Münze
die folgende
drei Worte aufwies
Beleidigung
Ackerbau
Imperialismus.
Und noch
eine andre
sie verewigte
drei weitere Inschriften
Krone
falsches Gold

große Scheiße.
In die funkelndsten
Münzen aber
waren eingraviert
die unsterblichen
Darstellungen
von Eselskadavern
von Pferdekadavern
von Katzenkadavern
von Pferdekadavern
von Mundkadavern
von Hühnerkadavern
von schrecklichen Hahnkadavern
von Heuschreckenkadavern
von Vogelkadavern
von Frauenkadavern
von furchtbaren Heuschreckenkadavern
von Pferdekadavern
von Eselskadavern
von Seeigelkadavern
von Einsiedlerkrebskadavern
und ganz besonders
von Hühnerkadavern
und Eselskadavern
und auch von Heuschreckenkadavern
sowie einer Art Fisch
dessen Kopf
herzzerreißend
dem einer Heuschrecke gleicht.

Die unausgesetzte Betrachtung aller dieser Münzen beschwor deutlich die Szene der Gottesanbeterin die das Männchen verschlingt und auch die dekorativen farbigen Kirchenfenster mit Metamorphose-Motiven die nur auf diesen gemeinen Jugendstilinterieurs vorkommen wo eine sehr schöne Frau mit lockigem Haar schaurigem Blick halluzinatorischem Lächeln und herrlichem Busen am Klavier sitzt und gleich singen wird und zwar laut
drohend
kaiserlich
sanft
stolz
kandiert
geschlagen
entkräftet
gesteinigt
lächelnd
speziell
theatralisch
verspätet
frühlingshaft

parfümiert
schmachtend
gemahnend
historisch
artistisch.

Nach der kurzen Springbrunnenallee
folgte
die Allee der Wahnbilder des Grauens
mit einer polychromen artistischen Skulptur
am Eingang
die einen schrecklich pornographischen Sinn hat
sie stellt
die tragische traditionelle Szene
der Schmetterlingsjagd dar.
Am Eingang
der Allee spirito-artistischer Wissenschaften
war das übliche
in Stein gehauene Paar
mit sanften schwermütigen Gesichtern
der Mann frißt
die unermeßliche Scheiße
die ihm die Frau
liebevoll
in den Mund
scheißt.
Am Eingang
der rätselhaftesten Allee
war ein riesiges Wahnbild
es stellte den großen Scheißinsky dar.
Auch andere Alleen gab es noch
seit Jahrhunderten überdauerten da
ungeordnet
aufgestellte
alte Wahnbilder
sie entsprachen ganz verschiedenen
manchmal anachronistischen
Vorstellungen.
Bewundern konnte man da
mehrere sehr realistische Wiedergaben
der bemerkenswerten unwiderstehlichen und delikaten
Persönlichkeit mit Haarknoten und Frauenbrüsten
dicker Rute und schweren Hoden.
Wie auch die überaus kindischen Wahnbilder
der herkömmlichen Poesie etwa
eine Ohrfeige die sich an einen Luftzug lehnt
man sieht ihr an daß sie heuchelt
und die kleinen Samen am offenen Hosenschlitz
am kahlgeschorenen Kopf
mit einem Scheißhaufen auf dem Kopf
und die paranoisch geformten Felsen

Schmetterlingsjagd

und die Frauengesichter
mit dem verwischten Mund
in den Jugendstilreliefs.
Auch mythologische Vasen
verziert mit winzigen
Hermaphroditengesichtern
mit goldenen
Locken und
Schnauzbärten
mit kotzendem
Lächeln
und überaus scharfen Zähnen.
Auch
die geweihten Hostien
und der eingetrocknete
starre Rotz
am Rande schwindelnder Kurven.
Und die winzigen
Sonnenschirme
allerweltsfarbig
man bemerkte darauf
kostbare Dreifarbendrucke
Darstellungen verschiedener Papageien
und zahlreicher Tierarten
        läufig
        auf den Rücken
        gemalt
        die berühmten Seen
        und andre
        Dämmerungen.
        Es gab
        auch
        die Eselskadaver
        die orientalischen Gesichter
        die Kaiserreliefs
        die Meerkaskaden
        im Sand
        aus allerkleinsten Muscheln
        in kalten Farben
        und dann die gelehrten Tiger
        sowie
        die offenbar falsche
        Heuschrecke
        zusammengesetzt
        aus unendlich vielen
        winzigen
        und doch sehr scharfen
        Haifischfotos
        würde man diese Heuschrecke
        anpusten
        würden alle Fotos

auseinanderflattern
übrig bliebe
nur eine schreckliche
entkräftete
kandierte
verängstigte
leicht
kaiserliche
und koloniale Sache.
Es gab auch
die eiskalten Oliven
unbeweglich
an unbestimmten
Orten
befestigt.
Schließlich Steinreliefs die
verschiedene Möbel
darstellten
und den psychologischen
und sentimentalen Augenblick
an einem klaren
Sommertag
bezeichnen wollten
als ein Freund
des Bootsbesitzers
den Bootsfahrer
wiederfindet
(den ungesund veranlagten doch über ein bemerkens-
wertes visuelles Gedächtnis verfügenden Fahrer)
und ihm
befiehlt
seine Freunde
von einem andern
Strand
zu holen
nicht von dort wo es
abgemacht war
weil die beiden jungen Mädchen
die dieses Land
überhaupt nicht kannten
zu Fuß
bis zum nächsten
Strand
gehen wollten.
Und jetzt
war es zu spät
oder vielmehr
waren sie alle zu müde
(vor allem die beiden Herren)
und wollten nicht zurück
an den ersten
Strand. *Port-Lligat, September 1930*

Haus an der Küste

Die Liebe

Das Lustprinzip, das dem Realitätsprinzip entgegenwirkt, der paranoische Interpretationswahn, die Störungen gefühlsmäßigen Erkennens, die Überschätzung, die klare Verwirrung der Wahnbilder, alles das, was zusammen die leidenschaftlichen Kategorien des Denkens ausmacht, gipfelt in der Liebe dank ihrer stetigen, tödlichen Kraft.

Wittels nimmt an, daß »man ohne Unterbrechung« liebt, wie man kontinuierlich träumt, wobei sich der Traum bekanntlich durch alle Zustände des Wachens hindurch weiterspinnt.

Die Beziehungen zwischen Traum, Liebe und einem Gefühl der Auflösung, das beiden gemeinsam ist, haben offenbar seit jeher eingeleuchtet. Schlafen ist eine Art Sterben oder zumindest eine Art, der Realität abzusterben, ja es ist der Tod der Realität, aber die Realität stirbt in der Liebe wie im Traum. Die blutigen Osmosen von Traum und Liebe füllen das menschliche Leben ganz aus. Tagsüber suchen wir unbewußt die verlorenen Bilder der Träume, und wenn wir ein Bild finden, das Ähnlichkeit hat mit einem Traumbild, kommt es uns so bekannt vor, daß wir sagen, wir müßten es nur ansehen, um zu träumen.

Die verschwommenen Umrisse einer Traumvorstellung, die von der Traumzensur oft ausgelöscht werden, entwickeln sich in der Liebe zu scharfen, gefährlichen Umrissen, an denen wir uns wirklich verletzen können, und so kann man das Blut, das bei solchen Verletzungen fließt, als das einzige echte Traumblut betrachten.

All das legt den Gedanken nahe, die Liebe sei nur eine Art Verkörperung von Träumen, was die Redensart bestätigt, die geliebte Frau sei ein fleischgewordener Traum.

Wenn die Liebe Träume verkörpert, dürfen wir nicht vergessen, daß man oft von seiner eigenen Auflösung träumt und daß diese Auflösung, dem Traumleben nach zu urteilen, offenbar ein besonders heftiger, leidenschaftlicher unbewußter Wunsch des Menschen ist. Die Traumforschung mißt dem Intra-Uterinen immer größere Bedeutung bei. Symbolische Stellungen, welche für gewisse geistige Depressionszustände bezeichnend sind, wiederholen sich oft bei Liebenden, die im Schlaf Zuflucht suchen. Wie überraschend müßte eine genaue Dokumentation der Schlafstellungen sein, vor allem bei der Liebe, da sie immer Auflösung oder intra-uterine Verkrümmung reproduzieren, was besonders für die Glücklichen gilt, die in der leidenschaftlichen kosmischen Stellung 69 einschlafen oder in der Stellung der Gottesanbeterin, die das Männchen auffrißt.

Man kennt durch Freud die Klarheit wortwörtlicher Interpretation, die nicht auf Gemeinplätze und Redensarten eingeht. Mir scheint aber doch bemerkenswert, daß in einigen besonderen Fällen und vor allem dort, wo der Todestrieb mehr oder weniger latent oder manifest ist, in den betreffenden Redensarten eine gewisse Verschwommenheit, ein gewisses Abschweifen zum Ausdruck kommt, das interpretiert werden muß. Sagt man: »Ihr Gesicht leuchtet (durch die Macht der Liebe) auf und verändert sich wie ein Kindergesicht«, so spielt man, wie ich auf Grund des Vorangegangenen spüre, eigentlich nicht auf die Kindheit oder auf das Gesicht des Kindes, sondern, grausamer, auf das ferne Antlitz des Fötus an.

Es wäre zu wünschen gewesen, daß Stendhal angesichts der Proportionen des Vatikans und vor genauso berühmten und nicht weniger meßbaren »Kristallisationen« in analytischer Hinsicht ebenso unparteiisch gewesen wäre; ich möchte meinerseits wiederholen, was er vor dem St. Peter in Rom äußerte, doch diesmal in bezug auf den großen Bergkristall der Liebe: »Das nenne ich genaue Details.« Man liebt umfassend, wenn man bereit ist, die Scheiße der geliebten Frau zu fressen.

Alles, was uns die Psychophysiologie über die Phänomenologie des Abscheus lehrt, legt die Vermutung nahe, daß das Verlangen die unbewußten symbolischen Vorstellungen mit Leichtigkeit überwinden kann. Der Abscheu wäre eine symbolische Verteidigung gegen den Taumel des Todestriebes. Man empfindet Abscheu, Ekel vor dem, was man im Grunde will, daher die unwiderstehliche »morbide« Anziehungskraft, die oft durch ein unerklärliches Interesse für das scheinbar Abstoßende zum Ausdruck kommt. Bei der Liebe lenken wir den Bilderstrom der Selbstauflösung. Die skatologischen Wahnbilder, die Wahnbilder des Verlangens und die Wahnbilder des Schreckens steigern sich zu klarster, blendendster Verwirrung.

Es wird hoffentlich klar, daß ich in der Liebe dem einen besonderen Wert beimesse, was man für gewöhnlich Perversion und Laster nennt. Ich betrachte Perversion und Laster als die revolutionärsten Formen des Denkens und Handelns, wie ich auch die Liebe als die einzige Haltung betrachte, die dem menschlichen Leben angemessen ist.

Dank der Liebe verwandeln sich die Bilder der Außenwelt mehr und mehr zu Abbildern meines Denkens, die Dinge werden schließlich fügsam mit meinen Vorlieben übereingehen und sich zum handlichen Vokabular meines paranoischen Willens entwickeln. Eine Postkarte, die ich bekomme, kann die Vorstellung abbilden oder sogar erhellen, die gerade zwanghaft von mir Besitz ergreift, also in meinem Geist Irrealität anzunehmen beginnt und jeden Augenblick klarer und rätselhafter wird.

Alles, was ich denke, lebt und erneuert sich im Bild des geliebten Wesens. Dieses Wesen ist auch alles, was ich je denken kann, und alles, was ich nie denken werde.

Jugendstilhaus in Figueras

Das in unserem Sinn Reine trägt den unverwechselbaren Stempel des starken, unnatürlichen und lasterhaften Verlangens erotischer Phantasie. Die Menschenopfer der alten Azteken haben heute den ganzen Schmelz, die ganze Leuchtkraft der Liebe gewonnen. Wir lieben Sade, Thomas Hardys Masochismus, die metaphysische, künstliche und widernatürliche Verstörung von Chiricos Puppen, Gustave Moreaus und Huysmans' Künstlichkeit wider den Strich, den unnatürlichen Glanz aller Abwege der griechisch-römischen Kultur, die ihre Apotheose im Jugendstil finden.

... Ich denke an das ekelhafte, schändliche Land, wo ich geboren und aufgewachsen bin ...
Fern von der Liebe.
Im Schoße der Familie, im muffigen Elternschlafzimmer, das am Morgen einen gräßlichen Gestank nach Harnsäure, schlechtem Tabak, Biederkeit und Scheiße verbreitete ...
Fern von der Liebe, fern von dir, gewalttätige, sterilisierte Frau.

Paris, 1930

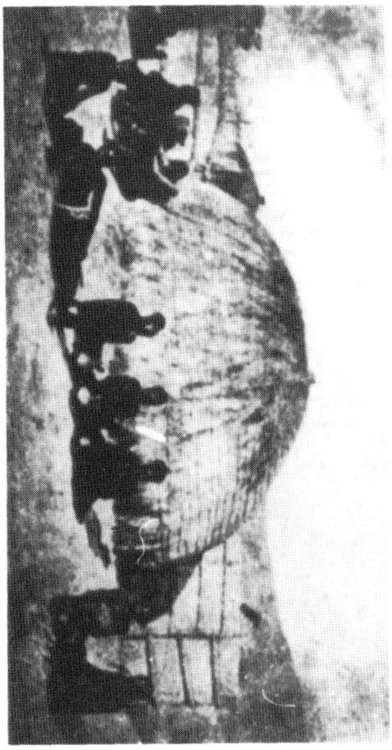

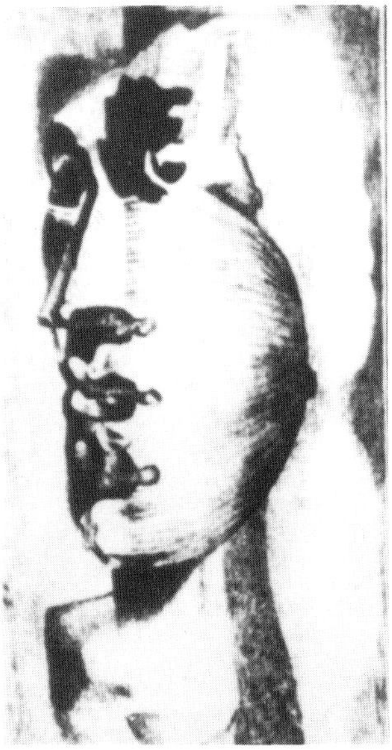

Mitteilung: Paranoisches Gesicht

Nach Abschluß einer Studie, als ich lange wie besessen über die Gesichter bei Picasso, besonders in der schwarzen Epoche, nachgedacht hatte, suche ich in einem Stapel von Papieren eine Adresse, wobei mir plötzlich die Reproduktion eines Gesichtes auffällt, eines ganz unbekannten Gesichtes, das ich für einen Picasso halte.

Plötzlich verschwindet das Gesicht, und ich werde mir der Täuschung (?) bewußt. Bei der Analyse dieses paranoischen Bildes stoße ich mit Hilfe einer symbolischen Interpretation wieder auf alle Vorstellungen, die ich vor der Vision des Gesichtes hatte.

André Breton hatte dieses Gesicht als dasjenige Sades gedeutet, was zu Bretons ganz besonderer Beschäftigung mit Sade paßte.

Das Haar dieses Kopfes sah Breton als gepuderte Perücke, während ich ein Stück unbemalte Leinwand sah, wie es bei Picasso häufig vorkommt. [1931]

Dalí, *Paranoisches Gesicht* (1934—35).

Surrealistische Objekte

ALLGEMEINES VERZEICHNIS

I. SYMBOLISCH FUNKTIONIERENDE OBJEKTE (automatischen Ursprungs)	Aufgehängte Kugel Sattel, Kugel und Laub Schuh und ein Glas Milch Schwämme und eine Schale Mehl Behandschuhte Hand und rote Hand
II. TRANSSUBSTANTIIERTE OBJEKTE (affektiven Ursprungs)	Weiche Uhren Stroherne Uhren
III. ZU ENTWERFENDE OBJEKTE (onirischen Ursprungs)	Mit symbolischer Bedeutung Mit physischer Bedeutung
IV. VERHÜLLTE OBJEKTE (Tagesphantasien)	Handicap Sirenion
V. MECHANISCHE OBJEKTE (experimentelle Phantasien)	Balancierstuhl zum Denken Assoziationsbrett
VI. ABGUSSOBJEKTE (einschläfernden Ursprungs)	Automobil-Tisch-Stuhl-Lampenschirm Wald

I. SYMBOLISCH FUNKTIONIERENDE OBJEKTE:

Diese Objekte, die in überaus geringem Maße geeignet sind, mechanisch zu funktionieren, beruhen auf Trugbildern und Vorstellungen, die bei der Verwirklichung unbewußter Akte hervorgerufen werden können.

Akte der Verwirklichung, deren Lustgewinn man sich nicht erklären kann oder über die irrige, von Zensur und Verdrängung ausgeheckte Theorien informieren. In allen analysierten Fällen entsprechen diese Akte deutlich ausgeprägten erotischen Phantasien und Wünschen.

Die Verkörperung dieser Wünsche, ihre Art, sich durch Ersatz und Metapher zu objektivieren, ihre symbolische Verwirklichung schaffen einen der *sexuellen Perversion* ähnlichen Ablauf, der in allen Punkten dem Ablauf der poetischen Tatsache gleicht.

Selbst im Fall, wo die erotischen Wünsche und Phantasien, auf denen die fraglichen Objekte beruhen, sich innerhalb der gängigen Klassifizierungen des »Normalen« befinden sollten, schaffen das Objekt selbst und die Trugbilder, die sein Funktionieren auslösen kann, stets eine neue und vollkommen unbekannte Reihe von Perversionen, also auch von poetischen Tatsachen.

Die symbolisch funktionierenden Objekte wurden als Weiterführung des beweglichen, stummen Objektes, Giacomettis aufgehängter Kugel, ins Auge gefaßt, eines Objektes, das schon alle wesentlichen Grundsätze unserer Definition aufwies und vereinigte, sich aber noch spezifisch plastischer Mittel bediente. Die symbolisch funktionierenden Objekte schließen formale Bestrebungen rigoros aus. Sie hängen nur von der leidenschaftlichen Phantasie des einzelnen ab und sind außerplastisch.

Die surrealistischen Objekte befinden sich noch in ihrer nahezu embryonalen Phase, doch ihre Analyse, die wir für die nächsten Nummern* aufsparen, läßt uns all die heftige Phantasie ihres künftigen vorgeburtlichen Lebens ahnen.

Der Begriff der wahren geistigen Kultur des Menschen wird mehr und mehr als Funktion seiner Fähigkeit zur Pervertierung seines Denkens in Erscheinung treten, denn sich pervertieren setzt immer voraus, daß man von seinem Verlangen gelenkt wird, vom erniedrigenden Vermögen des Geistes, die unbewußten Gedanken, die unter dem rudimentären Wahnbild der Phänomene zutage treten, abzuwandeln und in ihr Gegenteil zu verkehren.

Man wird große Automobile, dreimal so groß wie in Wirklichkeit, in Gips oder Onyx nachbilden (mit einer Sorgfalt in den Details, die diejenige der genausten Abgüsse in den Schatten stellt), in Damenwäsche hüllen und in Grabstätten einschließen, deren Standort nur durch das Vorhandensein einer winzigen, strohernen Uhr kenntlich sein wird.

Die Museen werden sich in Windeseile mit Objekten füllen, deren Nutzlosigkeit, Größe und Gedränge keine andere Wahl läßt, als in den Wüsten besondere Türme zu ihrer Aufbewahrung zu errichten.

Die Turmeingänge wird man geschickt tarnen, und an ihrer Stelle wird ununterbrochen ein richtiger Milchquell sprudeln, den der heiße Sand gierig aufsaugt.

Auf diesem Stande der Erkenntnis werden die Brotkanten von den metallenen Schuhen der Menschen zermalmt, anschließend mit Tinte bekleckert und bespritzt werden.

Die geistige Kultur wird identisch sein mit der Kultur des Verlangens.

* Von »Le surréalisme au service de la révolution«. Eine Fortsetzung ist nicht erschienen. (A. d. Ü.)

OBJEKT VON GIACOMETTI
Eine mit einer weiblichen Vertiefung versehene Holzkugel hängt an einer dünnen Geigensaite über einer Mondsichelform, deren eine Kante die Höhlung leicht berührt. Der Betrachter fühlt sich instinktiv gezwungen, die Kugel über die Kante gleiten zu lassen, was er infolge der Länge der Saite nur beschränkt in die Tat umsetzen kann.

OBJEKT VON VALENTINE HUGO
Auf einem grünen Roulett-Teppich, dessen vier letzte Nummern entfernt worden sind, liegen zwei Hände, die eine weiß behandschuht, die andere rot und mit Hermelinbesatz am Handgelenk. Die behandschuhte Hand bietet die Handfläche dar und hält zwischen Daumen und Zeigefinger, ihren beiden einzigen beweglichen Fingern, einen Würfel. Die rote Hand, die die behandschuhte Hand umklammert und deren Finger alle geschmeidig sind, steckt den Zeigefinger in die Öffnung des Handschuhs, den sie dabei ein bißchen hochhebt. Die beiden Hände haben sich in einem Netz aus weißen Fäden verfangen, die so dünn sind wie Sommerfäden und mit unregelmäßig verstreuten Reißzwekken mit roten und weißen Köpfen auf dem ausgedienten Teppich befestigt sind.

OBJEKT VON ANDRÉ BRETON
Am verwickeltsten und schwierigsten zu analysieren. Auf einem kleinen Fahrradsattel steht ein mit Tabak gefüllter Terrakottabehälter, auf dessen Oberfläche zwei längliche, rosa Zuckermandeln liegen. Eine polierte, in der Sattelachse drehbare Holzkugel bringt bei dieser Bewegung die Spitze des Sattels mit zwei orangefarbenen Zelluloidantennen in Berührung. Die Kugel ist durch zwei Arme aus gleichem Material mit einer Sanduhr, die waagrecht angebracht ist (so daß der Sand nicht herunterrieseln kann), verbunden sowie mit einer Fahrradklingel, die in Aktion treten soll, wenn mittels einer hinter dem Sattel postierten Schleuder eine grüne Zuckermandel in die Achse geschleudert wird. All das ist auf ein mit Waldvegetation bedecktes Brett montiert, das hier und da mit Knallblättchen gepflastert ist und auf dessen einer Ecke, die buschiger ist als die anderen, ein kleines, aus Alabaster gefertigtes Buch liegt; sein Deckel ist mit einer Fotografie des Turmes zu Pisa unter Glas geschmückt, neben welchem, schiebt man das Laub beiseite, unter dem Huf einer Hirschkuh ein Knallblättchen erkennbar ist, das einzige losgegangene.

OBJEKT VON GALA ELUARD
Zwei oszillierende, gebogene Metallantennen.
An ihren Enden zwei Schwämme, der eine aus Metall, der andere natürlich, in der Form von Brüsten, mit karminrot gefärbten Knöchelchen als Brustwarzen. Versetzt man die

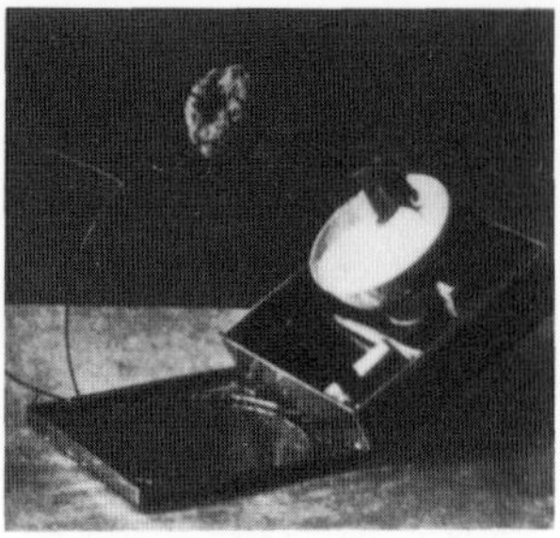

Antennen in Schwung, streift der eine der beschriebenen Schwämme Mehl in einer Schale, der andere die gesträubten Borsten einer Metallbürste.
Die Schale selbst ist in einem schräggestellten Behälter untergebracht, welcher andere Objekte enthält, die zusätzlichen Vorstellungen entsprechen. Ein rotes Häutchen, das elastisch ist und bei der unmerklichsten Bewegung lange vibriert, eine kleine, biegsame, wirbelartige schwarze Spirale baumelt an einem kleinen roten Käfig. Ein weißer Holzpinsel und eine Glasröhre, wie Apotheker sie gebrauchen, grenzen die Abteilungen des Behälters gegeneinander ab.

OBJEKT VON SALVADOR DALÍ
In einem Damenschuh, mitten in einer weichgeformten, exkrementfarbenen Masse, steht ein Glas lauer Milch.
Der Mechanismus besteht darin, ein Stück Zucker, auf welches man einen Schuh gemalt hat, in die Milch zu tauchen, um die Auflösung des Zuckers und damit auch des Schuhbildes zu beobachten. Verschiedene Zutaten (Schamhaare, die an einem Stück Zucker kleben, kleines erotisches Foto) vervollständigen das Objekt, das von einer Dose mit Ersatzzuckern sekundiert ist und einem Speziallöffel, der dazu dient, Schrotkörner im Innern des Schuhs aufzurühren. [1931]

Der Gegenstand im Licht surrealistischer Experimente

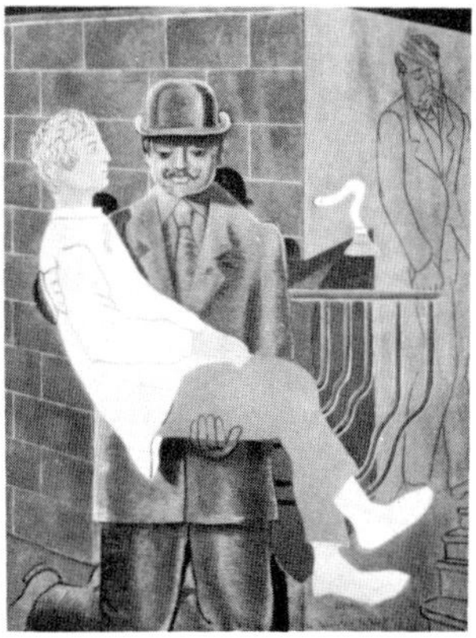

Max Ernst, *Die Revolution bei Nacht* (1923).

Ich stelle mir den Titel eines Bildes von Max Ernst, »Die Revolution bei Nacht«, gern als Ausgangspunkt der surrealistischen Experimente vor. Wenn man bedenkt, wie traumhaft, ja geradezu überwältigend diese Experimente zuerst waren, und wie nächtlich, wie strahlend, blendend die Macht des Wortes war, das mehr oder weniger unsere Zukunft umreißt, des Wortes »Revolution«, könnte nichts so objektiv sein wie der Ausdruck »Die Revolution bei Nacht«. Schließlich will so etwas besagen, daß die Zeitschrift, die ein paar Jahre lang die Experimente protokollierte, *La Révolution Surréaliste* hieß.

Die surrealistische Konzeption des Gegenstandes hat sich mit den Jahren bezeichnend gewandelt, wobei gleichsam bildhaft zum Ausdruck kam, inwiefern die surrealistische Auffassung der Möglichkeiten einer Einwirkung auf die Außenwelt Veränderungen unterworfen war und vielleicht noch ist. Bei den frühen Experimenten mit poetischem Anspruch, der automatischen Schreibweise und den Traumprotokollen, schienen reale oder vorgestellte Objekte mit wirklichem, eigenem Leben erfüllt zu sein. Jeder Gegenstand galt als aufregendes, eigenmächtiges »Wesen« mit einem von der Aktivität des Experimentators ganz unabhängigen Dasein. Dieses anthropomorphe Stadium bestärkte anhand der Bilder, die beim »köstlichen Leichnam«* erzielt wurden, die Zwangsvorstellung der Verwandlungen — unbeseeltes Leben, fortwährende Anwesenheit menschlicher Figuren usw. – und deckte dabei die regressiven Verhaltensweisen auf, die für infantile Phasen bestimmend sind. Feuerbach zufolge ist »ursprünglich die Konzeption des Gegenstandes keine andere als diejenige eines zweiten Ichs; so stellt man sich in der Kindheit jeden Gegenstand als ein Wesen vor, das frei und eigenmächtig handelt«. Wie das folgende zeigen wird, verlieren die Gegenstände mit der Entwicklung der surrealistischen Experimente allmählich diese Eigenmächtigkeit; wenn sie in Träumen hervorge-

* Das Experiment, das als »Der köstliche Leichnam« bekannt ist, war von Breton angeregt worden. Mehrere Personen mußten nacheinander Wörter aufschreiben, die nach einem vorgegebenen Muster (»Der köstliche/Leichnam/trinkt/den neuen/Wein) einen Satz bildeten, wobei keiner wußte, an welches Wort sein Nachbar gedacht hatte. Oder es mußten mehrere Personen nacheinander Linien ziehen, die zusammen ein Porträt oder eine Szenerie ergaben, wobei der zweite die Zeichnung des ersten und der dritte die Zeichnungen des ersten und des zweiten nicht sehen durfte usw. Im Bereich der Metaphorik führte »Der köstliche Leichnam« zu ganz überraschenden poetischen Assoziationen, die auf keinem andern bekannten Weg hervorzubringen waren, Assoziationen, die sich der Analyse noch entziehen und als *Einfälle* die seltensten Dokumente im Zusammenhang mit Geisteskrankheiten übertreffen.

VANE BOR: BRIEF AN SALVADOR DALÍ

Belgrad, den 31. Dezember 1932

Lieber Freund,

[. . .] Vor zwei Jahren bekam ich aus England eine herrliche Kollektion Ölfarben in großen Tuben. Ich wollte malen. Meine Freunde, besonders Marco Ristitch, beobachteten, daß ich die ganze Zeit über nicht etwa malte, sondern mit den Farben spielte. Ich drückte leicht auf die Tuben, bis etwas Farbe herauskam, verrieb sie auf einem sauberen Papier und betrachtete ihre Beschaffenheit, Abtönung und Zusammensetzung. Schließlich verwandelte sich dieses Spiel in eine richtige Leidenschaft. Häufig unterbrach ich tagsüber meine Arbeit (an einem Buch), drehte die Schraubverschlüsse der Tuben einen nach dem andern auf und betrachtete die Farben. Bevor ich schlafen ging, nahm ich Nacht für Nacht meine Farben und *roch* an ihnen.

Meine Farben lagen unmittelbar neben dem Bett, und bald setzte ich das Spiel auch noch im Bett fort, sogar nachdem ich das Licht ausgemacht hatte. Schließlich konnte ich die Farben an ihrem Geruch erkennen. Ich gestand Marco Ristitch, der mich neckte, ich könne es nicht mehr lassen, an den Farben zu riechen, ja *ich hätte sogar große Lust, sie zu essen.* Blasses Kadmiumgelb, Kobaltblau, Zinnoberrot, Bitumen, Silberweiß, Caput mortuum und Neapelgelb erregten mich ganz besonders. Doch jede einzelne Farbe erregte mich.

In den beiden letzten Jahren bin ich mehrmals verreist, aber jedesmal, wenn ich nach Hause kam und meine Farben wiederhatte, begann das Spiel von neuem. Mehr noch, wenn ich an einem Farbengeschäft vorbeikam, hatte ich große Lust hineinzugehen und tat es auch oft. Ich ließ mir dann eine Menge Farben zeigen und benutzte die Gelegenheit, an ihnen herumzudrücken, bis etwas Farbe herauskam, sie auf einem Papier zu verreiben und an der Farbtube zu riechen. Das sind die wichtigsten Tatsachen, die mir schon vor der Lektüre Ihres Artikels über

bracht werden, passen sie sich den äußerst widersprüchlichen Formen unseres Verlangens an und werden schließlich – wenn auch nur bedingt – den Ansprüchen unseres eigenen Handelns untergeordnet. Wir möchten aber betonen, daß der Gegenstand eine nächtliche, echt unterirdische Phase erlebt, bevor er dieser Notwendigkeit nachgibt.

Die ersten surrealistischen Experimentatoren sahen sich in die unterirdischen Gänge der »Revolution bei Nacht« versetzt, in die Gänge, wo sich gerade *Die Geheimnisse von New York* abgespielt haben mußten; Traumgänge, die auch jetzt noch identifizierbar sind. Sie sahen sich mitten auf die nach-mechanische Straße versetzt, wo die herrliche, halluzinierende Eisenvegetation jene elektrischen Jugendstilblüten hervorbringt, die heute noch die Eingänge der Pariser Metro schmücken. Dort wurden sie mit Vergessen geschlagen und verwandelten sich, da unbeabsichtigte Umwälzungen bevorstanden, in hochentwickelte automatische Marionetten, in die sich auch die heutigen Menschen zu verwandeln drohen. Ein paar Surrealisten versammelten sich eine ganze Nacht lang um den großen Tisch, der für Experimente verwendet wurde; ihre Augen waren geschützt und verdeckt durch dünne, aber undurchsichtige mechanische Streifen, auf welchen schnelle, wechselnde Lichtsignale, die blendende Kurve der konvulsivischen graphischen Darstellungen, erschienen, während ein feiner Nickelapparat wie ein Winkelmesser an ihren Nacken befestigt und mit tierischen Membranen ausgerüstet war, um mittels gegenseitiger Durchdringung jede neue poetische Anwandlung aufzunehmen. Ihre Körper waren nach einem erfinderischen System mit Riemen an die Stühle gefesselt, so daß sie die Hand nur in gewisser Weise bewegen und deren Wellenlinie auf die dazugehörigen weißen Walzen übertragen konnten. Unterdessen beugten sich ihre Freunde, die sich in konzentrierter Aufmerksamkeit auf die Unterlippe bissen, mit angehaltenem Atem über den Aufnahmeapparat und sahen mit erweiterten Pupillen der erwarteten, aber unbekannten Bewegung entgegen, einem Satz oder einem Bild.

Auf dem Tisch statteten ein paar wissenschaftliche Instrumente, die einem heute vergessenen oder noch auszuarbeitenden physikalischen System angehörten, die Nacht mit den verschiedenen Temperaturen und Gerüchen ihrer empfindlichen Mechanismen aus, die ein bißchen fiebrig waren wegen des frischen, kühlen Geschmacks der Elektrizität. Da lag auch der bronzene Frauenhandschuh und manches andere entstellte Objekt, so auch »etwas wie ein weißer, unregelmäßiger, lackierter Halbzylinder mit scheinbar sinnlosen Ausbuchtungen und Vertiefungen«, der in *Nadja* erwähnt wird, sowie das Vogelbauer, das Breton in *Les pas*

perdus beschreibt: »Ich denke daran, wie Marcel Duchamp einige Freunde zusammenrief, um ihnen ein Vogelbauer ohne Vogel zu zeigen, das halb mit Würfelzucker gefüllt war, und wie er sie aufforderte, das Bauer hochzuheben, das erstaunlich schwer war, denn was sie für Würfelzucker gehalten hatten, waren in Wirklichkeit kleine Marmorstücke, die Duchamp unter großem finanziellem Aufwand in dieser Größe hatte sägen lassen*. Dieser Trick taugt meiner Meinung nach soviel wie jeder andre und sogar wie fast alle Tricks der Kunst zusammen.«
Das Halbdunkel der ersten Phase surrealistischer Experimente brachte ein paar kopflose Figuren und ein eingewickeltes, verschnürtes Gebilde an den Tag, das nicht zu identifizieren war und deshalb offenbar auf einem Foto von Man Ray sehr beunruhigend wirkte (man dachte schon damals an andere eingewickelte Gegenstände, die man durch Betasten identifizieren wollte, schließlich stellte man fest, daß sie nicht zu identifizieren waren; ihre Erfindung erfolgte dann später)**. Doch wie kann man das Gefühl der Dunkelheit vermitteln, in die unserer Meinung nach die ganze Beschäftigung gehüllt war? Nur indem man erwähnt, wie stark die Surrealisten von Objekten fasziniert waren, die von selbst leuchteten – kurz, phosphoreszierenden Objekten in der eigentlichen und übertragenen Bedeutung des Wortes. Zum Beispiel von einer mit Weizenähren verzierten Papierschneidemaschine, von Abgüssen nackter Frauen, die als Wandschmuck dienten, von Reißschienen und Keksen, die einen »metaphysischen Innenraum« à la Chirico bildeten. Es ist unwichtig, daß solche Dinge manchmal mit jener Leuchtfarbe gestrichen wurden, die für Zifferblätter verwendet wird, damit Zeiger und Ziffern im Dunkeln leuchten. Bedeutsam ist, wie die Experimente das *Verlangen nach dem Gegenstand*, dem greifbaren Gegenstand, aufdeckten. Dieses Verlangen mußte den Gegenstand um jeden Preis aus dem Dunkeln ins Licht holen, ihn über und über glänzend und flimmernd ins helle Tageslicht bringen. So stieß man zuerst auf die *Traumobjekte*, die Breton in seiner *Introduction au discours sur le peu de réalité* vorschlug.
Er sagt da:
»Vergessen wir nicht, nur der Glauben an eine gewisse praktische Notwendigkeit verhindert, daß der poetischen Aussage genausoviel Bedeutung beigemessen wird wie zum Beispiel derjenigen eines Forschungsreisenden. Der menschliche Fetischismus, der das Bedürfnis hat, den Tropenhelm anzuprobieren und die Fellmütze zu streicheln, hört sich *unsere* Expeditionsberichte ganz anders an. Er muß unbedingt glauben können, daß das *geschehen ist*. Um diesem

das surrealistische Objekt in *This Quarter* bewußt waren. Nachdem ich diesen Artikel gelesen hatte, ging mir die Bedeutung der Handlungen auf, denen ich mich mittels der Tuben überließ. Ich reihte die Farbtube sofort unter die einfachen, symbolisch funktionierenden Objekte ein. Dann wurden mir eine Reihe von Tatsachen bewußt. Zunächst einmal bemerke ich, daß ich für die Tuben aus London, die bedeutend größer waren als alle meine bisherigen, eine besondere Vorliebe hatte; sie waren fast so groß wie ein erigiertes männliches Glied. Ich bemerkte, in welchem Maße mir die andern Farben in kleineren Tuben »dürftig« vorkamen. Ich erinnere mich, wie stolz ich über zwei riesige Tuben war, die ich später kaufte, zwei Tuben, die beide die dreifache Länge der Londoner Tuben hatten. Die Tatsache, daß ich diese beiden Tuben bei jeder Gelegenheit überall stolz vorzeigte, stellt meiner Meinung nach einen symbolischen Exhibitionismus dar, was um so einleuchtender und zutreffender ist, als ich mich gerade diesem Akt in Paris auf der Straße mehrmals überlassen habe.
Auch wenn man die unmittelbare Anziehungskraft wirklich schöner Farben in und außerhalb der Tube in Betracht zieht sowie die Anziehungskraft bestimmter Farbbezeichnungen, zum Beispiel Namen wie Caput mortuum, Bitumen, roter Ocker, Ockerbraun, Zinnober und andere, liegt in dieser über Monate mehrmals am Tag beharrlich wiederholten Geste noch etwas anderes, etwas offenkundig Symbolisches, das man nur so verstehen kann, wie Sie es in *This Quarter* dargelegt haben. [. . .]

* Duchamps Objekt *Warum nicht niesen?* (1921) *A. d. Ü.*
** Man Rays *Das Rätsel Isidore Ducasses* (1920) *A. d. Ü.*

Wunsch nach fortwährender Kontrolle zu entsprechen, schlug ich kürzlich vor, im Rahmen unserer Möglichkeiten solche Objekte herzustellen, denen man nur im Traum begegnet und die scheinbar weder als nützlich noch als erfreulich zu rechtfertigen sind. So ist mir in einer der vergangenen Nächte, im Schlaf, auf einem Markt unter freiem Himmel bei Saint-Malo ein ziemlich seltsames Buch in die Hand gekommen. Der Rücken dieses Buches war ein hölzerner Zwerg mit einem assyrisch gestutzten weißen Bart, der ihm bis zu den Füßen reichte. Die Statuette hatte einen ganz normalen Umfang, man konnte aber die Seiten des Buches, die aus grober schwarzer Wolle bestanden, ohne weiteres umblättern. Ich kaufte es rasch und bedauerte beim Erwachen, daß es nicht neben mir lag. Man könnte es verhältnismäßig leicht wiederherstellen. Ich möchte einige Objekte dieser Art, deren Geschick ich höchst problematisch und beunruhigend finde, in Umlauf bringen. Ich würde ein Exemplar davon zusammen mit einem meiner Bücher jeweils ausgewählten Personen schenken.
Wer weiß, vielleicht würde ich so dazu beitragen, diese abscheulichen konkreten Trophäen zu ruinieren und die »vernünftigen« Wesen und Dinge noch mehr in Mißkredit zu bringen. Es gäbe überaus raffiniert konstruierte Maschinen, die unbrauchbar wären; man würde sorgfältig Pläne für riesige Städte entwerfen, deren Bau mehr erforderte, als wir je leisten können, die aber wenigstens für heutige und zukünftige Hauptstädte Maßstäbe setzten. Absurde, hochentwickelte Automaten, die in keiner Weise menschlich agierten, hätten die Aufgabe, uns eine richtige Vorstellung vom Handeln zu vermitteln.
Werden die dichterischen Schöpfungen aufgerufen, schon bald diese Greifbarkeit anzunehmen, die Grenzen des angeblich Wirklichen so seltsam zu verschieben? Hoffen wir, daß die halluzinatorische Kraft gewisser Bilder, daß die echte Gabe der Beschwörung, über die manche Menschen unabhängig von ihrem Erinnerungsvermögen verfügen, nicht länger verkannt werden.«

In der zweiten Phase der surrealistischen Experimente waren die Experimentatoren offenbar bestrebt, sich einzuschalten. Dieses Willenselement neigte mehr und mehr zu greifbarer Kontrolle und betonte die Möglichkeiten einer zunehmenden Beziehung zum Alltäglichen.
In diesem Licht fand die Umfrage über die Liebe als Tagtraum statt *(La Révolution Surréaliste* Nr. 12). Es ist bezeichnend, daß die Umfrage genau zu dem Zeitpunkt gemacht wurde, als der Surrealismus dem Wort »Revolution« eine immer konkretere Bedeutung beimaß. Unter diesen Umständen liegt zweifellos eine dialektische Möglichkeit in dem Einfall, den Titel des Bildes »Die Revolution bei Nacht« in »Die Revolution bei Tag« zu verwandeln (ein

überaus passendes Motto für die zweite Phase der surrealistischen Experimente!), wobei ausdrücklich klargestellt werden soll, daß mit dem fraglichen Tag ausschließlich der dialektische Materialismus gemeint ist.
Daß man wirklich bestrebt war, sich einzuschalten, daß das gerade erwähnte (übelwollende) Willenselement vorhanden war, beweisen die hinreißenden Erklärungen André Bretons im *Zweiten Manifest,* wo er über die natürliche Selbstsicherheit derer verfügt, die sich voll bewußt geworden sind, daß es ihre Aufgabe ist, die Grundlagen des Illegitimen böswillig zu verderben, Erklärungen, die nicht ohne Auswirkung auf Kunst und Literatur geblieben sind.

In der *Sichtbaren Frau* ist mir aufgegangen, daß in mancher Hinsicht Erfüllungen bevorstanden, und so schrieb ich, wenn auch ganz individuell und persönlich: »Ich glaube, der Augenblick ist nahe, wo ein Denkvorgang paranoischen, aktiven Charakters (gleichzeitig mit dem Automatismus und anderen passiven Zuständen) die Verwirrung zum System erheben und zum vollständigen Verruf der realen Welt beitragen kann.« Das hat mich schließlich veranlaßt, vor kurzem ein paar noch unbestimmte Objekte herzustellen, die im Bereich der Aktion dieselben widersprüchlichen Gelegenheiten liefern wie fernste mediale Botschaften im Bereich des Empfangs.
Wirkliches Leben aber hat die neue Phase surrealistischer Experimente durch die *Simulation von Geisteskrankheiten* gewonnen, die André Breton und Paul Eluard in der *Unbefleckten Empfängnis* den verschiedenen poetischen Stilen gegenübergestellt haben, ja sie ist gleichsam durch sie bestimmt worden. Dank der Simulation im besonderen und den Bildern im allgemeinen können wir nicht nur eine Kommunikation zwischen dem Automatismus und dem Weg zum Objekt herstellen, sondern auch das System der Interferenzen zwischen ihnen steuern, wodurch der Automatismus nicht etwa beeinträchtigt, sondern gleichsam freigesetzt wird. Durch die so vermittelte neue Beziehung sehen unsre Augen das Licht der Dinge in der Außenwelt.
Doch nun taucht eine neue Angst auf. Da wir die bisherigen altvertrauten Phantome los sind, die unseren inneren Frieden nur zu gut gesichert haben, müssen wir die Welt der Objekte, die objektive Welt als den wahren, augenscheinlichen Inhalt eines neuen Traumes ansehen.
Das Drama des Dichters, wie es die Surrealisten sahen, ist noch ernster geworden. Und zwar wieder, weil wir eine ganz neue Angst haben. Auf dem Gipfel der aufkommenden Kultivierung des Verlangens werden wir offenbar von einem neuen Körper angezogen, nehmen wir die Existenz unzähliger Gegenstandskörper wahr, die wir, wie uns jetzt aufgeht, vergessen haben. Daß die mutmaßliche Persön-

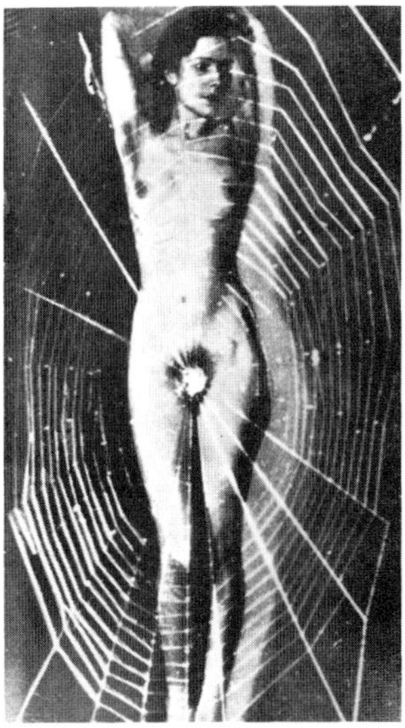

Man Ray, Fotografie

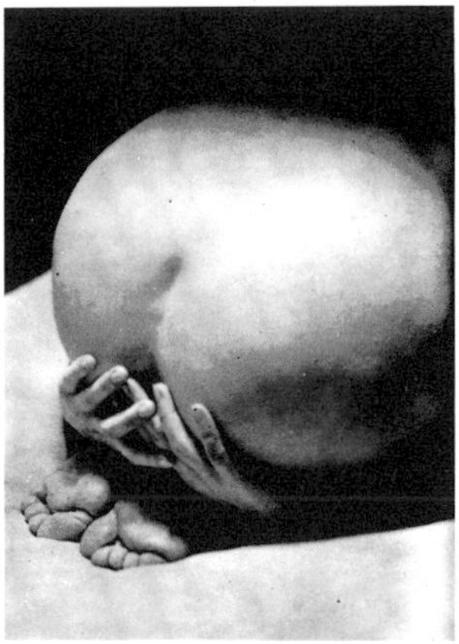

Man Ray, *Das Gebet* (Fotografie)

lichkeitsspaltung durch Gedächtnisverlust hervorgerufen wird, legt Feuerbachs Auffassung des Gegenstandes, der ihm zufolge ursprünglich nur die Vorstellung eines zweiten Ichs ist, um so mehr nahe, als er hinzufügt: »Die Vorstellung des Gegenstandes wird für gewöhnlich mit Hilfe des ›Du‹ gebildet, welches das ›objektive Ich‹ ist.« Folglich muß das »Du« als »Kommunikationsmittel« dienen, und man kann sich fragen, ob der Surrealismus zur Zeit nicht von einem möglichen Körper heimgesucht wird, der bei dieser Kommunikation Gestalt annehmen könnte. Jedenfalls gibt die Art und Weise, wie die neue surrealistische *Angst* Gestalt, Licht und Erscheinung des schaurigen Körpers annimmt, der das »objektive Ich« sein soll, zu dieser Vermutung Anlaß. Sie wird auch dadurch gestützt, daß André Bretons neustes Buch, eine Art drittes surrealistisches Manifest, den wie ein magnetisierender Meteor, ein Talisman-Meteor erhellenden Titel *Die kommunizierenden Röhren* tragen wird.

Ich habe neulich die Surrealisten aufgefordert, ein System von Experimenten in Betracht zu ziehen, dessen endgültige Entwicklung kollektiv erfolgen sollte. Da es noch individuell, ungeordnet und lediglich eine Anregung ist, wird es hier nur als Ausgangspunkt vorgestellt.

1. Die Wiedergabe von Träumereien.

2. Experiment, das sich auf die irrationale Erkenntnis der Dinge bezieht: Man muß intuitiv und ganz schnell einzelne oder sehr komplexe Folgen von Fragen beantworten, die sich auf bekannte und unbekannte Gegenstände wie etwa einen Schaukelstuhl, ein Stück Seife usw. beziehen. Man muß von einem solchen Gegenstand sagen, ob er

Tag oder Nacht,
väterlich oder mütterlich,
blutschänderisch oder nicht blutschänderisch,
der Liebe günstig,
der Veränderung unterworfen

sei, wo er liegt, wenn wir die Augen schließen (vor oder hinter uns, links oder rechts, weit weg oder nah usw.),

was mit ihm geschieht, wenn er in Urin, Essig usw. usw. eingelegt wird.

André Masson, Zeichnung (1925).

3. Experiment, das sich auf objektive Wahrnehmung bezieht: Jeder Experimentator bekommt einen Wecker, der zu einem ihm unbekannten Zeitpunkt klingeln wird. Mit diesem Wecker in der Tasche geht er seinen gewohnten Beschäftigungen nach, und genau zum Zeitpunkt, wenn der Wecker klingelt, muß er aufschreiben, wo er ist und was seine Sinne (Gesichts-, Gehör-, Geruchs- und Tastsinn) am stärksten beeindruckt. Eine Analyse verschiedener so entstandener Aufzeichnungen würde zeigen, in welchem Maß objektive Wahrnehmung von der imaginativen Vorstellung abhängt (der ursächliche Faktor, astrologischer Einfluß, Häufigkeit, das Element zufälligen Zusammentreffens, die Möglichkeit einer symbolischen Interpretation des Ergebnisses anhand von Träumen usw.). Es könnte sich zum Beispiel herausstellen, daß um fünf Uhr längliche Gebilde und Düfte, um acht Uhr harte Gebilde und durchweg Bilder im Lichtdruck häufig waren.

4. *Kollektives Studium der Phänomenologie* anhand von Themen, die offenbar bei den Surrealisten immer höchst beliebt waren. Die Methode, die ganz allgemein und einfach ist, wäre eine Analyse nach dem Vorbild von Aurel Kolnais Phänomenologie des Widerspruchs. Durch eine solche Analyse könnte man objektive Gesetze ermitteln, die in bis dahin als vage, schwankend und wechselhaft geltenden Bereichen wissenschaftlich anwendbar wären. Für den Surrealismus wäre es meiner Meinung nach besonders interessant, wenn sich eine solche Studie mit *Phantasie* und *Laune* befaßte. Man könnte die Untersuchungen weitgehend in Form von Diskussionen durchführen, die nur durch Analyse und Koordination ergänzt zu werden brauchten.

5. *Automatische Skulptur:* Bei Versammlungen zu Diskussionen oder Experimenten soll jeder eine bestimmte Menge knetbaren Materials bekommen, das er automatisch behandelt. Die so entstandenen Gebilde werden später zusammen mit den Aufzeichnungen des jeweiligen Urhebers (über Zeit und Umstände der Herstellung) analysiert. Die Folge von Fragen, welche sich auf irrationale Erkenntnis der Dinge beziehen (vgl. Vorschlag 2 oben), könnte hier Anwendung finden.

6. *Mündliche Beschreibung von Objekten,* die man nur durch Betasten wahrgenommen hat. Die Versuchsperson beschreibt mit verbundenen Augen irgendein gewöhnliches oder eigens hergestelltes Objekt, das sie betastet, und jede Beschreibung wird mit der Fotografie des fraglichen Objektes verglichen.

7. *Herstellung von Objekten* nach Beschreibungen, die gemäß dem vorangehenden Vorschlag zustande gekommen sind. Die Objekte müssen fotografiert und mit den ursprünglich beschriebenen Objekten verglichen werden.

8. *Prüfung gewisser Aktionen,* die auf Grund ihrer Irrationalität stark demoralisierende Strömungen auslösen und ernste Konflikte bei der Interpretation und Durchführung verursachen können, z. B.

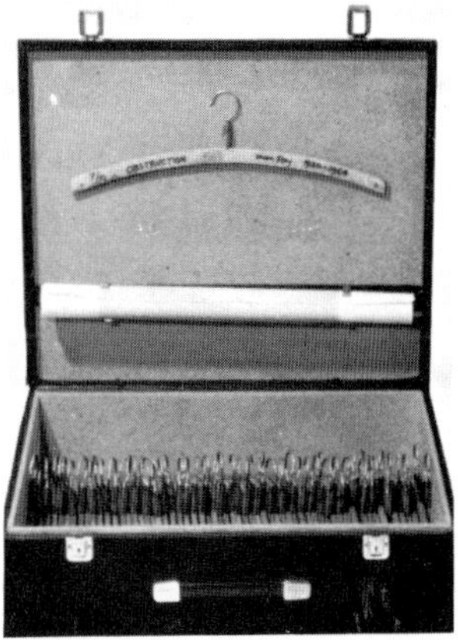

Man Ray, *Obstruktion* (1920).

a) man bringt eine kleine Alte irgendwie dazu, daß sie mitgeht, und zieht ihr dann einen Zahn,
b) man bäckt ein riesiges (fünfzehn Meter langes) Brot, läßt es frühmorgens auf einem Platz liegen und führt Buch über die Reaktion des Publikums usw., bis der Konflikt sich erschöpft.

9. *Man schreibt auf Objekte;* was man im einzelnen schreibt, muß noch beschlossen werden. Zur Zeit von *Kalligramme* wurde die typographische Anordnung der Form von Objekten angepaßt, was die eine Möglichkeit war, Formen von Objekten mit Schreiben in Übereinstimmung zu bringen. Ich möchte hier vorschlagen, daß Geschriebenes die Form von Objekten haben und daß man unmittelbar auf Objekte schreiben sollte. Zweifellos würde durch *direkten* Kontakt mit dem Objekt, aus dieser ganz körperlichen und neuen Vereinigung von Gedanken und Objekt spezifisch Neues entstehen – das neue, unablässige Aufblühen eines fetischistischen »Kontrollbedürfnisses« und der neue, dauerhafte Sinn für Verantwortung. Sicher hat die auf Fächer, Gräber, Denkmäler usw. geschriebene Poesie einen ganz besonderen, klar ausgeprägten Stil? Ich will die Bedeutung solcher Präzedenzfälle oder des realistischen Irrtums, zu dem sie Anlaß geben, nicht übertreiben. Natürlich denke ich nicht an Gelegenheitsgedichte, sondern im Gegenteil an Texte, die überhaupt keine augenfällige oder beabsichtigte Beziehung zu dem Objekt haben, auf dem sie zu lesen sind. So wäre das Geschriebene mehr als bloße »Inschrift« und würde die komplexen, greifbaren und konkreten Formen der Dinge völlig bedecken.
Auch ein Ei oder ein grob geschnittenes Stück Brot könnten beschriftet werden. Ich träume von einem geheimnisvollen, mit weißer Tinte geschriebenen Manuskript, das die seltsame, harte Oberfläche eines funkelnagelneuen Rolls-Royce vollkommen bedeckt. Gebt allen, was das Privileg der alten Wahrsager war: jeder soll aus Dingen lesen können!
Meiner Meinung nach zeigt die Beschriftung der Dinge, diese körperliche Einverleibung der Dinge durchs Schreiben an sich schon, wie weit wir seit dem Kubismus gekommen sind. Gut, während der kubistischen Periode haben wir uns daran gewöhnt, daß Dinge ganz abstrakte, intellektuelle Umrisse bekamen; Gitarren, Pfeifen, Marmeladentöpfe und Flaschen wollten die Form des Kantischen »Dinges an sich« annehmen, das unsichtbar hinter den neusten Störungen der Erscheinungen stecken soll. In *Kalligramme* (deren symptomatischer Wert noch nicht erkannt worden ist) strebten die Umrisse der Dinge tatsächlich genau die Form des Geschriebenen an. Man muß jedoch betonen, daß diese Haltung zwar eine gewisse Annäherung ans Konkrete brachte, aber noch immer auf betrachtend-theoretischer Ebene. Das Objekt kann aktiv Einfluß nehmen, doch es wird nicht ver-

sucht, auf das Objekt einzuwirken. Andrerseits ist gerade dieses Prinzip der Aktion und der praktischen, konkreten Teilnahme immer das Hauptanliegen surrealistischer Experimente gewesen, weshalb wir in Anwendung dieses Prinzips »symbolisch funktionierende Objekte« geschaffen haben, die für die Einwirkung unserer Hände zugänglich sind und von unserem Verlangen in Bewegung gesetzt werden können*.

Doch unser Bedürfnis, aktiv an der Existenz dieser Bilder mitzuwirken, und unser Verlangen, *ein Ganzes* mit ihnen zu bilden, erweisen sich als eindeutig körperlich, denn wir werden uns mit einemmal bewußt, daß wir an einem *neuen Hunger* leiden. Wenn wir es recht bedenken, sehen wir plötzlich ein, daß es offenbar nicht genügt, Dinge mit den Augen zu verschlingen, und daß unser Bemühen, an ihrem Dasein aktiv und wirksam teilzuhaben, in uns den Wunsch weckt, *sie zu essen.*

Daß unter den ersten surrealistischen Dingen, die Chirico malte, immer wieder eßbare waren – Hörnchen, Makronen und Kekse zwischen komplizierten Konstruktionen mit Reißschienen und andern Gebrauchsgegenständen, die nicht katalogisiert werden sollen –, ist in dieser Hinsicht nicht auffälliger als die Tatsache, daß auf den Plätzen, die seine Bilder sind, gewisse Artischockenpaare oder Bananenbüschel auftauchen, die dank des außerordentlichen Zusammenwirkens der Umstände von selbst, ohne irgendeine

* Vgl. Dalís Aufsatz über surrealistische Objekte S. 159 *(A. d. Ü.)*

Dalí, *Ein Objekte-Tablett* (1936).

erkennbare Veränderung, richtige surrealistische Objekte darstellen.
Die Analyse hat gezeigt, daß bei fast allen jetzigen surrealistischen Objekten Dinge vorherrschen, die eßbar sind oder eingenommen werden können (Zuckermandeln, Tabak, grobkörniges Salz bei Breton; Tabletten bei Gala; Milch, Brot, Schokolade, Exkremente und Spiegeleier bei mir; Wurst bei Man Ray; helles Lagerbier bei Crevel). Meiner Meinung nach ist in dieser Hinsicht Paul Eluards Objekt besonders symptomatisch – und zwar gerade weil es auf eine komplizierte Weise indirekt ist –, obwohl bei ihm ein scheinbar nicht sehr eßbares Element vorkommt, eine Wachskerze. Wachs ist jedoch nicht nur eine Substanz, die uns durch ihre Nachgiebigkeit reizt, sie zu kneten, sondern wurde gewissen orientalischen Erzählungen zufolge früher auch gegessen; bei der Lektüre katalanischer Erzählungen des Mittelalters erfahren wir überdies, daß Wachs bei der Zauberei Verwendung fand, um Verwandlungen und die Erfüllung von Wünschen zu bewirken. Bekanntlich nahm man zur Herstellung von Zauberfiguren, die mit Nadeln gespickt wurden, fast immer Wachs; sie sind daher als die echten Vorläufer symbolisch funktionierender Objekte zu betrachten. Zudem muß die Bedeutung der Wesensverwandtschaften von Wachs und Honig darin liegen, daß beim Liebeszauber oft Honig verwendet wurde. Hier spielt die Wachskerze also sehr wahrscheinlich die Rolle einer darmmorphologischen Metapher. In einem erweiterten Sinn ist schließlich die Vorstellung des Wachsessens als zeremonieller Vorgang erhalten geblieben: bei Séancen, wo Hypnose und Beschwörung vorgeführt werden, die gewisse Überreste der Magie enthüllen, ist es durchaus üblich, Kerzen zu verschlucken. Auf dieselbe Art ließe sich auch der eßbare Sinn eines neuen Objektes von Man Ray aufdecken – eines Objektes, bei dem man nur eine Kerze in der Mitte anzünden muß, damit mehrere Elemente in Brand geraten (ein Pferdeschwanz, Schnüre, ein Reifen) und alles zerfällt. Wenn man in Betracht zieht, daß das Wahrnehmen eines Geruches in der Phänomenologie des Widerspruchs dem Wahrnehmen des Geschmackes entspricht, den das riechende Ding haben könnte, daß man somit das intentionale Element, nämlich das Verbrennen des Objektes, als indirektes Verlangen deuten kann, dieses Objekt zu essen (und sich so seinen Geruch und sogar seinen nicht genießbaren Rauch anzueignen), sieht man ein, daß das Verbrennen einer Sache *inter alia* bedeutet, daß sie eßbar gemacht wird.

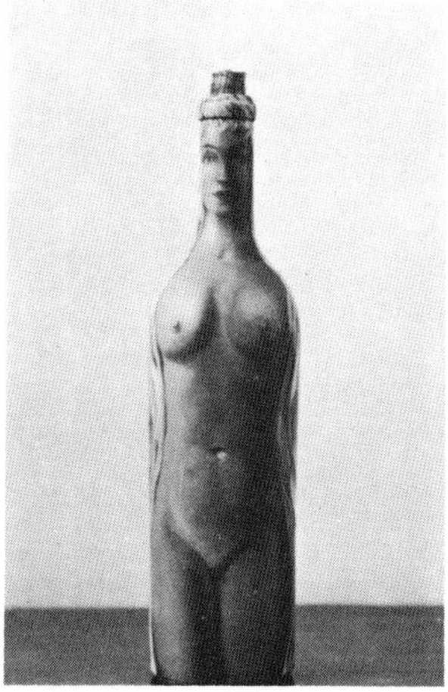
Magritte, *Die Dame*

Alles in allem hat das surrealistische Objekt bis jetzt vier Phasen erlebt:
1. Der Gegenstand existiert außerhalb von uns, ohne daß wir an ihm teilhaben (anthropomorphe Objekte).

2. Der Gegenstand nimmt die unveränderliche Form des Verlangens an und beeinflußt unser Denken (Traumobjekte).
3. Der Gegenstand ist veränderlich, so daß man auf ihn einwirken kann (symbolisch funktionierende Objekte).
4. Der Gegenstand möchte unsere Verschmelzung mit ihm herbeiführen und veranlaßt uns, die Bildung einer Einheit mit ihm voranzutreiben (Hunger auf ein Objekt und eßbare Objekte). [1932]

Psycho-atmosphärisch-anamorphotische Objekte

Möchte doch jener Leser, der es mit seinem schweren, marconisierten Kopf nicht so weit gebracht hat, »die wesentliche Originalität« der symbolisch funktionierenden surrealistischen Objekte (eine Originalität, die im gänzlichen Fehlen der üblichen »plastisch-formalen« Eigenschaften besteht) völlig zu erfassen, auch diesmal Abstand nehmen, mir auf dem – für ihn zu beschwerlichen, zu deprimierenden – Weg der Darlegung des »dialektischen Prozesses« des »surrealistischen Objektes« zu folgen. Möchte er doch den Band, in dem ihm diese bedruckten Seiten unter die Augen kommen, mit einer kurzen Bewegung seiner feinsinnigen Hand, deren kleiner Finger bereits jene manierierte Steifheit der partiellen Starrsucht aufweist, beiseiteschieben. Möchte er furchtlos und sacht seinen Kopf, der schwerer als Quecksilber ist, reglos auf eine geeignete Unterlage aus mit Äther getränktem Brot legen und möchten unter diesen günstigen Bedingungen auf der fahlen Oberfläche der straffen, merklich ins Violette spielenden Haut seiner schmerzlichen Schläfen die winzigen – doch zahlreichen und immer schärferen Farbfotografien Marconis auftauchen, der gerade im Licht der Nachmittagssonne mit einer langen bleiernen Stange unter den zahllosen blühenden Rosensträuchern eines feuchten Gartens einem verstörten Papageien nachsetzt, und das, bis die besagten Fotografien schließlich mit charakteristisch krankhafter Beschleunigung seinen masochistischen Kopf mit einer dichten, unheilbaren Vegetation vielfarbiger Pilze überwuchern.
Ja, diese phänomenale Hingabe an den endgültigen, von jeher latenten marconischen Ausbruch ist ihm zuträglicher als der gänzliche, äußerste Verlust jener einzigartigen pantheistisch-räumlichen Illusionen, die ihm gestatten, weiterhin an der feinen, schmutzigen Süße der altbekannten zeitgenössischen Ästhetik zu lutschen. Ja, ich wiederhole es, eine geistige Anpassung ist unmöglich, denn seit dem

Auftauchen der »symbolisch funktionierenden surrealistischen Objekte« hat sich alles verschlimmert, und die synthetische Vorstellung aller zur erheiternden Hierarchie des »Beklagenswerten« (!) führenden Verschlimmerungen scheint mit zunehmender Bewußtheit nach unserem Taumel konkreter Irrationalität zu rufen. Seit dem Auftauchen der »symbolisch funktionierenden« surrealistischen Objekte hat man in der Tat beobachten können, daß es sich eher um die Erkenntnis handelte, wie man erreichen könne, beispielsweise einen Tisch zur zumindest teilweisen Befriedigung der gebieterischen Begierden des »Objektkannibalismus« (eine Entdeckung, die den Trugbildern von Mitteilung und Wahrnehmung zugrunde liegt) eßbar zu machen, als darum, über den Standort dieser Objekte im Raum, geschweige denn über die hinreißende Anfertigung der unsinnigen Vorstellung eines Sockels nachzugrübeln. Diese Vorstellung wohnt übrigens derjenigen des konkreten Objekts nicht zwangsläufig inne, wie man uns gerne weismachen möchte, und wenn es absurd und poetisch gar zu verführerisch wäre, sich einen Sockel für ein Objekt – eine Kugel oder einen schwindelerregenden Meteorstein – vorzustellen, das einzig dazu bestimmt ist, mit aller Kraft in die Atmosphäre geschleudert zu werden (es sind surrealistische Objekte vorgesehen, die man mit aller Kraft gegen Mauersockel werfen oder schleudern kann), so würde mir die Vorstellung eines Sockels für die hochgradig atmosphärischen »surrealistischen Objekte«, deren psychische Geschwindigkeit – wie wir sogleich sehen werden – über die einsteinischsten Beschleunigungen der neuen imaginativen Physik weit hinausgeht, noch viel absurder vorkommen.
Das geht in der Tat über das Stadium des Objektkannibalismus und, wie ich vermute, sogar über jedes symbolische Stadium überhaupt hinaus, und zwar dank dem Plan einer gewissenhaften Anfertigung in Kürze zu erwartender psycho-atmosphärisch-anamorphotischer Objekte.
Nichts spricht heute meine schwärmerischen Bedürfnisse mit so zwingender Ausschließlichkeit an wie die psychoatmosphärisch-anamorphotischen Objekte, nichts außer Gala selbstverständlich, die sie verkörpert und mein lebendiges Beispiel für sie darstellt.
Wir haben das surrealistische Objekt seit seinen Anfängen im Zeichen der Erotik werden und wirken sehen und es in der Art eines Liebesobjektes zuerst in Gang bringen und dann verzehren wollen. Und nun, nachdem wir, wie ich bereits gesagt habe, über das angeborene Stadium unserer übertragbaren Trugbilder hinausgelangt sind, kommt uns die Liebe als Wesen, wie übrigens meine Leser kraft ihres gewohnten Scharfsinns entdecken dürften, ohne daß ich allzu großen Nachdruck darauf legen müßte, anamorph und atmosphärisch vor.
Dank der Kenntnis jener surrealistischen Objekte, die vor-

zuführen ich hier unternehme, wird jener Vergleich – den man für banal und lächerlich und von jenem *»anarmorphotischen Geschmack«*, auf den sich einzig der schwärmerische Drang der Präraffaeliten richtig verstand, geprägt hält –, der die Liebe als Wesen mit einem am Firmament funkelnden Stern in Verbindung bringt, einen unbestreitbar surrealistischen Sinn annehmen, obwohl der solcherart entstandene Stern überschätzt wird und uns im vorliegenden Fall einer streng kritischen Musterung nur als elementares Wahnbild der Meditation dient.

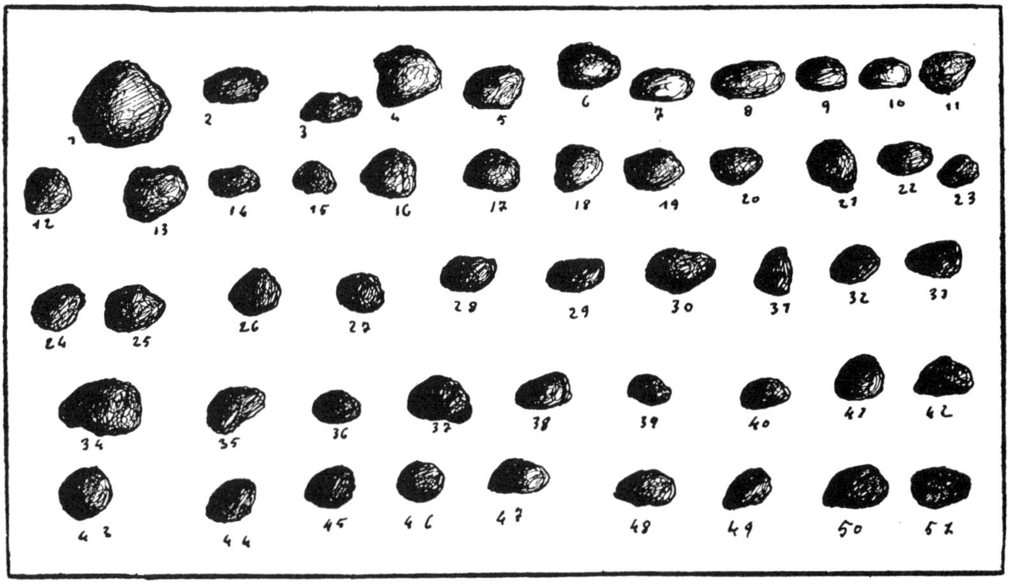

Das in seinen Hauptkomponenten typische Beispiel eines psycho-atmosphärisch-anamorphotischen Objekts ist folgendes: Die Surrealisten schaffen in regelmäßigen Zeitabständen erfundene oder vorhandene Objekte, die man auf Grund ihrer hochgradigen Seltsamkeit und Wunderlichkeit auswählt, in ein vollkommen finsteres Zimmer. Wird die Anzahl dieser Objekte für hinreichend befunden, schließt man einen Surrealisten, der an ihrer Auffindung nicht beteiligt war, in das Zimmer ein, der dann, immer noch im Dunkeln (nachdem er eine Zeitlang wie bei der automatischen Schreibweise oder den Erfahrungen sogenannter Gedankenübertragung so intensiv wie möglich sein Denken nicht zu lenken gesucht hat), instinktiv auf ein zu wählendes Objekt losgehen wird.
Darauf werden, immer noch im Dunkeln, einige Techniker abwechselnd die verschiedenen Elemente des Objektes, das sie betastet haben, mündlich beschreiben. Auf Grund dieser überaus detaillierten Beschreibungen werden andere Techniker einzeln die Bestandteile des Objektes rekonstru-

ieren, so daß sich keiner zu irgendeinem Zeitpunkt eine annähernde Vorstellung vom Aussehen weder des beschriebenen noch des sich gerade bewahrheitenden Objektes machen kann. Die Bestandteile des Objektes werden dann von einigen Technikern montiert, welche die Arbeit diesmal rein mechanisch und immer noch im Dunkeln ausführen.
Das endgültig montierte Objekt muß fotografiert werden, doch immer noch so, daß der Fotograf es nicht sehen kann.
Zu diesem Zweck scheint es empfehlenswert, vorher Belichtung und Gesichtsfeld sorgfältig einzustellen. Man wird voraufgehend die Vorsichtsmaßnahme getroffen haben, das Objekt aus zehn Metern Höhe senkrecht auf einen kleinen, genau im Gesichtsfeld des Apparates liegenden Heuhaufen fallen zu lassen. Dieses Fallen bezweckt, das akzidentielle Äußere zu verstärken und die Aussichten konkreter Verschärfung infolge seiner »Lage« und »Stellung« nach dem Fallen zu vermehren. Die im Bereich der Möglichkeit liegende gänzliche oder teilweise Zerstörung des Objektes wird es noch reichlich mit affektiven (sado-masochistischen usw.) Vorstellungen ausstatten.
Für die chemische Entwicklung der Fotografie bringt man weiterhin rigoros blinde Verfahren in Anwendung, und sowie man über sie verfügt, schließt man sie, ohne daß irgend jemand sie zu Gesicht bekommen hätte, sogleich in einen leeren Metallbehälter ein. Damit ist ihre Erhaltung sowie diejenige von etwas beigefügtem Heu gewährleistet (das Originalobjekt und das soeben fotografierte Objekt werden voraufgehend sorgfältig zerstört und ihre kleinsten Überreste absichtlich verstreut). Schließlich taucht man den die Fotografie enthaltenden Metallwürfel in geschmolzenes Eisen, das ihn beim Erstarren umschließt.
Dieser unförmige Klumpen aus geschmolzenem Eisen von beliebigem Gewicht und Umfang stellt das Objekt vom *»psycho-atmosphärisch-anamorphotischen«* Typus dar.
Man kann es irgendwo aufstellen, vorzugsweise (wobei es sich hier um meinen persönlichen Geschmack handelt) in Häusern an jenen Stellen, wo es den Durchgang versperrt, und nach Möglichkeit auf einen kleinen Haufen frisches Heu.
Ich zweifle keinen Augenblick an der furchtbaren poetischen Wut, an der überwältigenden, ausschließlichen Begeisterung dieses Eisenklumpens. Sein Vorhandensein wird von kommenden Kulturen erbittert diskutiert werden und mit Sicherheit blutige, barbarische Verheerungen unter den höchsten Tagesbestrebungen der menschlichen Melancholie, des menschlichen Fetischismus herbeiführen.
Jawohl! nachdem das symbolische Stadium überwunden ist, wird das Objekt, »bewahrheitet« es sich kraft seiner eigenen »wirklichen Konstitution«, nicht mehr durch die assoziierende Beschwörung seiner Konstitution. Das

»schwärmerische Rätsel« hat soeben, jenseits des didaktischen Nebels der Symbole, die wirkliche »materialistische Konstitution« erlangt.

Es handelt sich um die paranoische Inthronisierung des Objektes. Die dunklen Gefühle werden klassifizierbare Wesenheiten, die man zählen und bei Licht gemäß der kognitiven Ordnung der härtesten, genauesten Anatomien einteilen kann und im Vergleich mit welchen die feinsten Gelenke der Krebstiere und Panzer wie verschwommene, zweifelhafte und amöbenartige Konturen gänzlich aufgelöster Quallen und weicher Uhren wirken. Abgerückter von den sinnlichen Phänomenen als bei allen unseren früheren Bestrebungen, werden diese unförmigen Eisenklumpen von ganz und gar nichtssagendem, bedeutungslosem und beklagenswertem Äußeren auf ihre ausdruckslose Oberfläche den starren, leuchtenden Blick des Menschen ziehen, dessen Pupille sich mit jener Erbitterung und bohrenden Hartnäckigkeit weitet, die alle geschickten optischen Musiker, alle bezaubernden Ästheten der Welt nicht zu wecken vermochten, im Gegenteil, kennen doch alle die einschläfernde Macht, die ihre feinsinnigen intellektualistisch-sinnlichen Kombinationen auf die trübselige, schlappe Trägheit des angesichts der Libertinage und der schamhaften, katholischen Lust der Augen in seiner reinen Physiologie zu redlichen Augenlides ausgeübt haben.

Das Auge des Menschen wird, sage ich, starr und leuchtend auf diesen unförmigen Eisenkugeln verweilen, denn wie wäre, wenn der Mensch als Kenner des Phänomens angesichts vom Himmel fallender Felsbrocken nicht gleichgültig bleiben kann, gänzliche Indifferenz gegenüber der Gelegenheit denkbar, Materialien zu sehen und zu betasten, die durch ihren außerirdischen Ursprung auf das unbestreitbare Vorhandensein von Überresten anderer Himmelskörper hinweisen, was übrigens nicht hindert, den erbärmlichen Mangel an Einbildungskraft hier wie in allem, was die bombastischen Unzulänglichkeiten der Natur betrifft, anzuprangern – so wird, sage ich, mit weit größerem Recht der Mensch als Kenner des geistigen und psychologischen Phänomens, das im unförmigen Eisenklumpen vom Typus des »psycho-atmosphärisch-anamorphotischen« Objektes eingeschlossen ist, gewiß nicht umhin können, die ganze wirkliche Begeisterung, die ganze wirkliche »objektive Perversität« dieses wirklichen und wahrhaftigen Meteors der Einbildungskraft heftig zu empfinden.

Und das menschliche Auge wird starr und leuchtend auf diesem unförmigen, ausdruckslosen Eisenklumpen verweilen.

Wie das – sehr relative – gewöhnlich für den Menschen darin bestehende Geheimnis, sich in die träumerische Betrachtung eines Lichtpunktes, der einen am Firmament fun-

kelnden Stern vorstellt, zu vertiefen, genau in jenem Augenblick zerstört wird, wo der Betrachter sich über seine Illusion Rechenschaft ablegt und feststellt, es habe sich lediglich um ein Zigarettenende gehandelt (was ihn übrigens in unergründlichere und rätselhaftere Meditationen stürzen sollte), so wird, sage ich, dieses Zigarettenende vom Zeitpunkt an, wo es das einzige sichtbare Element eines unermeßlichen *psycho-atmosphärisch-anamorphotischen* Objektes ist, und auf Grund dieser Tatsache, selbst für unsere naive Person wiederum seinen ganzen unbestreitbaren Taumel von Verführung und irrationaler Neugier erlangen. Und man wird ihr die Geschichte dieses Objektes, eine sehr verwickelte Geschichte, erzählen, und sie bis zur Tilgung des letzten Zweifels überzeugen, in diesem Objekt befänden sich neben anderen wesentlichen Hauptelementen zwei authentische Schädel, diejenigen Richard Wagners und Ludwigs II. von Bayern. Und diese durch ein Spezialsystem aufgeweichten Schädel, so wird man darlegen, rauchen gemeinsam (mittels eines akustischen Mechanismus) die Zigarette, deren glühendes Ende das einzige ist, was von dem gewissenhaft in ein altes Hemd gehüllten und obendrein ins nahezu absolute Dunkel der Nacht getauchten Objekt sichtbar ist.
Das Ende dieser Zigarette wird funkeln müssen, und zwar mit einem für menschliche Augen weit schwärmerischeren Glanz als das atmosphärische Flimmern des klarsten und fernsten Gestirnes. [1933]

Bemerkungen — Mitteilungen

I

Die falschen Meteore des Naturhistorischen Museums sind »auch« paranoische Phänomene.

Die zahllosen falschen Meteore im Museum und in den Privatsammlungen haben die Naturwissenschaftler immer in Erstaunen versetzt; man mußte sie genauen Analysen unterziehen, um ihren irdischen Ursprung festzustellen, so groß war die Ähnlichkeit. Das erscheint uns heute von höchster psychologischer Aktualität. Schon im Jahre 1900 vertrat Professor Stanislas Meunier energisch die Ansicht, die Finder der Meteore, die gesehen haben wollten, wie die Meteore herunterstürzten, einen Ast zerbrachen und ein Loch in die Erde bohrten, seien wirklich guten Glaubens.
»Nicht nur einmal«, schreibt er, »sondern hundertmal, tausendmal hat man uns harte Gesteinsbrocken ins Naturhistorische Museum gebracht, die angeblich vom Himmel

gefallen waren, deren irdischer Ursprung dann aber nachgewiesen werden konnte. Ihre Besitzer, die oft viel Wert auf sie legten und sie, wie ich gestehen muß, oft wieder mitnahmen und dabei durchblicken ließen, daß unsere Argumente sie durchaus nicht überzeugt hatten, gehörten den verschiedensten Kategorien von Menschen an; es waren aber, wie man einräumen muß, darunter sehr viele Gebildete, auch geübte Beobachter.

Die Zeugnisse von herunterstürzenden Gegenständen«, fügt er hinzu, »sind unerschöpflich; sie reichen von demjenigen, das wir dem Großen Glasbläser verdanken, bis zum Bericht ungebildeter Bauern und sogar Wilder, besonders von Neukaledonien.« Nach einer erstaunlichen Dokumentation über diese Sache schließt er: »Wollte man also, was die vom Himmel gefallenen Steine angeht, nach Bossuets Rezept die Wahrheit auf Grund der übereinstimmenden Meinung der Menschen ermitteln, würde man einen offenkundigen Irrtum begehen.«

Später sucht der Professor dieses Phänomen zu erklären: »Die Täuschung ist sehr leicht verständlich. Ein Meteorstein saust durch die Luft, schlägt geräuschvoll oder geräuschlos ein und versetzt den Beobachter in ein Erstaunen, das oft mit Furcht gemischt ist. Daraufhin sieht man sich um, und wenn man auf irgendeine Substanz aufmerksam wird, die sich von den üblichen Steinen der Gegend unterscheidet, redet man sich sehr rasch ein, daß es sich dabei um etwas handelt, was mit dem Meteorstein zusammenhängt.«

Offenbar ist sich aber der Professor mit seinem marconisierten Kopf nicht bewußt, wie übermächtig das von ihm vorausgesetzte Phänomen und der wahnhafte Assoziationsmechanismus sind, denn man muß nicht nur die unbestreitbare und ungeklärte Ähnlichkeit in Betracht ziehen (die so weit gehen kann, daß eine chemische Analyse erforderlich wird), sondern auch, daß gleichzeitig ein Ast zerbrochen und ein Loch entstanden ist, in dem der Meteor meistens gefunden wurde, was die Frage bedeutend kompliziert.

Wer einen Stern fallen sieht, sucht und *findet* ihn und findet auch die bezeichnenden Merkmale, die von dem Sturz Zeugnis ablegen, das Loch und den zerbrochenen Ast, immer die *gleichen, unveränderlichen Vorstellungen.* Der gefundene Gegenstand sieht echten Meteoren zum Verwechseln ähnlich und wird *für gewöhnlich* auch verwechselt, selbst wenn der Finder ein Bauer oder ein Wilder ist, der keine Ahnung hat, wie solche Himmelskörper aussehen.

Der Mensch erfährt auf irrationalem Weg, wie Sterne aussehen, die auf die Erde fallen: wie Eisenschlacke, wie Scheiße.

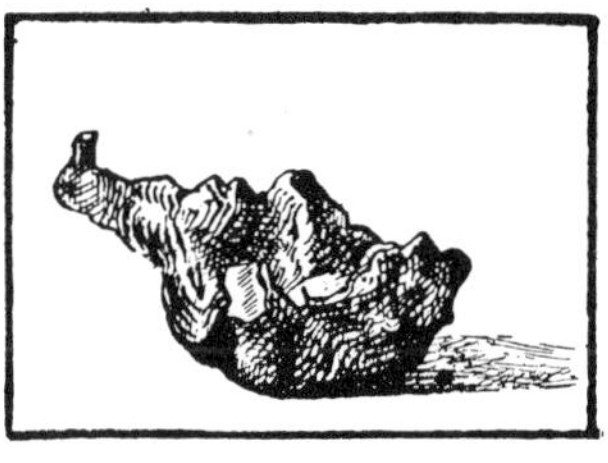

Eisenschlacke, die in der Gegend von Kislovodsk im Kaukasus als Meteorit aufgelesen wurde.

II

Die surrealistische Aktualität der konischen Anamorpha.

Die plötzlichen Beziehungen, die zwischen der herkömmlichen Benutzung von Gegenständen und Wesen einerseits und den anamorphotischen Vorstellungen, die man sich von ihnen macht, sowie der erneuten stofflichen Vergegenständlichung dieser Vorstellungen andererseits entstehen, werden uns wahrscheinlich eine unerschöpfliche Quelle poetischer Entsprechungen zu dem erschließen, was im wissenschaftlichen Bereich die Widersprüche der relativistischen Determinanten darstellen, die meiner Meinung nach schon sehr beachtliche irrationale Trugbilder erzeugen. Im Theater vor allem sollte das Eingreifen von Anamorpha schnellstens in Kraft treten. Denken Sie an die anamorphotischen Bühnenausstattungen. Stellen Sie sich ein Kind auf dem Arm seiner Mutter vor, die von ihm verlangt, daß es auf einem großen anamorph-konischen Foto seines Vaters dessen Auge küßt. Das Auge nimmt bekanntlich den ganzen kreisförmigen Umfang des Fotos ein. Damit das Kind das väterliche Auge küssen kann, muß es das anamorphe Foto mit den Lippen abtasten und sogar auf allen Vieren auf ihm herumkriechen.
Ich führe nur eine dieser plötzlichen Beziehungen an, auf die ich zu Beginn dieser Bemerkung anspiele, eine der bescheidensten, die ich aufs Geratewohl ausgewählt habe. Vorschläge, die besser vereinbar sind mit der Vorstellung von Dauer, die beispielsweise der mit dem konischen Anamorphon einer Frau verwirklichte Liebesakt gewinnt (was im Film durchaus realisiert werden kann), überlasse ich der fruchtbaren Phantasie des Lesers. Der sensorischen Zeitlupe wäre dann zum erstenmal die psychische Zeitlupe gegenübergestellt, diejenige unseres Lebens und unseres Todes.

III

Raymond Roussel. – Nouvelles Impressions d'Afrique.

Es ist unter allen Büchern unserer Zeit das »poetisch ungreifbarste«, hat also auch die größte Zukunft. Die wunderbar entwertete Metapher streift die Grenzen »geistiger Debilität«. Die Vergleiche, die gemacht werden, gehen von ganz plötzlichen, unmittelbaren, zufälligen anekdotischen Ähnlichkeiten aus, wodurch uns die zu Hunderten aneinandergereihten verglichenen Elemente an den dunkelsten, undurchdringlichsten Konflikten teilnehmen lassen, die jemals herbeigeführt wurden. Man muß die Abfolge von »komponierten Elementen« tatsächlich als *Beziehungen* betrachten, da sie zusammenhängend aufeniander folgen und ganz offenkundige, hochgradig zwanghafte Konstanten aufweisen: Wiederholung der Spiegeleier, mehrfache Anspie-

lungen auf den Geruch des Urins nach dem Genuß von Spargel usw. Der irrationale Inhalt ist ganz unbestreitbar; er wird bewiesen durch unzählige Beziehungen der Elemente, deren Objektivitätsgehalt experimentell bestimmt werden kann. Da dieser Mechanismus mikroskopischer Assoziationen, gegen die absolut nichts einzuwenden ist, endlos und systematisch eingesetzt wird, ein Mechanismus, der den zwang- und wahnhaften, die verglichenen Elemente präsentierenden Inhalt »herausstellen« soll, fassen wir die *Nouvelles Impressions d'Afrique als* geträumte Reisebeschreibung neuer paranoischer Phänomene auf.
Die Auswahl der Illustrationen bezeugt wieder einmal Raymond Roussels Genie. [1933]

Raymond Roussel

Zo, Illustrationen zu Roussels Gedicht

Träumerei*

Port-Lligat, 17. Oktober 1931,
3 Uhr nachmittags

Ich habe gerade gegessen und will mich auf den Diwan legen, wie ich es täglich eineinhalb Stunden lang soll, wonach ich den ganzen restlichen Nachmittag einen Teil einer sehr langen Abhandlung über Böcklin zu schreiben gedenke, einer Abhandlung, die mich seit einiger Zeit stark beschäftigt.

Ich will diese Ruhepause auch dazu benutzen, um über gewisse Punkte nachzudenken, die mir besonders widersprüchlich vorkommen, beispielsweise und in erster Linie über den bei diesem Maler so auffälligen Antagonismus zwischen dem Gefühl des Todes und gänzlicher Abwesenheit von Unstimmigkeiten der räumlichen Vorstellung. Ich rede mir ein, es sei notwendig, während meiner Ruhepause ein paar Notizen zu machen. Ich möchte also etwas schreiben, was für mich in diesem Augenblick außerordentlich schwierig ist, nicht nur infolge einiger Fehlleistungen, infolge Vergessens usw., sondern auch, weil ich – aus nicht recht ersichtlichen Gründen – nicht in das Notizbuch schreiben möchte, in welchem frühere Aufzeichnungen von mir stehen. Ich brauchte also ein neues Notizbuch *(eigens)* zur Wiedergabe jener Aufzeichnungen, die einfache, nicht ausgearbeitete Eingebungen darstellen, weil sonst die letzteren die ersteren in Unordnung bringen könnten. Zu guter Letzt beschließe ich, alles ganz genau in Erinnerung zu behalten, ohne Notizen zu machen, da ich gleich nach der Ruhepause mit Schreiben beginnen will.

Vorher treffe ich alle Vorkehrungen, um während der Zeit, die ich mich hinlegen will, nicht gestört zu werden. Ich untersage, daß man mir die Post bringt. Ich uriniere und spüre dabei meine Ungeduld, mich auf den Diwan zu legen. Dann habe ich eine sehr eigenartige Vorstellung der Lust, die mich im Zimmer erwartet, eine Vorstellung, die mit dem eher beschwerlichen Gedanken an die Widersprüche, die ich zu überwinden haben werde, nicht vereinbar ist. Nun beeile ich mich. Ich laufe in mein Zimmer und stelle dabei eine starke, von großer Lust und heiterer Stimmung begleitete Erektion fest.

In meinem Zimmer lege ich mich auf den Diwan. Sogleich verspüre ich statt der Erektion ein leichtes Bedürfnis, zu urinieren, das alle meine Bemühungen, über das *Frontale* der »Toteninsel« nachzudenken, fruchtlos macht, obwohl es fast unmerklich ist. Daher Betrachtungen über diese Absurdität: daß ein so leichtes Bedürfnis, zu urinieren, derart störend werden kann, eine um so heftigere Absurdi-

* Im psychoanalytischen Wortgebrauch heißt *rêverie* ›Tagtraum‹. (A. d. Ü.)

tät in Anbetracht meiner Fähigkeit, den Urin stundenlang zu verhalten, sei es weil ich nicht gestört werden will oder weil ich mir die Lust reichlichen Urinierens verschaffen will. Ich bin empört darüber, aufstehen zu müssen, doch ich spüre, daß nichts zu machen ist, und gebe nach, uriniere noch einmal. Es handelt sich um vier oder fünf Tropfen. Dann stehe ich, kaum habe ich mich auf den Diwan gelegt, sofort wieder auf, um den Vorhang zu ziehen, was das Zimmer ins Zwielicht taucht. Ich lege mich aufs neue hin und fühle mich nun ganz und gar ernüchtert, als fehle mir etwas sehr Wichtiges.
Ich habe nicht die mindeste Vorstellung, worum es sich handeln könnte, was zu einem Unbehagen führt, das, wie ich voraussehe, nachlassen wird, sobald ich seine Ursache kenne.
Mit einem Mal, ohne irgendwie von Assoziationen Gebrauch zu machen, fällt mir ein, daß ich während des Essens in Gedanken (nach meiner damaligen Angewohnheit) einen ziemlich verbrannten Brotkanten ins Auge gefaßt habe, den ich auf den Diwan mitzunehmen beschloß, um die Krume sorgfältig herauszuklauben, so daß sich der Kanten in eine Art Gefäß verwandelte. Dann wollte ich ihn noch sorgfältiger mit meinen Vorderzähnen zerkauen, durchbohren und in winzige, gut zermahlene Stücke zusammenpappen, bis alles zu einem feinen Teig würde. Bevor ich ihn hinunterschluckte, wollte ich diesen Teig knauserig unter der Zunge zu beiden Seiten des Mundes aufstapeln und nochmals bearbeiten, um seine Fähigkeiten zu erproben, je nach der Speichelmenge mehrere Festigkeitsgrade anzunehmen. All das, um die Lebensdauer des Brotkantens zu verlängern.
Bei der Vorstellung des Brotkantens verschwindet das Unbehagen, und ich suche überstürzt nach dem besagten Brotkanten, den man bereits aus dem Speisezimmer in die Küche getragen hat, wo ich ihn wiederfinde.
Ich schneide indessen noch einen anderen, ganz kleinen, nicht verbrannten Brotkanten ab, der sich also von dem von mir bevorzugten unterscheidet, den ich aber trotzdem nehme, vor allem, weil er wie ein sehr weiches Hörnchen geformt ist. Ich bin wieder auf dem Diwan, aber mit den beiden Brotkanten, und diesmal ohne daß etwas in Erscheinung tritt, das mich beim Nachdenken stören könnte.
Ich versuche, mir so deutlich als möglich das berühmte Bild »Die Toteninsel« vorzustellen.

Böcklin, *Die Toteninsel* (1880).

Jetzt finde ich es leichtfertig, an das gänzliche Fehlen räumlicher Unstimmigkeiten bei diesem Maler und vor allem bei der »Toteninsel« geglaubt zu haben.
Mein Irrtum beruhte darauf, daß ich die Vorstellung räumlicher Störungen ungeschickterweise bloß auf Störungen der Perspektive beschränkt hatte.
Gerade die frontale Ansicht, die mir bei diesem Bild zu-

erst aufgefallen war, läßt eine deutlich ausgeprägte räumliche »Dominante« hervortreten.
Es scheint mir jetzt für meine Abhandlung unerläßlich, ein Beziehungssystem aufzustellen, das mir erlaubte, beispielsweise die perspektivischen Unstimmigkeiten, deren Sinn ich bei Vermeer van Delft und Giorgio de Chirico lange studiert hatte, (zumindest vorübergehend) zu beseitigen. Ich denke an die analytische Unzulänglichkeit des Abschnittes, wo ich behaupte, auf Grund perspektivischer Unstimmigkeiten im Zusammenhang mit der Beleuchtung das unbewußt düstere Gefühl dieser beiden Maler nachzuweisen. Konkret denke ich dabei an das »Der Brief« genannte Bild Vermeers. Es wird mir unmöglich, es mir als Ganzes und mit der erwünschten Deutlichkeit vorzustellen. Dies infolge der erregenden Bedeutung, die soeben vom Vorhang im Vordergrund (links) des fraglichen Bildes ausgegangen ist, sich losgelöst hat.
Daraufhin hole ich mechanisch meinen ganz kleinen Penis heraus und lasse den kleinen Brotkanten, den ich gerade aushöhlte, auf dem Diwan liegen. Mit einer Hand spiele ich mit den Haaren über den Hoden, mit der andern sammle ich einen Teil der aus dem Kanten geklaubten Brotkrumen. Trotz einiger völlig fruchtloser Bemühungen, auf meinen Gedanken zurückzukommen, nimmt eine absolut unfreiwillige Träumerei ihren Anfang. Ich habe soeben den Vorhang von Vermeers Bild in einem Traum lokalisiert, den ich vor ein paar Tagen hatte. Tatsächlich wird dieser Vorhang seiner Form, seinem Platz und vor allem seiner affektiven und moralischen Bedeutung nach mit dem Vorhang identisch, der im Traum dazu diente, mehrere kleine Kühe in der Tiefe eines sehr finsteren Stalles zu verstecken, wo ich, auf Exkrementen und verfaultem Stroh lagernd und sehr erregt vom Gestank des Ortes, die Frau, die ich liebe, sodomisiere.

HIER BEGINNT DIE TRÄUMEREI

Ich sehe mich so, wie ich jetzt bin, doch erheblich älter. Außerdem habe ich mir nach dem Vorbild einer verblaßten Erinnerung an eine Lithographie von Monte-Cristo einen Bart wachsen lassen. Freunde stellen mir zehn Tage lang ein großes Landgut zur Verfügung, wo ich meine Abhandlung über Böcklin abzuschließen gedenke, die ein Kapitel des sehr umfangreichen Werkes bilden soll, das ich für den Augenblick *Die surrealistische Malerei im Laufe der Jahrhunderte* nennen will.
Nach diesen zehn Tagen muß ich nach Port-Lligat zurückkehren, wo ich die Frau, die ich liebe, wiedertreffen werde, die zur Zeit in Berlin war, in Liebeshändel verstrickt, wovon in einer früheren Träumerei die Rede war.

Auf dem Landgut, das man mir zur Verfügung stellt und das »Turmmühle« heißt, hielt ich mich in Gesellschaft einer mit meinen Eltern eng befreundeten Familie zwei Monate lang auf, als ich zehn Jahre alt war.
Doch in der Träumerei hat sich das Landgut verändert. Es kommt mir außerordentlich alt vor, da und dort sieht es aus wie eine Ruine. Der Gartenteich ist zwanzigmal größer geworden. Auch bin ich mit seinem tatsächlichen Platz im Garten, umgeben von riesigen Eichen, die den Himmel verdeckten, nicht zufrieden. Ich habe nun den Teich auf die Rückseite des Hauses verlegt, so daß man ihn vom Eßzimmer aus zugleich mit den böcklinschen Wolken- und Gewitterhimmeln sehen kann, die ich, wie ich mich erinnerte, von diesem Punkt aus, wo man einen sehr weiten, freien Horizont überblickt, betrachtet habe. Der Teich hat auch seine Lage verändert, denn ich sah ihn für gewöhnlich immer perspektivisch in der Längsrichtung, und in meiner Phantasie scheint er mir quer zu liegen. Ich sehe mich von hinten im Eßzimmer, wie ich mein Vesperbrot aufesse, das in einem Brotkanten und Schokolade besteht. Ich trage einen schwarzen Samtanzug, ähnlich demjenigen, den der uns befreundete Besitzer des Landgutes trug, als ich mich als Kind dort aufhielt, mit dem einzigen Unterschied, daß ich eine kleine, außerordentlich saubere Pelerine aus weißem Garn trage, die mit drei kleinen Sicherheitsnadeln an meine Schultern geheftet ist. Mit dem restlichen Brotkanten in der Hand steige ich sehr langsam die Haupttreppe des Landgutes hinab, die in den Hof hinausführt. Die Treppe ist fast finster, denn die Dämmerung, verstärkt durch das stark bewölkte Wetter, bricht herein. Während ich hinuntersteige, höre ich das Geräusch eines sehr feinen, fast unmerklichen Regens. Ich denke: »Warum hinuntergehen, wenn's doch regnet«, doch ich gehe hinunter. Da bin ich am Eingang; er ist voller dürrer Blätter, die einen starken Fäulnisgeruch verströmen, der mir, mit dem Geruch tierischer Exkremente vom Hof her vermischt, eine überaus süße Verwirrung bereitet, die mich träumerisch stimmt.
Mit einem Mal gerate ich infolge einer sehr lebhaften erotischen Empfindung aus diesem Zustand der Ekstase.
Sie wird dadurch hervorgerufen, daß mein schläfriger Blick auf die halb offene Stalltür fällt, die ich ohne den geringsten Zweifel als diejenige des Traumes wiedererkenne.
Doch diese Empfindung verstärkt sich außerordentlich, sobald ich das mir wohlbekannte Vorhandensein der schwankenden Spitzen der Zypressen bemerke, deren Gruppe in Wirklichkeit unmittelbar nach dem Stall den Hof von der Wiese trennt, wohin meine Phantasie in meiner Träumerei den großen Teich verlegt hat.
Die durch die Zypressenspitzen hervorgerufene Empfindung ist das Ergebnis der plötzlichen Assoziation einer an-

dern Zypressengruppe, die in einer Anlage bei Figueras steht und »Scheitquelle« heißt.
Diese Gruppe sehr alter, buschiger Zypressen umgab einen mit Fliesen belegten Kreis, in dessen Mitte, umringt von abgenutzten, mattgeschliffenen Steinbänken, eine eisenhaltige Quelle entspringt. An einer Kette war ein kleiner Aluminiumbecher befestigt. Das Grün der Zypressen begann fast zu ebener Erde, und ihre durch Eisenringe zusammengebogenen Wipfel bildeten eine Kuppel und bargen in ihrem Innern die Quelle. Daher der tiefe Schatten, die große Kühle, die diesen Platz bei meiner Familie so beliebt machten. Nach dem Sonntagsspaziergang wurde ich an warmen Frühlingsabenden dahin geführt, damit ich trinken konnte, nachdem wir uns auf den kühlen, mattgeschliffenen Bänken ausgeruht hatten. Ich durfte mich dem Wasser erst nähern, wenn ich das Brot und die Schokolade gegessen hatte. Noch strenger war mir diese Quelle außerhalb der warmen Jahreszeit verboten, denn wenn der Herbst gekommen war, ging man an ihr vorbei, ohne stehenzubleiben, weil der Ort gefährlich feucht war. Für die

Dalí, *Symbol des Schmerzes* (1934).

Fortsetzung meiner Träumerei erscheint es mir unerläßlich, die Zypressen, die hinter der Mauer des Hofes standen, durch diejenigen der Scheitquelle zu ersetzen. In der fast vollständigen Dunkelheit der sehr schnell hereingebrochenen Nacht sehe ich, wie sich die Spitzen der Zypressen »hinter der Mauer des Hofes« einander nähern und eine einzige, dichte schwarze Flamme bilden. Vom Augenblick an, wo ich den Geruch des Hofes wahrnahm, bis zum jetzigen Zeitpunkt habe ich mich folgenden mechanischen Handlungen hingegeben: Ich habe die schon lange gesammelten Brotkrumen in meine Nasenlöcher gestopft. Dann habe ich sie langsam mit den Fingern wieder herausgebohrt, wobei ich gewisse Schwierigkeiten simulierte, als handle es sich um die Unreinlichkeit der Nase. Zuweilen begnügte ich mich hingegen damit, auszuatmen, um die Brotkrumen herauszuschleudern. Das war mir vor allem angenehm, wenn ich mir einbildete, es handle sich um die Unreinlichkeit der Nase, eine Illusion, die fast immer davon abhing, daß möglichst viel Zeit zwischen dem Einführen der Brotkrumen in die Nase und ihrem Ausstoßen verstrich.

Das Verfahren des Ausstoßens durch den Atem hatte seine Nachteile. Daß ich die Brotkugel, die irgendwo hinfiel, zwischen den Falten meiner Kleidung oder auf dem Diwan suchen mußte, störte zuweilen meine Träumerei und unterbrach sie beinahe, vor allem wenn (und das geschah wiederholt) die Brotkrumen unter meinen Körper rollten, so daß ich, um ihrer wieder habhaft zu werden, gezwungen war, eine Brücke zu machen. Auf diese Weise kam ich vom Diwan hoch. Ich stützte mich nur mit dem Kopf und den Füßen auf, wodurch ich den Diwan abtasten konnte. Schließlich fand ich die Krumenkugel wieder. Je weiter sie in die Nähe der Füße gerollt war, desto schwieriger war es, ihrer mittels eines krampfhaften Verfahrens wieder habhaft zu werden, auf das ich manches Mal nach vergeblichen Bemühungen verzichten mußte, um mich auf den Diwan zu setzen, wobei ich ununterbrochen um mich herum suchte und meine Hinterbacken hochhob für den Fall, daß die Kugel sich genau dort befände, wo ich saß. Doch dann hob ich die Hinterbacken auf eine recht schwierig zu schildernde Weise, mittels eines Verfahrens, das ich immer sehr jäh bewerkstelligte, mit Hopsern, die mir selten die Zeit ließen, der Kugel wieder habhaft zu werden.

Ich war gezwungen, diese Hopser mehrere Male zu wiederholen, wobei ich bei jedem Hopser voller Furcht dachte, die Kugel könnte, von den Federn des Diwans weggeschleudert, zu Boden fallen. Diese Gefahr ließ mich jedesmal vor Angst, einer sehr spürbaren, im Herzen sitzenden Angst, schlottern.

Zuweilen hielt ich die Kugel, wenn sie aus der Nase herausgefallen war, ein Weilchen zwischen meiner Nase und

meiner Oberlippe fest, während ich warmen Wind durch meine Nasenlöcher blies, so daß die Brotkugel feucht und wieder ein bißchen weicher und ganz lauwarm wurde.
Alle diese Operationen führe ich vorzugsweise mit einer Hand aus (der linken), während die rechte meinen Penis, der beträchtlich schwerer geworden ist, ohne erigiert zu sein, mobil macht.
Genau in dem Augenblick, wo ich mir den an der Kette befestigten Aluminiumbecher vorstellte (übrigens mit einer außerordentlichen visuellen Deutlichkeit), hatte ich die in meinem linken Nasenloch befindliche Kugel jäh herausgeholt und sorgfältig, so tief ich konnte, unter die Vorhaut geschoben, die meine Finger festhalten, denn es stellt sich eine leichte Erektion ein, die sogleich nachläßt.

FORTSETZUNG DER TRÄUMEREI

Am gleichen Tag, an dem mir der Stall des Traumes im Hof des Landgutes begegnet war, nach dem Abendessen, während ich den Kaffee und ein Glas Kognak zu mir nehme, fasse ich in Form einer Träumerei einen in meiner Hauptträumerei zu verwirklichenden Plan. Ich entwickle dieses Stück Nebenträumerei überaus schnell. Es ist außerordentlich lang und verwickelt und eignet sich eher für eine gesonderte Darstellung. Ich notiere also hier nur die allgemeinen Einzelheiten, die für die Weiterführung der Hauptträumerei, welche ohne diese Einzelheiten viel schwieriger zu verfolgen wäre, unbedingt notwendig sind. Es handelt sich, kurz gesagt, darum, den Akt der Sodomie des Traumes im Stall, den ich soeben mit dem des Traumes identifiziert habe, zu verwirklichen. Doch diesmal tritt an die Stelle der Frau, die ich liebe, ein junges Mädchen von 11 Jahren, das Dulita heißt und das ich vor 5 Jahren kennengelernt habe. Dieses Mädchen hatte ein sehr blasses, anämisches Gesicht und helle, sehr traurige und unbestimmte Augen, was in heftigem Gegensatz zu einem für ihr Alter außerordentlich entwickelten, gut gebauten Körper mit einem trägen Gang und trägen Bewegungen stand, die ich überaus wollüstig fand.
Um die Phantasie der Sodomisation Dulitas im Stall zu verwirklichen, mußte ich mehrere Geschichten erfinden, die die Bedingungen des Traumes schaffen sollten; eine Ähnlichkeit, die für die Entwicklung meiner Träumerei unabdingbar war. Hier ist die Geschichte, die mir dient. Dulitas Mutter, eine ziemlich schöne, etwa vierzig Jahre alte Frau, eine immer schwarz gekleidete Witwe, verliebt sich wahnsinnig in mich und ist aus Masochismus mit meinem Einfall, ihre Tochter zu sodomisieren, einverstanden, ja gibt sich sogar dazu her, mir bei dieser Tat voller Eifer und Ergebenheit zu helfen.

Dazu schicke ich Matilde, Dulitas Mutter, nach Figueras. Sie soll sich mit Gallo in Verbindung setzen, einer alten, außerordentlich lasterhaften und erfahrenen Prostituierten, die ich damals kennengelernt hatte und meiner Meinung nach unbedingt mit Dulita bekanntmachen mußte für ihre bevorstehende Initiation.
Sobald Matilde, Dulita und die Gallo sich im Landgut niedergelassen haben, ist ihnen ausdrücklich untersagt, mit mir zu sprechen, ja sogar, mir irgendwelche gestische oder schriftliche Mitteilungen zu machen. Dulita soll glauben, ich sei taubstumm und ein großer Gelehrter, den die geringste ungehörige Geste erheblich stören kann. Jeden Abend nach dem Essen räumt man den ganzen Tisch ab und bringt Kaffee und Kognak. Es ist die einzige Mahlzeit, der einzige Augenblick des Tages, wo ich mit Dulita und den beiden Frauen zusammen bin, denn den Rest des Tages verbringe ich hinter verschlossenen Türen in meinem Arbeitszimmer, wo ich meine Abhandlung über Böcklin schreibe und meine übrigen Mahlzeiten einnehme.
Zu diesem Zeitpunkt des Abends, in vollkommener Stille und Andacht übermittle ich schriftlich, mit den mikroskopischsten Einzelheiten und Nuancen alle meine Beschlüsse hinsichtlich der Durchführung meiner Phantasien.
Gallo erhält meine Mitteilung als erste, und ihr fällt die ganze Verantwortung für die (bis zur Besessenheit genaue) Durchführung aller meiner Befehle zu, die sie ihrerseits manchmal an Matilde weitergibt. Je nachdem kann sie sich auch damit begnügen, ihr gewisse Andeutungen, die sie für unerläßlich hält, zukommen zu lassen.
So sollen sich die Dinge fünf Tage lang abspielen: Dulita darf nichts ahnen, ja soll im Gegenteil durch erbauliche Lektüre und mit äußerster Keuschheit, umgeben von großer Freundlichkeit und Zärtlichkeit, wie für ihre erste Kommunion vorbereitet werden, zu welcher sie übrigens in Kürze gehen soll. Am fünften Tag soll man Dulita zwei Stunden vor Sonnenuntergang zur Zypressenquelle führen. Dort soll sie Brot und Schokolade kosten, und die Gallo soll Dulita, von Matilde unterstützt, auf die brutalste und plumpeste Weise initiieren. Sie soll sich einer Flut pornographischer Postkarten von verwirrender Pathetik bedienen, die ich selber vorher genau ausgewählt habe.
Am selben Abend soll Dulita alles von der Gallo und ihrer Mutter erfahren, nämlich, daß ich kein Taubstummer sei und sie in drei Tagen mitten in den Exkrementen des Kuhstalles sodomisieren werde. Drei Tage lang muß sie so tun, als wüßte sie von alledem nichts. Es ist ihr streng verboten, die geringste Anspielung auf all das zu machen, was man ihr soeben eröffnet hat (das heißt, daß sie, Dulita, wisse, daß ich wisse, daß sie wisse). Alles muß genau bis zum Augenblick im Stall unter Schweigen und mit dem Anschein des Alltäglichen so weitergehen.

Um das Programm der Phantasien, die ich soeben in der Hauptträumerei erlebt habe, zu verwirklichen, bestand eine der wesentlichsten Bedingungen in der für mich ganz unumgänglichen Notwendigkeit, Dulitas Initiation an der Zypressenquelle durch das Fenster des Eßzimmers zu belauschen, was in Wirklichkeit infolge verschiedener rein äußerer Hindernisse wie zum Beispiel der Zypressen, die die Quelle völlig umgaben, undurchführbar scheint. So war ich verhindert, Dulitas Initiation zu verfolgen, die sich ausgerechnet im Innenraum der Quelle abspielen sollte. Die kleine Eingangspforte, die einen zwang, den Kopf zu neigen, wenn man hindurchging, war dafür nicht ausreichend. Doch eine neue Phantasie, die mir besonders erregend vorkommt, räumt dieses erste Hindernis aus dem Weg. Eine durch einen riesigen, schlecht gelöschten Haufen dürrer Blätter hervorgerufene Feuersbrunst hatte die Zypressen vor der Quelle teilweise verzehrt, so daß diese ungeschützt dalag, aber so, daß ein halb verbrannter Ast noch eine ganz schwache, fast nicht vorhandene Schwierigkeit bei der Betrachtung der Szene mit Dulita darstellte.
Übrigens hat dieselbe Feuersbrunst die ganze Umgebung, das Gebüsch und den dichten Mischwald versengt.
Infolgedessen wird sich Dulita beschmutzen müssen, und ihre weiße Schürze und ihre Beine werden schwarz werden am Tage, wo sie von ihrer Mutter und Gallo gezwungen wird, da durchzugehen, um vom Quellwasser zu kosten. Die Vorstellung, daß Dulita sich beschmutzen müsse, scheint mir von nun an unbedingt notwendig, vervollständigt sich und erreicht in folgendem Einfall ihren Höhepunkt. Ich sehe, wie Dulita zur Quelle kommt und sich die Füße mit einer Art übelriechendem, mit zersetztem Moos vermischten Schlamm besudelt, der tatsächlich jedesmal, wenn die Wasserleitung durch die Blätter verstopft ist und eine der vor allem im Herbst überaus häufigen Überschwemmungen verursacht, die Fliesen der Quelle bedeckt. Die dürren, von den Böen der Gewittertage gepeitschten Blätter drangen, obwohl der Ort verschlossen war, trotzdem ein. Doch die Zypressenquelle, in die mir die Feuersbrunst hätte Einblicke verschaffen sollen, ist vom Eßzimmer aus immer noch nicht sichtbar. Ein an den Stall anschließendes Mauerstück verdeckt sie.
Die Quelle zu verlegen, daß sie wieder in mein Gesichtsfeld tritt, scheint mir eine ungenügende Lösung zu sein, die den ganzen Sinn meiner Träumerei zerstörte. Dagegen sehe ich sehr deutlich, bis wohin die Feuersbrunst die Zypressen verbrannt und gleichzeitig die Trennungsmauer zerstört hatte, die übrigens »den unmittelbaren Zugang zwischen dem Stall und der Zypressenquelle ermöglicht«.
Das Öde, Ruinenhafte im Umkreis der Quelle, das durch den ausgebrannten Steinhaufen der Mauer betont wird, erzeugt eine Stimmung, die vollkommen zu meinem Vor-

haben paßt. Ich denke plötzlich, mit einer eigentümlichen Erregung, einer Mischung aus Angst und Lust, daß infolge des Verschwindens der Mauer die Schatten der Zypressen gegen das Ende des Nachmittags sich langsam über die ganze Länge des Hofes, der vorher immer im Schatten lag, ausbreiten können. Die Sonne wird die ersten, zu dieser Jahreszeit mit dürren Blättern bedeckten Stufen der Eingangstreppe erreichen.

So wird die Sonne unmittelbar vor ihrem Untergehen in einer Kadmiumlinie in jenes Zimmer im ersten Stockwerk mit halbgeschlossenen Fensterläden, mit Möbeln unter Schonern und einem Parkettboden eindringen, welcher mit Mais bedeckt ist, der da trocknet, und eine halbe Minute lang mit ihrer ganzen Helle die Fingerspitze jener blaßgrünen Marmorstatue mit erhobenem Arm und vom Haar verdecktem Blick beleuchten, die man, als der Teich angelegt wurde, aus der Gruppe des Springbrunnens entfernt hatte.

Obwohl nun die Mauer, die die Zypressenquelle verdeckte, verschwunden ist, kann man diese vom Eßzimmer aus nicht sehen, denn sie wird, ganz links, immer noch vom Fenster verdeckt.

Nach mehreren unzulänglichen Phantasien, die mich nach und nach der Lösung entgegenführen, stelle ich mir die Szene von Dulitas Initiation im großen Spiegel von Dulitas Zimmer, einem Zimmer, das an das Eßzimmer anschließt, vor. So werde ich alles von meinem eigenen Stuhl aus beobachten können, mit dem Vorteil einer gewissen Erschwerung und einer gewissen durchaus wünschenswerten Verschwommenheit der Bilder, der mir schon dadurch zuteil geworden war, daß die Zypressen nicht ganz und gar verbrannt waren. Auch werden mich dank des großen Abstandes vom Ort der Handlung die Bilder in einem Zustand der Ungenauigkeit erreichen, der mir besonders erregend erscheint.

Diesen neuen Abschnitt der jetzt folgenden Träumerei sehe ich mit ganz besonderer Deutlichkeit und Genauigkeit.

Es ist der Abend vor Dulitas Initiation, der Vorabend zu Allerseelen, man hat gerade gegessen und alles vom Tisch geräumt, auf welchem lediglich drei Kaffeetassen, drei Likörgläser und eine Kognakflasche stehen. Dulita befindet sich zu meiner Linken, vor der halb offenen Tür ihres Zimmers. Sie nimmt den Platz ein, den ich einnahm, als ich mich als Kind auf dem Landgut aufhielt. Wie ich damals erledigt sie ihre Schulaufgaben. Sie hat ihre Hefte vor sich und ein offenes Schreibetui, in dem ich einen Radiergummi sehe, auf den ein Löwe gezeichnet ist. Es herrscht genau die Atmosphäre meines ersten Aufenthaltes auf dem Landgut. Gallo nimmt den Platz des Hausbesitzers ein, raucht schweigend und liest ihre Zeitung. Matilde nimmt den Platz der Frau ein und strickt. An diesem Abend ist die Stille größer und unerträglich verwirrend. Zu guter Letzt führe ich meine tägliche Geste aus, eine genaue Nachahmung derjenigen, die der Besitzer mir gegenüber angenommen hatte: ich tunke ein Stück Zucker in den Rest meines Kognaks und halte Dulita meine Hand hin. Dulita beobachtet mit über ihr Heft geneigtem Kopf meine Geste und nimmt das Stück Zucker mit den Zähnen in Empfang. Das ist das Zeichen, schlafen zu gehen. Ich trinke sehr langsam den Kognak in meinem Glas aus. Hinter Dulitas Kopf, durch die halboffene Tür ihres Zimmers, müssen im Spiegel die schwarzen Zypressen der Quelle schwanken.

Es ist der feierliche Nachmittag des abgeschmackten Allerseelen. Ich schicke mich an, die Szene von Dulitas Initiation zu bespähen.

Ich stelle die von Dulita täglich getragenen Schuhe auf den Tisch im Eßzimmer. Ich hole meine Rute aus der Hose hervor, wickle sie in schmutzige Wäsche. Die Augen auf die Quelle und ihre Umgebung geheftet, die der Spiegel zurückwirft, sehe ich Dulita, die einen sehr kurzen, eng anliegenden weißen Rock und neue Espadrilles trägt, zwischen den beiden Frauen näherkommen. Gallo trägt grell leuchtenden Jersey, Matilde Schwarz. Ich eile ans Fenster in Dulitas Zimmer, denn ich will den Gang zur Quelle durch das verbrannte Strauchwerk in allen seinen Einzelheiten sehen. Sie nähern sich sehr langsam und auf Umwegen, um den großen verkohlten Ästen auszuweichen, doch Gallo und Matilde stoßen Dulita wie zum Spaß an die schmutzigsten Stellen. Bei jedem Schritt haken sich die teilweise dornigen, steifen Büsche an Dulitas Beinen und Hinterbacken fest und lassen lange, schwarze Striemen auf ihr zurück. Manchmal bleiben sie stehen und halten Ausschau, wo sie am besten durchkommen. Gallo versohlt Dulita den Hintern, indem sie ihr angeblich die Flecken ausklopft, doch so heftig und wild, als sei es im Spiel.

Dulita versucht Gallo zu entwischen, nachdem diese sie gegen eine mit verkohltem Efeu bedeckte Mauer geschleudert hat. Dulita läuft jetzt, ohne sich in acht zu nehmen, geradewegs durch die Büsche, die sie blutig kratzen. Sie stürzt der Quelle entgegen, erreicht sie. Sie gleitet auf dem moosigen Schlamm aus, der die Fliesen bedeckt, und fällt hin. Sie steht vollkommen besudelt auf, überall bespritzt. Sie lächelt, damit man ihr verzeiht, wischt sich mit dem Taschentuch ab, macht ihr Haar zurecht, zieht sich die Strümpfe hoch, wobei sie ihren Rock mit den Zähnen festhält und ihre besudelten Schenkel sehen läßt.

Gallo und Matilde treffen später ein, Gallo ist wieder zärtlich geworden und küßt Dulita auf die Stirn. Matilde schneidet das Brot in Stücke und hebt den Kanten für Dulita auf, die zwischen den beiden Frauen Platz nimmt. Die Gruppe wirkt jeden Augenblick transzendenter und feierlicher auf mich.

Dulita kämmt sich jetzt mit einem hochroten Zelluloidkamm, der im Licht der untergehenden Sonne blendend leuchtet. Der Schatten des Landgutes verschiebt sich zur Quelle hin und läßt den ganzen Vordergrund des verkohlten Strauchwerks, den die drei Gestalten soeben noch durchmessen haben, im Schatten.
Und Dulita ißt (einen Bissen Schokolade, einen Bissen Brotkanten), und zwar sehr langsam. Sie baumelt mit dem rechten Bein auf Gallos Seite*.
Ich denke daran, daß in diesem Augenblick die Sonne auf die Fingerspitze der Statue im Zimmer des ersten Stockwerkes fällt und der Mais am Boden einen Augenblick lang feuerrot wird. Ich habe ein überwältigendes Vorstellungsbild, ich sodomisiere Dulita, wobei wir in besagtem Zimmer auf dem Mais liegen. Diese Vision trägt ein neues Element in meine Hauptträumerei, auf welche ich durch Dulitas Erscheinung zurückkomme, die aufsteht, um die Brotkrumen aus ihrem Rock zu schütteln, und sich vorbeugt, um Wasser zu schöpfen.
Von diesem Augenblick an nehmen die Bewegungen Dulitas, die den an der Kette befestigten Aluminiumbecher ausspült und dreimal genau zwischen Gallo und Matilde, deren Standort in Beziehung steht zu ihr selbst, Wasser ausgießt, von diesem Augenblick an nimmt die Beleuchtung, nehmen die unter der durchsichtigen Kleidung gut sichtbaren Hinterbacken Dulitas, die sich kniend vorbeugt, usw . . ., nimmt all das, sage ich, eine Schärfe und überreizte visuelle, fast halluzinatorische Körperlichkeit an. Während der Zeit, die die drei aufeinanderfolgenden Gesten in Anspruch nehmen, mit denen sie *das Gefäß leert***, habe ich eine überdeutliche präzise Illusion des »Déjà-vu«, die mit einer starken Erektion verbunden ist. Der Augenblick, wo Dulita das Gefäß abwischt, bevor sie trinkt, ist der bei weitem erregendste. Auch hat er die größte visuelle Kraft der ganzen Träumerei bis zum Schluß. Nachher sehe ich sehr undeutlich, wie Dulita, die ich nicht habe trinken sehen, sich den Mund mit der Hand abwischt. Gallo veranlaßt Dulita sehr sanft, sich wieder zwischen sie und Ma-

* In diesem Augenblick verspüre ich eine Erektion und onaniere, indem ich mir den Penis gegen den Bauch schlage. Ich ziehe die Vorhaut zurück, die Brotkugel fällt zu Boden und rollt weit weg. Das lenkt mich einen Augenblick ab, denn ich zögere, ob ich sie holen solle.
Ich erinnere mich nicht mehr, wo ich in meiner Träumerei war. Daher große Angst, die im Augenblick verschwindet, wo ich Dulitas Erscheinung wiederfinde, die mit dem Bein baumelt.
Ich fahre in meiner Träumerei fort, wobei ich die Hände reglos unter den Hinterbacken halte, eine sehr unbequeme Stellung, die einen Krampf in den Armen hervorruft. Ich bleibe jedoch reglos, und zwar noch zehn Minuten nach Schluß der Träumerei.

** Ich habe später versucht, mit Hilfe der Vorstellung dieses Bildes zu onanieren, doch beim Nahen der Ejakulation hat sich das Bild in das der geliebten Frau verwandelt, wie sie neben einem Karnickelstall kauert.

tilde zu setzen. Ich sehe den Beginn der Initiation. Der Schatten des Landgutes erreicht Dulitas Knie*. Ich warte, furchtbar erregt, auf Gallos Zeichen, das mir den Beginn ankündigen soll. Gallo legt sich das Album mit den pornographischen Fotos auf die Knie. Matilde streichelt Dulitas Kopf, und Dulita beugt den Kopf über das Album, versucht es zu öffnen, doch Gallo hält ihre Hand zurück, sieht ihr dabei ins Gesicht und legt den Finger an den Mund zum Zeichen des Schweigens und der Andacht.

Dann hebt Gallo ihr Gesicht, das immer noch von großer Schönheit ist. Ich bin sehr bewegt, sowie Gallo das Album allmählich öffnet. Ich halte es nicht mehr aus, drehe mich um und gehe, das letzte Bild vor den geschlossenen Augen, zum Tisch des Eßzimmers zurück.

Ich habe auf dem Stuhl Platz genommen, den ich jeden Abend zur Stunde des Abendessens benutze, und betrachte immer noch im Spiegel die Szene an der Quelle wobei ich sachte mittels der Wäsche, die meine Rute einhüllt, onaniere. Ich sehe jetzt die Gruppe an der Quelle kleiner, ferner. Der Ausdruck ihrer Gesichter ist überaus sanft verschwommen, was meiner Phantasie einen sehr weiten Spielraum läßt.

Ich nehme an der Gruppe nichts besonderes wahr. Dulita gibt kein Reaktionszeichen von sich. Sie hält ihr Gesicht in einer Mischung aus Scham und Aufmerksamkeit tief gesenkt und reglos. Von Zeit zu Zeit blättert Gallo um und murmelt etwas ganz nah an Dulitas vorgeneigtem Gesicht, das durch ihr Haar verdeckt ist. Ich sehe die stark verschwommene Gruppe durch den Hof gehen, denn es ist nach dem Sonnenuntergang sehr schnell dunkel geworden. Ich beeile mich, auf Dulitas Platz einen Maiskolben zu legen, auf den sie sich während der folgenden drei Tage setzen muß, ohne ihn zu beachten. Am dritten Abend, dem Vorabend des »manifesten« Aktes der Träumerei, hat man gerade alles vom Tisch geräumt.

Man bringt drei Kaffees und den Kognak. Dieselbe tiefe Stille wie jeden Abend. Eine starke Gefühlsbewegung, die mich zweifellos am Sprechen hindern würde, hat sich meiner bemächtigt.

Dulita ruckt unmerklich auf dem Maiskolben. Ich gebe die Einzelheiten für den kommenden Tag an, kurz, notwendig, mit aller Genauigkeit. Zum Schluß halte ich, wie jeden Abend, meine Hand mit dem in den Kognak getunkten Stück Zucker hin. Dulita bleibt einen Augenblick reglos,

* In diesem Augenblick ziehe ich die Vorhaut zurück, nehme die Krumenkugel heraus, die ich schon lange unter der Vorhaut hatte, und lege sie zwischen Nase und Oberlippe, um an ihr zu riechen. Sie ist ganz warm und hat einen leichten Samengeruch. Ich lege sie wieder dorthin zurück, wo ich sie hergenommen hatte, in der Hoffnung, daß sie, je länger ich sie dort behielte, um so stärker riechen werde.

dann nimmt sie ihn mit den Zähnen in Empfang. Ich sehe ihren Blick durch die Tränen hindurch, während aus meiner Harnröhre ein großer Tropfen austritt.
Der folgende Tag ist ein Sonntag. Man muß es schleunigst ausnutzen, daß gegen vier Uhr jedermann ins Dorf geht. Ich warte auf ein Zeichen von Matilde, die auf der Wiese ist, und stürze mich, bloß in meinen Burnus gehüllt, zuerst in das Zimmer, wo sich der Maiskolben befindet, dann ins erste Stockwerk. Dort finde ich Dulita, Gallo und Matilde, die vollkommen nackt sind. Einen Augenblick lang reizt mich Dulita sehr ungeschickt, was mich überaus erregt. Die drei Frauen gehen über den Hof und verschwinden im Stall. Unterdessen eile ich zur Zypressenquelle, setze mich auf die feuchte Steinbank und bringe mit beiden Händen und mit aller Kraft meinen Penis zum Stehen. Dann wende ich mich dem Stall zu, wo Dulita und die beiden Frauen nackt auf Exkrementen und verfaultem Stroh liegen. Ich lege meinen Burnus ab und stürze mich auf Dulita, doch Matilde und Gallo sind plötzlich verschwunden, und Dulita hat sich in die Frau verwandelt, die ich liebe, womit die Träumerei mit denselben Erinnerungsbildern wie der Traum endet.
Dann nimmt die Träumerei ein Ende, denn ich bin mir soeben darüber klar geworden, daß ich seit einiger Zeit im Begriff bin, die Träumerei, der ich mich eben überlassen habe und die ich unverzüglich mit den größten Skrupeln aufzeichne, in objektiver Weise zu analysieren. [1931]

Ich könnte mich der Sprache marxistischer Kritiker bedienen und schreiben, daß Barbusse, Moussinac und Konsorten, die 1932 in der *Humanité* den Ton angaben und sich über Dalís *Träumerei* entrüsteten, ein gutes Beispiel für die kleinbürgerliche Prüderie abgaben, die in der Gesellschaft des 19. Jahrhunderts im Schoße der monogamen, vom Privateigentum usw. geknechteten Familie das Licht der Welt erblickt hatte. Dafür ist der Abbau sexueller Tabus, den die Surrealisten etwa 1930 eingeleitet hatten, noch beschleunigt worden durch die Entwicklung der Produktivkräfte und den massiven Einzug der Frauen in den Produktionsapparat, was wiederum eine Abnahme der bürgerlichen Zwänge usw. zur Folge hatte. Das fällt zusammen mit dem fast weltweiten Triumph der surrealistischen Ästhetik. Es würde somit feststehen, daß Dulita den kommunistischen Ideologen einen herrlichen dialektischen Streich gespielt hat, doch es versteht sich von selbst, daß ich mir diese derart gekünstelten »Erklärungen« nicht zu eigen mache, in denen man sich bemüht, objektive Wirkungen mit imaginären Ursachen in Verbindung zu bringen.
André Thirion, Révolutionnaires sans Révolution, Paris 1972, S. 339

Paranoisch-kritische Interpretation des zwanghaften Bildes »Das Abendläuten« von Millet

PROLOG

NEUE ALLGEMEINE BETRACHTUNGEN ÜBER DEN MECHANISMUS DES PARANOISCHEN PHÄNOMENS VOM SURREALISTISCHEN STANDPUNKT AUS

Antagonismus der passiven Zustände (Traum, psychischer Automatismus) und des aktiven Systemdenkens. – Experimentelle Aktualität des Automatismus. – Von der Irrationalität als einer allgemeinen Bestrebung, die aus der kritischen Erfahrung des Automatismus hervorgegangen ist, zur konkreten, prä-paranoischen Irrationalität. – Bejahung des schöpferischen Grundsatzes einer Interventions-Aktion der Träume im wirklichen Leben, im Gegensatz zur kontemplativen Haltung der poetischen Flucht. – Erinnerung an den von Breton anläßlich der entscheidenden Erfindung der »onirischen Objekte« formulierten Grundsatz der »Kontrolle«. – Der paranoische Mechanismus bestätigt den dialektischen Wert der surrealistischen Aktivität in den Bereichen des Automatismus und des Traumes. – Er veranschaulicht und verwirklicht greifbar und materiell den Grundsatz der »Kontrolle« wahnhafter Inhalte (weit entfernt vom Zwang der Regressionen, deren Übereinstimmung mit dem Begriff des »logisch argumentierenden Wahnsinns« das Vorhandensein von »Systematik« aufzeigen könnte). – Das paranoische Phänomen wäre, im Gegensatz zu den allgemeinen Vorstellungen der Konstitutions-Theorien, ein bereits *an sich systematisierter Wahn. – Das paranoische Phänomen würde dank seiner Kraft, seinem Vermögen und seinen dem Systematischen innewohnenden Besonderheiten wie Produktivität, Fortdauer und Steigerung die Eingliederung aller grundlegenden dynamischen Begriffe des Surrealismus von »Prozeß« bis »dialektischer Wahn« auf offenkundige Weise objektivieren.*

Seit 1929 und den noch ungewissen Anfängen der »Sichtbaren Frau«* verkünde ich, der Augenblick sei nahe, »wo ein Denkvorgang paranoischen, aktiven Charakters (gleichzeitig mit dem Automatismus und anderen passiven Zuständen) die Verwirrung zum System erheben und zum vollständigen Verruf der realen Welt beitragen kann«.
Das »poetische Drama« des Surrealismus bestand für mich

damals im (der dialektischen Vermittlung bedürftigen) Antagonismus jener beiden Arten von Verwirrung, die in dieser Erklärung unausgesprochen ins Auge gefaßt worden waren: einerseits der passiven Verwirrung des Automatismus, andererseits der aktiven, systematischen, durch das paranoische Phänomen veranschaulichten Verwirrung.

Die gewaltige revolutionäre Bedeutung des Automatismus und die entscheidende Wichtigkeit der automatischen und surrealistischen Texte kann gar nicht genug betont werden. Die Stunde solcher Erfahrungen möchte, weit davon entfernt, verstrichen zu sein, aktueller als jemals scheinen im Augenblick, wo sich uns parallele Möglichkeiten eröffnen, sobald wir uns die am weitesten vorangetriebenen Kundgebungen der passiven Zustände und der Notwendigkeit lebendigen Austausches zwischen den beiden experimentellen, oben als widersprüchlich dargestellten Prinzipien bewußtmachen.
Nach den geistigen Zwängen, die Dada unter einer großen Bürde sthenischer Emotionalität in der mechanistischen Form eines Programmes für sich in Anspruch genommen hatte, dessen Haltung reaktiv war (immerhin aber die Ahnung von nahezu allem, was an Bedeutsamem unmittelbar bevorstand, einschloß), schafft die Übernahme des Automatismus durch die Surrealisten jede allenfalls mögliche »Haltung« ab, wäre doch eine solche zwangsläufig mit ihrer Passivität unvereinbar, mit ihrer bedingungslosen Kapitulation vor dem wirklichen, unwillkürlichen Funktionieren des Denkens selbst, dieser Kapitulation vor dem Automatismus, wobei diese totale Unterwerfung unter das Denken ohne irgendwelchen Zwang einer Kontrolle unfehlbar und täglich in zunehmendem Maße als der sensationellste Versuch aller Zeiten zur Erlangung der Freiheit des Geistes in Erscheinung treten mußte.
Zusammenhängender und insofern bedeutsamer als durch die simple Ahnung des unmittelbar Bevorstehenden, von dem soeben die Rede gewesen ist, überschreitet und befreit der Automatismus in den strikten Grenzen des psychischen Phänomens die latenten Strebungen, denen Dada zwangsläufig die mechanischen Reaktionen der letzten »geistigen« Situationen und Haltungen aufdrängte.
Gerade in diesem Verlauf, im ganz und gar willkürlichen Denkverlauf und außerhalb jeder poetischen »Verpflichtung« wird dieser Glaube an die Demoralisierung tatsächlich in die neutralen, gefräßigen und autoritären Hierarchien der wissenschaftlichen Dokumente eingebaut werden. Die Autorität wird zwangsläufig an der Pißtrepanation des arm-

* Editions surréalistes, Paris 1930

seligen Grundsatzes vom Widerspruch offiziell anerkannt werden, an der feinen, glockenförmigen Erosion einer gebrechlichen, verkrüppelten, erkälteten, bretonischen und elektrischen Alten, die auf die begrenzte Sehnsucht nach raum-zeitlichen Lokalisierungen scheißt, an dem allgemeinen Nudel-Bad, am dünnen Rotz des Scheißkreisels jener weichen, jämmerlichen »Kausalität«, die einer armseligen Uhr aus Asche ähnlich sieht, welche in die Nahrung gemischt und durch das Nasenloch eines eingefleischten, grüblerischen Durchschnittsbürokraten nach einem ruckartigen, erstickenden Husten und geräuschvollen, durch übles Verschlucken hervorgerufenen Zuckungen einer zufälligen, mechanischen Atemnot herausgeschleudert wird, was urplötzlich am mediokren Ende einer einsamen Mahlzeit geschehen ist, die ohne rechte Überzeugung ihr Ende nahm bei sehr spätem Sommerabendlicht, das irisierend durch die schüchternen, genesenden bunten Glasfenster sickerte, welche das Motiv der im leeren Saal eines grandiosen, bescheidenen und senkrechten Restaurants als Ammen verkleideten Störche aufwiesen.

Betrachten wir den beklagenswerten Zustand, in welchem wir die Grundbegriffe des logischen Denkens antreffen, so müssen wir darauf gefaßt sein, daß die Überbleibsel der mechanischen Verteidigungsgrundlagen der altersschwachen Kategorien der Urteilskraft ebenfalls unter dieser hohen und herrschsüchtigen, unwillkürlichen und großzügigen Wertminderung leiden, die mit einem unwiderruflichen Blick den beruhigenden und tröstlichen Grund und Boden von Ästhetik und Moral fruchtbar überschwemmt. Wie kann man nach dieser totalen Überschwemmung des Zensurierend-Abstrakten durch die Passivität der Befreiung noch die offensichtliche Heuchelei mechanistischer Hervorbringungen in Betracht ziehen, die die Erfordernisse einer Beschränkung der Produktivität sowie den inneren, nicht entwicklungsfähigen Zusammenhang der automatischen Ergebnisse zum Vorwand nehmen? Wie kann man mitansehen, wie dieser angebliche Mangel des automatischen Prozesses und seine gelegentlichen Nachteile gegen die wirkliche Zerrüttung des Denkens, die er zur Folge hat, abgewogen wird – eine Erscheinung aller Zwangshierarchien der praktischen, rationalen Welt, all der schmutzigen, heimlichen »Kombinationen«, die vom Verlangen ins anrüchige Gebiet der Ästhetik verlagert worden sind, all jener Lockspitzel, kurzum, des realistischen Denkens? Warum, frage ich, soll man zögern bei der Wahl zwischen all dieser Beihilfe zur intellektuellen Erpressung, all dieser geistigen Polizei, die in Wirklichkeit und vom materialistischen Standpunkt her betrachtet durch die Erfahrung des surrealistischen Schreibens keine Gültigkeit mehr hat, und dem (uns eher künstlerischer Art scheinenden) Nachteil einerseits einer in der Konstitution dieser Erscheinung vorhandenen Dosis sthenischer Emotionalität, an welche der Automatismus beim pathologischen Funktionieren des Denkens appellieren wird, um dessen Armseligkeit oder Unterbilanz zu bemänteln, andererseits der kläglichen (aber unter dem Gesichtspunkt der Enttäuschung immer noch ergreifenden) Keime der Stereotypie?

Es sind indes, wie wir bereits angedeutet haben, Einwendungen dieser Art, die den Surrealismus immer noch in die obskurantistische und tödliche Kreisbahn des künstlerischen Phänomens bringen wollen. Sie sind in sich selbst schon ein schlüssiger Beweis für jene analytische Kurzsichtigkeit, die dazu führt, daß der Automatismus als Ziel an sich betrachtet wird, als reglose, abstrakte Wesenheit, die sich von ihrer eigenen Asche nährt, ohne Austausch mit der Wirklichkeit, statt daß man ihm seine eigentliche Bedeutung zuerkennt, welche die Eingliederung einer Gesamtheit von Erscheinungen ins eigene Leben fordert, die in Beziehung und im Austausch stehen mit ihrem verhältnismäßigen, bedingten Werden, welches das konkrete dialektische Wesen ihres kognitiven Besitzvermögens begründet.

Die Irrationalität im weitesten Sinn, die sich von der wahnhaften Gestalt der Träume und automatischen Ergebnissen ableitet, sowie deren in dem Maße, wie ihre symbolische Interpretation zur immer perfekteren Gleichzeitigkeit mit der kritischen Aktivität neigt, immer größerer Zusammenhang führen uns kraft eines begeisterten Bedürfnisses zur verschärften Reduktion aufs Konkrete dessen, was uns hinreichend erhellt worden ist, damit wir von den sogenannten Delirien zwanghafter Genauigkeit den Begriff der *konkreten Irrationalität* ableiten können.

Auf der poetischen Ebene insbesondere stellt sich uns die konkrete Irrationalität mehr noch denn als bedeutungsschwere, ja selbst schwindelerregende Prädisposition des menschlichen Geistes als eine jener »heillosen lyrischen Verseuchungen« dar, die uns in ihrer katastrophischen Fortpflanzung die erschütternden Wundmale eines wirklichen geistigen Lasters verraten. Das »konkrete Irrationale« wird – einmal virulent gemacht durch das schädliche Wohlgefallen, das es an dieser wahnhaften, irrationalen »allgemeinen Erscheinung« der automatischen Ergebnisse und Träume findet, deren schnelle Auflösung uns nur Enttäuschung bereiten und augenblicklich spontane Verschlimmerungen und Komplikationen hervorrufen kann (in welchen wir unfehlbar das larvenhafte Vorhandensein des Systematischen wiedererkennen) – in der Phantasie auftauchen, und zwar, darauf kann man sich verlassen, ebenso häufig wie die verschiedenen Trugbilder, die sich überall einnisten, sobald einem ein neues erotisches Verlangen bewußt geworden ist.

Ich will in diesem Zusammenhang, um dem blinden Alarm einer vermeintlichen Inanspruchnahme grober Vorstellungen von »gelenktem Denken« zuvorzukommen, auch darauf aufmerksam machen, daß das oben festgestellte Vorhandensein von Systematik durchaus keine Einschränkung des Denkens durch ein *a posteriori* eingreifendes System beziehungsweise eine Schlußfolgerung einschließt, sondern daß man im Gegenteil, wie es sich beim paranoischen, mit dem Tatsächlichen wesensgleichen Phänomen abspielt, das System als Konsequenz gerade der Entwicklung wahnhafter Vorstellungen auffassen muß, wobei diese Vorstellungen, die im Augenblick ihres Entstehens wahnhaft sind, sich als *bereits* systematisiert erweisen.
Im Gegensatz zu neuen logisch verfahrenden Eingriffen, die zwanghaft wirken, insofern sie zur Annahme eines ganz anderen Eingriffs der Vorstellung von Systematisierung in die wahnhaften Inhalte verleiten, bewahrheitet sich die Auffassung des paranoischen Mechanismus als Kraft und Vermögen, die an der Basis des Phänomens der Persönlichkeit selbst, ihres »homogenen«, »totalen«, »unvermittelten« Charakters und ihrer dem Systematischen innewohnenden Eigenheiten wie »Fortdauer«, »Steigerung« und »Produktivität« wirken, aufs strengste bei der Lektüre von Jacques Lacans bewundernswerter Abhandlung *De la Psychose paranoïaque dans ses rapports avec la personnalité**. Ihr verdanken wir, daß wir uns zum ersten Male eine einheitliche und umfassende Vorstellung des Phänomens außerhalb der Erbärmlichkeiten des mechanistischen Denkens, in denen sich die gängige Psychiatrie festfährt, zu bilden vermögen. Der Verfasser wendet sich im besonderen gegen die allgemeinen Vorstellungen der sich dem Abstrakten nähernden Konstitutions-Theorien, denen zufolge die Systematisierung infolge der Entwicklung sehr unbestimmter konstitutioneller Faktoren nachträglich ausgebildet würde, was dazu beiträgt, die plumpen Zweideutigkeiten eines »logisch argumentierenden Wahnsinns« zu konzipieren. Dieser Begriff, der das konkrete und wirklich phänomenologische Wesen des Problems zunichte macht, kehrt gerade durch seine einseitige Statik die außerordentliche dialektische Bedeutung des paranoischen Vorganges hervor, der uns bei dieser Gelegenheit als beispielhaft schlechthin erscheinen muß. Lacans Arbeit gibt voll und ganz Rechenschaft von der objektiven und »mitteilbaren« Hyperschärfe des Phänomens, dank welcher der Wahn diesen greifbaren, unwiderlegbaren Charakter annimmt, der ihn in direkten Gegensatz zur Stereotypie des Automatismus und des Traumes bringt. Weit davon entfernt, ein passives Element zu sein, das der Interpretation entgegenkommt und sich wie Automatismus und Traum für Eingriffe eignet, stellt

* Lefrançois éd., 1932

der paranoische Wahn bereits in sich eine Form der Interpretation dar. Gerade dieses aktive Element, das aus dem »Vorhandensein von Systematik« hervorgegangen ist, greift jenseits der vorherigen, allgemeinen Auffassungen als Grundsatz jenes Widerspruchs ein, in welchem für mich das poetische Drama des Surrealismus besteht. Dieser Widerspruch könnte nicht besser dialektisch aufgehoben werden als durch die neuen Vorstellungen über die Paranoia, die sich Bahn brechen und denen zufolge der Wahn *als ausgebildetes System* in Erscheinung treten würde.
Kein unmittelbares Beispiel scheint mir so überzeugend und so geeignet, den »jähen« und »reaktiven« Charakter des Phänomens, die »grundlegende Veränderung des Gegenstandes«, das gleichzeitige Vorhandensein des »Systematischen, Assoziativen, die implizite Interpretation, die objektive Mitteilbarkeit usw. darzutun wie das Wahnbild des »paranoischen Gesichtes«, das in Nummer 4 des *Surréalisme au service de la révolution* abgebildet ist: das *»wirkliche Bestehen des paranoischen Wahnbildes«,* sein *»eingreifender und interpretativer Zusammenhang«* sind ein weiteres schlagendes Beispiel ihres offenkundigen Gegensatzes zum *»Verblassen des onirischen Bildes im Wachzustand«,* zu seiner *»auflösenden Verdichtung«,* seiner *»symbolischen Passivität, die höchst geeignet ist für den interpretierenden Eingriff«.* Doch die kritische surrealistische Aktivität hatte das Trauma dieses Antagonismus durch das willentliche Anstreben kategorischer und intuitiver Grundsätze, die als Notwendigkeit empfunden wurden und einen Charakter zunehmender Dringlichkeit aufweisen, hellsichtig gemeistert. Trotz der mechanischen Schwierigkeiten offensichtlicher Inkonsequenz oder Widersprüchlichkeit, die von der Trägheit der ausgleichenden Labilitäten herrühren, wirkt die ganze kritische Tätigkeit der Surrealisten dahin, dem Traum sowie allen passiven und automatischen Zuständen gerade auf der Ebene des »Handelns« *Geltung* zu verschaffen und sie jenseits jedes leichten Paradoxons im besonderen »interpretierend« in die Wirklichkeit, ins Leben eingreifen zu lassen. Diese kritische Tätigkeit hat immer wirksam angewendet werden wollen: auf eine materielle, erkennbare, vollkommen körperlich greifbare Weise, andernfalls würden Traum und Automatismus nur den Sinn von verfestigten idealistischen Fluchten, einer ergötzlichen und harmlosen Zuflucht für die behagliche Beflissenheit der skeptischen Lebenslust auserlesener Dichter annehmen.
Der Surrealismus, der von seinen Anfängen an den mechanistischen Materialismus überwunden hatte und sich an einen ganz vorläufigen, relativierten Idealismus hielt, hat die mehr oder weniger aus jenem »Grundsatz der Kontrolle«, der im scharfsinnigsten und prophetischsten Augenblick des Surrealismus von Breton formuliert wurde, hervorgehende Dringlichkeit dieser systematischen Grundsätze

des Handelns nie verkannt. Das ist, man rufe es sich in Erinnerung, gleichzeitig mit der entscheidenden Erfindung der onirischen Objekte, der zu Zwecken aufrichtiger Kontrolle gemachte Vorschlag einer möglichst »annähernden« Verwirklichung wahnhafter Objekte, die dazu bestimmt sind, in Umlauf gesetzt zu werden, das heißt, einzugreifen und im täglichen Leben, im hellen Licht der Wirklichkeit mit den andern zusammenzustoßen.

Der paranoische Mechanismus muß uns vom spezifisch surrealistischen Standpunkt aus, auf welchen wir uns stellen, als Beweis des dialektischen Wertes dieses Grundsatzes der Kontrolle erscheinen, durch welchen praktisch im greifbaren Bereich des Handelns das Element des Wahns selbst hindurchgeht, als Bürge des sensationellen Sieges der surrealistischen Aktivität auf dem Gebiet des Automatismus und des Traumes.

Die Edelsteine, die beim Erwachen verschwinden, die man im Traum »gehütet« und über die man als Zeugnis des Vorhandenseins des »ersehnten Landes der Schätze«, zu welchem man Zugang besaß, listig »verfügt« hatte, bewahren im paranoischen Wahn und nach seinem Erlöschen unter all den dummen Blicken das genaue Gewicht, das ihrem Volumen entspricht, und das wahnhaft Konkrete ihrer höchst körperlichen Lichtkonturen. Sie sind »in Wirklichkeit«. [1933]

Dalí, *Atavismus der Dämmerung* (1933).

Millet, *Mütterliche Vorsorge*

Millet, *Die Schnitter*

Hier zuerst ein paar Dokumente, die zur Interpretation des dämmrigen Wahnbildes *Das Abendläuten* von Millet dienen sollen.

Millet, *Der Schwinger*

Leonardo da Vinci, *Die heilige Anna selbdritt*

Wie hätte sich das vor symbolischer Heuchelei sublime Bild des *Abendläutens,* diese Zwangsvorstellung der Massen, einer so augenfälligen unbewußten »erotischen Wut« entziehen können?

Millet, *Die Heudrescher*

Das Zusammenspiel zwischen dem Mund des Kindes und dem Schwanz des berühmten unsichtbaren weiblichen Geiers auf Leonardos Bild, den Freud interpretiert hat, ist der Intention nach mit dem Kopf des Kindes in *Die Schnitter* von Millet gleichbedeutend.

Das »Abendläuten« von Millet

Schön wie die zufällige Begegnung einer Nähmaschine und eines Regenschirms auf einem Seziertisch!

Es ist mehr als offensichtlich, daß das »Illustrative« meine Wahnideen in ihrem Ablauf durchaus nicht behindert, sondern im Gegenteil aufblühen läßt. So kann es sich bei mir natürlich nur um paranoische Illustrationen handeln, und ich muß mich hier für den groben Pleonasmus entschuldigen, den das beinhaltet. Tatsächlich faßt das paranoische Phänomen, wie ich meinen Lesern mit Vergnügen und Geduld wiederholt dargelegt habe, nicht nur alle wesentlich »systematisch-assoziativen« Faktoren zusammen, sondern verkörpert auch eine mehr »identische«, »psychisch-interpretative« Illustration. Die Paranoia beschränkt sich nicht immer darauf, »Illustration« zu sein; sie stellt darüber hinaus die einzige bekannte wahre, »wortwörtliche Illustration« dar, das heißt »die wahnhaft-interpretative Illustration« – wobei die »Identität« immer *a posteriori* auftritt, als Folge der »interpretativen Assoziation«.

Nichts scheint mir geeigneter, Lautréamont, vor allem die *Gesänge des Maldoror,* so »wortwörtlich«, so wahnhaft zu illustrieren als dieses Bild, das der Maler tragisch-kannibalischer Atavismen und altüberlieferter, schauriger Begegnungen zarter, weicher Fleischstücke von bester Qualität vor etwa siebzig Jahren gemalt hat: ich meine den völlig verkannten Maler Jean-François Millet. Ausgerechnet Millets hochberühmtes *Abendläuten* würde meiner Meinung nach im Bereich der Malerei der wohlbekannten, sublimen »zufälligen Begegnung einer Nähmaschine und eines Regenschirms auf einem Seziertisch« entsprechen. Tatsächlich scheint mir nichts diese Begegnung so wortwörtlich, schrecklich und schlagend zu illustrieren wie das zwanghafte Bild des *Abendläutens.* Das *Abendläuten* ist meines Wissens das einzige Bild auf der Welt, das die reglose Gegenwart, die abwartende Begegnung zweier Wesen in einer einsamen, dämmrigen, tödlichen Umgebung darstellt. Die einsame, dämmrige, tödliche Umgebung spielt in diesem Bild die Rolle des Seziertisches im poetischen Text, denn erstens verlöscht das Leben am Horizont, und zweitens versinkt die Gabel in diesem wirklichen, substantiellen Fleisch, das der Ackerboden von jeher für den Menschen gewesen ist; dringt, sage ich, mit jenem genießerischen Fruchtbarkeitsvorsatz in ihn ein, der für die köstlichen Einschnitte des Skalpells charakteristisch ist, welches bekanntlich beim Zerlegen jedes Kadavers insgeheim, unter verschiedenen Vorwänden der Analyse, nur die synthetische, fruchtbare, nahrhafte Todeskartoffel sucht; daher dieser beständige Ackerbodendualismus, den man zu allen Zeiten empfunden hat – Nahrung, Eßtisch, Ackerboden, der vom honigsüßen Misthaufen echter, ammoniakhaltiger nekrophiler Begierden zehrt – ein Dualismus, der uns veranlaßt, den Ackerboden, vor allem wenn er noch schwerwiegender wird durch die Dämmerung, schließlich als den reichhaltigsten Seziertisch zu betrachten, der uns einen todsicheren, überaus leckeren Kadaver anbietet, der sowohl mit dieser feinen, unwägbaren Trüffel gewürzt ist, die nur in den nahrhaften, aus dem verweichlichten Schulterfleisch atavistischer, hitlerischer Ammen bestehenden Träumen vorkommt, als auch mit diesem unbestechlichen, erregenden Salz, welches jede echte »Verwesung ohne Bestattung« enthalten muß, die auf sich hält und ihrem Namen Ehre macht, nämlich mit dem rasenden Gewimmel gieriger Ameisen. Wenn der Ackerboden, wie wir behaupten, der wortwörtlichste und vorteilhafteste aller bekannten Seziertische ist, wären der Regenschirm und die Nähmaschine im *Abendläuten* in die männliche und in die weibliche Figur transponiert, und das ganze Unbehagen, das ganze Rätsel dieser Begegnung würden meiner unmaßgeblichen Meinung nach – unabhängig von jenem Unbehagen, jenem Rätsel, die unserer Darlegung zufolge vom »Ort« (dem Ackerboden, dem Seziertisch) hervorgerufen werden – durch die in den beiden Figuren, in den beiden Objekten enthaltenen echten Eigentümlichkeiten bewirkt, aus denen sich die ganze Argumentation, die ganze heimliche Tragödie dieser abwartenden, einleitenden Begegnung entwickeln läßt. Der Regenschirm – vom Typus eines surrealistischen Objektes mit symbolischer Funktion – verwandelt sich kraft seines offenkundigen und wohlbekannten Erektionsphänomens in den Mann des *Abendläutens,* der – man halte das bitte fest – auf dem Bild durch die schamhafte, kompromittierende Art, wie er seinen Hut hält, seine Erektion zu verheimlichen sucht – wobei er allerdings nur erreicht, daß sie besonders augenfällig wird. Die Nähmaschine ihm gegenüber, das höchst charakteristische, wohlbekannte weibliche Symbol, pocht gar auf die tödliche, kannibalische Eigenschaft ihrer Nadel, deren Geschäft sich mit dem superfeinen Stich der Gottesanbeterin vergleichen läßt, die ihr Männchen »leert«, das heißt ihren Regenschirm leert und ihn dabei zu diesem geschundenen, schlappen, deprimierenden Opfer macht, in das sich jeder Regenschirm verwandelt, der nach dem glänzenden Höhepunkt seiner aufgespannten Liebesfunktion geschlossen wird. Es steht fest, daß den Ährenleserinnen hinter den beiden aufgespannten Figuren des *Abendläutens,* das heißt hinter der Nähmaschine und dem Regenschirm, nichts anderes übrig bleibt, als gleichgültig, konventionell die Spiegeleier (ohne Spiegel), Tintenfässer, Löffel und sämtliches Silbergeschirr aufzusammeln, dem die scheidende Abenddämmerung zu dieser Stunde einen exhibitionistischen Glanz verleiht, und kaum hat man ein rohes Kotelett, das als gewöhnliches Beispiel eßbarer Zeichen aufzufassen ist, auf den Kopf des Mannes gelegt, da bildet sich bereits die Silhouette Napoleons des »Hungrigen«, zeichnet sich urplötzlich in den Wolken am Horizont ab, und da sieht man auch schon, wie er an der Spitze seiner Kavalkade ungeduldig heransprengt, um sich besagtes Kotelett zu holen, das in Wahrheit und Wirklichkeit eigentlich nur der mit aller Finesse feinen, mit allem Schrecken schrecklichen, mit aller Schönheit schönen Nadel der gespenstischen, heimlichen und kerngesunden Nähmaschine zugedacht war.

DAS ABENDLÄUTEN VON MILLET, SCHÖN WIE DIE ZUFÄLLIGE BEGEGNUNG EINER NÄHMASCHINE UND EINES REGENSCHIRMS AUF EINEM SEZIERTISCH. [1934]

Dalí, *Hommage für Millet* (1934).

Dalí, *Wilhelm Tell* (1933).

4. Liebe und Gedächtnis

(Es gibt Dinge reglos wie ein Brot)

An den geliebten
doch nicht übermäßig geliebten
sehr rasch höflich ihres Gepräges beraubten
Kolonialeinflüssen zugänglichen Orten
war
wie etwas Geliehenes umgeben
ein Mützenschirm
fast
geschmacklos
ohne in diesem
Kolonialort
aufzugehen
wo's
mehrere
departementale
Stangenbrote gab

Andere Dinge unbestimmte
departementale Dinge
abhängig
vom Brot
das goldbraune Brot
der Träne ähnlich
die Träne
dem Dreifarbendruck
eines Nestes
ähnlich
das Nest
dem Emblemwort ähnlich

Wütend werde ich
ob bedingt
oder nicht
die kolonial
erstrebten Dinge tragen
ob sie sich
sehr merklich vereinigen
oder nicht
durch einen bloßen Saum
oder
durch irgendwelche Knöpfchen
oder
durch mehrere Ensembles
oder
durch etwas Hergerichtetes

oder
durch Halbheiten
oder
durch etwas Gewendetes
oder
durch einen Henkel
oder
durch die Henkel
oder
durch etwas
neben einer Naht Befindliches
das von Bauplätzen und Brotkanten
oder
vom Bild meiner Schwester gestillt wird

Das Bild meiner Schwester
der Anus rot
von blutiger Scheiße
die Rute
halb erigiert
elegant
gegen
eine riesige
koloniale
und persönliche
Leier gelehnt
der linke Hoden
halb in ein Glas
lauwarmer Milch
getaucht
das Glas Milch
steht
in
einem Damenschuh

das Bild meiner Schwester
die beiden großen Schamlippen
hängen
zu beiden Seiten herunter
und jede
berührt um ein Haar
die beiden Fächer
eines strohernen Kastens
eins enthält Mehl
das andre
Maiskörner

das Bild meiner Schwester
zwei Flanellpakete
mit feinen Nähten

sind voller
Scheiße
und unter den Achseln
befestigt
auf ihrer Stirn liegt
ein Tuchsäckchen
gefüllt
mit gekochtem Mais
gesättigt
mit Pferdeurin

das Bild meiner Schwester
zwei
mit einem Faden zusammengebundene
Leinensäckchen
statt
Ohrringen
voller
Ähren.

Fern dem Bild meiner Schwester
Gala
ihre Augen gleichen ihrem Anus
ihr Anus gleicht ihren Knien
ihre Knie gleichen ihren Ohren
ihre Ohren gleichen ihren Brüsten
ihre Brüste gleichen ihren großen Schamlippen
ihre großen Schamlippen gleichen ihrem Nabel
ihr Nabel gleicht ihrem Finger
der Finger gleicht ihrer Stimme
ihre Stimme gleicht ihrer Zehe
die Zehe gleicht ihrem Achselhaar
das Achselhaar gleicht ihrer Stirn
ihre Stirn gleicht ihren Schenkeln
ihre Schenkel gleichen ihrem Zahnfleisch
ihr Zahnfleisch gleicht ihrem Haar
ihr Haar gleicht ihren Beinen
ihre Beine gleichen ihrer Klitoris
ihre Klitoris gleicht ihrem Spiegel
ihr Spiegel gleicht ihrem Gang
ihr Gang gleicht ihren Zedern

Fern dem Bild meiner Schwester
Gala
die Frau die ich ganz und gar liebe
die schön ist jenseits der gemeinen Linie der Harmonie
ihretwegen halte ich wenig

vom Egoismus
vom völligen Mangel an Mitleid
von wünschenswerter Grausamkeit
denn
da ich Gala bin
können
alle Trugbilder
alle Vorstellungen
meines eigenen Lebens
kann nichts
außer ihrem Leiden
das mein Leiden ist
nichts
außer ihrem Tod
der den meinen verkörpert
zutiefst mich berühren
denn wär mir vergönnt
die schrecklichste Folterung
des am meisten bewunderten Freundes mitanzusehen
würde ich eher verspüren daß meine Rute hochgeht
als daß der geringste seelische Schmerz meinen Geist trübte
Gala
meine Liebe beweist mir
daß ich keine Erinnerung habe die dich betrifft
da ich mich nicht an dich erinnere
veränderst du dich nicht
du bist außerhalb meines Gedächtnisses
da du mein Leben bist
und
wissenschaftlich
»entsteht
der Begriff
der Zeitdauer als solcher
aus dem Vergleich
zwischen den äußeren Erscheinungen
(Bewegungen und Zustandsveränderungen)
und den Erschejnungen unseres eigenen Lebens
ein Vergleich der
durch die davon unabhängige Festsetzung
des Werdens möglich ist
dessen wechselseitige Vorstellungen
Gedächtnis ermöglichen.«
Gala
die Zeichen deines Gesichtes
drücken keinerlei Gefühl aus
denn du bist jenseits

DER ERLEUCHTETEN PERSPEKTIVEN

denn nichts
scheint mir

sinnloser
als die ganz illusorische
Festsetzung die man
in der Kulturgeschichte bestätigt
wenn man
die ersten Gefühlskonflikte
bei der hellenistischen Skulptur
anhand der Augenbrauenmuskeln nachweist
die auf der Stirn
in einem Winkel
zusammengezogen seien
dessen Schenkel
von asymmetrischen Kurven
gebildet würden
denn man braucht gar nicht
auf den physischen Ursprung
solcher Muskelkontraktionen
in der beredten Reihe verwundeter Gladiatoren
oder auf den weiteren Sinn
und Ersatzcharakter
einer ermordeten Niobe hinzuweisen
weil die völlige Relativität
solcher Gesichtszeichen
in bezug auf die Begriffe Raum und Zeit
so offensichtlich ist
daß eine ganz ursprüngliche poetische Eingebung
im schwermütigen Blick
die Voraussetzung
für einen fernen
grandiosen Blick
wiederfindet.

Jenseits der ausdruckslosen
anatomischen Wahnbilder
werde ich die Geschichte der Gefühle
und der Schwermut beginnen
wenn
zum erstenmal in der Kulturgeschichte
durch die Erfindung der
mit Erleuchtung verbundenen Perspektive
die Begriffe Raum und Zeit
jenseits der subjektiven Zeiten
unserer weichen und strohernen Uhren
wahrnehmbar werden
denn jede Störung der Maße
beim Raumgefühl
jede die Maße verändernde Unterbrechung
bei der Erfassung der ins Unendliche laufenden Linien
stellen das Prinzip
und das Werden
gefühlsmäßiger Vorstellungen dar

Gala
du bist nicht eingeschlossen
in den Kreis
meiner Bezugsobjekte
deine Liebe ist jenseits
der vergleichenden armseligen Begriffe
menschlicher Gefühle
denn ich empfinde dir gegenüber nichts
denn Gefühle setzen voraus daß die Liebe fehlt
oder schwach ist
jenseits aller Gefühle aber
verbindet mich die reine einzigartige Vorstellung
die meine Begierden von dir haben
mit heftigen Vorstellungen meines Todes
ohne daß ich mich fürchte
jenseits auch
der Gefühle
bringt mich die reine einzigartige Vorstellung
die ich von dir habe
zur Erektion bis ich komme
jenseits
zusätzlicher hypnagogischer Bilder
der Masturbation
jenseits
der schwermütigen Linie
perverser Gemeinplätze
jenseits
der Turmuhren die
sinnlich wahrnehmbar gemacht werden müssen
mittels
zahlreicher Tintenfässer
die deinen ausgestreckten Körper entlang
auf einem scheißfarbenen
Meeralgenkopfkissen im Gleichgewicht aufgereiht werden
jenseits
geistiger Schichtungen
die aus hypothetisch wahrnehmbaren Ursprüngen
der narzißtischen Fixierung
auf meine eigenen Körpergerüche
entstehen
hierarchisch auf
den Geruch meiner Füße
den Geruch unter meinen Hoden
den Geruch meiner Eichel
den Geruch meiner Achseln
den Geruch meiner eigenen Scheiße

Reine und einzigartige Vorstellung
die mich zur Erektion bringt bis ich komme
jenseits

der unanständigen Szene
wo Wilhelm Tell
Grimm im Herzen
in den Stoff hineinbeißt
der wie ein Gürtel
ein längliches
Brot
umgibt
er hat also
die Hände frei
um den Baum
hochzuklettern.

Wilhelm Tell
hebt den Arm
und ergreift mit schwacher behaarter Hand
den kräftigen Ast
gegen den das Brot
bald
stoßen wird
wenn
dank der Muskelkontraktion
mit deren Hilfe er eine Ausbuchtung des Stammes überwindet
zuerst der Stoff in dem das Brot hängt
und dann das Brot
hoch genug
sind
so daß
Wilhelm Tell
immer weniger jähzornig
aber doch
mit dem Gesichtsausdruck
aufrichtigster Verachtung
und mit einer Ruhe
die nicht frei ist von Nervosität
das Besteigen des Baumes fortsetzen wird
das Brot
dank dem
schon beschriebenen Stoffgürtel
baumelt nach wie vor an seinen Zähnen
das Gesicht drückt
noch
Ärger aus
das herkulische Knie
ist stets bereit
zu träger Muskelkontraktion

Wilhelm Tell
steht jetzt
auf dem Ast
den er gerade überwunden hat
umschlingt mit seinen freien Armen
den Stamm
denn dieser Teil des Baumes
hat keine
Äste oder Ausbuchtungen
die eine
stufenweise Ersteigung
erlaubten
und Wilhelm Tell
muß die dem Stamm
eigene Rauheit ausnutzen
ihn
mit zusammengepreßten
Armen und Beinen umschlingen
damit er
hochkommt hochkommt
mit ruckartigen krampfhaften Muskelkontraktionen
weil er
weder Übung hat noch trainiert ist
hätte er Übung und wär er trainiert
wären ihm rhythmischere
feierlichere
Muskelkontraktionen
vergönnt gewesen
Wilhelm Tell
legt
diesen Teil der Besteigung
in zwei
Etappen zurück
zwischendurch
klammert er sich
um auszuruhen
und Kräfte zu sammeln
mit seinem Körper reglos
an den Baum
mit finsterem
von einem schwachen verächtlichen Lächeln
verzerrten Gesicht
das weder
Haß
noch Wut
noch den aufreizendsten Ekel ausschließt
aber
die Schwierigkeit
die die Ersteigung des Stammes
besonders anstrengend
macht

weit mehr
als der Mangel an Übung
(der durch größere Muskelanstrengung ausgeglichen werden
kann)
besteht darin daß es
gewissermaßen notwendig ist
mit dem Kopf im Nacken hochzuklettern
hintenübergeneigt so daß beinah
Adern und Muskeln des Halses reißen
damit er das Brot so weit hochheben kann
daß es
auf der Plattform der Schlüsselbeine ruht
denn sonst
wird
das Brot
zwischen Körper und Rinde eingeklemmt
und behindert jede Bewegung
schlimmer noch
die Stirn stößt zwangsläufig gegen den Baum
wenn
die schweißbedeckte Brust
auf dem fest an der rauhen Rinde
haftenden Brot
ein bißchen ins Rutschen
geraten sollte

Wilhelm Tell
erreicht
die Stelle
wo der Baum sich in zwei Äste teilt
steigt hastig
am kürzeren Ast hoch
benutzt dabei
die zahlreichen
kleinen Äste
wie Treppenstufen
denn immer gibt's einen Ast
in Reichweite seines unsicheren Fußes
Da erreicht Wilhelm Tell
endlich
das obere Ende des Astes
die untergehende Sonne blendet ihn
seine Augen sind wütend und blutunterlaufen
die Unterlippe blutig gebissen
er stellt
das Brot
aufrecht
mitten in ein Nest
... ...
Jenseits
der
nicht sehr alten

korporativen Allegorie
von Liebe und Gedächtnis
diese nackte Frau
die Holz sägt
oben auf einer Treppenflucht
und das Tier
das vorbeigeht ohne sie anzusehen
sagt zu ihr
Madame
ich habe nicht viele Zähne

[1931]

»Symmetrisch« zusammengerollte Autobusfahrkarte, sehr seltene Form von morphologischem Automatismus mit offenkundigen Ansätzen zur Stereotypie.

Zusammengerollte Autobusnummer, gefunden in der Jackentasche eines Durchschnittsbürokraten (Crédit Lyonnais); überaus häufige Merkmale von »Jugendstil«.

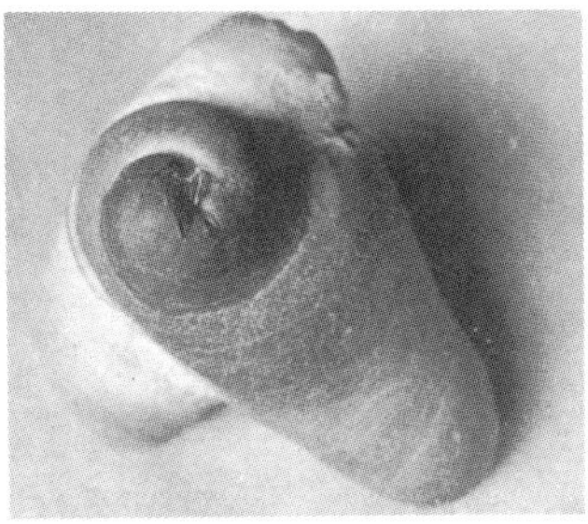

Das ornamentale Jugendstilbrot kommt um die weiche Stereotypie herum.

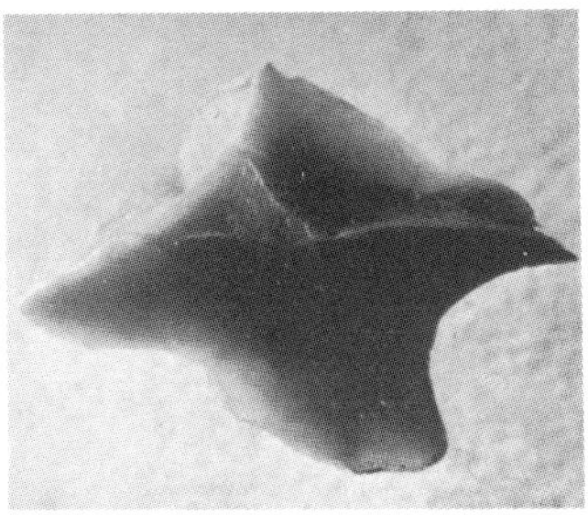

Seifenstück, das automatische Jugendstilformen aufweist, in einem Waschbecken gefunden.

Der morphologische Zufall herausgedrückter Zahnpasta kommt um die feine, ornamentale Stereotypie nicht herum.

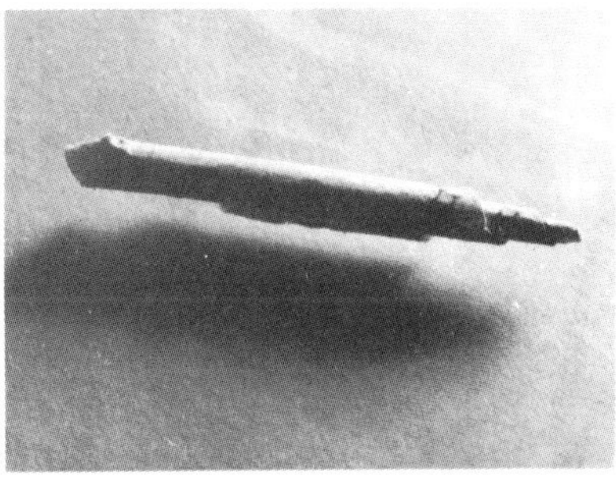

Elementares Zusammenrollen bei einem »Schwachsinnigen«.

UNWILLKÜRLICHE SKULPTUREN

Von der schaurigen und eßbaren Schönheit, von der Jugendstilarchitektur

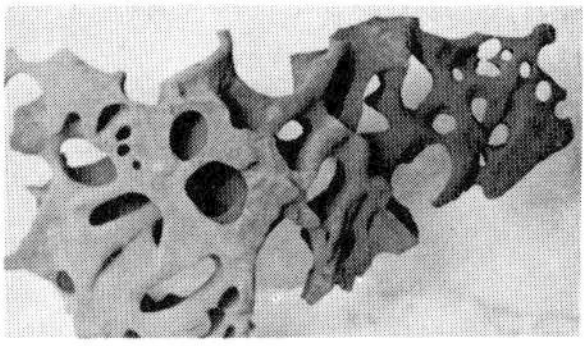

Versuch geologischen Jugendstils, mißlungen wie alles, was von der Natur herkommt, die gänzlich phantasielos ist.

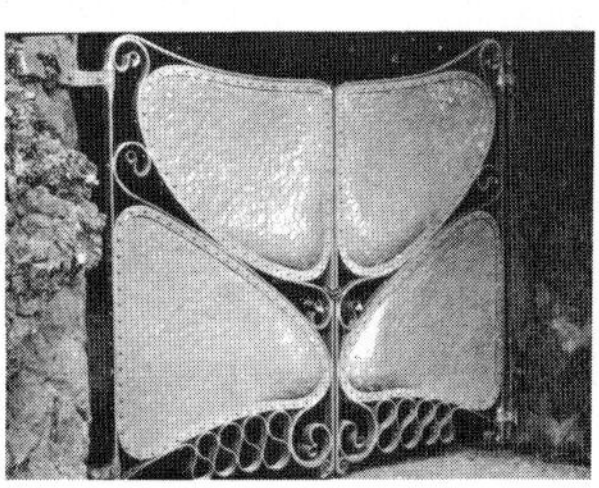

Man dringt durch zarte Kalbsleber-Türen in die Grotten ein.

KOLOSSALE, HINREISSENDE UNBEGREIFLICHKEIT DES PHÄNOMENS. – Der leicht literarische Gebrauch, der vom »Neunzehnten Jahrhundert« gemacht wird, bürgert sich allmählich gräßlich ein. Zu seiner Rechtfertigung bedient man sich einer liebenswürdigen Formel, die leicht wehmütig und leicht komisch wirkt und eine besonders widerwärtige »Art von Lächeln« hervorzulocken weiß: Es handelt sich um ein diskretes, geistreiches »Lache, Bajazzo«, das auf die armseligsten Mechanismen der »Gefühlsperspektive« baut, welche anhand des Kontrastes, indem man sich übertrieben distanziert, über eine verhältnismäßig nahe Epoche zu befinden erlauben. Auf diese Weise wird uns der *Anachronismus,* das heißt das »wahnhaft Konkrete« (einzige Konstante des Lebens) im Hinblick auf den intellektualistischen Ästhetizismus, den man uns unterstellt, als das innerste Wesen des (lächerlich-melancholisch) »Verfremdet-Vergänglichen« vorgesetzt. Es handelt sich, wie man sieht, um eine »Haltung«, die auf dem bescheidensten, ganz und gar nicht stolzen »Überlegenheitskomplex« beruht, zu dem ein Koeffizient »schmutzigkritischer« Ironie hinzukommt, die jedermann zufriedenstellt und jedem, der Beflissenheit für die eingekochten künstlerisch-rückschauenden Aktualitäten mimt, das unerhörte Phänomen mit den vorschriftsmäßigen, schicklichen Grimassen zu würdigen gestattet. Diese Grimassen und Reflexe, die eine »Verdrängungs-Abwehr« verraten, werden bewirken, daß ein geneigtes, verständnisvolles Lächeln – zwar gewürzt mit der unerläßlichen, wohlbekannten Träne (den simulierten »konventionellen Erinnerungen« entsprechend) – mit ungezwungenem, explosivem und unwiderstehlichem, wenngleich das Vulgäre meidendem Lachen immer dann abwechselt, wenn einer dieser heftigen, halluzinierenden »Anachronismen« in Erschei-

Fossile Meereswogen . . .

nung tritt, ob es sich nun um jene tragische, grandiose, sado-masochistisch-eßbare Kleidung handelt oder, noch paradoxer, um eine jener schaurigen und erhabenen ornamentalen Jugendstilarchitekturen.
Ich glaube, ich habe 1929, zu Beginn der *Sichtbaren Frau,* als erster die wahnhafte Architektur des Jugendstils ohne die leiseste Spur von Ironie als das originellste und außergewöhnlichste Phänomen der Kunstgeschichte betrachtet.

Ich möchte hier den wesentlich *außerplastischen Charakter des Jugendstils* betonen. Seine Verwendung zu eigentlich »plastischen« oder malerischen Zwecken hielte ich unbedingt für den krassesten Verrat an den irrationalen und wesentlich »literarischen« Bestrebungen dieser Bewegung. Die »Ersetzung« (eine Frage der Ermüdung) der Formel »rechter Winkel« und »goldener Schnitt« durch die Formel »konvulsivisch-wogend« kann auf die Dauer nur einen Ästhetizismus zeitigen, der genauso trist wie der vorhergehende – doch im Augenblick weniger langweilig ist infolge des Wechsels, damit hat sich's. Die Besten berufen sich auf folgende Formel: die gekrümmte Linie scheint heute wieder der kürzeste Weg von einem Punkt zum andern zu werden, der schwindelerregendste – doch all das ist nur das »letzte Leiden des Plastizismus«. Antidekorativer Dekorativismus, der im Gegensatz steht zum psychischen Dekorativismus des Jugendstils.

Die Knochen sind . . .

. . . und schmiedeeiserner Schaum

AUFTAUCHEN DES KANNIBALISCHEN IMPERIALISMUS DES JUGENDSTILS. – Wir halten die »manifesten« schöpferischen Beweggründe des Jugendstils noch für zu wirr, zu widersprüchlich und vielschichtig, als daß man in Betracht ziehen könnte, sich gegenwärtig ein Urteil über sie anzumaßen. Dasselbe könnte man auch von seinen »latenten« Beweggründen sagen, obgleich der intelligente Leser aus dem, was im folgenden gesagt wird, schließen kann, daß die fragliche Bewegung vor allem die Erweckung einer Art von großem »urtümlichem Hunger« beabsichtigt hat.

Wie die Bestimmung ihrer »phänomenologischen« Beweggründe stieße jeder Versuch einer historischen Einordnung der Bewegung auf die größten Schwierigkeiten, und zwar vor allem infolge jenes widersprüchlichen und seltenen, für ihre Entstehung bezeichnenden *Kollektivgefühls eines wilden Individualismus.* Begnügen wir uns also, heute einzig die »Tatsache« des jähen Auftauchens, des heftigen Hereinbrechens des Jugendstils festzuhalten, das von einer beispiellosen Revolution des »Gefühls für Originalität« zeugt. Der Jugendstil ist tatsächlich mit einem Schlag da, samt allem, was das an grausamen Traumen für die Kunst mit sich bringen kann.

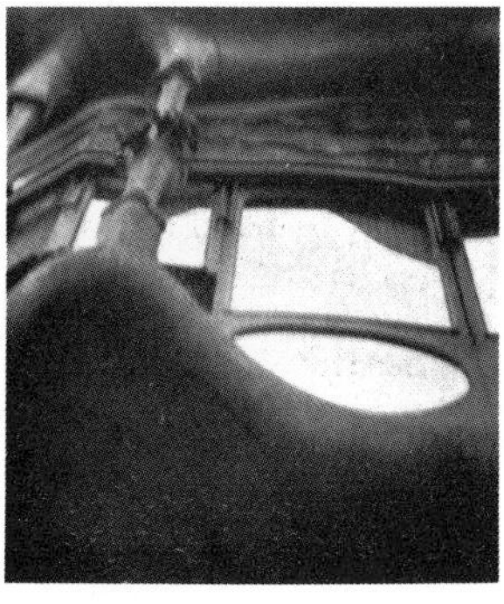

. . . außen

Gerade in der Architektur können wir staunend feststellen, daß jedes Element, und sei es das angeborenste, am meisten von der Vergangenheit ererbte, in seinem innersten funktionalistischen Wesen zutiefst erschüttert wird. Mit dem Jugendstil werden die Architekturelemente der

Vergangenheit – abgesehen davon, daß sie einer wiederholten, völlig konvulsivischen Formenzermalmung anheimfallen, die zu einer neuen Stilisierung führt – zur Erneuerung, zum Weiterleben in ihrer wirklichen, ursprünglichen Erscheinungsform aufgerufen, so daß sie, wenn sie sich verbinden und ineinander verschmelzen (trotz ihrer geistig ganz unversöhnlichen, ganz unaufhebbaren Antagonismen), einen höchsten Grad ästhetischer Entwertung erlangen und in ihren Beziehungen jene schreckliche Unreinheit an den Tag legen, die keine Entsprechung kennt und nichts, was ihr ebenbürtig wäre, außer der unbefleckten Reinheit der onirischen Verflechtungen.

Der weiche Sockel dieser Säule scheint uns zu sagen: iß mich!

Bei einem Jugendstilbauwerk verwandelt sich Gotisches in Griechisches, in Ostasiatisches und, so wenig es einem einleuchten will – kraft einer gewissen unwillkürlichen Phantasie – in Renaissance, die ihrerseits reiner, dynamisch-asymmetrischer (!) Jugendstil werden kann, all das in der Zeit und im »schwachsinnigen« Raum *eines bloßen Fensters,* das heißt in jener Zeit und jenem Raum, die kaum bekannt und wahrscheinlich schwindelerregend und, wie wir soeben angedeutet haben, keine anderen wären als diejenigen des Traumes. All das, was bei den bekannten Architekturen der Vergangenheit auf die selbstverständlichste Weise nützlich und funktionalistisch gewesen ist, dient beim Jugendstil plötzlich zu gar nichts mehr oder, was den pragmatischen Intellektualismus nicht mit ihm versöhnen dürfte, dient nur noch dem »Funktionieren des Verlangens«, übrigens des wirrsten, verfemtesten und unaussprechlichsten. Grandiose schräge Säulen von mittlerer Größe, die wie die ermatteten Hälse schwerer Wasserköpfe außerstande sind, sich aufrechtzuhalten, tauchen mit der bis dahin unbekannten fotografischen Bemühung um Augenblicklichkeit erstmals in der Welt der harten Wogen *gemeißelten Wassers* auf. In Wellen steigen sie aus vielfarbigen Reliefs, deren immaterielle Ornamentik die konvulsivischen Übergänge schwacher Verkörperlichungen flüchtigster Rauchmetamorphosen erstarren läßt wie Wasserpflanzen, wie die Haartracht jener neuen Frauen, die noch »appetitanregender« sind als der leichte Durst, den die Phantasietemperatur jenes ekstatischen Blumenlebens erzeugt, in dem sie ersterben. Diese fiebrigen, leicht (37,5°) fiebrigen Fleischsäulen sollen nichts anderes tragen als die berühmte Libelle mit dem weichen Hinterleib, der schwer ist wie der massive Bleiblock, aus dem sie auf subtile, überirdische Weise herausgemeißelt worden ist, ein Bleiblock, dessen Beschaffenheit (sein lächerliches Übergewicht vermittelt immerhin die notwendige Vorstellung des Lastens) das erhabene Gefühl unendlicher, eisiger Unfruchtbarkeit pervers betont, verschlimmert und kompliziert, dessen Beschaffenheit die irrationale Dynamik der Säule verständlicher und beklagens-

Die Ekstase der Skulptur

werter macht, welche uns infolge all dieser Umstände feiner Ambivalenz unfehlbar wie eine wahre »Masochistensäule«, einzig dazu bestimmt, »sich vom Verlangen verzehren zu lassen«, wie die wahrhaftig erste *weiche Säule* vorkommt, erbaut und herausgeschnitten aus jenem wirklich begehrten Fleisch, dem sich bekanntlich Napoleon an der Spitze aller wirklich und wahrhaftig imperialistischen Bestrebungen immer noch und immer wieder zuwendet, die, wie wir zu wiederholen pflegen, die eigentlich ungeheuren »Kannibalismen der Geschichte« repräsentieren und häufig durch jenes konkrete, gegrillte und leckere Kotelett dargestellt worden sind, das der wunderbare dialektische Materialismus als echter Wilhelm Tell auf den Kopf der Politik selbst plaziert hat.

Meiner Meinung nach (ich kann nie genug auf diesem Standpunkt beharren) würde somit gerade die durch und durch ideale Jugendstilarchitektur das handgreiflichste, wahnhafteste Streben des Hypermaterialismus verkörpern. Eine Veranschaulichung dieses scheinbaren Paradoxons liefert der zwar abschätzig gemeinte, aber überaus scharfsinnige und weitverbreitete Vergleich eines Jugendstilhauses mit einem Kuchen, einer exhibitionistischen Torte im »Zuckerbäckerstil«. Es handelt sich hier, ich wiederhole es, um einen scharfsinnigen, intelligenten Vergleich, nicht nur, weil er die heftige materialistische Nüchternheit der unmittelbaren, dringenden Bedürfnisse, auf welchen das ideale Verlangen beruht, deutlich aufzeigt, sondern auch weil gerade dadurch und in Wirklichkeit ohne Euphemismus auf den nahrhaften, eßbaren Charakter dieser Art Häuser angespielt wird, die nichts Geringeres sind als die ersten eßbaren Häuser überhaupt, die ersten und einzigen erotisch erfahrbaren Bauwerke, deren Existenz diese dringende und für die Phantasie des Liebenden so notwendige »Formation« aufweist: den Gegenstand des Verlangens ganz real verzehren zu können.

DER JUGENDSTIL, PHÄNOMENALE ARCHITEKTUR

ALLGEMEINE CHARAKTERISTIK DES PHÄNOMENS. – Gründliche Entwertung geistiger Systeme. – Stark betontes, bis zu den Grenzen der *Geistesschwäche* gehendes Zurückdrängen des vernünftigen Denkens. – Positiv-begeisterter Schwachsinn. – Totale ästhetische Unbewußtheit. – Kein Zwang zu religiöser Begeisterung; im Gegenteil: Verströmen, Freiheit, Entwicklung der unbewußten Mechanismen. – Ornamentaler Automatismus. – Stereotypie. – Neologismen. – Schwere Kindheitsneurose, Zuflucht in eine ideale Welt, Wirklichkeitshaß usw. – Größenwahn, perverse Megalomanie, »objektive Megalomanie«. – Bedürfnis und Gefühl des Wunderbaren und der

Erfindung der hysterischen Skulptur

hyperästhetischen Originalität. – Absolut schamloser Stolz, frenetischer Exhibitionismus der imperialistischen »Laune« und »Phantasie«. – Kein Begriff des Maßes. – Verwirklichung verfestigter Begierden. – Majestätisches Aufblühen erotisch-irrationaler, unbewußter Neigungen.

PSYCHO-PATHOLOGISCHE PARALLELE. – Erfindung der »hysterischen Skulptur«. – Fortwährende erotische Ekstase. – Beispiellose Verzerrungen und Haltungen in der Geschichte der Bildhauerkunst (es handelt sich um die nach Charcot und der École de la Salpêtrière entdeckten und bekanntgewordenen Frauen). – Verwirrung und ornamentale Überreizung mit pathologischen Querverbindungen; dementia praecox. – Enge Verbindung zum Traum; Träumereien, Tagesphantasien. – Vorhandensein charakteristischer onirischer Elemente: Verdichtung, Verschiebung usw. – Entwicklung des anal-sadistischen Komplexes. – Offenkundige ornamentale Koprophagie. – Überaus langsame, erschöpfende Onanie, die von einem maßlosen Schuldgefühl begleitet ist.

AUSSERPLASTISCHE KONKRETISIERUNGSBESTREBUNGEN. – Skulptur alles Außerplastischen: des Wassers, des Rauches, des Irisierens der Prätuberkulose und der nächtlichen Pollution, der Blumen-Haut-Peyotl-Schmuck-Wolken-Flammen-Schmetterlings-Spiegel-Frau.
Gaudí hat ein meerförmiges Haus gebaut, das Wellen an einem stürmischen Tag »darstellt«. Ein anderes besteht aus den ruhigen Wassern eines Sees. Es handelt sich nicht um trügerische Metaphern, Ammenmärchen usw. . ., diese Häuser gibt es (Paseo de Gracia in Barcelona). Es handelt sich um wirkliche Gebäude, richtige *Skulptur der Dämmerwolkenspiegelungen im Wasser,* die mit Hilfe eines ungeheuren, verrückten, vielfarbigen, schimmernden Mosaiks zustande kam, aus dessen pointillistischem Irisieren *Formen vergossenen Wassers, Formen sich ergießenden Wassers, Formen stehenden Wassers, Formen spiegelnden Wassers, Formen von im Wind gekräuseltem Wasser* auftauchen, wobei alle diese Wasserformen aus einer asymmetrischen, dynamisch-augenblicklichen Abfolge von zerbrochenen, synkopierten, verflochtenen Reliefs bestehen, die verschmolzen worden sind von »naturalistisch-stilisierten« Seerosen und Seelilien, welche Gestalt annehmen in überspannten Konvergenzen, die etwas Unreines, Verneinendes haben infolge dicker Angstbeulen, welche aus der unglaublichen Fassade hervorquellen, verzerrt zugleich von all dem wahnsinnigen Leiden und all der verborgenen, unendlich süßen Ruhe, die mit nichts zu vergleichen ist, es sei denn mit der Ruhe der grauenhaften *apotheotischen, reifen Fu-*

Die Mammut-Super-Neurose

Die extrafeine, wogende, vielfarbige, gutturale Neurose (Park Guëll, Barcelona; Architekt: A. Gaudí).

runkelblüten, die gern mit dem Löffel gegessen würden – mit dem blutenden, fetten und weichen Löffel aus angegangenem Fleisch, der sich herantastet.

Es ging also darum, aus den Dämmerwolkenspiegelungen auf den Wassern eines Sees ein bewohnbares (und, mir zufolge, obendrein eßbares) Gebäude zu schaffen, wobei das Werk außerdem ein Höchstmaß an naturalistischer Strenge und *trompe-l'œil* aufweisen sollte. Ich verkünde laut, daß das ein gigantischer Fortschritt ist gegenüber der simplen Rimbaudschen Versenkung des Salons auf den Grund eines Sees.

OBJEKTIVE DIALEKTIK DER MITTEL. – Keimfrei-konvulsivische Figurationen. – Analytische, buchstäbliche Nachbildung, die mit neologistischen Bastardstilisierungen abwechselt, welche der stolze, dekorative Gedächtnisverlust, der kaum auftaucht aus dem ungeheuren Fleisch eines allgemeinen, bestürzten Traumes, verwischt und belebt. – Haus für diejenigen, die »verrückt leben«, Haus für Erotomanen.

ZURÜCK ZUR SCHÖNHEIT. – Das erotische Verlangen ist der Ruin der intellektualistischen Ästhetik. Wo die Venus der Logik verblaßt, kündigt sich im Zeichen der unvergleichlichen Schönheit, der Schönheit der wirklichen, vitalen und materialistischen Erregung, die Venus des »schlechten Geschmackes«, die »Venus im Pelz« an. – Die Schönheit ist nichts als die Summe des Bewußtseins unserer Perversionen. – Breton hat gesagt: »Die Schönheit wird konvulsivisch sein, oder sie wird nicht sein.« Das neue surrealistische Zeitalter des »Kannibalismus der Gegenstände« rechtfertigt auch diese Schlußfolgerung: Die Schönheit wird eßbar sein oder gar nicht sein. [1933]

Die Schönheit wird eßbar sein oder gar nicht sein

Gegen den idealistischen Funktionalismus das materialistisch-psychisch-symbolische Funktionieren.

Es handelt sich wieder um einen metallischen Atavismus des »Abendläutens« von Millet.

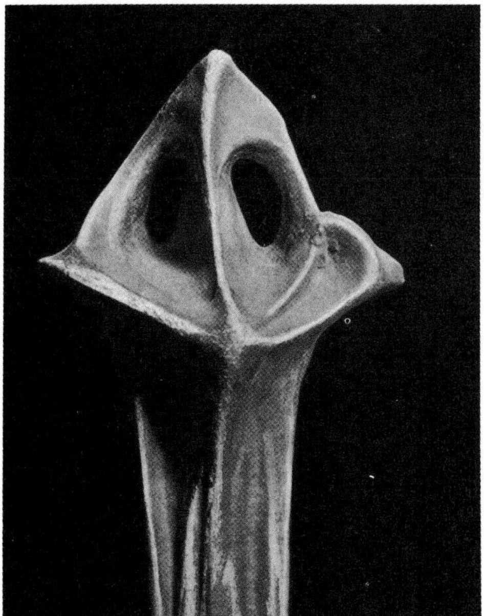

Iß mich!

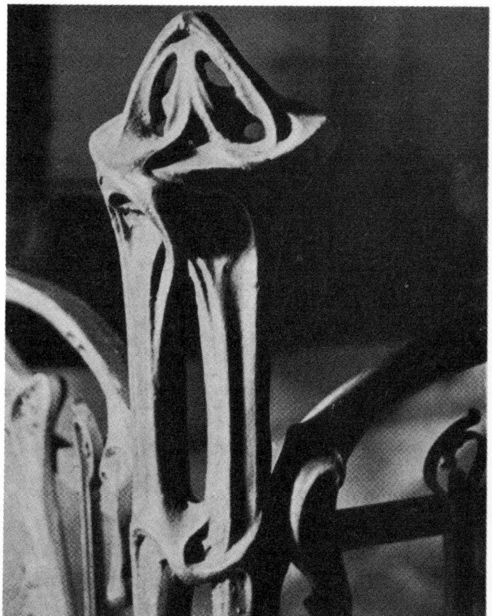

Mich auch!

Haben Sie den Eingang der Metro in Paris schon gesehen?

Das Phänomen der Ekstase

Ekstase begründet den ganz phänomenal verwirrenden »Lebenszustand« der Phantome und psychischen Vorstellungen. – Während der Ekstase, beim Herannahen des Verlangens, der Lust, der Angst verändert sich jede Meinung, jedes (moralische, ästhetische usw.) Urteil sensationell. – Auch jedes Vorstellungsbild verändert sich sensationell. – Man sollte meinen, daß wir durch Ekstase Zugang haben zu einer Welt, die von der Wirklichkeit ebenso weit entfernt ist wie diejenige des Traumes. – Ekelhaftes kann sich in Begehrenswertes verwandeln, Zuneigung in Grausamkeit, Häßliches in Schönes, Fehler in hervorragende Eigenschaften, hervorragende Eigenschaften in finsteres Elend. – Ekstase ist die kulminierende Folge der Träume, sie ist Folge und tödliche Kontrolle der Vorstellungsbilder unserer Perversion. – Gewisse Vorstellungsbilder rufen Ekstase hervor, die ihrerseits gewisse Vorstellungsbilder hervorruft. – Es handelt sich dabei immer um echt und wesentlich surrealistische Vorstellungsbilder. – Ekstase begründet den »reinen Zustand« eines anspruchsvollen, hyperästhetischen, vitalen Scharfsinns, eines vor Verlangen blinden Scharfsinns. – Die Welt der Vorstellungsbilder, die durch Ekstase hervorgerufen werden, ist unbegrenzt und unbekannt. – Es handelt sich um neologistische Vorstellungsbilder, um superschnelle Vorstellungsbilder im Vergleich zu den einschläfernden Vorstellungsbildern. – Alle diesbezügliche Methodik ist uns noch nicht greifbar. – Zuweilen wiederholen die durch Ekstase hervorgerufenen Vorstellungsbilder umgewandelte ekstatische Vorstellungsbilder, ob es sich nun um die »augenscheinliche« Stereotypie der Ohren handelt (die immer in Ekstase sind) oder um die Ekstase eines gewissen »atmosphärischen Dinges« oder um die feine Ekstase einer Jugendstilnadel. – Ich frage den Kunstkritiker: Was würden Sie im Augenblick der Ekstase von diesem oder jenem Werk halten? Und vor allem: Versetzen Sie sich in den Zustand der Ekstase, bevor Sie mir antworten. – Ekstase ist der kritische geistige Zustand schlechthin, den das unwahrscheinliche gegenwärtige, hysterische, moderne, surrealistische und phänomenale Denken »kontinuierlich« machen will. – Auf der Suche nach Vorstellungsbildern, die uns in Ekstase versetzen *können.* [1933]

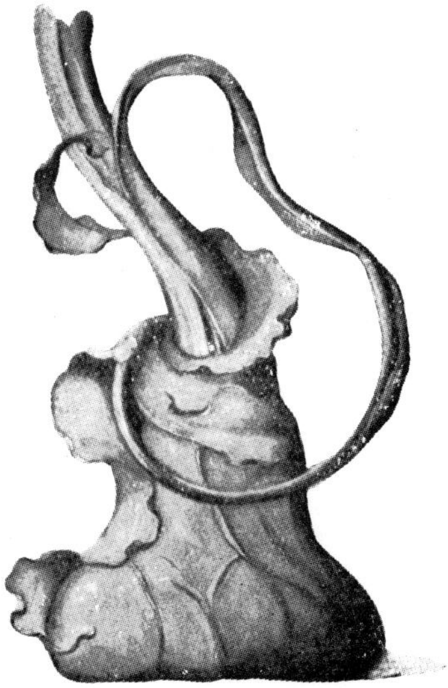

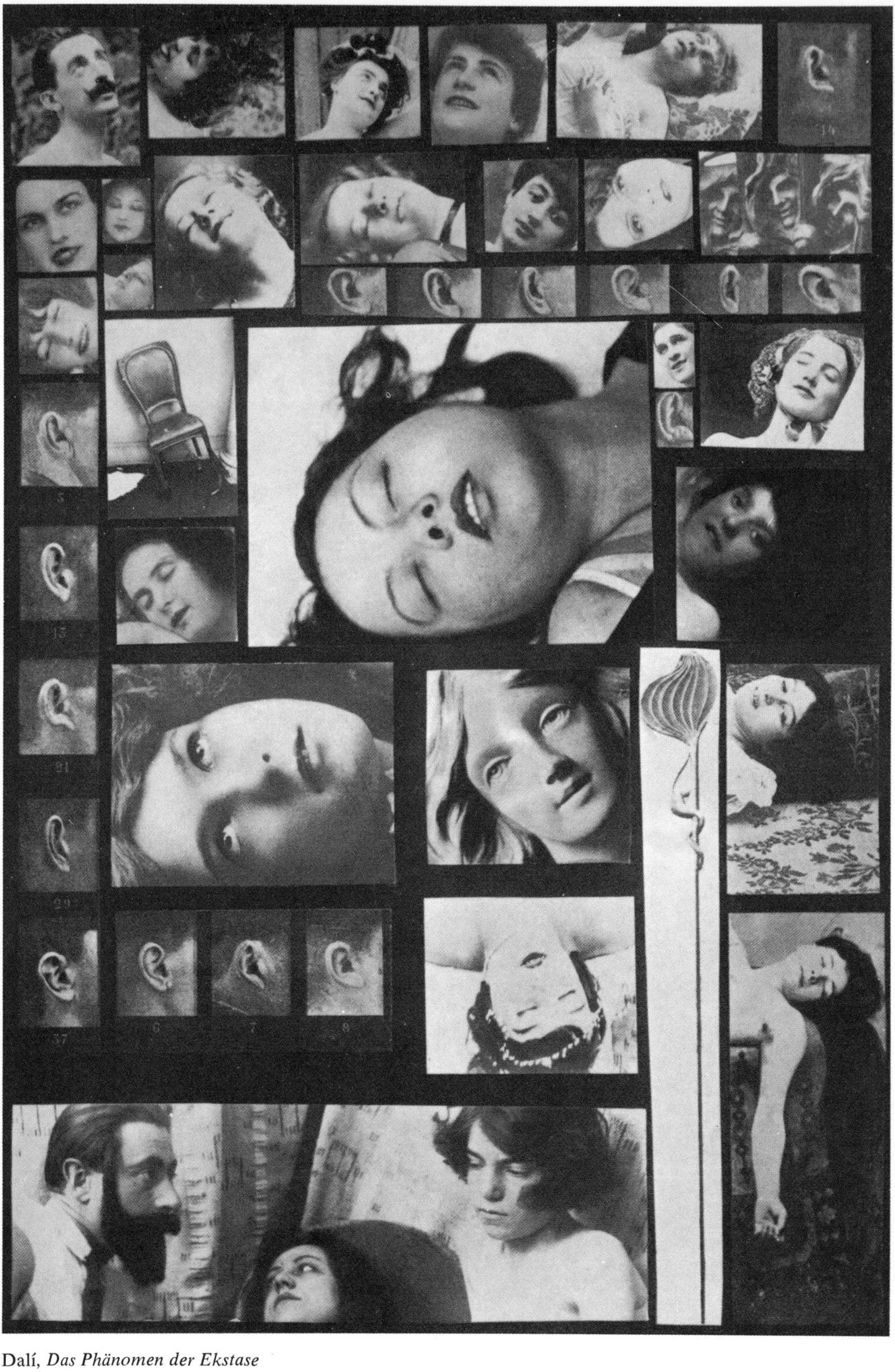

Dalí, *Das Phänomen der Ekstase*

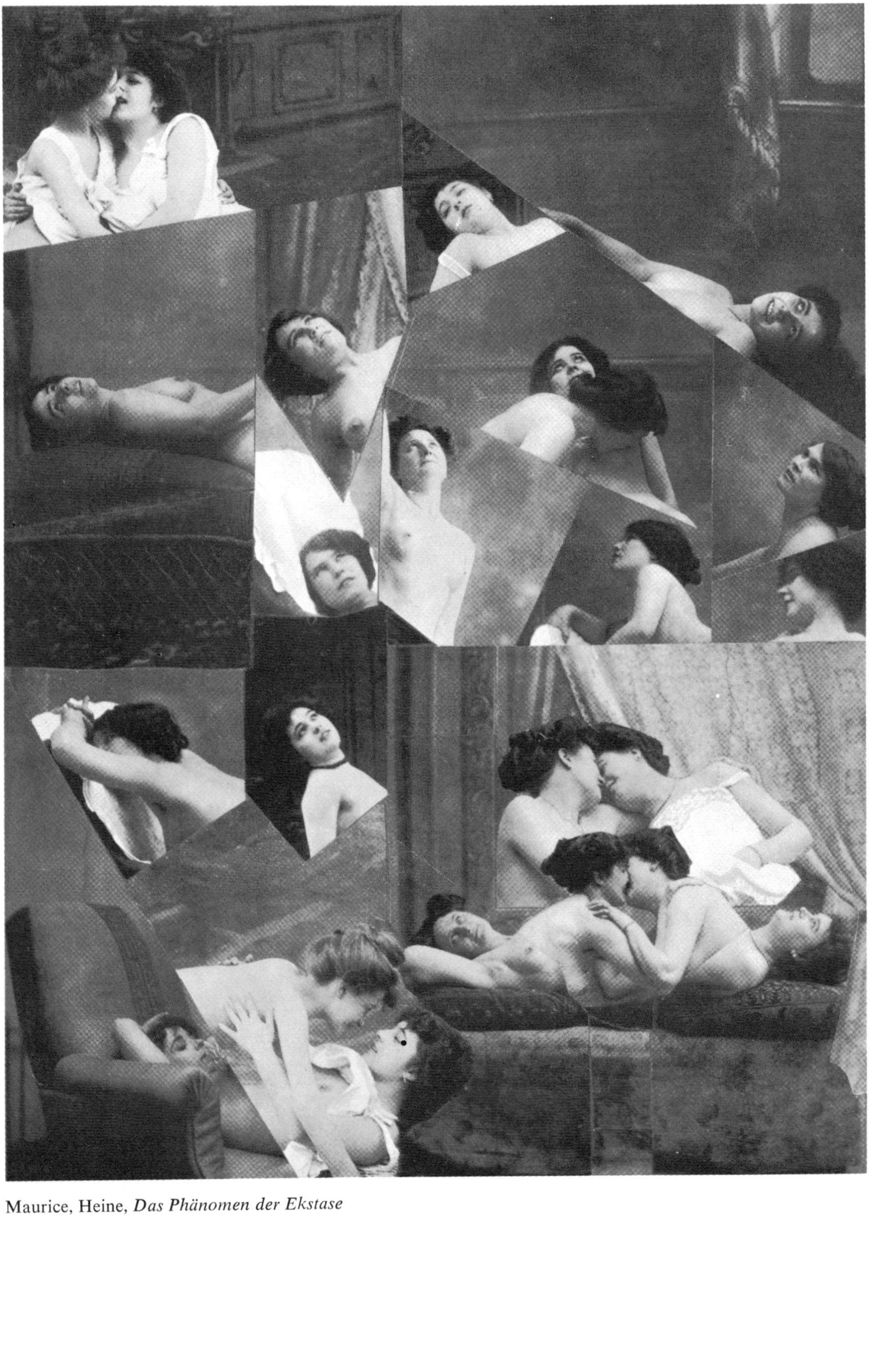

Maurice, Heine, *Das Phänomen der Ekstase*

Der gespenstische Surrealismus des Ewigweiblichen in der präraffaelitischen Kunst

Die Kunstgeschichte muß der paranoisch-kritischen Methode gemäß umgeschrieben werden.
DALÍ

J. B. Millais, *Ophelia*

W. Holmann Hunt, *Der willige Schafhirt*

Die charakteristische Trägheit des modernen Geistes ist einer der Gründe für das glückliche Nichtbegreifen des Surrealismus seitens all derer, die statt einer wirklichen geistigen Anstrengung die Augen schlossen und sich die Nasenlöcher verstopften und dabei versuchten, in Cézannes durch und durch ungenießbaren Apfel zu beißen, wonach sie sich damit begnügten, ihn als »reine Zuschauer« zu betrachten und platonisch zu lieben, da Struktur und Sex-Appeal der fraglichen Frucht ein weiteres nicht gestatteten. Diese appetitlosen Leute waren der Meinung, gerade in der Einfachheit einer solchen anti-epikureischen Haltung lägen das Verdienst und die ästhetische Gesundheit des Geistes. Auch waren sie der Meinung, Cézannes Apfel wiege Newtons Apfel auf, worin sie sich abermals schwer täuschten, denn in Wirklichkeit ruht die Schwere des Newtonschen Apfels ganz besonders in den Adamsäpfeln der körperlich und moralisch gebeugten präraffaelitischen Hälse. War man also zu Unrecht der Meinung, in Cézannes kubischer Gestaltung komme eine materialistische Tendenz zum Ausdruck, die gewissermaßen darin bestehe, mit festem Boden unter den Füßen Inspiration und Begeisterung zu vermitteln, so sehen wir nun, daß er gerade das Gegenteil tat: er verstärkte das Streben nach dem absoluten Idealismus einer formalen Begeisterung, die, weit davon entfernt, Fuß zu fassen, zu den Wolken entschwand; was Cézanne nahekommt, ist, wie sich denken läßt, eher El Greco als sein vorgeblicher, eingebildeter »Poussin nach der Natur«. Dagegen waren es gerade die schmachtenden und angeblich immateriellen Präraffaeliten, die schließlich tatsächlich mit festem Boden unter den Füßen Inspiration vermittelten und, wie ich später zeigen werde, die wirklich materialistische Struktur der Begeisterung aufrichteten, indem sie sich der »Kettenlinie« und der »geodätischen Linien« der strukturalen europäischen Legende bedienten.

Spricht nun Salvador Dalí von seinen paranoisch-kritischen Entdeckungen bezüglich des Bildphänomens, so ist es verständlich, daß die platonischen Betrachter von Cézannes ewigem Apfel diese Art von Wahnsinn nicht allzu ernst nehmen möchten, die darin besteht, alles mit den Händen berühren zu wollen (selbst die unbefleckte Empfängnis ihres Apfels), schlimmer noch, alles auf die eine oder andere Art wirklich essen und kauen zu wollen. Doch Salvador Dalí hat weiterhin auf dieser hypermaterialistischen Richtung beharrt, die für jeden Erkenntnisvorgang, jeden Vorgang der mit Fleisch und Bein der Ästhetik verbundenen Biologie wesentlich ist – auf dieser ungeheuer einsamen Richtung, dieser Richtung »oberherrschaftliche Enttäuschung«, Erhabenheit des Gefühls, dieser *dursterregenden* Richtung in der Art Ludwigs II. von Bayern; auf dieser Richtung Delirium »plötzlicher Wiederherstellung der Vergangenheit«, »analhistorische Perversion«, »photographische Genauigkeit mit der superautomatischen Hand«, dieser Richtung »prosaisches Wunder«, dieser *appetitlichen* Richtung in der Art Meissoniers; auf dieser Richtung »goldene Tagträumerei«, »skatologische Sublimation« (mit all den Juwelenkaskaden, die das einbringt), dieser Richtung »halluzinatorisches, verdauungsförderndes Mittel« in der Art Gustave Moreaus; auf dieser Richtung erstklassiger Nekrophilismus, dieser Richtung »klare, auf ihre Tiefe stolze Leichenwasser«, dieser Richtung »bedrohliche Mauer« in Anbetracht ihrer statischen Festigkeit und des Grabgewitters, das sie nach sich zieht, dieser Richtung »kolossale deutsche Zypresse«, dieser *gefräßigen* Richtung in der Art Böcklins; auf dieser Richtung »ländliche Heuchelei der großen atavistischen sexuellen Rasereien«, dieser Richtung »Gottesanbeterin, die das Männchen bei der Paarung auffrißt«, dieser Richtung »Hundsstern, geil auf den Fleischschubkarren, gevierteilt und blutend«, dieser grandiosen, *kannibalischen* Richtung in der Art Millets; auf dieser Richtung *»wider den Strich gleitend«*, dieser Richtung »fortwährende Metamorphose«, dieser Richtung »Rauchtreppe aus Zement, von weggeworfenen Zigarettenspitzen und mittelgroßen Auswürfen besudelt«, dieser Richtung triumphales Fleisch der *Speichelerwartungen* in der Art des Jugendstils von Barcelona; auf dieser Richtung »Déjà-vu-Déjà-vécu«, dieser Richtung »uralte Reglosigkeit«, dieser Richtung Licht ohne Unterbrechung, Materie ohne Unterbrechung, dieser einzigartigen Richtung in der Art Vermeers usw., usw., usw.

Und wie sollte Salvador Dalí nicht über den offenkundigen Surrealismus der englischen Präraffaeliten erstaunt sein? Die präraffaelitischen Maler schenken uns, lassen für uns die zugleich begehrenswertesten und schrecklichsten Frauen erglänzen, die es gibt, handelt es sich doch um jene Art von Wesen, die man mit dem allergrößten Schrecken und der allergrößten Angst auffressen würde: es sind fleischliche Trugbilder der »falschen Erinnerungen« der Kindheit, es ist das gallertartige Fleisch der schuldhaftesten Träume des Gefühls. Die präraffaelitische Kunst bringt jenes sensationelle Gericht des Ewigweiblichen auf den Tisch, das

W. Holman Hunt, *Der Triumph der Unschuldigen* (Ausschnitt).

J. M. Strudwick, *Edle Musik eines vergangenen Tages*

mit einer moralischen, erregenden Prise sehr achtbaren »Widerwillens« gewürzt ist. Diese fleischlichen Verdichtungen bis zum Exzeß idealer Frauen, diese fiebernden, keuchenden Verkörperungen, diese blumigen, weichen Ophelien und Beatricen rufen, wenn sie uns durch das Licht ihres Haars erscheinen, den gleichen Schrecken anziehenden, unzweideutigen Widerwillens bei uns hervor wie der zarte Leib des Schmetterlings zwischen dem Licht seiner Flügel. Da ist jene schmerzliche, kraftlose Anstrengung des Halses, diese Frauenköpfe mit ihren von sternförmigen Tränen schweren Augen, mit ihrer dichten, von strahlender Müdigkeit und Lichthöfen schweren Haartracht aufrecht zu halten. Da ist jene unheilbare Erschöpfung der Schultern, die unter dem Gewicht des Aufblühens jenes legendären nekrophilischen Frühlings, von dem Botticelli verschwommen sprach, eingesunken sind. Doch Botticelli war noch zu nahe am lebendigen Fleisch des Mythus, um jenen ermatteten, glanzvollen und ungeheuer stofflichen Ruhm dieser ganzen psychologischen und mondenen »Legende« des Abendlandes zu erreichen.

Wenn wir die präraffaelitische Kunst kurz vom Standpunkt der »allgemeinen Morphologie« aus betrachten, wobei wir die erstaunliche Abhandlung von Edouard Monod-Herzen* berücksichtigen, werden wir sehen, daß ihre Bestrebungen denjenigen Cézannes diametral entgegengesetzt sind, und ich will nicht versäumen, festzustellen, daß wir sie deshalb so interessant finden. Vom morphologischen Standpunkt aus kommt uns Cézanne wie eine Art platonischer Maurer vor, der sich mit dem Grundriß der Geraden, des Kreises, überhaupt der regelmäßigen Formen begnügt und die geodätischen Kurven nicht kennt, die bekanntlich in gewisser Hinsicht den kürzesten Weg von einem Punkt zu einem andern darstellen. Cézannes Apfel neigt zur grundsätzlichen Struktur des Skeletts kieselhaltiger Schwämme, das übereinstimmt mit dem Baugerüst unserer Maurer, geradlinig und rechtwinklig, und in welchem man mit Verblüffung zahlreiche Nadeln wiederfindet, die jenen den Geometern wohlbekannten »Flächenwinkel mit drei rechten Winkeln« materiell verwirklichen. Ich sage, er *neige* zur rechtwinkligen Struktur, weil in Wirklichkeit im Falle des Apfels diese Struktur verbeult, verzerrt und entstellt ist durch jene »Ungeduld«, die Cézanne zu so vielen schlechten Ergebnissen führte. Wenn Cézannes Apfel eine Art »phantomartiger Schwamm«** ist, das heißt, wenn er Anspruch erhebt auf ein gewichtsloses Volumen, auf ein »virtuelles Volu-

*Science et esthétique. — Principes de morphologie générale. Gauthier-Villars et Cie, éditeurs.

** Vgl. Der neue Anstrich des gespenstischen Sex-Appeals, S. 235

men«, so sind dagegen die Adamsäpfel der lichtvollen Schönen Rossettis moralische, subkutane, zwangsläufig gespenstische Äpfel, die vom »geodätischen« Gewebe der Muskeln und von den »Kettenlinien« der durchsichtigen und mondenen Gewänder bedeckt sind. Die präraffaelitische Morphologie gipfelt in der lauen, schwachen Feierlichkeit der »durchhängenden Kettenlinien« des Stoffes, die sich mit den geodätischen Kurven der plastischen Körper und des schwellenden, verwirrenden, kaiserlichen Fleisches an das allerschaurigste enge Gewand anschmiegen.

J. E. Mallais, *Die Flucht eines Ketzers*

Die schlaffen »Kettenlinien» der präraffaelistischen Kunst machen die geodätischen Linien, die bekanntlich durch das Gewand hindurch ins Fleisch einschneiden, durch die Muskeln hindurchgehen und unter dem Wahnbild verhüllender Druck- und Spannungslinien bis zum eigentlichen Knochenmark vorstoßen, nur um so begehrenswerter. Aus diesen morphologischen Gründen, neben unzähligen anderer Art, laden uns, während Cézannes Apfel uns die ganze Struktur äußerlich darlegen will und uns zur platonischen Betrachtung der elementaren geometrischen Oberflächen zwingt, die »Kettenlinien« der Kleidung und die geodätischen Linien des Adamsapfels der präraffaelitischen Schönen dazu ein, mit unserem ganzen Leben wieder in die Eingeweidetiefen der ästhetischen Seele und der blutrünstigen Geometrien zu tauchen.

Erläuternder Anhang

Kettenlinien. – Eine vollkommen geschmeidige Kette oder ein schwerer Faden, an zwei Punkten befestigt und sich selbst überlassen, wird eine Form annehmen, die ihrerseits festgelegt ist: die Kettenlinie (Fig. 1). Man trifft diese gekrümmte Linie bei vielen Kronleuchtern an; man findet sie auch mehr oder weniger ausgeprägt bei den Falten der Vorhänge und Gewandungen.

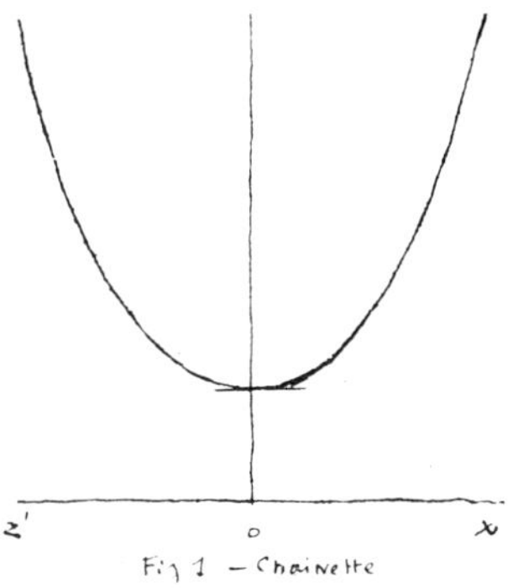

Fig 1 – Chainette

Geodätische Linien. – Sie haben folgende physikalische Eigenschaft: Stellen wir uns eine völlig polierte Oberfläche vor, so daß alles, was auf sie gelegt würde, in ungehindertes Gleiten käme bis zu einer durch die vorhandenen Kräfte bestimmten Gleichgewichtslage. Nehmen wir an, von einem Punkt der konvexen Oberfläche (konvex natürlich im Hinblick auf den durchgeführten Versuch) zu einem andern sei ein Faden gespannt und diese Spannung sei die einzige Kraft, der er unterliege: so wird die Form, die er annimmt, ein geodätischer Bogen der Oberfläche sein.
Beispiele: In grauer Vorzeit sind die ägyptischen Mumien mit ihren sachkundigen Bandagierungen, deren Abkömmlinge die modernen Verbände sind, in dieser Hinsicht lehrreich.

In der Kunst der Kleidung, vor allem der weiblichen Kleidung, spielen die geodätischen Linien eine entscheidende, sogar gebieterische Rolle, bedingt durch das, was man die Bindung eines Gewebes nennt. Die Kunst der Weberei selbst ist verwandt mit einem Zweig der höheren Mathematik.

Gehen wir von der Kleidung zum Muskel über, so haben wir neue Beispiele für geodätische Linien. Gehen wir von den Muskeln zu den Knochen, von der Oberfläche zum Volumen über, so treffen wir auf »verhüllende Druck- und Spannungslinien«. *(Essai de morphologie générale)*

[1936]

W. Holman Hunt, *Der willige Schafhirt* (Ausschnitt).

Der neue Anstrich des gespenstischen Sex-Appeals*

Man Ray

DAS GEWICHT DER PHANTOME. – Seit einiger Zeit und in dem Maße, wie die Jahre vergehen, wird der Begriff Phantom lieblich, plump und beleibt kraft jenes überzeugenden Gewichtes, jener prallen Stereotypie und jenes analytischen, nahrhaften Umrisses, der für Kartoffelsäcke im Gegenlicht bezeichnend ist, wie sie uns bekanntlich François Millet, wider Willen Maler hochbedeutender Phantome, mit hartnäckigem Eifer übereignet hat, indem er sie in meisterlicher Gestaltung, mit all der einem Maler zu Gebote stehenden emotionalen Niedertracht und all der konkreten, einzigartigen Zweideutigkeit, dank welcher wir alle seit einiger Zeit über den Luxus verfügen, uns zu entsetzen, auf seine unsterblichen Leinwände bannte.
Die Gründe für die alarmierende Gewichtszunahme, die kompakte Schwerfälligkeit, das realistische, superweiche Zusammensacken der zeitgenössischen Phantome sind nur die Konsequenzen, die sich aus der frühesten, ursprünglichen und, wie sogleich ersichtlich, auf dem Sensus für das »virtuelle Volumen« beruhenden Vorstellung betreffs einer Materialisation des Phantombegriffs selbst ergeben.

WAS DIE FETTLEIBIGKEIT DER PHANTOME VERURSACHT. – Das Phantom materialisiert sich durch das »Wahnbild eines Volumens«. – Das Wahnbild ist die Verhüllung. – Die Verhüllung verbirgt, schützt, verklärt, reizt, führt in Versuchung, vermittelt eine falsche Vorstellung von Volumen. – Sie schafft Zweideutigkeit hinsichtlich des Volumens und macht es verdächtig. – Sie begünstigt das Aufblühen wahnhafter Volumentheorien. – Sie ruft einen Taumel idealer Volumenerkenntnis, flüchtiger Volumenerkenntnis hervor. – Die Verhüllung entmaterialisiert den Inhalt, das Volumen, schwächt die Gegenständlichkeit des Volumens, macht das Volumen virtuell und beängstigend.
Das Fett ist das beängstigende Element des konkreten Volumens des Fleisches, und wir wissen, daß die menschliche Libido die Angst anthropomorph gestaltet, daß sie das beängstigende Volumen personifiziert, daß sie das beängstigende Volumen in konkretes Fleisch verwandelt, daß sie die metaphysische Angst in konkretes Fett verwandelt.
Denn was ist dieses fürchterliche Fett des Fleisches?

Dalí, *Das Rätsel des Wilhelm Tell*

* Eine wesentliche Wirkung dieser Abhandlung liegt in der Doppeldeutigkeit von *spectre* (Gespenst; Spektrum) und *spectral* (gespenstisch; spektral). (A. d. Ü.)

Man Ray

Ist es nicht gerade das, was verhüllt, verbirgt, schützt, verklärt, reizt, in Versuchung führt, eine falsche Vorstellung von Volumen vermittelt? Es macht das Volumen verdächtig, es begünstigt die wahnhaften Volumentheorien, es ruft einen Taumel nahrhafter, idealer Volumenerkenntnis hervor, gallertartige Vorstellungen des Volumens, überaus feine, »virtuelle«, beängstigende Vorstellungen von Volumen.

Das Schlimmste tritt also ein, wenn unterm Hemd jener Phantome, die sich »die schlanke Linie bewahrt haben«, die »virtuellen« Volumen allmählich jene immer gravierendere Haltung annehmen, die das absolut unverwechselbare Gewicht von Realität und substantiellem Fett sehen läßt; schlimmer aber noch ist der Augenblick, wenn das besagte Hemd fällt und dort, wo es war, die durch ihre analytische, plumpe, massive und liebliche Erscheinung (Kennzeichen des beklagenswerten Zustandes der Fettleibigkeit zeitgenössischer Phantome) verdächtigen Volumen entblößt, wenn es, ich wiederhole es, jene winzige, obgleich monumentale Amme entblößt, die kürzlich auf meinen Bildern in Erscheinung getreten ist und trotz eines wolkenbruchartigen Frühlingsregens in der Haltung einer Strickenden mit widerlich und völlig durchnäßten Röcken und prallem, fleischigem, hitlerischem, schlaffem und zartem Rücken reglos in einer Wasserlache sitzen bleibt. Dieses kleine, große, echte Ammenphantom bleibt reglos sitzen, während in der Landschaft, wo es naß wird, zwischen der böcklinschen Zypresse und der böcklinschen Gewitterwolke das »irisierende Gespenst« auftaucht, schöner und schauriger als die weiße Trüffel des Todes: der Regenbogen.
Hier angelangt, stößt das Elend der angeblichen Synonyme auf ganz unauflösbare, spezifische Gegensätze; denn wird man umhin können, das gewichtige Volumen der im Wasser sitzenden Amme einerseits und die illusionistische, flüchtige Virtualität der vom Wasser zerlegten Sonnenstrahlen andererseits als spezifisch verschieden zu betrachten?

Dalí, *Das Rätsel des Wilhelm Tell* (Ausschnitt).

PARALLELITÄT DER GEGENSÄTZE ZWISCHEN PHANTOM UND GESPENST. – *Phantom.* – Wahnbild eines Volumens. – Fettleibige Stabilität. – Reglosigkeit oder verdächtige Regsamkeit. – Affektive Konturen. – Metaphysischer Umfang. – Eßbare Funken. – Exhibitionistisches Zusammensacken. – Narzißtischer Tastsinn. – Phänomenale Silhouette. – Architektonische Angst. – *Gespenst.* – Zerlegung, Zerstörung des trügerischen Volumens. – Besonders flache, dünne Labilität. – Leuchtende Schnelligkeit. – Eingeweidekonturen. – Physischer Umfang. – Mineralische oder metallische Funken. – Exhibitionistische Erektion. – Chemische Silhouette. – Explosive Zergliederung. – Starre, hysterische Voyeursaugenblicklichkeit. – Biologischer, feiner Schrecken.

WIE UNTERSCHEIDET MAN EIN PHANTOM VON EINEM GESPENST?

(SPEKTRALANALYSE DES PHANTOMS UND DES GESPENSTES)

PHANTOM:	Konturen, die das Volumen hervortreten lassen – Gips, Baumwolle.
GESPENST:	»Lichtstrahlen«, die die Konturen zerklüften – Amiant, Seide.
PHANTOM:	Der Urheber, Reglosigkeit, »verhüllte Andeutung«.
GESPENST:	Schnelligkeit, Augenblicklichkeit, »augenscheinliche Offenbarung«.
PHANTOM:	Vertikale, Fahrstühle, Rundungen, Spinoza.
GESPENST:	Diagonalen, Treppengeländer, Kanten, Ucello.
PHANTOM:	Empfänger von Licht und Stimmung.
GESPENST:	Spender von Licht und Stimmung.
PHANTOM:	Schwamm.
GESPENST:	Bürste.
PHANTOM:	Vor Angst undurchsichtige, massige schwammige Silhouette.
GESPENST:	Leuchtende, gesträubte, irisierende Angst.

Beispiele phantomhafter Darstellungen: »starre«, in ein Tuch gehüllte Figur mit einem Schuh auf dem Kopf; die besagte am Strand im Wasser sitzende Amme; eine gekochte Kartoffel; Meissoniers »Napoleon« an der Spitze seiner Kavalkade; die Gioconda usw. . .

Beispiele gespenstischer Darstellungen: Alberto Martinis »Die weibliche Schönheit«, herrliches Muster eines zerrissenen, gekrönten, »spitzen Gespenstes« mit offenen Augen; ein sehr großer, anamorphischer, blendend weißer Schädel, der mit seinen kristallklaren Kinnbacken wütend einen zertrümmerten Flügel sodomisiert, all das bei heller Frühlingssonne hinter einem schwarzen, geteerten, an einsamem, ausdruckslosem Strand verlassenen alten Schiff, wo ein paar Sperlinge herumhüpfen, während ein Kräuteromelett schwindelerregend ein Treppengeländer aus geschliffenem Marmor hinunterrutscht usw. . .

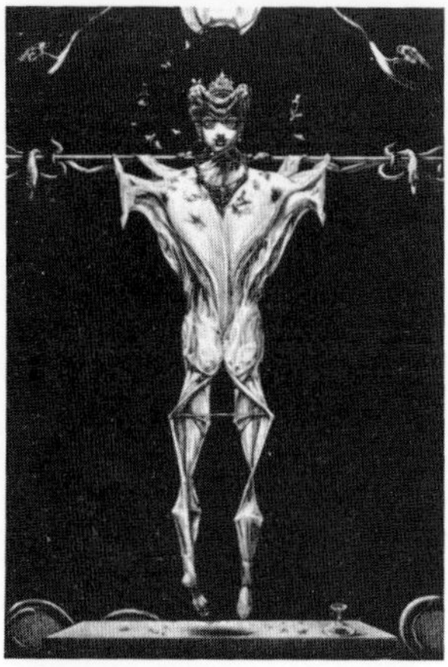

Alberto Martini, *Die weibliche Schönheit*

VERSUCHEN SIE, IN IHREM BEKANNTENKREIS DIE GESPENSTER VON DEN PHANTOMEN ZU UNTERSCHEIDEN.
Beispiele für Phantome: Freud, Chirico, Greta Garbo, die Gioconda usw . . .
Beispiele für Gespenster: Picasso, Gala, Harpo Marx, Marcel Duchamp usw . . .

DER »SEX-APPEAL« WIRD »GESPENSTISCH« SEIN
Ich bin überaus stolz darauf, 1928, als die funktionalistische und praktische Anatomie auf ihrem Höhepunkt angelangt war, mitten in spöttischster Skepsis das unmittelbare Bevorstehen der runden, speichelartigen, von biologischen Hintergedanken schrecklich klebrigen Muskeln Mae Wests vorausgesagt zu haben. Heute kündige ich an, daß die neue sexuelle Anziehungskraft der Frauen ganz und gar dem möglichen Einsatz ihrer gespenstischen Fähigkeiten und Hilfsmittel entspringen wird, das heißt der Möglichkeit ihrer fleischlichen, leuchtenden Zersetzung und Auflösung. Das irisierende Gespenst steht im Gegensatz zum Phantom (das noch immer von jenem schwermütigen Provinzstadtapotheker verkörpert wird, dem jenes andere prosaische, diabetische Phantom, das sich Greta Garbo nennt, so außerordentlich, so hoffnungslos ähnlich sieht).
Die gespenstische Frau wird die zerlegbare Frau sein.

WIE WIRD MAN GESPENSTISCH?
Utopische Vorwegnahmen. Die Frau wird durch die Exartikulation und Entstellung ihrer Anatomie gespenstisch werden. Der »zerlegbare Körper« ist die Hoffnung und die eiskalte Erfüllung des weiblichen Exhibitionismus, der erbarmungslos analytisch werden wird, indem er erlaubt, alle Körperteile einzeln zu zeigen und *auf Krallen* montierte Anatomien, die so atmosphärisch und gespenstisch sind wie die *auf Krallen* montierte, gespenstische Anatomie der Gottesanbeterin, zu isolieren, um sie dann stückweise zu verspeisen. Das wird sich dank der perversen Vervollkommnung der künftigen stromlinienförmigen Kleidung und der irrationalen Gymnastik verwirklichen lassen. Mit vollem Recht werden alle möglichen Arten von Korsetts zu Sonderzwekken wieder in Mode kommen, neue und unbequeme künstliche anatomische Teile werden Verwendung finden, um das atmosphärische Gefühl für eine Brust, eine Hinterbacke oder eine Ferse zu wecken (extrazarte und wohlgeformte, wenngleich leicht hängende und auf dem Rücken wachsende falsche Brüste werden für die Stadtkleidung unerläßlich sein). Das gespenstische Lächeln wird durch die vibrierenden Metallfasern der Hüte künstlich erzeugt werden. Doch unbestreitbar wird das Vorbild, der sensationelle Ahnherr

der Gespenstermode, bis auf weiteres Napoleon sein; es liegt mir vor allem daran, auf Napoleons schöne (appetitanregende) Hose aufmerksam zu machen, die aus den superfeinen, zarten, ineinander übergehenden Volumen, welche Ihnen genauso vertraut sind wie mir, eine Augenweide, ein Labsal macht, und dies dank den »zerlegbaren« Faktoren, dem Unterleib und den Schenkeln, die, einzeln und isoliert, atmosphärisch und gespenstisch, superweiß, gerahmt vom Schwarz und vom Phantomgehaben der Silhouette der übrigen Kleidung (Hut inbegriffen), ebenfalls jedermann wohlbekannt sind.

»DIE GROSSEN AUTOMOBILE WERDEN HEITER SEIN.«
Durch die aufblitzende, reißende Lichtfülle des gespenstischen Sex-Appeals lebendiger Muskelmänner hindurch wird die monumentale Nüchternheit der großen Automobile, der Bügelbretter und der zärtlichen Ammen phantomhaft und heiter sein. [1934]

Neuste Mode intellektueller Erregung für den Sommer 1934

Wie wird man anachronistisch? Ich habe bereits irgendwo erklärt, der »Anachronismus« – dieses Wort, das eine immer anspruchsvollere Bedeutung gewinnen sollte und meiner Meinung nach auch intellektuelle Gefahr beinhaltet – der Anachronismus, sage ich, sei nur die höchst exhibitionistische Verkörperung des *»wahnhaft Konkreten«* jeder Epoche, das so wild, so substantiell unmodern wird, daß wir es (schon aus geringer Distanz) unter dem Blickwinkel des *»sensationell Extravaganten«* mit den auffälligen Kennzeichen des *»Unerhörten«*, des *»Phänomenalen«*, der *»unmöglichen Verblendung«* sehen. – Was schätzen, was wollen wir Surrealisten aber am meisten, wenn nicht die auffälligen Kennzeichen des *»Unerhörten«*, des *»Phänomenalen«*, der *»unmöglichen Verblendung«*, und was sucht uns so wütend heim wie das Augenblickliche und Allervergänglichste im *»sensationell Extravaganten«?*
Der Anachronismus ist die einzige *»Konstante der Phantasie«*, die einer fortwährenden *»traumatischen Erneuerung«* fähig ist, und dieser erlaubt uns, rohe, lebendige Stücke aus dieser harten, äußerst kompakten Sache herauszureißen, dem Gefühlsnebel nämlich, aus dem die Backen der Erinnerung bestehen. – Der »Anachronismus« ist immer eine »Gefühlskatastrophe«, die vor Hintergedanken

hinsichtlich einer »neuen Haut« knistert. Der »Anachronismus« ist ganz und gar nicht diese angeblich unbrauchbare »Vogelscheuche«, die von der intellektuellen Pseudo-Erfahrung für harmlos gehalten und ironisch in die »Rumpelkammer der Jahrhunderte« verbannt wird; er ist im Gegenteil etwas »Wahres«, »Lebendiges« aus Fleisch und Blut.
Der »Anachronismus« ist etwas zutiefst Blutrünstiges, zutiefst Biologisches und echt Gespenstisches, und wenn er uns, wie Sie alle aus eigener Lebenserfahrung wissen, einmal in einem Augenblick überrascht, wo unsere Gefühle abgelenkt sind, läßt er in unserem Fleisch und unseren Erinnerungen das Mal wirklicher Bisse der Poesie zurück und entreißt uns mit einem Prankenhieb der Angst eines der nahrhaftesten Stücke unserer intellektuellen Anatomie, bis der schaurig weiße, blanke Knochen des eignen Todes offen vor uns liegt. Wenn einem aber etwas so wild und blitzschnell in die Knochen fährt, muß man, das dürfen Sie mir glauben, mit einer niederschmetternden Gefräßigkeit der Phantasie rechnen. Sagen Sie sich immer wieder, daß solche durch den Schmerz geleiteten Erschütterungen mit Sicherheit die feinsten, tiefsten Wurzeln des menschlichen Geistes erreichen. Neben den grandiosen, hyperschnellen »Anachronismen« gibt es noch das, was die Ästheten Schönheit nennen; sie ist noch immer da, unwandelbar, kommt nie aus der Mode, ist immer dieselbe, die sich selber gleicht, sie ist kerngesund, abstrakt, gut frisiert, sie ist ewig und erzeugt, wie Ozenfant zu Recht sagt, ein »erhebendes Gefühl«, sie ist durchaus pantheistisch und behaglich katholisch, sie ist da; die Surrealisten hingegen, die sind anderswo. Sie wissen schon lange, daß hinter dem erhebenden Gefühl, hinter dem »Fliegen« ganz einfach das Phänomen der Erektion steckt, und die Erektion, die ist ebenfalls anderswo.
Befolgen Sie, wenn Sie »anachronistisch bleiben« wollen, soweit das möglich und wünschenswert ist, Salvador Dalís Ideen und Systeme. Hier einige als »Fortsetzung folgt«.

Philosophische Provokationen
Paranoia: Systematisch strukturierter Interpretationswahn.
Paranoisch-kritische Aktivität: Spontane Methode *»irrationaler Erkenntnis«,* die auf der kritischen, systematischen Objektivierung wahnhafter Assoziationen und Interpretationen beruht. Experimentelles Beispiel »paranoisch-kritischer« Aktivität: *Der tragische Mythos des »Abendläutens« von Millet* von Salvador Dalí, ein Dokument, das sicher von Nutzen sein wird für eine künftige »Philosophie der Psychopathologie«.

Malerei: Handgemachte »Farbfotografie« der »konkreten Irrationalität« und der Welt der Phantasie im allgemeinen.

Bildhauerei: Handgemachter Abguß der »konkreten Irrationalität« und der Welt der Phantasie im allgemeinen.

Mode. Make-up. Frisur. – Durch die tragischen, sadomasochistischen Anachronismen der Jugendstilkleidung wird der zukünftige superexhibitionistische Gespensterlook wieder aktuell: blutrote Schminke in den Achselhöhlen und zwischen den Zehen; farblose, hellgraue Lippen; anamorphotische Frisuren.

Konisches Anamorphon: Plane Wiederherstellung der in einem sehr glatten Kegel widergespiegelten Verzerrung. Die besten Beispiele stammen aus der Zeit um 1900.

Psychisches Anamorphon: Kurze Wiederherstellung eines durch die Brechung in einem Zyklus von Erinnerungen verzerrten Verlangens.
Beispiel: kurze Wiederherstellung des durch die Brechung in einem Zyklus masochistischer Erinnerungen verzerrten Durstes.

Gerichte ohne die Tagesgerichte
Kräuteromeletts, die unter dem Gewicht von »Duros«* liebevoll zerquetscht werden; die Silbermünzen sind ein bißchen mit gelbem Omelettsaft beschmiert und sehen – mit allen intra-uterinen Konsequenzen, die man daraus ziehen kann – ganz golden aus. »*Nichts ist schmackhafter als ein goldener Duro.*« Und was ist es für ein Genuß, wenn die Omeletts über mattgeschliffene schiefe Ebenen glitschen; sie tragen natürlich alle einen Duro obendrauf, was sie in »*aerodynamische*« Omeletts verwandelt.
Im Augenblick gibt's keine Spiegeleier ohne Spiegel, doch das kann mit der Beliebtheit des Omeletts hinreichend gerechtfertigt werden.

Film. – Was den Film angeht, wird man eine ganz platonische Neigung für eine gewisse eintönige, überzeugende Gemeinheit fassen; vor allem für Filme, wo »Tenöre, Exhibitionisten mit eingespeichelter Zunge und blendendem Gebiß« à la Jean Kiepura vorkommen. Auch werden Trachten und Volkstänze wieder sehr modern; auf der Leinwand weht wieder Tiroler Wind. In jedem guten Film werden »typische Ausblicke« mit dem Spiel guter Tenöre abwechseln. Alle Filme, die den Barbier von Sevilla zum Thema haben, werden prinzipiell erwünscht sein.

Dieser überschwengliche, gespenstische Anachronismus scheint uns zu sagen: »Bist du tot gewesen? Denn ich sehe dein Gebein schimmern.«

Gala und ich
Der gespenstischste Anachronismus dieses Sommers wird von Gala und mir selbst sein; wir tragen kleine rote Barette neben dem großen fossilen Eselskadaver von Cap Creus, usw. usw. . . . [1934]

* Fünf-Peseten-Münze. *A. d. Ü.*

Emanzipation der Malerei
(Ein Interview)

E. TÉRIADE:

»Zwischen wunderbarer Divinationskraft und wandelbarem Zeitgeist zieht der Mensch, der über die Kunst seiner Zeit spricht, über die in Bewegung befindliche Kunst, mühsam seine Linie, eine unklare oder richtige Linie.
Es ist heutzutage so trist geworden, über Malerei zu schreiben! In sich stimmige Vorstellungen hängen kläglich an armseligen Nägeln, mit denen wir sie festgepinnt hatten. Mit ihnen glaubten wir lebendigen, neuen Werken gerecht zu werden. Hatten wir doch so sehr gehofft, der Schöpfung vorauszueilen und uns die Illusion ständigen Entdeckens zu verschaffen. Doch in der Kritik haben die Wahrheiten nur Gültigkeit kraft ihrer Anpassung, da sie immer an die Wirklichkeit gebunden sind, der sie nach unserem Wunsch entsprechen sollen.
Da stehen wir heute mit dem gleichen verbrauchten Vokabular, mit den durch oberflächlichen Gebrauch kraftlos gewordenen Bildern, mit Vorstellungen, die fast schon abgewirtschaftet haben, weil sie nicht mehr am Platze sind ...«
Man verzeihe, daß ich mich zitiere. Doch nachdem ich diese Zeilen geschrieben hatte, vor mehr als sechs Jahren, konnte ich ruhig und mit erleichtertem Gewissen von dem oder jenem Maler sprechen.
Seither hat es zweifellos wenige Ereignisse gegeben. Doch wieviel willkürliche Kommentare, was für eine rasende Flut von jährlichen Artikeln, Monographien, Vorworten, Erklärungen, Provokationen und vor allem von schönen Lobliedern, uneingeschränkten Lobliedern über eine Malerei, die mühselig geboren wurde und mühselig dahinlebte, wenn sie überhaupt schon geboren worden war, und von der man den Eindruck hatte, sie verberge sich mit Vorteil hinter dieser verbalen Sintflut. Die beratenden Fürsprecher, die Zahnmediziner, die Einbalsamierer und alle möglichen Liebhaber machten sich an ein Geschäft, das zu allen Zeiten und vor allem seit Baudelaire das der Dichter gewesen ist. Sie überschütteten die Malerei mit einer Unmenge überbordender Literatur, der sich die Malerei irgendwie und aus irgendeinem Grunde zu entziehen suchte. So bevormundeten sie mit ihrer Redseligkeit eine Kunst, die solches gar nicht wünschte.
Sie sprachen im großen ganzen über etwas, für das sie kein richtiges Gespür hatten und ohne sich jemals Rechenschaft abzulegen über die Tatsache, daß die beste dichterische Bestätigung, die einem Kritiker zustoßen kann, der

von Dingen spricht, die im Werden sind und ihn zwangsläufig überholen, darin besteht, in den Wünschen, die er hinsichtlich eines Malers äußert, Lügen gestraft zu werden. Soviel ist sicher, ein Künstler ist für uns nur in dem Maße interessant, als er uns überrascht, indem er allmählich das gewohnte, starre Bild, das wir uns von ihm gemacht haben, zerstört. Indem sie uns überholt, tut die Kunst ihr Dasein kund.

Es ist heute Zeit, zum Schweigen zurückzufinden, diesen langen Augenblick der Unaufmerksamkeit zu benutzen, um in Unordnung geratene Rechnungen richtigzustellen. Es ist Zeit, die Maler sprechen zu lassen.

Sind der Zufall, die Spontaneität, das Fehlen des Sujets nicht grundsätzliche Fragen, die die moderne Malerei ganz und gar beherrschen und ihrem Neubeginn einen tiefen Sinn geben? Feststellungen und Nutzen des Zufalls (findet nicht jeder Maler den Zufall, den er verdient?), Hochschätzung der Spontaneität, Befreiung von jeglichem Sujet begründen die neuen, nicht definierbaren, aber festen Regeln, die der Malerei erlauben, sich all dessen zu entledigen, was ihr nicht eignet, ihr eigenes Element zu finden, sich zu emanzipieren.

SALVADOR DALÍ:

Wenn ich mich kurz über die Fragen des »Sujets«, der »Spontaneität« und des »Zufalls« im gemalten Bild äußern soll, würde ich sagen, daß meiner Meinung nach – wobei ich diese wenigen Worte so substantiell als möglich zu machen suche – das »Sujet« für den Maler nichts als ein saftiger, gallertiger »überbackener Schweinsfuß« wäre, bei welchem bekanntlich das weiche, superfeine Fleisch mit seinen »Delirien nahrhafter Zartheit« den wirklichen, echten, blanken Knochen der Objektivität nur verhüllt. Doch den am besten überbackenen, schmackhaftesten aller Schweinsfüße, der, läßt man die Erinnerung auch nur im geringsten zu Worte kommen, »Realismus« heißt, haben die feinen Nasen der holländischen Maler seit Jahrhunderten gewittert, bis er schließlich von Vermeer van Delft verspeist worden ist, der nichts als den erkalteten Knochen übrigließ, damit der große Meissonier, der selbigen ableckte, die letzte, feine Zartheit finden konnte. Gibt es heutzutage kein »Sujet« mehr, hat man allen Grund zu der Annahme, daß der Maler es verzehrt hat, und die unvermeidliche Schwermut jedes Malers vor jedem Sujet ist zu allgemein bekannt und zu volkstümlich, als daß ich darauf herumreiten wollte. Wie sollte der fragliche Schweinsfuß heute noch dasein, da man doch weiß, daß die Surrealisten den Kannibalismus des Fleisches hinter sich ließen und zu demjenigen der Knochen übergegangen sind, um schließlich dahin zu kommen, Objekte und Gegenstandswesen zu verschlingen? Damit ist genügend gesagt, daß für mich das Sujet allein in der Eigenschaft einer Darmmetapher vorhanden sein könnte. Nicht nur das Sujet, sondern auch die Objektivität selbst ist verspeist worden. Ich kann also nur noch nach gewissen Wahnsystemen der Verdauung malen.

Was die Spontaneität angeht, möchte ich sagen, daß sie ebenfalls ein Schweinsfuß ist, doch ein umgekehrter Schweinsfuß, das heißt eine Languste, welche bekanntlich im Gegensatz zum Schweinsfuß ihr Außenskelett sehen läßt, während das superfeine, köstliche Fleisch, das heißt der Wahn, im Inneren sitzt, was bedeuten soll – um geradeheraus und ohne Euphemismen zu sprechen – daß, was die Spontaneität angeht, der Panzer der Objektivität dem weichen Wahn des Fleisches Widerstand leistet; daß man, um dieses zu erreichen, oft Zeit verliert und übrigens nur zu der Feststellung gelangt, daß das Fleisch, das man entdeckt, keine Knochen mehr hat. Alle diese Überlegungen führen mich dazu, mich im allgemeinen vor der unverfälschten »Spontaneität«, in welcher ich immer den konventionellen und stereotypen Geschmack der unveränderlichen Restaurantslanguste wiederfinde, in acht zu nehmen und der Spontaneität persönlich die »Systematik« vorzuziehen, die nach dem Beispiel des paranoischen Wahns »spontan« auftreten kann und tatsächlich auftritt – wobei die fragliche »Spontaneität« nicht mehr nach der *unauffindbaren Objektivität* strebt, um so mehr als diese voraufgehend, wie die Languste dargetan hat, zerstört worden ist, doch im Gegenteil jene zusätzliche Zartheit einbeschließt, die feinste von allen, die dem Geschmack und selbst der Berührung des Fleisches innewohnt, das noch zu finden ist, das im Innern der Knochen zu finden ist, wenn der Augenblick kommt, wo man den Knochen angenagt hat und dieses Innere in Angriff nimmt. Genau im eisigen Augenblick, wo man ins Mark der Phantasie vorstößt, nimmt man rechtens an, daß man die Lage beherrscht (und man beherrscht sie in der Tat).

Ist das »Sujet« ein überbackener Schweinsfuß und die Spontaneität eine Languste, müßte der Zufall eigentlich ein ernsthaftes, gewichtiges, vor Saft und biologischen Hintergedanken zischendes Kotelett vom Grill sein; ich sage das, weil dem Zufall genau jener mittlere Zartheitsgrad zwischen »Sujet« und »Spontaneität«, das heißt zwischen dem überbackenen Schweinsfuß und der Languste auf amerikanische Art zukommt. In der Tat wird man beobachten, daß, wenn beim Schweinsfuß die Knochen innerhalb des Fleisches sind und bei der Languste das Fleisch innerhalb des Skelettes, im Falle des Koteletts die Knochen halb innen, halb außen sind, das heißt koexistent, und daß Knochen und Fleisch, Objektivität und Wahn, die sich augenscheinlich gleichzeitig sehen lassen, einzig jene Wahrheit ausdrücken, die ich unentwegt wiederholen werde, nämlich daß der Zufall nichts anderes ist als das Ergebnis einer systematischen (paranoischen) irrationalen Aktivität; was, um zu unseren eßbaren Zwangsvorstellungen und unserem von der Ernährung erborgten Vokabular zurückzukehren, in der Vorstellung zusammengefaßt werden kann, daß der Zufall, so wie er ins künstlerische Phänomen eingreift, nur Ausdruck der für den Hunger furchtbar erregenden Auseinandersetzung ist, die entsteht, weil wir Knochen und Fleisch gleichzeitig vorlegen, drücken wir uns nochmals genauer aus: Objektivität und Wahn, noch giftig von jener Glut des Grills, an der man sich die Zähne verbrennt (jedes grillierte Kotelett, das seinen Namen verdient, muß so heiß gegessen werden, daß man sich die Zähne verbrennt, doch das ist eine andere Frage), und wenn ich sage: die die Zähne verbrennt, so heißt das: die die Phantasie verbrennt.

[1933]

Picassos Pantoffeln

Ich zeigte Picasso ein Bild, dessen Häßlichkeit ich immer für überaus kraftvoll und vorbildlich gehalten hatte. Picasso betrachtete das Bild überrascht: »Was ist denn los?« äußerte er dann mit wunderbarer Gewißheit. »Warum verbergen Sie Ihr Gesicht vor mir, als wenn es mir bekannt wäre?«

Der Winter 1937 wird seinen weißen, flockigen Schneeteppich über die Wälle der fröhlichen Hauptstadt Frankreichs und ihre Umgebung, über das Land gegen Fontainebleau und Montmorency hin, ausbreiten. Dichtgedrängt und wimmelnd wird die glanzvolle aristokratische Welt zurückkehren, und man wird sich in Salons und Vergnügungsstätten mit jenem leidenschaftlichen Snobismus amüsieren, der für eine Weile kaum angezeigt war wegen politischen Unbehagens und der Furcht vor einer Revolution und plötzlichem Kannibalismus; diese hat man inzwischen dank einer sensationellen, von der Volksfront ausgehenden und von der Sowjetunion geistig und materiell unterstützten Erneuerung der Demokratie vollkommen überwunden.
Doch der Höhepunkt der Zerstreuungen und Vergnügungen wie des künstlerischen, literarischen und sogar wissenschaftlichen Interesses werden weiterhin Picassos Erfindungen sein; Picasso, diese Art geographische und monarchische Einrichtung (im höchsten und phänomenolo-

Picasso

gischsten Sinn des Wortes, wie Eugenio d'Ors es auffaßt), in welcher die demokratische Elite der Nation sich unverantwortlich und aus uneingeschränktem Masochismus mit den auf heiterste Weise demoralisierenden und verdummenden Bemühungen selbiger vereinen wird, denn ich darf Ihnen auch noch ankündigen, daß zu diesem Zeitpunkt eine im höchsten Grade scharfsinnige Pornographie die feurigen Schwingen des Pariser Pegasus anknabbern wird, welcher im politischen Leben zur Freude und Wut der deutschen Genossen heimlich die Amalgame widersprüchlicher Embleme aufrührt.
In dieser künftigen demokratischen Apotheose wird eine echte imaginative Nähe, ja sogar eine Promiskuität zwischen Künstlern und Publikum herrschen, denn die Pariser dieser Zeit werden sich nicht mehr damit begnügen, den Künstler durch das Medium seiner Ideen und Erfindungen hindurch zu bewundern, sie werden ihm mit unbescheidenen, detaillierten Träumereien in sein tägliches Leben und selbst in die geheimste Gebärmutter seiner Behausung folgen, nicht um den Augenblick zu bespähen, da seine herrscherliche Pupille sich weitet und mit Blut füllt beim Herannahen einer neuen Beute der Phantasie, einer neuen, ruhmreichen Eroberung des Irrationalen, sondern ganz einfach zur Befriedigung des naiven Wunsches, beispielsweise zu sehen, wie Picasso erbleicht, wenn er am Tisch seines Speisezimmers sitzt und einen Briefumschlag aus seiner Seezunge nach Müllerinnenart (Briefhalter) mit weichen Schubladen zieht, die Salvador Dalí erfunden und ihm geschenkt hat, oder ihn zu betrachten, wie er mitten in seiner Küche mit gerötetem Gesicht Strümpfe strickt.
Wirklich, ich kann sagen, daß zu diesem Zeitpunkt das Pariser Publikum über alles, was sich seiner Vorstellung nach hinter den Mauern des Gebäudes an der rue La Boétie 23 abspielt, auf dem laufenden sein wird; Name und Alter jedes neuen Bewunderers werden ihm bekannt sein, zweifellos wird es stets wissen, an welchem Tage Picasso seinen Durst genußreicher gestillt hat als für gewöhnlich und wo ihm das köstliche »halbe Vichy« serviert worden ist, und wenn Picasso zu guter Letzt wie eine einsame Sonne am Firmament der unverantwortlichen Kunst aufsteigen wird und dabei alle intellektuellen Sterne der hyperbewußten Vorbedachtsamkeit verblassen läßt, wird keine einzige Nadel in sein Tragödenblut fallen können, ohne daß »Tout-Paris« über den stachligen, silbrigen Weg informiert sein wird, die selbige in seinem Rassestierkreislauf nimmt, vor allem aber über die geheime Stelle, wo sich die subkutanen Hintergedanken versammeln, durch welche die Nadel mit jener für sie charakteristischen gemessenen Wehmut eines metallischen, superglatten »Mitessers« ausgestoßen wird.
Die neugierige Anteilnahme der ganzen Stadt an Picassos

Persönlichkeit wird immer ausschließlicher fetischistisch sein; obwohl Picasso, gestützt auf ein fast übermenschliches Gefühl, seinen Anti-Exhibitionismus entschlossen verdoppeln wird.
Doch wenn Picasso zufällig und sehr spät nachts für einen Augenblick griechisch drapiert auf seinem Balkon erscheint, wenn sein herrlicher Arbeitshelm auf die rue La Boétie jene Lichtwellen wirft, die den Vorübergehenden kundtun, daß sein Genie soeben Figuren von erdrückender Häßlichkeit und übermenschlicher Nichtswürdigkeit erfunden hat, wird Picasso augenblicklich die Wanderherzen und -nieren der Nachtschwärmer erobern wie kein anderer Künstler vor ihm. In diesem Augenblick wird Picasso in schändlicher Schönheit erstrahlen, und man wird glauben, er stamme aus einem uralten aztekischen Relief, das einen blutbefleckten, schrecklich zivilisierten, degenerierten und apotheotisch vertrottelten Opferpriester darstellt.
Picasso wird nicht größer sein, doch seinen Hosenschlitz so imposant tragen wie vor ihm der Verfasser des Faust, was ihn aztekischer macht, als er in Wirklichkeit ist. Keine Einzelwissenschaft, keine systematische Methode wird es mehr geben, die ihn nicht beneidet, und die Gewalt, die er über die Sterblichen und die Dinge ausübt, wird so kategorisch sein, daß er immer mehr dafür geboren scheint, daß ihm Gestalten und Gegenstände zu Füßen liegen, so habsüchtig und herrschsüchtig wird sein Blick werden. Seine materielle Situation wird weiterhin glänzend sein, denn bei ihm schießt die Abneigung gegen die praktische Phantasie nicht ins Kraut, jene Empfindsamkeit, welche die Künstler oft den fürstlichen Bewunderern in ihrer Umgebung vormachen, um dann die Komödie der Verachtung des Goldes zu spielen.
Picasso hatte einen zu hohen Begriff von der Häßlichkeit, um seinen guten Geschmack mit den Diamanten der Wirklichkeit abfinden zu können. Wenn er einem Schrank zulächelte, kam dieses Lächeln aus seinem Überzieher, und wenn er sich an dem Schrank berauschen wollte, wünschte er auch, daß sein Überzieher von ganzer Seele, von ganzem Stoffe glücklich sei. Die ekelerregende poetische Speichelleckerei, an welcher zur Stunde die moderne Malerei leidet und stirbt, wird ihm künftig vollkommen unbekannt sein. Da seine stolzen Augenbrauen wieder einmal die vergifteten Pfeile der objektiven Welt seines äußeren Heiligen Sebastians abschießen werden, wird er selbstverständlich der letzte sein, der über dessen körperliche Leiden im Bilde ist.
Man wird sich diese Neuigkeiten in den Ateliers zuflüstern, man wird von nichts anderem sprechen als von den Messern und Gabeln, die auf mathematische Weise und guten Glaubens unwillkürlich abwechselnd in die Sessel gesteckt werden. In den Kinopausen wird man darüber lachen und

sich mit dem Ellbogen anstoßen, während Picasso selbst von diesem Möbelstück, einem echten Heiligen Sebastian, nichts wissen wird, dürfte er doch immer noch des Glaubens sein, es handle sich bloß um das Abbild seines Überziehers in seinem Spiegelschrank, mit den tausend realistischen Messer- und Gabel-Bissen, die dieser Lichtkonflikt voraussetzt, und damit wird er vollkommen recht haben, denn auch dieses Mal wieder ist es das Publikum, das Literatur ausheckt.

1929 nahm die Pariser Öffentlichkeit von einem jungen Mann namens Salvador Dalí Notiz; dieser junge Mann besetzte sofort einen Sessel in der ersten Reihe des Surrealismus ganz links außen, auf welchen sich die Blicke, sobald er Platz nahm, mit fiebriger Erregung richteten, wobei sie seinen kleinsten Bewegungen folgten – Bewegungen, die, wie man später erkannt hat, bereits paranoisch-kritische Bewegungen waren und die, vermischt mit der Skepsis, dem Mißtrauen und der Neugier, die sie hervorriefen, schließlich so hinreißend wirkten, daß das Publikum manches Mal (und ohne im geringsten daran zu glauben) seine intellektuellen Überzeugungen vergaß und ihm mitten in einem seiner abenteuerlichsten Gedanken Beifall spendete.

Ganz Paris wußte bald, daß Salvador Dalí ein Fürst der katalanischen Intelligenz und kolossal reich war und eine rasende Leidenschaft für das Verrückte, für die schreiende, katastrophale Überspanntheit hegte. Nur Eluard, Breton und Picasso wußten, daß es sich eher um eine Tragödie ersten Ranges handelte, die im realistischen Stil, der von jeher bezeichnend gewesen ist für das katalanische Wesen, gespielt wurde.

Eines Tages, als ich in Picassos Speisezimmer auf ihn wartete, bemerkte Salvador Dalí durch den Vorhang, der dieses Zimmer vom Salon trennt, wo Picasso einige seiner alten Bilder aufbewahrt, ein paar auf neuen Leinwänden verteilte Farbflecke. Er vernahm folgendes Gespräch:

PICASSO: »Da ist er wieder!«
»Wer denn?«
(Die Stimme schien Paul Rosenberg zu gehören.)
»Hitlers stummer Verehrer«, antwortete Picasso.
Salvador Dalí schnaubte und kam näher, um besser zu hören:
»Zeig ihn mir. Wo ist er denn?«
»Dort in der Ecke links im Vordergrund.«

Und Picassos Finger wies auf einen jener formlosen Flekke, den Salvador Dalí schon als ein ziemlich genaues Selbstporträt von Velázquez in der Art desjenigen der »Meniñas« interpretiert hatte und das offensichtlich wesenhaft paranoischen Charakters, paranoischer Natur war. Diesmal wußte Salvador Dalí Bescheid, und als Picasso hinter dem Vorhang hervorkam, nutzte er die erste Stille,

Picasso, *Zirkus* (1933).

um mit seinen Augen die derzeitigen Assoziationen in Picassos Augen zu lesen.
Vierzehn Tage verstrichen, bevor Salvador Dalí erfuhr, wie diese so reichen Assoziationen hießen, deren er anläßlich dieser Begebenheit habhaft geworden war, denn von diesem Tage an bemerkte er jedesmal, wenn er daran dachte, wie sich regelmäßig alles in einer in sämtlichen Punkten analogen und von willentlicher Lenkung freien, nichtsdestoweniger streng systematischen Weise um ihn ordnete. Diese Assoziationen heißen »paranoisch-kritische Aktivität«, eine Methode, die im Laufe der Zeit nichts geringeres bewirken sollte als seine eigene Berühmtheit.
Nach einer gewissen Zeit entstand zwischen Picasso und Salvador Dalí ein stillschweigendes und unsichtbares Einverständnis. Kehrte er nach Paris zurück, galt sein erster achtungsvoller Blick Picasso, und desgleichen sein letzter flüchtiger Blick vor seiner Abreise. Wenn ihn ein Bild besonders entzückte, schüttelte Picasso unmerklich den Kopf, und diese leichte Bewegung entging Salvador Dalí nicht. Als er nach einem Besuch bei Picasso die Treppe hochging, die zu seinem Appartement führte, konnte Gala – das heißt seine angebetete Frau – nur noch ironisch lächeln, so stürmisch gestaltete sich das Treppensteigen, und das Gerassel von Dalís Begeisterung tönte wie ein antiker Kampfwagen, gedämpft von Pelzen zärtlicher, unverhüllter Lieblichkeit, die ihn erwarteten. Eines Abends, als Salvador Dalí spät nachts gerade eine der besten Stellen auf einem seiner Bilder mit seiner hartnäckigen, geduldigen Malerei bedeckt hatte und Gala, die bereits im Bett war, sich anschickte, das Licht in ihrem Zimmer auszudrehen, fiel ihm ein schwerer Lorbeerkranz vor die Füße. Picasso hatte ihn geworfen und sich sofort zurückgezogen. Diese geheimnisvolle, erfinderische Huldigung an einsamem Orte und im Schutze der Nacht rührte Salvadors empfindsames, poetisches Herz mehr als die brausenden, stürmischen Ovationen, die ihm anläßlich seiner Vorträge in Amerika überfüllte Säle dargebracht hatten. Salvador begann sich immer mehr für Picasso zu interessieren und fragte sich, ob er ihn nicht lieben könne.
Als einmal plötzlich Tauwetter eintrat, plätscherten Wasserfälle aus den Traufen und tobten Wildbäche die Trottoirs entlang. Picasso war hastig weggegangen, um in der Nähe der Salle Gaveau Zigaretten zu kaufen. In der Eile und unter dem befreienden Zwang einer wahrscheinlich sensationellen Gedankenfolge war er in seinen Hauspantoffeln gegangen und zögerte einen Augenblick, durch die Wasserlachen zu schreiten, die ihn vom gegenüberliegenden Trottoir trennten. Salvador Dalí, der sogleich zur Stelle war, breitete seinen schweren, langhaarigen Alpakamantel aus, den er in der Fifth Avenue in New York gekauft hatte, und Picasso konnte das Trottoir auf der gegenüber-

liegenden Seite trockenen Fußes erreichen.
Diese ritterliche Tat erfüllte den Künstler mit Freude, doch als er sich vorbeugte, um seinem dienenden Ritter zu danken, war dieser, seinen vom Schlamm bespritzten und von Schmutzwasser triefenden Mantel aufraffend, verschwunden, und man muß zugeben und mit aller Offenheit anerkennen, daß dieser dicke, schwer durchnäßte Mantel vom Standpunkt seiner kläglichen, niederdrückenden und demoralisierenden Wirkung aus allein mit dem echten, tiefen, untilgbaren Unbehagen vergleichbar war, das die weiten, unerquicklich feuchten Röcke der berühmten dalíschen, zärtlich nahrhaften und atavistischen Amme hervorzurufen vermögen, jene eßbare, plumpe Süße, die mit ihrer ganzen Schwerkraft zerstreut in einer gewaltigen Wasserlache sitzt, den Kopf beharrlich über eine endlose Arbeit gebeugt, den prallen, militaristisch-hitlerischen Rücken mit dem ausdauernden, herrlichen Eigensinn hervorragender »weicher Strukturen« gekrümmt. [1935]

Nicht-euklidische Psychologie einer Fotografie

»Paranoisch-kritische Aktivität«. *Spontane Methode irrationaler Erkenntnis, die auf der kritisch-interpretierenden Assoziation wahnhafter Phänomene beruht.*

Glauben Sie nicht, lieber Leser, daß ich Sie auf diese erstaunliche Fotografie aufmerksam mache, weil sie etwas offensichtlich Pathetisches und Verblüffendes hat, was selbstverständlich auf die verbrecherische Ausstrahlung dieser drei in einer individuellen, beharrlichen, euklidischen Pose erstarrten psychologischen Wesen zurückzuführen ist. Es stimmt, darin pflichte ich Ihnen bei, daß die Geometrie der »Figur«, die diese drei menschlichen Wesen, diese drei echten »eigentümlichen Körper« bilden, eine Abbildung der fraglichen Fotografie vollauf rechtfertigt, doch wie ich soeben gesagt habe, hätte dies nicht ausgereicht, mich zu einer Abbildung zu veranlassen, denn obwohl ich mir im klaren bin, wie selten gelungene Erzeugnisse dieser Art sind, warf dieses für mich nicht die erwünschten und spezifisch neuen physikalischen Probleme auf, denen ich mich seit einiger Zeit gemäß meinen originellen, nach der Methode der »paranoisch-kritischen Aktivität« durchgeführten Untersuchungen ununterbrochen widme, einer leider noch sehr wenig bekannten Methode, deren Erfinder ich zu meiner Genugtuung selber bin.
Nehmen Sie also, lieber Leser, davon Abstand, mit diesem

von Bosheit nicht freien Wohlwollen (das ich in Ihrem Blick lese) die drei räuberischen, beharrlichen Gesichter zu beobachten, insbesondere dasjenige des kaum erkennbaren, in Dunkel getauchten Mannes, der, ahne ich es doch, Ihre neugierige Aufmerksamkeit schwindelerregend auf sich zieht. Wenden Sie bitte (selbst gegen Ihren Willen) Ihre Augen ab vom bannenden Mittelpunkt der Fotografie und richten Sie sie mit abwartender Vorsicht auf die linke untere Ecke, denn da, genau über dem Trottoir, werden Sie mit Verblüffung eine ganz nackte, bleiche, leere, ungeheuer unbewußte, saubere, einsame, winzige, kosmische, nicht-euklidische Spule ohne Faden unterscheiden können. Heften Sie Ihren Blick auf diese Spule ohne Faden, deren Belanglosigkeit Sie sonst an ihrem bescheidenen, aber tatsächlichen Vorhandensein, an ihrer harten, reinen Gegenständlichkeit zweifeln lassen könnte, heften Sie ihren Blick auf diese Spule ohne Faden, denn von ihr will Ihnen Salvador Dalí berichten, denn auf sie habe ich meine »paranoisch-kritische Aktivität« genannte Methode angewandt. Das Rätsel, das die kleine Spule ohne Faden aufgibt, auf die ich Sie soeben hingewiesen habe, beruht meinen Untersuchungen zufolge gegenwärtig auf der Schwierigkeit, der sich der moderne Mensch, welcher sich mehr oder weniger am Licht und in der Wärme der Einzelwissenschaften zu bilden vorgibt, gegenüber sieht, wenn er die Lage eines solchen Gegenstandes verstehen, ihn (nach unseren alten Gewohnheiten) im räumlichen und zeitlichen Werden lokalisieren will, ohne (wovon heute nicht mehr die Rede sein kann) metaphysische Lösungen zu bemühen, wie es Chirico mit einer Tiefe und Großartigkeit, die ihresgleichen suchen, einst getan hat.

Diese Spule ohne Faden ruft tatsächlich, und zwar eindringlich, nach einer Deutung, denn dieser durch sein »unmerklichen Dasein« hervorragend exhibitionistische Gegenstand, der auf Grund seines Charakters und unsichtbaren Wesens Anlaß zu einer plötzlichen, für »paranoische Erscheinungen« bezeichnenden Überflutung gibt (gerade durch diesen Mechanismus hat mich sein Vorhandensein angesprochen und überrascht), dieser Gegenstand, sage ich, ruft, wenn er einmal sichtbar, einmal entdeckt ist, nach einer logischen Lösung, die eine wenn auch nur teilweise Einschränkung des wahnhaften, in die Augen springenden und unverständlichen Phänomens, das er heraufbeschwört, gestatten würde. Denn Sie alle, liebe Leser (so nehme ich mit Sicherheit an), werden in vollkommenem Einverständnis mit mir bestätigen, daß wir von dieser Silhouette eines bleifarbenen, präzisen Überbleibsels, das die fragliche Spule darstellt, und infolge der konkreten Umstände, die ihr Vorhandensein bestimmen, bestenfalls sagen könnten, daß es sich um »etwas Verrücktes« handelt.

Wenn es stimmt, daß Chirico, wie ich schon angedeutet

habe, die fragliche Spule metaphysisch dargestellt hätte, muß uns das vom historischen Standpunkt aus mehr denn je als eine der letzten und vielleicht eine der glorreichsten Konsequenzen der Philosophie Kants erscheinen, jenes großartigen, größenwahnsinnigen Philosophen, der in seinem Ehrgeiz, wie alle meine Leser wissen, als einzelner mehr undurchdringliches Dunkel und schwere Verwirrungen in die Geistesgeschichte getragen hat als alle anderen zusammen, denn keiner gibt sich wie er so aufwendig unfruchtbaren, verderblichen Paradoxen hin, deren Überbleibsel teilweise noch heutzutage die klare Entwicklung der Einzelwissenschaften behindern. Heute, wo Kants Philosophie bereits wie eine verderbenbringende Hagelwolke am Horizont verblaßt, harmlos, hat sie doch schon alles ihr zu Gebote stehende Unheil angerichtet, können wir mit Leichtigkeit feststellen, in welchem Maße dieser Philosoph, der zuerst als Synonym des Atheismus galt, in unserer Zeit die stärkste Stütze der Neo-Thomisten und sogar der »Gestalttheoretiker« (letzten Endes verdrängte Kantianer) geworden ist, welche, nebenbei und ohne jeden Groll gesagt, Leute sind, die von Physik noch nahezu keine blasse Ahnung haben. Doch schweifen wir nicht ab von unserem schönen Thema: Ich habe die von Chirico verwendeten wunderlichen Gegenstände immer als kantische Kategorien angesehen, als metaphysische Materialisationen der »reinen Anschauung«, die, wie wir später sehen werden, nur metaphysisch aufgefaßt werden kann; aus diesem Grund kann die Spule »ohne Faden«, die vorläufig um die nämliche Kindschaft nachsucht, von keiner anderen Mutter stammen als der reinen Anschauung, welche letzten Endes Kants legitime Tochter ist, denn dieser, der von allen Philosophen in Sachen Erkenntnis der Anschauung die hervorragendste Bedeutung zuerkannt hatte, gelangt schließlich dahin, die »reine Anschauung« sogar zur Grundlage seiner Auffassung der Mathematik zu machen, was für ihn stillschweigend den Zivilstand seines Kindes, der reinen Anschauung, legalisiert. Kant zufolge könnte diese Spule nur auf absolute Weise und als endgültig im Raum befindlich ins Auge gefaßt werden, und gerade das trifft zu auf die ekstatischen, absoluten Zustände der von Chirico dargestellten Gegenstände. Aber heutzutage macht diese reine Anschauung, die unsere Spule gleichsam unendlich einsam und exakt »außerhalb von uns« hätte situieren können, eine immer akutere Krise durch, und nach allem, was uns die Einzelwissenschaften berichten, geht es ihr täglich schlechter. In der Tat frönte die reine Anschauung, diese legitime Tochter Kants, nachdem sie das Pech gehabt hatte, mit einem illegitimen Sohn Newtons schwanger zu gehen, weiterhin ihrer sinnlichen Neigung, die ihr zu einer regelrechten Promiskuität mit den Einzelwissenschaften verhalf, welche sich ihrer je nach den Umständen entledigten und sie schließlich in die traurige, beklagenswerte Lage brachten, daß sie sich in ihrem Alter sogar vor die Tür des Hauses der Geometrie gesetzt sah. Denn die Stelldichein und heimlichen Liebeshändel der Tochter Kants, der »reinen Anschauung«, mit der Physik gingen vonstatten, wo Kant die Tempel der Zeit und des Raumes vermutete, Tempel, die in Tat und Wahrheit nichts anderes waren als die Absteigequartiere, die Freudenhäuser der »reinen Anschauung« und dieses Newton, dessen »Physik«, dessen »Sex-Appeal« zu Kants Zeiten die Situation bekanntlich unstreitig und ausschließlich beherrschte und übrigens bis zu Chirico weiter beherrscht hat, denn dieser hat letzten Endes nur den großartig schwermütigen, euklidischen und metaphysischen Epilog dieses unmöglichen, unglücklichen Duos, der reinen »Anschauung« und der Newtonschen Physik, eines Duos, das unbedingt allgemein veranschaulicht werden könnte durch das berühmte traumatische Paar der »Puppen des rosa Turmes«, in Malerei umgesetzt.

Kant zufolge wurden die Tempel der Zeit und des Raumes, die seine legitime Tochter, »die reine Anschauung«, wie wir gesehen haben, als Bordell benutzte, diese angeblichen Tempel wurden, sage ich, auch von Kant selbst als geschlossene, voneinander verschiedene Tempel betrachtet, was ihn jeden Verdachtes enthob, seine Tochter, die reine Anschauung, könnte sie auf besagte Weise benutzen, indem sie nämlich im einen wie im andern dasselbe physikalische Übel beziehungsweise physische Mannsbild aufsuchte, denn Kant betrachtete Zeit und Raum nicht nur als zwei verschiedene Größen, sondern auch als zwei Größen vollkommen verschiedenen Ursprungs. Der Raum ist die Anschauungsform der Außenwelt und die Zeit die Anschauungsform der Innenwelt, und wir hatten ihm zufolge immer einen in absoluter Ruhe befindlichen Raum und, unabhängig von ihm, eine ebenso absolute, fließende Zeit; dieser Stand der Dinge ist vollkommen überholt durch die Relativitätstheorie, die uns lehrt, daß es weder einen absoluten Raum noch eine absolute Zeit gibt und daß einzig die Verbindung von Zeit und Raum physikalisch sinnvoll ist.

Die »Spule ohne Faden«, das Zwangsthema unserer Untersuchungen, welche für Kant nur ein Ding außerhalb unserer selbst gewesen wäre, das heißt, mit einem bestimmten, genau im Raum lokalisierten Platz, kann nicht mehr auf diese Weise aufgefaßt werden, wenn wir uns klargemacht haben, daß die besagte räumliche Lokalisierung vollkommen metaphysisch geworden ist. Doch schon lange vor der heutigen unerbittlichen Vertreibung metaphysischer Überbleibsel aus der Physik war die Kantsche Theorie, die legitime Tochter Kants, die reine Anschauung, von der Mathematik verschmäht worden. Jetzt will es mir scheinen, als sei die reine Anschauung eine Art symbolische Schönheit der ursprünglichen »reinen Prostitution« geworden, da sie, von ihren Liebhabern, den Einzelwissenschaften, denen sie eine empirische Vergütung abforderte, die diese ihr nicht entrichten konnten, immer mehr vertrieben und allmählich, vor allem nach den ersten Verblendungen, die solche Verbindungen mit sich bringen, eine zu schwere Last geworden, schließlich ohne einen Faden, rein, nackt und leer zurückgeblieben ist wie die Spule, die wir gerade betrachten. Diese glatte, neue, in die Straßenecke der Psychologie geworfene Spule ist, ich wiederhole es, nicht nur das Symbol des letzten Fadens der reinen Anschauung, der legitimen Tochter Kants, sie ist mehr als das, sie ist sogar die Abwesenheit dieses Fadens, diese Fadenabwesenheit, welche die leere Spule darstellt; doch wie gering und schwachsinnig sie auch sein mag, sie nimmt diese anti-individuelle, anti-anthropomorphe Reglosigkeit des metaphysisch Absoluten nicht mehr hin, sie ist da, und solche Belanglosigkeiten gehören zu denen, auf deren Anruf wir Surrealisten ganz besonders zu hören gelernt haben, zu denen, die, so enthüllen uns die Träume, mit grandioser Heftigkeit unsere Zeit, unser Leben charakterisieren. Gerade diesen Spulen ohne Faden, diesen armseligen, belanglosen Gegenständen opfern wir Surrealisten zum gegenwärtigen Zeitpunkt unsere meiste, unsere beste Zeit und unseren meisten, besten Raum, denn unsere Werke und Behausungen sind der materielle, greifbare Beweis für die zunehmende Aufhäufung solcher Gegenstände sowie deren vervielfachter, schriller Anrufe, fordern sie doch von ihrer unbeachteten Lage aus mit Fanfarenstößen ihre augenscheinliche, physikalische Wirklichkeit.

Die Psychologie ist nur das menschliche Verhalten angesichts dieser Physik. [1935]

Ehre dem Gegenstand!

Wenn Platon schreibt: »Eintritt für Nichtgeometer verboten«, wissen wir alle recht gut, daß es in jener halb scherzhaften, halb aufgeräumten Weise geschieht, die für das zu Späßen aufgelegte, redselige Wesen dieses Philosophen stets bezeichnend sind, denn in Wirklichkeit hat gerade er sich besonders wenig aus der Geometrie gemacht. In der Tat stellte Platon, jeglicher perimetrischen Strenge abhold, zu seiner Zeit etwas Ähnliches dar wie die Kameliendame. Ja, er war sogar die ursprüngliche Kameliendame des mediterranen Denkens, denn wie sie lebte er im stillen, abseits aller Geometrie, mit dem materialistischen Sex-Appeal, den die Statuen des »plastischen Denkens« von hochgradig antigeometrischem morphologischem Typus schon damals besaßen, und eröffnete somit, ohne sich darüber im klaren zu sein, glanzvoll das erste große, offizielle Freudenhaus der Ästhetik.

Wenn wir also einerseits mit gutem Recht bedenken, daß Platon mit den unreinen Verbindungen dieses lebendigen Fleisches seiner Ästhetik, welches, wie Epikur später erkennen sollte, kein anderes war als das der künftigen »Atomlehre«, unter Intellektuellen schwer von seinem lockeren Gewerbe profitierte, so sehen wir andererseits auch, daß er den Versuch gemacht hat, seinen Fehler wiedergutzumachen und für seine aphrodisischen Spekulationen Verzeihung zu erlangen, indem er uns das Beispiel einer großen Liebe hinterlassen hat, einer so großen, daß sie ganz verwässert, immateriell und verschwommen ist. So hat dieser Philosoph, nachdem er die antigeometrischen Körper der Bildhauerei mit Füßen getreten und über die Pforte des Freudenhauses der Kunst das wohlbekannte »Eintritt für Nichtgeometer verboten« geschrieben hatte (damit er selbst von der Antigeometrie der weichen Strukturen, mit denen er sich vergnügte, besser profitieren konnte), in Reaktion darauf seinen Kopf in die Wolken einer abstrakten, geistigen und schmachtenden Liebe tauchen wollen, um mit seinem Kopf zu tilgen, was er mit seinen Händen und seinem Geschlecht in Wirklichkeit getan hatte, wobei er alles hinter jenes unbestimmte geistige Empfinden von Erhebung zurückdrängte und so weit ging, die Bahn der Meteore mit den Zügen seines eigenen Geistes zu verwechseln. So daß die strahlendsten Meteore und Sterne für ihn genau dasselbe bedeuteten wie die Kamelien für die besagte Dame. Wie Platon seine Gestirne, betete diese Dame ihre Blumen an und sah in ihnen die Inkarnation oder, wenn man so will, das Aufblühen ihres eigenen Geistes. Eines Geistes, der in beiden Fällen durch die gleichen entarteten, schmachtenden Keime infiziert war, denn diesmal werden mit Sicherheit alle meine Leser mit mir einiggehen müssen, wenn ich erkläre, daß Platons »Dialoge« von jenem symptomatischen, für die wollüstige, stets elegante Krankheit charakteristischen Husten widerhallen und daß sie mit jenem gewaltigen, langsamen, feierlichen, tödlichen Überdruß geschmückt sind, der zweifelsohne für die ganze geistige Tuberkulose bezeichnend sein sollte, die sich der Mittelmeerraum in der damaligen Epoche leistete. Dies sei festgestellt, ohne daß wir den Unterschied zwischen den beiden in Parallele gesetzten Personen aus dem Auge verlieren, denn um gerecht und unparteiisch zu sein, werden wir darlegen müssen, welcher Unterschied zwischen beiden bestehen könnte, selbst wenn ein solcher bislang nicht recht ersichtlich ist.

Magritte, *Dies ist ein Stück Käse*

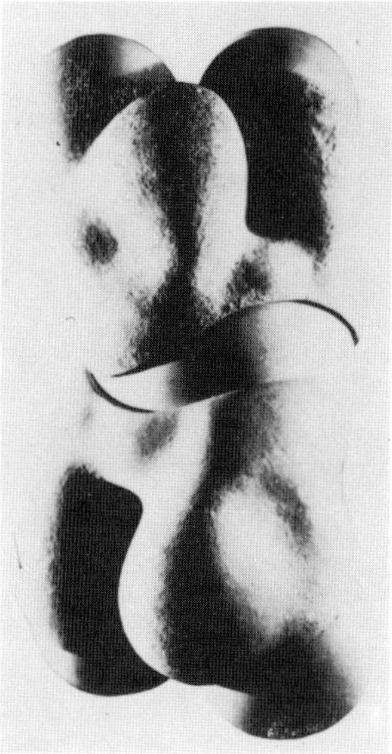

Hans Bellmer, *Puppe*

Wenn Platon, Anaxagoras, Sokrates, die Pythagoräer und einige andere mit ihren meteorischen Ideen an der Uhr der Kultur die volle Stunde des »plastischen Denkens« bezeichneten, das wir später wiederaufblühen sehen mit all seinen lippenförmigen Sumpfkamelien, mit all seinen Seerosen der idealen Kosmogonie des Jugendstils, der, wie Salvador Dalí bei jeder Gelegenheit zu wiederholen pflegt, nichts anderes als das apotheotische Aufblühen der griechisch-römischen Kultur darstellt, die dank der diesmal wundertätigen Würze des nordischen Materialismus Saft und Kraft erlangt – wenn Platon, wie ich soeben gesagt habe und wiederholen möchte, damit meine Leser in diesem allzulangen Satz den Faden meines Denkens nicht verlieren, die volle Stunde des »plastischen Denkens« schlagen ließ, so machte Epikur, dieser erste große Rationalist, wie ihn Marx nennt – und dessen materialistische Verdienste auch Lukrez wie eine richtige Nachtigall besang –, machte Epikur, sage ich, wobei er den Anschauungen des griechischen Volkes widersprach, mit dem »ästhetischen plastischen Denken« Schluß, erreichte eine neue Stufe des moralischen Bewußtseins und schuf die Grundlagen, die die nordische Hochschätzung des »Gegenstandes«, wie ihn Feuerbach später auffassen sollte, ermöglichten (doch historisch und damit der Gegenstand als solcher Gestalt annahm, mußte man die neue moralische und geistige Barbarei des Christentums abwarten). Wenn für Platon die »geliebte Frau« noch eine bloße Skulptur ist, wird mit dem Christentum diese »geliebte Frau«, diese Libido durch Sublimation Gegenstand der Liebe, »der geliebte Gegenstand«, und dieser geliebte Gegenstand schließlich zum konzisen, kategorischen und fetischistischen Gegenstand schlechthin, zum Kreuz werden, angesichts dessen die »plastische Periode« endgültig abgeschlossen ist.

Jesus Christus sagt meines Wissens nicht: »Eintritt für Nichtarithmetiker verboten«, doch er hätte es sagen können, und hätte er es gesagt, so hätte man gut daran getan, dieses Verbot ernst zu nehmen, denn mit dem Christentum kommt in der Tat der Augenblick, wo politisch abgerechnet wird. Das arithmetische Kreuz des Christentums verlangt Rechenschaft hinsichtlich des Zustandes aphrodisischer Promiskuität, in welchem (unter dem Emblem der Leda mit dem Schwan) die Rechten und die Linken bunt gemischt dahinlebten; gerade die Arithmetik schlägt erstmals das Kreuz zwischen den Rechten und den Linken, schart sie sich zur Seite, indem sie der Männlichkeit des römischen Adlers, der die kaiserliche Standarte krönt, den Kopf abschlägt, ihm all seine Federn ausrupft und ihn in das saubere, kahle Kreuz verwandelt, das ihm schon in den Gliedern saß. Jener römische Adler, der bereits nur mehr der potente Triumph und die endgültige Erektion jenes geflügelten Phallus war: des Schwans der Leda, denn im Falle der Leda (Personifikation der Rechten) und ihres Schwanes (Personifikation der Linken) waren dem letzteren seine räuberischen, herrschsüchtigen Adlermöglichkeiten noch lange nicht zum Bewußtsein gekommen, da er durch den Sex-Appeal der Rechten, das heißt der Leda, aphrodisisch betäubt war und nicht recht wußte, was er tat, was uns bei den waltenden Umständen ganz natürlich erscheint.

Doch dieses Kreuz, dieser Gegenstand, politisches und arithmetisches Emblem, das uns keine Ruhe mehr läßt (denn wenn es zuerst Additionszeichen ist, wird es in der Folge Zeichen der Multiplikation und im Augenblick, wo es sich zu »Hammer und Sichel« mausert, Zeichen der Fünfjahrespläne), ist dazu ausersehen, sich mehr oder weniger in ein Hakenkreuz zu verwandeln, das heißt wieder zu werden, was es zur Zeit der antiplatonischen Auffassung der Meteore und vor allem der Sonne gewesen war.

Und es ist ausgerechnet die Philosophie der kleinen, lebhaften Chinesen, die, während ich diesen Artikel vor meinem dem Frühling geöffneten Fenster schreibe, in den überaus hellen, zusammengestückten Gesang eines Kanarienvogels ausbricht, der in Gestalt des Buches *»Das chinesische Denken«* von Marcel Granet auf meinem Tisch nistet. In diesen Tagen zieht das Buch meine gesamte Aufmerksamkeit auf sich. Ich finde darin arithmetische Hakenkreuze, die mich zutiefst befriedigen, beweisen sie mir doch, daß der Mittelmeerraum und insbesondere Platon solche Kombinationen nie gekannt hat. Wenn sie Platon bekannt gewesen wären, hätte er schnurstracks und einzig und allein, um die Deutschen zu ärgern, den »dialektischen Materialismus« konzipiert.

Das Hakenkreuz wäre somit das antiplastische Emblem des Handelns, dessen ganze Morphologie die unzweideutige Absicht hegt, wirklich und wahrhaftig alles zu zerstören zugunsten des Gegenstandes, der im Falle des Hakenkreuzes die Sonne wäre, also ein recht wichtiger Gegenstand, der uns aber nicht interessiert, der uns Surrealisten vollkommen kalt läßt.

In einer großen paranoisch-kritischen Abhandlung über die Rechte und die Linke in ihren politischen Emblemen entwirre ich in einer Art allgemeinen, viele Seiten in Anspruch nehmenden Morphologie des Hakenkreuzes die katastrophischen territorialen Auseinandersetzungen dieses Zeichens, das in jedem Augenblick und mit äußerster Heftigkeit für die surrealistischen Gegenstände ficht. Dieses hochgradig irrationale Zeichen, das aus den Zonen der achteckigen Kultur stammt, stellt sich uns vor allem als das Amalgam (dieses Wort ist vielleicht zu hochtrabend) widersprüchlicher Tendenzen und Bewegungen dar. Da es sich gleichzeitig nach rechts und nach links zu bewegen

Picasso, *Absinthglas* (1914).

sucht, muß es sich bei ihm um das Emblem der »Quadratur des Kreises« selbst handeln, das aus dem Achteck hervorgegangen ist. Dieses Rad, von dem keiner sagen kann, ob es rollt, ist jedenfalls dazu bestimmt, Menschen in Bewegung zu setzen. Beispiel: das gegenwärtige Deutschland; anderes Beispiel: diejenigen meiner Leser, die mein offenkundig spannender Artikel vor- und zurückzerrt wie richtige Hakenkreuze, was sie glücklicherweise nicht sind.

Dieses paradoxe Vor und Zurück, diese Revolution und Reaktion erklärt sich auch durch die Tatsache, daß man, strebt man einerseits die Quadratur des Kreises an, eine höchst statische Vorstellung, sich andererseits gerade die fortwährende Bewegung zum Ziel setzt, welche, da man wünscht, daß die Extreme sich berühren, durch das Paradoxon der statischen Dynamik verkörpert würde, so daß wir die Rechten des Hakenkreuzes verzweifelt kehrtmachen sehen, um die Linken am Schwanz zu packen und umgekehrt, was uns belustigt, weil es einen herrlichen biologischen Schwung eines narzißtischen, heftig delirierenden Kannibalismus erzeugt, der frisch ist wie eine Rose.

Um zu Ende zu kommen mit diesen paar so zaghaft skizzierten Ideen, erkläre ich, daß das wirkliche und phänomenologische Hakenkreuz (nicht das der Hitlerianer, die sich dessen nicht bewußt sind), das Hakenkreuz, das so alt ist wie die chinesische Sonne, die Ehre des Gegenstandes beansprucht.
Der surrealistische Gegenstand ist felsenfest entschlossen, sich nichts mehr gefallen zu lassen. Der surrealistische Gegenstand beansprucht seine paranoisch-kritische Vormachtstellung und wird sie durchzusetzen wissen.
Der surrealistische Gegenstand ist unbrauchbar, er dient einzig dazu, den Menschen in Bewegung zu setzen, ihn zu schwächen, zu verdummen. Der surrealistische Gegenstand ist einzig und allein ehrenhalber gemacht, er existiert lediglich um der Ehre des Denkens willen.
An Stelle der Fahnen und Trophäen werden die zerzausten, wütenden Kavalkaden der Kulturen vom achteckigen Typus, Surrealisten und Paranoia-Kritiker, unter dem hysterischen Triumphbogen der weichen Strukturen hindurchbrausen, der gekrönt ist mit aphrodisisch-arithmetischen, von Urin und Smaragden funkelnden Jacken. [1936]

Stromlinienförmige Erscheinungen von Gegenstandswesen

Die Gegenstandswesen sind eigentümliche Körper des Raumes.
Der geheimnisvolle Taumel der eigentümlichen Körper.
Alle meine Leser werden, dessen bin ich sicher, Befriedigung über jene eigensinnige Versessenheit, jene hypnotische Hartnäckigkeit, jene ängstliche, dem Taumel Hohn sprechende Beharrlichkeit verspürt haben, die das Glück einleiten, das man der intimen Handlung verdankt, mittels eines rundherum ausgeübten, geschickten und schmerzhaften Druckes einen glatten, neuen, stromlinienförmigen Mitesser, gewöhnlich »schwarzer Punkt« genannt, aus den Nasenporen herausschießen zu lassen.
Natürlich ist es, vor allem nach mehreren ungeschickten, erfolglosen Druckversuchen, überaus schön und befriedigend, bei jenem anzugelangen, der angemessen und endgül-

tig das heitere Austreten des eigentümlichen Körpers bewirkt, der im höchsteigenen Fleisch Ihrer Nase nistet oder in demjenigen des Wesens, das sich stoisch zu einer solchen Handlung hergibt; einer Handlung, die, wie ich angedeutet habe, im höchsten Grade mitreißend, faszinierend und unwiderstehlich ist.
Die Lust an diesem drolligen und geheimnisvollen Spiel wird vor allem einsichtig am echt »neurotischen Zeremoniell«, das man in Szene setzt, um durch »raffiniertes Scheitern« und »hastige Langsamkeit« der Manipulation jenen kulminierenden Augenblick wollüstig zu verlängern, der ein rätselhaftes Vergnügen bereitet, das unter moralischen und elastisch-mechanischen Konflikten verborgen ist, welche die förmliche Extraktion jener schwarzen, schrecklich konkreten Punkte mit sich bringen muß; diese stürzen, sind sie einmal beseitigt, ist kein einziger von ihnen mehr übrig, unseren Geist in echtes Bedauern und trostlose Betrübnis, während unser Blick noch in verzweifelter, paranoischer Verwirrung nach der Möglichkeit sucht, das köstliche Spiel an der geringsten Pore, die die letzte glatte, kostbare Larve bergen könnte, weiterzutreiben.

Die Mitesser der Raumes

Zucken Sie nicht so ratlos die Achseln, diejenigen unter meinen Lesern, die Sie die Förderung der fraglichen Mitesser als eine geringfügige Sache betrachten; vernehmen Sie, daß diese scheinbar ultraprosaische Säuberung nicht weniger ist als die ultrakonkrete Personifizierung des Vitalsten und Lyrischsten im moralischen, wissenschaftlichen und künstlerischen Denken der Gegenwart. Denken Sie doch an jene weiche Aktualität, an jenes Super-Gallertige, Nahrhafte, Zusammendrückbare des Jugendstils, über das Sie Salvador Dalí mittels des genauen Apparates der paranoisch-kritischen Aktivität jedesmal, wenn sich Gelegenheit dazu bietet, unermüdlich auf dem laufenden hält und belehrt. In der Tat weiß mein aufmerksamer Leser so gut wie ich, daß alles, was es in unserer Zeit an wirklich Außerordentlichem und Sensationellem gibt, in hohem Maße von der Entwicklung der Raumvorstellung herrührt, die, wie sich jedermann in Erinnerung rufen mag, anfänglich nur eine Art abstrakte Nahrung ohne Saft und Kraft war, sich heute aber – wie wir sogleich sehen werden – zu einer der leckersten und gewaltigsten Schüsseln des zeitgenössischen Denkens entwickelt hat.
Dem Raum gelang es bei Euklid, dem zufolge der Schnittpunkt, der Punkt, die Fläche nichts weiter als idealisierte materielle Objekte waren, dem Raum, sage ich, gelang es bei ihm nicht, eine Konsistenz zu erreichen, die diejenige einer vollkommen utopischen, abgestandenen dünnen Tapiokabrühe übertraf.

Mit Descartes wird infolge der Auffassung des Raumes als eines dreidimensionalen Inhaltes die fade Brühe allmählich dicker und macht vor allem den Speichelerwartungen, die diese abenteuerliche Raumküche bereits provozieren, den Mund wässrig; diese findet endgültig zu ihrem nahrhaften Gewicht und ihrer charakteristischen Schwere mittels des Apfels von Newton, der bekanntlich ein Gelehrter war, der unstreitig schon eine beachtliche Trägheit und einen beachtlichen Hunger entwickelte.
Doch bis zu Newton bietet sich uns der Raum, wie man leicht feststellen kann, weniger als Fleisch denn als Behälter dieses Fleisches an, als das Gefäß, der Behälter der Schwerkraft besagten Fleisches; seine Rolle ist passiv und chronisch masochistisch. Diese Lage der Dinge dauert bis zum Augenblick, wo mit Maxwells und Faradays Entdeckung der »Wellentheorie des Lichtes« und der elektromagnetischen Körper der Raum schließlich sagen kann: »Dieser Apfel gehört mir«, was, um uns nicht allzu weit von den physikalischen Ausdrücken zu entfernen, heißen soll: »Diese Dynamik gehört mir«. Doch damals erschien es den Gelehrten so absurd, dem Raum die Funktionen »physikalischer Zustände« zuzubilligen, daß die tausend behelfsmäßigen Dehnbarkeiten des Äthers herhalten mußten, um endlich zur modernen Relativitätstheorie zu gelangen, wo der Raum eine so wichtige, materielle und wirkliche Sache geworden ist, daß er letztlich sogar vier Dimensionen hat, einschließlich der Zeit, welche gerade die eigentlich wahnhafte, surrealistische Dimension ist. Aus allen diesen Gründen ist der Raum heutigentags dieses gute, kolossal verlockende, gefräßige und persönliche Fleisch geworden, das jeden Augenblick aus seiner selbstlosen, weichen Begeisterung die glatten, feinen »eigentümlichen Körper« und auch die Körper der »Gegenstandswesen« drückt – welche ebenfalls mehr oder weniger eigentümliche Körper sind. Seien Sie also auf der Hut, wenn heute jemand die Luft erwähnt, denn es handelt sich da ganz einfach um das Wort, das die Schwachsinnigen fröhlich verwenden, um den gesunden, sanguinischen und vollkommen klebrigen Raum zu bezeichnen. Alle diese stromlinienförmigen, gallertigen, abgeplatteten, verbeulten Wagen mit superglatten Kurven und Taumeln sowie massiver speichelartiger Anatomie, bauchigen Schenkeln und zusammengesackten Bäuchen in der Art einer *»Jugendstil-Mae-West«,* alle diese, ich wiederhole es, stromlinienförmigen und atmosphärischen Wagen mit fetten, zusammengequetschten, strotzenden und klebrigen Eingeweiden sind nichts anderes, und das versichert und garantiert Ihnen Salvador Dalí, als die ursprünglichen eigentümlichen Körper, als die eigentlichen »Mitesser«, die über und über glatt, feierlich, atmosphärisch und apotheotisch aus der Raumnase, aus dem Raumfleisch selbst herausgeflitzt sind.

Mitesser! Mitesser! Man kommt in Fahrt!

Die »Mechanik« wird nach einer Periode erstaunlicher Starrheit und verfehltem, mißlungenem Funktionalismus all das schändlich und erhaben Klebrige der inneren Sekretionen erkennen; den Wandernieren entsprechen die Wandermotoren, die weichen Motoren, denn die »Epoche des Weichen«, die Epoche der »weichen Uhren«, der »weichen Automobile«, der »weichen Nachttischchen«, die man aus dem superweichen hitlerischen Rücken atavistischer, zärtlicher Ammen herausgeschnitten hat, ist die Epoche, die durch die »Medien« der Jugendstilschöpfer der berühmten weichen Kathedrale in Barcelona angekündigt worden war. Die Ausstattungen aus Zentralspeichel ranken sich durch die stromlinienförmigen Kurven künftiger weicher, vaginaler, gewölbter, ornamentaler, kaiserlicher, erheiternder, phantasievoller, ängstlicher, lasterhafter und surrealistischer Häuser.
Weg mit der Architektur der Selbstbestrafung!
Platz für die perverse, eichelförmige, erstklassige Stromlinienform!

Die Sphinx des Mitessers

Da haben wir die ersten stromlinienförmigen Gegenstandswesen, da haben wir die neusten Mitesser, die eigentümlichen Körper, die dem Fleisch unseres dicken, persönlichen, nicht-euklidischen »Zeit-Raums« entsprungen sind. Doch ruft euch, bevor die ästhetische Freude, die, wie ich ahne, eure künstlerischen Bestrebungen schon aufblitzen läßt, sich konsolidiert, bevor die neuen formalen Lösungen der stromlinienförmigen Kurven euch aphrodisisch berauschen können, etwas in Erinnerung, ruft euch die bekannte Skulptur in Erinnerung, die einen Jüngling darstellt, der sich, gebannt vom Dorn, den er sich aufmerksam aus dem Fuß zu ziehen versucht, vorbeugt. Betrachtet ihn noch einmal, sein Rücken krümmt sich in jener verdächtigen Haltung, die wir seit einer Weile alle kennen, jener so charakteristischen »Abendläuten-von-Millet«-Haltung. Betrachtet ihn, er beugt sich in derselben fossilen Reglosigkeit über seinen Dorn wie Narziß, der ebenfalls über den silbrigen Mitesser seines Todes gebeugt ist.

Die Barbarei des Mitessers

Irgendwo werden für die neusten stromlinienförmigen Wagen ornamentale, bunte Scheiben feierlich enthüllt.

Beispiel eines Mitesser-Gegenstandes
(Körperliche Stromlinienform)

Eine gewaltige Nase (von der Größe einer kleinen Melone), die aus einem dehnbar-elastischen Stoff (festem, zweckdienlichem Kautschuk) besteht; auf den stromlinienförmigen, superglatten Nasenkurven gäbe es unzählige »eigentümliche Körper«, die völlig eingekapselt sind, so daß sie die homogene, superglatte Kontinuität der Oberfläche nicht unterbrechen. Ein allgemeiner Druck mit beiden Händen würde ausreichen, damit Hunderte von winzigen Gegenständen (Nachttischchen, Schädel, Flaschen, Lampenschirme usw. ...) durch ihr allmähliches Aufsteigen (wie das Paramount-Orchester) die eben noch superglatten Oberflächen überziehen.
Es wird sich dabei um den künstlichen, konkreten und gefühlvollen Mitesser handeln.

Beispiel für ein »stromlinienförmiges Gegenstandswesen« (moralische Stromlinienform). Ein sauberes, hochgradig gebrechliches altes Weibchen mieten und als Torero verkleidet ausstellen, indem man ihr auf den zuvor rasierten Schädel ein Kräuteromelett legt: dieses wird infolge des ununterbrochenen Schlotterns des alten Weibchens in Schwingungen versetzt.
Man kann auch ein Zwanzig-Francs-Stück auf das Omelett legen. [1935]

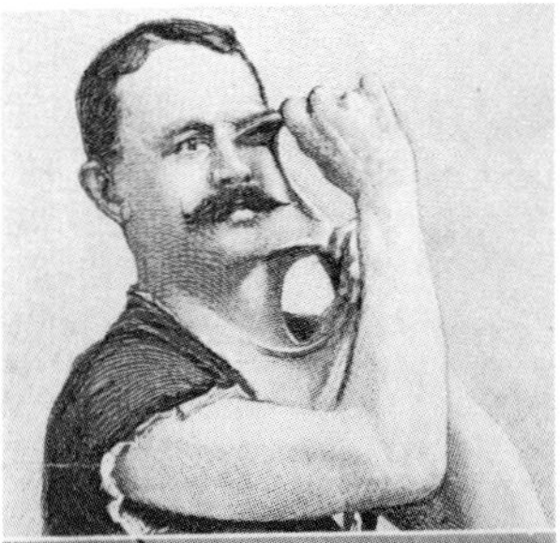

Ein Bild, das Dalí auf einem Architektenkongreß vorzeigte als Beispiel der weichen Architektur der Zukunft.

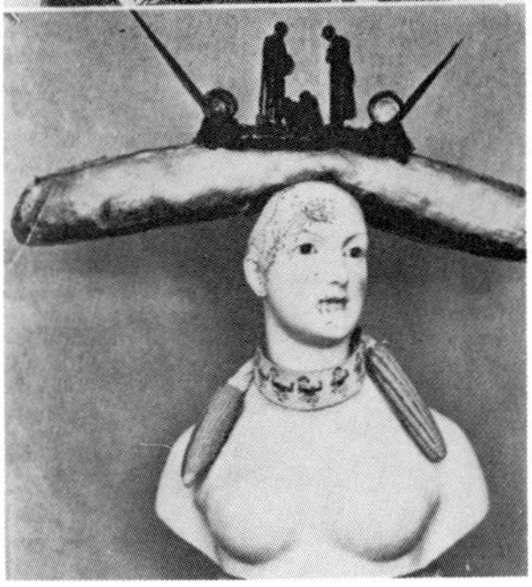

Mannequin mit einem Brot auf dem Kopf. Als Picasso die Ausstellung besuchte, sprang sein Hund nach dem Brot und verzehrte es.

Erstes morphologisches Gesetz von der Behaarung weicher Strukturen

Die paranoisch-»kritische« Aktivität, die so entscheidend beigetragen hat zur Erhellung philosophischer Probleme, welche sich aus den »zarten Morphologien« der weichen Strukturen ergaben, hat schon oft (und aus diesem Grund) mit jenem schlüpfrigen Unterton von sich reden gemacht, der sie als eine Art Schlemmer- und Epikureermethode hinstellen möchte, die immer mehr oder weniger kopflos hinter den nimmersatten Begierden des verlockenden, klebrigen Fleisches herjagt, jenes, wie man sich erinnern wird, geradezu klassischen und ästhetischen Fleisches, das den großen Totenkopf des dalíschen Denkens bedeckt.
Hat das Thema der weichen Strukturen, wie ich eben geäußert habe, Wellen schneidender, spritziger philosophischer Bosheit geschlagen, so können wir jetzt, zur Stunde, wo die besagte Methode der paranoisch-kritischen Aktivität

sich anschickt, das Studium der Behaarung ins Auge zu fassen, versichern, daß wir um uns herum wahre Stürme entfesseln werden, denn wenn schon die weichen Strukturen für manche offensichtlich zweideutiger Art waren, so packen wir mit der zutage tretenden Behaarung besagter Strukturen rücksichtslos ein Gebiet an, von welchem man zumindest sagen kann, es sei von verbürgter Anstößigkeit. Doch es war nötig, war notwendig, ja unvermeidlich, über kurz oder lang bei dieser Behaarungsfrage zu landen, und gerade heute haben wir die Ehre, zum erstenmal über sie zu sprechen.

Man kann kaum über sie sprechen außer in einer Sprache, die aller Euphemismen bar ist, in einer natürlichen, klaren und schmucklosen Sprache, was ungefähr besagen will, daß man gut dabei fährt, nicht zu viele Haare auf der Zunge zu haben, wenn man diese Sprache spricht, und gerade das trifft auf die ruhmreiche paranoisch-kritische Methode zu, die in ihrer weichen Struktur (der Zunge in diesem Fall) überhaupt keine hat und selbige dergestalt anderswo suchen kann.

Wir werden uns offen über alle Behaarungsarten, die sie da und dort ausfindig machen wird, unterhalten, und dann wird sie uns auch aufklären, uns ein Lied singen, uns in Entzücken versetzen können über die Arten schillernden und schaurigen Prickelns, welches alle diese Haare zusammen in Gestalt eines subkutanen Wuschelbartes mit Sicherheit hervorrufen, indem sie die überaus feine, überaus graue Substanz des paranoischen Hirnes und die irrationale Erkenntnis insgesamt reizen.

Erstes morphologisches Gesetz: das antigeodätische Haar.

Die moralische Agglutination des Haares nimmt zu oder ab je nach dem Festigkeitsgrad der weichen Strukturen, der ihm als Mittel der Verfremdung dient. Handelt es sich aber um den Festigkeitsgrad des Ewig-Weiblichen, erlangt die Entfremdung des Haares ihr Vermögen und ihre ganze charakteristische geodätische Bedeutung.

Das Haar ist schon in der volkstümlichen Vorahnung als Archetypus der Verfremdung aufgefaßt worden, sagt man doch für gewöhnlich, wenn uns etwas außerordentlich befremdet, das Betreffende sei wie ein Haar in der Suppe. Die sehr harten Medien wie Gesteine, Erz, Eisen, Rubin und Kirschen sträuben sich genauso wie die fragliche Suppe gegen die Haare. Vor Zorn unverdauliche Haare, die Wut des Bürokraten, der mit bestürzter, unwiderruflicher Geste den »moralistischen« Teller zurückweist. Das plötzlich aus der Brotrinde auftauchende Haar wird mit einer brüsken, schnellen, zutiefst heuchlerischen Bewegung entfernt. Wenn dagegen das schon biegsame Haar in der Krume entdeckt wird, sind die Augen gezwungen, sich vor dem mehr als offenkundigen Weiß des »antigeodätischen« Affronts krampfhaft zu schließen. Man kann sich nichts mehr vormachen, nicht mehr heucheln, da bist du, Haar! Da bist du und widersprichst dem tiefen Sinn der weichen Struktur der Krume, da bist du mit deiner ganzen morphologischen, an die physikalische Schwerkraft des Falles unanpaßbaren Persönlichkeit. Paßte sich das Haar wie ein Faden den weichen Oberflächen genau an, bestünde noch Hoffnung, die Affäre beizulegen. Doch das Haar schlägt, spindeldürr wie es ist und selbst in klitschnassem Zustand, weiterhin immer eine eigene Richtung ein. Es paßt sich streckenweise an, doch das ist noch schlimmer, denn ausgerechnet an der unverzeihlichsten, verbrecherischsten Stelle steht es in einer grausigen Kurve ab. Grauen der in Mayonnaise getränkten Haare (im Prinzip ist schon die Handlung, das Waschbecken oder die Badewanne mit Mayonnaise aufzufüllen, verabscheuungswürdig). Grauen über Grauen jedoch, wenn man hysterische Haare im wabbelnden Gallert überbackener Schweinsfüße entdeckt!

Beim großartig bestürzenden Anblick einer bärtigen Frau wiederholt sich der ebenfalls großartige und schwermütige Mechanismus der »ästhetischen Enttäuschung«, welche in unserer abendländischen Philosophie »Kausalitätsprinzip« heißt. Dieses Kausalitätsprinzip ist nun ausgerechnet die erhabene Verfremdung des biologischen Haares, des schrecklichen Haares, des Halluzinationen erzeugenden Haares, denn alles spielt sich so ab, als fände man im goldenen Teller, in dem einem die höchsten, supergallertigen Hierarchien, weiche, köstliche Strukturen des »Ewig-Weiblichen« aufgetischt werden, nicht nur ein Haar, sondern einen richtigen Wuschelbart, der antigeodätisch an diesem nahrhaften Taumel klebt und von ich weiß nicht woher kommt. [1936]

5. Die Eroberung des Irrationalen

Dalí hat dem Surrealismus ein Werkzeug ersten Ranges geliefert in Gestalt der paranoisch-kritischen Methode, die er sogleich unterschiedslos auf die Malerei, die Poesie, den Film, auf die Herstellung typisch surrealistischer Gegenstände, auf die Mode, auf die Bildhauerei, auf die Kunstgeschichte und gegebenenfalls sogar auf jede Art von Interpretation anzuwenden verstand.
André Breton
(Was ist Surrealismus?)

Die Wasser, in denen wir schwimmen

Dalí, *Galas paranoische Metamorphose* (1932).

Bekanntlich zieht der sensationelle, glänzende Fortschritt der Einzelwissenschaften, Ruhm und Ehre des »Raumes« und der Zeit, in der wir leben, einerseits die Krise und den erdrückenden Mißkredit der »logischen Anschauung« nach sich und andererseits die Hochschätzung irrationaler Faktoren und Hierarchien als neuer positiver und besonders schöpferischer Werte. Jedermann wird sich erinnern, daß die logische, reine Anschauung, daß die reine Anschauung, wiederhole ich, reines Mädchen für alles, seit langem in den Eigenheimen der Einzelwissenschaften mit einem unehelichen Sohn schwanger ging, der kein geringerer war als derjenige der Physik, und daß dieser Sohn zur Zeit Maxwells und Faradays schon mit jener unzweideutigen Überzeugung und persönlichen Schwerkraft ins Gewicht fiel, die einem Zweifel hinsichtlich der Newtonschen Abstammung des Kindes keinen Raum mehr ließ. Durch diese Neigung und schwerwiegende Umstände wurde die reine Anschauung, die die Einzelwissenschaften nach und nach vor die Tür setzten, heutzutage schließlich zur reinen Prostitution, sehen wir doch, wie sie ihre letzten Reize und Leidenschaften im Freudenhaus der künstlerischen und literarischen Welt preisgibt.
Bei dieser kulturellen Lage unternehmen unsere Zeitgenossen, die durch Technik und Architektur der Selbstbestrafung, bürokratisch-psychologische Glückwünsche, ideologische Verwirrung und imaginatives Fasten, väterlichen und anderen Gefühlshunger systematisch verdummt werden, umsonst den Versuch, in die vertrottelte, triumphale Süße des fleischigen, atavistischen, zärtlichen, militaristisch-territorialen Rückens einer hitlerischen Amme zu beißen, um endlich auf irgendeine Weise mit der geweihten totemi-

stischen Hostie zu kommunizieren, die man ihnen kürzlich vor der Nase weggeschnappt hatte und die bekanntlich gerade jene symbolisch-geistige Nahrung war, die der Katholizismus zur Besänftigung der kannibalischen Raserei moralischen und irrationalen Hungers jahrhundertelang aufgetischt hatte.

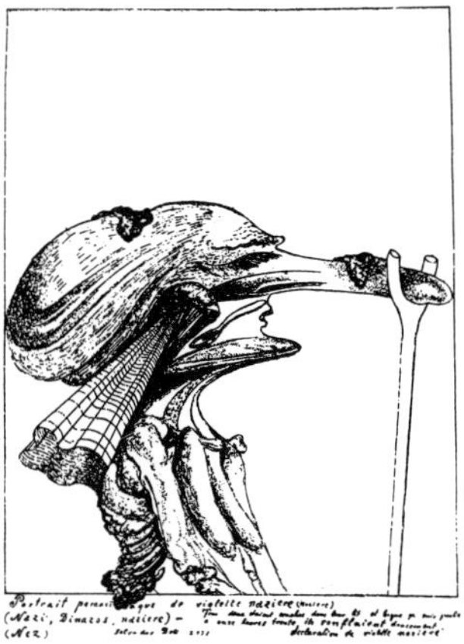

Dalí, *Violette Nozières' paranoisches Porträt* (1933).

In der Tat befindet sich der irrationale Hunger unserer Zeitgenossen vor einer kulturellen Tafel, die einerseits nur die kaltgewordenen, saft- und kraftlosen Überbleibsel von Kunst und Literatur zu bieten hat und andererseits die glühenden analytischen Feststellungen der Einzelwissenschaften, welche zum gegenwärtigen Zeitpunkt infolge ihrer übermäßigen Ausdehnung und Spezialisierung einer nahrhaften Synthese unzugänglich und, von spekulativen Kannibalismen abgesehen, auf jeden Fall vollkommen unverdaulich sind.

Daraus wird die kolossale nahrhafte und kulturelle Verantwortung des Surrealismus ersichtlich, eine Verantwortung, die immer objektiver, einnehmender und ausschließlicher wird bei jedem neuen Aufruhr kollektiven Hungers, bei jedem neuen gierigen, klebrigen, schändlichen und erhabenen Biß des schrecklichen Kiefers der Massen in das hochrote, blutende und biologische Kotelett schlechthin, die Politik.

Bei dieser Lage der Dinge schlägt Salvador Dalí, mit dem präzisen Apparat der paranoisch-kritischen Aktivität gewappnet und weniger denn je bereit, seinen unversöhnlichen kulturellen Posten aufzugeben, schon lange vor, man möchte doch versuchen, auch die Surrealitäten zu verspeisen, denn wir Surrealisten sind ein hervorragendes, dekadentes, anregendes, abenteuerliches und ambivalentes Nahrungsmittel, das aufs taktvollste und in einmalig intelligenter Weise dem angegangenen, paradoxen und saftig-urwüchsigen Zustand entspricht, der für das Klima ideologischer und moralischer Verwirrung, in welchem zu atmen wir gegenwärtig die Ehre und das Vergnügen haben, bezeichnend und charakteristisch ist.

Denn wir Surrealisten sind, wie man sich überzeugen kann, wenn man uns selbst mit flüchtiger Aufmerksamkeit beobachtet, streng genommen keine Künstler und auch keine richtigen Wissenschaftler; wir sind Kaviar, und der Kaviar, das darf man mir glauben, verkörpert geradezu die Extravaganz und den Geist des guten Geschmacks, vor allem zu konkreten Zeitpunkten wie dem gegenwärtigen, wo der irrationale Hunger, von dem die Rede ist, trotz seiner Unermeßlichkeit, Ungeduld und Herrschsucht durch die Speichelerwartungen des Ausharrens so erbittert geworden ist, daß er, um Schritt für Schritt seine nächsten ruhmreichen Eroberungen zu tätigen, zuerst die feine, berauschende und dialektische Traube des Kaviars schlucken muß, ohne welche die fette, stopfende Speise künftiger Ideologien

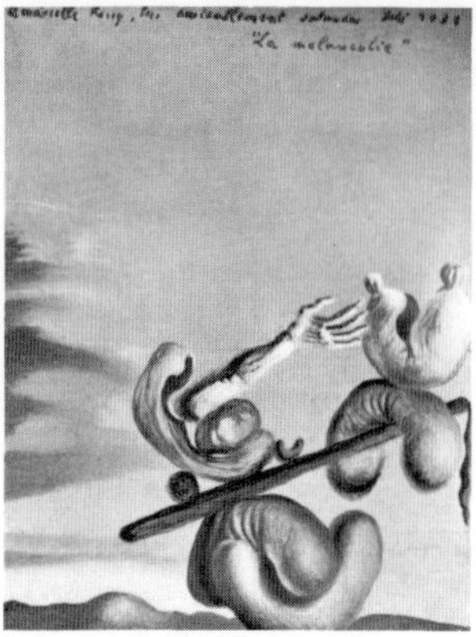

Dalí, *Melancholie*

die vitale und philosophische Wut des historischen Bauches zu lähmen drohte.

Ist nämlich der Kaviar die vitale Erfahrung des Störs, so ist er auch diejenige der Surrealisten, denn wie er sind wir fleischfressende Fische, die, wie ich schon angedeutet habe, zwischen zwei Wassern schwimmen, dem kalten Wasser der Kunst und dem warmen Wasser der Wissenschaft, und ausgerechnet in dieser Temperatur und wenn wir gegen den Strom schwimmen, erreicht die Erfahrung unseres Lebens und unserer Befruchtung die verwirrende Tiefe und den irrationalen, moralischen Hyper-Scharfsinn, der nur in jenem grausamen Osmoseklima gedeiht, das aus der fortwährenden lebendigen Verschmelzung der Dicke der Seezunge mit gekrönter Lauheit besteht, der Befriedigung mit der Beschneidung von Seezunge und Blech, der territorialen Ambivalenz mit bäuerlicher Geduld, des strengen Kollektivismus mit jenen Visieren, die von der Literatur der weißen Kugel über Bande des alten Billard und von der Literatur der weißen Stelle auf den Rändern des alten Plagiators aufgehalten werden*, aus allen möglichen lauwarmen, dermatologischen Elementen, die alles in allem koexistierende, charakteristische Elemente sind, welche den Begriff des »Unwägbaren« prägen, diesen Wahnbild-Begriff, der einstimmig für geeignet befunden wurde, den ungreifbaren Geschmack des Kaviars näher zu bestimmen, sowie den Wahnbild-Begriff, der bereits die scheuen Geschmackskeime der konkreten Irrationalität verbirgt, welche, da sie die Apotheose und den Höhepunkt dieses objektiv Unwägbaren darstellt, das aus der Genauigkeit und divisionistischen Präzision sogar imaginativen Kaviars besteht, auf eine ausschließliche und obendrein philosophische Manier das schrecklich demoralisierende, schrecklich komplizierte Ergebnis meiner Erfahrungen und Erfindungen auf dem Gebiet der Malerei begründen wird.

Denn eins ist gewiß, ich hasse, in allen ihren Erscheinungsformen, die Einfachheit.

Meine Festungen

Es leuchtet mir vollkommen ein, daß meine Feinde, meine Freunde und die Öffentlichkeit im allgemeinen behaupten, die Bedeutung der auftauchenden Vorstellungsbilder, die ich in meine gemalten Bilder umsetze, nicht zu verstehen. Wie sollten sie sie denn verstehen, wenn ich selber, der sie »macht«, sie auch nicht verstehe. Die Tatsache, daß ich selbst im Augenblick, wo ich male, die Bedeutung meiner

* Wortspiel mit »des lettres du blanc sur les bandes du vieux billard« und »des lettres du blanc sur les bandes du vieux pillard«. (A. d. Ü.)

Bilder nicht verstehe, will nicht heißen, daß sie keine Bedeutung hätten: im Gegenteil, ihre Bedeutung ist so unergründlich, komplex, zusammenhängend und unwillkürlich, daß sie der einfachen Analyse der logischen Anschauung entgeht.
Um meine Bilder auf die gängige Sprache zurückzuführen, um sie zu erklären, müssen sie besonderen Analysen unterworfen werden, vorzugsweise mit auf möglichste Objektivität bedachter, wissenschaftlicher Strenge. Jede Erklärung taucht also *a posteriori* auf, wenn das Bild als Phänomen bereits vorhanden ist.
Mein ganzer Ehrgeiz auf dem Gebiet der Malerei besteht darin, die Vorstellungsbilder der konkreten Irrationalität mit der herrschsüchtigsten Genauigkeitswut sinnfällig zu machen. Daß die Welt der Phantasie und der konkreten Irrationalität von der gleichen objektiven Augenfälligkeit ist, von der gleichen Festigkeit, von gleicher Dauer, von der gleichen überzeugenden, kognoszitiven und mitteilbaren Dichte wie diejenige der Außenwelt, der phänomenologischen Wirklichkeit. Wichtig ist, was vermittelt werden soll: der konkret-irrationale Bildinhalt. Die malerischen Ausdrucksmittel werden in den Dienst dieses Bildinhaltes gestellt. Der Illusionismus der nachahmenden, auf niederträchtigste Weise streberischen und unwiderstehlichen Kunst, die geschickten Kniffe des lähmenden *trompe-l'œil,* der auf analytische Weise erzählende, so verrufene Akademismus können zusammen mit der neuen Genauigkeit konkreter Irrationalität in dem Maße, wie die Vorstellungsbilder der konkreten Irrationalität sich dem phänomenologischen Wirklichen annähern und die entsprechenden Ausdrucksmittel denjenigen der großen realistischen Malerei – Velázquez und Vermeer van Delft –, sublime Hierarchien des Denkens werden; realistisch malen gemäß dem irrationalen Denken, gemäß der unbekannten Phantasie. Schnappschuß, handgemachte Farbfotografie mittels hochfeiner, abenteuerlicher, außerplastischer, außermalerischer, unerforschter, supermalerischer, superplastischer, trügerischer, hypernormaler, schwachsinniger Vorstellungsbilder der konkreten Irrationalität – Vorstellungsbilder der konkreten Irrationalität: Vorstellungsbilder, die vorläufig weder durch Systeme der logischen Anschauung noch durch rationale Mechanismen erklärbar oder reduzierbar sind.
Die Vorstellungsbilder der konkreten Irrationalität sind also die wirklich unbekannten Bilder. Der Surrealismus wartet in seiner ersten Periode mit besonderen Methoden auf, um sich den Vorstellungsbildern der konkreten Irrationalität zu nähern. Diese Methoden, die auf der ausschließlich passiven und rezeptiven Rolle des surrealistischen Bildinhaltes beruhen, werden zugunsten neuer surrealistischer Methoden systematischer Erforschung des Irrationalen abgebaut. Der reine psychische Automatismus,

Dalí, *Durchschnittlicher Bürokrat mit Luftschädel beim Melken einer Hirnharfe* (1934).

Dalí, *Gradiva, Wilhelm Tell und der Bürokrat* (1932).

die Träume, das experimentelle Träumen, die symbolisch funktionierenden surrealistischen Objekte, der instinktive Ideographismus, der phosphenomenische, einschläfernde Reiz usw. erscheinen uns heute als »an sich« nicht entwicklungsfähige Verfahren.

Mehr noch, die durch diese Verfahren erzielten Vorstellungsbilder weisen zwei schwerwiegende Nachteile auf: 1. sind sie keine unbekannten Bilder mehr, denn da sie in den Bereich der Psychoanalyse fallen, sind sie mit Leichtigkeit auf den allgemeinen logischen Sprachgebrauch zurückführbar, obwohl sie immer noch einen undeutbaren Rest sowie einen ursprünglichen, ausgiebigen Saum von Rätseln aufweisen, vor allem für das breite Publikum; 2. befriedigt ihr hauptsächlich virtueller und trügerischer Charakter unsere Begierden und »Grundsätze der Kontrolle«, die Breton im *Discours sur le Peu de Réalité* zum erstenmal dargelegt hat, nicht mehr. Seither streben die wahnhaften Vorstellungsbilder des Surrealismus verzweifelt ihrer greifbaren Möglichkeit entgegen, ihrem objektiven, körperlichen Dasein in der Wirklichkeit. Nur wer das nicht einsieht, kann noch in der plumpen Zweideutigkeit der »poetischen Flucht« herumschwimmen und uns immer noch für Mystiker des Phantastischen und Fanatiker des Wunderbaren halten. Ich für meinen Teil glaube, daß die Epoche der unzugänglichen Entstellungen, der nicht zu verwirklichenden blutigen Osmosen, der fliegenden Eingeweidedurchbrüche, der Frisur-Felsen, der katastrophischen Verfremdungen experimentell abgeschlossen ist, obwohl sie sehr wahrscheinlich weiterhin die ausschließliche Ikonographie eines langen Zeitabschnittes surrealistischer Malerei im weiteren Sinne bildet. Die neuen wahnhaften Vorstellungsbilder der konkreten Irrationalität streben ihrer körperlichen, wirklichen »Möglichkeit« entgegen; sie gehen über den Bereich »virtueller«, der Psychoanalyse zugänglicher Phantasmen und Darstellungen hinaus.

Sie weisen den entwicklungsfähigen und schöpferischen Charakter systematischen Handelns auf. Eluards und Bretons Simulationsversuche, Bretons neuste Gegenstandsgedichte, René Magrittes letzte Bilder, die »Methode« der letzten Skulpturen Picassos, Salvador Dalís theoretische und malerische Aktivität usw. ... belegen dieses Bedürfnis nach konkreter Verkörperlichung in der alltäglichen Wirklichkeit, diese moralische und systematische Beschaffenheit, objektiv und auf der Ebene des Wirklichen der wahnhaften, unseren rationalen Erfahrungen unbekannten Welt Geltung zu verschaffen. Statt der Traumerinnerung und virtueller, unmöglicher Vorstellungsbilder rein rezeptiver Zustände, »die man *nur* erzählen kann«, die körperlichen Tatsachen der »objektiven« Irrationalität, mit denen man sich immerhin wirklich verwunden kann. 1929 richtet Salvador Dalí seine Aufmerksamkeit auf die inneren Mechanismen der paranoischen Phänomene und faßt die Möglichkeit einer experimentellen Methode ins Auge, die auf dem unmittelbaren Vermögen systematischer, für Paranoia typischer Assoziationen beruht; diese Methode sollte in der Folge zur wahnhaft-kritischen Synthese werden, die sich »paranoisch-kritische Aktivität« nennt. Paranoia: interpretierender Assoziationswahn mit systematischer Struktur – *Paranoisch-kritische Aktivität: Spontane Methode irrationaler Erkenntnis, die auf der kritisch-interpretierenden Assoziation wahnhafter Phänomene beruht.* Das Vorhandensein aktiver, systematischer, für Paranoia typischer Elemente garantiert den entwicklungsfähigen, schöpferischen, für die paranoisch-kritische Aktivität typischen Charakter. Das Vorhandensein aktiver, systematischer Elemente setzt weder willentlich gelenktes Denken noch einen irgendwie gearteten intellektuellen Kompromiß voraus, denn bekanntlich gehört bei der Paranoia die aktive, systematische Struktur zum wahnhaften Phänomen selbst – jedes wahnhafte Phänomen paranoischen Charakters, selbst das augenblickliche, plötzliche, schließt bereits »in Gänze« die systematische Struktur ein und objektiviert sich erst *a posteriori* durch Einschalten der Kritik. Die kritische Aktivität schaltet sich lediglich als Entwickler von Vorstellungsbildern, Assoziationen, Zusammenhängen und Feinheiten des Systems ein, die im Augenblick, wo die wahnhafte Unmittelbarkeit statthat, bereits existieren und zur Zeit, auf dieser Stufe greifbarer Wirklichkeit, allein durch die paranoisch-kritische Aktivität ins Licht der Objektivität gerückt werden können. Die paranoisch-kritische Aktivität ist eine ordnende, schöpferische Kraft des objektiven Zufalls. Die paranoisch-kritische Aktivität betrachtet die surrealistischen Phänomene und Vorstellungsbilder nicht mehr getrennt, sondern im Gegenteil im zusammenhängenden Ganzen systematischer, bedeutungshaltiger Beziehungen. Statt der passiven, gleichgültigen, kontemplativen und ästhetischen Einstellung gegenüber irrationalen Phänomenen die aktive, systematische, ordnende, kognoszitive Haltung gegenüber denselben Phänomenen, die als assoziative, bedeutungshaltige Teilereignisse im wirklichen Bereich unserer unmittelbaren, praktischen Erfahrung des Lebens aufgefaßt werden.

Es handelt sich um systematisch-interpretierendes Ordnen des sensationellen, unzusammenhängenden und narzißtischen surrealistischen Versuchsmaterials. In der Tat, die tagtäglichen surrealistischen Ereignisse – die nächtliche Pollution, die falsche Erinnerung, der Traum, die Tagträumerei, die konkrete Umwandlung des nächtlichen Phosphens in ein einschläferndes Vorstellungsbild oder des Phosphens beim Erwachen in ein objektives Vorstellungsbild, die Eßlaunen, die intra-uterinen Ansprüche, die anamorphotische Hysterie, das Verhalten des Harns, die anhaltende, ungewollte Schlaflosigkeit, das zufällige, ausschließlich exhibitionistische Vorstellungsbild, die Fehlleistung, die wahrhafte Geschicklichkeit, das örtliche Niesen, der Analschubkarren, der winzige Irrtum, das liliputanische Unbehagen, der supernormale physiologische Zustand, das Bild, das man nicht fertig malt, das Bild, das man malt, das Ortsgespräch, »das störende Vorstellungsbild« usw. usw. –, all das, sage ich, sowie unzählige andere plötzliche oder allmähliche Anliegen, die ein Minimum an irrationaler Absicht verraten oder, im Gegenteil, ein Minimum an verdächtiger, phänomenaler Bedeutungslosigkeit, werden durch die Mechanismen des präzisen Apparates der paranoisch-kritischen Aktivität zu einem unzerstörbaren System wahnhafter Interpretation politischer Probleme, paralytischer Bilder und mehr oder weniger infantiler Fragen zusammengefaßt, die die Rolle einer Zwangsvorstellung spielen.

Die paranoisch-kritische Aktivität ordnet und objektiviert die unbegrenzten und unbekannten Möglichkeiten systematischer Assoziation subjektiver und objektiver Phänomene, die sich uns als irrationale Verlautbarungen darstellen, einzig und allein mittels der Zwangsvorstellung. Die paranoisch-kritische Aktivität entdeckt durch diese Methode neue, objektive »Bedeutungen« des Irrationalen, sie verschiebt auf greifbare Weise die Welt des Wahns selbst auf die Ebene der Wirklichkeit.

Paranoische Phänomene: die bekannten doppelgestaltigen Bilder – die Gestaltung kann theoretisch und praktisch vervielfältigt werden –, alles hängt von der paranoischen Fähigkeit dessen ab, der sie hervorbringt. Das Ausgehen von assoziativen Mechanismen und die Wiederkehr von Zwangsvorstellungen gestatten, wie es auf einem neuen, in Arbeit befindlichen Bild Salvador Dalís der Fall ist, gleichzeitig sechs Vorstellungen wiederzugeben, ohne daß eine von ihnen im geringsten figürlich entstellt wäre – Athletentorso, Löwenkopf, Kopf eines Generals, Pferd, Schäferinnenbüste, Totenkopf. Verschiedene Betrachter sehen auf diesem Bild verschiedene Vorstellungsbilder; es versteht sich von selbst, daß die Ausführung im höchsten Grade realistisch ist. Beispiel paranoisch-kritischer Aktivität: das nächste Buch von Salvador Dalí, *Der tragische Mythos des »Abendläutens« von Millet,* in welchem die besagte paranoisch-kritische Methode auf das wahnhafte Handeln angewendet wird, das der zwangshafte Charakter von Millets *Abendläuten* begründet.

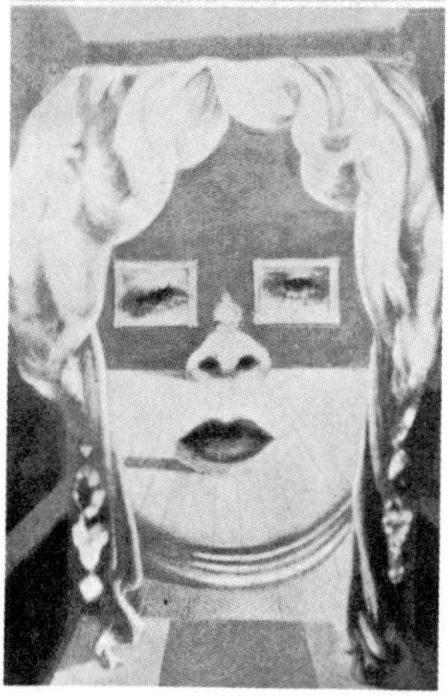

Dalí, *Geheimnisvoller Abend im Rücken meines Kindermädchens auftauchend.*

Dalí, *Das Gesicht von Mae West, als Wohnung zu benutzen.*

Die Kunstgeschichte muß also eigens umgeschrieben werden gemäß der Methode der »paranoisch-kritischen Aktivität«; dieser Methode zufolge würden scheinbar so verschiedene Bilder wie die *Gioconda,* Millets *Abendläuten* und Watteaus *Einschiffung nach der Insel Cythere* genau den gleichen Bildinhalt darstellen, möchten genau dasselbe ausdrücken.

Gemeinheit und Elend der abstraction-création

Der offenkundige Mangel an philosophischer und allgemeiner Bildung bei denjenigen, die fröhlich dieses Modell des Schwachsinns namens abstrakte Kunst, *abstraction-création* ungegenständliche Kunst usw. propagieren, gehört zu den vom Standpunkt der intellektuellen und »modernen« Trostlosigkeit unserer Zeit höchst angenehmen Dingen. Solche verspätete, von skatologischen Goldenen Schnitten klebrige Kantianer wollen uns auf dem neuen Optimismus ihres Kunstdruckpapiers immer noch ihre Brühe abstrakter Ästhetik auftischen, die wirklich und wahrhaftig noch ungenießbarer ist als jene entsetzlich schmutzigen, abgestandenen Fadennudelbrühen des Neothomismus, denen sogar Katzen, die sich vor Hunger krümmen, aus dem Weg gehen. Wenn ihnen zufolge Form und Farbe, von ihrem »darstellenden« Wert und ihrer anekdotischen Bedeutung abgesehen, einen ästhetischen Wert an sich haben, wie wollen sie dann das klassische paranoische, doppelgestaltige und simultane Bild zerlegen und erklären, das mühelos ein genau nachahmendes, ihrem Standpunkt zufolge wirkungsloses Bild und zugleich, ohne irgendeine Veränderung, ein gültiges, stark plastisches Bild liefert? Das ist der Fall bei dieser winzigen, äußerst anekdotischen Figur eines funkelnden, liegenden Negerleins im Meissonier-Stil, das gleichzeitig, wenn man es vertikal betrachtet, nur der prächtige, sogar kräftig plastische Schatten einer pompejanischen, auf Grund ihrer starken *abstraction-création* beachtlichen Nase ist! Picassos genialer Versuch sollte ihnen übrigens das bedingt Materielle, Unausweichliche und Apotheotische biologischer und wahnhafter Systeme des konkreten Objekts im Vergleich zu der physikalischen und geometrischen Genauigkeit ästhetischer Systeme darlegen. Denn (und erlauben Sie, daß ich in Versen zu ihnen spreche, da ich mich inspiriert fühle):

das biologische
und dynastische Phänomen
das
Picassos
Kubismus darstellt
ist
der erste große Kannibalismus der Phantasie gewesen
der den experimentellen Eifer
der modernen
mathematischen Physik übertraf.

Picassos Leben
wird die noch unverstandene
polemische Grundlage bilden

derzufolge
die Psychologie der Körper
für die Philosophie
wieder eine Bresche aus lebendigem Fleisch
und Dunkelheit
schlagen wird.
Denn auf Grund von
Picassos
materialistischem
anarchischem
und systematischem Denken
werden wir
physisch
experimentell
und unnötigerweise
»problematische« psychologische
nach Kant schmeckende Neuigkeiten
der »Gestalttheoretiker« kennenlernen
das ganze Elend
der
begrenzten und bequemen
Bewußtseinsgegenstände
samt ihren feigen Atomen
die unendlichen
und
diplomatischen Empfindungen.

Denn Picassos
hypermaterialistisches Denken
beweist
daß der Rassenkannibalismus
»die intellektuelle Gattung«
verschlingt
daß der Wein der Gegend
bereits
den Familienhosenschlitz
zukünftiger
phänomenologistischer Mathematiker
näßt
daß es
extra-psychologische
»gute Gestalten« gibt
die vermitteln
zwischen
dem Fett der Phantasie
und
den monetären Idealismen
zwischen
der transfiniten Arithmetik
und der blutdürstigen Mathematik
zwischen der »strukturalen« Wesenheit

einer »zwanghaften Seezunge«
und dem Verhalten der Lebewesen
in Verbindung mit »der zwanghaften Seezunge«
denn die betreffende Seezunge
geht
ganz und gar über
den Horizont
der
Gestalttheorie
weil
diese Theorie der
guten
Gestalt
und der Struktur
die physischen Mittel
nicht besitzt
die eine Analyse
oder
zumindest
die Registrierung
des menschlichen Verhaltens
gegenüber
Strukturen
und Gestalten
ermöglichen
welche objektiv
wie
physisch wahnhaft
auftreten
denn
es gibt heute
soviel ich weiß
keine
Physik
der Psychopathologie
keine Paranoiaphysik
was erst
als
experimentelle Grundlage
einer künftigen
Philosophie
der
Psychopathologie
einer künftigen
Philosophie der »paranoisch-kritischen« Aktivität
aufgefaßt werden könnte
die ich eines Tages
polemisch
zu betrachten versuchen werde
wenn ich Zeit dazu habe
und Lust.

Dalí, *Dreieckige Stunde* (1933).

Dalí, *Senicitas* (1926—27).

Heraklits Tränen

Es gibt eine fortwährende, synchrone körperliche Materialisation der großen Wahnbilder des Denkens in dem Sinne, wie Heraklit sie bereits verstand, als er vernünftigerweise ganz in Tränen zerfloß wegen der Scham, die die Natur vor sich selbst empfindet.
Sie wurde von den Griechen verwirklicht, als sie ihre psychologischen Götter schufen und mit ihren Skulpturen die heimlichen, wilden Leidenschaften des Menschen in klare, analytische und fleischliche Anatomie verwandelten. Heute ist die Physik die neue Geometrie des Denkens, und wenn für die Griechen der Raum, wie Euklid ihn auffaßte, nur eine sehr ferne Abstraktion war, noch unzugänglich für dieses schüchterne »dreidimensionale Kontinuum«, das später

Descartes verkünden sollte, so ist heute der Raum bekanntlich diese schrecklich materielle, schrecklich persönliche und bedeutungsschwere physikalische Sache geworden, die uns alle wie echte Mitesser zusammendrückt.
Wenn die Griechen, wie ich oben bereits sagte, ihre euklidische Psychologie und ihre euklidischen Empfindungen durch die sehnsüchtige, göttliche und muskelstarke Klarheit ihrer Bildhauer materialisierten, so gibt sich Salvador Dalí im Jahre 1935 nicht mehr damit zufrieden, Ihnen angesichts dieser beängstigenden und gewaltigen Frage des Einsteinschen Zeitraums Anthropomorphismus aufzutischen, gibt er sich nicht mehr damit zufrieden, Ihnen libidinöse Arithmetik aufzutischen, gibt er sich nicht mehr damit zufrieden, ich wiederhole es, Ihnen Fleisch aufzutischen, sondern er tischt Ihnen Käse auf, denn Salvador Dalís berühmte weiche Uhren sind, glauben Sie mir, nichts anderes als der zarte, extravagante, einsame paranoisch-kritische Camembert der Zeit und des Raumes.
Ich muß mich zum Schluß angesichts des echten Hungers, der meinen Lesern vermutlich Ehre macht, dafür entschuldigen, diese theoretische Mahlzeit, die etwas Wildes, Kannibalisches erwarten ließ, mit dem zivilisiert Unwägbaren des Kaviars begonnen und mit diesem anderen, noch berauschenderen und zerfließenderen Unwägbaren des Camemberts beendet zu haben. Lassen Sie sich nichts weismachen, hinter diesen beiden delikaten Wahnbildern des Unwägbaren verbirgt sich das immer ansehnlichere, das wohlbekannte blutige und irrationale gegrillte Kotelett, das uns alle auffressen wird. [1935]

Dalí, *Skulptur einer hysterischen und aerodynamischen Frau* (1934).

6. Die Metamorphose des Narziß

Paranoisches Gedicht

Wie man die auf meinem Bild
dargestellte Metamorphose des Narziß
visuell verfolgen kann:

Wenn man die hypnotisch reglose Gestalt des Narziß eine Zeitlang aus einer leichten Distanz und mit einer gewissen »zerstreuten Starrheit« betrachtet, verschwindet sie nach und nach und wird schließlich völlig unsichtbar.
Genau in diesem Augenblick findet die Metamorphose des Mythos statt, denn die Erscheinung des Narziß verwandelt sich plötzlich in die Erscheinung einer Hand, die aus ihrem eigenen Spiegelbild auftaucht. Diese Hand trägt auf den Fingerspitzen ein Ei, einen Samen, eine Zwiebel, aus welcher der neue Narziß geboren wird – die Blume. Daneben erkennt man die Gipsskulptur der Hand, der versteinerten Hand des Wassers, die die geschlüpfte, erblühende Blume hält.

Das erste Gedicht und das erste Bild,
die nach uneingeschränkter Anwendung der
paranoisch-kritischen Methode entstanden sind.

Zum erstenmal gestatten ein surrealistisches Bild und ein surrealistisches Gedicht objektiv die zusammenhängende

Deutung eines irrational entwickelten Sujets. Die paranoisch-kritische Methode bildet, und zwar im Bereich der überaus lähmenden surrealistischen Dichtung, allmählich das unzerstörbare Konglomerat »genauer Details«, die Stendhal zwecks Beschreibung der Architektur der Peterskirche in Rom gefordert hat.
Der Lyrismus poetischer Bilder ist philosophisch nur von Bedeutung, wenn er in seinem Wirkungsfeld so genau ist wie die Mathematik in dem ihren.
Der Dichter muß allen gegenüber beweisen, was er sagt.

Erster Fischer von Port-Lligat. – Warum betrachtet sich denn der Junge da den lieben langen Tag im Spiegel?
Zweiter Fischer. – Wenn du's unbedingt wissen willst *(spricht leiser):* Er hat eine Zwiebel im Kopf.

»Zwiebel im Kopf« entspricht im Katalanischen genau dem psychoanalytischen Begriff des »Komplexes«.
Wenn man eine Zwiebel im Kopf hat, kann sie jeden Augenblick aufblühen, Narziß!

Unter dem Riß der immer ferneren schwarzen Wolke
schwankt
die Waage des Frühlings unsichtbar
am reinen Aprilhimmel.
Auf dem höchsten Berg
neigt der Schneegott
sein blendendes Haupt über den schwindelnden Raum der Spiegelbilder
und schmilzt vor Verlangen
zu senkrechten Tauwasserfällen,
bis er brausend vergeht im schreienden Kot des Gesteins oder
zwischen schweigendem Moos
hin zum fernen Spiegel des Sees,
wo er eben,
die Schleier des Winters sind weg,
den leuchtenden Blitz
entdeckt hat,
sein genaues Ebenbild.
Als ob die entgottete Hochebene ganz sich
leerte,
senkte, zugrunde ginge
in Einsamkeit und unheilbarer Stille der Eisenoxyde,
während ihr Eigengewicht
die Tiefebene insgesamt
wimmelnd und apotheotisch
anhebt,
artesische Grasspringbrunnen
schießen dort schon in den Himmel,
und es wachsen empor

grade
zart
und hart
zahllose Blumenlanzen
betäubender, keimender Narzissenarmeen.

Schon erwägt die heterosexuelle Gruppe in den berüchtigten einleitend-erwartungsvollen Haltungen bewußt die drohende sinnliche Katastrophe, das fleischfressende Aufblühen ihrer latenten morphologischen Atavismen.

Zur heterosexuellen Gruppe
in dieser milden Zeit* des Jahres
(doch ohne Übermaß geliebt und auch nicht mild)
gehört
der Inder,
herb, ölig, zuckrig,
wie eine Augustdattel,
der Katalane mit dem ernsten Rücken
in schöner Haltung
an einer Steilküste,
im Gehirn ein fleischliches Pfingsten,

der blonde Raubtiergermane
mit braunen Nebeln
der Mathematik
in den Grübchen
seiner Wolkenknie,

gehört die Engländerin,
die Russin,
die Schwedin,
die Amerikanerin

und die große düstre Andalusierin,
starkdrüsig und grün vor Angst.

In der Landschaft, fern von der heterosexuellen Gruppe, wachsen die späten Nachmittagsschatten, und Kälte befällt den nackten Jüngling, der am Rande des Wassers verweilt.

Wenn die klare, göttliche Anatomie des Narziß
über den dunklen Spiegel des Sees
sich neigt,

wenn sein vorgebeugter weißer Torso
in der hypnotischen Silberkurve seines Verlangens
eisig erstarrt

* wobei *Zeit* als Materie aufgefaßt wird

und die Zeit verfließt
auf der Sandblumenuhr seines eignen Fleisches,
vergeht Narziß im kosmischen Taumel,
in dessen Tiefen
die kalte, dionysische Sirene seines Ebenbildes
singt.
Der Körper des Narziß wird leer und verliert sich
im Abgrund seines Spiegelbildes
wie eine Sanduhr, die man nicht umdreht.

Narziß, du verlierst deinen Körper,
entführt, verwischt vom tausendjährigen Spiegelbild deines
Verschwindens,
dein vom Tode gezeichneter Körper
sinkt hin zum Topasabgrund, zum gelben Strandgut der
Liebe,
dein weißer, versunkener Körper
folgt dem Gefälle des wilden, steinigen Sturzbachs
schwarzer Edelsteine mit ätzenden Düften,
dein Körper . . .
bis zu matten Mündungen der Nacht
an deren Ufern
es schon funkelt
von all dem roten Silberzeug
der Morgendämmrung mit den geplatzten Adern an den
»Landungsstellen des Blutes«*.

Narziß,
begreifst du?
Die Symmetrie, göttliche Hypnose der Geometrie des Geistes, krönt schon dein Haupt mit jenem unheilbaren, pflanzlichen, atavistisch trägen Schlaf,
der das Gehirn ausdörrt
in der ledernen Substanz
des Kerns deiner nahen Metamorphose.

Dalí, *Zwei Jünglinge* (1954).

Der Samen deines Hauptes ist gerade ins Wasser gefallen.

Der Mensch kehrt zur Pflanze zurück
wie die Götter
durch den schweren Schlaf der Ermüdung
durch die transparente Hypnose ihrer Leidenschaften.
Narziß, reglos bist du,
man könnte denken, du schläfst.
Von Herkules, dem rauhen, braunen,
würde man sagen: er schläft wie ein Stamm
in der Haltung
einer herkulischen Eiche.
Du aber, Narziß,

* Federico García Lorca

der durchscheinenden Jugendlichkeit schüchternes, duftendes Blühen,
du schläfst wie eine Wasserblume.
Jetzt naht das große Geheimnis,
jetzt tritt die große Metamorphose ein.

Narziß, der reglose, von seinem Spiegelbild mit der verdauungsfördernden Langsamkeit fleischfressender Pflanzen aufgesaugt, wird unsichtbar.

Von ihm bleibt nur
das halluzinierende weiße Oval seines Kopfes,
sein Kopf, von neuem so zart,
sein Kopf, Kokon biologischer Hintergedanken,
sein Kopf, von den Fingerspitzen des Wassers gestützt,
von den Fingerspitzen
der sinnlosen Hand,
der schrecklichen Hand,
der kotfressenden Hand,
der tödlichen Hand
seines eignen Spiegelbildes.

Wenn dieser Kopf zerspringt,
wenn dieser Kopf zerplatzt,
wenn dieser Kopf aufbricht,
wird er zur Blume werden,
ein neuer Narziß,
Gala –
mein Narziß.
[1936]

Paul Eluard, Gala und S. Dalí 1936 in London

Gewiegtes Flugblatt

Dauerhaftes Flugblatt
du lehnst zu Unrecht
eine Tasse
irgendeine portugiesische Tasse ab
die heute in einer
Geschirrfabrik hergestellt wird
weil eine Tasse
ihrer Form nach
einem vornehmen städtischen arabischen Antimon gleicht
das in Reichweite der Nachbarschaft ist
wie der flüchtige Blick meiner hübschen Gala
der flüchtige Blick meiner hübschen Gala
Duft eines Morgenstreifens
wie das Epithelgewebe meiner hübschen Gala
das Epithelgewebe ihres närrischen Laternenanzünders.

ja ich will es tausendmal wiederholen

Dauerhaftes Flugblatt
du lehnst zu Unrecht
eine Tasse
irgendeine portugiesische Tasse ab
die heute in einer
Geschirrfabrik hergestellt wird
weil eine Tasse
ihrer Form nach
einem vornehmen städtischen arabischen Antimon gleicht
das in Reichweite der Nachbarschaft ist
wie der flüchtige Blick meiner hübschen Gala
der flüchtige Blick meiner hübschen Gala
Duft eines Morgenstreifens
wie das Epithelgewebe meiner hübschen Gala
das Epithelgewebe ihres närrischen Laternenanzünders.

[1932]

Ich fordere Aragon heraus

Im Jahre 1932, während einer Sitzung über surrealistische Experimente, beschrieb ich ein kompliziertes Projekt für ein surrealistisches Objekt, eine sogenannte »Denkmaschine«, für die ich Hunderte von kleinen Trinkbechern brauchte, die mit warmer Milch gefüllt und an einem großen Schaukelstuhl befestigt werden sollten. Da erklärte Louis Aragon, der bei der Sitzung anwesend war und noch zu unserer Gruppe gehörte, zur allgemeinen Verblüffung

THIRION ÜBER ARAGON: Haben Caillois und Monnerot, 1932 Surrealisten, 1940 Gaullisten, nicht mehr dafür getan, daß nicht jedes revolutionäre Ideal kompromittiert und die grundsätzlichen Freiheiten, die die unabdingbaren Voraussetzungen jeder Revolution darstellen, gewahrt wurden, daß bewußtere Beziehungen zwischen den Menschen einerseits und den Dingen, der Natur und der Gesellschaft andererseits geschaffen wurden, mehr als derjenige, der das Denken aufgegeben hatte, um Sänger der wechselnden Launen von Dummköpfen zu werden, die an der Macht waren, um Knecht einer Macht zu werden, die mehr Kommunisten umbrachte als jede andere? Sicher, *Les Cloches de Bâle* und *Les Voyageurs de l'Impériale* haben ein anderes literarisches Format als die Arbeiten von Caillois und Monnerot. Doch während Aragon trotz seiner erzählerischen Begabung, trotz klarer Einblicke in die Psychologie junger Männer und Frauen nur einen ungeheuren Gefühlsnebel verbreitet und mit der Schönheit der Episoden, die manchmal diesen Schwalm durchbricht, zugleich eine Irreführung, ein Schwindel ans Licht kommt, der verabscheuungswürdiger und genauso reaktionär ist wie Balzacs Royalismus, sind Caillois und Monnerot auf der Lauer geblieben und haben nie versucht, ihre Leser einzulullen. Die Arbeiten von Caillois und Monnerot enthalten, so begrenzt manchmal ihr Gesichtsfeld und der Rahmen ihrer Erfahrungen im Vergleich mit der umfangreichen Aragonschen Staffage ist, auf Grund einer Art umgekehrten Dialektik eine menschliche Qualität, die dem *Homme communiste* völlig abgeht. Sie klammern sich an das Zukünftige, während alles, was Aragon geschrieben hat, schon heute der Vergangenheit angehört. Die zustimmenden Äußerungen, die Breton nach der Publikation von *Misère de la Poésie* und der Dulita-Affäre erreichten, waren somit Entscheidungen für die intellektuelle Redlichkeit. Sie waren auch Zeichen eines unbestimmten Mißtrauens gegenüber der Aufrichtigkeit der Kommunisten, was die Revolution anging. Doch in dreißig Jahren wird man solche Nuancen nicht mehr wahrnehmen. Wie man in der Politik nicht etwa der Bessere sein, sondern Erfolg haben muß, entledigt sich die Literatur der Moralität wie das Insekt sich seiner Puppe und läßt die Generationen nach ihren eigenen Gesetzen urteilen, deren Paragraphen Louis Aragon fast durchweg günstig sind.

Man beschäftigte sich in Charkow eingehend mit der *proletarischen Literatur,* einem in den Jahren um 1930 oft behandelten Thema. Es führte unter den marxistischen Intellektuellen und Sympathisanten zu einem erstaunlichen Verblödungswettbewerb. Sogar die Linken von 1971 haben die verrückten Texte vergessen, in denen mit unnachahmlichem Ernst und großem Aufwand an Zitaten der Kirchenväter die proletarische Kunst behandelt wurde.

Die Diskussion eröffneten immer mediokre Schriftsteller, die dem beachtlichen Markt des Weltproletariats ihren platten Naturalismus diktieren wollten. Die Russen erreichten das in ihrem Land mit Hilfe der Polizei und durch Terror mühelos. Jenseits der russischen Grenzen zogen die Massen, die mit schwieriger Lektüre nicht viel anfangen konnten, etwas wie die *Série Noire* und Klatschgeschichten über Stars, Königinnen und Sängerinnen vor, was für die Kultur wesentlich vorteilhafter war.

Aragon wünschte, an den Konferenzdiskussionen über die Morphologie dieses fünfbeinigen Kalbes teilzunehmen. Er tat das leider ohne den geringsten Humor – der ihm offenbar endgültig abhanden gekommen ist, seit er die Beresina überschritten hat – und mit der für ihn charakteristischen Neigung, noch etwas draufzusetzen. Er verkündete, die zögernden Zuschriften der Arbeiterkorrespondenten (Rabkors, wie die russische Abkürzung heißt) an kommunistische Zeitungen stellten die Quelle der proletarischen Literatur dar. Die Bemerkung war ganz vernünftig, genügten doch diese Machwerke allen Kritetodernst: »Ich protestiere gegen Dalís Objekte – Gläser voll Milch sind nicht zur Herstellung surrealistischer Objekte, sondern für die Kinder von Arbeitslosen da.« Diese Erklärung war meiner Meinung nach die unzweideutige Ankündigung unseres bevorstehenden Bruchs; er schlug damit jenen Ton intellektueller und moralischer Gemeinheit an, in den er verfallen sollte, um zu guter Letzt schmählich in den allerservilsten Konformismus, in die stalinistische Bürokratie, abzusacken.

Als Louis Aragon noch glaubte, er habe Aussichten auf eine brillante (und kapitalistische) literarische Karriere, setzte er alles daran, der Bourgeoisie mit einer vagen anarchischen Pose zu gefallen. Seine damalige Haltung gegenüber der Sowjetunion brachte er prägnant zum Ausdruck durch seine zynische Charakterisierung Moskaus als eines »Idioten, der die Kontrolle über seine Ausscheidungsorgane verloren hat«, eine Haltung, die bezeichnend war für sein Schwanken angesichts der russischen Revolution zu der Zeit, als Lenins strahlender Genius noch die Geschicke dieses Landes lenkte und die mehr als fanatische Anhänglichkeit aller wahren Revolutionäre rechtfertigte.

Nach seiner Rückkehr von einer Reise nach Rußland glaubte Aragon, Aussichten auf eine andere brillante (diesmal sozialistische) Karriere zu haben. Da die Hoffnung seiner Pariser Anfänge allmählich schwand, brach er seine Beziehungen zur surrealistischen Gruppe geräuschvoll ab und übernahm, natürlich vorbehaltslos, das Programm der »proletarischen Kunst«, das man ihm wahrscheinlich auf der Konferenz von Charkow, von der er gerade zurückgekommen war, eingeschärft hatte.

Damals bestand bekanntlich die proletarische Kunst aus einer Art erbärmlichen, primitiven Idealisierung der Bedingungen und Mythen, die auf Grund der Geringschätzung sozialistischer Arbeit entstanden waren, sowie aus der Veranschaulichung politischer Slogans. Es war die Zeit, als Aragon in seinen Gedichten öffentlich zur Ermordung Léon Blums aufrief (»Schießt auf Blum! Schießt auf die Eisbären der Sozialdemokratie!«). Das war offensichtlich mehr, als verlangt wurde, zugleich aber der letzte anarcho-individualistische Rückstand, aus dem die Partei auf ihre Weise Nutzen ziehen konnte – zugunsten von direkter Aktion und Terrorismus. Überdies hatte sich damals noch niemand eine solche Verherrlichung der »Volksfront« träumen lassen, die Aragon zufolge Schluß zu machen versprach mit Man Rays Fotos von schönen, erregenden, exhibitionistischen Frauen, diesen Fotos, die bis 1934 noch erregend sein durften, nach dem 6. Februar* aber ihre Wirkung und ihren Sex-Appeal völlig verloren.

* Am 6. Februar 1934 kam es in Paris zum Aufruhr der Faschisten, die unter dem Vorwand der Empörung über den Stavisky-Skandal die Regierung stürzen wollten.

Sobald Rußland beschloß, das Programm der »proletarischen Kunst« fallenzulassen, weil dieses zweifellos lauwarme Glaubensbekenntnis eine beispiellose Schlappe erlitten hatte, übernahm Aragon auf der Stelle den neuen Slogan des »Sozialistischen Realismus«, für den man sich gerade entschieden hatte. Von einem Tag zum andern wurde die proletarische Idealisierung durch sozialistischen Realismus ersetzt, doch das neue Glaubensbekenntnis war genauso stupid wie das alte, als ob man von »proletarischer Chemie, sozialistischer Physik, einem sozialistischen Automobil« sprechen könnte. Warum sollten Automobile sozialistisch sein? Wenn in Rußland ein Labor für Krebsforschung oder eine Autofabrik gebaut wird, versucht man doch die fortschrittlichsten Leistungen der kapitalistischen Länder einzuholen und nach Möglichkeit zu überholen. Im ästhetischen Bereich ist das surrealistische Phänomen, das die erstaunlichsten und neuesten Entdeckungen der Imagination zu analysieren versucht, am fortschrittlichsten.

Das wahre Labor zur systematischen Erforschung von kartographisch noch nicht erfaßten Gegenden des menschlichen Geistes ist der Surrealismus. Warum also nicht von diesem Labor Gebrauch machen, das doch jede Erfahrung in der Geschichte der Kunst zur Darstellung bringt? Wenn der Surrealismus seine Experimente in einer sozialistischen Gesellschaft weiterentwickelt, werden natürlich die historischen, politischen und sozialen Veränderungen eines Tages die Weiterentwicklung des Surrealismus prägen und entscheidend beeinflussen, doch wer kann sagen, auf welchem Weg soll man erkennen, wie sich das alles abspielen wird? Auch verändert der historische Faktor nur die Betrachtungsweise und die »Ausdrucksmittel«, und wir wissen, daß der Surrealismus in erster Linie den tieferen Inhalt des ästhetischen Phänomens im Auge hat. Die Entdeckungen der »paranoisch-kritischen Aktivität« haben eindeutig bewiesen, daß scheinbar verschiedene Bilder, die aus ganz unterschiedlichen Epochen stammen, wie die *Mona Lisa,* Watteaus *Einschiffung nach der Insel Cythere,* Millets *Abendläuten* und Courbets *Guten Tag, Herr Courbet* »genau« dasselbe sagen wollen, und gerade um das, was die *Dinge* sagen *wollen,* geht es uns – um die Art und Weise, wie sie gesagt werden, zwar auch, aber erst in zweiter Linie. In meinem letzten Buch habe ich diese Fragen mehr ins einzelne gehend beantwortet. Es heißt *Die Eroberung des Irrationalen* und hat eine rote Bauchbinde mit der Aufschrift: »Gegen den sozialistischen Realismus!« Ich wiederhole als Slogan: »Die Eroberung des Irrationalen gegen den sozialistischen Realismus.«

Aragon hat keine Ahnung, daß Vermeer van Delft bereits die »Farbfotografie« erfunden hatte, an der man heute

rien des Genres; *die einzige Grundlage, die man einer Organisation proletarischer Literatur vorschlagen kann und soll, ist eine systematische Entwicklung der Arbeit, die die Rabkors leisten,* sagte Aragon auf der Konferenz. Dieser Satz war ziemlich hinterlistig. Der ihn aussprach, wußte nämlich, daß es in der Partei zum guten Ton gehörte, die Rabkors zu ermuntern. Als professioneller Schriftsteller wußte er auch, daß das nicht sehr weit führen konnte.
Die Rabkors gehörten zu den pseudo-demokratischen *Tricks,* die die kommunistische Bürokratie ausgeheckt hatte. Man versuchte damals, sie in der *Internationale* heimisch zu machen. Diese »Leserbriefe« hätten theoretisch die Meinung der »Basis« wiedergeben und nicht durch den Filter der Berufsjournalisten gehen sollen. In Wirklichkeit hatte man ein Netz von Denunzianten geschaffen, deren Schriebe alles andere als spontan waren und nicht nur, wie die gesamte Presse, der staatlichen Zensur unterlagen, sondern dazu noch gelenkte *Tendenzen* wiedergaben, um diejenigen, die die besagten Behörden kaltstellen wollten, anzuschwärzen oder zu beschimpfen.

mühevoll herumlaboriert. Er rechtfertigt »Reportageaufnahmen« wie diese hier von Greta Garbo, die sich vor den Reportern versteckt. Wäre es ein Foto von Stalin statt von der Garbo, wär's bereits »sozialistischer Realismus«, und wäre es von Hitler, dann wär's »nationalsozialistischer Realismus«. Alles hängt vom verborgenen Gesicht ab. Was für eine ideologische Armut! Damit verglichen ist Vermeer »purer Surrealismus«. [1937]

5 Skizzen, die Dalí in seinen Knabenjahren zeichnete.

Unabhängigkeitserklärung der Phantasie und Erklärung der Rechte des Menschen auf seine Verrücktheit

WENN INFOLGE DER ENTWICKLUNG DER MENSCHLICHEN KULTUR EIN VOLK DIE INTELLEKTUELLEN FESSELN, DIE ES MIT DEN LOGISCHEN SYSTEMEN DER VERGANGENHEIT VERKNÜPFEN, SPRENGEN MUSS, UM SICH SELBST EINE URSPRÜNGLICHE MYTHOLOGIE ZU SCHAFFEN, DEREN ÜBEREINSTIMMUNG MIT DEM INNERSTEN WESEN, MIT DEM VOLLKOMMENEN AUSDRUCK SEINER BIOLOGISCHEN WIRKLICHKEIT VON HERVORRAGENDEN GEISTERN ANDERER VÖLKER ERKANNT WERDEN WIRD – DANN FORDERT DIE ACHTUNG, DIE MAN DER ÖFFENTLICHEN MEINUNG SCHULDET, DASS DIE GRÜNDE, DIE DEN BRUCH MIT ABGENUTZTEN, KONVENTIONELLEN FORMELN EINER PRAGMATISCHEN GESELLSCHAFT ZWANGSLÄUFIG HERBEIGEFÜHRT HABEN, OFFEN DARGELEGT WERDEN.

Zu Beginn der surrealistischen Revolution wurde erklärt: »Wir leben im Zeitalter der drahtlosen Telegraphie; wir verkünden auch das Zeitalter der drahtlosen Phantasie.« Doch nicht Telegraphendrähte schnüren uns jetzt ein – Ketten der Unterdrückung müssen wir zerreißen! In Bestätigung des obigen verkünden wir folgende Wahrheiten: daß alle Menschen in ihrer Verrücktheit gleich sind, und daß Verrücktheit (Eingeweidekosmos des Unterbewußten) die allgemeine Grundlage des menschlichen Geistes darstellt. Diese Einheit der Geistes wurde von Lautréamont proklamiert, als er schrieb: »Die Dichtung muß von allen, nicht von einem gemacht werden.« Zu den Grundrechten menschlicher Verrücktheit gehört, was die surrealistische Bewegung selbst wie folgt definiert: »Surrealismus – reiner psychischer Automatismus, durch den man schriftlich oder mündlich oder auf irgendeine andere Art den wirklichen Ablauf des Denkens auszudrücken sucht; Denk-Diktat ohne jede rationale, ästhetische oder moralische Kontrolle.« (André Breton: Erstes surrealistisches Manifest.)

Der Mensch hat Anspruch auf das Rätsel und die Wahnbilder, die auf den großen Konstanten des Lebens beruhen: auf dem Geschlechtstrieb, dem Bewußtsein des Todes und der körperlichen, vom »Zeit-Raum« verursachten Melancholie.

Die Rechte des Menschen auf seine Verrücktheit werden von falschen »praktisch-rationalen« Hierarchien ununterbrochen bedroht und in einer Weise traktiert, die man ohne Übertreibung »provinziell« nennen darf. Die Geschichte des echt schöpferischen Künstlers ist voll von Mißachtungen und Übergriffen, mittels derer das kommerzielle Denken den neuen schöpferischen Ideen des poetischen Denkens eine absolute Tyrannei aufzwingt. ICH FÜHLE MICH VERPFLICHTET, FOLGENDE TATSACHEN NEUESTEN DATUMS, DIE ICH SELBST ERLEBT HABE, DER ÖFFENTLICHKEIT ZU UNTERBREITEN.

Wahrscheinlich erinnern sich die meisten von Ihnen an den Zwischenfall, den die Leitung eines gewissen New Yorker Warenhauses hervorrief, als sie sich unterfing, einige meiner Entwürfe abzuändern, ohne die Rücksicht zu nehmen, mich vorher über ihre Entscheidung in Kenntnis zu setzen. Ich erhielt damals Hunderte von Briefen von amerikanischen Künstlern, die mir versicherten, ich hätte durch meine Handlungsweise dazu beigetragen, die Unabhängigkeit ihrer Kunst zu verteidigen. Jetzt hat ein noch erstaunlicherer Kampf stattgefunden. Das fürs Amusement Area der Weltausstellung zuständige Komitee hat mir verboten, außen am »Traum der Venus« das Bild einer Frau mit Fischkopf aufzustellen. Das folgende sind genau seine Worte: »Eine Frau mit einem Fischschwanz ist möglich, eine Frau mit einem Fischkopf ist nicht möglich.« Diese Entscheidung des Komitees halte ich für eine überaus schwerwiegende, die verdient, daß man sie ins grellste Licht rückt. Denn hier geht es um die Leugnung eines Rechtes rein poetischer und imaginativer Art, das nichts angreift, was von moralischer oder politischer Bedeutung wäre. Ich bin immer der Meinung gewesen, daß der erste, der den Einfall hatte, einen weiblichen Körper in einen Fischschwanz auslaufen zu lassen, kein schlechter Dichter gewesen ist, doch ich

bin ebenso überzeugt, daß der zweite, der den Einfall wiederholte, nichts weiter war als ein Bürokrat. Jedenfalls hätte der Erfinder des ersten Sirenenschwanzes die gleichen Schwierigkeiten mit dem Komitee des Amusement Area gehabt wie ich. Hätte es im Unsterblichen Griechenland ähnliche Komitees gegeben, wäre die Phantasie verbannt worden und die Griechen hätten, schlimmer noch, ihre sensationelle, unerbittlich surrealistische Mythologie, die (meines Wissens) zwar keine Frau mit Fischkopf, doch unbestreitbar den Minotaurus mit seinem schrecklich realistischen Stierkopf hervorgebracht hat, nie geschaffen und uns also auch nicht hinterlassen.
Jeder wirklich originelle Einfall, der sich ohne »nachweisliche Vorläufer« präsentiert, wird systematisch abgelehnt, gemildert, in den Dreck gezogen, durchgekaut, nochmals durchgekaut, ausgespuckt und zerstört, jawohl, und, was noch schlimmer ist – zur scheußlichsten Mediokrität verschnitten. Die Entschuldigung, die man bereithält, ist immer die Vulgarität der überwiegenden Mehrheit des Publikums. Das ist, ich betone es, grundfalsch. Das Publikum ist dem Schund, mit dem es täglich abgespeist wird, unendlich überlegen. Die Massen haben immer gewußt, wo echte Poesie zu finden ist. Das Mißverständnis ist einzig durch jene »kulturellen Zwischenhändler« entstanden, die sich mit ihrem hochfahrenden Wesen und ihren herablassenden Schaumschlägereien zwischen den Schaffenden und das Publikum drängen.
KÜNSTLER UND DICHTER AMERIKAS! WENN IHR DEN HEILIGEN QUELL EURER MYTHOLOGIE UND INSPIRATION ZURÜCKEROBERN WOLLT, IST DIE ZEIT GEKOMMEN, EUCH IM HISTORISCHEN ZENTRUM EURES PHILADELPHIA ZU VERSAMMELN, WIEDER EINMAL DIE SYMBOLISCHE GLOCKE DER UNABHÄNGIGKEIT EURER PHANTASIE ZU LÄUTEN UND, IN EINER HAND FRANKLINS BLITZABLEITER, IN DER ANDERN LAUTRÉAMONTS REGENSCHIRM RECKEND, DEN STURM VON OBSKURANTISMUS, VON DEM EUER LAND BEDROHT IST, ZU BEKÄMPFEN! LASST DEN BLENDENDEN BLITZ EURES ZORNES UND DEN RÄCHENDEN DONNER EURER PARANOISCHEN INSPIRATION LOS!

Nur Heftigkeit und Dauer eures gestählten Traumes können der furchtbaren mechanischen Zivilisation widerstehen, die euer Feind und der Feind des »Lustprinzips« aller Menschen ist. Ein Mann hat das Recht, Frauen mit ekstatischen Fischköpfen zu lieben. Ein Mann hat das Recht, lauwarme Telefone ekelhaft zu finden und Telefone zu fordern, die so kalt, grün und aphrodisisch sind wie der von Gesichten heimgesuchte Schlaf der spanischen Fliegen. Telefone, die so barbarisch sind wie Flaschen, werden sich von der lauwarmen Verzierung der Louis-XV.-Löffel befreien und langsam die Bastarddekorationen unserer milde verblaßten Dekadenz mit eisigem Schamgefühl bedecken.

Der Mensch hat das Recht, den Schmuck einer Königin als »Lustobjekte« für sich zu fordern: Kostüme für seine Möbel! für seine Zähne! selbst für Gardenien! Handbestickte Kissenbezüge werden die außerordentliche Empfindlichkeit von »Kalbslungeneisenbahnschienen« schützen, bei der Herstellung von Automobilen wird man buntes Glas mit persischen Mustern einführen, um das häßliche, rohe Tageslicht der Landschaften fernzuhalten. Die Farbe alten Absinthes wird das Jahr 1941 beherrschen. Alles wird grünlich sein. »Grün, ich will dich grün« – grünes Wasser, grüner Wind, grünes Hermelin, grüne, vom Schlaf geschwellte Eidechsen, die die grüne Haut, die blendenden Dekolletés der Schlaflosigkeit entlanghuschen, grüne Silberplatte, grüne Schokolade, grün die Elektrizität, die im Todeskampf das lebendige Fleisch der Bürgerkriege versengt, grün das Licht meiner Gala!

Dalí, Kostüm (1939).

Im Alptraum der Amerikanischen Venus aus der (von trockenen Regenschirmen starrenden) Dunkelheit heraus das berühmte Taxi von Christoph Kolumbus. Drinnen sitzt voller Stolz er selbst. Er ist von einem beharrlichen Sprühregen völlig durchnäßt. Dreihundert lebendige Weinbergschnecken kriechen auf seinem reglosen Körper und in den Höhlungen seines bleifarbenen Gesichtes herum. Auf der Brust von Christoph Kolumbus kann man dieses rätselhafte Schild lesen: Bin ich schon zurück? Warum weist er mit seinem Zeigefinger in Richtung Europa? Warum ist er von den unsichtbaren Geistern des Herzogs und der Herzogin von Windsor begleitet? Warum ist ein schlafwandelndes spanisches Mädchen mit goldenen Ketten ans Steuer seines Cadillac de luxe gefesselt?

ES GIBT NOCH UNDURCHDRINGLICHERE GEHEIMNISSE À LA DALÍ, SCHWER VON DUNKLER, WEITREICHENDER BEDEUTUNG. DOCH EINS IST SICHER: EIN KATALANE, CHRISTOPH KOLUMBUS, ENTDECKTE AMERIKA, UND EIN ANDERER KATALANE, SALVADOR DALÍ, HAT SOEBEN CHRISTOPH KOLUMBUS WIEDERENTDECKT. NEW YORK! DU, DEM STENGEL DER LUFT SELBST ÄHNLICH, HALB GEKAPPTE HIMMELSBLUME! DU, VERRÜCKT WIE DER MOND, NEW YORK! SIEH, DIE SURREALISTISCHE »PARANOIA-KINESIS« HAT DICH EROBERT, DU HAST ALLEN GRUND, STOLZ ZU SEIN, ICH GEHE UND ICH KOMME, ICH LIEBE DICH VON GANZEM HERZEN. [1939]

Bacchanal
(Venusberg)

Libretto und Bühnenbild: Salvador Dalí, nach den »Bacchanalien« im Tannhäuser
Musik: Richard Wagner
Choreographie: Leonide Massine
Bühnenbild (Ausführung): Fürst A. Schervachidze
Kostüme: Mme. Karinska, nach Vorschlägen von Salvador Dalí

Die Bühne zeigt den Venusberg in der Nähe von Eisenach; im Hintergrund Salvador Dalís Geburtsort, das Empordatal, in der Mitte erhebt sich ein Tempel wie auf Raffaels »Verlobung der Jungfrau«. Die italienische Pflasterstraße, die zu dem Tempel führt, ist also auf katalanischen Boden verlegt.

»Im Tannhäuser-Libretto vermischt Wagner Symbol und Psychologie, das Phantastische und das Reale, mit der Bühnenhandlung.« – Larousse –

»Ich habe dieses Rezept für mein eigenes Libretto übernommen, wobei ich ›Psychologie‹ durch den Ausdruck ›Psychoanalyse‹ ersetzte, der zu Wagners Zeiten unbekannt war.« – Salvador Dalí –

Das »Tannhäuser-Bacchanal« wird hier durch das wahnhaft verworrene Gehirn Ludwigs II. von Bayern sichtbar, der mit seiner nervösen Überempfindlichkeit des Gesichtssinns alle Wagner-Mythen bis an den Rand des Wahnsinns zutiefst »lebte«. Als eigentlicher Held des Balletts identifiziert er sich mit diesen legendären Helden; die Handlung stellt die Halluzinationen und Gefühle dar, denen er ausgeliefert war.

Die ersten Akkorde der Ouvertüre beschwören den Aufbruch der Pilger, und Ludwig in Gestalt Tannhäusers nähert sich Venus. Von ihrer strahlenden Erscheinung geblendet, taumelt er ins Dunkel des düstersten Mythos – Tobias und der Engel. Venus verwandelt sich in einen Fisch, der Fisch in einen Drachen. Ludwig schwingt Lohengrins Schwert und spießt den Drachen auf. Doch diese Heldentat erweist sich als Bumerang, denn die Eingeweide streifen seine Augenlider und verdüstern von nun an seinen Blick mit hypnagogischen Visionen. Ludwig, der Lohengrins Helm trägt, stirbt schließlich; seine letzte Vision ist Leda, die zärtlich den Schwan umarmt (das klassische Symbol für heterosexuelle Liebe). Gegenstand und Ursache von Ludwigs wirklichem Tod werden zusammen mit seinem Leichnam entdeckt: ein Sonnenschirm und das Bild der Lola Montez, die beide wie echte Schädel gleißen.

Geologische Grundlagen des Venusberges
Ich schreibe diesen Text im schattigen Licht eines kleinen sibirischen Waldes, einer Art erleuchteten Lichtung. Es ist Gala. (GALUTCHKINETTA.)

Vielleicht – ja sogar ganz sicher – empfinde ich mit jedem Tag, der vergeht, daß ich sozusagen an meine eigne Geologie festgenagelt bin, und das ist der Augenblick, es zu berichten.
Und da meine Füße den Boden des Empordatales (wo ich selbst geboren bin und auch Christoph Kolumbus, der Entdecker Amerikas, und Narcisse Monturiano, der das erste U-Boot baute, um nur einige zu erwähnen . . .) immer berührt haben, berühren und berühren werden, haben Berge mein Gehirn und meine Augen immer angezogen. Und von allen Bergen hat Wagner den größten Einfluß auf mich gehabt. Bekanntlich sieht man aber Berge nur vom Tal aus wirklich, und so kann man Wagners Berg, das dürfen Sie mir glauben, nur vom Empordatal aus deutlich erkennen, weil Wagner die Apotheose der Romantik darstellt und das Empordatal das realistischste Tal der Welt ist.
Wagner ist so groß, daß er noch immer wächst, und das heißt: es hat ihn noch keiner gesehen. Man weiß von ihm nur, wie seine Musik in richtigen Bergen klingt, und man kann sie dort zwar kennenlernen, aber aus zu großer Nähe, bei rauschenden Wasserfällen und Nachtigallengesang.
Eins ist sicher. Für gewöhnlich stellt die Musik in erster Linie den Anspruch, daß man sie nicht berührt, sondern ihr halb traumversunken mit geschlossenen Augen, mehr nach innen als nach außen blickend zuhört. Wagner hingegen ist einer der seltenen Musiker, die darauf bestehen, daß man ihnen beim Klang der Trompeten auch zusieht, nicht nur zuhört, und zwar mit Augen und Ohren, die für die Verzauberung weit offen sind, da vor ihm noch keiner eine so aufrührerische und grandiose Leidenschaft für außermusikalische, seinem eigenen Herzen entspringende Elemente besaß. Auch hatte niemand eine umfassendere Vorstellung von theatralischem Gefühlsüberschwang mit allen seinen Bildern, Mythen und Vorwänden, so daß wir ohne Bedenken, mißverstanden zu werden, versichern können: Wagner ist nicht nur ein Berg geologischer Melodien, sondern auch ganz und besonders ein wirklicher Berg mythologischer Bilder und Halluzinationen.
Es ist schon sehr schwierig, den Berg Wagner genau zu beobachten, nicht nur wegen des lyrischen Dunstes, in welchem er so oft versinkt, sondern auch wegen seiner unbegreiflichen Morphologie; doch die Umrisse eines der letzten Berge, die Wagner bestiegen hat, nämlich des Venusberges, sind noch viel schwieriger auszumachen. Denn im Venusberg hat sich Wagner mit dem einzigen wirklichen, substan-

tiellen Bacchanal der Phantasie ein Stelldichein gegeben.
Aus allen diesen Gründen habe ich mir für meine erste Arbeit auf dem Theater die Besteigung des Venusberges zum Ziel gesetzt.
Sie werden hier sehen, was man in allen andern Balletten auch sieht: Liebe, Tod, Laster, Tugend ... alles, was für gewöhnlich so passiert usw.
Sie werden auch die Landstraße sehen, die durch die Grotte des Venusberges führt, die Straße, die beweist, daß nicht nur alle Wege nach Rom führen, sondern auch für den Rückweg offenstehen.
Sie werden Ludwig II., Venus, Leda, den Schwan, Sacher-Masoch mit Gemahlin, Lola Montez ... usw. sehen. Sie werden die buckligen nordischen Waldschratte sehen, die unbezahlbar sind, denn ihre Buckel enthalten schieres Gold.
Schließlich werden Sie die drei Grazien sehen, an deren Skeletten soviel Grazie herumhängt, daß man seinen Augen nicht traut.
Und all das und vieles andere werden Sie im Licht der aufgehenden Sonne der neusten Einzelwissenschaften unserer Zeit sehen, vor allem der Psychoanalyse. Wenn ich also einerseits Wagners Genie verherrliche und aktuell mache, bin ich doch der Meinung, daß ich andererseits Freud meinen Tribut zolle, der mir für Wagner die Augen geöffnet hat. [1939]

Dalí, Dekoration für das Ballett »Bacchanal«.

Glänzende Ideen

»Von diesem Licht essen wir nicht«

Nichts kommt mir so stumpfsinnig vor wie Licht, das einfach um den Körper einer gestalteten Idee herumstreicht. Was – bei allem Abstand – Platons Denken und plastisches Empfinden ausmachte, wird mit einer Mediokrität, die unserer Zeit würdig ist, wieder aktuell in der modernen Architektur und Bildhauerei, die nach einstimmigem Urteil nie, nicht einmal zufällig, eine wirklich glänzende Idee haben.
Wie ihr Name sagt, erhellt eine glänzende Idee im Augenblick, wo sie Gestalt annimmt, von selbst; die passive Rolle, die Rolle eines »Tellers«, den uns gesunde, fröhliche Architekten heutzutage in Zellophanpapier eingewickelt auftischen, kommt für sie nicht in Frage.

Gespenstisch-spektrales Schillern der Perle

Denken Sie an die moderne Vorliebe für stumpfe oder glatte Oberflächen, die auf Grund ihrer plastischen Einfachheit, ihrer Bereitwilligkeit, sich vom Licht ästhetisch streicheln und beschreiben zu lassen, immer einladend wirken. Die schönen menschlichen Konkretionen, die schönen abstrakten, pantheistischen Arschbacken! Dieses ganze eintönige Aufblühen rund um die Ästhetik des Eies, diese ganze Banalität, die sich den kindischen intellektuellen Ekstasen der platonischen Beleuchtung anpreist und hingibt, diese ganze moderne Plastik, ob konvex oder konkav!
Dem Volumen Ei setzen wir das »Volumen Perle« entgegen. Während sich beim Ei bekanntlich die Idee bedingungslos dem Licht ausliefert, geschieht bei der Perle (wie wir gleich sehen werden) genau das Gegenteil. Hier gibt sich das Licht bis zum letzten schillernden Tropfen, bis zur Gespenstigkeit, bis zum Spektrum mit Leib und Seele der Idee hin, wodurch sie glänzend wird und Feuer hat. Und wir spielen die Perle gegen das Ei aus, weil wir damit die dalínische paranoisch-kritische Idee des Gespenst-Objektes der kontemplativen, platonischen Idee der Skulptur entgegensetzen.

Perlmutt und Perle (Stéphane Leduc: Essai de morphologie générale).

»Bekanntlich haben Perlmutt und Perle sozusagen keine eigne Farbe. Es handelt sich bei ihnen um Kalkgebilde, die in einer Umgebung, deren kolloidales Element der Mu-

schelkalk ist, in regelmäßigen Zeitabständen entstehen. Beide Substanzen haben die gleiche chemische Zusammensetzung und Rillenstruktur. Der Unterschied besteht in einer dichteren Rillenbildung bei der Perle, was wiederum für die unterschiedlichen Farben von Perlmutt und Perle ausschlaggebend ist. Tatsächlich lehrt und zeigt die Physik, daß bei jeder Rillenbildung von der Feinheit eines Mikrons (eines Tausendstelmillimeters) das optische Phänomen ›optischer Netze‹ auftritt: ein Bündel weißes Licht wird ›zerlegt‹ und erzeugt wie durch ein Glasprisma hindurch mittels Reflexion ein farbiges ›Spektrum‹ – die Farben des Perlmutts und der Perle.«
Die Kügelchen sind aber von mikroskopischer Größe, und ihre Entstehung folgt keiner festen Gesetzmäßigkeit. Stéphane Leduc erzeugt nach Belieben optische Netze von der Größenordnung eines Dezimeters, indem er Kali- und Natronsalze in Gelatine auflöst, die ein bißchen Kalziumnitrat enthält. Der Kalk, der sich bildet, schlägt sich in den gewünschten Zeitabständen als Ablagerung nieder, und man kann das Schillern nach Wunsch vom lebhaften Glanz des Perlmutts bis zum sanften Schimmern der Perle variieren.

Dialog zwischen Wagner und Ludwig II. von Bayern (Definition der Perle).

WAGNER *(sitzt. Er hält eine Perle zwischen den Fingerspitzen. Ludwig II. kniet vor ihm und sieht ihm entgeistert zu.):*
... Hast du doch, Perle, jene leicht verbeulte Form, die auch die Schädel haben. Wie sie trägst du die schauerlich unregelmäßigen Spuren knetender Finger.
LUDWIG II. *(als ob er sich mühevoll erinnerte):*
Und auch ... auch ... Irgendwie lächeln Perlen grauenhaft.
WAGNER *(mit dem schneidigen Bekehrungseifer eines Strebers):*
Jawohl! Denn ausgerechnet auf diesem kleinen Schädel, auf diesem Kugelköpfchen der Perle schimmert unwiderstehlich das lähmendste Lächeln, das glänzende Lächeln, das Schillern! das gespenstische Spektrum!
LUDWIG II. *(kommt schmachtend, mit weit aufgerissenen Augen näher, von der Perle hypnotisiert):*
Ich sehe es, dieses Lächeln! Ich sehe sie, die große, die gebieterische Angst meiner Kindheit, als obskure Dichter eine Reihe von Perlen obskur mit dem blendenden Glanz der Zähne verglichen, dieser Beschwörung des spektralen Gespenstes!
WAGNER *(triumphierend, genialisch, momentan etwas heiser):*

Jawohl! Denn die Perle ist nichts anderes als das Schädelspektrum, das Schädelgespenst, das nach Abschluß der aphrodisischen, wimmelnden Verwesung rund und glatt und kahl übrigbleibt wie der Rückstand und die Konkretion dieser ganzen sumpfigen, nahrhaften, prachtvollen, klebrigen, finsteren und grünlichen TODESAUSTER.

LUDWIG II. *(verbirgt sein errötetes Antlitz in den Händen, mit dumpfer, selbstmordschwangerer Stimme):*
Ja . . . Ja! . . . dann wäre das Geräusch einer Auster, die geöffnet wird, genau das Geräusch des Sarges, den ein Nekrophiler mit seinem verkrampften Pfahl, mit dem wissenden Ungeschick des Verlangens, mit . . . usw. . . . usw. . . .

*Der Mann mit dem Perlenhalsband: Vermeer**

Die Perle wird von Vermeer van Delft auf den Gipfel der höchsten Hierarchie des objektiven Mythos erhoben. Sie ist ein zwanghaftes Motiv innerhalb des beharrlichen, komplexen, äußerst scharfsinnigen, uralten Denkens dieses Malers, der einen »glänzenden Sinn für den Tod« hat, und zwar mit der gleichen Hyperevidenz des »déjà vu« und auf die gleiche Art, wie Böcklin später das »allegorische Gefühl« für den Tod hatte.
Vermeer ist ein echter Maler gespenstischer Spektren. Die Frau, die vor dem Spiegel ihr Perlenhalsband anprobiert, ist das spektralgespenstischste Bild, das jemals gemalt worden ist – es handelt sich um das »ununterbrochene« hypermaterielle Gespenst. Vermeer, sitzend, von hinten, der in sein eigenes »Mädchen mit dem Perlenhalsband« übergeht, macht seine Bilder, diese Gefühlsperlen des schillernden Raumes, erst substantiell und wägbar (wobei er nur die Perlmuttspektren wiegt). Denn an der redlichen Reinlichkeit dieses alltäglichen Haushaltes seiner glänzend unwägbaren Interieurs muß man erkennen, daß Vermeer eine echte Perle war.

Immer noch verdummt die Sonne den Menschen

Schließlich soll alles, was wir gerade geschrieben haben, dazu dienen, unseren Lesern wie schon so oft zu versichern, daß für uns Surrealisten die Sonne eins jener seltenen objektiv wichtigen Dinge ist, die uns vollkommen kalt lassen, obwohl wir besser als alle anderen wissen, daß ausgerechnet dieses Gestirn wesentliche ideologische Kannibalismen der Massen auf politischer und allgemein biologi-

* Frz. *Le peseur de perles: Vermeer.* Anspielung auf Vermeers Bild *La peseuse de perles* (Das Mädchen mit dem Perlenhalsband). Auf die wörtliche Übersetzung »Der Perlenwieger: Vermeer« spielen im folgenden die Worte wägbar *(pondérable),* wiegen *(peser)* und unwägbar *(impondérable)* an. *A. d. Ü.*

scher Ebene lenkt, durcheinanderbringt und wiederaufblühen läßt wie der Gesang der Nachtigall.
Doch bekanntlich erwarten die Surrealisten nichts vom Menschen, den irgendwelche Sonnenmythen tyrannisieren und verdummen; sie holen sich nichts vom Menschen, dem Teller der Sonne. Wie jedermann weiß, fliehen die Surrealisten vor dem schrecklichen Sonnenlicht in finstere Tiefenregionen, die den phosphoreszierenden Glanz des Perlmutts aufblühen lassen, denn es steht fest, daß in der Finsternis des Geistes die wahren »glänzenden Ideen« aufgehen – und es gibt heute niemanden, der bestreiten könnte, daß die Surrealisten ziemlich die einzigen sind, die solche Ideen für sich in Anspruch nehmen können.

Die glänzenden Ideen der paranoisch-kritischen Methode stellen Platon und besonders die Sonne in den Schatten.

Die Entstofflichung, die die Auffassung des Lichtes durch die Wellentheorie erfahren hat, scheint heute ganz und gar beglichen. Doch bedeutet das nicht unbedingt eine einfache Rückkehr zur Korpuskeltheorie, wie Newton sie verkündet hatte. Es handelt sich vielmehr um eine außerordentlich kühne Synthese der Wellen- und Korpuskeltheorie. Tatsächlich scheint die Krise der »Substantialitätsgefühle« von der neusten Entwicklung der Auffassung des Lichts als eines »Verstofflichungsprozesses«, der im Begriff der »Quanten« gipfelt, vollkommen überholt und überwunden zu sein. Und wirklich, die Quantentheorie (die übrigens undenkbar wäre ohne die Einsteinsche Relativitätstheorie) ist eine Theorie, die höchst theatralisch die echte Niederfahrt des Heiligen Geistes mit dem ganzen Gewicht seiner eigenen Substantialität und Fotografie darstellt: denn wie es Fische gibt, die ihr Öl mit sich herumtragen, trug der Heilige Geist seine eignen Feuerzungen mit sich herum, und die Quanten sind mit ihren Photonen versehen wie die Fotoapparate mit ihren Magnesiumglühbirnen.
Die Quantentheorie ist so bedeutsam, so gravierend wie Newtons Apfel; diesmal fällt er auf Einsteins Kopf und wird zu den Feuerzungen des Heiligen Geistes in Form einer ihrem Wesen, ihrer Substanz und ihrer Vorzüglichkeit nach »glänzenden Idee«. Ihm fällt eine richtige Perle auf den Kopf.
Aus allem, was wir soeben geschrieben und glasklar dargelegt haben, müssen wir folgern, daß das Licht, daß selbst das Licht nicht mehr bereit ist, sich gehenzulassen, ja es will sich auch nicht mehr betrachten oder berühren lassen vom »plastischen Denken«, wie Platon es gewünscht hätte. Ganz im Gegenteil, es stellt den schwindenden Glanz dieses Philosophen, der zu seiner Zeit, wie ich in früheren Arti-

keln bereits ausgeführt habe, eine Art Kameliendame des antiken Denkens war, mehr und mehr in den Schatten.
Beim heutigen Stand der Dinge (der wissenschaftlichen Dinge) wäre es unanständig, das ekelhafte Schauspiel des Lichtes, das platonisch um die plastischen Ideen herumstreicht und sie streichelt, weiter zuzulassen. Es gibt keine Beleuchtung für Spektralobjekte, Gespensterobjekte, für echte Feuerskulpturen. Ludwig II. von Bayern verzehrte sich glanzvoll für diese innere Beleuchtung, die wir meinen. [1940]

Phänomenologische Aspekte der paranoisch-kritischen Methode

Wir veröffentlichen nachstehend den originalen, vollständigen Text eines von Salvador Dalí am 17. Dezember 1955 an der Sorbonne gehaltenen, bis jetzt unpublizierten Vortrages. Dieser Text ist die genaue, unbearbeitete Wiedergabe der an Ort und Stelle gemachten Tonbandaufnahme. Geräusche wurden vermerkt. Salvador Dalí hat den Text nicht revidiert, es handelt sich also um seine mündliche Ausdrucksweise, die ohne Überarbeitung wiedergegeben wird.

Salvador Dalí hat beschlossen, die phantastischste Eröffnung seines Lebens in Paris zu machen, weil Frankreich das intelligenteste Land der Welt ist *(rasender Beifall, Bravorufe),* weil Frankreich das rationalste Land der Welt ist *(Geräusche),* ich aber aus Spanien komme, dem irrationalsten und mystischsten Land der Welt.
Der Verstand steuert, führt in die Nebelschwaden der Skepsis hinein, der Verstand führt zum gastronomischen Koeffizienten der super-gallertigen, proustschen, angegangenen Ungewißheit. Es ist deshalb gut und notwendig, daß ab und zu Spanier wie Picasso und ich nach Paris kamen, um Sie zu verblüffen ... *(Unruhe im Saal)* ..., indem wir Ihnen ein rohes, blutendes Stück Wahrheit zeigten.
Einer der letzten wichtigeren modernen Maler ist zweifellos Henri Matisse gewesen ... *(Beifall)* ..., aber gerade Henri Matisse verkörpert die letzten Konsequenzen der Französischen Revolution, das heißt den Triumph der Bourgeoisie und des bourgeoisen Geschmacks *(lebhafte Bravorufe).*
Die Konsequenzen der »modernen Kunst« sind heute, daß ein Maximum an Rationalisierung und ein Maximum an Skepsis erreicht worden sind.

Dalí, *Schädelharfe*

Heute glauben die modernen jungen Maler an fast gar nichts ... *(Bravorufe)* ... Wenn man an nichts glaubt, liegt es auf der Hand, daß man schließlich fast nichts mehr malt. Das trifft zu für die ganze moderne Malerei einschließlich der abstrakten, ästhetischen, akademischen Malerei, und die einzige Ausnahme ist eine Gruppe von Malern der New Yorker Schule, die dank ihrer Traditionslosigkeit und einer Art von instinktivem Paroxysmus einem neuen prä-mystischen Glauben auf der Spur sind, der sich ausbreiten wird, sobald die neuesten Fortschritte der Kernphysik ins Bewußtsein der Welt getreten sind.
In Frankreich gibt es ein Beispiel absoluter Gegensätzlichkeit zur New Yorker Schule, gerade wegen seiner vom kosmogonischen Standpunkt aus monarchischen Atavismen, nämlich meinen Freund, den Maler Mathieu; er hat die akademische Haltung der modernen Malerei am weitesten entwickelt.
Jetzt ... ich bin kein Redner, und ich bin vor allem hier, um eine Eröffnung zu machen, die pseudo-wissenschaftlich sein wird, denn ich bin kein Wissenschaftler. Doch ich unterbreite sie den Gelehrten, vor allem den Morphologen ... offenbar sind keine anwesend? ..., damit sie beurteilen können, inwieweit mein Wahnsinn schöpferisch und gültig ist.
Die Eröffnung ist folgende:
Im Alter von neun Jahren bin ich fast nackt im Eßzimmer in meiner Heimatstadt Figueras, stütze mich mit dem Ellbogen auf den Tisch und muß mich schlafend stellen, damit ich von einer jungen Bediensteten beobachtet werde; auf dem Tischtuch lagen trockene Brotrinden, die in meinem Ellbogen einen stechenden Schmerz hervorriefen. Er war mit einer Art lyrischen Ekstase verbunden, in die mich vorher der Gesang einer Nachtigall versetzt hatte; ich war bis zu Tränen erschüttert. Unmittelbar nach diesem unvergeßlichen Nachtigallengesang und der folgenden Szene mit dem Ellbogen auf den Brotrinden wurde ich ganz irre besessen vom Bild »Die Spitzenklöpplerin« (an einer Wand im Büro meines Vaters hing eine Reproduktion, die durch die offene Tür sichtbar war) und von Rhinozeroshörnern. Alle meine Freunde hielten die Illusion, die dieses Bild bei mir hervorrief, sofort für eindeutig verrückt.
Als ich sie einmal mitten in Paris verlor, brachte ich keinen Bissen herunter und mußte sie wieder aufsuchen. Das ist eine meiner größten Ängste der letzten Jahre.
Als ich den Schmerz erwähnte, den die Brotrinden in meinem Ellbogen hervorriefen, vergaß ich zu sagen, daß seither alle meine bedeutsamen Empfindungen durch den Ellbogen in mich einkehren *(Heiterkeit, Beifall)*. Das Herz habe ich nie gespürt!
Die Beschäftigung mit Vermeer van Delft und meine wachsende Liebe zu ihm, vor allem zur »Spitzenklöpplerin«,

führten mich zum Entschluß, im Louvre die Erlaubnis zur Herstellung einer Kopie dieses Bildes einzuholen.
Eines Morgens betrat ich also den Louvre; zu diesem Zeitpunkt befaßte ich mich auch eingehend mit Rhinozeroshörnern, aber als ich den Louvre betrat, wußte ich noch nicht, wie meine Kopie aussehen würde. Und zur großen Überraschung aller meiner Freunde und des Konservators des Louvre kamen auf der Leinwand statt der Spitzenklöpplerin Rhinozeroshörner zum Vorschein. Ich muß sagen, ein bißchen hatte ich's geahnt. *(Gelächter, Beifall)*

Projektion der Spitzenklöpplerin von Vermeer

Am meisten verwirrt hat mich an diesem Bild, daß alles genau auf eine Nadel, eine Stecknadel ausgerichtet war, die nicht gemalt ist, sondern einfach suggeriert wird; und wie oft spürte ich die Spitze dieser Nadel so real in meinem eignen Fleisch, in meinem Ellbogen, daß ich mitten in den himmlischsten Siesten aus dem Schlaf hochfuhr.
Man hat dieses Bild immer für überaus friedlich und außergewöhnlich ruhig gehalten. Für mich besaß es eine der gewalttätigsten Kräfte im ästhetischen Bereich, welche nur mit dem kürzlich entdeckten *Antiproton* verglichen werden kann.

Projektion der Kopie Dalís im Louvre-Zustand

Das hier, das ist die Kopie, die ich im Louvre gemacht habe *(Unruhe im Saal, Gelächter, Rufe: Das ist besser! Offensichtlich! . . .).*
Damals hatte ich von diesem Werk fast gar nichts kapiert, und ich habe einen ganzen Sommer damit zubringen müssen, das Problem der »Spitzenklöpplerin« durchzuarbeiten, um mir darüber klar zu werden, daß ich ausgerechnet streng logarithmische Kurven gezogen hatte.

Projektion der vollendeten Spitzenklöpplerin (Version Dalí)

Dann kam ein neuer Zustand, wo beim Zusammenstoß der Rhinozeroshörner eine Art kleine Brotrinden, eine Art kleine Korpuskeln entstehen, durch die das Bild der Spitzenklöpplerin wieder sichtbar wird. Später war ich der Meinung, ich müsse das Bild weitermalen; die rhinozerontischen Vorstellungen sprangen so in die Augen, daß ich meinem Freund Mathieu ein Telegramm mit folgendem Wortlaut schickte:
»Diesmal ist der Louvre nichts, ich muß direkt vor ein lebendiges Rhinozeros.«

Projektion Galas und Dalís im Wasser am Cap Creus

Ich habe den ganzen Sommer an der Costa Brava verbracht und ununterbrochen mit dem Bild der Spitzenklöpplerin gelebt; ich hatte etwa fünfzig Stück davon in meinem Olivenhain, und wenn ich mit Gala baden ging, meiner Gradiva, die wahrscheinlich verhindert hat, daß ich richtig übergeschnappt bin, war sie auch mit dabei.
Während dieses Sommers in Spanien führte ich meine Erforschung der Morphologie der Sonnenblume weiter, die ich vor zwei Jahren in Angriff genommen hatte. Schon Leonardo da Vinci hatte seinerzeit ungewöhnlich interessante Schlüsse aus ihr gezogen.

Projektion einer Sonnenblume

Da entdeckte ich plötzlich, daß dort, wo die Spiralen, aus denen die Sonnenblume besteht, sich schnitten, ganz deutlich die vollendete Rundung der Rhinozeroshörner auftritt.
Nun sind aber die Morphologen alles andere als sicher, ob die Sonnenblumenspiralen richtige logarithmische Spiralen sind; es handelt sich um Spiralen, die nur wenig abweichen, doch gewisse Wachstumsphänomene haben zur Folge, daß man sie nie mit streng wissenschaftlicher Genauigkeit messen konnte; und die Morphologen sind sich absolut nicht einig, ob es logarithmische Spiralen sind oder nicht.
Ich habe aber sofort Erkundigungen über das Rhinozeroshorn selbst eingezogen; und in dieser Hinsicht steht einwandfrei fest, daß es in der Natur nie ein so vollkommenes Beispiel einer logarithmischen Spirale gegeben hat wie die Rhinozeroshornrundung.
Ich trieb also mein Studium der Sonnenblume weiter, und als ich die mehr oder weniger logarithmischen Kurven dieser Sonnenblume auswählte und verfolgte, konnte ich spielend den deutlich sichtbaren Umriß der Spitzenklöpplerin erkennen, den Kopfputz der Spitzenklöpplerin, das Kissen der Spitzenklöpplerin, ein bißchen im Stil eines pointillistischen Bildes von Seurat.
In jeder Sonnenblume habe ich vielleicht ein gutes Dutzend Spitzenklöpplerinnen entdeckt, wobei manche dem Original Vermeers ähnlicher waren als andere.

Gleichzeitige Projektion der Sonnenblume und des Kopfes der Spitzenklöpplerin von Vermeer

Als ich zum erstenmal sah, wie die Spitzenklöpplerin als Fotografie, als Bild einem lebendigen Rhinozeros gegen-

überstand, wurde mir schlagartig klar, daß im Falle eines Kampfes die Spitzenklöpplerin gewinnen würde.
In diesem Sommer begriff ich, weshalb: Die Spitzenklöpplerin ist, morphologisch gesprochen, selbst ein Rhinozeroshorn *(Gelächter, Beifall)*.
Nun befanden wir uns also in der heiklen Situation, daß das arme Rhinozeros auf der Nasenspitze eine ganz kleine Spitzenklöpplerin zu tragen schien, während die Spitzenklöpplerin selbst ein ungeheures Rhinozeroshorn war, das über ein Maximum an geistiger Kraft gebot, weil es, bar aller Bestialität eines Rhinozerosses, auch noch Symbol der absoluten Monarchie, der Keuschheit, war. Vermeer ist meiner Meinung nach das genaue Gegenteil eines Bildes von Henri Matisse, und bei aller Hochachtung, die ich für diesen enorm begabten Maler habe, muß ich doch sagen, daß er das Urbild der Schwäche ist, weil er in seiner Malerei, die alles andere als keusch ist im Gegensatz zu derjenigen Vermeers, der seinen Gegenstand nicht berührt, die Wirklichkeit vergewaltigt, sie dabei verwandelt und auf bacchische Tuchfühlung zusammenschrumpfen läßt.

Projektion des »Christus Hypercubicus« im Metropolitan Museum

Das ist ein fast normales Bild, doch mein Freund Descharnes, der zur Zeit einen Film dreht, der »Die wunderbare Mär von der Spitzenklöpplerin und vom Rhinozeros« heißen soll, hat gerade Galas Gesicht analysiert, das hier zu klein ist, als daß man es erkennen könnte, aber es besteht aus achtzehn Rhinozeroshörnern ... *(Hurrarufe, Beifall, Unruhe usw.)*

Projektion eines Fragmentes der »Metamorphose des Narziß«

Leute, die dieses Bild analysierten, haben behauptet, es werde darin ein Zusammenhang mit der Vorstellung von Brot deutlich, nicht nur vom Standpunkt der Eucharistie her, sondern auch auf Grund seiner Stofflichkeit und der Morphologie seiner Formen. Ich bin zeit meines Lebens vom Brot besessen gewesen, ich habe oft Brotkanten gemalt, und noch hier sieht man auf den ersten Blick, daß die Form der Knie genau nach vorher gemalten Brotkanten kopiert ist; bei einer Analyse der Schatten findet man, wie bei allen andern Schatten auch, die Rundung dieser für mich fast göttlichen Form des Rhinozeroshornes, die somit die Grundlage aller keuschen und kraftvollen Ästhetik wäre.

Projektion der »Weichen Uhren«

Hier ist das Bild der »Weichen Uhren«, über die viel geredet worden ist, weil man mich immer fragt, warum sie weich sind, und ich immer antworte: »Ob eine Uhr weich oder hart ist, spielt keine Rolle, wenn sie nur die genaue Zeit angibt.«
Dieses Bild zeigt schon Symptome von sich auflösenden Rhinozeroshörnern und spielt dadurch klar auf die ständige Vergeistigung dieses Elementes an, das sich bei mir zunehmend in ein deutlich mystisches Element verwandelt.
Die Form des Rhinozeroshornes ist weder romantischen noch dionysischen Ursprungs, im Gegenteil, sie ist apollinisch . . . also Raffael!

Projektion eines Bildes von Raffael

Ich habe bei Raffael entdeckt – man sieht es sehr deutlich am Hals, an der Form des Halses, ich habe Analysen gemacht –, daß alles nach Art dieser Winkel geformt ist, mit Würfeln und Zylindern; Raffael malte einzig und allein mittels Rundungen, mittels Formen, die den im Rhinozeroshorn vorhandenen logarithmischen Kurven sehr ähnlich sind.

Projektion der Version Dalí desselben Bildes von Raffael

Hier ist eine Kopie dieses Bildes von Raffael, die offensichtlich von meiner rhinozerontischen Zwangsvorstellung beeinflußt ist.
Diese Kreuzigung Raffaels ist eines der größten Beispiele für die konische Gliederung einer Oberfläche.
Es handelt sich hier nicht um das Rhinozeroshorn, wie ich es auffasse und wie es bei Vermeer vorkommt – sonst wäre es weit kraftvoller –, sondern es ist ein sozusagen neuplatonisches Rhinozeroshorn.
Wir werden gleich die genaue graphische Darstellung dieses Bildes sehen, aus welcher hervorgeht, daß es im wesentlichen aus einer Ebene besteht, auf der alle Figuren gemäß der Göttlichen Monarchischen Proportion des Lucas Pacelli verteilt sind, der in der Ästhetik ununterbrochen das Wort »monarchisch« gebraucht, weil die fünf regelmäßigen Körper voll und ganz von der absoluten Monarchie der Sphären beherrscht werden.

Projektion eines Rhinozerosarsches

Das ist ein Rhinozerosarsch:
Ich habe diesen Teil des Rhinozerosses analysiert und bin

zum Ergebnis gekommen, daß es sich um eine geschlossene Sonnenblume handelt. Nicht zufrieden damit, eine der schönsten logarithmischen Kurven auf der Nasenspitze zu tragen, trägt das Rhinozeros also auch auf dem Hintern eine Art Spiralnebel aus logarithmischen Kurven in Form einer Sonnenblume *(Beifall, Bravorufe, Geschrei . . .).*
Und jetzt wird Salvador Dalí etwas prophezeien:
Nach dem morphologischen Studium der Sonnenblume spürte ich, daß diese kleine Sonnenblumenspitzenarbeit, diese kleinen Kurven etwas Schweigsames hatten, das Leonardos tiefer Melancholie entspricht; auch war's zu mechanisch, es gelang mir nicht so recht, die Spitzenklöpplerin wahrzunehmen, weil der Sonnenblume eben irgendwie das Dynamische fehlt. Ich überlegte . . . plötzlich stieß ich auf die Fotografie eines Blumenkohls . . . und das morphologische Problem des Blumenkohls ist mit demjenigen der Sonnenblume insofern identisch, als auch er aus wirklich logarithmischen Spiralen besteht.
Doch seine Röschen haben eine Art von Expansionskraft, fast eine Atomkraft, einen bestimmten Knospenstand, eine Spannung, die man in diesem eigensinnigen, meningitischen, von mir so leidenschaftlich geliebten Kopf der Spitzenklöpplerin wiederfindet. Gerade anhand dieser Fotografie ist mir die Möglichkeit aufgegangen, die Spitzenklöpplerin zu »erkennen«; ich wollte mir Blumenkohlköpfe besorgen, aber bis jetzt waren alle, die ich auftreiben konnte, zu klein, hatten nicht die erforderliche Beschaffenheit, um die Spitzenklöpplerin deutlich zu erkennen.
Nun bin ich aber absolut davon überzeugt, daß ich im März, wenn mir riesige Blumenkohlköpfe zur Auswahl stehen, einen solchen Blumenkohl ins rechte Licht setzen und in einem bestimmten Winkel fotografieren lassen werde, und ich gebe mein Ehrenwort eines Spaniers, daß auf der entwickelten Fotografie kein Blumenkohl mehr drauf ist, sondern daß jedermann Vermeers Spitzenklöpplerin in der ihr eigenen Technik erkennen wird *(Bravorufe und rasender Beifall).*
Jetzt will ich kleine Geschichten von objektivem Zufall erzählen, die ich aufregend finde.
Man hatte mich darauf aufmerksam gemacht, daß Dschingis-Khan eines Tages in einer ganz paradiesischen Gegend (wo er begraben werden wollte) eine Nachtigall singen hörte und am folgenden Tag im Traum ein weißes Rhinozeros mit roten Augen, einen Albino, erblickte; er hielt diesen Traum für ein Vorzeichen und verzichtete infolge dieses weißen Rhinozerosses auf die Eroberung von Tibet.
Das hat große Ähnlichkeit mit meiner Kindheitserinnerung; Sie werden sich erinnern, daß sie auch mit dem Gesang einer Nachtigall beginnt, worauf dann die Zwangsvorstellung der Spitzenklöpplerin, der Brotkanten und Rhinozeroshörner auftritt.

Während ich das Leben Dschingis-Khans studierte, teilte man mir folgendes mit: Gerade jetzt forderte mich Herr Michel Dschingis-Khan, Generalsekretär des Centre International d'Etudes Estéthiques, zu einem Vortrag auf.
Da ein angeborener Imperialismus für mich bezeichnend ist, war das offensichtlich ein echter und bedeutsamer objektiver Zufall.
Vor zwei Tagen ereignete sich wieder ein objektiver Zufall, der mich ganz verwirrte: ich dinierte mit Jean Cocteau *(Unruhe im Saal)* und erzählte ihm ein bißchen von meinem Vortrag; plötzlich erbleichte er und sagte zu mir: »Ich habe etwas, das dich verblüffen wird« . . . Da ist es: dieses Objekt ist vielleicht eins der seltensten auf der Welt, weil dieses Objekt für mich nichts anderes ist als die Fackel, mit der Vermeers Bäcker in seinem Ofen Feuer machte. Vermeer, der kein Geld hatte, um seinen Bäcker zu bezahlen, gab ihm stattdessen Bilder, und der Bäcker machte mit diesem Objekt von Vermeer Feuer in seinem Ofen.
Es ist immerhin ein außergewöhnliches Zusammentreffen, weil dieses Objekt den Vogel enthält, das Horn enthält, das kein Rhinozeroshorn, aber vielleicht doch mehr oder weniger logarithmisch ist, auch gibt es wirklich sehr wenig Objekte, und Vermeer ist ein sehr geheimnisvolles Wesen, man kennt nichts von ihm, was eine so direkte Beziehung zu seiner eigenen Familie hat wie dieses Objekt hier.
Ich verstehe nicht, warum es zu einer Art Unruhe kam, als ich Jean Cocteau erwähnte, ich bewundere nämlich in der absoluten Monarchie meines Gehirns die Akademiker *(Beifall)*, und ich bewundere die Akademiker vor allem, seit einer der berühmtesten Akademiker Spaniens, der Philosoph Imperio Montès, etwas gesagt hat, was mir sehr gefiel, denn ich habe mich immer für ein Genie gehalten. Er hat gesagt:
»DALÍ ist das Wesen, das dem erzengelgleichen Raimundus LULLUS am nächsten kommt.«
Und nach meiner Eröffnung an diesem Abend glaube ich, daß man nur von der Spitzenklöpplerin auf die Sonnenblume, von der Sonnenblume aufs Rhinozeros und vom Rhinozeros auf den Blumenkohl kommen kann, wenn man etwas im Kopf hat oder einem etwas zu Kopfe gestiegen ist.
(Hurrarufe, langanhaltender Beifall. – Ende des Vortrages. Salvador Dalí verläßt das Auditorium, wobei ihn Serge Lifar, dessen Bruder, der Maler Mathieu und ein paar Freunde gegen die »rasende« Begeisterung der Studenten abschirmen.) [1955]

Raimundus Lullus (1235—1316)

Duchamp (1912)

König und Königin, von schnellen Akten durchquert

Der Meister der weichen Uhren huldigt dem Meister des »Aktes, eine Treppe hinuntergehend«, anläßlich einer großen Duchamp-Ausstellung in New York und der Veröffentlichung seiner Biographie.

Ich persönlich bin der Meinung, daß allein schon Marcel Duchamps prophetischer Titel soviel wert ist wie ganze Kilometer von pseudo-dekorativer moderner Malerei, was ich aus folgenden dreizehn Gründen behaupten kann:

Marcel Duchamp, 1900

Marcel Duchamp, 1921

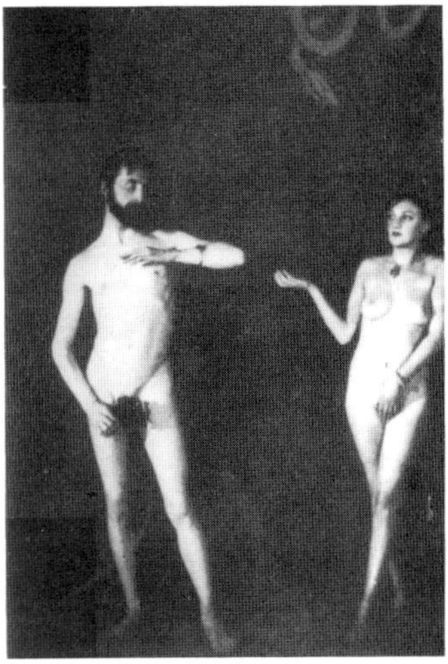
Duchamp als Adam in Saties Ballett »Relâche«, 1924.

1. Durch das Bild *König und Königin, von schnellen Akten durchquert* verkündete Marcel Duchamps Genie nichts Geringeres als den notariell beglaubigten Akt der neuen intraatomaren Struktur des Weltalls, das heißt die Diskontinuität der Materie. König und Königin *können* tatsächlich von schnellen Akten durchquert werden, weil die Materie diskontinuierlich ist. Man sieht sofort ein, daß schnelle Akte unteilbare Körper sind, die Korpuskeln, die aufgeladenen Elementarteilchen der Quantenphysik, die mit ihrer aktiven Quantenenergie den endlichen Raum durchmessen, der jeden Tag mehr der »höchste königliche Raum« *par excellence* und, wie ich in bezug auf allfällige Einwendungen hinzufügen möchte, »der göttliche Raum« *par excellence* wird.
Die spekulative Distanz zwischen Duchamps fürstlichen Ideen und denjenigen meines großen Landsmannes aus Tarragona, des Bauers Joan Miró, ist genau die Distanz, die *König und Königin, von schnellen Akten durchquert* vom *Hund, der den Mond anheult* trennt: die Distanz zwischen kosmischer Majestät und Folklorehund.
2. Weil Marcel Duchamp *König und Königin, von schnellen Akten durchquert* malte, wurde er zum aristokratischen Anarchisten, im Gegensatz zu den Erfindern des Anarchismus, Fürst Kropotkin und Fürst Bakunin, die Urbilder anarchistischer Aristokraten waren.
3. Marcel Duchamp, der infolge seines ursprünglich dadaistischen Anarchismus Aristokrat geworden ist, weigert sich kategorisch, am heutigen Künstlergezänk teilzunehmen. Er möchte nicht mit denjenigen verwechselt werden, die weiterhin hartnäckig »den Mond anheulen«, er gibt die Malerei nicht im Sinne eines künstlerischen Selbstmordes auf, sondern weil er weiterhin schnelle Akte hat, die König und Königin in seinem Kopf durchkreuzen, während er Schach spielt.

Duchamp, *Gebüsch* (1911).

Marcel Duchamp, 1953

Surrealistische Ausstellung 1938, entworfen von Duchamp und Dalí.

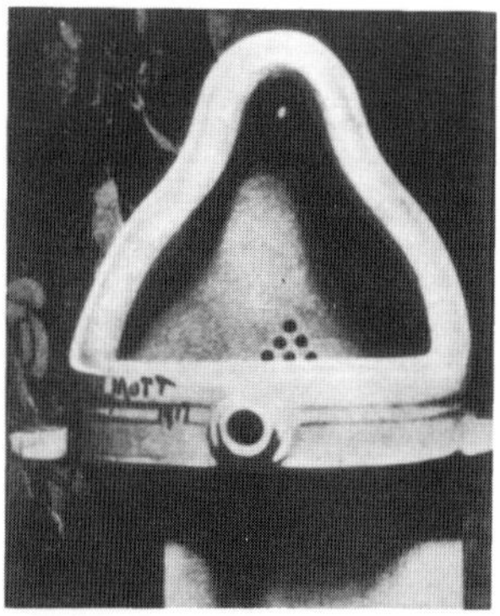

Duchamp, Readymade (1917)

4. Marcel Duchamp kann wie Ludwig XIV. sagen: »L'Échec c'est moi.«* Sein geistiges Beispiel ist eines Sokrates würdig, funktioniert aber eher jesuitisch, ohne Selbstmord, denn indem er aristokratisch sein Scheitern verkündet, rettet sich Duchamp als einziger vor dem drohenden kollektiven Scheitern der modernen Malerei.

5. Marcel Duchamp malt Leonardos Königin Mona Lisa den Schnurrbart des Königs, denn die Königin ist die beweglichste und unheilvollste Figur auf dem ganzen Schachbrett. Bekanntlich war Leonardos Leben ein fortwährendes, dramatisches, scheiterndes Schachspiel.

6. Marcel Duchamp legte seinem König, seiner Königin Mona Lisa die berühmte Inschrift L.H.O.O.Q. *(Elle a chaud au cul)* zu Füßen, wodurch er als Anarchist lapidar die thermisch-biologische Voraussetzung klarlegte, unter der er an vererbte Kontinuität glaubt.

7. L.H.O.O.Q., gewissermaßen eine biochemische Formel, ist eine Art abgekürztes skatologisches Verfahren, das Könige und Kurtisanen schon immer ergötzt hat.

8. In *König und Königin, von schnellen Akten durchquert* kann L.H.O.O.Q. entsprechend als Grabschrift der modernen Malerei aufgefaßt werden.

9. Duchamp hielt es also nicht für nötig, die moderne Malerei bis zu ihren letzten Konsequenzen zu treiben. Nur Dalí hatte einen geheimen imperialistischen Plan, doch mir kann sowieso keiner vorwerfen, daß ich moderne Malerei mache.

10. Gaudís und Boccionis Pointillismus, der analytische Kubismus, Duchamps Grabschrift . . . seither ist in der Geschichte der Kunst nichts Schöpferisches mehr geschehen. Von Braque bis Miró kommt es zu einem Rückfall entweder in die Archäologie oder in die Folklore. Duchamp hat den enormen Vorteil vor allen anderen, daß er nur ihre Bilder anzusehen braucht, um zu wissen, was sie machen, während die andern nicht wissen, was er macht, weil er nichts macht.

11. Bereits nach der modernen Malerei raste eine beherzte Gruppe mit Höchstgeschwindigkeit aufs absolute Nichts zu, was einen prä-mystischen Geisteszustand beinhaltet und von Tàpies *»art autre«* genannt wird; Klein, Tàpies, Millares, de Kooning, Mathieu. Ist das Problem, Zugang zu einer neuen Dynastie zu finden, hier eine Angelegenheit von L.H.O.O.Q.? Da ich selbst soweit bin, antworte ich *ja.*

12. Der zwölfte Grund, warum ich *König und Königin, von schnellen Akten durchquert* für einen herrlichen Titel halte, ist die Tatsache, daß es keinen anschaulichen, soziologischen, philanthropischen oder bürokratischen Grund für einen solchen Titel gibt. Sein einziger, wahrer Grund

* Wortspiel mit den beiden Bedeutungen von frz. échec: »Schach« und »Scheitern«. *A. d. Ü.*

ist der hyperindividualistische Wille einer typisch königlichen Persönlichkeit.

13. Das ist der Grund, warum Marcel Duchamp den Rest seines Lebens damit verbracht hat, Köfferchen mit allem möglichen zu füllen – was nah oder fern oder vielmehr gleich zur Hand war –, was ihn gerade interessierte; im vollen Bewußtsein, daß man den Dreck, der sich im Nabel Ludwigs XVI. ansammelte, hätte aufheben sollen, nicht aber denjenigen eines anonymen Liftboys. Mitten im Krieg, während einer Bombardierung durch die Deutschen, gingen Duchamp und ich zwischen Arcachon und Bordeaux spazieren und füllten seinen berühmten Koffer. Ich erinnere mich, daß ich die Möglichkeit erwähnte, der Nachwelt den Scheißdreck großer Persönlichkeiten testamentarisch zu vermachen, und daß Duchamp eindringlich auf der Notwendigkeit bestand, über die Temperaturen Buch zu führen. Das war ein historisches Versäumnis, das L.H.O.O.Q. der Geschichte. [1959]

Duchamp, Readymade (1954).

Die ökumenische »Chafarrinada« von Velázquez

Eine theologisch-philologische Huldigung für den Großvater des Action Painting vom Vater gemalter Traumfotografien

Quevedo sagte in seiner unsterblichen *Silva,* Velázquez habe für gewöhnlich mit Flecken und Klecksen gemalt, und zeitgenössische Kritiker äußerten über ihn, er habe mit *refregados* und *chafarrinadas* gemalt (*chafarrinada* bedeutet dem Wörterbuch der Königlichen Akademie für die spanische Sprache zufolge wörtlich: »mit Flecken und Klecksen den Glanz nehmen«, »*deslucir con manchas y borrones*«), was die Italiener jener Zeit »*bravura di tocco*« oder Bürstenstrich nannten und was ganz genau dem modernen Action Painting entspricht, Mathieus Kalligraphie, de Koonings spasmischen Impastos. Action Painting ist das Gegenstück zu Max Plancks »Wirkungsquantum« in der modernen Physik und wird den Stil unserer Zeit bestimmen, den »quantifizierten Realismus«.

Als Velázquez in Italien war und gefragt wurde, was er von Raffael halte, antwortete er »*Non mi piace niente*« (»Gefällt mir ganz und gar nicht«). Doch wenn wir seine berühmtesten Bilder genau studieren, Die Hoffräulein *(Las Meninas)* und *Die Übergabe von Breda,* entdecken wir, daß er Stoff und allgemeinen Aufbau von Raffaels *Verlobung der Jungfrau* wiederholt.

Bei allen drei Bildern liegt im Zentrum ein »jungfräulicher Raum«. Er besteht bei Raffael aus offenem, metaphysisch unverletzlichem Himmel. Der jungfräuliche Raum in *Die Hoffräulein* wird vom *aposentador* (Haushofmeister) des Königs mit seinen Schlüsseln unterbrochen. In der *Übergabe von Breda,* im kühlen malerischen Augenblick, wo die imperialistische Vision Spaniens den analytischen, technischen, bürgerlichen flämischen Realismus besiegt, übergibt Oranien (aus der Familie des Prinzen) den Schlüssel, der bereits ein Mikroskop des jungfräulichen Raumes ist – des keuschen, militärischen Raumes, den der Sieger mit einer edlen Geste nicht verletzen will, weil sich hinter seinen Soldaten das goldene Tor des Ruhmes öffnet.

(Das Schlüsselmikroskop ist kein Zufall, stammt es doch aus der gleichen Zeit wie Vermeers mikroskopische Vision; Vermeer aber ist in derselben Stadt und fast am gleichen Tag geboren wie Leeuwenhoek, der Erfinder des Mikroskopes, wie ja damals der deutsche Mathematiker Leibnitz auch die Infinitesimalrechnung erfand.)

In Raffaels *Verlobung der Jungfrau* tragen der heilige Joseph und seine Gefährten Stäbe, die das Gegenstück zu den Lanzen der *Übergabe von Breda* sind, die auch als *El Cuadro de las Lanzas,* Das Lanzenbild, bekannt ist: Spinola (der Führer der spanischen Armee), der Sieger, lehnt den rechten Arm wohlwollend auf die gedemütigte, dankbare linke Schulter des Besiegten, damit der Pfeil der Waage sichtbarer Gerechtigkeit die schwankende Senkrechte wiederherstellt, die für die aufrechten Lanzen wie auch für die Masten in Claude Lorrains *Sonnenuntergang im Hafen von Ostia* charakteristisch ist; die Masten, die die Senkrechte der Architekturaufbauten umspielen, sind aber wiederum die Lanzen, die den zerstörerischen Lichteinfall zurückdämmen, diesen Vorboten der großen impressionistischen Katastrophe, welche nach dem *Sonnenuntergang in Flandern (»En Flandes se has puesto el Sol« zeigt* den Zusammenbruch des spanischen Weltreiches an) ja eintreten mußte, diesen Prolog des schändlichen materialistischen Zeitalters, das von seinen Zeitgenossen »Das Zeitalter der Aufklärung« genannt wurde.

Die ganze Relativitätstheorie ist symbolisch schon in den *Hoffräulein* enthalten und auch in Picasso, der die geniale Eingebung hat, eine Interpretation des Bildes zu malen mit einem Velázquez als Gulliver unter den Liliputanern. »Meninas« bedeutet im Spanischen »kleine Kinder«. Die *Meninas* auf seinem Bild sind die kleinen Prinzessinnen, und der König und die Königin, die Velázquez gerade malt, werden im Spiegel im Hintergrund mikroskopisch widergespiegelt. Mein Freund, der katalanische Philosoph Francesco Pujols, merkt an, daß die Leinwand, das Werk selbst, ein Riese unter Königen und Prinzessinnen, sogar noch größer als Velázquez ist.

Lorrain, *Sonnenuntergang im Hafen von Ostia* (ca. 1639).

Raffael, *Verlobung der Jungfrau* (1504).

Als Velázquez in bezug auf Raffael »*Non mi piace niente*« sagte, meinte er, daß ihm dessen intellektuelle Idealisierung, die ästhetische Brillanz nicht gefalle. (Die »*fleur-de-lis*« in Raffaels *Verlobung der Jungfrau* ist die eisige Aura, die in Lorrains Masten blüht.)
Wahrheit braucht weder Schmuck noch Empfehlung. Unamuno sagte, man müsse »*vencer*« und »*convencer*«, das heißt siegen und überzeugen, und es ist wiederum kein Zufall, daß das englische Wort »*convince*« beides bedeuten kann.
Heute, wo keiner mit etwas übereinstimmt, insbesondere nicht mit dem gegenwärtigen ästhetischen Chaos, trifft sich alles in einem einzigen Phänomen: VELÁZQUEZ. Zu seinem dreihundertsten Todestag betrachten Picasso, Dalí, die Kitschiers, die Abstrakten, die Anhänger des Action Painting, betrachten alle Velázquez als den lebendigsten und modernsten Maler.
Die »*chafarrinadas*« der modernen abstrakten Kunst müssen sich an Velázquez' imperialistischem Realismus inspirieren. *Chafarrinada* um der *chafarrinada* willen ist gleich null.
Wenn in Spanien eine Situation unhaltbar wird und man nochmal von vorn anfangen muß, sagt man »*borrón y cuenta nueva*«, und das heißt: »löschen und wieder anfangen«.
Der »borrón« der modernen abstrakten Kunst symbolisiert ein Ende und einen Neuanfang. Aus diesem Grund ist Velázquez heute so berühmt: seine »*borrones*«, seine »*chafarrinadas*« sind ökumenisch, denn sie sind die »*chafarrinadas* der Wahrheit«.

Februar 1961

Velázquez, *Las Meninas* (1656).

Velázquez, *Übergabe von Breda* (1635).

Tàpies, Tàpies, klassisch, klassisch!

»Tàpies« bedeutet im Katalanischen »Wandfüllung«, und Dalí gibt allen, die das Werk von Antoni Tàpies angreifen, weil es Ähnlichkeit hat mit Wandfüllungen, folgenden Rat: Lesen Sie die berühmtesten Seiten von Marcel Proust, die gerade dem kleinen gelben Stück Wand gewidmet sind, das Vermeer in sein unsterbliches Werk, die *Ansicht von Delft*, einbezog (eine Stadt, die ich, Dalí, gerade besuchen will).
Die Hauptverdienste von Tàpies, die noch niemand entdeckt hat, sind:
1. Tàpies geht mit methodischer Sensibilität vor und malt die Zufälligkeiten der Desoxyribonukleinsäure, die nichts Geringeres als der Hauptfaktor des Lebens und des Er-

innerungsvermögens ist (Dalís weiche Uhren im *Museum of Modern Art* usw. usw.).
2. Alle biologischen Bruchstücke, die wir im Elektronenmikroskop entdecken, sind Tàpies.
3. Der Erfolg und das Geheimnis von Tàpies beruhen darauf, daß die Elemente seiner Kunst chromosomatisch angeordnet sind.
4. Tàpies ist Katalane, ein Freund von Dalí, und heißt Antoni, wie Gaudí.
Der einzige Fehler von Tàpies ist die langwierige, mühselige, technische Seite seines Œuvres. Velázquez malte wie Tàpies, was er aber mit ein paar raschen Pinselstrichen erreichte.
Ich finde es furchtbar langweilig, ein winziges Bruchstück eines alten Meisters zu vergrößern, um nachzuweisen, daß die Klassiker abstrakt malten. Doch bei Velázquez und Tàpies braucht man nur das Bild auseinanderzuschneiden und ein Gesicht oder sonst etwas anzufügen. Das übrige: der Makrokosmos! [1962]

Warum die Mona Lisa angegriffen wird

Die rätselhafte Anziehungskraft von Leonardos Meisterwerk für alle möglichen Aggressionen wird mit Hilfe Sigmund Freuds zum ersten Mal erklärt.

Es lag auf der Hand, daß Salvador Dalí öffentlich aufdecken sollte, warum die Mona Lisa – ein »einfaches Porträt«, das der komplizierteste und zweideutigste aller Künstler gemalt hat – die in der ganzen Kunstgeschichte einzigartige Kraft gehabt hat, überaus heftige, ganz verschiedene Aggressionen auszulösen.
Die Mona Lisa hat zwei Haupttypen von Angriffen auf ihr archetypisches Dasein erfahren.
1. Die hyperintellektuelle Aggression von Seiten der Dada-Bewegung. Marcel Duchamp malt 1919 Schnurr- und Spitzbart auf ein Foto der Mona Lisa und setzt darunter die berühmten Buchstaben »L.H.O.O.Q.« *(Elle a chaud au cul).*
2. Die primitive oder naive Aggression von seiten namenloser Halbblutbolivianer. Sie besteht darin, entweder einen Kieselstein nach dem Bild zu werfen oder es für eine Weile zu stehlen.
Beim ersten handelt es sich um einen Fall von Aggression eines Künstlers gegen ein Meisterwerk, das ein Höchstmaß an künstlerischer Idealisierung verkörpert. Sie läßt sich durch eine Erkenntnis Freuds und seine sublime Definition

Angriff des Intellektuellen auf idealisierte Weiblichkeit (1919)

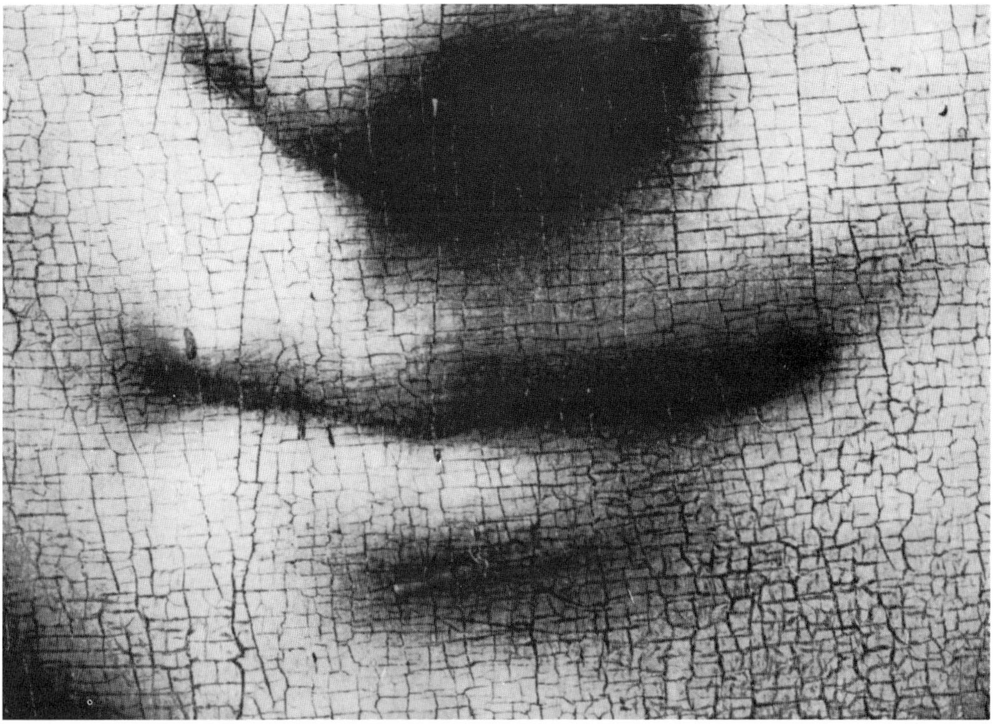

erklären: »Ein Held ist, wer sich mutig gegen seinen Vater erhoben und ihn am Ende siegreich überwunden hat.« Diese Definition ist die Antithese zu Dada, das einen Höhepunkt der anti-heroischen, anti-Nietzscheschen Lebenshaltung darstellte. Dada sucht die anale, erogene Zone der Mona Lisa, und während es die »thermische Bewegung« der Mutter als Kunstwerk anerkennt, lehnt es sich gegen ihre Idealisierung auf, indem es sie vermännlicht. Dada malt der Mona Lisa den Schnurrbart des Vaters, um von ihm bei der Verunglimpfung der Kunst unterstützt zu werden. In dieser Geste ist die anti-künstlerische, anti-heroische, anti-glorifizierende und anti-sublime Betrachtungsweise von Dada zusammengefaßt.

Um die »naiven Aggressionen« gegen die Mona Lisa zu erklären, erinnern wir an Freuds Enthüllung über Leonardos Libido und unterbewußte erotische Phantasien hinsichtlich seiner Mutter, worauf wir das (in der Filmgeschichte einzigartige) Genie eines Michelangelo Antonioni brauchen, um folgende Szene zu filmen: Ein einfacher, naiver Sohn, der im Unterbewußten in seine Mutter verliebt und vom Ödipuskomplex zerstört ist, besucht ein Museum. Für diesen naiven Sohn, einen Halbblutbolivianer, gleicht das Museum öffentlichen Räumlichkeiten, einem öffentlichen Haus – anders ausgedrückt, einem Bordell, und die Ähnlichkeit wird durch eine Fülle erotischer Darstellungen bestärkt: Akte, schamlose Statuen, Rubens. Inmitten all dieser fleischlichen, libidinösen Promiskuität entdeckt der ödipäische Sohn entgeistert ein Porträt seiner Mutter,

das durch die denkbar stärkste Idealisierung der Frau verklärt ist. Seine eigene Mutter, hier! Schlimmer noch, seine Mutter lächelt ihm unbestimmt zu, was in solcher Umgebung nur zweideutig und anstößig wirken kann. Ein Angriff ist die einzig mögliche Reaktion auf ein solches Lächeln – oder er kann das Bild stehlen, um es pietätvoll vor dem Skandal und der Schande einer Zurschaustellung in einem öffentlichen Haus zu verbergen.
Wer die Angriffe, die auf die Mona Lisa unternommen worden sind, anders erklären kann, werfe den ersten Stein auf mich; ich will ihn aufheben und meine Aufgabe, die Wahrheit aufzubauen, weiterführen. [1963]

Meine Kulturrevolution

Ich, Salvador Dalí, Mitglied der römisch-katholischen apostolischen Kirche, zutiefst apolitisch und in geistiger Hinsicht Monarchist, stelle bescheiden und frohlockend fest, daß alle Aufschwünge der schöpferischen Jugend von heute sich zu einer einzigen Kraft vereinigen: zum Widerstand gegen die bourgeoise Kultur.
Die schönsten, tiefgreifendsten Kulturrevolutionen sind ohne Barrikaden gemacht worden, wenn die aufrührerische Gewalt den Geist allein belebte, der Herr ist über Raum und Zeit. Durch Ausgrabungen, eigentlich Anti-Barrikaden, die der Vergangenheit wieder ermöglichten, in die Zukunft einzufließen, durch Auffindung von Trümmern antiker Skulpturen hat sich im 16. Jahrhundert jene Kulturrevolution vollzogen, die zu Recht Renaissance heißt. Jede echte Kulturrevolution muß zur Verbindlichkeit eines neuen Stiles führen. Der Stil Louis XIV., eine Verherrlichung des Wiedererstehenden, wurde von der Revolution zugrunde gerichtet, die der Bourgeoisie eine erniedrigende Macht geben sollte. Die Kugelarchitekturen von Ledoux, die er in einer lyrischen, traumhaften und spielerischen Vision der Stadt den Arbeitern zugedacht hatte, sollten von den skeptischen, rationalen und funktionalen Bürgern aufgegeben werden.
Ich bringe der neuen Revolution, was ich habe, nämlich meine paranoisch-kritische Methode, die meiner Meinung nach zum glücklicherweise irrationalen Charakter der gegenwärtigen Ereignisse ausgezeichnet paßt. Im Lichte dieser Methode erlaube ich mir, folgende Vorschläge zu machen:

Die Farbe

Die Farbe der heutigen Kulturrevolutionen ist nicht mehr Rot, sondern Amethystblau, was an Luft, Himmel, Flüssiges erinnert. Diese Farbe entspricht dem Wechsel des Weltzeitalters. Im Zeitalter des Wassermanns, welches das nächste Jahrtausend prägen wird, werden keine blutigen Gewalttaten mehr auftreten. Zur Zeit haben wir gerade den Fisch ermordet (»Gott ist tot!«), und sein Blut färbt das blaue Meer, weshalb die Wellen so amethystfarben sind.

Strukturen

Die bürgerliche Kultur kann nur im vertikalen Sinne ersetzt werden. Man entbürgerlicht die Kultur lediglich, wenn man die Gesellschaft entproletarisiert und die geistigen Funktionen nach oben, auf ihren göttlichen, transzendenten und legitimen Ursprung ausrichtet. Es muß eine Aristokratie des Geistes entstehen. Der königliche Mensch kann an seinem Hof nur Fürsten des Geistes dulden.
Was das Praktische angeht, empfiehlt es sich, die Denkmäler bürgerlicher Kultur zu quantifizieren. Sie nicht zerstören, sondern mit neuer Information besetzen, ihre Bestimmung verändern. Beispiel: Am Fuß des Denkmals von Auguste Comte einen Reliquienschrein für die heilige Klothilde aufbauen, die Schutzherrin der Menschheit gemäß dem positivistischen Wahnsinn. Dieser Reliquienschrein könnte eine mit Helium gefüllte Amethystwiege sein, in welcher zur *delectatio morosa* studentischer Voyeurs und zur Erholung von ihren streng wissenschaftlich kontrollierten halluzinogenen Versuchen nacheinander die schönsten nackten Mädchen schwämmen, und zwar im Zustand der Hibernation.
Aus dem gleichen Grunde schlage ich vor, die öffentlichen Denkmäler gewisser Städte mit Waffentrophäen zu schmükken; sie sollen von Künstlern hergestellt werden, die wie Paco Rabane imstande sind, den Anbruch des Jahrtausends des Wassermanns zu feiern.

Quantifizierte Institutionen

Lustdämpfenden Organismen wie zum Beispiel der Unesco einen Schuß Libido beigeben. Die Unesco zum Ministerium für öffentliche Verblödung ernennen, damit man nicht auf das verzichten muß, was bereits gemacht worden ist. Ihr die lobenswerte folkloristische Prostitution angliedern, aber unter Zusatz einer stark libidinösen geistigen Energie. Dieses Zentrum der Superlangeweile dadurch in eine regelrechte erogene Zone unter der Schirmherrschaft des heiligen Ludwigs verwandeln, des ersten Gesetzgebers der käuflichen Liebe.

Gerechtigkeit

Aktivierung kybernetischer Forschungsausschüsse zur Wiedererweckung und Verherrlichung großer, dem Materialismus geopferter Gedanken. Beispiele: das kombinatorische Räderwerk des Raimundus Lullus, Raimundo Sabundes Theologia naturalis, die Lehre des Paracelsus, Gaudís von der mediterranen Gotik inspirierte Architektur, die Hyperaxiologie des Francesco Pujols, Raymond Roussels Anti-Jules-Verne-Poetik, die Theoretiker des traditionellen mystischen Denkens, alle wirklich Inspirierten. Ihre unangemessenen Gräber nicht entweihen. Man soll sie ausgraben und von neuem begraben, aber im prächtigsten futuristischen Mausoleum, das Nicolas Ledoux erdacht hat.

Anmerkung:

Wo die Kulturrevolution vorbeizieht, muß das Phantastische keimen.

Paris, Sonnabend, den 18. Mai 1968
SALVADOR DALÍ

Gaudís Vision

Fünfmal ist Gaudís Geist von den zeitgenössischen Lobhudlern in wesentlichen Punkten schamlos verraten worden, von denjenigen also, die zu seinem Werk mit ihren fünf Sinnen Zugang gehabt haben.

Wer die streitbare Vision nicht gesehen hat,

hat Verrat begangen, indem er bewußt verschwieg, daß Gaudí strenggläubiges Mitglied der römisch-katholischen apostolischen Kirche und daß seine ästhetische Vision durch seine religiöse Vision bedingt war.

Wer den Knochenbau und das lebendige Fleisch des ornamentalen Wahns nicht betastet hat,

hat Verrat begangen, indem er bewußt verschwieg, daß Gaudís Ästhetik von Grund auf kitschig ist, hat also seine realistische und naturalistische Auffassung der Ornamentik bagatellisiert. Wenn Gaudí einen Grasbüschel, einen Esel, eine Schar Hühner oder einen Ziegenhirten, den er zum Judas ausersehen hat, unmittelbar nach der Natur abgießt, wenn Gaudí zur strukturalen Erforschung seiner Sujets bereits von der statischen Fotografie oder vom Schnappschuß Gebrauch macht, so wendet er diese Verfahren und Techniken einzig und allein im Dienst strenger christlicher Ikonographie an. Seine Ästhetik trifft sich dort mit der traditionellen christlichen Anschauung, wo diese besonders volkstümlich ist und Legenden, das beim Volk so beliebte Mitleid und die noch unerschöpflichere Kitschquelle der christlichen Ikonographie benutzt, welche durch das Aufkommen der Gewissensbisse erschlossen wurde. Dieser Begriff ist im Volk und seiner Folklore tiefer verankert als andere, weit entwickeltere Begriffe, zum Beispiel die von den Jesuiten eingeführten. Gaudís ikonographische Vision ist fast naiv. Dieser naive Gesichtspunkt ist charakteristisch für die Kitschkunst, deren Bilder sich ganz elementar präsentieren, das heißt ohne Neuerung oder Komplizierung. Wenn man weiß, daß bei der *Sagrada Familia,* wo alle Kitschströmungen zusammenkommen, die Exaltation vorwiegend durch das schlechte Gewissen ausgelöst wird, begreift man auch, warum Gaudís Meisterwerk in einem ganz naiven und gleichzeitig ganz transzendenten Sinn SÜHNETEMPEL DER SAGRADA FAMILIA heißt.

Gaudí, Sagrada Familia

Gaudí macht von allen sinnlich wahrnehmbaren Elementen Gebrauch; die von ihm verwendeten taktilen Elemente können daher meiner Meinung nach mit Versuchen des italienischen Futurismus verglichen werden, der zur selben Zeit aufkam und mit Boccioni und seinen taktilen Brettern den Tastsinn einzusetzen begann. Die Bewegung beschäftigt sich sogar damit, wie etwas schmeckt! Sie will alles verschmelzen, alle diese sinnlich wahrnehmbaren Elemente in einem einzigen Kunstwerk vereinigen, damit eine Idee triumphiert. Kurz, es dreht sich um ein Werk, das in einer Kathedrale, nicht in einer Kunstgalerie Gestalt annimmt.

So geht auch Gaudí vor. Das ist meiner Ansicht nach einer der Gründe, weshalb seine Arbeit so lebendig und so kraftvoll ist. Sein Gehirn hat ein ausgesprochenes Gespür für seine Fingerspitzen. Er kitzelt deshalb dort, wo es ihm nötig erscheint, eine Gänsehaut heraus; alles sträubt sich vor Texturen; seine Architektur ist eine taktile erogene Zone, die sich wie ein Seeigel sträubt.

Wer das chromatische, schimmernde Gellen der Farbe, die knallige Polyphonie der Orgeltürme und die klirrenden Mutationsstimmen des dekorativen Naturalismus nicht gehört hat,

hat Verrat begangen, indem er bewußt die eigentliche Rolle der Farbe, des Lichtes, der Töne und des Schweigens in Gaudís Werk verschwieg. Gaudís *Sagrada Familia* und alle seine anderen Bauten sind vielfarbig, bunt gedacht; er geht

Montage aus 2 Fotografien, die die Ähnlichkeit der katalanischen Felsen (oben) mit der geologischen Dekoration der *Sagrada Familia* (unten) zeigt.

so weit, die Hähne und Hühner wieder mit ihren roten Kämmen und allen ihren Farben auszustatten im Stil der Heiligenstandbilder in Saint-Sulpice und der großen Kitschtradition der katalanischen »*pessebres*« (Weihnachtskrippen, deren bunte Figuren Abgüsse sind, die am lebenden Modell vorgenommen wurden).

Gaudí will alle Mittel der menschlichen Wahrnehmung einsetzen. Er verwendet das Mosaik, um das Farbige ins Schillernde, Blendende überzuführen. Er beschäftigt sich eingehend mit dem Klang der Glocken; er unternimmt Reisen, um Klänge zu hören, studiert die Akustik; seine Glocken sind übrigens Orgelpfeifen! Die *Fassade der Geburt* ist ein mit Hilfe aller harmonischen Resonanzen errichtetes Meisterwerk der Dekoration. Wenn er sie betrachte, sagte mir Federico García Lorca, höre er ein »*griterio*«, einen Lärm, laute, schallende Schreie, die im Maße, wie die Fassade zum Himmel aufstrebe, immer gellender würden und sich schließlich mit den Trompeten der Engel zu einem gloriosen Spektakel vermischten, den er immer nur ein paar Augenblicke habe aushalten können.

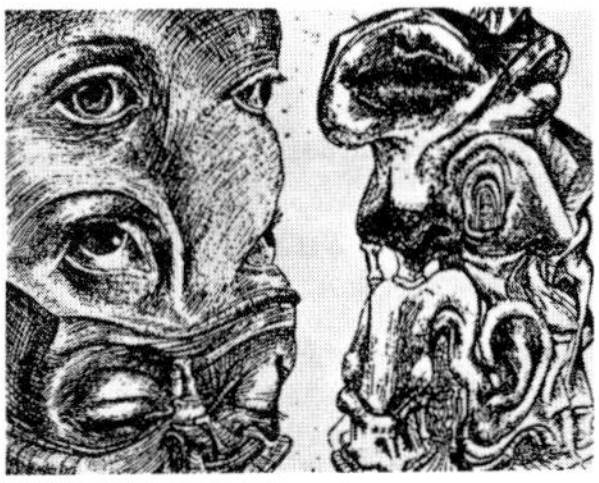

Architektonischer Entwurf aus dem Jahre 1929, als ich angesichts des protestantischen Gesichtes von Le Corbusier Gaudís sublimes Genie verteidigte. (Dalí)

Wer den äußerst schöpferischen schlechten Geschmack nicht gekostet hat,

hat Verrat begangen, indem er bewußt verschwieg, daß dieser in Gaudís Werk eine wesentliche Rolle spielt. Es ist ein weitverbreiteter Irrtum, den schlechten Geschmack für steril zu halten; dabei hat einzig und allein der gute Geschmack eine sterilisierende Wirkung und ist deshalb nach wie vor das größte Handikap für jede schöpferische Arbeit. Ein Blick auf den guten Geschmack der Franzosen genügt: er hat die Leute so weit gebracht, daß sie nichts mehr machen!
Es ist Verrat, wenn man die *Sagrada Familia* vollenden will, ohne über eine wirkliche Gourmet-Begabung zu verfügen. Man muß sie lassen, wie sie ist. Gaudí selbst hätte sie wahrscheinlich in einer Art vollendet, die seinen Plänen ganz und gar widersprochen hätte; man muß sich auch damit begnügen, Elemente zu ergänzen, für die es genaue Modelle gibt; auf diese Weise ist bereits eine sehr schöne Porphyrsäule fertiggestellt worden.
Ich halte die *Sagrada Familia* für unvollendbar, es sei denn, ein neues Genie taucht auf; was das betrifft, muß man das Zeitalter des Wassermanns abwarten, eine neue Kulturrevolution, ein Genie, das in der Lage ist, Gaudís Werk mit einer neuen architektonischen Idee und einem neuen architektonischen Stil zu überlagern, die wir uns heute noch nicht vorstellen können, wie das bei den Kathedralen der Fall war, die romanisch begonnen, gotisch weitergeführt und barock vollendet wurden.
Wenn man behauptet, man wolle oder könne die *Sagrada Familia* bürokratisch, rational und ohne Genie vollenden, verrät man Gaudís Werk. Es ist viel besser, sie bleibt ein gigantischer, kariöser Zahn voller Möglichkeiten.

Wer den Geruch der Heiligkeit nicht gewittert hat,

hat Verrat begangen, indem er bewußt die engelhafte Wesenheit des Gaudíschen Genies verschwieg. Den schwersten Verrat begehen also jene Geruchsblinden, die nicht gespürt

Gaudí mit Richard Wagner vergleichen (Karikatur)

haben, daß man Gaudís Werk erst genießen kann, wenn man nicht nur imstande ist, es zu sehen, zu berühren, zu hören und zu kosten, sondern vor allem auch seinen heiligen Duft einzuatmen.

Wie man vielleicht, und sogar ohne »vielleicht«, in der Geschichte der Ästhetik in Frankreich Ernest Meissonier und Edouard Detaille in Zukunft unter die größten französischen Maler einreiht, während Paul Cézanne als einer der ungeschicktesten und unseligsten gelten wird, so wird man Auguste Rodin, ohne »vielleicht«, als den deprimierendsten Impressionisten der ganzen Geschichte der Bildhauerkunst betrachten.

Dagegen wird sich in ihr der heute fast unbekannte französische Bildhauer Charles Richefeu (1868–1945) mit Sicherheit als einer der größten und futuristischsten neben Antonio Gaudí und Umberto Boccioni durchsetzen. ES LEBE DER KAISER, Richefeus Meisterwerk, das sich mitten in einem erhabenen Heiligtum erhebt, im Fahnensaal des Musée des Invalides, wird dann als Urbild vitaler Erektion erkannt werden, und man wird ihm als zutiefst deprimierendes Gegenstück Rodins DENKER entgegensetzen, der sich irgendwo befindet, mal da, mal dort.

Es ist eine biologische Tatsache, daß Richefeus Skulpturen in Form von zappelnden, pyramidenförmig zusammengestellten Krebsen wie sein ANGRIFF DER DRAGONER BEI WAGRAM vom Ruhm der *Sagrada Familia* nicht zu trennen sind. Gaudí mit seinen ultrarealistischen Abgüssen fehlte ein Richefeu, ein Meister des »handgemachten Schnappschuß-Abgusses«, wie Meissonier in seinen Bildern ein Meister der »handgemachten Farbfotografie« ist.

Abgüsse oder nicht, es gibt eine nach der modernen Terminologie Pop genannte Kunstrichtung, deren Genealogie vollkommen legitim ist:

– Lysistratos, Erfinder des Abgusses nach der Natur, IV. Jh. v. Chr.

– Die in Stein gehauenen Wagen auf den italienischen Friedhöfen in Palermo und in Genua aus dem vergangenen Jahrhundert.

– Gaudí und die realistische Skulptur der SAGRADA FAMILIA.

– Boccioni und seine ENTWICKLUNG EINER FLASCHE IM RAUM, 1912.

– Marcel Duchamp mit FLASCHENGESTELL, dem ersten *ready-made,* 1914.

– Richefeu, ES LEBE DER KAISER, 1917.

– Dalí, VENUS VON MILO mit den Schubladen, 1936.

– Segal und die heutige Pop-art.

Im Frühling 1967, Dienstag, den 4. April, sagte mir der große Couturier Paco Rabane, soeben habe einer seiner Freunde die ersten vernünftigen Fotografien vom Werk

»aus Gaudí«, unseres Gaudí, gemacht; zum erstenmal habe man die superkitschige Seite seines Werks fotografiert: Seine Abgüsse nach der Natur, von den toten kleinen Kindern, aus denen er Engel machte, bis zum katalanischen Pilz *»rovellon«,* einem gastronomischen Punkt mit dem positivsten weichen Koeffizienten der katalanischen Mystik. Am selben Nachmittag kam Clovis Prévost, Paco Rabanes Freund, bei mir vorbei, und seine Fotografien übertrafen in ihrem Anti-Le-Corbusierismus alles, was den Corbu-Protestanten ganz besonders angeekelt hätte, der mir anläßlich unseres denkwürdigen Zusammentreffens bei Roussy de Salles 1929 erklärte, Gaudí sei die offenkundige Schande von Barcelona. Bei diesem Zusammentreffen fragte er mich auch, ob ich mir Vorstellungen über die Zukunft seines Metiers mache, und ich antwortete ihm: Die Architektur wird »weich und behaart« sein. Ich versicherte kategorisch, das letzte große Genie der Architektur heiße Gaudí, dessen Name im Katalanischen »genießen« bedeute, während Dalí »Verlangen« heiße. Ich erklärte ihm, Genuß und Verlangen gehörten zum Wesen des Katholizismus und der mediterranen Gotik, die von Gaudí wiedererfunden und ihrem Höhepunkt zugeführt worden seien.
Gegen Ende seines Lebens sollte Le Corbusier dann seine Meinung ändern und Gaudí endlich für ein Genie halten, ohne aber das sublime, der römisch-katholischen apostolischen Kirche verbundene Wesen seines Werkes zu verstehen, auf das der geniale katalanische Philosoph Francesco Pujols (1882–1962) in seinem großartigen Essay »GAUDÍS KÜNSTLERISCHE UND RELIGIÖSE VISION« als erster hinwies. Ich schlug meinem Freund Descharnes vor, ein Buch zu machen, und unserem treuen Verleger Guichard, es zu veröffentlichen, ein Buch, wo mit den Fotografien von Clovis Prévost dieser Essay von Francesco Pujols erscheinen sollte, den ich zum erstenmal ins Französische übersetzen wollte.
Und um diese »aclaratorischen« (vom Katalanischen *aclarar,* erhellen) Bemerkungen über die Konzeption dieses Buches abzuschließen, brauche ich nur noch zu sagen, daß Pujols das Urbild des Katalanen ist, das ich heute dank Gala selbst verkörpere. [1969]

De Koonings dreihundertmillionster Geburtstag

Es besteht nicht der leiseste Zweifel, daß unser Planet den erhabensten Augenblick seiner Geschichte vor mehreren hundert Millionen Jahren erlebt hat, als der Golf von Biskaya sich öffnete und die Pyrenäen dicht hielten, wodurch sie die göttliche Unwandelbarkeit des Überganges Sals-Narbonne schützten, was uns im Grunde wirklich einzig und allein interessiert. Denn hätte man warten müssen, bis die Indianer (vor denen ich übrigens die größte Hochachtung habe und die ein besseres Schicksal verdienten; es waren Geschöpfe, die eine senkrechte schwarze oder auch farbige Feder auf dem Kopf trugen, manche tun das noch heute), hätte man, ich wiederhole, warten müssen, bis die Indianer das Mikroskop entdeckten, was eines Tages das Privileg der Stadt Delft und Leeuwenhoeks Ruhm sein sollte, so ist nahezu sicher, daß diese Indianer ungeachtet der Tatsache, daß sie den größten Teil ihres Lebens mit der Beobachtung von Dingen zubringen, nicht einmal imstande gewesen wären, eine simple Brille zu erfinden, und zwar aus dem einfachen Grund, weil sie, um mit halbgeschlossenen Augen ihren eignen Träumen zu folgen, auf eine solche Erfindung durchaus nicht angewiesen waren. Wenn wir Nord- und Südamerika verlassen, um in Afrika nach dem ersten Mikroskop Ausschau zu halten, finden wir wiederum nichts, denn sogar die Geographie dieses Erdteils, der zuerst unsere Augen mit seinen Bergen, dann unsere Füße mit seinen Ozeanen überrascht, die man zu Fuß nicht überqueren kann, war domestiziert und wie Weintrauben an den Wänden holländischer Interieurs aufgehängt, während damals die einzigen in Afrika selbst zu beobachtenden Erdgloben diejenigen waren, die das Rhinozeros als Holzschnitt auf seinem Hintern trägt; sie sahen zur Zeit, als es noch keine Weltkarten gab, Himmelskarten ähnlich, was vor allem für das von Dürer in Holz geschnittene indische Rhinozeros gilt, wodurch wir von Afrika nach Asien gelangen, wo wir das erste Mikroskop ebensowenig finden, denn die weisesten Asiaten gleichen wütenden Irren, obwohl solche Irre manchmal sehr erfolgreich sind, so die beiden chinesischen Gelehrten Tsung Dao Lee und Chen Ning Yang, die uns kürzlich das berüchtigte Gesetz der Gleichheit gestohlen haben, was ein schweres Delikt darstellt und uns sehr wohl um unseren Orientierungssinn hätte bringen können, wenn die Asiaten ihrerseits nicht eine corneillesche Situation geschaffen hätten, indem sie den Kompaß erfanden und damit aus der Ferne die einzige transzendentale Sache begünstigten, die für den Menschen zählt, nämlich die geodätische Triangulation des Luftstützpunktes Sals-Narbonne, wo zum ersten Mal und mitten in der Französischen Revolution die Physiker ein Viertel des Erdmeridians in zehn Millionen Teile teilten und somit den Standardmeter festlegten, der wissenschaftlich und für alle beglückend seit dem 3. Mai 1961 im luftleeren Raum das Äquivalent von 1650 763,73 Wellenlängen der dem Übergang zwischen Höhe 2 p_{10} und 5 d_5 des Krypton-86-Atoms entsprechenden Strahlung ist. Und jetzt, wo wir Amerika, Afrika, Asien und Ozeanien fast ganz aus dem Weg geräumt haben (denn letzteres liquidiert sich selbst infolge der in ihm enthaltenen großen Flüssigkeitsmenge, von der es aufgelöst wird) wie auch die paar Känguruhs, die Australien bewohnen, mißglückte Fallschirmspringer, die wie Flöhe auf der Erde herumhüpfen, statt wie Samen vom Himmel zu fallen, deshalb aber nicht etwa imstande sind, uns beim Aufbau der sich gegenwärtig bildenden monarchischen Einheit Europas im geringsten zu helfen, jetzt seien Sie versichert, daß wir endlich zum Schluß kommen, denn meine Leser könnten langsam ungeduldig werden und mit gutem Grund fragen, wohin diese geologische Einleitung führen soll, eine völlig berechtigte Erwartung, die mir gar nicht mißfällt, sondern Freude macht, weil sie mir erlaubt, überallhin auszuposaunen, und zwar blindlings aufrichtig, *Willem de Kooning* sei der größte, begabteste, authentischste Endpunkt der modernen Malerei sowie der Ausgangspunkt der Kitschkunst, dieser Kunst der Zukunft.

Rekapitulieren wir, ohne zu rekapitulieren, und stellen wir fest, wie unausweichlich notwendig es war, daß sich Amerika und Europa vor mehreren hundert Millionen Jahren gewissermaßen trennten, sich im erhabenen Augenblick, wo der Golf von Biskaya sich öffnete (womit wir zu unserem Ausgangspunkt zurückgekehrt wären), gewissermaßen im Stich ließen, damit dann eines Tages der aus Amsterdam gebürtige Willem de Kooning den Ozean in Richtung Neu-Amsterdam, des heutigen New York, überqueren kann, einer Stadt, in der das Phänomen des abstrakten Expressionismus und des Action painting auftreten sollte, was dem begabtesten modernen holländischen Maler ermöglichte, Amerikas größter Maler zu werden. Sehen wir uns jetzt einmal diesen schon früh weißhaarig gewordenen de Kooning an, der groß herumgestikuliert wie ein Nachtwandler, als ob er erwartete, im Traum Golfe von Biskaya zu öffnen, Inseln wie Orangenstücke oder Parmaveilchen in die Luft zu sprengen, himmelblaue, von neapelgelben Ozeanen gespaltene Kontinente zu zerreißen, und zwar mit allen Anzeichen einer Virtuosität, die eines Velázquez würdig wären, wobei er Kataklysmen wie sienabraune, venezianerrote oder ockerfarbene Erdbeben auf dem geologischen Wahn der beschwingten, kunstvollen *bravura di tocco* seiner Pinselorkane übereinanderschichtet –, und wenn glücklicherweise oder unglücklicherweise inmitten der Gestikulationen dieses dionysischen Realitätsdemiurgen, während Gebirge zusammenstürzen und vulkanische Ozeane entstehen, das Bild des »Ewig-Weiblichen« erscheinen sollte, wenn es sich insbesondere in einer modernen Frau verkörpern sollte, so wäre das Harmloseste, was ihr passieren könnte, daß sie (aus diesem ganzen Chaos) lediglich mit einem Make-up bekleidet auftaucht sowie in einem Maße entpersönlicht,

Malcolm Morleys *Rotterdam vor Rotterdam* erinnert Dalí an Amsterdam und Neu-Amsterdam

daß sie sich in eine Landschafts-Frau oder Frauen-Landschaft verwandelt und somit die Traumhypothese des Theophrastus Bombastus von Hohenheim, genannt Paracelsus, bestätigt, der wesentlich weiterging als der Professor Freud, indem er erklärte, wenn man von einem Fisch träume, der geradeaus schwimme und plötzlich nach rechts oder nach links abdrehe, so könne sich diese Abweichung in Vergangenheit oder Zukunft bewahrheiten, und man werde sie also auch in der Abweichung oder Unebenheit von Gesteins- oder Metallformationen wiederfinden, was journalistisch ausgedrückt (damit alle verstehen) heißen will, daß de Kooning in allen seinen gestischen Träumen nichts Geringeres als geologische »Happenings« aufzeichnet, die vor Dutzenden von Millionen Jahren auf unserem Planeten Erde stattgefunden haben, und das besagt schon viel, denn in unserer Zeit sind nur wenige Maler groß genug, um sich aufrecht, gestikulierend, träumend und malend mit weit gespreizten Beinen hinzustellen wie ein neuer Koloß von Rhodos, der nicht nur Schiffe zwischen seinen Schenkeln passieren läßt, sondern mit seinen Beinen den ganzen Ozean überbrückt und einen Fuß in New York, den andern in Amsterdam hat. Und jetzt fällt mir ein, daß mein Freund Malcolm Morley ein großes Bild gemalt hat, das »Die Rotterdam (ein Schiff) vor Rotterdam« heißt, was mich an Amsterdam erinnert, so daß ich die Gelegenheit benutze, mich zu entschuldigen, weil ich neulich nicht an seiner Vernissage teilgenommen habe; ich möchte ihm aber sagen, daß ich bereits einen Artikel über ihn geschrieben habe, einen Artikel, der wie alles, was ich mache, großartig sein wird, denn ich lege darin sonnenklar dar, daß sein ernsthafter, angstvoller Neo-Dadaismus nicht nur den Gipfel der Pop-art darstellt, sondern auch der Minimal-art, da nämlich niemand bestreiten kann, daß in seinem Werk die Kunst minimal ist, und sogar den Beginn der aufblühenden Kitschkunst, und das ist schon recht viel als Gegenwert für die eine Sache. [1969]

Hommage für Meissonier

Meine Metamorphose heißt Tradition, denn Tradition ist genau genommen Verwandlung, Wiedererfinden einer andern Haut. Es geht weder um kosmetische Chirurgie noch um Verstümmelung, es geht um Wiedergeburt.
Ich gebe nichts auf, ich setze fort.

SALVADOR DALÍ

Während in unserer Zeit eine erstaunliche Anzahl von Büchern über zeitgenössische Kunst veröffentlicht worden sind, gibt es praktisch kein einziges, das den heroischen Malern mit dem schönen Namen

»KITSCHIERS« *(pompiers)*

gewidmet ist. Diesem Mangel soll heute pompös abgeholfen werden.
Pompier, fire man
wörtlich: Feuerwehrmann, Feuerwehrsoldat.
Für den adjektivischen Gebrauch dieses Wortes, das einen gleichzeitig banalen und schwülstigen Stil charakterisiert, haben die Philologen verschiedene Erklärungen gesucht. Eine ihrer Thesen führt diesen Wortgebrauch darauf zurück, daß die neugriechischen Helme, die bei den Mitgliedern der Akademie in ihren neuklassischen Schlachten so beliebt waren, ähnlich aussehen wie der kupferne Helmschmuck unserer französischen Feuerwehrleute. Eine andere Erklärung stützt sich auf eine Bemerkung von Degas, der von akademischen Malern gesagt haben soll:
»Nur Feuerwehrleute geraten in Feuer.«
Wie dem auch sei, es ist ein Phänomen, daß mitten in einer Zeit, wo Information eine so beherrschende Rolle spielt, die Herkunft dieses Wortgebrauchs ein Geheimnis bleibt. So kann man sich Bildbände mit farbigen Reproduktionen von Picasso, Utrillo oder Dufy besorgen, würde aber umsonst etwas über Bouguereau, Meissonier oder Detaille suchen.

Und trotzdem,
wer könnte heute noch behaupten, Dufy sei
ein bedeutenderer Künstler als Meissonier oder Detaille,
ohne dabei rot zu werden?

Die Kitschmaler, vor allem so glorreiche wie Meissonier und Detaille haben durch die Wahl ihres Sujets etwas vom Wichtigsten in der geschichtlichen Struktur unserer Kultur aufgedeckt. Sie haben sich, meine ich, das Komplexe, Dichte, Unvermeidliche, Tragische unserer Zeitgeschichte angeeignet.
Detaille insbesondere hat es verstanden, das Wesentliche dieser Struktur zu durchschauen, indem er, ich wiederhole es, auf jenes geschichtliche Sujet gestoßen ist, das nach wie vor das unwiderlegbarste, hierarchischste, physikalischste, biologischste, nuklearste, zellularste, atomarste aller Sujets ist.
Ihm verdanken wir es, daß sich die militärische Infrastruktur, Struktur und Superstruktur bis auf den heutigen Tag explosiver entwickeln als alle andern. Sanktionierten

Vorstellungen zum Trotz, die aus der zeitgenössischen Kurzsichtigkeit in ästhetischen Dingen resultieren, wird

Detaille
bald als der überragende Maler
lebendiger Strukturen der Zukunft eingestuft werden
und
Cézanne bald bekannt sein
als der überragende Maler
der altersschwachen Strukturen der Vergangenheit.

Die große, die belebende Explosion der erhabenen, noch unter dem Namen *style nouille* bekannten Zeit um 1900 wurde angekündigt von Richard Wagners Musik (»Tristan und Isolde« 1857–1859), Friedrich Nietzsches Philosophie (1844–1900), vom Genie eines François Millet, dessen erotischer Kannibalismus den tragischen Mythos des »Angelus« (1858–1859) erleuchtet und der die Kitschiers Meissonier und Detaille schon in sich trägt. Diese sind ihrerseits berufen, einen geschichtlichen Auftrag zu erfüllen: sie führen den genetischen Kode des Vaterlandes fort, und zwar im Geist und im Fleisch von Karl Marx (»Das Kapital«, 1867), Max Planck, Friedrich Hegel, Albert Einstein, Sigmund Freud, Antonio Gaudí, Cézanne, Marcel Proust, Raymond Roussel, Mariano Fortuny, Pablo Picasso und seinem Zeitgenossen Norbert Wiener (1894–1964), dessen Kybernetik sich aus dem kombinatorischen Räderwerk des Raimundus Lullus entwickelte, wie ja auch die monarchischen Kuppeln Buckminster Fullers von Ledoux herkamen, dem Architekten Ludwigs XVI.

Seit 1900 hat es nichts,
absolut nichts Eigenständiges gegeben.

Wir leben auf den Trümmern immer schwächerer Explosionen und sind schließlich bei unserer bescheidenen Portion »minimal art« von heute gelandet. Hier übrigens kurz die Liste dieser Explosionen:

Millet – ist zu Seurat und Dalí explodiert, was dem verrückten van Gogh den Rest gegeben hat.

Detaille – mit seinen Mikrostrukturen explodiert zu Cézanne, zu Kubismus oder anekdotischem Surrealismus.

Gustave Moreau – mit seinem mythologischen Gewimmel explodiert nicht nur zu Werken seiner bekanntesten Schüler Matisse und Rouault, sondern auch im LSD des homerischen und automatischen Surrealismus.

Boldini – mit seiner harten Handschrift explodiert zu Mathieus Kalligraphie.

Gaudí und Fortuny – explodieren durch Picasso und Miró . . . und so weiter. Picassos »Guernica« ist eine verzögerte Explosion von Carolus Durans »Frauenmord«.

Der Kitschier Cormon – ist eine unerwartete prähistorische Explosion Millets, und insbesondere

Gérôme – explodiert in Marcel Duchamps Händen: »O Hündchen hat ein warmes Nest, die Wärme eines Würstchens.« Ein sprichwörtlicher Satz Galas sagt, wer opponiert, begreift als letzter. Schlußfolgerung: Fortuny, der Allerinspirierteste, explodiert zu Kooning, dem Allerinspiriertesten.

Auch J.-P. Crespelle beweist in seinem Buch »Die Maler der Belle Epoque« schlagend und gleichsam apotheotisch die immer noch bestehende unglaubliche Verständnislosigkeit seiner Zeitgenossen in Sachen KITSCHKUNST, wenn er schreibt:

»Die Maßlosigkeit, die Kapriolen und Absurditäten der informellen, gestuellen, miserabilistischen, neodadaistischen Avantgarde führen dazu, daß der für ein paar Jahrzehnte verdrängte Sinn für die Salonmalerei – der Zeit vor 1914 – wieder erwacht ... Verwirrt und angewidert haben die kleinen und großen Kunstliebhaber infolge eines Bumerangeffektes ihr Interesse erneut der deskriptiven Malerei und dem gediegenen Werk zugewandt, das jetzt noch durch den Reiz einer Epoche vergoldet wird, die nach einem gewissen zeitlichen Abstand den schwermütigen Charme eines verlorenen Paradieses hat. So kann man über die Künstler dieser Zeit, deren Liebe zu ihrem Handwerk sich oft mit einer heute wenig gefragten beruflichen Gewissenhaftigkeit verbindet, beim besten Willen nicht mehr lachen. Und das Lächeln, das sie hervorlocken, mischt sich mit Bedauern.«

Dalí aber fügt hinzu: »Nein! Nein und abermals nein! Keine Spur von Bumerang, im Gegenteil!« Denn alles Avantgardistische ist unvermeidlich und notwendig in Erscheinung getreten als mörderisches, stärkendes Überbleibsel der Explosion von 1900.

Nachdem die Mikrophysik alles in den Gully geschwemmt hat, nach Pop und Op samt ihren mickrigen Folgen werden wir erleben, wie plötzlich die KITSCHKUNST um so lebendiger hochschießt, frisch wie eine Rose, und zudem quantifiziert durch alles, was in unserem ästhetischen Drama von heute, einem der grandiosesten und tragischsten der Geschichte, statthaben konnte.

FÜNF KITSCHIERS

Jean-Louis Ernest Meissonier

Meissonier wurde 1815 in Lyon geboren, im gleichen Jahr, als Napoleon wie ein Windstoß zurückkam und versuchte, Europa wieder in die Hand zu bekommen, was dann zu Waterloo führte. Derjenige, der den Kaiser so bewundern sollte, erblickt also das Licht der Welt in dem Augenblick, als der kaiserliche Adler seine Schwingen für immer schließt.

Meissonier, *Das Porträt des Sergeanten* (1874).

Der junge Ernest zeigt frühreifes Interesse für die Malerei, doch während er die holländischen Meister und die Romantik von Delacroix bewundert, gibt er zu, daß er mit dem Klassizismus von Ingres nicht viel anfangen kann. Wie damals üblich, sind seine Vorbilder die großen Meister des Louvre, und die Natur studiert er im Museum. In beiden Fällen lernt er sehr schnell, denn mit neunzehn Jahren erhält er Zutritt zum Salon, der über das künstlerische Leben in Paris befindet. Er sollte rasch dessen Hauptfigur werden, und seine außerordentliche Karriere begann mit dieser ersten Ehrung. Bald gibt es keine Auszeichnung mehr, um die sich Meissonier noch bemühen kann: es hagelt Titel und Orden, man läßt sogar ganze Schwadrone manövrieren, damit er arbeiten kann, und die Kavallerie reitet auf seinen Wunsch Sturmangriffe. Meissonier hat nämlich bereits seine Leidenschaft für Genauigkeit und für das naturgetreue Detail entdeckt.

Im Park des luxuriösen Wohnsitzes, den er sich in Poissy hat herrichten lassen, kann er in einem kleinen Zug bequem neben galoppierenden Reitern herfahren und dabei die Bewegung des Pferdes skizzieren. Aus dem gleichen Grund richtet er in seinem herrschaftlichen Stadthaus am Boulevard Malesherbes ein Waffen- und Rüstungsmuseum ein, während Fachleute täuschend ähnliche Gliederpuppen anfertigen, die er benutzt, wenn er seine Schlachten malt. Da Meissoniers Ruhm seinen Aufschwung immer mehr fördert, erreichen seine Bilder astronomische Preise. Chauchard, der später eine der schönsten Meissonier-Sammlungen hat, kauft das berühmte »1814« für eine Summe von umgerechnet drei Milliarden alte Francs. Anläßlich des Todes von Meissonier im Jahre 1891 schickt Kaiser Wilhelm II. höchst persönlich ein Telegramm an Carnot, den Präsidenten der Republik; diese Geste beweist, was für eine ungeheure Persönlichkeit derjenige geworden war, den wir heute ehren wollen.

Man kann Meissonier sehen im:
Musée du Louvre, Paris
Musée d'Amiens
Musée Bonnat, Bayonne
Musée de Lille
Musée des Beaux-Arts, Lyon
Musée Saint-Denis, Reims
Musée de Rouen
Musée de Versailles et des Trianons.

Jean-Baptiste Edouard Detaille

Detaille, *Salutieren vor den Verwundeten*

Detaille, 1848 geboren, also dreißig Jahre jünger als Meissonier, sollte des Meisters Wohlgefallen finden, er wurde sein Schüler und machte seinerseits mit neunzehn Jahren eine Blitzkarriere. Im Jahre 1867 öffnete ihm der Salon seine Türen, und er stellte im Sinne einer Huldigung ein Bild aus, das »Atelierecke bei Meissonier« hieß. Von da an regnete es öffentliche Aufträge: Ausschmückung des Rathauses, des Panthéons, des Senats. Rasch hat er in der Schlachtenmalerei das Element gefunden, in dem er sich wohlfühlt. Übrigens legt er Offiziersuniform an, bevor er zum Pinsel greift und große Kompositionen auf die Leinwand skizziert, die er dann mit äußerster, von seinem Lehrer übernommener Genauigkeit ausführt. Jedesmal rufen seine Bilder mit ihrem so ruhigen wie eleganten Sujet äußerste Neugier hervor. Als er den »Traum« malt, wo in einem Ruhmeshimmel eine Armee vorbeidefiliert, während die Soldaten auf der Erde schlafen, löst diese Geste eine richtige Staatsaffäre mit Polemiken und Interpellationen aus. Jeder ereifert sich angesichts des Bildes und möchte ihm sagen, was er damit gewollt hat. Im Jahre 1881 verfügt sich Jules Grévy, der Präsident der Republik, persönlich ins Atelier des Malers, um als erster die »Verteilung der Fahnen auf dem Hippodrom von Longchamp am 14. Juli« zu sehen.

Um Detaille bemühen sich übrigens nicht nur Präsidenten der Republik. Auf seinen Reisen wird er von Staatsoberhäuptern empfangen, sei es nun die englische Königsfamilie oder der Zar aller Reußen. Alexander III. kauft Bilder von ihm und läßt sogar kaiserliche Truppen für ihn Manöver ausführen. Detaille erweist sich entschieden als würdiger geistiger Sohn Meissoniers. 1892 wird er Mitglied der Académie des Beaux-Arts und Präsident der Société des Artistes Français. Bei seinem Tod im Jahre 1912 wird im Grunde auch die Salonmalerei zu Grabe getragen.

Man kann Detaille sehen im:
Musée de l'Armée – Musée Carnavalet, Paris
Musée du Petit Palais, Paris
Musée Saint-Denis, Reims
Musée des Beaux-Arts, Valenciennes.

Gustave Moreau

Gustave Moreau wurde 1826 in Paris geboren. Er ist Schüler von Pils und beginnt seine offizielle Laufbahn mit sechsundzwanzig Jahren im Salon von 1852. Sein Naturell hat ihm bereits in früher Jugend die Vision einer völlig traumhaften Antike eingegeben, die voller schöner Körper in hingegossenen Haltungen und voller Symbole ist, die er im Laufe seiner Karriere so verkompliziert, daß wir sie heute kaum noch verstehen. Moreau ist kein Maler, der auf eine Formel gebracht werden kann, seine selbständigen Schüler heißen denn auch Rouault, Matisse und Marquet. Er versteht es, ihnen beizubringen, wie sie sich von akade-

mischen Rezepten befreien können, und hilft ihnen, sich selbst zu finden. Gleichzeitig ist er aber in der Lage, gewisse Kitschiers wie Salbaté, Maxence, Milcendeau usw. für die Ehrungen und Preise aufzubereiten, die eine Lawine öffentlicher Aufträge auslösen.
Gustave Moreau wird 1888 Mitglied des *Institut,* was ihn aber nach wie vor nicht von treffsicheren Urteilen abhält. Zu Rouault sagte er: »Ihre Kunst ist feierlich, schmucklos und wesentlich religiös; alles, was Sie machen, wird von diesem Stempel geprägt sein.«
Und zu Matisse: »Sie werden die Malerei vereinfachen.«
Moreau hat sich in einem herrschaftlichen Stadthaus an der Rue La Rochefoucauld niedergelassen, das er später dem Staat vermacht. Dieses Musée Gustave Moreau hat das gleiche Schicksal gehabt wie die Maler der Belle Epoque, es geriet in Vergessenheit und verblieb in der Anonymität einer Pariser Straße.
Gustave Moreau stirbt 1898, und die schönste Grabschrift ist wohl diejenige, die ihm André Breton gewidmet hat, als er schrieb: »Die Entdeckung dieses Museums im Alter von sechzehn Jahren hat für immer meine Art zu lieben bestimmt. Schönheit, Liebe, dort haben sie sich mir offenbart, in ein paar Gesichtern, ein paar Haltungen von Frauen; dieser Frauentyp hat mir vielleicht alle anderen verstellt: es war die reinste Verzauberung.« An der Rue La Rochefoucauld 14 erwarten einen die achthundert Bilder und etwa siebentausend Zeichnungen.

Moreau, *Die Dame und das Einhorn*

Man kann Gustave Moreau sehen im:
Musée Gustave Moreau, Paris
Musée du Louvre, Paris
Musée du Petit Palais, Paris
Musée de Bourg
Musée de Dijon
Musée de Lille
Musée de Rouen.

Alphonse de Neuville

Alphonse de Neuville wurde 1836 in Saint-Omer geboren, als Daumier mit seiner Komposition »La rue Transnonain«, die durch das Massaker beim Aufstand im Quartier Saint-Merry traurige Berühmtheit erlangte, gerade die Gewalt angeprangert hatte. Trotzdem sollte Neuville dazu berufen sein, Kriegs- und Schlachtenbilder zu malen. Neuville war Schüler von Delacroix und übernahm von seinem Lehrer die Vorliebe für leidenschaftliche, dramatische Bewegung.
Das verleiht Neuville einen Schwung, dem die Ereignisse bald entgegenkommen. 1861 stellt er im Salon »Die Gardejäger im Ansturm auf den grünen Hügel« aus. Dieses

schöne Stück solider Malerei bringt ihm eine zweite Medaille ein, und mehr ist nicht vonnöten, um berühmt zu werden. Er hat zwar noch nicht den Stil gefunden, der seinen eigentlichen Ruhm begründen wird, aber nach dem Kriege von 1870 fühlt er sich mit der Sendung betraut, dem Patriotismus Auftrieb zu geben und die »schmerzlichsten« Episoden dieses katastrophalen Feldzuges in eine heroische Geste umzumünzen, wobei jede Komposition nur aus eitel Mut und Ruhm besteht. Wer von uns hat nicht die »Letzten Kartuschen« gesehen, wenn er in seinem Geschichtsbuch blätterte? Auf jedem Bild, das von den Besuchern des Salons endlos kommentiert wird, übte das Anekdotische eine viel größere Anziehungskraft aus als die malerische Qualität des Werkes. Man kann sich demnach vorstellen, welche Begeisterung Bilder wie »Der Friedhof von Saint-Privat« oder »Der Depeschenbote« hervorriefen. Im Verlangen, seinem gedemütigten Land zu dienen, malt dann Neuville zusammen mit Detaille das Panorama von Champigny und Rezonville. Er stirbt 1885 in Paris und wäre wahrscheinlich glücklich, wenn er wüßte, daß sein Bild »Die letzten Kartuschen« jetzt in Bazeilles hängt, im selben Haus, wo sich das dramatische Ereignis abspielte.

Man kann Alphonse de Neuville sehen in der
Maison des »Dernières cartouches«, Bazeilles
(Ardennen).

Giovanni Boldini

Giovanni Boldini wurde 1842 in Ferrara geboren. Er beginnt zu zeichnen, bevor er schreiben kann. In einer verborgenen Ecke des Dachbodens hatte er sich sein »Atelier« eingerichtet. Sein Vater, ein Kopist, wird sein erster Lehrer gewesen sein. Von früher Kindheit an lernt Boldini, die Schönheit zu verehren. Trotz seines fast zwergenhaften Wuchses wird er der frühreife »Casanova von Ferrara«. Später gestattet ihm seine Eleganz, in der feinen Gesellschaft von Florenz zu verkehren, wo reiche Ausländer sehr bald seine malerische Begabung entdecken. Er kann bereits mühelos mit Fortuny und Meissonier wetteifern. 1870 holt ihn Sir Cornwallis-West nach London und »lanciert« ihn; er wird Maler des »High life«. Zu dieser Zeit ist Boldini immer noch ein sorgfältiger, aufmerksamer, fleißiger Maler. Er erinnert an die holländischen Kleinmeister. Seine rasende Unmäßigkeit hat seinen Strich noch nicht »geschwächt«.

Im Jahre 1872 zieht Boldini für vierzehn Jahre an die Place Pigalle. Bevor er zum Maler der Pariserinnen wird, malt er Paris: er ist auf der Straße, in den Gärten, im Park von Versailles. 1890 findet die Begegnung mit dem norwegischen Maler Zorn statt, einem leidenschaftlichen, großzügigen und kühnen »Anstreicher«. Es ist eine richtige Offenbarung. Die Folgen sind ungeheuer. Der eigentliche Boldini mit seinem Feuer und seinem hinreißenden, drängenden Schwung, die bald sein Ansehen ausmachen, sollte daraus hervorgehen. Boldini kann als Wegbereiter der modernen Malerei betrachtet werden. »Die Nouvelle Ecole ist von ihm ausgegangen, denn er hat als erster die Ebenen vereinfacht«, sagt G. Stein.

Er zieht von der Pigalle in die Plaine-Monceau und wird Gesellschaftsmaler. Die schicksten Frauen defilieren auf dem Boulevard Berthier. Noch nie hat es ein Porträtist verstanden, sie so »ausgezogen« zu malen. Er ist ein sensualistischer Maler.

Mit siebenundachtzig heiratet er Emilia Cardonna, eine italienische Journalistin, zwei Jahre später, 1931, stirbt er. Er, der etwas zu lange gelebt und dem Ende der Kitschkunst beigewohnt hatte, sagte von seinen Freunden, als sie einer nach dem andern abgingen: »Sie sterben absichtlich, um mich zu ärgern.«

Man kann Boldini sehen:
Musée National d'Art Moderne, Paris
Musée Carnavalet, Paris
Musée du Louvre, Paris
Musée Marmottan, Paris
Musée des Beaux-Arts, Dijon
Galleria nazionale d'arte moderna, Rom
Museo Boldini, Ferrara
Galleria d'arte moderna, Florenz
Galleria degli Uffizi, Florenz
Galleria d'arte moderna, Mailand.

[1967]

Boldini (1917)

Anhang

André Breton: Erste Dalí-Ausstellung

»Sterilisieren«
DALÍ

André Breton

Dalí ist hier wie ein Mann, der zwischen Talent und Genie, früher hätte man gesagt, zwischen Laster und Tugend, zögern würde (und dessen Zukunft zeigen wird, daß er nicht zögerte). Er gehört zu denen, die von so weither kommen, daß man nicht Zeit findet, sie zu sehen, wenn man sie eintreten, nur eintreten sieht. Er stellt sich wortlos in ein System von Interferenzen.

Auf der einen Seite gibt's die Motten, die sich in seiner Kleidung einnisten und sogar auf der Straße nicht von ihm ablassen wollen; besagte Motten sind der Meinung, Spanien und sogar Katalonien seien in Ordnung, sie fänden es hinreißend, daß ein Mann so kleine Dinge so gut male (und es sei noch besser, wenn er vergrößere), ein Mann mit Scheiße am Hemd wie auf dem Bild *Das finstere Spiel* wiege zehn bekleidete, wieviel mehr erst hundert nackte Männer auf, und es sei an der Zeit, daß das Ungeziefer in unserm teuren Land und seiner brachliegenden Hauptstadt das Pflaster beherrsche. Da der Surrealismus tot ist und professionelle Schreier wie unsereins unter den Hacken zermalmt worden sind, da die »Dokumentation« triumphiert und die Bullen wieder in ihre Vorrechte von zumindest *sehr ehrenwerten Leuten* eingesetzt sind – nicht wahr, Sie wollen doch nicht etwa die Welt verändern? –, wird man sich vielleicht endlich in aller Stille eine ganze Menge harter Brocken einverleiben können (sagen sich die Motten und machen sich in alten Modejournalen, in den Überbleibseln der abstrakten Malerei – ? –, in der Kritik breit, wo sie angeblich »die Revolution des Wortes« vollziehen, in der Politik der antikommunistischen Linken und im ganz köstlichen, wirklich zuckersüßen Stoff des Tonfilms).

Auf der andren Seite gibt's die Hoffnung: die Hoffnung, daß trotzdem nicht alles scheitert, daß Dalís bewundernswerte Stimme nicht brechen wird und ihm zu den Schuhen herauskommt, bloß weil gewisse »Materialisten« ein Interesse daran haben, daß er seine Stimme mit dem Knarren seiner Lackschuhe verwechselt. Wir sind überzeugt, daß wir den Prozeß gewinnen, den wir gegen die Realität angestrengt haben, und legen deshalb von jetzt an Wert darauf, die leidenschaftliche Zeugenaussage eines Mannes, der unserer Meinung nach *nichts, nicht einmal seinen Kopf* zu retten hat, mit einem besonderen Aufsehen zu umgeben und bekanntzumachen. Solange wir da sind, wird man, was immer geschieht, weder die schändliche Fahne des Vaterlandes noch der Kunst noch des Bankrotts über Kimmerien hissen, diesem einzigartigen Ort, den wir wiederentdeckt haben und uns vorbehalten möchten. Dalí, der über diese fernen Landstriche herrscht, muß von allzu vielen strafbaren Beispielen Kenntnis haben, als daß er sich sein wunderbares Land der Schätze rauben ließe. Mögen die Mächte, deren Bote er in der Welt und in unserem Kreis ist, geben, daß er immer die Augen verschlossen hält vor den erbärmlichen Projekten von *Brücken,* die er nach dem Willen von Begehrlichkeit und Verärgerung über den glänzenden, unnahbaren und magnetischen Fluß schlagen sollte . . . Vielleicht werden mit Dalí zum erstenmal die geistigen Fenster weit geöffnet, und man wird fühlen, wie man sich der Falltür des Raubtierhimmels nähert. Wir sind buchstäblich gefangen, und nicht das ist das schlimmste angesichts dieses Löwenkopfes, groß wie die Wut, dieser Henkelmaske, über die ich mir noch keine Gedanken mache – denn ich habe Angst –, die sich offenbar auf unbestimmte Zeit drehen wollen, ohne daß ihr Ausdruck sich ändern könnte, und zwar nicht nur auf diesen Bildern, sondern auch in unserem Innern, ja in einer Art innerer Vitrine, und die zu unserem Schrecken *in der Luft* reflektiert werden, als ob diese sich plötzlich als einfache Spiegelung herausstellte, die man unmerklich, aber bestimmt verändern müßte, damit sich ein riesiges Loch öffnet, in welchem schließlich vielleicht die beschwörenden Gesichter erscheinen, die eine andere Landschaft, eine Landschaft der andern Zone heimsuchen, auf die uns alles geradezu hinweist. Was wollen denn nur diese seltsamen Skarabäen, die strauchelnd, doch unermüdlich eine riesige Kugel vor sich, hinter sich herrollen, wie wir offenbar die Erde herumrollen möchten? Mit dem Leben hat man dem Menschen Verführungen geschenkt, wie sie die Zunge des Ameisenbären für die Ameisen darstellen muß.

Bleibt noch zu beseitigen, und zwar indiskutabel, erstens, was uns in geistiger Hinsicht bedrückt, und zweitens, was uns, wie man sagt, »physisch« daran hindert, klar zu sehen. Wenn wir zum Beispiel nur diese berüchtigten Bäume los wären! Und die Häuser, die Vulkane, die Reiche . . . Das Geheimnis des Surrealismus besteht in unserer Überzeugung, daß etwas hinter ihnen verborgen ist. Nun, man braucht nur zu prüfen, wie diese Bäume beseitigt werden können, und man wird merken, daß wir nur eine einzige Möglichkeit dazu haben, daß schließlich alles von unserem Vermögen *willentlicher Halluzination* abhängt. Unsere Aufmerksamkeit gilt, wenn man auch nur ein bißchen darüber nachdenkt, jenem Bereich, in dem alles, was wir an verdächtigen Gefühlen hegen und pflegen sollten, zum Vorschein kommt. Man darf viel erwarten von einem methodischen Ansturm dieser Gefühle gegen das Leben.

Dalís Kunst, bis zum heutigen Tag die halluzinatorischste,

die es gibt, stellt eine echte Bedrohung dar. Vollkommen neue, sichtlich übelwollende Wesen haben sich in Bewegung gesetzt. Es ist eine düstere Freude, zu sehen, wie auf ihrem Weg nichts mehr stattfindet als sie selbst, und an der Art, wie sie sich vermehren, wie sie *aufgelöst herabstoßen,* zu erkennen, daß es Raubwesen sind.

November 1929

Roger Caillois: Die Gottesanbeterin

Von der Biologie zur Psychoanalyse[1]

Gewisse Gegenstände und Bilder besitzen auf Grund ihrer Form oder ihres Inhaltes, die besonders bedeutungsgeladen sind, eine größere lyrische Wirksamkeit als andere, eine Wirksamkeit, die von vielen, wenn nicht überhaupt allen Individuen anerkannt wird, also offenbar einen wesentlichen Teil des betrachteten Elementes darstellt und deshalb genauso Anspruch auf Objektivität erheben kann wie es selbst.

Die Gottesanbeterin schien mir auf Grund ihres Namens, ihres Aussehens und ihrer Gewohnheiten in hohem Grade über diese objektive Fähigkeit unmittelbarer Einwirkung aufs Gefühl zu verfügen, was zur Lösung des Problems beiträgt, wie Synthesen der Vorstellungskraft lyrisch vermittelt werden können. Ich stellte also einige Nachforschungen an, um diese Hypothese an ihr zu überprüfen und um an einem konkreten Fall darzulegen, wie eine Vorstellung gewissermaßen heimlich auf jedes einzelne Individuum wirken konnte, ohne daß eine Symbolik vorläge, welche ihre Bedeutung im wesentlichen von ihrem gesellschaftlichen Gebrauch und ihre Wirkung aufs Gefühl größtenteils von der Rolle herleiten würde, die sie in der Kollektivität spielt.

Ich werde im folgenden die Ergebnisse dieser Studien darlegen, und zwar ohne Kommentar, damit nicht der Ein-

[1] Dieser Artikel bildet das »Die Notwendigkeit des Geistes« betitelte fünfte Kapitel einer demnächst erscheinenden Arbeit über »Die Mechanismen der Überdeterminierung im automatischen und lyrischen Denken und die Entwicklung affektiver Gegenstände im individuellen Bewußtsein« und gewinnt erst in der dort zum Ausdruck kommenden Ideenperspektive seine eigentliche Bedeutung. Auch möchte ich hier klarstellen, daß ich nicht behaupte, die Menschen seien durch sorgfältige Beobachtung der Gottesanbeterinnen von ihren Gewohnheiten beeindruckt worden; da aber sowohl diese Insekten wie auch die Menschen ein Teil der Natur sind, erlaube ich mir allerdings, auf das Verhalten der ersteren hinzuweisen, um notfalls das Verhalten der letzteren in entsprechenden Umständen zu erhellen. Denn schließlich sieht sich nur der Mensch selbst als Sonderfall, und diese Studie beruht im Grunde auf vergleichender Biologie. Es schien mir übrigens angezeigt, mit ein paar Sätzen außerhalb der unverändert wiedergegebenen Darlegung auf die paar theoretischen Erkenntnisse hinzuweisen, die diese Studie meiner Meinung nach als solche enthält.

druck entsteht, ich wolle allzuviel daraus folgern. Im übrigen sprechen sie für sich selbst.
Die *Mantidae* sind wahrscheinlich die ältesten Insekten der Erde, wenn man voraussetzt, daß die *mantis protogea,* von der man im Miozän von Oeningen einen versteinerten Abdruck gefunden hat, zur Gruppe der von Scudder bestimmten *Paloedictyoptera* gehört, deren Spuren seit dem Karbon festgestellt werden können.
Otto Keller gibt in seinem Werk *Die antike Tierwelt* (Leipzig 1909–1913) eine Proserpinamünze von Metapontum wieder, auf der neben der heiligen Ähre, die bekanntlich bei den Eleusinischen Mysterien eine Rolle spielte, eine Gottesanbeterin dargestellt ist. In der kurzen Bemerkung, die er diesem Insekt widmet (Bd. II, S. 460), verweist der Verfasser auf die Lexikographen und Kompilatoren Aristarchos und Suidas, die lediglich anführen, die Gottesanbeterin lebe im Röhricht, und auf Pseudo-Dioskurides (Mat. Médic. I, 158), der erwähnt, die indische Gottesanbeterin sei (Kellers Übersetzung zufolge) »ähnlich und als Heilmittel wirksam«.
A. E. Brehm verzeichnet in seinem Werk, das ich in der französischen Ausgabe von J. Künckel d'Herculaïs bei Baillère eingesehen habe, daß Thomas Mouffet, ein englischer Naturforscher des XVI. Jahrhunderts, drei verschiedene Erklärungen für die Anwendung des Namens »Gottesanbeterin« auf das in Rede stehende Insekt vorlegt. Sie sind alle drei gleich unhaltbar und selbst als Irrtümer im Grunde belanglos. Es handelt sich dabei wahrscheinlich um jenen Thomas Mouffet, der in einem von J. H. Fabre zitierten Abschnitt (Souvenirs Entomologiques Bd. V., XX. Kapitel) berichtet, wenn die Gottesanbeterin von verirrten Kindern befragt werde, zeige sie ihnen mit ausgestrecktem Finger *(sic)* den Weg, der sich fast immer oder überhaupt immer als der richtige erweise: »*Tam divina censetur bestiola ut puero interroganti de via, extento digito rectam monstret, atque raro vel nunquam fallat*«, ein Abschnitt, der wahrscheinlich aus seinem Buch *Insectorum vel minimorum animalium theatrum* exzerpiert ist, auf das sich andere Autoren beziehen[2]. Derselbe Glaube wird übrigens für das Languedoc nachgewiesen (vgl. die Quellenangaben in Sébillot, Le Folklore de la France, Guilmoto 1906, Bd. III, S. 323, Anmerkung 1).
Das Wunderbare wird auch in anderer Hinsicht mit diesem Insekt in Verbindung gebracht. So erzählt A. de Chesnel, der sich auf Nieremberg stützt, der heilige Franz Xaver habe einer Gottesanbeterin beigebracht, eine Litanei zu singen, und berichtet vom Fall eines Mannes, dem dieses

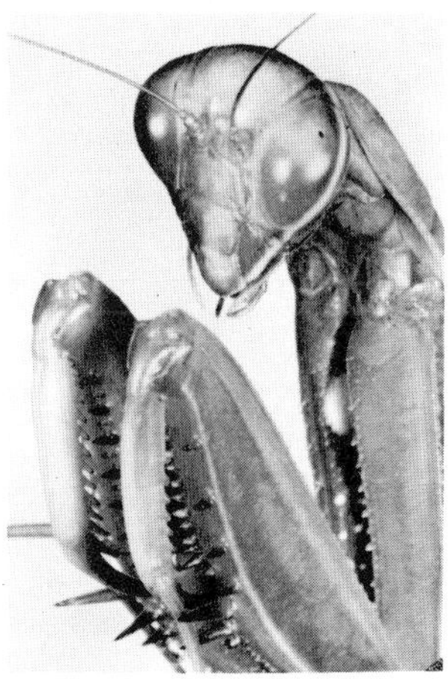

[2] Tatsächlich zitiert auch Eug. Rolland entsprechend, wobei er als Quelle S. 134 der Ausgabe von 1634 angibt. In seinem Zitat steht *altero pede* für *digito,* was offenbar die richtige Lesart ist.

Tier den sehr angebrachten Rat erteilt habe, dahin zurückzukehren, woher er gekommen sei.

J. H. Fabre *(ibid.)* berichtet, er habe oft festgestellt, daß in der Provence das Nest der Gottesanbeterin als unfehlbares Heilmittel gegen Frostbeulen und Zahnerkrankungen betrachtet werde, sofern es bei Vollmond gefunden worden sei. Sébillot (a. a. O. Band III, S. 330) hält seinerseits fest, daß in der Gegend von Menton angenommen wird, sie heile Flechten. Zum gleichen Thema verweist Eug. Rolland (*Faune populaire de la France,* Paris 1911, Bd. XIII, S. 117) auf Réguis, *Mat. Médic.* S. 32, doch die volkstümlichen Bezeichnungen, die er selbst zusammengestellt hat, sind besonders interessant: Manchmal wird die Gottesanbeterin *italienne* (Italienerin) oder *spectre* (Gespenst) genannt und, was weniger einleuchtend scheint, *fraise* (Erdbeere) oder *madeleine* (kleiner Kuchen). Allgemeiner gesprochen, es kommt eine ambivalente Haltung zum Ausdruck; einerseits hält man das Insekt für heilig, deshalb sein Name *prégo-Diéou* (mit seinen Varianten und Entsprechungen in Parma, Portugal, Tirol, Deutschland und Griechenland), andererseits hält man es gleichzeitig für etwas Teuflisches, wie der parallele Name *prégo-Diablé* beweist, der zum Beispiel in der Redewendung *brassiéja coumo un prégo-diablé* (vgl. Revue des langues romanes, 1883, S. 295) vorkommt. Hierher gehören auch die Bezeichnungen *menteuse* (Lügnerin) und *bigote* (Frömmlerin), die für Villeneuve-sur-Fère (Aisne) nachgewiesen sind.

Betrachtet man nun die Kinderreime, in denen die Gottesanbeterin eine Rolle spielt, stellt man zwei Hauptthemen fest: Erstens gilt sie als Wahrsagerin[3], die alles weiß, vor allem aber, wo der Wolf ist, und zweitens nimmt man an, daß sie betet, weil ihre Mutter gestorben oder ertrunken ist. In diesem letzten Punkt stimmen alle Belege voll überein[4]. Offenbar muß man sich im großen ganzen De Bomares Meinung anschließen, der festhält, daß die Gottesanbeterin in der ganzen Provence für heilig gehalten wird und daß man vermeidet, ihr das geringste zuleide zu tun.

Dieses Verhalten ist keine Ausnahme: in Nordmelanesien treten die angeführten Tatsachen noch klarer hervor. So sind die Eingeborenen der Insel *Duke of York* in zwei

[3] Ist nicht anzunehmen, daß unter diesen Umständen die Tatsache, daß nach Berichten von A. de Gubernatis (*Zoological Mythology,* London 1872, Bd. VII) in Italien die Heuschrecke bei den Bauern als Wahrsagerin schlechthin gilt, auf einer sehr verständlichen Verwechslung der Heuschrecke mit der Gottesanbeterin beruht?

[4] Ich zitiere nach Rolland die deutlichsten: Prégo-Diéou, Bernado, – Bestieto segnado – veni près de iéou – qué ta mayré es morto – sus un ped de porto – qué toun payre est viéou – sus un ped d'ouliéou *(Arles)*; Prégo Diéou, marioto, ta may qu'es morto, débat un peu dé porto; te l'an réboundudo débat un ped de brugo *(Gascogne);* Prégo Diéou, bernado, qué ta mayré s'es négado *(Aude);* Prégo, Bernado, qué Bernat es mort – sus la porto del ort *(Tarn).*

Clans geteilt, von denen der eine *Ko gila le,* ein Insekt, das einem Roßkastanienblatt zum Verwechseln ähnlich sieht, als Totem anerkennt, und der andere, die Pikalabas, *Kam,* »which is doubtless the mantis religiosus« (J. G. Frazer, *Totemism and Exogamy,* London 1910, Bd. II, S. 120 f.). Was Amerika betrifft, versicherte mir Paul Eluard, daß einer ethnographischen Studie zufolge, an deren Titel er sich leider nicht mehr erinnern konnte, gewisse Eingeborenenstämme in Mexiko von einer andern Gottesanbeterin dieselbe Auffassung haben.

Am bedeutsamsten sind aber die afrikanischen Verhältnisse: So wird die Glückliche Gottesanbeterin vom Kap der Guten Hoffnung von den Hottentotten (Khoi-Khoi) als eine wohltätige Gottheit verehrt[5]. In diesem Zusammenhang machte mich M. G. Dumézil, Professor für vergleichende Mythographie an der Ecole des Hautes Etudes, freundlicherweise auf einen Abschnitt bei A. Lang aufmerksam, *Mythes, Cultes et Religion* (in der Übersetzung von Marillier, Alcan, 1896, S. 328–340 und Anmerkungen), wo die Religion der Hottentotten und Buschmänner analysiert wird[6]. Den letzteren zufolge wäre die höchste Gottheit, die Weltschöpferin, ausgerechnet die Gottesanbeterin (Cagn), deren Liebesabenteuer offenbar »angenehm« sind und die ganz besonders über den Mond verfügen kann, weil sie ihn aus ihrem alten Schuh gemacht hat. Überaus wichtig ist die Feststellung, daß ihre Hauptfunktion wohl darin besteht, denjenigen Nahrung zu verschaffen, die sie anbeten, und daß sie andererseits bei lebendigem Leib von Kwai-Hemm, dem göttlichen Allesverschlinger (Bleek, S. 68), aufgefressen und wieder ausgespuckt wurde. Die Verdauungssphäre erfährt also offenbar eine besondere Betonung, was nicht verwunderlich ist, wenn man die unglaubliche Gefräßigkeit dieses als Urbild Gottes dienenden Insekts in Betracht zieht. Neben seinen sonstigen Abenteuern ist vor allem die Tatsache interessant, daß es von den Dornen, ehemaligen Menschen, getötet und von Ameisen aufgefressen wurde, aber wiederauferstand, nachdem man seine Knochen aufgesammelt hatte, ein Abenteuer also, wo die Verdauung auch noch

[5] Die Hottentotten veranstalteten zu einer bestimmten Zeit des Jahres äußerst laszive Tänze, und die in dieser Zeit gezeugten Kinder werden unmittelbar nach der Geburt getötet (vgl. E. S. Hartland, *Primitive Paternity,* London 1910, Bd. II, S. 213). Man müßte sich in einer allgemeineren Studie und eingehender als in dieser Skizze mit den sexuellen Bräuchen der Stämme beschäftigen, die die Gottesanbeterin verehren, sowie mit den Zusammenhängen zwischen ihrer mythologischen Auffassung dieses Insektes und ihren eigenen Bräuchen.

[6] Langs Hauptquellen sind für die Hottentotten die Arbeiten von Peter Kolb von 1719 und von Thurnberg von 1792 sowie die Studie von Hahn, *Tsuni Goam, the supreme Being of the Khoi-Khoi,* und für die Buschmänner Bleek, *A brief account of the Bushman folklore* (London 1875) und von Orpen, *A glimpse into the Mythology of the Maluti Bushman* (Cape Monthly Magazin, Juli 1874).

eine gewisse Rolle spielt und wo das Insekt mit dem sehr reichen Mythenkreis des zerstückelten und wiederauferstandenen Gottes vom Typus Osiris in Beziehung tritt. Die von den Buschmännern verehrte Gottesanbeterin muß außerdem noch mit einem andern mythischen Thema, demjenigen der »abtrennbaren Kraft« (vgl. die Locke des Minos, Samsons Haar usw.) in Zusammenhang gebracht werden, wie Lang (a. a. O. S. 331, Anmerkung 1) bemerkt. Sie besitzt nämlich einen Zahn, in dem ihre ganze Macht liegt, und leiht ihn denjenigen aus, die ihr genehm sind. Ich finde es aufschlußreich, daß die Gottesanbeterin sowohl in der Provence wie in Südafrika auf eine ganz besondere Weise mit den Zähnen in Verbindung gebracht wird. Diese Beziehung kann meiner Meinung nach nicht nur dadurch erklärt werden, daß bei dem Insekt ein Zusammenhang zwischen Sexualität und Ernährung besteht; sie könnte sich aber als entscheidend herausstellen. In der Tat steht heute fest, daß Zähne bei sexuellen Vorstellungen eine große Rolle spielen. Wenn man von gezogenen Zähnen träumt, ist das der Psychoanalyse zufolge[7] ein Hinweis auf Onanie, Kastration oder Beischlaf, kann aber den volkstümlichen *Traumbüchern* zufolge auch ein Hinweis auf den Tod sein. Andererseits wird gerade bei jenen wilden Volksstämmen, wo man anläßlich der Initiationsriten in der Pubertät keine Beschneidung vornimmt, oft stattdessen ein Zahn gezogen. Alle diese Tatsachen stehen untereinander und, wie sich später erweisen wird, mit den Bräuchen der Gottesanbeterin in einem bemerkenswerten Zusammenhang.

Offenbar wurden die Menschen im allgemeinen von diesem Insekt beeindruckt[8]. Wahrscheinlich ist das auf eine heimliche Identifikation zurückzuführen, die durch seine auffällig anthropomorphe Gestalt gefördert wurde[9]. Es ist

[7] Vgl. S. Freud, *Die Traumdeutung,* in der Übersetzung von Meyerson, Alcan 1926, S. 319 und 346–350, vor allem die in Anmerkung zitierte lange Mitteilung Otto Ranks, sowie die herangezogenen sprachlichen Belege und Sprichwörter. Parallel dazu zeigt übrigens die Mythographie, daß Zähne mit dem Ganzen oder Wesentlichen einer Persönlichkeit in Bezug gesetzt werden (vgl. J. G. Frazer, *The golden bough,* in der Übersetzung von Stiebel und Toutain, Paris 1903, Bd. I, S. 50–55). Man kann also zwischen den beiden Forschungsrichtungen die zu erwartende Übereinstimmung feststellen.

[8] Das scheint auch für die Chinesen zu gelten: Sie ziehen tatsächlich Gottesanbeterinnen in Bambuskäfigen auf und beobachten begeistert ihre Kämpfe (vgl. Darwin, *The descent of man and selection in relation to sex,* in der Übersetzung von Barbier, Paris 1881, S. 318, Verweisung auf Westwood, *Modern Classif. of Insects,* Bd. I, S. 427). Was die Türken angeht, so sind sie überzeugt, daß die Gottesanbeterinnen sich immer nach Mekka wenden. Vgl. *Musée Entomologique illustré,* Les Insectes, Paris, 1878.

[9] Das anthropomorphe Äußere eines Elementes ist offenbar eine unfehlbare Quelle seiner Einwirkung auf das menschliche Gefühl. Das trifft zum Beispiel auf die Vampire und Mandragoren zu sowie auf die Sagen, in denen sie eine Rolle spielen. Meiner Ansicht nach ist es durchaus kein Zufall, daß beim Glauben an blutsaugende Gespenster eine Art Fledermaus als natürliches Vorbild dient. Denn ihr

jetzt angezeigt, die Ursachen zu prüfen, die zu dieser Identifikation und ihrem erregenden lyrischen Inhalt führen konnten.

Die Familie der *Mantidae* kommt, wenn man sich an die 1839 von Audinet-Serville[10] veröffentlichte Klassifizierung hält, nach der Familie der *Blattidae* und vor der Familie der *Phasmidae* oder Gespenster. Sie umfaßt vierzehn Gattungen, deren elfte diejenige der eigentlichen Gottesanbeterinnen ist. Man unterscheidet hier die ausgetrocknete, abergläubische, krautartige und die Braunblatt-Gottesanbeterin, die mantis latistylus, die sublobata, die gelbflüglige, die gefleckte, die Mond- und die Scheinbild-Gottesanbeterin, die patellifera, die bepustelte, die benachbarte und die bunte, die mit den beiden Brustwarzen (mantis bipapilla), mit dem langgestreckten Hals und mit dem Häutchen, die schmutzige, befleckte (inquinata), verschleierte, die mit den behaarten Füßen, die geschmückte, fromme, gottesfürchtige, grüne, betende, die Fenster- und die Gürtel-Gottesanbeterin, die mantis phryganoides, die mantis annulipes, die vielgestreifte, die farblose, die Schwester-Gottesanbeterin, die angenehme, stahlblaue (mantis chalybea), rothüftige (mantis rubrocoxata), die Nebel-Gottesanbeterin und schließlich die glänzende und diejenige von Madagaskar.

Die Nomenklatur ist durchaus nicht unnütz. Zumindest kann man darüber sagen, daß verhältnismäßig wenige dieser Benennungen das Charakteristische der Varietät anhand von Fachausdrücken in Erinnerung rufen, und daß nur eine einzige (die letzte) auf die Gegend hinweist, wo dieses Insekt häufig vorkommt, oder auf den Namen des Entomologen, der es entdeckt hat, wie es in den Naturwissenschaften an sich üblich ist. Man stellt also fest: Die erläuternden Beiwörter sind zu einem großen Teil einfach rein lyrisch.

Die Namen der Gattungen sind da im allgemeinen noch deutlicher: So ist die zwölfte diejenige der »epaphrodites«, wörtlich: der zur Liebe Einladenden. Am aufschlußreichsten scheint mir aber der Name der ersten Gattung, der »Fangheuschrecken« (Empusae). Mit *Empusa* bezeichnet

Anthropomorphismus ist tatsächlich besonders groß und geht bei weitem über das Stadium einer allgemeinen Strukturidentität hinaus (richtige Hände, deren Daumen gegen die andern Finger gepreßt werden können, sowie Brustdrüsen, periodische Menstruation, freihängender Penis). Was die Mandragora betrifft (Atropa Mandragora), wird sie schon von Theophrast *anthropomorphon* und von Columelle *semi-homo* genannt. Ihre beachtliche Giftigkeit und einschläfernde Wirkung sowie die Tatsache, daß sie bei Schlangenbiß als zuverlässiges Gegengift verwendet werden kann, haben ein übriges getan. Dazu die interessanten Zitate in Gustave Le Rouge, *La Mandragore Magique* (téraphin, golem, androides, homoncules), H. Daragon éditeur, 1912.

[10] *Histoire naturelle des insectes: Orthoptères,* von Audinet-Serville (De Roret 1839) S. 133–214.

man heute gleichzeitig die Varietät der *Mantidae* und eine Art von Pilzen, die als Parasiten auf gewissen Insekten leben, deren sämtliche Organe sie mit Ausnahme des Verdauungskanals befallen. Im 16. Jahrhundert bezeichnete dieses Wort Littré zufolge im philosophischen Sprachgebrauch auch eine phantastische Vorstellung. In der Antike war es der Name eines von Hekate[11] gesandten Gespenstes, das Hesychios von Alexandria zufolge mehrere Gestalten annehmen konnte, aber (daher sein Name) nur einen einzigen Fuß hatte. Das *Etymologicum Magnum* weist darauf hin, daß bei Aristophanes dreimal von ihr die Rede ist (*Die Frösche* Vers 293, *Die Versammlung der Frauen* Vers 1056 und Fragment 426) und zitiert außerdem noch einen Lexikographen, demzufolge die Empusa ein Höllenwesen ist, dessen einer Fuß aus Erz und dessen andrer aus den Exkrementen eines Esels besteht[12].

Als ich das *Leben des Apollonios von Tyana* des Philostratos von Samos las, ein Buch, von dem man immerhin angenommen hatte, es könnte das auf den Evangelien beruhende Ansehen von Jesus Christus gefährden, fand ich darin zu meiner großen Überraschung einen Bericht über das Abenteuer einer Empusa mit einem jungen Philosophen, einen Bericht, der eine merkwürdige Übereinstimmung im Verhalten dieser Gespenster einerseits und der mit dem gleichen Namen bezeichneten Insekten andrerseits aufzeigt. Es handelt sich um einen jungen Mann, den eine wunderschöne Frau verführt, so daß er sie gerade heiraten will, doch da wird sie von Apollonios entlarvt, der ihren Zauber bricht. Hier die beiden entscheidenen Stellen: »Die reizende Braut war eine dieser Empusen, die das Volk Lamien oder Mormolyken nennt. Sie sind auf Liebe versessen, noch mehr aber auf Menschenfleisch. Sie locken diejenigen, die sie verschlingen wollen, durch Wollust an.« Und ein paar Zeilen weiter unten: »Das Gespenst gab schließlich zu, es sei eine Empusa und habe Menippos mit Lust sättigen wollen, um ihn dann zu verschlingen; es ernähre sich gewöhnlich von schönen jungen Leuten, weil ihr Blut so frisch sei.« (Leben des Apollonios von Tyana IV, 25).

[11] Hekate wird nun aber zum erstenmal in der homerischen Hymne an Demeter genannt, die für die Eleusinischen Mysterien verfaßt worden ist. Das paßt zu der Tatsache, daß auf der Münze von Metapontum, die in *Die antike Tierwelt* abgebildet ist, die Gottesanbeterin zusammen mit der Ähre dargestellt wird. In diesem Zusammenhang scheint es interessant, sich in Erinnerung zu rufen, daß Hekate rasch zur Göttin der Zauberer und Nekromanten geworden und allen Bemühungen der Kirche zum Trotz auch das ganze Mittelalter hindurch geblieben ist. Vgl. A. Maury, *La Magie et l'Astrologie dans l'Antiquité et au Moyen Age,* Didier 1884, S. 176. Quellenangaben in den Anmerkungen.

[12] Für nähere Angaben vergleiche man den Artikel »Empousa« im *Lexikon* von Roscher und in der *Realenzyklop.* von Pauly-Wissowa, sowie die Arbeit von J. C. Lawson, *Modern Greek Folklore and ancient Greek Folklore,* Cambridge 1910, S. 174–175.

Der Philostratos-Übersetzer A. Chassang[13] weist darauf hin, daß diese Geschichte einen gewissen Widerhall gefunden hat, insbesondere daß sie von Alexandre Dumas sen. in den Kapiteln 22–24 seines *Isaac Laquedem* verwertet worden ist. Doch statt sie mit den mittelalterlichen Auffassungen von Incubi und Succubi in Verbindung zu bringen, die als solche interessant sind, aber von einer ganz anderen Tradition herkommen und vor allem – seine Zitate machen das nur allzu deutlich[14] – lediglich eine formale und obendrein recht lose Beziehung mit dem Abenteuer der Empusa und des Philosophen haben[15], das eher an Vampirismus erinnert, bot es sich an, sie mit einer doppelten Wirklichkeit zu konfrontieren, die dieser Geschichte in nichts nachsteht: mit dem Verhalten der *Mantidae* und mit der Angst des Menschen vor der Liebe, einer Angst, die in diesem Licht weniger sinnlos erscheint, als man glauben möchte.

Diese Empfindung entspricht offenbar einer gewissen Entwicklungsphase des Gefühlslebens. Sie ist meiner Meinung nach als Thema, das sich ausschließlich mit dem Gefühl befaßt, besonders geeignet. So analysiert Bychowski (Ein Fall von oralem Verfolgungswahn) den Fall eines Verfolgten, der überzeugt ist, daß ihn eine Prostituierte verschlingen werde, und zwar schon bevor er sich ihr genähert habe. Bei Baudelaires bekannter Zeichnung, die eine Frau mit der entscheidenden Bildlegende »*Quaerens quem devoret*« darstellt (abgebildet in *Les Fleurs du Mal,* édit. Payot, 1928, S. 51), liegt die Bedeutung so auf der Hand, daß jeder Kommentar sich erübrigt. Allgemeiner ausgedrückt, ich möchte diese Wahnvorstellungen weitgehend mit der Entstehung des Kastrationskomplexes in Zusammenhang bringen, der bekanntlich fast immer auf die Angst vor einer gezahnten Vagina zurückgeht; die in der Psychoanalyse gewissermaßen klassische Gleichsetzung des ganzen Körpers mit dem männlichen Glied und diejenige des Mundes mit der Vagina[16] betrachte ich dabei als Gegebenheiten. Es scheint also durchaus möglich, daß die Kastrationsangst eine Spezifizierung der Angst des Mannes wäre, von der Frau während oder nach der Paarung verschlungen zu werden; eine Vorstellung, die das Paarungszeremoniell der

[13] Diedier et Cie, éditeurs, 1862. – *Einführung,* S. XIV, Anmerkung 2.

[14] *Ibidem, Eclaircissements historiques et critiques,* S. 447–450.

[15] Die Erzählung wurde nach der Renaissance von Jean Bodin *(De la Démonomanie des Sorciers,* Paris 1580, Buch 2, 5. Kapitel) und anderen zeitgenössischen Dämonographen aufgenommen sowie von G. Flaubert (Die Versuchung des heiligen Antonius, 4. Kapitel).

[16] Es gibt ein faszinierendes Beispiel dafür in Mallarmés Sonett *Une négresse par le démon secouée* (Poésies, N. R. F., 1926, S. 22).

Mantidae[17] objektiv und höchst präzise nahelegt. So weit also geht die Symmetrie oder vielmehr die Kontinuität von Natur und Bewußtsein, ein Umstand, der hinreichend erhellt, daß objektive Ideogramme möglich und wirksam sind, und der zudem die bereits dargelegte Hypothese systematischer Überdeterminierung des Universums stützt.
Übrigens lassen wir uns im vorliegenden Fall nicht entgehen, die unzweideutige Anziehungskraft der Gottesanbeterin zu prüfen. Ich werde später von meinen persönlichen Abenteuern sprechen, es gibt aber in meiner Umgebung Beispiele genug, die dieses heimliche lyrische Einverständnis belegen. So züchtet André Breton seit zwei Jahren in Castellane Gottesanbeterinnen[18], und als ich Paul Eluard über eine herrliche *Mantidae*-Sammlung in seinem Besitz befragte, gestand er mir, er betrachte ihr Verhalten als die ideale sexuelle Beziehung: Der Liebesakt setze den Mann herab und erhebe die Frau; es sei also natürlich, daß sie ihre vorübergehende Überlegenheit ausnutze und ihn verschlinge oder zumindest töte. Dalís Fall gibt noch mehr her, da seine paranoisch-kritische Studie über den »Angelus« von Millet ein eindrucksvolles, vollständiges Dokument der Beziehungen zwischen Liebe und Homophagie darstellt: Auch er sah sich gezwungen, das furchtbare Insekt ins Spiel zu bringen, für das tatsächlich diese beiden wilden Begierden eins sind.
Die Naturwissenschaftler stellen bei der Gottesanbeterin eine äußerst enge Verbindung von sexueller Wollust und Wollust der Nahrungsaufnahme fest, eine Verbindung, auf die Dalí unmittelbar, intuitiv Bezug genommen hat. Zu diesem Punkt muß man (nach Léon Binet) die Studien von Bristowe und Locket[19] über den *Pisaura Mirabilis Cl.* zitieren, wo das Weibchen während der Paarung eine Fliege frißt, die ihm das Männchen hinhält; sowie die Arbeiten von Hancock und von Engelhardt[20] über den *Oecantus Niveus,* der auf dem Metathorax eine Drüse hat, deren

[17] Bei diesen Insekten tritt übrigens noch eine Besonderheit auf, die unmittelbar als Kastrationsvorstellung dienen kann: Die Fähigkeit willentlicher Resektion eines Gliedes (Autonomie). Vgl. Edmond Bordages Mitteilungen *(Comptes rendus de l'Académie des sciences* Bd. CXXVIII, 1889, und *Bulletin Scientifique de France et de Belgique,* Bd. XXXIX, 1905).

[18] André Breton schreibt denn auch in *Ralentir Traveaux* (éditions surréalistes 1930):
„Die bei der Liebe den Wind in den Pappeln rauschen hören
Die im Haß weitergehen als Gottesanbeterinnen."

[19] W. S. Bristowe und G. H. Locket, *The courtship of British Lycosid Spiders, and its probable significance.* Proc. Zool. Soc. London 1926. Übrigens ist meiner Meinung nach dieses Beispiel nicht unbedingt beweiskräftig: Es steht zwar fest, daß auch dieses Insekt bei der Paarung frißt; doch die wichtigste Tatsache, nämlich daß das Weibchen sich vom Körper des Männchens ernährt, indem es ihn entweder auffrißt oder den Inhalt einer besonderen Drüse aufsaugt, läßt sich hier nicht feststellen.

[20] Vgl. B. B. Fulton, *The Tree-Crickets of New York: Life, history, and Bionomics,* 1915.

Inhalt vom Weibchen unmittelbar vor der Paarung aufgesaugt wird, eine Eigentümlichkeit, die auch bei einer Schabe auftritt, der *Phyllodromia germanica;* dann die Studien von Stitz[21] über die Skorpionsfliege, die bei der Paarung Speichelkügelchen frißt, die ihr das Männchen zurechtgelegt hat, während das *Weibchen des cardiacephala myrmex* in der gleichen Situation Nahrung zu sich nimmt, die das Männchen erbricht und ihm oft von Mund zu Mund weiterreicht. Das Weibchen des *Decticus albifrons* schlitzt den Bauch seines Gefährten auf, holt die Samentasche heraus und verschlingt sie[22].

Man weiß schon lange, daß die Gottesanbeterin sich mit solchen Halbheiten nicht begnügt. Tatsächlich teilt J. L. M. Poiret 1784 im *Journal de Physique* die Beobachtung mit, daß eine Gottesanbeterin das Männchen köpfte, bevor sie sich mit ihm paarte, und es nach der Begattung auffraß. Dieser Bericht ist durch eine neuere, ausgezeichnete Abhandlung von Raphael Dubois mit sehr vielen entscheidenden Einzelheiten bestätigt worden. Man hatte zuerst wie Paul Portier (vgl. *Comptes rendus de la Société de Biologie,* Bd. LXXXII, 1919, mit kritischen Anmerkungen von Rabaud) angenommen, dieser Kannibalismus sei damit zu erklären, daß die Gottesanbeterin zur Erzeugung ihrer Eier Albuminoide und Proteine benötige, die sie nur bei ihren Artgenossen in so großer Menge finden könne. Gegen diese Hypothese wandte sich Et. Rabaud, der vor allem anführt, daß die Gottesanbeterin das Männchen nicht zu dem Zeitpunkt auffrißt, wo sie diese Nahrung braucht. Es empfiehlt sich also, hier Raphael Dubois[23] zu folgen, dessen Theorie übrigens meiner Meinung nach die oben zitierte nicht ausschließt: Dieser Naturwissenschaftler teilt mit, daß eine Heuschrecke[24] krampfhafte Reflexbewegungen bei entsprechender Reizung ausgeprägter und länger ausführe, wenn sie geköpft sei. Er nimmt dann auf die Arbeiten von

[21] Vgl. O. W. Richards, *Sexual Selection and other problems of the insects,* Biol. Review, 2, 1927.

[22] Diese Beziehung von Sexualität und Nahrungsaufnahme tritt, wie gewisse Perversionen beweisen, auch beim Menschen auf, was nicht so sehr in seinem Verhalten als in seinem Seelenleben zum Ausdruck kommt. In diesem Zusammenhang müßte man auch die embryogene Differenzierung der Funktionen des Erhaltens und des Wiedernachwachsens von Organen erwähnen, wenn hier bei der Deutung nicht Vorsicht geboten wäre. Andrerseits scheint es mir, daß eine psychoanalytische Behandlung geistiger Anorexien (Fälle, wo der Patient unter verschiedenen ethischen oder gefühlsmäßigen Vorwänden die Nahrungsaufnahme verweigert) – vielleicht ist eine solche bereits versucht worden – in dieser Hinsicht interessante Ergebnisse liefern könnte. Schließlich ist es eine bekannte Tatsache, daß die Frau nach dem Beischlaf große Lust verspürt, ihren Geliebten zu beißen, und sie manchmal auch befriedigt.

[23] R. Dubois, *Sur les réflexes associés chez la mante religieuse,* C. R. de la Soc. de Biol., 1929.

[24] Vgl. die Experimente von Daniel Auger und Alfred Fessard.

Goltz und H. Busquet Bezug, denen zufolge Frösche nach Entfernung der oberen Zentren sofort ihre Paarungsstellung einnehmen, was sie normalerweise nur im Frühjahr tun, und fragt sich, ob die Gottesanbeterin, die das Männchen vor der Begattung köpft, durch die Amputation der Hemmungszentren im Gehirn nicht eine ausgeprägtere und längere Ausführung der krampfartigen Begattungsbewegungen erreichen wolle. So daß ihr letztlich das Lustprinzip die Ermordung ihres Geliebten diktiert hätte, dessen Körper sie obendrein bereits während des Liebesaktes[25] aufzufressen beginnt.

Dieses Verhalten ruft beim Menschen ein solches Befremden hervor, daß offenbar sogar die Gelehrten einmal von ihrer professionellen Trockenheit Abstand nehmen, übrigens zu ihrem Vorteil. So ist Léon Binet, Professor für Physiologie an der medizinischen Fakultät von Paris, in seiner kürzlich erschienenen Monographie *La Vie de la Mante religieuse*[26] spürbar beeindruckt. Jedenfalls überrascht es ziemlich, wenn ihm für einen Augenblick seine wissenschaftliche Gelassenheit abhanden kommt und er die Gottesanbeterin (S. 54) eine *mörderische Geliebte* nennt, sich in bezug auf sie sogar ein höchst beunruhigendes literarisches Zitat gestattet[27]. Ich meinerseits möchte gerade von diesen schwachen Stellen ausgehen, wenn ich die Schlußfolgerung interpretiere, die dieser Autor zieht: »Das Insekt wirkt wie eine Maschine mit einem vollkommenen, automatisch funktionierenden Räderwerk.« Im Grunde ist die Gleichsetzung der Gottesanbeterin mit einem Automaten oder, in Anbetracht ihres Anthropomorphismus, mit einer Androide nur möglich, weil dieses Thema so aufwühlend ist, sofern – wofür auch sonst manches spricht – die Vorstellung der künstlichen, mechanischen und seellosen Frau ohne Bewußtsein, die mit dem Mann und anderen Lebewesen nichts gemein hat, auf eine besondere Auffassung der Beziehung von Tod und Liebe zurückgeht oder vielmehr auf eine ambivalente Ahnung, daß das eine im andern zu finden sei[28].

Ich bestreite indessen nicht, daß viele Tatsachen als solche die von mir beanstandete Schlußfolgerung rechtfertigen. Im Gegenteil, ein solcher Vergleich würde die objektive lyrische Bedeutung der Gottesanbeterin noch steigern. Doch auch hier übertrifft die Wirklichkeit wieder die abenteuerlichsten Hoffnungen.

[25] Ein fotografisches Dokument dieser Begattungsmahlzeit ist bei J. H. Fabre, a. a. O. abgebildet.
[26] Vigot Frères, 1931
[27] Es handelt sich um folgendes Zitat:
»Sie schwächt, sie tötet, und wird dabei nur noch schöner.« (A. De Musset, *La Coupe et les lèvres,* IV, 1.)
[28] Nicht in Betracht gezogen werden hier jene Tierarten, wo das Männchen sofort nach Befruchtung des Weibchens stirbt.

Von dieser Starrheit der Gottesanbeterin abgesehen, die an eine Rüstung oder einen Automaten erinnert, steht es nämlich fest, daß sie auf fast alles genauso gut reagiert, wenn sie geköpft ist, das heißt, wenn das Zentrum der Vorstellung und willentlichen Aktivität wegfällt: sie kann unter diesen Umständen herumlaufen, ihr Gleichgewicht ausbalancieren, die Autotomie eines bedrohten Gliedes vollziehen, ihre Geisterstellung einnehmen, sich paaren, Eier legen, den Kokon bauen und, was wirklich irre ist, angesichts einer Gefahr oder nach leichter Reizung in eine falsche Totenstarre verfallen[29]. Ich drücke mich absichtlich so indirekt aus, weil die Sprache meiner Meinung nach kaum mehr auszudrücken und der Verstand kaum mehr zu fassen vermag, daß eine tote Gottesanbeterin sich totstellen kann.

Schließlich darf man auch die Mimikry der *Mantidae* nicht außer acht lassen; sie ist ein manchmal halluzinierendes Abbild des menschlichen Verlangens nach Rückkehr in ursprüngliche Fühllosigkeit, eines Verlangens, das mit der pantheistischen Vorstellung eines Aufgehens in der Natur zusammenhängt. Diese Vorstellung gibt in Philosophie und Literatur oft die Rückkehr ins vorgeburtlich Unbewußte wieder. Man hat die Wahl zwischen der wüstenfarbenen *Eremiaphila von Luxor;* der *Blepharopsis mendica,* die auf grünem Grund weiß gesprenkelt ist wie die Blätter der *Thymelia microphylla,* auf der sie lebt; der *Theopompa heterochroa* von Kamerun, die man von der Baumrinde nicht unterscheiden kann; der *Empusa egena* von Algerien, die nicht nur einer grünlichen Anemone ähnlich sieht, sondern auch noch sachte schwankt, um die Bewegung der Blume im Wind nachzuahmen; dem *Idolum diabolicum* von Mosambik, dessen Räuberfüße in Form von Blütenblättern ausgerechnet karminrot, weiß und blaugrün gefärbt sind; dem *Gongylus trachelophyllus* von Indien mit seinem rosa gesäumten fahlen Violett, der »das Bild einer leuchtenden Blume« verwirklicht, »die ab und zu schwankt und ihre so schönen Farben dem hellsten Punkt des Himmels zudreht«; schließlich dem *Hymenopus bicornis,* den man kaum von einer einfachen, wunderbaren Orchis unterscheiden kann[30].

Diese Blumenmetamorphosen, um derentwillen das Insekt sein Selbst aufgibt und ins Pflanzenreich zurückkehrt, passen sowohl ins Bild seiner erstaunlichen automatischen Fä-

[29] Es besteht übrigens die Tendenz, dieses Verhalten immer als rein mechanisch zu betrachten: »ein Phänomen differentiellen Empfindungsvermögens, das auf die kataleptische Tetanose beschränkt und durch sie charakterisiert ist«, wie sich E. L. Bouvier ausdrückt, *La vie psychique des insectes,* Flammarion 1918.

[30] Diese Beispiele sind A. Lefebvre, *Ann. de la Soc. entomologique de France,* Bd. IV, Léon Binet, a. a. O., und Paul Vignon, *Introduction à la biologie expérimentale,* Paris 1930 entnommen.

higkeiten als auch der ungezwungenen Haltung, die es angesichts des Todes einzunehmen scheint, Eigenschaften, die als solche ergänzen, was schon in seinem Namen Gottesanbeterin oder Empusa, also Prophetin oder vampirisches Gespenst, was in seiner Gestalt, in welcher vor allem der Mensch die seinige wiedererkennt, was in seiner Stellung versunkenen Betens oder des Liebesaktes[31] und schließlich in seinem Paarungszeremoniell zum Ausdruck kommt und das unmittelbare Empfinden jedes Individuums bloßzulegen vermag.

In Kenntnis dieser Sachlage kann man sich nun über die lyrische Objektivität gewisser konkreter Vorstellungen ein Urteil erlauben und klären, warum gerade sie die Eigenschaft haben, bei den verschiedensten Menschen einen Gefühlskonflikt oder zumindest eine allgemeine irrationale Neugier hervorzurufen.

Es ist gewiß nicht erstaunlich, daß die große Ähnlichkeit der menschlichen Organismen in ihrem Aufbau und ihrer biologischen Entwicklung, zu der noch gleichartige äußere, physische Lebensbedingungen hinzukommen, beträchtliche Rückwirkungen auf ihre Psyche hat, nämlich dahingehend, auch in diesem Bereich möglichst wenige, gleichartige Reaktionen aufkommen zu lassen, was natürlich zu einer bei allen gleichen Gefühlsausrichtung und den gleichen grundsätzlichen Gefühlskonflikten führt, wie ja auch die Identität der Empfindungsmechanismen ganz deutlich die Identität der *a priori*-Formen von Wahrnehmung und Vorstellung nach sich zieht. Übrigens ist bei diesen Feststellungen nicht die geringste erklärende Hypothese erforderlich. Im Gegenteil, das Vorhandensein von Elementen, in denen andere alles oder einen Teil ihrer selbst wiedererkennen könnten, ist offenbar nicht unmittelbar gegeben. Das heißt, daß zunächst ein Universum ohne objektive Ideogramme möglich scheint; doch die Reflexion erhellt dann, daß eine solche Möglichkeit die gleichen unüberwindlichen Probleme aufwirft wie die Vorstellung einer klar determinierten, aber diskontinuierlichen Welt ohne Überdeterminierung. Wieder einmal ist die vollkommene Isolierung der Kausalreihen im eigentlichen Sinn undenkbar. Gleichzeitig widerspricht sie der Erfahrung, die unausgesetzt deren vielfache Überschneidungen zeigt und ab und zu aufwühlende, schlagende Beweise ihrer unergründlichen Verbundenheit liefert: Beweise von verborgener, vielschichtiger Bedeutung, die aber ihr Ziel unfehlbar erreichen: kurz, *objektive Ideogramme, die in der Außenwelt das lyrische, auf die Leidenschaft zielende Wirkungsvermögen des Bewußtseins verkörpern.*

[31] Tatsächlich gleicht die Normalstellung der Gottesanbeterin nicht derjenigen eines Betenden, wie die Zensur möchte (man liegt nicht auf dem Bauch, wenn man betet), sondern der Stellung des Menschen bei der Liebe. Vgl. Theokrit, *Idyllen,* X, 18. Die Identifikation kann gar nicht deutlicher sein.

SCHLUSSFOLGERUNG

Da diese Studie eigentlich nur das Vorhandensein einer gewissen lyrischen Objektivität darlegen sollte, war Vollständigkeit nicht erforderlich: Es genügte, gewisse Tatsachen zusammenzustellen, ohne daß dabei das Thema erschöpfend behandelt werden mußte. Auch habe ich mich manchmal darauf beschränkt, die Zitate der großen Nachschlagewerke zu benutzen, ohne auf die Quellen selbst zurückzugreifen (zum Beispiel bei der Mythologie der sogenannten primitiven Völker). Das läßt eine wichtige Folgerung zu: nämlich daß meine Darstellung oft von Tatsachen gestützt wird, die nicht ich selbst ausgewählt habe, ja deren Auswahl sogar von ganz anderen Anliegen als meinen eigenen bestimmt wurde. So daß vielleicht bei genauer Überlegung die Gegenüberstellung dieser Tatsachen mehr an Beweiskraft gewinnt, als sie an Reichhaltigkeit und Umfang verliert. Kurz, es spricht für die Genauigkeit meiner Beweisführung, daß sie unter Bedingungen vorgenommen werden konnte, die nicht auf sie zugeschnitten waren.

Es empfiehlt sich nun, die theoretischen Erkenntnisse zu analysieren, die sich meiner Meinung nach für die in dieser Studie erwähnten Einzelwissenschaften daraus ergeben.

Fürs erste gewinnt man hinsichtlich der *Mythographie* den Eindruck, Studien wie die vorliegende könnten klarstellen, daß Determinierungen, die von der Gesellschaftsstruktur abgeleitet werden, zwar wichtig, für den Inhalt der Mythen aber nicht allein bestimmend sind, weil gleichzeitig auch physiologisch-psychologische Faktoren berücksichtigt werden müssen. So zum Beispiel die Neigung des Menschen, allem, was auf Grund seiner äußeren Erscheinung an den menschlichen Körper erinnert, besondere Aufmerksamkeit zu schenken oder sich sogar mit ihm zu identifizieren, wie etwa mit der Gottesanbeterin oder mit der Fledermaus. So zum Beispiel – und in höherem Grade – aber auch gewisse ursprüngliche Reaktionen und Konstellationen des Gefühls, die man beim Menschen manchmal nur als Wirkungsvermögen antrifft, die aber in der übrigen Natur klar erkennbaren und häufig zu beobachtenden Tatsachen entsprechen.

Die zweite interessante Fachrichtung, die in der vorliegenden Studie von Bedeutung ist, die Psychologie und insbesondere die *Psychoanalyse* hat das Vorhandensein solcher ursprünglicher Gefühlskonstellationen, wie sie die großen Komplexe (der Oedipuskomplex, der Kastrationskomplex usw.) darstellen, aufgezeigt. Vielleicht sollte man bei der Erforschung ihres Ursprungs mehr von der vergleichenden Biologie als nur vom menschlichen Bewußtsein ausgehen. Denn aus diesem Gesichtswinkel wird man offenbar der Perspektive dieser Komplexe eher gerecht: so würde – um die in dieser Monographie dargelegten Tatsachen auszuwerten – die Angst, von der Frau verschlungen zu werden, nicht mehr als Abwandlung der Kastrationsangst erscheinen, sondern ganz im Gegenteil die Kastrationsangst als ein Sonderfall jener anderen Angst, die höchst wahrscheinlich das ursprünglich Gegebene ist, weil sie als Restbestand einer Verhaltensweise aufgefaßt werden kann, die bei vielen anderen Lebewesen nachweisbar ist. Meiner Meinung nach käme es also der Biologie zu, in letzter Instanz über diese Fragen zu befinden. [1934]

Jacques Lacan: Das Problem des Stils und die psychiatrische Auffassung paranoischer Erlebnisformen

Wilde Exzentrizität ist offenbar mein Schicksal, ob es mir paßt oder nicht.
Ich war dreiunddreißig. Eines Tages rief mich ein brillanter junger Psychiater an. Er hatte gerade meinen Artikel über »Den inneren Mechanismus der paranoischen Aktivität« im *Minotaure* gelesen. Er gratulierte mir und äußerte seine Verwunderung über meine genaue wissenschaftliche Kenntnis dieses im allgemeinen so mißverstandenen Themas. Er wollte mich besuchen und die ganze Frage mit mir besprechen. Wir verabredeten uns noch für denselben Abend in meinem Studio an der Rue Gauguet. Ich war im Hinblick auf unser Gespräch den ganzen Nachmittag äußerst aufgeregt und versuchte, unsere Unterhaltung vorauszuplanen. Schließlich hielten sogar meine engsten Freunde in der surrealistischen Gruppe meine Gedanken so oft für paradoxe – wenn auch mit Genie gewürzte – Wippchen, daß es mir schmeichelte, in streng wissenschaftlichen Kreisen ernstgenommen zu werden. Mir lag deshalb daran, daß bei unserem ersten Gedankenaustausch alles völlig normal und ernsthaft zuging. Während ich auf den jungen Psychiater wartete, arbeitete ich aus dem Gedächtnis am Porträt der Vicomtesse de Noailles weiter, das ich damals in Auftrag hatte. Das Bild wurde direkt auf Kupfer gemalt. Das hellglänzende Me-

Von allen Problemen des künstlerischen Schaffens verlangt dasjenige des Stils unseres Erachtens für den Künstler selbst am dringendsten eine theoretische Lösung. Die Vorstellung, die er sich von der durch die Tatsache des Stils aufgedeckten Auseinandersetzung zwischen der realistischen, auf objektiver Erkenntnis beruhenden Schöpfung einerseits und der beherrschenden Kraft der Bedeutung, der hochgradig emotionalen Mitteilbarkeit der sogenannten Stil-Schöpfung andererseits macht, ist in der Tat nicht unwichtig. Je nach Beschaffenheit dieser Vorstellung wird der Künstler nämlich den Stil als Frucht einer vernunftmäßigen, einer ethischen, einer freien Wahl auffassen oder als die einer erfahrenen Notwendigkeit, deren Spontaneität sich gegen alle Kontrolle aufdrängt beziehungsweise der man sogar asketisch entsagen muß. Unnötig, die Bedeutung dieser Auffassungen für den Theoretiker zu unterstreichen.
Nun hat es den Anschein, daß die heutzutage von der psychiatrischen Forschung eingeschlagene Richtung diesen Problemen neue Gegebenheiten liefert. Wir haben den sehr konkreten Charakter dieser Gegebenheiten in detaillierten Analysen nachgewiesen, die von schriftlichen Äußerungen Geisteskranker ausgingen. Wir möchten hier in zwangsläufig abstrakteren Worten zeigen, welche theoretische Revolution sie in der Anthropologie bewirken.
Die Schulpsychologie als jüngste der positiven Wissenschaften, die auf dem Höhepunkt der die Gesamtheit dieser Wissenschaften tragenden bürgerlichen Kultur in Erscheinung trat, konnte dem mechanistischen Denken, das sich in den Naturwissenschaften glänzend bewährt hatte, nur naives Vertrauen entgegenbringen. Dies zumindest so lange, wie die Illusion einer unfehlbaren Erforschung der Natur die in Wirklichkeit erfolgende Anfertigung einer

zweiten, mehr mit den grundlegenden Gesetzen der Äquivalenz des Geistes übereinstimmenden Natur, nämlich der Maschine, bemäntelte. Zudem führt der historische Fortschritt einer solchen Psychologie, die von der experimentellen Kritik der Hypostasen des religiösen Rationalismus ausgeht, bei den neuesten Psychophysiken zu funktionellen Abstraktionen, deren Realität immer rigoroser schwindet, weil sie einzig dem Maßstab der körperlichen Arbeitsleistung des Menschen unterworfen wird. In der Tat konnte unter den künstlichen Bedingungen des Laboratoriums einem so systematischen Verkennen der menschlichen Realität nichts entgegentreten.

Das sollte die Rolle der Psychiater sein, welche von dieser Realität auf eine ganz andere, gebieterische Weise ersucht werden, sowohl die ethischen Auswirkungen bei den schöpferischen Übertragungen des Verlangens beziehungsweise der Libido als auch die strukturalen, noumenalen Bestimmungsmomente bei den primären Erlebnisformen festzustellen: das heißt, die dynamische Primordialität und Ursprünglichkeit dieses Erlebnisses in bezug auf jegliche Objektivierung des Geschehens zu erkennen.

Wir sähen uns jedoch einer höchst überraschenden Ausnahme von den für die Entwicklung jeden ideologischen Überbaues geltenden Gesetzen gegenüber, wenn diese Tatsachen so bald erkannt wie festgestellt, so bald bejaht wie erkannt worden wären. Ihre implizite Anthropologie relativiert die Postulate der rationalistisch verfahrenden Physik und Moral zu sehr. Nun sind aber diese Postulate so hinreichend in den allgemeinen Sprachgebrauch integriert, daß der Arzt, der sich unter allen Typen von Intellektuellen am hartnäckigsten durch eine leichte dialektische Rückständigkeit auszeichnet, naiverweise glauben konnte, sie in den Tatsachen selbst wiederzufinden. Außerdem darf nicht verkannt werden, daß das Interesse für die Geisteskranken historisch aus Bedürfnissen juristischer Art hervorgegangen ist. Diese Bedürfnisse sind anläßlich der auf der Grundlage des Rechtes formulierten Einführung der bürgerlichen philosophischen Auffassung des Menschen als eines mit absoluter moralischer Freiheit und der dem Individuum zukommenden Verantwortlichkeit Begabten in Erscheinung getreten (Verbindung der Menschenrechte und der bahnbrechenden Untersuchungen von Pinel und Esquirol). Seither hat sich der psychiatrischen Wissenschaft in der Praxis hauptsächlich jene künstliche Frage eines Alles-oder-nichts des geistigen Verfalls gestellt (Art. 64 des Strafgesetzbuches).

Es ist also verständlich, daß die Psychiater eine Erklärung geistiger Störungen zunächst von den Schulanalysen und vom bequemen Schema eines quantitativen Defizits (Insuffizienz oder Störung des Gleichgewichts) einer Beziehungsfunktion zur Welt übernahmen, wobei Funktion und Welt

tall reflektierte wie ein Spiegel, ich konnte meine Skizze nur undeutlich sehen. Doch ich hatte schon vorher bemerkt, daß ich dort, wo die Reflexe am hellsten waren, besser sah, was ich machte. Ich klebte mir also rasch ein drei Quadratzentimeter großes weißes Papierschnipsel auf die Nasenspitze. Durch seine Spiegelung wurde die Skizze dort, wo ich gerade arbeitete, gut sichtbar.

Punkt sechs Uhr – zum verabredeten Zeitpunkt unserer Zusammenkunft – klingelte es. Ich legte mein Kupfer rasch weg, Jacques Lacan kam, und wir stürzten uns sofort in eine höchst fachliche Diskussion. Überrascht entdeckten wir, daß wir beide die damals fast einmütig anerkannten Konstitutions-Theorien ablehnten, und zwar aus denselben Gründen. Wir unterhielten uns zwei Stunden lang in ununterbrochener dialektischer Hochstimmung. Dann verabschiedete er sich, und wir vereinbarten, in dauernder Verbindung zu bleiben und uns regelmäßig zu treffen. Als er weg war, ging ich in meinem Studio auf und ab. Ich versuchte, den Verlauf unserer Unterhaltung zu rekonstruieren und die seltenen Punkte, wo unsere Meinungen auseinandergingen, ganz objektiv auf ihre wirkliche Bedeutung zu prüfen. Dabei verwirrte mich immer mehr, daß der junge Psychiater ab und zu ziemlich beunruhigend mein Gesicht gemustert hatte. Fast als hätte sich ein schwaches, seltsames Lächeln hinter seinen Zügen verborgen.

Studierte er bewußt die Konvulsionen meiner Gesichtsmorphologie, die von den Gedanken hervorgerufen wurden, welche mein Inneres aufrührten?

Ich fand des Rätsels Lösung, als ich bald darauf meine Hände wusch (was übrigens der Augenblick ist, wo man im allgemeinen Probleme jeder Art mit größter Klarheit erkennt). Doch diesmal war mein Spiegelbild die Lösung. Ich hatte vergessen, das weiße Papierviereck von meiner Nasenspitze zu entfernen! Zwei Stunden lang hatte ich zutiefst transzendentale Fragen überaus genau, objektiv und mit ernster

Stimme diskutiert, ohne meinen irritierenden Nasenschmuck zu bemerken. Hätte ein Zyniker diese Rolle bewußt bis zuletzt durchhalten können?
(The Secret life of Salvador Dalí, 1942)

aus der gleichen Abstrahierung, der gleichen Rationalisierung hervorgehen. Ein ganzer Tatsachenkomplex, derjenige, der in den klinischen Rahmen der Demenzen gehört, ließ sich damit übrigens recht gut lösen.

Es ist der Triumph des der Beobachtung innewohnenden intuitiven Genialen, daß ein Kraepelin trotz seiner Verstrikkung in diese theoretischen Vorurteile mit kaum noch zu steigernder Genauigkeit jene klinischen Komplexe zu klassifizieren vermochte, deren Rätsel über die oft unreinen Näherungswerte hinweg (von denen das Publikum nur Schlagworte behält: Schizophrenie usw.) den von den phänomenologisch genannten Standpunkten der zeitgenössischen Psychiatrie aus unerreichten noumenalen Relativismus begründen sollte.

Diese klinischen Komplexe sind gerade die eigentlichen Psychosen (volkstümlich ausgedrückt, die richtige »Verrücktheit«). Nun trennen aber die Arbeiten phänomenologischer Denkart über diese Geisteszustände (zum Beispiel die jüngste von Ludwig Binswanger über den sogenannten Zustand der »Ideenflucht«, den man bei der manisch-depressiven Psychose beobachtet, oder meine eigene Arbeit über »Die paranoische Psychose in ihren Beziehungen zur Persönlichkeit«) die lokale Reaktion, die sehr häufig nur infolge irgendeines pragmatischen Mißklanges, den man bei ihr als geistige Störung individualisieren kann, wahrnehmbar ist, nicht vom gesamten Erlebnis des Kranken los, das sie in seiner Originalität zu definieren versuchen. Dieses Erlebnis wird nur verständlich, wenn man sich bemüht, es anzuerkennen; es kann als zusammenhängende Struktur eines unmittelbaren noumenalen Erfassens des Selbst und der Welt angemessen beschrieben werden. Eine solche Beschreibung wird nur durch eine analytische Methode von sehr großer Präzision möglich; in der Tat ist alle Objektivierung höchst prekär innerhalb einer phänomenalen Ordnung, die sich als der rationalistisch verfahrenden Objektivierung vorgängig erweist. Die erforschten Formen dieser Strukturen erlauben, sie als untereinander durch gewisse Gedankensprünge, die ihre Typisierung ermöglichen, differenziert aufzufassen.

Nun erweisen sich gewisse Formen des sogenannten krankhaften Erlebnisses als besonders reich an symbolischen Ausdrucksweisen, die trotz ihrer irrationalen Grundlage mit einer Bedeutungsintention und spannungsgeladener Mitteilbarkeit ausgestattet sind. Man trifft sie bei Psychosen an, die wir unter Beibehaltung ihres ehemaligen, etymologisch befriedigenden Etiketts »Paranoia« im besonderen studiert haben.

Diese Psychosen manifestieren sich klinisch durch einen Verfolgungswahn, eine spezifisch chronische Entwicklung und eigentümlich kriminelle Reaktionen. Die Autoren der klassischen Schule haben, da sie keine Störung in der Hand-

habung des logischen Apparates und der raum-zeitlich-kausalen Symbole ausfindig machen konnten, sich nicht gescheut, alle diese Störungen paradoxerweise auf eine Hypertrophie der Denkfunktion zu beziehen.
Wir haben dagegen nicht nur zeigen können, daß die diesen Subjekten eigene Welt weit mehr in ihrer Wahrnehmung denn in ihrer Interpretation verwandelt ist, sondern auch, daß diese Wahrnehmung selbst mit der für den normalen Durchschnittsmenschen bezeichnenden Anschauung der Gegenstände nicht vergleichbar ist. Einerseits weist das Wahrnehmungsfeld bei diesen Subjekten tatsächlich ein immanentes und vor »persönlicher Bedeutung« (ein Symptom, das Interpretation genannt wird) bedrohliches Gepräge auf, dem jenes in affektiver Hinsicht Neutrale des Gegenstandes, das für rationale Erkenntnis zumindest virtuell vorausgesetzt wird, abgeht. Andererseits modifiziert die bei ihnen beträchtliche Veränderung der raum-zeitlichen Anschauungen die Tragweite des Überzeugtseins von der Wirklichkeit (Erinnerungsfälschungen, Wahnglauben).
Diese grundlegenden Züge des paranoischen Erlebnisses schließen es von ethisch-rationaler Überlegung und jeder phänomenologisch definierbaren Freiheit bei der imaginativen Schöpfung aus.
Nun haben wir die Arten symbolischen Ausdrucks, den diese Subjekte ihrem Erlebnis geben, methodisch studiert: nämlich einerseits die gedanklichen Themen und signifikanten Handlungen ihres Wahns, andererseits ihre plastischen und poetischen Hervorbringungen, an denen sie sehr fruchtbar sind.
Wir haben zeigen können:
1. Das menschlich höchst Bedeutsame dieser Symbole, das, was die wahnhaften Themen angeht, nicht seinesgleichen hat, es sei denn bei den mythischen Schöpfungen der Volkskunst, und das, was die Gefühle als Anreiz der Phantasie angeht, oft der Inspiration der größten Künstler ebenbürtig ist (Naturgefühl, idyllisches und utopisches Menschheitsgefühl, Gefühl gegen die Gesellschaft gerichteter Forderungen).
2. Wir haben bei den Symbolen eine grundlegende Tendenz charakterisiert, die wir mit dem Ausdruck der »wiederholten Identifizierung mit dem Objekt« umschrieben haben: der Wahn zeigt sich in der Tat sehr fruchtbar an zyklisch wiederholten Trugbildern, an allgegenwärtiger Vervielfachung, an einer endlosen, periodischen Wiederkehr der gleichen Geschehnisse in Doubletten und Tripletten derselben Personen, zuweilen in Halluzinationen einer Verdoppelung der Person des Betreffenden. Diese Anschauungen sind offensichtlich verwandt mit sehr konstanten Prozessen der poetischen Schöpfung und erscheinen als eine der Bedingungen der schöpferischen Typisierung des Stils.

3. Doch der bemerkenswerteste Punkt, den wir an den durch die Psychose hervorgerufenen Symbolen herausgearbeitet haben, besteht darin, daß ihr Wirklichkeitswert durch ihre Entstehung, die sie aus der geistigen Vernunftgemeinschaft ausschließt, in keiner Weise verringert wird. Die verschiedenen Arten von Wahn bedürfen tatsächlich keinerlei Interpretation, weil sie allein schon durch ihre Themen, und zwar vortrefflich, diese instinktiven und sozialen Komplexe ausdrücken, die die Psychoanalyse bei den Neurotikern unter größten Schwierigkeiten zutage fördert. Nicht weniger bemerkenswert ist, daß die mörderischen Reaktionen dieser Kranken sehr häufig an einem neuralgischen Punkt sozialer Spannungen der historischen Aktualität entstehen.

Alle diese dem paranoischen Erlebnis eigentümlichen Züge lassen ihm einen Spielraum menschlicher Mitteilbarkeit, in welchem es in anderen Kulturen seine ganze Kraft unter Beweis gestellt hat. Es hat sie selbst in unserer rationalistischen Kultur noch nicht verloren: man darf behaupten, daß Rousseau, bei welchem die Diagnose typischer Paranoia mit größter Sicherheit gestellt werden kann, seinem genuin krankhaften Erlebnis die Faszination verdankt, die er durch Persönlichkeit und Stil auf seine Zeit ausgeübt hat. Auch sollte man nicht verkennen, daß der verbrecherische Gestus der Paranoiker das tragische Mitgefühl zuweilen so stark in Wallung bringt, daß die Welt unschlüssig ist, ob sie, um sich zu schützen, ihm menschliche Gültigkeit absprechen oder den Schuldigen unter seiner Verantwortlichkeit erdrücken soll.

Man kann das paranoische Erlebnis und die Weltauffassung, die es hervorbringt, als eine originale Syntax betrachten, die dazu beiträgt, durch die ihr eigenen Verständniszusammenhänge die menschliche Gemeinschaft zu bestätigen. Die Kenntnis dieser Syntax erscheint uns als unabdingbare Voraussetzung zum Verständnis der Symbolwerte der Kunst und im besonderen der Probleme des Stils – nämlich der für ihn bezeichnenden Eigenschaften, Menschen überzeugen und einen zu können sowie für die Paradoxe seiner Entstehung –, Probleme, die stets unlösbar bleiben für jede Anthropologie, die sich nicht vom naiven Realismus des Gegenstandes befreit hat. [1933]

Jacques Lacan: Motive des paranoischen Verbrechens

Das Verbrechen der Schwestern Papin

GEORGES DUMAS
in achtungsvoller Freundschaft gewidmet

Man erinnert sich der schrecklichen Umstände des Blutbades von Le Mans und der Erregung, die die unbegreiflichen Motive der beiden Mörderinnen, der Schwestern Christine und Léa Papin, im Bewußtsein der Öffentlichkeit hervorriefen. Dieser Unruhe, dieser Anteilnahme kam eine sehr ausführliche Berichterstattung in der Presse durch sehr gut unterrichtete Journalisten entgegen*. Wir werden daher lediglich die Tatsachen des Verbrechens zusammenfassen.

Die beiden 28 und 21 Jahre alten Schwestern sind seit mehreren Jahren die Dienstmädchen ehrenwerter Bürger der kleinen Provinzstadt, eines Anwaltes, seiner Frau und seiner Tochter. Musterhafte Dienstmädchen, wie man gesagt hat, die im Haushalt geschätzt waren; und unbegreifliche Dienstmädchen, denn wenn man festgestellt hat, daß der Herrschaft menschliches Mitgefühl merkwürdigerweise abging, so berechtigt uns nichts zu der Annahme, daß die hochmütige Gleichgültigkeit der Hausangestellten lediglich eine Reaktion darauf war; eine Gruppe »sprach nicht« mit der andern. Dieses Schweigen mußte jedoch etwas bedeuten, selbst wenn es den Beteiligten dunkel war.

Eines Abends, am 2. Februar, nimmt diese Dunkelheit Gestalt an infolge eines banalen Defektes des elektrischen Lichtes. Eine Ungeschicklichkeit der Schwestern hat ihn verursacht, und die Herrschaft, die abwesend ist, hat schon bei geringfügigeren Gelegenheiten lebhaften Unmut an den Tag gelegt. Wie haben sich Mutter und Tochter verhalten, als sie bei ihrer Rückkehr das kleine Mißgeschick entdeckten? Christines diesbezügliche Aussagen haben geschwankt. Wie dem auch sei, das Drama kommt sehr schnell ins Rollen, und was die Art und Weise des Angriffs betrifft, kommt kaum eine andere Version als diejenige der Schwestern in Frage, nämlich daß er ganz plötzlich und gleichzeitig erfolgte und sofort den äußersten Grad der Wut erreichte: jede bemächtigt sich einer Widersacherin, kratzt ihr bei lebendigem Leib die Augen aus den Höhlen, eine, wie man gesagt hat, in der Geschichte des Verbrechens unerhörte Tat, und erschlägt sie. Dann fallen sie mit dem, was sich in ihrer Reichweite befindet, Hammer,

Die Schwestern Papin wurden im Kloster von Le Mans erzogen. Dann brachte ihre Mutter sie in einem »gutbürgerlichen« Haus dieser Stadt unter. Sechs Jahre lang ertrugen sie vollkommen ergeben Tadel, Zumutungen und Beleidigungen. Furcht, Ermüdung und Demütigung nährten langsam in ihnen den Haß, diesen so milden Alkohol, der heimlich tröstet, weil er der Leidenschaft verspricht, sie früher oder später mit physischer Gewalt zu unterstützen.
Als der Tag gekommen war, zahlten Léa und Christine Papin das Unrecht heim, und zwar gesalzen. Sie massakrierten ihre Herrinnen buchstäblich, kratzten ihnen die Augen aus, zerschmetterten ihnen den Kopf. Dann wuschen sie sich sorgfältig und gingen befreit und gleichgültig zu Bett. Der Blitz hatte eingeschlagen, das Holz war verbrannt, die Sonne endgültig erloschen.
Sie kamen voll bewehrt aus einem Gesang Maldorors ...

Paul Eluard und
Benjamin Péret

* Vgl. die Berichterstattungen von Jérôme und Jean Tharaud im *Paris-Soir* vom 28., 29. und 30. September und 8. Oktober 1933.

Zinnkrug, Küchenmesser, über die Körper ihrer Opfer her, zerschmettern ihnen das Gesicht, entblößen ihnen das Geschlecht und schlitzen Schenkel und Hinterbacken der einen tief auf, um mit diesem Blut die der anderen zu beflecken. Dann waschen sie die Werkzeuge dieser gräßlichen Riten, reinigen sich selbst und legen sich zusammen ins Bett. »Eine schöne Bescherung!« Das sind die Worte, die sie austauschen, die den aller Erregung baren Ton der bei ihnen auf die blutige Orgie folgenden Ernüchterung wiederzugeben scheinen.

Vor dem Richter führen sie dann für ihre Tat kein verständliches Motiv auf, keinen Haß, keine Beschwerde gegen ihre Opfer; ihre einzige Sorge ist offenbar, die Verantwortung für das Verbrechen voll und ganz zu teilen. Vor drei medizinischen Experten erscheinen sie ohne irgendein Anzeichen von Wahnsinn oder Demenz, ohne irgendeine aktuelle psychische oder geistige Störung, und diese können nicht umhin, das festzuhalten.

Über die Zeit vor dem Verbrechen anscheinend zu ungenaue Angaben, als daß man sie berücksichtigen könnte: ein wirres Vorsprechen der Schwestern beim Bürgermeister, um die Volljährigkeit der Jüngeren zu erwirken, ein Generalsekretär, der sie »übergeschnappt« fand, ein Hauptkommissar, der aussagt, sie seien ihm »gehetzt« vorgekommen. Dazu kommt noch die ungewöhnliche Anhänglichkeit, die sie verband, ihre Fühllosigkeit gegenüber jeder anderen Anteilnahme, die freien Tage, die sie gemeinsam in ihrem Zimmer verbringen. Doch hat man sich bis jetzt über diese Sonderbarkeiten Gedanken gemacht? Man übergeht auch, daß der Vater, ein brutaler Alkoholiker, angeblich eine seiner Töchter vergewaltigt hat, und daß beider Erziehung früh vernachlässigt wurde.

Erst nach fünf Monaten Gefängnis kommt es bei Christine, die von ihrer Schwester getrennt ist, zu einem überaus heftigen Erregungszustand mit gräßlichen Halluzinationen. Im Verlauf einer weiteren Krise versucht sie sich die Augen auszukratzen, zwar erfolglos, doch sie verwundet sich immerhin. Die wütende Erregung erfordert diesmal die Anwendung der Zwangsjacke; sie überläßt sich erotischen Exhibitionen, dann treten Anzeichen von Melancholie auf: Niedergeschlagenheit, Nahrungsverweigerung, Selbstanklage, abstoßende Sühnehandlungen; dann führt sie wiederholt wahnhafte Reden. Wir meinen, daß Christines Aussage, sie habe solche Zustände vorgetäuscht, keineswegs deren wahre Natur erschließt: das Subjekt hat dabei oft das Gefühl, zu spielen, doch sein Benehmen ist deshalb nicht weniger typisch krankhaft.

Am 30. September werden die Schwestern von den Geschworenen schuldig gesprochen. Als Christine vernimmt, sie werde auf dem Platz von Le Mans enthauptet, nimmt sie diese Nachricht kniend entgegen.

Léa und Christine — vor und nach dem Delikt

Indessen hatten die Eigentümlichkeiten des Verbrechens, Christines Störungen im Gefängnis und das seltsame Leben der Schwestern die Mehrheit der Psychiater von der Unzurechnungsfähigkeit der Mörderinnen überzeugt.
Angesichts der Ablehnung eines Gegengutachtens glaubte Dr. Logre, der als hochqualifizierte Persönlichkeit bekannt ist, vor Gericht zu ihren Gunsten aussagen zu können. War es die bei Amtsmedizinern übliche Strenge oder die durch die Umstände gebotene Vorsicht, die ihn zum Advokaten machten? Logre brachte nicht nur eine, sondern mehrere Hypothesen über die angebliche geistige Anomalität der Schwestern vor: Verfolgungsvorstellungen, sexuelle Perversion, Epilepsie oder hysterische Epilepsie. Glauben wir auch, eine eindeutigere Lösung des Problems vorlegen zu können, so wollen wir doch zuerst seiner Autorität huldigen, nicht nur, weil sie uns vor dem Vorwurf schützt, eine Diagnose zu stellen, ohne daß wir die Kranken selbst untersucht haben, sondern weil sie ganz bestimmte, sehr schwierig auseinanderzuhaltende Tatsachen, die jedoch, wie wir gleich sehen werden, für die Beweisführung unserer These wesentlich sind, mit besonders glücklichen Ausdrücken bestätigt hat.
Es gibt einen krankhaften Zustand, die *Paranoia,* die trotz der wechselnden Geschicke, die sie in der Geschichte der Psychiatrie erlitten hat, im großen ganzen folgende klassischen Merkmale aufweist: *a)* einen geistigen Wahn, dessen Inhalte zwischen Größen- und Verfolgungsideen wechseln; *b)* aggressive, sehr oft auf Mord hinauslaufende Reaktionen; *c)* eine chronische Entwicklung.
Bis jetzt standen sich zwei Auffassungen über die Struktur dieser Psychose gegenüber: die eine hält sie für die Entwicklung einer krankhaften »Konstitution«, das heißt eines angeborenen Charakterfehlers; die andere weist auf ihre elementaren Phänomene bei vorübergehenden Wahrnehmungsstörungen hin, die man als interpretierende bezeichnet infolge ihrer offenkundigen Analogie zur normalen Interpretation; der Wahn wird hier als Rationalisationsversuch des Subjekts gegenüber diesem Erlebnis aufgefaßt, und die verbrecherische Tat als affektive Reaktion, deren Motive aus der Wahngewißheit kommen.
Obwohl die sogenannten elementaren Phänomene mit weit größerer Sicherheit vorhanden sind als die angeblich paranoische Konstitution, sieht man die Unzulänglichkeit beider Auffassungen leicht ein, und wir haben versucht, mittels einer Beobachtung, die dem Verhalten des Kranken gerechter wird, eine neue zu begründen*.
So haben wir den Einfluß der jeweiligen sozialen Verhältnisse bei allen drei Arten von Phänomenen sowohl auf die Elemente wie auf den Wahn insgesamt und seine Reaktio-

* Jacques Lacan, *De la psychose paranoïaque dans ses rapports avec la personnalité.* Lefrançois édit. 1932

nen als wesentlich erkannt und mit dem dynamischen Begriff der *sozialen Spannungen,* deren Gleichgewichtszustand oder gestörtes Gleichgewicht normalerweise die individuelle Persönlichkeit formt, die Tatsachen der Psychose erklärt.
Der aggressive Trieb, der sich im Mord auslebt, erscheint so als die Krankheit, die die Grundlage der Psychose darstellt. Man kann ihn unbewußt nennen, was besagt, daß der Vorstellungsinhalt, der den Trieb bewußt macht, nicht ohne Kompromiß mit den durch die Person integrierten sozialen Erfordernissen geäußert werden kann, das heißt nicht ohne Verschleierung der wahnhaften Motive.
Doch dieser Trieb ist bereits selbst sozial bedingt: er hat stets die Vorsätzlichkeit eines Verbrechens, fast durchweg diejenige einer Rache, oft den Sinn einer Strafe, das heißt einer auf sozialen Vorstellungen beruhenden Vergeltung, zuweilen schließlich identifiziert er sich nach vollbrachter Tat mit der Moralität und hat die Bedeutung einer Sühne (Selbstbestrafung). Diese objektiven Eigentümlichkeiten des Mordes, die Auswahl des Opfers, die mörderische Kraft, die Art und Weise der Auslösung und Ausführung wechseln beharrlich mit jenen Graden der menschlichen Bedeutung des zugrundeliegenden Triebes. Es sind dieselben Grade, die die Reaktion der Gesellschaft auf das paranoische Verbrechen bestimmen, eine ambivalente Reaktion, die zwei Gesichter hat, die der emotionalen Ansteckung durch das Verbrechen und des Rufes nach Bestrafung seitens der öffentlichen Meinung.
Von dieser Art ist das Verbrechen der Schwestern Papin, kraft der Erregung, die es hervorruft und die seine Gräßlichkeit übersteigt, und kraft seiner Eigenschaft eines schrecklichen, doch bis in die fürchterlichsten Einzelheiten symbolischen Bildes: die gebräuchlichsten Metaphern des Hasses, »Ich möchte ihm die Augen auskratzen«, werden wörtlich in die Tat umgesetzt. Das Volksbewußtsein verrät, was für eine Bedeutung es diesem Haß zuerkennt, wenn es hier das höchste Strafmaß anwendet, wie das antike Recht bei Verbrechen von Sklaven. Vielleicht täuscht es sich, wie wir sehen werden, dabei über die wirkliche Bedeutung der Tat. Doch bemerken wir für diejenigen, die der psychologische Weg erschreckt, auf den wir die Untersuchung der Verantwortlichkeit verpflichten, daß die Redewendung »Verstehen heißt Verzeihen« den Einschränkungen jeder menschlichen Gemeinschaft unterworfen ist und daß außerhalb dieser Einschränkungen Verstehen (oder vermeintliches Verstehen) Verurteilen heißt.
Der geistige Inhalt des Wahns erscheint uns wie gesagt als Überbau, der gleichzeitig Rechtfertigung und Verneinung des verbrecherischen Triebes ist. Wir halten ihn also für abhängig von Schwankungen dieses Triebes sowie vom Zusammenbruch, der sich beispielsweise aus seiner Befriedigung ergibt: im ersten Fall des besonderen Paranoia-Typus,

den wir beschrieben haben *(Der Fall Aimée)*, verflüchtigt sich der Wahn mit der Verwirklichung der Ziele der Tat. Kein Wunder, daß dies in den ersten Monaten, die auf das Verbrechen der Schwestern folgten, ebenfalls eintrat. Die korrelativen Mängel der Beschreibungen und klassischen Erklärungen haben die doch so entscheidende Existenz solcher Schwankungen lange verkannt, indem sie den paranoischen Wahninhalt für konstant hielten, während lediglich seine Struktur konstant ist: diese Auffassung verführt die Experten zu irrigen Schlußfolgerungen und erklärt ihre Ratlosigkeit angesichts zahlreicher paranoischer Verbrechen, wo ihr Wirklichkeitssinn sich trotz ihrer Doktrin Bahn bricht, sie aber nur unsicher macht.

Bei den Schwestern Papin sollte die einzige Spur einer Formulierung wahnhafter Vorstellungen vor dem Verbrechen zur Ergänzung des klinischen Bildes dienen: bekanntlich findet man sie hauptsächlich in der Zeugenaussage des Hauptkommissars der Stadt. Man sollte sie keinesfalls infolge ihrer Ungenauigkeit ablehnen; jeder Psychiater kennt die ganz besondere Atmosphäre, die sehr oft durch irgendeine stereotype Ausdrucksweise solcher Kranken hervorgerufen wird, sogar bevor sie sich deutlich in wahnhaften Äußerungen ergehen. Hat man diese Erfahrung ein einziges Mal gemacht, wird man sie zweifellos wiedererkennen. Die Inspektionen der Polizeizentren vermitteln aber eine solche Erfahrung sogar häufig.

Im Gefängnis treten bei Christine mehrere wahnhafte Themen zutage. Wir erachten als solche nicht nur typische Symptome des Wahns wie dasjenige systematischer Verkennung der Wirklichkeit (Christine fragt, wie es ihren beiden Opfern gehe und äußert die Vermutung, diese seien in einem anderen Körper wiedererstanden), sondern auch doppelsinnigere Vermutungen, die in Äußerungen wie der folgenden zum Ausdruck kommen: »Ich glaube, daß ich in einem zweiten Leben der Mann meiner Schwester sein soll.« In der Tat kann man in diesen Äußerungen überaus typische Inhalte klassifizierter Formen des Wahns wiedererkennen. Außerdem steht fest, daß man bei allen Arten von Wahnglauben eine gewisse Ambivalenz antrifft, von den ganz im stillen bestätigenden Formen des phantastischen Wahns (bei denen die Person jedoch eine »doppelte Wirklichkeit« erkennt) bis zu den interrogativen Erscheinungsformen des sogenannten Verdächtigungswahns (bei denen jede Wirklichkeitsbehauptung verdächtig wird).

In unserem Fall würde die Analyse dieser Inhalte und Formen gestatten, den Platz der beiden Schwestern in der natürlichen Klassifizierung der verschiedenen Arten von Wahn näher zu bestimmen. Man könnte sie nicht in jene sehr begrenzte Form der Paranoia einordnen, die wir auf dem Weg solcher formaler Korrelationen in unserer Arbeit herausgestellt haben. Wahrscheinlich gehören sie nicht einmal in den

Umkreis der Gattung Paranoia, sondern in denjenigen der Paraphrenien, den Kraepelins Genie als den der unmittelbar angrenzenden Formen herausgestellt hat. Eine präzise Diagnose wäre jedoch bei unserem ungesicherten Wissen sehr unangebracht. Letzten Endes wäre sie für unsere Abhandlung über die Motive des Verbrechens auch wenig fruchtbar, da die Formen der *Paranoia* sowie die verwandten Formen des Wahns, wie wir in unserer Arbeit dargelegt haben, durch eine gemeinsame Struktur verbunden sind, die die Anwendung der gleichen analytischen Methoden rechtfertigt.

Fest steht, daß die Formen der Psychose bei den beiden Schwestern wenn nicht dieselben sind, so zumindest in enger Wechselbeziehung stehen. Man hat im Verlauf der Auseinandersetzungen die erstaunliche Behauptung vernommen, es sei ausgeschlossen, daß zwei Wesen gleichzeitig vom gleichen Wahnsinn geschlagen würden oder vielmehr ihn gleichzeitig an den Tag legten. Das ist eine vollkommen irrige Meinung. Der *Wahn zu zweit* gehört zu den ältesten bekannten Formen der Psychose. Beobachtungen erweisen, daß er elektiv zwischen nahen Verwandten entsteht, Vater und Sohn, Mutter und Tochter, Brüdern oder Schwestern. Wir halten dafür, daß sein Mechanismus in gewissen Fällen auf einer zufälligen Suggestion beruht, die von einem aktiv wahnhaften Subjekt auf ein passiv schwachsinniges Subjekt ausgeübt wird. Wir werden sogleich sehen, daß unsere Auffassung der Paranoia eine ganz andere Vorstellung davon vermittelt und den gleichen verbrecherischen Ablauf bei beiden Schwestern befriedigender erklärt.

Der mörderische Trieb, den wir als Grundlage der Paranoia betrachten, wäre in der Tat nur eine wenig befriedigende Abstraktion, wenn er nicht durch eine Reihe korrelativer Anomalien vergesellschafteter Instinkte gesteuert würde und wenn unser derzeitiger Erkenntnisstand über die Entwicklung der Persönlichkeit uns nicht gestatten würde, diese triebhaften Anomalien für gleichzeitig entstanden zu halten. Homosexualität, sado-masochistische Perversion, das sind die Triebstörungen, deren Vorhandensein in solchen Fällen allein die Psychoanalytiker aufdecken konnten und deren genetische Bedeutung wir in unserer Arbeit aufzuzeigen versucht haben. Man muß zugeben, daß die beiden Schwestern eine Bestätigung dieser Wechselbeziehungen erbringen, die man ungeschlacht nennen könnte: der Sadismus der an den Opfern vollzogenen Handlungen ist offenkundig, und welche Bedeutung haben im Licht dieser Gegebenheiten die ausschließliche Zuneigung der Schwestern füreinander, ihr unbegreifliches Leben, die Seltsamkeiten ihres Zusammenlebens, das ängstliche Zusammenrücken im selben Bett nach dem Verbrechen?

Infolge genauer Erfahrungen mit solchen Kranken zögern wir jedoch, tatsächliche sexuelle Beziehungen zwischen den

Schwestern anzunehmen, wie es manche tun. Deshalb sind wir Logre dankbar für die Feinheit des Ausdrucks »psychologisches Paar«, an welchem man seine Zurückhaltung bei diesem Problem ermessen kann. Die Psychoanalytiker selbst, die die Paranoia von der Homosexualität ableiten, bezeichnen diese Art der Homosexualität als unbewußt, als »versteckt«. Diese homosexuelle Neigung würde nur durch eine bestürzte Verneinung ihrer selbst zum Ausdruck kommen, die zur Überzeugung führte, verfolgt zu werden, wobei sich der Verfolger als das geliebte Wesen entpuppt. Doch was ist das für eine merkwürdige Neigung, die, ihrem offenkundigen Zutagetreten so nahe, stets durch ein merkwürdig transparentes Hindernis davon getrennt bliebe?

Freud liefert uns, ohne dieses Paradoxon zu lösen, in einem bewundernswürdigen Aufsatz* alle Elemente dazu. Er zeigt uns in der Tat, daß in den jetzt bekannten ersten Stadien der infantilen Sexualität, wenn eine zwangsläufige Einschränkung der ursprünglichen Feindschaft zwischen den Brüdern stattfindet, eine anomale Umkehrung dieser Feindschaft in Verlangen entstehen kann und daß dieser Mechanismus einen besonderen Typus von Homosexuellen hervorbringt, bei welchen die sozialen Instinkte und Aktivitäten vorherrschen. Tatsächlich steht folgender Mechanismus fest: diese Fixierung der Liebe ist die wesentliche Bedingung der ersten Anpassung an die instinktiven Tendenzen dessen, was wir die *sozialen Spannungen* nennen. Eine schmerzhafte Anpassung, bei der sich schon die ersten Forderungen, Opfer zu bringen, die die Gesellschaft unablässig an ihre Mitglieder stellen wird, bemerkbar machen: das ist ihre Verbindung mit jener persönlichen Absichtlichkeit auferlegten Leidens, die den Sadismus begründet. Diese Anpassung vollzieht sich jedoch nach dem Gesetz des geringsten Widerstandes durch eine affektive Fixierung, die dem solipsistischen Ich noch sehr nahe ist, eine Fixierung, die man mit Recht narzißtisch nennt und bei der das erwählte Objekt dem Subjekt überaus ähnlich ist: was seinen homosexuellen Charakter begründet. Doch diese Fixierung soll zur Erlangung einer sozial zweckdienlichen Sittlichkeit überwunden werden. Die schönen Abhandlungen von Piaget haben uns die Entwicklung gezeigt, die sich von der naiven *Egozentrik* der ersten Teilnahme an den Regeln des moralischen Spiels bis zur Objektivität, die mit einem ideal ausgebildeten Bewußtsein Hand in Hand geht, vollzieht.

Bei unseren Kranken geht diese Entwicklung nicht über ihr erstes Stadium hinaus, wobei die Gründe dieses Stillstandes sehr verschiedenen Ursprungs sein können, einerseits organisch (Erbfehler), andererseits psychologisch: bei letzteren

* S. Freud, *Über einige neurotische Mechanismen bei Eifersucht, Paranoia und Homosexualität,* ins Französische übertragen von Jacques Lacan in: *Revue de psychanalyse,* 1932, Nr. 3, S. 391—401.

hat die Psychoanalyse die Wichtigkeit des Inzestes im Kindesalter entdeckt. Bekanntlich scheint dieser Akt im Leben der Schwestern nicht gefehlt zu haben.

Eigentlich hat die fortgesetzte Beobachtung von vielerlei Fällen von *Paranoia,* welche durch genaueste soziale Umfragen ergänzt wurde, uns lange vor diesen theoretischen Vergleichen dazu geführt, die Struktur der verschiedenen Arten von *Paranoia* und verwandter Formen des Wahns als gänzlich vom Schicksal dieses Geschwisterkomplexes bestimmt zu betrachten. Seine Bedeutsamkeit ist bei den von uns veröffentlichten Beobachtungen auffallend. Die gefühlsmäßige Ambivalenz gegenüber der älteren Schwester steuert das ganze *selbstbestrafende* Verhalten unseres »Falles Aimée«. Wenn Aimée im Verlauf ihres Wahns die Anschuldigungen ihrer Haßliebe auf mehrere aufeinander folgende Gesichter überträgt, so weil sie bemüht ist, sich von ihrer ersten Fixierung zu befreien, doch diese Bemühung scheitert: jede Verfolgerin ist in Wirklichkeit nichts anderes als ein neues, immer noch im Narzißmus befangenes Bild dieser Schwester, die für unsere Kranke das Ideal darstellt. Wir sehen jetzt ein, was dieses gläserne Hindernis ist, welches bewirkt, daß sie nie wissen kann, daß sie alle diese Verfolgerinnen liebt, auch wenn sie es hinausschreit: sie sind nur Bilder.

Das »Übel, zwei zu sein«, unter dem diese Kranken leiden, befreit sie kaum vom Übel des Narziß. Tödliche Leidenschaft, die damit endet, daß man sich tötet. Aimée schlägt das glänzende Wesen, das sie gerade deshalb haßt, weil es das Ideal verkörpert, das ihr von sich selbst vorschwebt. Auf dieses Bedürfnis nach Selbstbestrafung, auf dieses gewaltige Schuldgefühl stößt man auch in den Akten der Schwestern Papin, sei es auch nur in Christines Niederknien bei der Entscheidung. Doch es scheint, daß die Schwestern untereinander nicht einmal den Abstand schaffen konnten, der notwendig ist, um sich umzubringen. Richtige siamesische Seelen, bilden sie eine für immer in sich geschlossene Welt; wenn man ihre Aussagen nach dem Verbrechen liest, sagt Logre, »glaubt man, doppelt zu lesen«. Einzig mit ihrem Inselchen müssen sie ihr Rätsel lösen, das menschliche Rätsel des Geschlechts.

Man muß die seltsamen Aussagen solcher Kranker gehört haben, um über die Tollheiten Bescheid zu wissen, die ihr gefesseltes Bewußtsein auf dem Rätsel des Phallus und der weiblichen Kastration errichten kann. Dann erkennt man in den schüchternen Geständnissen des sogenannten normalen Subjekts die Vermutungen, die es verschweigt und die es zu verschweigen glaubt, weil es sie für kindisch hält, während es sie verschweigt, weil es ihnen unbewußt noch anhängt.

Christines Äußerung: »Ich glaube, daß ich in einem zweiten Leben der Mann meiner Schwester sein soll« findet sich

bei unseren Kranken in vielen phantastischen Themen wieder, wobei man nur zuzuhören braucht, um sie zu erhalten. Was für einen langen, qualvollen Weg hat sie durchlaufen müssen, bevor das verzweifelte Erlebnis des Verbrechens sie von ihrem anderen Selbst losreißt und bevor sie nach ihrer ersten Krise, einer halluzinatorischen Wahnvorstellung, in der sie ihre Schwester als Tote zu sehen glaubt, tot zweifellos durch diesen Schlag, vor dem Richter, der sie miteinander konfrontiert, jene Worte einer hellsichtigen Leidenschaft herausschreien kann: »Ja, sag ja.«
An dem verhängnisvollen Abend verschmelzen die Schwestern aus Angst vor der bevorstehenden Strafe das Bild ihrer Herrinnen mit dem Wahnbild ihres Leidens. Ihre eigene Not hassen sie in dem Paar, das sie zu einer gräßlichen Quadrille schleppen. Sie kratzen Augen aus, wie die Bacchantinnen entmannten. Jene frevelhafte Neugier, die seit Menschengedenken den Menschen in Ängste stürzt, beseelt sie, wenn sie ihre Opfer zerfleischen, wenn sie in deren klaffenden Wunden nach dem bohren, was Christine später vor Gericht in ihrer Unschuld »das Rätsel des Lebens« nennen sollte. [1933]

André Breton: Die Kunst der Geisteskranken, das Tor ins Freie

Zeichnung der Kranken A. (1909)

Unser Freund Jean Dubuffet betont in seinen Ausführungen vom Oktober 1948, die ein richtiges Manifest der *Art brut* sind, zu Recht unser Interesse und unsere besondere Sympathie für Werke, deren »Schöpfer als geisteskrank betrachtet und in psychiatrische Kliniken gesteckt werden«. Selbstverständlich schließe ich mich seinen Äußerungen voll und ganz an: »Die Gründe, um derentwillen man einen Menschen für untauglich hält, in der Gesellschaft zu leben, sind unserer Meinung nach so, daß wir sie ablehnen müssen.« Genauso einverstanden erkläre ich mich mit Lo Duca, dem Verfasser eines bemerkenswerten Artikels über »Die Kunst und die Geisteskranken«, den ich leider ohne Quellenangabe bekam und von dem ich nur folgende Ausschnitte zitieren will: »Unsere von Größenwahn und Stolz, Mythomanie und *mauvaise foi* verwüstete Welt hat eine sehr verschwommene Vorstellung vom Wahnsinn. Übrigens hat man festgestellt, daß eine überaus begrenzte Anzahl von Größenwahnsinnigen in psychiatrischer Behandlung ist. Und wirklich, sobald der Wahnsinn kollektiv wird – oder sich durchs Kollektiv bemerkbar macht –, wird er tabu... Uns scheint der echte Geisteskranke an bewundernswerten Äußerungen erkennbar, wobei er sich nie vom ›vernünftigen‹ Zweck einschränken oder mundtot machen läßt. Diese absolute Freiheit verleiht der Kunst solcher Kranken eine Größe, die wir mit Sicherheit nur noch bei den Primitiven finden ... Diese Bemerkungen möchten die Öffentlichkeit dazu bringen, ein Kunstwerk zu *goutieren,* bevor sie es *verstanden* hat. Eines Tages wird man versuchen, ihr den Wert ihres ›Verständnisses‹ verdächtig zu machen: dazu muß man ihr nur beibringen, daß wir nicht einmal der Zeit und des Raumes ›sicher‹ sind ... Das Publikum weiß nichts von Schönheit, es verwechselt sie noch immer mit dem Hübschen, Reizenden und Angenehmen. Es hat keine Ahnung, welche Rolle Intensität, Rhythmus und Takt spielen. Die Kunst der Geisteskranken wird den *Zweifel,* einen heilsamen Zweifel in ihm wecken, der einer höheren, heiteren Einsicht den Weg bahnt.« Ich habe diesen Text so ausführlich zitiert, um zu zeigen, daß die Idee einer aufsehenerregenden Wiedergutmachung in der Luft liegt. Wir werden nicht rasten, bis das blinde, unerträgliche Vorurteil, dem die in Irrenhäusern geschaffenen Kunstwerke so lange ausgesetzt waren, widerlegt ist, bis wir sie aus der Zweideutigkeit unangebrachter Scherze befreit haben, in die sie versetzt worden sind.

Seit fünfzig Jahren ist in psychiatrischen Kreisen eine zunehmende Verlegenheit zu beobachten, sobald es darum geht, welche Stellung solchen Werken einzuräumen sei – also bei Leuten, wo diese Werke hauptsächlich in bezug auf ihren »klinischen« Wert betrachtet worden sind. Schon in seiner 1905 veröffentlichten Arbeit *Die Kunst der Geisteskranken* wehrt sich Marcel Réja dagegen, daß man sie auf Grund ihrer »krankhaften« Züge für »etwas außerhalb des Rahmens und ohne Beziehung zur Norm« hält, und zeigt sich empfänglich für die Schönheit einiger von ihnen. Hans Prinzhorn* weist auf jene Werke hin, die ihm am bemerkenswertesten scheinen – vor allem von August Neter, Hermann Beil, Joseph Sell und Wölfli –, präsentiert sie zum erstenmal angemessen und vergleicht sie mit anderen zeitgenössischen Werken, die dabei in mancher Hinsicht schlecht abschneiden. Jacques Lacan** äußert in einer glänzenden Abhandlung zu Recht eine überaus lebhafte Hochachtung vor den literarischen Arbeiten seiner Patientin Aimée. Gaston Ferdière, der vor kurzem auf dem Psychiaterkongreß in Amsterdam sprach, begann seinen Vortrag mit zwei Mottos, nämlich: »Die Menschen sagen, ich sei verrückt, doch die Wissenschaft hat noch nicht entschieden, ob Wahnsinn höchste Einsicht sei oder nicht« (Edgar Allan Poe) und: »Jede Gedankenverknüpfung kann zur Ekstase führen; alle Wege münden ins Märchenland« (Chesterton). Offensichtlich setzt sich der heilsame Zweifel, den Lo Duca

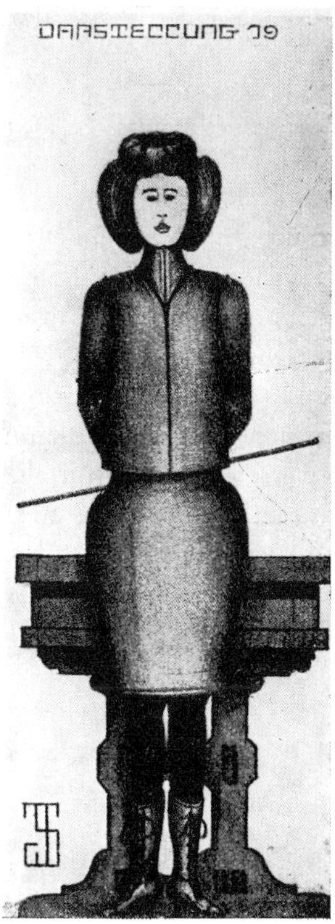

Joseph Sell, Zeichnung

* Bildnerei der Geisteskranken, 1922

** De la psychose paranoiaque dans ses rapports avec la personnalité, 1932 erwähnte, zwar noch nicht in der Öffentlichkeit, doch mehr und mehr bei den Experten für Geisteskrankheiten durch.

Man kann der Abneigung und dem fest verankerten Vorurteil des Publikums nur wirksam begegnen, wenn man ihnen auf den Grund geht und deutlich zeigt, woher sie kommen. Ich mache das Christentum und den Rationalismus dafür verantwortlich, wobei das Fortbestehen dieses Zustandes bis auf den heutigen Tag auch auf das Versagen der Kunstkritik zurückzuführen ist, die gegen alles zu Felde zieht, was sich nicht in eingefahrenen Gleisen bewegt.

Es ist bekannt, daß die primitiven Völker die Erscheinungsformen psychischer Anomalien verehrt haben oder noch verehren, was auch für die hochzivilisierten Völker der Antike und für die Araber noch heute gilt. Wie Réja bemerkt, »schrieben die Alten, die überhaupt nicht wußten, daß es Geisteskrankheiten gibt, sowohl seelische Störungen wie das Auftreten des Genies göttlichem Eingreifen zu . . . Das Mittelalter faßt dann den Wahnsinn nicht mehr als Ausdruck der Gunst, sondern der Züchtigung Gottes auf. Zumindest geht er weiterhin von ihm aus (wenn auch durch Vermittlung des Teufels).« Diese letztere Auffassung, die durch Prozesse und Exorzismen »Besessener« überaus gefördert wurde, spukt noch immer in den Köpfen, hat sich als erschreckend zäh erwiesen und wird auch heute noch durchaus nicht kritisch geprüft.

Der Rationalismus hat den Rest besorgt, und diese scheinbar widersprüchlichen Denkformen machen nicht zum erstenmal gemeinsame Sache, um eine schreiende Ungerechtigkeit zu sanktionieren. Der »gesunde Menschenverstand«, der übrigens auf wackligen Beinen steht, aber ganz unverschämt auf das bißchen Sicherheit pocht, das er im praktischen Leben verschafft, ist darauf aus, alles mit Gewalt zu verdrängen und sogar auszurotten, was nicht mit ihm paktieren will. Er ist um so despotischer, als seine Macht auf immer schwankenderen, morscheren Grundlagen ruht: beim geringsten Verstoß ist er bereit, mit äußerster Strenge vorzugehen. Er mißtraut allem Außergewöhnlichen im höchsten Grade und sorgt mit Hilfe eigens von ihm beauftragter Journalisten für Sauberhaltung des berüchtigten Korridors (Wer Ohren hat . . .), der das Genie mit dem Wahnsinn verbindet. Die Künstler, versichert man uns bei jeder Gelegenheit, könnten sich weit in ihn hineinwagen – hineingestoßen werden sie allerdings kaum.

Zeichnung eines Wahnsinnigen

Es wäre Aufgabe der Kunstkritik gewesen, angesichts von Werken der bildenden Kunst von der Qualität derjenigen, die Prinzhorn vorgestellt hat, die Lage neu zu sichten, das heißt, diese Werke mit denen zu vergleichen, die ihr sonst vorliegen, und sie unparteiisch ihren Kriterien zu unterwerfen. Doch dazu hätte sie sich eine gewisse grundsätzliche

Unabhängigkeit bewahren müssen, auch hätten diese Kriterien nicht so furchtbar schäbig sein dürfen. Der erstickende Weihrauchduft, mit dem sie ein paar sanktionierte Künstler umgibt, weil sie das für ihre Schuldigkeit hält, und die weit verbreitete, gezielte Verleumdung, mit der sie sich ihrer Meinung nach »Ansehen verschafft«, machen sie kaum geeignet für die Entdeckung neuer Werte und schon gar nicht für gewagte Erkundungen. Es ist vorteilhafter für sie, in aller Ruhe den Tagesgrößen schönzutun, endlos das gleiche Gewäsch einzuspeicheln und auf alle Fälle alles herunterzumachen, was sich von der schmalen Linie entfernt, die man sich gezogen hat. Das Publikum darf beruhigt sein: Nicht nur die anrüchigen Individuen sind hinter Schloß und Riegel, sondern auch alles, was sie manchmal Bewundernswertes machen und was die Öffentlichkeit an sie erinnern könnte. Man darf sicher sein, daß die solcherart bestallte Kunstkritik von heute ihr Heil – und das unsrige – nicht in diesen Trophäen einer wahren »geistigen Jagd« durch die großen »Verirrungen« des menschlichen Geistes suchen wird.
Ich scheue mich nicht, die nur auf den ersten Blick paradoxe Idee vorzubringen, daß die Kunst derer, die man heute der Kategorie der Geisteskranken zuschlägt, ein Reservoir geistiger Gesundheit darstellt. Sie entgeht in der Tat allem, was das Zeugnis, das uns beschäftigt, verfälschen könnte, jeder Art von äußeren Einflüssen wie Berechnung, Erfolg oder Enttäuschungen in gesellschaftlicher Hinsicht usw. Die Mechanismen der künstlerischen Schöpfung sind hier frei von allen Fesseln. Infolge einer verblüffenden Dialektik werden Abgeschlossenheit, Verzicht auf allen Profit und alle Eitelkeiten, so erschütternd sie im Einzelfall sein mögen, zu Bürgen totaler Authentizität, die man sonst überall vergeblich sucht und nach der wir von Tag zu Tag mehr verlangen. [1948]

René Crevel: Dalí oder der Anti-Obskurantismus

René Crevel, 1929

Heraklit sagt: »*Alles ist und ist auch nicht.*« »*Aber*«, bemerkt Engels, »*diese Anschauung, so richtig sie auch den allgemeinen Charakter des Gesamtbildes der Erscheinungen erfaßt, genügt doch nicht, die Einzelheiten zu erklären, aus denen sich dies Gesamtbild zusammensetzt; und solange wir diese nicht kennen, sind wir auch über das Gesamtbild nicht klar. Um diese Einzelheiten zu erkennen, müssen wir sie aus ihrem natürlichen oder geschichtlichen Zusammenhang herausnehmen und sie, jede für sich, nach ihrer Beschaffenheit, ihren besonderen Ursachen und Wirkungen etc. untersuchen.«*

Der opportunistische Individualismus ist übrigens rasch bei der Hand gewesen, diese *Notwendigkeit, die Einzelheiten aus ihrem Zusammenhang herauszunehmen,* zu vergöttern. Nicht umsonst ist zwei Jahrtausende lang Resignation gepredigt oder zumindest von allen, die sich als Freidenker aufspielten, Unterwerfung unter die Realität empfohlen worden. Ein doppelter Irrtum, der einerseits eine abgekartete, verabscheuungswürdige Sache, andererseits beklagenswert war, sei es, daß der Herr-der-die-Daumen-dreht wieder *O Arbeit, heiliges Gesetz der Welt,* diese Tirade des romantischen Dichters, anstimmte, um dem Nicht-Herrn-der-schuftet zu schmeicheln, sei es, daß der Nicht-Herr-der-schuftet sich das anhörte, ohne dem Herrn-der-die-Daumen-dreht mit der Faust die große Fresse zu stopfen. Fetischismus des Arbeitsinstrumentes also, wobei die analytische Methode des Intellektuellen und das Werkzeug des Arbeiters zum Zweck der Zwecke, zum Allerwichtigsten geworden ist. Der offiziellen Moderne dienen seitdem Zerebralismus und Technik als Hoden (natürlich aus Pappmaché), wie Sullys Frankreich Weideland und Ackerbau als Brüste dienten.

Setzt sich nicht sogar der Skeptiker, welcher der mediterranen Tradition zufolge die freie Vernunft verkörpert, in einen vernickelten Fauteuil, um im Schatten eines Bildes, das die Idylle eines Kugellagers und eines Kolbens darstellt, Proust zu lesen? Und gewiß sind die Psychologie eines in vier Teile gespaltenen Arschhaares und die ästhetische Parteinahme eines Bildes von Fernand Léger Kostproben der gegenwärtigen bourgeoisen Kultur, die genauso wenig subversive Essenz enthalten wie früher die Bekenntnisse distinguierter Ehebrecherinnen oder irgendwelche ziselierten Bronzefiguren bei Barbedienne, zum Beispiel jener berühmte Sänger Florentin, der mitten auf einem Kamin im Plaine-Monceau-Stil einen so wohlhabenden Eindruck macht.

Für alle diese Arten von zufriedenstellendem Obskurantismus ist nicht nur die Gemeinheit der Gelüste ausschlaggebend, sondern auch die hochmütige Albernheit des Gelehrten, der sich (selbst wenn weder sein materielles Interesse noch sein Ehrgeiz im Spiel ist) nicht entblödet, die besondere Regel, die für seine kleine Arbeit Geltung hat, für ein Universalheilmittel zu halten.

Wer zu Studienzwecken ein Element aus der ursprünglichen Einheit herausnimmt, wird deshalb bald dieses Element an sich als lebensfähig betrachten und ihm den Vorrang, wahrscheinlich sogar unumschränkte Vollmachten über das Ganze einräumen, aus dem es herausgelöst wurde.

Was man als allgemeine Ideen ausgibt, ist also meist nur die Diktatur einer Einzelheit, die nach Gutdünken und zu ei-

nem bestimmten Zeitpunkt erfolgt.
Es gibt keinen Techniker, der in der Spitze seines spärlichen Wissens nicht das Kap und in seiner Person nicht den Leuchtturm der Menschheit erblickt hätte.
Bevor der Mensch die Außenwelt angreift mit seiner Analysiermanie, setzt er sie auf seine verschiedenen Fähigkeiten an, die er voller Stolz, wesentliche Unterschiede zwischen ihnen zu entdecken, gegeneinander ausspielt, bis er schließlich, man sollte es kaum glauben, regelmäßige Körper aus ihnen gemacht hat, die zumindest den Vorzug der Reinheit, Klarheit und Durchschaubarkeit haben. Doch wie die englische Königin ihren Regenschirm verschluckte, um sicherzugehen, daß sie für ihre Untertanen immer unglaublich aufrecht, also majestätisch wirken werde, so sind alle Teile des Geistes als ganzem untrennbar eins mit dem Verfahren, der Methode, die der Tradition zufolge ein Attribut des Geistes sind.
Und so hat uns der übertriebene Realismus der letzten Jahrhunderte eine Mythologie von Bastardgeschöpfen beschert, beschert sie uns heute noch, die nicht die geringsten Vorwände, Symbole oder zumindest, schlimmstenfalls, Entschuldigungen wie Anmut, Schnelligkeit, strotzende Männlichkeit haben, derer sich in heidnischer Zeit Sirenen, Zentauren und Faune mit angeborener Höflichkeit befleißigten. Die besonders hochgeschätzten, die Sägefische der Vernunft, haben nach Herzenslust gekreischt und alles zerkleinert, was ihnen in den Weg kam.
Organisation der Arbeit à la Taylor; als ob die Vergangenheit mit Vollkommenheit gleichbedeutend wäre, beruft man sich unausgesetzt auf die Erfahrung mit ihrem geheimnisvollen, somit schmeichelhaften Pol, dem Begriff der Anlage, demzufolge jedem Individuum eine bestimmte Ausdrucksweise angeboren, es dieser Ausdrucksweise also geweiht, das heißt letztlich auf rein formelle Versuche beschränkt ist und nicht das Recht hat, sie zu überschreiten, und das auch noch, falls es sich um einen Extremisten handeln sollte, der Neues in das kleine Feld hineintragen möchte, das für seine Selbst-Kultivierung vorgesehen ist.
So weiht ein gewisser Familienaberglaube die Kinder dem Blau und dem Weiß. Nun können diese Kinder, die in Sachen Farbe nur auf diejenigen der Jungfrau Maria Anspruch haben, ohne metaphorischen Vertrauensbruch alles bedeuten, was an Einschränkendem in diesem Begriff der Anlage enthalten ist, da er im Grunde nicht die Chance bedeutet, auf einem bescheidenen Weg einen Punkt erreichen zu können, der neue Ausblicke gewährt, sondern das Verbot, über diesen Weg, der übrigens fast immer als Sackgasse endet, hinauszublicken.
Eine Todestheorie, Theorie eines Todes aber, der heuchlerisch mit den Farben des Lebens geschminkt ist und dessen Weisheit man preist, als ob es ein Verdienst wäre, wenn

ein Kadaver nicht das Tanzbein schwingt. Dalí ist einer der wenigen, aber was für ein beweiskräftiges Vorbild, dessen surrealistische Aktivität im Dienst der *bevorstehenden Bewußtseinskrise, im Dienst der Revolution* sich der Mumifizierung dieser Mumien widersetzt, die nur deshalb so mumifiziert sind, weil sie mit nahezu einhelliger Übereinstimmung abwechselnd im Namen des Objektiven und der Selbstbetrachtung einen Punkt der Außenwelt oder dessen, was kleine Analytiker so unbescheiden wie humorlos ihre Innenwelt nennen, gewählt und festgelegt haben, bis friedliches Koma eintritt.

Dalí verfügt sicher über ungewöhnliche Ausdrucksfähigkeiten, doch diese Fähigkeiten stellen in ihrer Gesamtheit nicht jenes Mosaik von Anlagen dar, das die herkömmliche Psychologie wahrscheinlich gern aufzeigen möchte, um darzulegen, daß die Zeit eines Pico de la Mirandola nicht so endgültig, unwiderruflich vergangen sei, wie man glauben sollte.

Wenn nun Dalí, ohne daß wir in der italienischen Renaissance oder anderswo Vergleiche suchen wollen, zugleich Maler, Bildhauer, Dichter, Philosoph und Redner von einer Beredsamkeit ist, die gar nicht unmittelbarer sein könnte, wenn er mit Luis Buñuel in *Ein andalusischer Hund* und *Das goldene Zeitalter,* den beiden ersten, den beiden einzigen subversiven Filmen, zusammengearbeitet hat, dann deshalb, weil die Malerei (und ich scheiße auf die Kunstkritiker, welche die Malerei, die nicht albern geschmäcklerisch sein will, als literarisch abtun), die Bildhauerei, das Dichten und Inszenieren sowie die Kunst, sich bei Spezialisten für Ideologie und in öffentlichen Versammlungen Gehör zu verschaffen, nicht Zwecke, sondern Mittel sind. Sicher eine Binsenwahrheit, die man aber ununterbrochen wiederholen muß, da die bürgerliche Kultur um der Orthodoxie ihres Schwanengesanges willen Parlamentsdebatten, romanhafte Anekdoten, Betrachtungen über die bildenden Künste, Probleme der Grammatik und Etymologie heckt und im Namen der französischen Klarheit unter dem Tohuwabohu sogenannter Talente, die sich um sich selber drehn, das Manna ihrer Ehrenlegion regnen läßt. Und selbstverständlich beansprucht jeder Polemiker, literarisch oder künstlerisch unparteiisch zu sein. Dem antworten die Intellektuellen durch einen Liberalismus, den sie für die beste List halten, sich der Parteinahme enthalten zu können, als ob das nicht hieße, die Ordnung des Bestehenden zu tolerieren, also zugunsten dieser Ordnung Partei zu ergreifen.

Die Psychologie muß aus Prinzip und der Tradition gemäß jeder Fähigkeit ein Eigenleben zugestehen. Eine analytische Übertreibung, die bald bereit ist, vom Abstrakten zum Konkreten überzugehen und zum Beispiel in den Sinnen nicht mehr eine Lichtquelle aus sehr unterschiedlichen, zusammenwirkenden Lichtern zu sehen, sondern eine Intarsienarbeit von Wesenheiten, bei der ein besonders glänzender Punkt die andern in den Schatten stellt, als ob die Augen eines Malers, die auf einer Schale lägen, noch immer die Augen dieses Malers wären, und die abgetrennte, samt den Gehörgängen in ein wattiertes Schmuckkästchen gebettete Ohrmuschel eines Musikers noch immer das Ohr eines Musikers.

Geht es ums Wahrnehmen, Aneignen oder um die Beurteilung des Wahrgenommenen, so hat die Spezialisierung ihren Mann verstümmelt. Wer weder etwas aufnimmt aus der Welt, noch auf sie einwirkt, wird sie unverständlich finden. Daher dieser Obskurantismus, während jeder die willentlich verstreuten Überbleibsel seiner selbst hoffnungsvoll ersucht, ihm doch im Hinblick auf eine von ihm erträumte Synthese in Gestalt des überaus klassischen Ameisenhaufens dekorative Empfindungen und Ideenpailletten zu verschaffen.

Vielleicht erweist sich deshalb eines Tages die Unterscheidung zwischen der stofflichen und der geistigen Welt, welche Jahrtausende für fundamental gehalten haben, als eine vorläufige, widerlegte Hypothese (ihre einzige Erklärung wäre die bessere Handhabung gewisser Forschungsmethoden zu einer bestimmten Zeit). Was nicht heißen soll, daß die Götzendiener des Materialismus dann Aussicht hätten, als Kern des Fleisches jene Seele zu finden, die sich schon unter dem Skalpell eines Chirurgen, der sich etwas darauf zugute tat, nie hatte blicken lassen; was auch nicht heißen soll, daß dieser oder jener Aberglaube gar den Arm eines Einarmigen in Lourdes nachwachsen lassen könnte.

Vorläufig ist es wichtig, immer wieder zu betonen, daß der Mangel an Erkenntnis sich unmittelbar aus dem Mangel an Dialektik ergibt. Aus diesem Grund hat Engels, nachdem er sehr zutreffend festgestellt hat: »*Die Zerlegung der Natur in ihre einzelnen Teile, die Sonderung der verschiednen Naturvorgänge und Naturgegenstände in bestimmte Klassen, die Untersuchung des Innern der organischen Körper nach ihren mannigfachen anatomischen Gestaltungen war die Grundbedingung der Riesenfortschritte, die die letzten vierhundert Jahre uns in der Erkenntnis der Natur gebracht*«, nicht weniger zutreffend festgestellt: »*Aber sie hat uns ebenfalls die Gewohnheit hinterlassen, die Naturdinge und Naturvorgänge in ihrer Vereinzelung, außerhalb des großen Gesamtzusammenhangs aufzufassen; daher nicht in ihrer Bewegung, sondern in ihrem Stillstand; nicht als wesentlich veränderliche, sondern als feste Bestände; nicht in ihrem Leben, sondern in ihrem Tod. Und indem, wie dies durch Bacon und Locke geschah, diese Anschauungsweise aus der Naturwissenschaft sich in die Philosophie übertrug, schuf sie die spezifische Borniertheit der letzten Jahrhunderte, die metaphysische Denkweise.*«

Spezifische Borniertheit auch dieses Jahrhunderts, mit allem, was an geistigem und materiellem Elend daraus folgt. Selbstverständlich sind alle diese Kleinverdiener, diejenigen der Vernunft und die andern, nach soviel Vorsichtsmaßnahmen und Sparsamkeit nicht leichten Herzens mit ihrem Ruin einverstanden. Deshalb haben wir jetzt dieses Gezeter. Ihr Wehgeschrei, ihr »man habe doch für alles Vorsorge getroffen«, ist genauso lächerlich wie die Verzweiflung jenes Geizhalses, der im Sommer seinen Schatz tief im Kamin versteckt, anschließend verreist und an dem Herbstabend, wo er nach Hause kommt, ein Feuer an der Stätte lodern sieht, die er als Geldschrank benutzte.
Diese Geschichte müßte man als Gegenstück zu der ekelhaften Fabel *Die Grille und die Ameise* den Schulkindern beibringen, wobei folgender Grundsatz von Herrn Paul Valéry (bevor er Akademiker wurde) als Moral dienen könnte: *Die Hoffnung ist nur das Mißtrauen des Wesens hinsichtlich der Ahnungen seines Geistes.*
So wäre der Optimismus immer nur ein schönes Wort – und auch eher trügerisch als schön –, in dessen Schatten die Blume obskurantistischer Beete erblüht: der Opportunismus, ein Blümchen, das übrigens in einem Knopfloch getragen wird, welches die Form des unerfreulichsten mathematischen Symbols hat, ich meine das Zeichen –, das Subtraktionszeichen.
Die christliche Heilswut und die Versessenheit, mit der jedes Bewußtsein noch in seinen weltlichsten Anliegen auf Grund höchst sonderbarer Erwartungen den Frieden sucht, bestimmen die Leichtgläubigen, sich Stück für Stück zu verstümmeln. Und sie träumen davon, daß die Schlachteabfälle, ihr moralischer Aussatz, der zu ihrer Freude den Boden bedeckt, von himmlischen Geschöpfen ohne Rückgrat bereits aufgesammelt und als Votivbilder zum Ruhme Gottes aufgestapelt worden seien. Dasselbe gilt für jene Atheisten, die angeblich auf Grund irgendeiner patriotisierend-humanistelnden Mystik, in Wirklichkeit aber infolge schlichter Unterwerfung unter die herrschende Ideologie der Zeit und des Landes mit dem oder jenem Opfer einverstanden sind.
In dieser (moralisch-intellektuellen-körperlichen) Kloake von Wünschen, die um der Ekstase der erfüllten Pflicht willen verstümmelt wurden, weiß man kaum mehr, wohin man den Fuß setzen soll, denn hier herrscht eitel Verwesung all dessen, was kleinliche Vorsorge im Hinblick auf gesicherte alte Tage und die Tage, die den alten Tagen folgen sollen, zusammengerafft hat.
Und gewiß hätte der Surrealismus die Zonen, die vor seiner Zeit verboten waren, nicht bewohnen können, wenn er nicht von folgendem Postulat ausgegangen wäre: *Das Heil ist nirgends**.

Dalí präzisiert: *Idealisten, ohne an irgendeinem Ideal teilzuhaben.* Diese Formel verurteilt idealistische oder materialistische Befriedigungen, die alles Denken einschläfern. Möge der dialektische Materialismus dieses Chloroform ausräumen; er allein verleiht den Begriffen wieder die Bewegung, die ihnen die metaphysische Analyse genommen hatte. Dann reihen sich Bilder und Ideen aneinander, verwandeln sich, dann brechen die Schotte. Das führt zur Revolution der Erkenntnis, heute noch ein Vorspiel, morgen aber (kraft des Gesetzes universeller Wechselwirkung, das durch die kausalen Nörgeleien entstellt und von den Schatten aufgetürmter, hindernder Einzelheiten verdeckt wurde) Reflex, Spiegel der lebendigen Revolution, der gelebten Revolution.

So werden Unsinn und Verfälschung geächtet, worin jene Herren sich hervortun, die so schön über Kunst, Literatur und Diplomatie nachdenken und die sich angeblich für subversive Werke interessieren, allerdings einzig und allein, weil sie ihnen das Mark aussaugen und beispielsweise einen Vormund verpassen wollen, der aus mystischem Holz geschnitzt, also den Verrenkungen des hämischen Konformismus nicht abgeneigt ist (wie's dank Claudels Vorsorge mit Rimbaud geschah).

Man kann also das Ideal nicht mehr als außerirdische Filiale dessen auffassen, was der Realismus schmollend-aggressiver Prägung – ich meine den der Thomisten und Neothomisten – und alle anderen Arten von Realismus von der skeptischen Passivität bis zu den konformistischen Protzereien als Realität ausgab (eine Auffassung, die nur mit Hilfe und unter dem Vorwand des Individualismus und der kompensierenden Hirngespinste, von denen dieser Individualismus so gerne träumt, möglich war). Der Surrealismus bedenkt den Basar der Realität, der genausoviel Anrecht hat auf eine Feuersbrunst wie sein heuchlerischer Zwillingsbruder, der Basar der Barmherzigkeit, in welchem vor einigen Lustren die zarte Blüte der Aristokratie dahinwelkte, mit einem hübschen Regenschauer glühender Kohlen.

Der Basar der Realität hat wie der Basar der Barmherzigkeit seine Nutznießer, seine Opfer und auch seine Helden gehabt. Söhne und Töchter, die den Tatsachen unterworfen werden, Vestalen und Vestalinnen eines Kultes, außerhalb dessen sie sich verloren und sogar mehr als tot fühlen würden, möchten sie uns einreden, aus diesem Trümmerhaufen

* Doch wenn der Surrealismus *Das Heil ist nirgends* sagte, meinte er, auch die Verdammung sei nirgends. So hat sich der Surrealismus, schon in seiner ersten Phase dialektisch (wobei die Dialektik, wie es nach Dada nicht anders sein konnte, negativ war), was immer die Schwindler der Literaturkritik in dieser Hinsicht behauptet haben, stets von der Romantik abgesetzt, die so unbesonnen einseitig ist bei ihrer literarischen Ausbeutung des *Verworfenen,* bei der Antithese der Herausforderung, einer Antithese im luftleeren Raum, da ihr die These, somit jede Aussicht auf Synthese fehlt.

werde ein Phönixtempel entstehen. Sie verbrennen sich die Finger, schmoren sich die Fußsohlen und lassen sich das Allerzarteste rösten, ein gewisses zartes Häutchen, was soll's! Sie heizen sich ihr Fegefeuer auf Erden ein und hoffen, sowohl ihre Seelen zu retten als auch den klassischen, bornierten, undurchlässigen, versteinerten Begriff der Persönlichkeit, ohne den sie nicht leben können.
Deshalb hatte uns Breton zur *Introduction au discours sur le peu de Réalité* aufgefordert. Dalí seinerseits schreibt schon auf der ersten Seite von *Die sichtbare Frau: »Ich glaube, der Augenblick ist nahe, wo ein Denkvorgang paranoischen, aktiven Charakters (gleichzeitig mit dem Automatismus und anderen passiven Zuständen) die Verwirrung zum System erheben und zum vollständigen Verruf der realen Welt beitragen kann.«*
Dem Geist wird also die Freiheit zurückgegeben; er braucht nicht mehr einseitig ja und amen zu sagen. Die Phantasie ist wieder in ihre Rechte eingesetzt. Der Entdeckerdrang wird die Bande sprengen, mit denen ihn der didaktische Apriorismus seit Jahrhunderten gefesselt hatte. Der *Ehrenmann,* dieser Automat, der endlos aus seiner Menschlichkeit Schlüsse zog, obwohl er, was diese Menschlichkeit anging, nicht mehr und nicht weniger taugte als sein Kollege, der *Normalmensch,* er wird auseinanderfallen, wird sich in alle vier Himmelsrichtungen zerstreuen samt seinen sophistischen Skrupeln und Konfessionsgelüsten. Wenn das Geflenne der Unruhe, diese Pfütze, ausgetrocknet ist, kann das Gewissen nirgends mehr Frösche angeln. So wird es seine Fähnchen nicht mehr schwenken, und sein Macker, das Bewußte, wird auch nicht mehr vor Angst auf der Stelle treten, um die Vorbeigehenden zu rühren oder zu unterhalten.
Endlich wird man erkennen, daß das Stück nicht unmittelbar in der Realität, sondern jenseits, sehr weit jenseits ihres Bühnenbildes spielt. Was die Realität angeht, diese Klatschbase, so sollte sie wenigstens einmal ihre Gefräßigkeit zügeln und nicht ihr Teil vom Kuchen fordern, denn: *»Nicht nur werden die neuen Wahnbilder, die das paranoische Denken jäh heraufbeschwören kann, vom Unbewußten ausgehen, diesem wird auch die Kraft des paranoischen Vermögens dienstbar gemacht.«* Hier müßte man die ganze Abhandlung *Der Eselskadaver* zitieren, die Dalís Buch eröffnet. Die Erforschung der Paranoia sowie die *»moralisch ausgerichtete Aktivität«,* die daraufhin durch *»den heftig paranoischen Willen, die Verwirrung zum System zu erheben«,* hervorgerufen werden könnte, brechen in der Geschichte des Menschen und seines Denkens jener Umwälzung Bahn, die Freud eingeleitet und für die sich der Surrealismus durch subversive Verwandlung des Traums, den weichliche angelsächsische Dichter ins Schleierhafte ausarten ließen, ununterbrochen eingesetzt hatte.

Es steht dem Realismus frei, sich noch für mündelsicher auszugeben; seine Kleinlichkeit wird nicht hindern, daß heutzutage *er* für überdreht gehalten wird und nicht mehr die Zustände, welche die frühere, so ängstliche wie idiotische Psychiatrie für immer verteufeln wollte, indem sie sie aufs Geratewohl als Wahnsinn ausgab.
Nun stellt Dalí bereits fest: »*Alle Ärzte erkennen einhellig die beim Paranoiker oft auftretende Gewandtheit und seinen unfaßbaren Scharfsinn an; dieser beruft sich auf Beweggründe und Tatsachen von einer Feinheit, die den normalen Menschen abgeht, und gelangt oft zu Schlußfolgerungen, welche man unmöglich widerlegen oder von sich weisen kann und die sich der psychologischen Analyse jedenfalls fast immer entziehen.*«
An anderer Stelle, in der *Unbefleckten Empfängnis,* haben Breton und Eluard bewiesen, wie brillant poetisch die Simulation sehr deutlich charakterisierter Ausprägungen des Wahnsinns sein kann. Dalís ganze Malerei, und nicht nur seine Malerei, sondern sein gesamtes Werk, illustriert diese neue Tatsache. Wir sind Antipoden der formalen Auswürfe, über die die Herren bildenden Künstler mit Vorliebe stolpern. Akademische oder antiakademische Methoden, es war alles eins. Daß doch Kolorit, Farbe, Schrift, Form und *tutti quanti* nicht mehr aus den Bodenkammern der Ästhetik, aus dem Wust der Malweisen herausfänden!
Dalí, der sein Handwerk so gut beherrscht, daß er nie, in keiner Weise, in eine Verhimmelung der Technik, des Materials verfällt, Dalí, im Gegensatz zu so vielen sogenannten Schöpfern, die nur von ihren Werken sprechen, um sie, wenn auch umsonst, mit Hilfe von mehr oder weniger fadenscheinigen Argumenten zu verteidigen, Dalí kann das Bild *Schlafende, Pferd, Löwe usw. . . . unsichtbar* reproduzieren lassen und umseitig schreiben (wobei der Text weder erklärend noch beschreibend, sondern aus dem gleichen Faden gewebt ist wie die auf der Vorderseite fotografierte Leinwand): »*Durch einen eindeutig paranoischen Vorgang ist es möglich geworden, ein doppeltes Vorstellungsbild zu erhalten: das heißt die Darstellung eines Gegenstandes, die ohne die mindeste figürliche oder anatomische Veränderung gleichzeitig die Darstellung eines anderen, völlig verschiedenen Gegenstandes ist, auch sie frei von jeder irgendwie gearteten Verzerrung oder Anomalität, die auf ein Arrangement schließen ließe.*
Ein solches doppeltes Vorstellungsbild ist erreichbar geworden dank der Heftigkeit des paranoischen Denkens, das sich listig und geschickt der erforderlichen Anzahl von Vorwänden, Koinzidenzen usw. bedient und sie benutzt hat, um das zweite Vorstellungsbild, das in diesem Fall die Stelle der Zwangsvorstellung einnimmt, in Erscheinung treten zu lassen.
Das doppelte Vorstellungsbild (beispielsweise dasjenige

eines Pferdes, welches gleichzeitig das einer Frau ist) kann fortgesetzt werden und den paranoischen Vorgang weiterführen; dann reicht das Vorhandensein einer anderen Zwangsvorstellung aus, um ein drittes Vorstellungsbild erscheinen zu lassen (beispielsweise das eines Löwen), und so nacheinander bis zum Wettstreit einer einzig durch den Grad der paranoischen Denkfähigkeit begrenzten Anzahl von Vorstellungsbildern.«

Eine Fähigkeit, die den Herren Skeptikern sehr wohl den Atem verschlagen könnte am wohl nicht allzufernen Tag, da die Geister es ablehnen, bei jedem Verlangen vom Holzschlegel der Schicklichkeit verdrängt und im Namen der Vernunft Fühler für Fühler kastriert zu werden.

Dann werden die Vorstellungsbilder in voller Freiheit spielen, und zwar nicht Himmel und Hölle, denn das Wort spielen *(jouer)* wird etwas anderes geworden sein als die Dublette, die arme Verwandte des Wortes genießen *(jouir)*. Wenn die Gegenstände wieder in Bewegung gekommen, die Begriffe wieder dialektisch geworden sind, wird weder Besitz noch Individualismus (zwei Masken für den Treppenknauf, der dem Grenzgott Obskurantismus als Gesicht dient) sie mehr zum Stillhalten verurteilen können. Und welche Trickfilme in den Furchen des Genicks, dicht am Ackerboden, mitten auf der Straße, im Schatten der Vögel, unter den Hufen eines Pferdes! Sind erst die Sümpfe des Relativismus ausgetrocknet, werden Raum und Zeit nicht mehr stagnieren, wird's nicht mehr hier Übersättigung verrotteten Reichtums, dort Erschöpfung geben, weil es am Nötigsten fehlt.

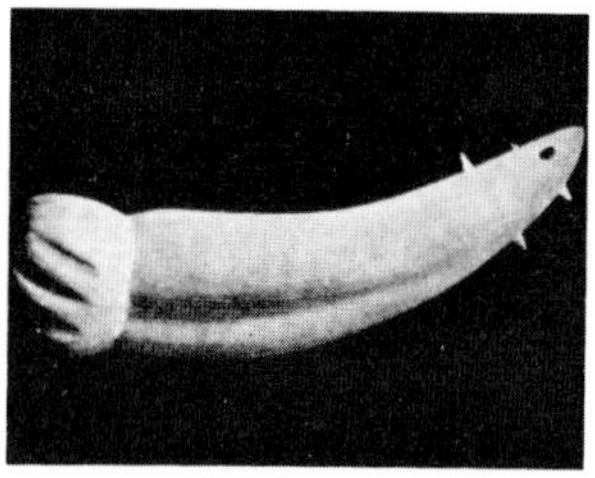

Giacometti, *Unangenehmes Objekt* (1931).

Das Denken hat, was immer unsere Mussolini der geistigen Hygiene sagen mögen, dasselbe Anrecht auf die Paranoia wie ein Geschlecht auf Erektion und Ejakulation. Weg also mit den Schonern über den Gegenständen, weg mit den Kondomen über den Ideen! Erigiert sind sie und sprengen die Präservative, diese Panzer gegen die Wollust, diese Spinnennetze gegen Gefahren!

In der Zeit des Schlafs schrieb Breton: *»Endlich vollziehen die Wörter, die Wörter den Liebesakt.«* Es ist heute nicht nur ein metaphorischer Einfall, wenn man behauptet, die Gegenstände seien erigiert. Sie sind auch nicht im luftleeren Raum erigiert. Diese surrealistischen Objekte, die Dalís Idee sind, wobei er auch ihre erotischen Möglichkeiten, Mittel, Anregungen ermaß, sie streicheln, sie lecken sich, sie machen's sich, sie schlafen miteinander, oho! man betrachte sich doch einmal diese hölzerne Kugel in Aktion, die Giacometti mit einer weiblichen Vertiefung versah, damit sie über die Kante einer länglichen Frucht aus dem gleichen Material, aber von männlicher Form gleiten konnte, beide nervlich erledigt, beide toll aufeinander, wobei sie diese Erregung jedem Betrachter mitteilten, was man *a priori* kaum für möglich gehalten hätte angesichts dieser beiden glatten Buchsbaumholzstücke, was aber nicht mehr zu bestreiten war, wenn ein Bindfaden die Kugel in ihrem Schwung bremste, so daß sie nicht ins Nirwana der Befriedigung fallen konnte. Es gibt surrealistische Objekte von Dalí und auch von anderen, doch es ist kein Zufall (zumindest kein Zufall im üblichen passiven Sinn), daß das aufregendste von der Frau gemacht worden ist, die Dalí liebt. Gala hatte am Ende eines biegsamen Eisendrahtes einen metallischen Schwamm befestigt, dessen Spitze von einem karminrot gefärbten Knöchelchen gebildet wurde. Der Draht ließ sich beugen, und die Spitze der Brust streichelte die unbefleckte Oberfläche einer Schale voll Mehl. Schnellte durch einen Impuls der Draht mit der Brust wieder hoch, neigte man sich vor, um ihr Geständnis zu lesen. Doch Zweifel und Ungeschick, diese Nachwehen der realistischen Irrlehre, vernebelten den Blick.

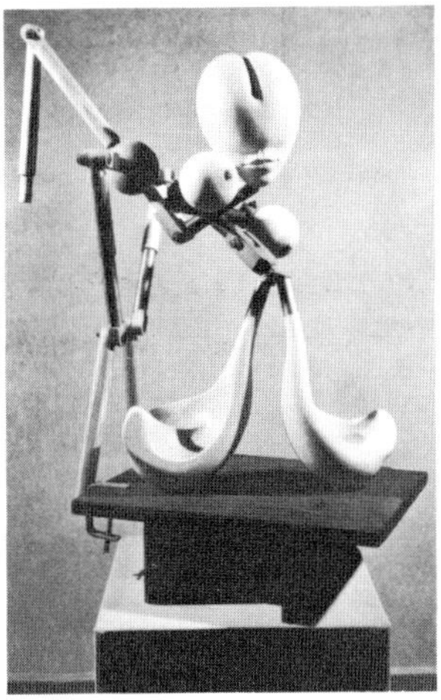

Bellmer, *Maschinengewehr im Zustand der Gnade* (1937).

So verdammte der Bourgeois in der Zeit um 1900, ermutigt durch die Taxushecke, die sein Vorstadtgärtchen als klassisch eingefaßten Rasenplatz aufputzte, das erwachende Denken, die Kühnheiten dieser Zeit von vornherein als »Utopien«, besonders heftig aber den Jugendstil, der seiner Meinung nach aus dem blauen Dunst einer Zigarette entstanden war. Man fand es verrückt, dem Stein und dem Holz spiralförmige Verrenkungen abzuringen, die sich gleichsam im Himmel verloren. Das spielte sich ab, als von offizieller Seite und in den Salons das Vage und die Zwänge, die englische Stickerei und die Korsetts, *vor allem aber die Musik* aufs schönste kultiviert wurden (sofern hier überhaupt von Kultur gesprochen werden kann), als man vorsätzlich jede neue Problematik ignorierte, und das noch im Namen der Kunst, die sich dazu hergab, nichts weiter als ein Leckerbissen, ein Vorwand der Zerstreuung, ein Vorwand für den Opportunismus zu sein. Man ignorierte damals Lautréamont, der *Petit Larousse* tat, als sei Huysmans nur ein prägnanter, distinguierter Schriftsteller. Die Raucher ahnten wohl nicht, daß der blaue Dunst ihrer Zigaretten ausgerechnet der erste Schatten, das ursprüngliche Ektoplasma einer Denkmaschine war, und was sollte da gedacht werden? Dalí? Und wie sollte sie denken? Dalí, diese präzise, verwirrende Maschine, die ihr konstruieren wollt, ist eine Schwester von Galas Objekt, das seinerseits ein Objekt erotischer Gedanken ist, da der metallische Schwamm und das karminrote Knöchelchen, die die Brust darstellen, sich nur regen, sich nur erregen müssen, damit die Wahnbilder sich frei entfalten. Die Realität, die in ihrer platten Alltäglichkeit von den Intellektuellen aller Länder und Zeiten fast einstimmig akzeptiert worden war – und zwar sowohl von den Skeptikern, die dazu neigten, sich möglichst mit dem abzufinden, was ihnen geboten wurde, als auch von denen, die religiös, das heißt durch ihre Hoffnung auf die Zukunft den Zwängen der Gegenwart unterworfen waren – die Realität wird sich künftig vergeblich bemühen, ihrem vergänglichen Mythos die Vorherrschaft zu sichern.

Es ist an Dalí, festzustellen: »*Die Anerkennung von Wahnbildern, deren Erscheinungsformen die Wirklichkeit mühsam nachzuahmen sucht, führt uns zum* Verlangen *nach dem* Idealen.

Vielleicht hat kein Wahnbild ein zusammenwirkendes Ganzes geschaffen, auf welches das Wort ideal *besser zuträfe, als jenes große Wahnbild, das die aufwühlende ornamentale Jugendstilarchitektur darstellt. Keiner kollektiven Anstrengung ist es gelungen, eine so reine, so beunruhigende Traumwelt zu schaffen wie die Jugendstilbauwerke, welche am Rande der Architektur für sich allein echte Verwirklichungen verfestigten Verlangens darstellen, wo der überaus heftige, grausame Automatismus in der Art, wie sich eine Kindheitsneurose abspielt, schmerzlich den Haß auf die Wirklichkeit und das Bedürfnis nach Zuflucht in einer idealen Welt verrät.*

Den eindrucksvollsten Block dieser über ganz Europa verstreuten rasenden, kalten Bauwerke, die in Anthologien und Abhandlungen mißbilligt und vernachlässigt werden, ihn können wir noch lieben. Bloß das braucht man unseren zeitgenössischen Ästhetenschweinen, den Verteidigern dieser scheußlichen ›modernen Kunst‹, bloß das braucht man der ganzen Kunstgeschichte entgegenzuhalten.«

Dalí hat mir in Barcelona diese Verwirklichungen verfestigten Verlangens gezeigt, die den Huysmans von *A Rebours* auf dem Weg des Künstlichen und des Subversiven ermutigt und ihn von jenem erbärmlichen Notbehelf, der Religion, ferngehalten hätten, in welchen sein Ekel dann absackte.

In der gleichförmigen Verdrängung der reichen Viertel, die sich den Zwängen einer phantasielosen Stadtplanung fügten, waren sie die endlich befreite Lava des Vulkans der Wut. In Dalís Kindheit hatten sie nicht die Revolte, sondern die permanente Revolution bedeutet; sie halten einen ihrer besonders prägnanten und beredten Augenblicke fest.

Das galt für Lautréamont von der Rue Vivienne und von der Seine, für André Breton von der *sehr schönen und sehr unnützen Porte Saint-Denis,* für Aragon von der *Passage de l'Opéra* und für Chirico, in seiner guten Zeit, von den Plätzen und Straßen eines Italien, das der Faschismus noch nicht besudelt hatte.

De Chirico, *Die Baracken der Matrosen* (1914).

Daß doch diese *Verwirklichungen verfestigten Verlangens* mit ihren Schatten die Statuen der Nationalhelden verdunkelten, die Statuen jener Persönlichkeiten, die durch die Tat oder die Rede herrschen, die Statuten der löchrigen, ängstlichen Lappalien, die sich immer an deine Röcke hängen – erinnerst du dich, große Versteinerte,

Staatsräson? Übrigens läßt Dalís Werk auch in dieser Hinsicht der Zweideutigkeit keinen Raum, denn das Bild, das bis zum heutigen Tag als Synthese all dessen gelten darf, heißt *Der unsichtbare Mann.*

Diesem *unsichtbaren Mann,* der aus der Landschaft, aus einer Architektur von Wahnbildern hervorgeht, steht die *Sichtbare Frau* gegenüber, ganz natürlich, ohne daß irgendein literarisches Verfahren oder der Versuch einer romantischen Antithese bemüht werden müßte: »*Alles, was ich denke, lebt und erneuert sich im Bild des geliebten Wesens*«, schreibt Dalí. »*All das legt den Gedanken nahe, die Liebe sei nur eine Art Verkörperung von Träumen, was die Redensart bestätigt, die geliebte Frau sei ein fleischgewordener Traum.*«

Und da seit Jahrhunderten, in denen man ununterbrochen von der Liebe spricht und schreibt, das kastrierte Gespenst Abälard unter dem lächerlichen Vorwand einer gewissen Begabung, Briefe zu schreiben, noch immer die Leidenschaft symbolisiert, tut Dalí wirklich gut daran, wenn er klarstellt: »*Es wäre zu wünschen gewesen, daß Stendhal angesichts der Proportionen des Vatikans und vor genauso berühmten und nicht weniger meßbaren ›Kristallisationen‹ in analytischer Hinsicht ebenso unparteiisch gewesen wäre; ich möchte meinerseits wiederholen, was er vor dem St. Peter in Rom äußerte, doch diesmal in bezug auf den großen Bergkristall der Liebe: ›Das nenne ich genaue Details.‹*« Und er gibt seinerseits genaue Details.

Und weil Dalí nicht zuläßt, daß Gefühlsschwaden seinen Blick verdüstern oder daß sich *der große Bergkristall der Liebe,* dieser leuchtende Block genauer Details, in sein Gegenteil, in Nebel verflüchtigt, richtet er seine Aufmerksamkeit auf Fabeln, die die Menschheit für endgültig hielt, durchbricht er ihre herkömmliche Einkleidung, die sie seit unvordenklichen Zeiten gelähmt hatte. Wie Freud Ödipus wiedererweckte, hat er Wilhelm Tell wiedererweckt.

Dieser ländliche Armbrustschütze, dessen Sohn einen Apfel auf dem Kopf trägt und dessen Gefühl sowenig revoltiert wie Abrahams Gefühl, als er Isaak opferte, oder Gottvaters Gefühl, als er Jesus Christus opferte, dieser in Bildern und Gedichten wiedererweckte, rosenbekränzte Wilhelm Tell mit seinen wabbelnden Frauenbrüsten, mit dem verrenkten Oberkörper, mit der aus den Unterhosen schnellenden Rute, die knorriger ist als die Äste, die er besteigt, ein Brot zwischen den Zähnen, er verdient wirklich, daß irgendein Komplex seinen Namen trägt, er wird im Zentrum der dialektischen Stadt das schönste Wahnbilderdenkmal haben, und Dalís Finger, Feder, Pinsel, sein gesprochenes Wort, seine Träume und seine Liebe verwandeln es in jedem Augenblick. [1931]

René Crevel: Neue Ausblicke auf Dalí und den Obskurantismus

Dalí, *Porträt von Crevel* (1934).

Malen, Schildern besteht für die meisten dieser Herren Maler und Schriftsteller bekanntlich einfach darin, über Linien in Bewegung, die sie festhalten wollen, ein Netz zu werfen. Sie sind also daran schuld, daß alles geknechtet, gelähmt und an Ort und Stelle zum Tode verurteilt wird, was man sicher besser hätte fliehen lassen. Doch wahrhaftig, obwohl der Geist nur im Überraschenden Chancen hat, sträuben sich doch die ängstlichen Intellektuellen, die sich so gern auf den Geist berufen, in seinem Namen gegen alles Überraschende.

Unfähig, sich das einzugestehen, unfähig, zu erkennen, stecken sie so tief in Verblendung und Vorurteilen, daß sie nichts weiter können, vermögen und wollen als ihre Tricks. Überall dort, wo Straßen, Dinge und Lebewesen sich treffen, stellt ihnen jeder Tag angstvollere, beängstigendere Fragen. Doch sie lassen sich nicht stören. Und trotzdem, was für ein antithetischer Genuß, was für ein wunderbares Unterwegssein zu neuen, aufwühlenden Synthesen in diesen *störenden Vorstellungsbildern,* die so zahlreich, so häufig sind, daß Dalí nur sehr durchschnittliche Zeitungen und Zeitschriften auszuwerten brauchte, um eine ganze Sammlung zusammenzustellen. Diese Fotografien und Illustrationen, deren Themen sich auf den ersten Blick dem poetischen Scharfsinn nicht zu empfehlen schienen, jetzt müssen sie uns, ob sie wollen oder nicht, ihren latenten Inhalt gestehen, den der manifeste Inhalt wie ein Wandschirm verbergen wollte.

Während viele die Psychoanalyse für einen Pfuhl von Komplexen gehalten haben, in dem sich so manche ewige *delectatio morosa* spiegelte, dachte Dalí nicht daran, sich mit den Praktiken eines Narzißmus sowohl klassischer wie romantischer, also idiotensicherer Tradition zu begnügen. Die Masturbation ist kein kleiner Zeitvertreib mehr auf der Oberfläche der Haut. Hier ist *Der große Masturbator.* Hier ist die Sphinx der Moderne. Eine mehr oder weniger fotogene Geste, ein gut gebauter Satz, eine gefällige Hand, doch das genügt nicht, ihre Rätsel zu lösen. Und zunächst erscheinen dieses Fotogene der Geste, dieser Satzbau, das Gefällige der Hand wie ebensoviele neue Fragen über, für, gegen diese Welt, in dieser Welt, die der Mensch, ihr trauriger Bewohner, heute mehr denn je interpretieren muß – und sei es nur in den allerdings entscheidenden Augenblicken seines Wahnsinns –, um sie zu verwandeln.

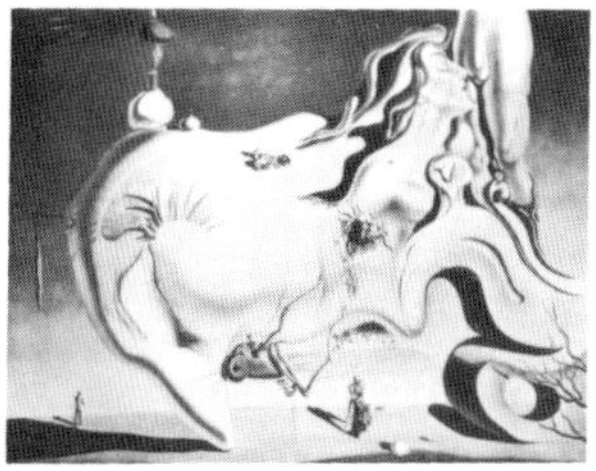

Sollen sich andere dem mediokren Vergnügen überlassen, mit neuen Worten die alten Kunststückchen zu wiederholen; denn selbst die gelungensten werden immer nur geringfügige Variationen über ein bekanntes, nur allzu bekanntes Thema sein, das trotzdem nicht genug, noch nicht genug bekannt ist. So wird die Kunst endlich über die ältliche Kindheit, in der sie dahinvegetierte, hinauswachsen. Die Intuition hat in Freuds genialer Lehre nicht eine Waffe gegen die Notwendigkeit gefunden, sondern das Mittel, diese behelmten, gestiefelten, gewappneten Notwendigkeiten, diesen blinden, blendenden Schein ohne einen Schwertstreich zu entwaffnen. Dalí bringt das Weltall dazu, seine Verdrängungen zu erbrechen. Seine Malerei erneuert das Licht, erneuert es nur so glänzend, weil er imstande gewesen ist, die Formen, die Fassaden des Äußerlichsten psychoanalytisch zu durchleuchten, um Verborgenes zu erhellen, das diese Formen, diese Fassaden, dieses Äußerlichste enthüllen, um, sage ich, seinen eigenen, innersten Kern zu erhellen, wie er übrigens anhand des Verborgenen, das durch den innersten Kern enthüllt wird, die Formen und Fassaden des Äußerlichsten erhellt. So ist sein gemaltes und geschriebenes Werk die konkrete Anwendung des großen Prinzips der Hegelschen Dialektik: Das Besondere ist auch allgemein, und das Allgemeine ist auch ein Besonderes.

Sie sind allgemein, diese Jugendstileingänge der Pariser Metro. Besonders ist Dalís Art und Weise, sie zu betrachten. Allgemein wird Dalís Betrachtungsweise jedoch, wenn er uns fragt: »Haben Sie den Eingang der Pariser Metro schon gesehen?« und dann feststellt: »Majestätisches Aufblühen mit unbewußten, irrationalen erotischen Tendenzen.«

Auf jedem Spaziergang, bei jeder Lektüre und bei allen seinen Studien, das heißt, bei allen seinen Entdeckungen, ob sein Blick eine Abhandlung von Kant, die *Publicität*, *Paris-Soir* oder ein Reisebuch erforscht, ob er die Felsen von Cap Creus betrachtet, die Jugendstilhäuser in Barcelona, Böcklins Bilder, Millets *Abendläuten* oder gar ein Bild von Meissonier, wo man es *a priori* für unmöglich hielt, etwas dahinter vermuten zu können –, immer findet Dalí eine Tür, die das Berichtete, die Landschaft erhellt. Es gibt keinen Kieselstein, den er nicht weit auf den Menschen hin öffnen könnte, auf das im Menschen zugleich Beständigste und Unvorhergesehenste. Doch wenn er vom Äußeren zum Inneren übergeht, vom Bewußten zum Unbewußten, so wiederum, noch einmal, damit das Innere über das Äußere, das Unbewußte über das Bewußte Rechenschaft ablegt, »kommunizierende Röhren«, wie André Breton sich ausgedrückt hat. Im Verborgenen wie an der Oberfläche dieser kommunizierenden Röhren haben Ebbe und Flut die Bewegung des Lebens, das unablässig schafft und zerstört, um wieder zu schaffen, wieder zu zerstören und dann aufs neue zu schaffen.

Geht Dalí vorbei, schießen (eine flüssige Lust!) in der Wüste des Rationalen, des Abstrakten die Quellen konkreter Irrationalität hoch. Sollte uns dieses Konkrete irrational erscheinen, ist einzig und allein die Vernunft daran schuld. Diese alte Schachtel, die Vernunft, hatte schließlich so restriktive Formen angenommen, daß der Geist im Laufe der letzten Jahre gegen sie auftreten mußte. Gelähmt, lähmend schob sie sich in ihrer ganzen Undurchsichtigkeit zwischen den Denker, der dasaß und nachdachte, und die Materie, die sich bewegte und verwandelte, als ob diese Materie nicht Materie wäre, über die man nachdenken konnte. Die Vernunft, diese Bauernschickse, beschmutzte alles mit ihren realistischen Einsichten. Bei ihr zu Haus lebe sich's gut, sagte diese Megäre. Die Intellektuellen riskieren ungern etwas. Egal also, daß sie nicht mehr das blühendste Lärvchen hatte, sie rannten alle wie die Karnickel und suchten in ihrem Schoß Zuflucht. Wo sich unsere Schlauberger auserlesene, widerwärtige häusliche Lüstchen mittels dessen verschafften, was nur durch die Kraft, die Möglichkeit, die Macht der Verfremdung etwas taugt. Und wenn unsere dekadenten Bürgersöhne die für diesen Hokuspokus unerläßliche Ruhe nicht mehr aufbrachten, flüchteten sie sich, da sie außerstande waren, über die Dekadenz des Bürgertums hinauszusehen, nicht etwa nach vorn, sondern in die Reue über das, was sie getan hatten. Die Unruhe, die berühmte Nachkriegs-Unruhe war also die unwillkürliche Reaktion einer Klasse, die an gesellschaftliche und moralische Privilegien gewöhnt war und plötzlich schaudernd erwachte beim Gedanken, die Zukunft könnte ihr nicht mehr so günstig sein. Kleine Filzlaus, Todeskandidat, der noch immer nicht tot ist, ach! die Unruhe stirbt erst nach der ganzen kleinlichen, idealistischen, konservativen Fauna, welche zum Glück bereits ein bißchen dezimiert ist vom Krisenwind, der die armseligen, traditionellen romantischen Wälder schüttelt und den genauso traditionellen, genauso armseligen klassischen Unrat ausfegt.
Sollte man etwa das Schicksal eines Lumpengesindels bedauern, das die Angst vor dem Anderswo, vor dem morgigen Tag in einem Hier, einem Heute einsperrt, welche mit kleinen Erschütterungen à la Barrès und mit Blumen verbrämt sind, die à la Mallarmé frösteln? An den Ufern egoistischer, im Eitelkeitsfrost verhärteter Seen haben wir von diesen Schwanengesängen gehört. Stürme in den Augäpfeln kleiner Stiefelknopfaugen, Stürme in einem Tropfen Tinte, einem Tupfen Farbe; denn ein solches Individuum verkleinert nicht ungestraft das Weltall nach Maßgabe seiner Kurzsichtigkeit. Er weiß nicht mehr, woran er ist, dieser anerkannte Beschreiber, der das Licht nur als blitzende Klinge benutzte, um den oberflächlichen Alltag zu kastrieren, ihn vom unterirdischen Unvorhergesehenen, vom vielfältigen Geysir abzuschneiden. Der Gute, er hatte

Angst, verbrüht und gevierteilt zu werden. Doch was hielt die Beschreibung mit ihrem Flechtwerk der Schrift, ihren farbigen Gitterstäben eigentlich fest? Wenn er den Dingen Lebendigkeit und Tiefe versagt, frustriert der Geist sich selbst. Immer wieder Mallarmé mit seinem »durchsichtigen Gletscher der nicht geflohenen Flüge«. Wenn der Gletscher das Gedächtnis aller Kadaver und diese Kadaver selbst konserviert, kann er gewiß nicht das wechselnde Spiel eines lebhaften Geistes, eines freien Körpers beschwören. Da der Flug die Erektion symbolisiert, macht ein Flug, der nicht aufsteigen kann, niemanden glücklich. Selbst wenn wir von den Herren Literaten nicht informiert worden wären, hätten wir vermutet, daß sie ihn nicht mehr hochkriegten.
Aller Geist, der den Einfluß, die Umarmung des Lebens fürchtet, wird entsprechend unfähig, Einfluß zu nehmen und zu umarmen. Aus dem Blickwinkel eines solchen Geistes ist das Leben nicht nur bedrohlich. Es ist auch bedroht. Die Linien sind nur festgehalten, um einen Augenblick, einen unsicheren Standort zu verewigen, den Standort dieses Augenblicks, den Augenblick dieses Standortes, die der nächste Augenblick, der nächste Standort sehr wahrscheinlich löschen.

Es ist gleich dumm, gleich unfruchtbar, entweder das Auge, das mit seinen Lidern eine Landschaft erfaßt, oder diese von ihm erfaßte Landschaft zu preisen, sofern eins auf Kosten des andern geschieht. Geizige, zänkische Egozentrik und epikureische Passivität enden immer in der gleichen Sackgasse, auf der Netzhaut, sie verirren sich in der gleichen Wüste einer weißen Seite, die man nicht einfach mit Tinte berieseln kann, um sie fruchtbar zu machen. Ein solches Individuum hat die allgemeine Möglichkeit (aber übertreiben wir nichts!) einer Einwirkung des Menschen auf das Weltall umsonst für seine eigentliche, einzige, besondere Sache gehalten. Und umsonst wird diese Spezies die Einwirkung des Weltalls auf sich selbst wie ein Mann bestreiten. Es steht jedem frei, sich für das einzige Subjekt zu halten, das sich unter starren Objekten bewegt. Das Subjekt legt die Objekte still, ohne daran zu denken, daß die Stillegung der Objekte wiederum die – nicht etwa glühende, sondern eisige – Stillegung des Subjektes bedeutet. Wer alles um sich herum einkreist und einsperrt, kreist sich, sperrt sich selbst in seinem eignen Umriß ein. Was für eine steinerne Einsamkeit, was für eine versteinernde Moral ist die zwischen diesen beiden Welten, die man vorläufig noch Außenwelt und Innenwelt nennen muß, ausgesprochene Scheidung! Der tugendhafte Mann mit dem steinernen Herzen, der Komtur, widersteht der Versuchung nicht, den sehr sinnlichen ewigen Juden der Liebe, Don Juan, in Stein zu verwandeln. In den Grünanlagen zerfrißt

die Jungfräulichkeit mit ihrer graulippigen Flechte die stolzesten Statuen. Es wäre zum Verzweifeln, wenn Dalí und Buñuel in *Das goldene Zeitalter* uns nicht gezeigt hätten, wie der Mund des Verlangens einen marmornen Fuß zum Leben erwecken kann.
Die surrealistischen Objekte, die von einer beweglichen Skulptur Giacomettis ausgingen, haben uns dank dem hellseherischen Scharfblick Dalís, der eine entsprechende Theorie schuf und die Praxis verbreitete, anschaulich machen können, wie verschiedene Elemente, die durch und im Hinblick auf lebenswichtige Zusammenhänge vereinigt werden, ohne daß man sich im geringsten um plastische Ausformung bemühte, im Raum die Kurve jenes Verlangens zu ziehen vermochten, das allein der Zeit strahlige, strahlende Dichte verleiht. So muß hier wieder einmal das Gesetz universeller Wechselwirkung verkündet werden, das die Beziehungen zwischen den Wesen, den Dingen, den Dingwesen und den Wesensdingen reguliert, vom erdrückendsten Alltag bis zu jenen Überraschungen, die so leicht sind, daß man auf den ersten Blick kaum vermutet hätte, welchen Platz sie einnehmen, welche Ausstrahlung sie haben würden im Bienenstock der Assoziationen. Merken wir hier an, daß der Mann, dessen Kopf sich unablässiger Verbeugungen befleißigt, der Mann, der der Meinung ist, er habe eine feine Nase, weil er sich ab und zu Petersilie in die Nasenlöcher gestopft und zuerst behauptet hat, er ziehe sich von der Außenwelt zurück (Idealist), und daraufhin, er ziehe sich von der Innenwelt zurück (Materialist, das Mechanische, das Primäre), daß dieser Detailist in seiner analytischen Wut so weit gegangen ist, das Zusammenwirken der Sinne zu verbieten. Ein blinder Klavierstimmer, den ein Pudel durch die Straßen der hochberühmten französischen Klarheit führt; muß man denn blind sein, um ein gutes Gehör zu haben? oder taubstumm, um malen zu dürfen?
Die analytische Methode, die die Philosophie von den Naturwissenschaften übernommen hat, ist für die spezifische Borniertheit einer Epoche verantwortlich, für dieses »Elend der Philosophie«, auf das Marx seinerzeit hingewiesen hat. Mußte nicht Breton vor kurzem seinerseits auf das »Elend der Poesie« hinweisen, weil die vereinzelten, von der Möglichkeit eines Zusammenwirkens abgeschnittenen Sinne* – und folglich die verschiedenen geistigen Fähigkeiten, deren Eingang sie sind – verkalkten, erlahmten, ihre Beweglichkeit verloren und freier Hypothesen nicht mehr fähig waren?

* Im Dezember 1933 schrieb Breton: »Das heißt, ich bin heute wie vor zehn Jahren vollkommen überzeugt, glaube immer noch blindlings (blind ... auf eine Art, die gleichzeitig alle sichtbaren Dinge in sich schließt), daß das unkontrollierbare Visuelle triumphiert, und zwar *durch das Auditive*. Vgl. *Minotaure* Nr. 2, *Le Message automatique*.

Wenn tatsächlich seit Jahren die Zersplitterung der Wahrnehmungsarbeit alles in Nebel verwandelt hat, in dessen Schutz das Schott, das Kind der Brandmauer, vergöttert wurde, so ist es heute vom dialektischen Standpunkt, vom Standpunkt des dialektischen Materialismus von Bedeutung, Brandmauern und Schotte in allen Bereichen abzubauen, bis sie nur noch unverständliche Erinnerungen sind. Und wie sollte man sich zur Stunde, wo der Faschismus die alten Rahmen auszubessern versucht, um den großen Brei, in den sich das Weltall verwandelt hat, hineinzupassen, und das tief in einem neuen Mittelalter und ohne daß eine Renaissance abzusehen wäre, es sei denn durch gewaltsame Revolution, wie sollte man sich nicht erinnern, daß Marat, bevor er seine Abhandlung *Les Chaînes de l'esclavage* veröffentlichte (ein Buch, das seinen Autor zum ersten Theoretiker bewaffneter Revolte machte), einen *Essai sur l'âme humaine* geschrieben hatte, der bald ausgearbeitet und unter dem Titel: *Essai philosophique sur l'homme* neu herausgegeben wurde. Er warf darin Racine, Pascal und Voltaire vor, sie hätten die Kenntnis des Menschen verrätselt, und zitiert dazu einen Satz, den Jean-Jacques Rousseau vor damals bereits etwa zwanzig Jahren geschrieben hatte: »Von allen menschlichen Erkenntnissen scheint mir die Kenntnis des Menschen, die am wenigsten entwickelt ist, am nützlichsten.«
Hier wäre anzumerken, daß Marat es für richtig hielt, zur Entwicklung dieser Kenntnis eine ganze Anzahl von Beispielen herauszugreifen, die die Liebe betrafen. »Die Kritiker«, schrieb er, »werden mich vielleicht tadeln, daß meine Beispiele so oft von der Liebe handeln. Dann sollen sie mir doch eine andere sowohl dem geistigen wie dem körperlichen Bereich zugehörige Leidenschaft zeigen, die ein leidliches Bild liefern kann.«
Wir verdanken es Freud, daß wir von diesem »leidlichen Bild« mehr und Besseres als die Vordergründe kennen. Lebendige Alleen, fleischliche Wege führen unmittelbar auf Verdrängtes im Hintergrund zu. Es gibt keine verbotenen Zonen mehr. Der Mensch befreit seinen Blick, seine Phantasie. Seitdem ist er sich nicht nur schuldig, Neues zu schaffen, er muß auch sich selbst als Menschen unter dem Neuen neu schaffen. Diese lebendigen Alleen, diese fleischlichen Wege durch vor kurzem noch verbotene Zonen beschreitet heute niemand scharfsinniger, unzweideutiger als Salvador Dalí. Und gerade deshalb finden sich einige der schönsten Verse, die jemals über die Liebe geschrieben worden sind, in *Liebe und Gedächtnis,* einem Gedicht von Salvador Dalí, der uns hier wie überall, und zwar sowohl in seinen Bildern wie in seinen kritischen Abhandlungen, theoretischen Arbeiten und Träumereien den Gefallen tut, uns kein genaues Detail zu ersparen.
Dalí reiht diese genauen Details aneinander, aber er häuft

sie nicht. Nie ist er versucht gewesen, sie zu vergöttern, zu verselbständigen. Nicht ein einziges Mal läuft er Gefahr, in naturalistische Metaphysik zu verfallen. Im Gegenteil, er geht vom besonderen Genauen zum allgemeinen Genauen über, von welchem er um neuer, fruchtbarer Hypothesen willen zu anderen, neuen Details aufbricht.
Er lockt, ein scharfsinniger Träumer, ein lyrischer Beobachter, der sein Handwerk tadellos beherrscht, aus dem nächtlichsten Traum einen Reflex des Tages hervor, die Klarheit. Weder Schatten noch Licht blenden ihn. Er kennt das Licht dieses Schattens, den Schatten dieses Lichtes. Er wird fertig mit so traditionellen wie verrückten Katastern, die sich jedem Fortschritt widersetzen möchten.
Während in den kapitalistischen Ländern der von der Maschine geknechtete, von der Maschine abhängige Mensch sich auf ein individuelles Fleckchen zu flüchten sucht, also die Mentalität eines Landvermessers (oder Denkers) annimmt, und während der Mensch (oder Künstler) die Mentalität eines Metronoms annimmt, um den Rhythmus eines Lebens zu erfassen, das ihm über den Kopf wächst, legt uns Dalí in der letzten Phase einer technischen Zeit stattdessen seine weichen Uhren vor.
Das Leben war nur noch ein ungeheurer Vorwand für den Kastrationskomplex (man konnte sich entweder von der Außenwelt oder von der Innenwelt kastrieren). Die Zeiger eines Zifferblattes wollten im Absoluten weissagen und zerschnitten die Zeit bis auf den letzten Krümel. Welch ein Hunger! Nun sind aber die Zifferblätter, Zeiger und Uhren, nun ist alles wieder relativ geworden, so leidenschaftlich relativ, daß man nicht mehr wagt, das erektile Relative stückweise zu verkaufen. Das Metall der Präzisionsinstrumente – Instrumente einer falschen Präzision – ist nicht allein in den Strahlen der unterirdischen Sonne geschmolzen, die selbst das geringste von Dalís Bildern erleuchtet. Die weichen Uhren waren Vorläufer der *Spiegeleier ohne Spiegel* in der realen Welt, die vollständig in Verruf gebracht werden sollte durch den »heftig paranoischen Prozeß, die Verwirrung zum System zu erheben«*, wozu uns

* Dalí legt Wert auf das Studium, auf die Nutzbarmachung der Paranoia und der Möglichkeiten, die ihre Kenntnis eröffnet, denn im Verlauf der paranoischen Psychose werden die Gegebenheiten jedes geistigen Problems eigentlich nicht nur vorgelegt, sondern bis in die erregendsten Einzelheiten diskutiert, da die paranoische Psychose die ganze Persönlichkeit beeinflußt und sie nicht nur erweitert, entwickelt und lebendig macht, sondern auch ihr zugleich vergrößernder und präzisierender Spiegel ist, der sie selbst und mit ihr auch die Umgebung, in der sie aufgewachsen ist, reflektiert. In seiner Abhandlung *De la psychose paranoïaque dans ses rapports avec la personnalité* hat Jacques Lacan dem theoretischen und dogmatischen Aspekt des Problems zahlreiche Seiten gewidmet. Er unterscheidet, was subjektiv empfunden worden ist und was objektiv festgestellt werden kann, damit die bestehenden Zusammenhänge klarer hervortreten. Für gewöhnlich geht entweder der sich selbst subjektiv Beobachtende stracks ins metaphysische Garn, oder ein sogenannt objektiver Beobachter reduziert den Patienten, verurteilt ihn unter

Dalí bereits in seinem ersten Buch, *Die sichtbare Frau,* auffordert. Der Interpretationswahn, der im eigentlichen Sinne poetische Wahn, ist bestimmt eine bedeutsame Möglichkeit, ja die beste Chance, von dem, was man gewohnheitsmäßig Wirklichkeit nennt (das heißt vom Schmutzigsten, vom Erstarrtesten) zur Surrealität (das heißt zum Edelsten, zum Beweglichsten) fortzuschreiten. Wobei, das möchte ich bitten, die Surrealität nicht als noumenales Refugium aufzufassen wäre, von dem aus die Welt der Erscheinungen verachtet werden könnte.

Man kann die Surrealität folgendermaßen definieren: Realität, die ihrem Werden zurückgegeben ist, Realität, die über sich selbst hinausgeht und deren Bestimmung es ist, unausgesetzt über sich selbst hinauszugehen. Der Mensch muß, wie man so sagt, imstande sein, aus sich herauszugehen; wie sollte er es, wenn nicht dadurch, daß er die Dinge veranlaßt, aus sich herauszugehen?

Man kann die Heftigkeit der Surrealität, der Mehr-als-Surrealität als Erweckung des Statischen zur Dynamik auffassen, nachdem schon so lange nur die Dekadenz des Dynamischen zum Statischen geherrscht hatte, nachdem der kulturelle Horizont durch die Ordner von Leichenzügen verdunkelt worden war, welche jedem Subjekt, jedem Objekt statt eines Sarges seine Form zuwiesen.

»Aber hört mal, ihr Herren Künstler, ihr Herren Künstler sterbt zuallererst.« Dada gebührt der Ruhm, diese Mahnung ausgesprochen zu haben. Nach ihm war der Surrealismus unermüdlich hinterher, den Spaß zu verderben, dieses Begräbnis erster Klasse, denn er konnte dem widerspruchsvollen, fruchtbaren Leben die Vorstellungen wiedergeben, die die großen Theoretiker und Praktiker des dialektischen Materialismus immer als »Widerspiegelungen der Dinge in uns« definiert haben.

Auch wenn man nichts weiter wollte als das Objekt bestimmen, objektivieren, ist es von Bedeutung, *wie,* mit welchen unterwegs stattfindenden Verzerrungen seine Widerspiegelungen im Subjekt, im Subjektiven münden. Die zwischen dem Subjekt und dem Objekt vermittelnde Brücke der Widerspiegelungen ermöglicht dem ersteren, das letztere zu verwandeln, um sich dann seinerseits durch die von ihm bewirkte Verwandlung zu verwandeln.

So erhellt Dalí im Licht der Außenwelt seine Komplexe, wie sich im Licht seiner Komplexe die Außenwelt erhellt. Wechselwirkung. Universelle Wechselwirkung. Es gibt keinen Kieselstein, keinen Grashalm, keine Tasse – ob es nun eine portugiesische ist oder nicht –, die sich nicht in

dem Vorwand wissenschaftlicher Psychologie zu einem Zustand, wo er nur noch eine Abfolge von Wünschen und Bildern ist. Es geht darum, halten wir es wieder einmal fest, das Innen und das Außen zu erhellen, und nicht einfach für ein Licht zu optieren auf Kosten des andern. Es kann nie genug Strahlen sowohl des einen wie des andern gegen das Dunkle, gegen den Obskurantismus geben.

Sonnenreflexen auf der nicht weniger sonnigen und sehr aktiv reflektierenden Leinwand des geistigen Lebens fortsetzte*.

Als Bahnbrecher und Erneuerer hat Dalí die großen Traditionen, die großen Mythen weitergeführt. Weitergeführt, weil er erstens einsah, was der großen Kuh Tradition wieder aufstieß. Und weil er auch einsah, daß sie mit allen Anamorpha niederkam, mit denen sie seit Jahrhunderten schwanger ging, die alte Heuchlerin, die sich nur deshalb in rein formale Fragen vertiefte und andere damit behelligte, weil sie nicht herausrücken wollte, wie's wirklich um sie stand.

Die großen Mythen nun hat er bereits mit dem kleinen Leben vereinigt, aus dem sie hervorgegangen sind. Die Götter, Halbgötter und Fabelwesen müssen aus ihren steinernen, fühllosen, *tabu* gewordenen Hüllen schlüpfen. Jetzt hat der Hermaphrodit den Marmor abgeworfen, der seinen einzigen, zwiefachen Körper seit mehr als zweitausend Jahren eingefroren hatte. Die Zeit, das Leben haben ihn wieder, er ist jetzt älter, ist Vater und Mutter geworden.

Die Intuition allein hilft den Dichtern, und nur ihnen, sich im Labyrinth mythischer oder halbmythischer Schöpfungen zurechtzufinden, und die Inspiration allein entdeckt, was scheinbar völlig verschiedenartige Eingebungen verbindet und sowohl räumlich wie zeitlich weit voneinander entfernte Teile mühelos, nach Belieben kommunizieren läßt; und so war es natürlich an Dalí, uns dieses alte männliche Prinzip, dieses alte weibliche Prinzip, diesen alten Hermes, diese alte Aphrodite, den ehemaligen Hermaphroditen vorzustellen, der sich heute zu Wilhelm Tell gemausert hat. In Dalís Wilhelm Tell gilt es die »Phantasiemutter« in ihrer halluzinierendsten Gestalt, das heißt, der Psychoanalyse zufolge, die vom Vater begattete Mutter zu erkennen. Deshalb hat Dalí seinen Wilhelm Tell mit allem ausgestattet, was bei beiden Geschlechtern besonders in die Augen springt, mit einem Penis und mit Brüsten.

Der Sohn, Wilhelm Tells Sohn, das heißt Dalí, löst sich weder in Selbstmitleid auf noch findet er Gefallen an der *delectatio morosa,* er besäuft sich auch nicht mit den Likören des Gemeingefühls oder verirrt sich gar im Abstrakten nicht zu entziffernder Musik, der Sohn, der Künstler macht die gefürchteten Vorstellungen, die gefürchteten Spiegelungen sichtbar, um sich dem umfassenden Einfluß der Eltern zu entziehen und zu andern Vorstellungen, andern Spiegelungen voranzuschreiten. So bezeichnet jedes Werk durch seine allgemeine und besondere psychoanalytische Bedeutung einen weiteren Schritt auf dem Weg, der seinen Schöpfer neuen Entwicklungsstufen entgegenführt. Dann kann

* Vgl. in diesem Zusammenhang die Analyse von Millets *Abendläuten.*

sie nur noch zusehen, wie er sich entfernt, kann sie nur noch Bäume besteigen*, diese fleischfressende Phantasiemutter**, dieser Wilhelm Tell, der seinem Sohn einzig und allein einen Apfel auf den Kopf legte (Kopfbedeckungen haben in der Freudschen Symbolik immer phallische Bedeutung), um besagten Apfel mit einem Pfeil zu durchbohren, als ob der Sohn auf einen Schlag kastriert, sodomisiert und aufgefressen werden sollte . . .
Doch mag Wilhelm Tell von der rechten Hinterbacke bis zum Schirm seiner Mütze vor rätselhaften, schrecklichen Erektionen starren, jede seiner neuen Verkörperungen ist für Dalí nur ein Mittel – aber welch ein Mittel! –, wieder zu erschaffen, woraus er geschaffen worden ist, was ihn geschaffen hat. Er beherrscht somit die Lage. So ist sein vom Tag erfülltes Auge Herr der sagenhaftesten nächtlichen Glieder. Jeder Stunde ihre Sonne, um diesen epischen Helden zu bescheinen! Doch er ist ein großer Reisender, und sein Platz, der Platz der ersten Spiele, der finsteren Spiele, ist frei, ist von seiner Gegenwart befreit. Und da blüht im Freien, in wilder Liebe, da blüht der Rosenkomplex auf. Da ist Gradiva. Rosen, die sich entblättern, sind ihr Kopf; ihr Unterleib öffnet sich zu einer blutenden Rose, die menschliches Blut verströmt, das menschlichste, nie allzumenschliche, weil auf eine andere Art menschlich, auf eine ganz andere Art menschlich als dieses allzumenschliche »menschlich«, dessen beengende Gebote Humanisten und Menschenfreunde uns aufzwingen wollten. Hier gesellt sich Dalí zu Sade und Lautréamont***, und in den grausamsten Phantasien, deren Objekte die Körper sind, leuchtet die Morgenröte der scharfsinnigsten, neusten und überwältigendsten Ideen auf.
Gradiva: in der geliebten Frau kann alles verherrlicht werden, alles an der geliebten Frau kann verherrlicht werden; ihre Eingeweide, ihre Innereien sind Liebesblumen.

Otto Rank berichtet uns, daß der älteste Tempel in Babylon »Gedärme-Tempel« hieß und auch die Form von Gedärmen hatte****. Als ob schon in der allerfrühesten Antike ein solcher Tempel gebaut worden wäre, um das surrealistische Objekt aufzunehmen; haben doch Dalís neuste Arbeiten über den Kannibalismus mir, uns eröffnet, daß es geschaffen wurde, um gegessen zu werden. Gegessen zu werden,

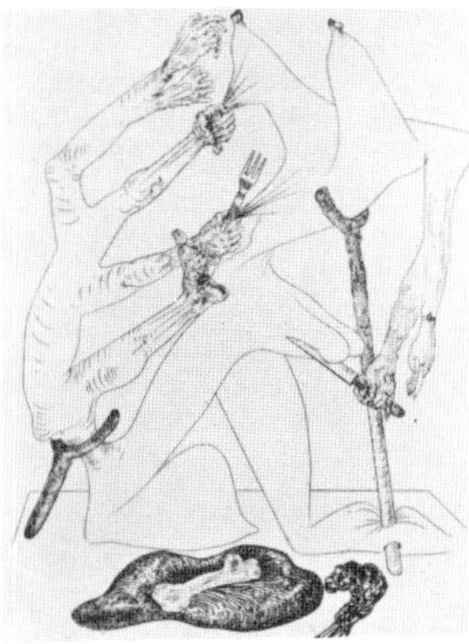

2 Illustrationen Dalís zu *Die Gesänge des Maldoror*

* Vgl. *Liebe und Gedächtnis.*
** Phantasiemutter ist auch die zu einem Kaffeeservice gehörige Kaffeekanne, die Dalí zufolge den Tassen gegenüber, die sie füllte, die Rolle der Mutter übernahm. Nun scheint zwar das erigierte Porzellanglied, das stolz am Bauch jeder Kaffeekanne aufragt, *a priori* eher das Männliche als das Weibliche zu bedeuten. Trotzdem hat Dalí recht. Diese Kaffeekanne ist die Mutter der Tassen.
*** Vgl. seine Illustrationen zu *Die Gesänge des Maldoror.*
**** Man sieht in diesem Zusammenhang, inwiefern das Labyrinth der griechischen Mythologie neu interpretiert werden kann.

um in Gestalt konischer Anamorpha, in Gestalt von Meteoriten wiederaufzuerstehen*. Dalí beabsichtigt wirklich nicht, sich oder uns in der oralen Phase zu bestärken, in diesem Narzißmus**, der das Individuum veranlaßt, das Weltall zu verschlingen, zu unterdrücken, alle seine Objekte zu zerstören, um sich selbst die Rolle eines Objektes vorzuspielen, bis es schließlich, da es keine anderen Vorstellungen, Widerspiegelungen mehr hat als sich selbst, das Objekt zerstört, ertränkt, zu dem es geworden ist.
In Wirklichkeit (und Dalís Werk ist die erregendste Illustration dieser Wahrheit) geht es nämlich nicht darum, sich in seinem eigenen Schatten zu verlieren, sondern darum, sich in den Dingen zu finden, geht es nicht darum, das Ewige im Dauerhaften zu suchen (das Dauerhafte gibt es nicht; es ist nur die erste Bewegung, der Anfang des Zerfalls im Zeitlupentempo), sondern in der Bewegung. Was im allgemeinen als tragisch gilt, das – ohne daß wir uns auf einen primären, mechanischen Begriff des Fortschritts berufen möchten –, das allein verleiht dem Leben Wert, denn das allein gibt dem Leben Chancen.

Dalís Werk, Schlußstein dieser Brücke der Widerspiegelungen, die vom äußeren Kontinent zur inneren Opalinsel, die aus dem Sumpf von heute zum Kristall von morgen führt.

Davos, Dezember 1933

Dalí, *Grashüpfer — Kind* (1933).

* Vgl. Dalí, Psycho-atmosphärisch-anamorphotische Objekte.

** Die berühmte christliche Abgeschiedenheit von der Welt – vorausgesetzt, sie ist nicht nur eine heuchlerische Formel –, die Verachtung der Objekte: da haben wir, den neusten Entdeckungen der modernen Psychologie zufolge, unleugbare Beweise für Narzißmus.

Georges Bataille: »Das Finstere Spiel«

Die intellektuelle Verzweiflung mündet weder in Weichlichkeit noch in den Traum, sondern in die Gewalt. So steht es außer Frage, daß man auf gewisse Untersuchungen verzichten muß. Es geht lediglich darum, zu erkennen, wie man seine Wut in die Tat umsetzen kann; ob man sich, wie Verrückte, um Gefängnisse bloß im Kreise drehen oder ob man sie niederreißen will.*

Georges Bataille, 1940.

* Auszug aus einem unveröffentlichen Essay über den Minderwertigkeitskomplex. Der Titel ist von Salvador Dalís Bild, dessen Schema Seite 399 wiedergegeben ist, übernommen (das Bild gehört zur Sammlung des Vicomte de Noailles und wurde in der Dalí-Ausstellung der Galerie Goemans im November 1929 gezeigt). Das *Finstere Spiel* ist, wie übrigens der Text des Schemas zeigt, nichts anderes als der fragliche Komplex. Dieser Komplex ist schon in verhältnismäßig frühen Bildern Dalís zum Ausdruck gekommen. *Blut ist süßer als Honig* (abgebildet in *Documents* Nr. 4) ist charakteristisch: der Leib mit abgeschnittenem Kopf, abgeschnittenen Händen und Füßen, der Kopf mit zerschnittenem Gesicht, der Esel, Symbol grotesker, potenter Männlichkeit, der tot und verwest daliegt, die systematische Zerstückelung aller Bildelemente . . .
Noch deutlicher ist die Episode mit dem zerschnittenen Auge in *Ein andalusischer Hund,* einem Film von Luis Buñuel und Salvador Dalí (vgl. *Documents* Nr. 4, S. 218, und den Text des Drehbuches in *Revue du cinéma,* November 1929, und *Révolution surréaliste* Nr. 12, Dezember 1929).
Buñuel hat mir selbst erzählt, diese Szene habe Dalí erfunden, wozu er unmittelbar angeregt worden sei durch die reale Erscheinung einer schmalen, langen Wolke, die die Mondscheibe zerschnitt (ich kann hier beifügen, daß die in *Ein andalusischer Hund* ebenfalls auftauchenden toten, verwesten Esel eine Dalí und Buñuel gemeinsame Zwangsvorstellung veranschaulichen, die bei beiden auf eine gleichartige Begegnung mit einem im Gelände verwesenden Eselskadaver in ihrer Kindheit zurückgeht).
Der von Dalí gewählte Titel *Das Finstere Spiel* kann selbst als Hinweis auf die ausdrückliche Bedeutung dieses Bildes verstanden werden, das den Vorgang der Kastration sowie die widersprüchlichen Reaktionen, die sie hervorruft, mit einem außerordentlichen Aufwand an Einzelheiten und außerordentlicher Ausdruckskraft vermittelt. Ohne den Anspruch zu erheben, die psychologischen Elemente dieses Bildes erschöpfend zu behandeln, kann ich hier ihren allgemeinen Ablauf andeuten. Der Akt der Kastration selbst wird durch die Figur A ausgedrückt, deren Körper vom Bauch an völlig zerrissen ist. Die unmittelbar zu dieser blutigen Strafe führende Provokation kommt in B durch Männlichkeitsträume von kindischer, burlesker Verwegenheit zum Ausdruck (die männlichen Elemente werden nicht nur durch den Vogelkopf, sondern auch durch den farbigen Sonnenschirm dargestellt, die weiblichen Elemente durch Männerhüte). Doch der tiefe, vorrangige Grund zur Strafe ist kein anderer als die widerliche Beschmutzung der Person in Unterhosen (C), übrigens eine unprovozierte Beschmutzung, denn diese Person findet zu einer neuen, realen Männlichkeit in der Schande, im Entsetzen selbst. Die Statue links (D) wiederum personifiziert die ungewöhnliche Befriedigung, die aus der plötzlichen Kastration gezogen wird, und verrät ein wenig männliches Bedürfnis nach poetischer Ausweitung des Spiels. Die Hand, welche die Männlichkeit des Kopfes verdeckt, ist eine Unterschlagung, wie sie in Dalís Malerei üblich ist, wo die Personen, die meist ihren Kopf verloren haben, ihn nur wiederfinden, wenn sie vor Entsetzen Grimassen schneiden. Das gestattet, allen Ernstes zu fragen, wie es um jene bestellt ist, die hier zum ersten Mal *geistige Fenster ganz weit* aufgehen sehen und ein kastriertes poetisches Wohlgefallen dort ansiedeln, wo lediglich die schreiende Notwendigkeit einer Zufluchtnahme zur Schande in Erscheinung tritt.

Den Halbheiten, den Ausflüchten, den Delirien, welche große poetische Impotenz verraten, kann man nur schwarze Wut, ja sogar indiskutable Bestialität entgegensetzen: es ist unmöglich, sich anders zu benehmen als ein Schwein, das sich in Mist und Dreck vollschlägt, mit der Schnauze alles aufwühlt und dessen abstoßender Gefräßigkeits nichts Einhalt gebieten kann.

Wenn die Formen, die ein Maler auf einer Leinwand vereinigt, keine Rückwirkung hätten, wenn zum Beispiel, da von Gefräßigkeit – selbst intellektueller – die Rede ist, furchtbare, mit den Köpfen aufeinanderprallende Schatten und Kinnbacken mit schauderhaften Zähnen Picassos Schädel nicht entsprungen wären, um denjenigen Angst einzujagen, die sich immer noch erdreisten, ehrbar zu denken, wäre die Malerei höchstens gut genug, die Leute mit der gleichen Berechtigung wie Bars oder amerikanische Filme von ihrer Wut abzulenken. Doch warum nicht ohne Zögern niederschreiben, daß in Picassos Malerei das Zersetzen von Formen das Zersetzen des Denkens nach sich zieht, das heißt, daß die unmittelbare Regung des Intellekts, die in andern Fällen zum Gedanken führt, vorzeitig scheitert. Wir können uns nicht verheimlichen, daß Blumen aphrodisisch sind, daß bloßes Gelächter eine Menge anstecken und aufhetzen kann und daß ein so hartnäckiges Scheitern jener schreiende Skandal ist, in dem das *non serviam* widerhallt, das das Menschentier dem Gedanken entgegensetzt. Übt doch der Gedanke über den Menschen die gleiche erniedrigende Gewalt wie das Geschirr übers Pferd: ich kann schnauben, ich kann röcheln: trotzdem gehe ich nach rechts und nach links, den Kopf im Zaum, gegängelt vom Gedanken, der alle Menschen verdummt und sie, mittels bedruckten Papiers, unter anderem geradewegs zu den Waffen des Staates treibt. Von Mogeleien abgesehen, deckt sich das menschliche Leben stets mehr oder weniger mit dem Bild des zum Exerzieren befohlenen Soldaten. Die plötzlichen Umstürze, die großen Wahnsinnstaten eines Volkes, die Aufstände, die ungeheuren Metzeleien der Revolutionen geben einen Begriff von den unvermeidlichen Kompensationen.

Schließlich behaupte ich recht unvermittelt, daß Picassos Bilder schauderhaft, daß diejenigen Dalís von entsetzlicher Häßlichkeit sind*. Man läßt sich durch die Unangemessenheit der Wörter täuschen oder sogar durch Hexerei, welche Praktiken der schwarzen Magie zu neuem Leben erwecken möchte, sollte man sich vom Gegenteil vergewissern. Um das Ausmaß des Übels abzuschätzen, genügt es, sich unvermittelt das bezaubernde kleine Mädchen vorzustellen, des-

* Übrigens besteht darin die einzige mögliche Annäherung zwischen zwei Werken, die voneinander so verschieden sind wie ein Fliegenschwarm von einem Elefanten.

sen Seele der scheußliche Spiegel Dalís wäre. Die Zunge dieses kleinen Mädchens ist keine Zunge, sondern eine Ratte. Und wenn es trotzdem noch bewundernswert schön aussieht, so weil schwarzes Blut bekanntlich schön ist, wenn es über die Haut eines Ochsen oder die Kehle einer Frau rinnt. (Wenn heftige Regungen ein Wesen von tiefem Überdruß zu befreien vermögen, so weil sie durch irgendeine dunkle Verirrung zu einer furchtbaren Häßlichkeit Zutritt verschaffen, die Befriedigung gewährt. Übrigens muß gesagt werden, daß Häßlichkeit ohne irgendeinen Regreß hassenswert sein kann, sozusagen unglücklicherweise, doch nichts ist häufiger als zweideutige Häßlichkeit, die in provozierender Weise die Illusion des Gegenteils erzeugt. Die unwiderrufliche Häßlichkeit dagegen ist genauso abstoßend wie gewisse Arten von Schönheit: jene Schönheit, die nichts verheimlicht, die nicht die Maske der verlorenen Schamlosigkeit ist, die sich nie widerlegt und wie ein Feigling ewig in Habachtstellung verweilt.)
Nach und nach werden in allen Dingen die widersprüchlichen Zeichen der Sklaverei und der Revolten sichtbar. Die großen Gebäude der Intelligenz sind letztlich Gefängnisse: deshalb werden sie hartnäckig niedergerissen. Träume und kimmerische Hirngespinste bleiben dem Horizont von Unentschlossenen reinsten Wassers überlassen, deren unbewußter Kalkül gar nicht so ungeschickt ist, da sie naiverweise die Revolte den Gesetzen unterstellen. Wie soll man übrigens dem Verlust des Willens, dem blinden Herumtappen, der dahintreibenden Unbeständigkeit, die von der genehmigten Zerstreuung bis zur Rücksichtnahme reicht, seine Bewunderung versagen? Freilich handle ich hier von etwas, was bereits der Vergessenheit anheimfällt, wenn Dalís Rasiermesser mitten in unsere Gesichter Grimassen des Entsetzens schneiden, die möglicherweise die Gefahr heraufbeschwören, daß wir jenen servilen Adel, jenen idiotischen Idealismus, die uns der Zauberformel von ein paar komischen Gefängniswärtern auslieferten, wie Säufer auskotzen.
Hunde, die heimlich krank sind, weil sie die Finger ihrer Herren so lange geleckt haben, heulen nachts den Tod an. Diesem schrecklichen Heulen antworten, wie Donnerschläge dem Prasseln des Regens, Schreie, über die man schwerlich ohne Erregung sprechen kann.
Wenige Tage vor dem 14. Juli 1789 hetzte der Marquis de Sade, der seit Jahren in seinem Gefängnis in der Bastille der Raserei überantwortet war, die Menge rund um das Gefängnis auf, indem er in den Abflußtrichter für sein schmutziges Wasser einen sinnlosen Schrei brüllte, zweifellos den konsequentesten, der jemals einen Kehlkopf heiser machte. Dieser Schrei ist wie folgt historisch überliefert: »Volk von Paris«, brüllte Sade, »man ermordet die Gefangenen!« Praktisch der Schrei einer alten Rentnerin, die

nachts in einer Vorstadt umgebracht wird. Bekanntlich ließ der Gouverneur Launay, mit Recht erschreckt durch den aufflackernden Aufruhr, diesen rasenden Gefangenen in ein anderes Gefängnis überführen: was nicht verhinderte, daß wenige Stunden später sein Kopf die Stadt auf einer Lanzenspitze in Schrecken versetzte.
Doch wenn man Klarheit schaffen will über den exzessiven Charakter dieses Schreies, ist es notwendig, sich auf die Zeugenaussage von Rose Keller zu beziehen, die Sade angeklagt hatte, er habe sie mißhandelt. Diese kürzlich von Maurice Heine* entdeckte Zeugenaussage ist entscheidend. Das junge Mädchen berichtet, daß sie, nachdem sie mit Peitschenschlägen gequält worden war, durch Tränen und inständige Bitten diesen zugleich so freundlichen und so bösartigen Mann zu rühren versuchte: und wie sie alles anrief, was es auf der Welt an Heiligem und Bewegendem noch geben kann, begann Sade, der plötzlich von Sinnen war und auf nichts mehr hörte, fürchterliche und zutiefst widerwärtige Schreie auszustoßen . . .
Zweifellos deutet eine seit vielen Jahren anhaltende Unruhe auf das Gefühl, daß der Existenz etwas fehlt, und es ist kaum zweckdienlich, die Tatsache zu unterstreichen, daß überall unruhige Leute, weil sie solche Schreie weder ausstoßen noch anhören können, offensichtlich den Kopf verloren haben und das menschliche Leben der Langeweile und dem Abscheu überantworten, im gleichen Atemzug aber behaupten, es vor Beschmutzung, die ihnen widerlich vorkommt, zu bewahren, ja sogar bei passender Gelegenheit heroisch zu verteidigen.
Das wird ohne irgendeine kritische Absicht gesagt, denn es ist evident, daß die Heftigkeit, selbst wenn sie außer sich ist, meistens genug brutale Heiterkeit aufbringt, um über die Fragen von jedermann hinwegzugehen. Ich lege hier einzig und allein Wert darauf – sollte ich, indem ich auf diese Weise die bestialische Heiterkeit auf die Spitze treibe, Dalís Herz in Wallung bringen –, vor seinen Leinwänden selber wie ein Schwein zu schreien.
Aus Gründen, die ich, mit Rücksicht auf ihn, vorläufig nicht darlege**, hat Dalí die Reproduktion seiner Bilder in diesem Artikel untersagt, womit er mir eine unerwartete Ehre erwies, die ich jedoch alles in allem hartnäckig gesucht zu haben glaube. Mit ist nicht unbekannt, aus welcher

* Ich bin Maurice Heine zu Dank verpflichtet, dem nichts von dem, was Sade betrifft, unbekannt ist und der so gütig war, mich zu ermächtigen, auf die Tatsachen Bezug zu nehmen, die er mir mündlich mitgeteilt hat gemäß Rose Kellers Zeugenaussage, die in den authentischen Prozeßunterlagen, welche in Kürze auf seine Veranlassung im Verlag Stendhal et Co. veröffentlicht werden, enthalten ist.
** Ich muß sagen, daß es sich keineswegs um etwas handelt, was man der Konvention gemäß zweideutig nennt, doch *gewisse* Geschichten aus dem Künstler- und Literatenmilieu könnten genauso anhaltenden Ekel hervorrufen.

Feigheit, welcher Armseligkeit des Geistes die Anteilnahme herrührt, die den neuen Hervorbringungen, den kleinen und großen Trouvailles entgegengebracht wird. Da ich mich darauf eingelassen habe, bleibt mir wenigstens die Aussicht, von einem Mann gesprochen zu haben, der diesen Artikel zwangsläufig als Provokation und nicht als eine traditionelle Speichelleckerei auffassen und mich, damit rechne ich, als einen Provokateur hassen wird.

Zweifellos geschieht nirgends in bürgerlich bewohnten Landen allzu viel, was sich erheblich von allem andern unterscheidet, von der Vergangenheit, von den politischen und literarischen Traditionen: indessen darf ich sagen, ohne dem im übrigen weiter Bedeutung beizumessen, daß es von nun an nicht mehr möglich ist, sich in die »Länder der Schätze« der Poesie zurückzuziehen und sich darin zu verstecken, ohne in aller Öffentlichkeit als Feigling zu gelten. [1929]

Dalí, *Das Finstere Spiel* (1929).

Psychoanalytisches Schema der widersprüchlichen Gestaltungen der Person in Salvador Dalís »Das Finstere Spiel«

Peter Gorsen:
Der »kritische Paranoiker«,
Kommentar und Rückblick

1. Das Anal-Tabu. Dalís Außenseiterstellung in der surrealistischen Gruppe

In »Charakter- und Analerotik« hat Freud die »bleibenden Charakterzüge« rubriziert als »entweder unveränderte Fortsetzungen der ursprünglichen Triebe, Sublimierungen derselben oder Reaktionsbildungen gegen dieselben«[1].
Es kann kein Zweifel darüber bestehen, daß der selbst bei Freunden und in der surrealistischen Gruppe Anstoß erregende skatophile und »polymorph-perverse« Dalí die an der frühkindlichen Defäkationslust haftenden Wunscherfüllungsphantasien sich eingestanden und sie gepflegt hat. Das Entsetzen der Freunde, zumal Bretons gegenüber den skatographischen Teilen in Dalís Malerei, erstmals gegenüber dem Gemälde *Le jeu lugubre* von 1929[2], zeigte das noch vorhandene Maß an sexueller Verdrängung in dieser sich radikal antibürgerlich verstehenden Opposition des Surrealismus an. Dalís Außenseiterstellung in der Gruppe, die meistens an seiner erst vermeintlichen, später dann wirklichen politischen Regression zum Faschismus in der spärlichen wissenschaftlichen Sekundärliteratur exemplifiziert wird, ist vor allem dort zu konstatieren, wo er der surrealistischen Gruppe zeitweilig dadurch überlegen war, daß er in der analytischen Aufarbeitung der Lebensgeschichte weiterging und den Beitrag der »polymorph perversen« Sexualität für den Emanzipationsanspruch, die kunst- und kulturfeindliche Geste des Surrealismus, gegenüber dem bürgerlichen Establishement besser begriff als die Literatur-Surrealisten der ersten Stunde. Die surrealistische Gruppe erlangte mit der Strenge, wie sie – und in patriarchaler Stellvertretung Bretons – über die Arbeit ihrer Mitglieder wachte, diese belobigte oder verstieß, ab 1930 zunehmend den autoritären Charakter einer Ersatzfamilie, in der die literarisch und künstlerisch nicht anerkannte Boheme, der intellektuelle Prototyp des Arbeitslosen aus Überzeugung einen festen Halt finden konnte. Ihrem Ordnungssinn mußte der anale Charakter Dalís, seine »verdauungsbetonte Ikonographie«, wie der Tagebuchschreiber retrospektiv anmerkt, an der Besorgnis erregenden Grenze des Krankhaften erscheinen.

vgl. Abb. S. 398

Die Tagebuchaufzeichnungen erweisen, daß Dalís Regression von Bewußtsein begleitet war; die Verdrängungen der surrealistischen Kontrolleure waren es weniger. »Nach

[1] Sigmund Freud, Gesammelte Werke, Londoner Ausgabe von 1940, Bd. VII, S. 209
[2] Abgebildet in Marcel Jean, Histoire de la peinture surréaliste, Paris 1959, S. 201

einer Woche in der Surrealistengruppe war mir bereits klargeworden, daß Gala recht gehabt hatte. Meine skatologischen Elemente wurden in einem gewissen Rahmen geduldet. Dafür wurde eine Menge anderer Dinge für ›tabu‹ erklärt. Ich stieß hier wieder auf die gleichen Verbote wie bei meiner Familie. Das Blut war mir gestattet. Ein bißchen Kacke durfte ich daraufsetzen. Aber Kacke allein, das gab's nicht. Die Darstellung des Geschlechts wurde mir bewilligt, aber keine analen Phantasmen. Jeder Anus wurde höchst scheel angesehen! Die Lesbierinnen gefielen ihnen recht gut, nicht aber die Päderasten. In den Träumen konnte man nach Herzenslust Sadismus verwenden, Regenschirme und Nähmaschinen ... Mein Entschluß stand sogleich fest. Wenn sie die Scheiße nicht wollten, die ich ihnen großzügig anbot, so würde ich diese Schätze und dieses Gold für mich behalten. Das berühmte, von Breton zwanzig Jahre später ausgetüftelte Anagramm ›Avida Dollars‹ hätte schon damals als Prophetenspruch verkündet werden können.«[3]

Das Anagramm war zu Recht auf den gesellschaftlichen Anpassungsprozeß eines der inzwischen am besten verdienenden kapitalistischen Interieurmaler gemünzt und zielte auf den objektiven Verrat an der von Dalí mitgeschaffenen Theorie des Surrealismus. Der Dalí des späten Tagebuchs von 1952–63 hat diesen Verrat vergeblich mit jener obszönen Perversion verknüpfen wollen, welche die Gruppe einst befremdet, tabuiert hatte und deren scheußliche Darstellung noch auf kein gesellschaftliches Verwertungsinteresse gestoßen war. Die schon von Freud und Rank ans Licht gezogene Beziehung zwischen den »so disparaten Komplexen des Geldinteresses und der Defäkation«[4], die der schon seit seiner Madrider Studienzeit psychoanalytisch belesene Dalí hier aufnimmt, taugt als Apologie für die zynische Identifikation mit dem gesellschaftlichen Unterdrückungszusammenhang, dem erklärten Gegner der *révolution surréaliste,* schlecht und verdeckt das moralische Apriori des Surrealisten von 1928, der – Maurice Raynal zitierend – die absurde Wahrheit der Kunst unter anderem darin begriff, daß sie »ja in keiner Weise mit dem Geschäftemachen verglichen werden kann«.

Aus der Unversöhnlichkeit des individuellen Glücksanspruchs mit dem Anspruch der bürgerlichen Gesellschaft, Triebverzicht zu leisten, konstruiert der junge Dalí sein Lob und seinen Kult der Perversionen mit allen Konsequenzen des Bruchs mit dem Elternhaus und den Vergünstigungen der bürgerlichen Familie. In der trotzigen Ver-

[3] Salvador Dalí, Tagebuch eines Genies (1952–63), München 1968, S. 20 f.

[4] Sigmund Freud, a. a. O., Bd. VII, S. 207. Vgl. Otto Rank, Manneken-Piß und Dukaten-Scheißer (1912), in: Rank, Psychoanalytische Beiträge zur Mythenforschung, Leipzig/Wien/Zürich 1922, S. 107 bis 118

teidigung der infantilen Sexualität als erstrebenswerter hedonistischer Lebensform, was ihn zur entschiedenen Ablehnung der psychoanalytischen Sublimationstheorie führt, ist Dalí eigene Wege gegangen und hat ihn auch zu von der Gruppe abweichenden Schlußfolgerungen geführt. Er hat – mehr noch als die übrigen Surrealisten – es verstanden, Freud »gegen den Strich« zu lesen. Diese subjektive, aus der persönlichen neurotischen Problematik gespeiste Rezeption der psychoanalytischen Schriften, aber auch der den Surrealismus insgesamt kennzeichnende *produktive Mißbrauch* einer wissenschaftlichen Theorie, darf nicht aus den Augen verloren werden, wenn in schlechter Verallgemeinerung von einer Beeinflussung der Surrealisten durch Freud und seine Schule gesprochen wird. Das war keine Beeinflussung auf der Ebene wissenschaftsinterner Auseinandersetzung, sondern die Integration einer Methode und einiger materialistischer Gedanken in eine eklektizistische Kulturtheorie und in eine Lebenspraxis, die sich der geistigen Produktion im kapitalistischen Verwertungszusammenhang zu entziehen trachtete.

Was Freud in einer Nebenbemerkung seiner »Drei Abhandlungen zur Sexualtheorie« sich abringt, daß auch die »abscheulichsten Perversionen« noch ein »Stück seelischer Arbeit« sind, sie der Sublimationsleistung der Liebe nicht nur nicht nachstehen, sondern die »Allgewalt der Liebe ... sich vielleicht nirgends stärker als in diesen Verirrungen« zeigt[5], wird von Dalí zur Hauptsache gemacht und aus dem Argumentationszusammenhang der psychoanalytischen Theorie herausgebrochen. Dalí kann sich für einige Jahre nach 1930 als obszöner Essayist und Maler sexueller »Verirrungen« halten, dann beginnt der kapitalistische Markt die surrealistische Phantasie auf seine Seite zu ziehen. Ein für den Surrealismus lebensgefährliches Bündnis von Warenästhetik und Sexualästhetik kündigt sich an.

Die hier abgedruckten frühen surrealistischen Aufsätze dokumentieren, wie unter dem Einfluß der psychoanalytischen Lektüre bei Dalí ein Bewußtwerdungsprozeß der eigenen perversen Persönlichkeitsstruktur stattfindet – bei gleichzeitiger Verachtung der psychoanalytisch und insgesamt kulturell gebotenen Ablenkung auf asexuelle, vermeintlich künstlerische und formalästhetische Ziele. Er zeigt sich bereits in der provozierten Relegation Dalís von der Madrider Kunstakademie im Jahre 1926. Dem Lob der sexuellen Perversion assistiert ein Verbalerotismus mit ausgeprägt koprophilen Tendenzen. Fällt in einem katalanischen Aufsatz von 1928 nur die unbewußte schimpfwortartige Verwendung von ›Kacke‹ und ›Dreck‹ auf, während in der übrigen Essayproduktion bis 1928 die ästhetische Problematik den futuristisch, kubistisch und schließlich surreali-

[5] Freud, a. a. O., Bd. V, S. 61

stisch beeinflußten Dalí ganz in Anspruch nimmt, so ändert sich dies mit den Jahren 1929–30. Nach dem Bekanntwerden mit der dann geliebten Gala Eluard, seiner ersten und einzigen ›Analytikerin‹ und dem Beitritt in die surrealistische Gruppe spiegelt sich in der gleichzeitigen Text- und Bildproduktion der Assoziationsfluß des ›polymorph perversen‹ und skatologischen Dalí. Zugleich propagiert Dalí seine *interprétation paranoïaque-critique.* Das erste Resultat dieses Zusammentreffens ist Dalís surrealistische Hauptschrift »Die sichtbare Frau« von 1930 *(La femme visible),* die nach Kenntnis der Lebensumstände Dalís aus dieser Zeit unzweifelhaft auch ein Erfahrungsbericht seiner Liebe zu Gala ist. Das Kapitel *Le grand masturbateur,* dem unter gleichem Titel eines der bekanntesten Bilder Dalís korrespondiert (Abb. S. 143)[6], hat in Anlehnung an die *écriture automatique* alle Schranken, die Konvention und Ekel für den ungehemmten Fluß der sexuellen Phantasie bedeuten, überlistet und zeigt jenen analerotisch schwelgenden Dalí, der gemeinsam mit Buñuel viele Surrealisten in so hohem Maße befremdet und dem Surrealismus in der Öffentlichkeit einen obszönen Anstrich verleiht. In »Liebe und Gedächtnis« *(L'amour et la mémoire)* von 1931, einer nachträglichen und künftig immer wieder erneuten Liebeserklärung Dalís an Gala, beginnt sich die Identität der Sexualorgane in den Symbolgleichungen von Anus, Augen, Ohren, Schamlippen, Zehen, Nabel, Schenkel usw. poetisch aufzulösen. Der »perversen« Phantasie wird am begehrten Körper alles gleich erogen und austauschbar.
Die Exkrementophilie und die sodomitischen Phantasien kehren verstärkt in einem Traumprotokoll, der »Träumerei« *(Rêverie)* von 1931 wieder. Da Dalí unentwegt betont, daß Träume Wunscherfüllungen sind und er Bildern wie Objekten die Funktion des Katalysatoren erteilt, unbewußte Wünsche zu lokalisieren und zu ihrer Annahme beizutragen, ist der von ihm wenn auch »mit den größten Skrupeln« mitgeteilte Traum nicht allein ein gescheiterter Versuch, ihn »in objektiver Weise zu analysieren«. Sondern die Aufzeichnung des Traums, der hier wohl als Tagtraum des Onanisten anzusehen ist, enthält auch ein indirektes Lob der masturbatorischen Sexualmanipulationen und der Analerotik. Man merkt dem geschilderten Traum noch die infantile Überschwenglichkeit, mit der er aufgezeichnet wurde, an. Es ist nicht irgendein Traum, sondern der Protokollant zeichnet darin die sein weiteres Leben bestimmende sexuelle Obsession auf. Nebenbei wußte der auf Provokationen ausgehende Tagebuchautor Dalí von Freud, daß er mit dem Analen ein »Symbol für alles zu Verwerfende, vom Leben Auszuscheidende« berührt hatte[7].

[6] Vgl. Robert Descharnes, Dalí de Gala, Lausanne 1962, S. 62
[7] Freud, a. a. O., Bd. V, S. 88

Das Anal-Tabu innerhalb der Surrealistengruppe verlieh Dalí sofort eine Außenseiterstellung, die schließlich zu seinem Ausschluß führte und den Austritt Aragons aus der Surrealistengruppe beschleunigt hatte. Dalís größter Gegner war ausgerechnet ein ausgemachter *homme de bordels,* ein kultivierter Pornograph, ein Verfasser dreier erotischer Bücher, der Autor von »*Le con d'Irène*« – Louis Aragon. Ihm war, wie André Thirion berichtet, »die Zurschaustellung seiner Launen, die grausame Ehrlichkeit, mit der Dalí seine Intimsphäre beschrieb, dieser unschätzbare Beitrag des Katalanen«[8], unerträglich. Mit der Veröffentlichung der »Träumerei« in »Le surréalisme au service de la révolution« (1931), der Thirion aus eigener Anschauung »intellektuelle Redlichkeit« bescheinigt[9], und die er für eine der ersten authentischen Zeugnisse eines vom Träumer weitgehend unzensierten Traumprotokolls hält, sei das Maß für Aragon voll gewesen. Ausgerechnet »Dalí, selber ein Fall für eine psychoanalytische Behandlung, hatte die Unverschämtheit, sich auf Freud zu beziehen«; außerdem war der damals bereits von der literarischen Pornographie zum sozialistischen Realismus der PCF konvertierte Aragon drauf und dran, »den Wiener Wissenschaftler für einen Konterrevolutionär zu halten«[10]. Die Partei empörte sich über die Veröffentlichung und kritisierte Aragons nach wie vor bestehende Zugehörigkeit zur surrealistischen Gruppe. Breton empörte sich seinerseits über die Bevormundung des Surrealisten. Aragon zog die Konsequenz und nahm den publizistisch breitgetretenen »Fall Dalí« zum Anlaß, mit Breton und der Gruppe zu brechen. Zu welchen politischen Auseinandersetzungen Dalís Traumprotokoll Surrealisten und Kommunisten im einzelnen führte, und wie sie sich in den Spalten der *Humanité* darstellen, hat Thirion ausführlich dargestellt[11]. Dabei standen die Surrealisten, was den analerotischen Exhibitionismus Dalís betraf, keineswegs geschlossen hinter dem so Angegriffenen; sie verwahrten sich vielmehr gegen jeden Bevormundungsversuch von seiten der Kommunisten, die sie in mancher Hinsicht als möglichen Bündnispartner ansahen und dann auch vorübergehend akzeptierten. Die Sexualmoral von Kommunisten und Surrealisten im Frankreich der 30er Jahre ist sicher unvergleichbar. Doch in der Frage der Pornographie gab es für die Surrealisten durchaus eine Toleranzgrenze, als deren äußerster Grenzwert sich die skatophile Malerei Dalís herausstellte, der dafür bald schon der gemeinsamen Verachtung von Kommunisten und Surrealisten zum Opfer fiel. Nicht ohne Bosheit merkt Thirion, der wie Crevel die

[8] André Thirion, Révolutionnaires sans révolution, Paris 1972, S. 336
[9] a. a. O., S. 337
[10] a. a. O., S. 336
[11] Vgl. Elisabeth Lenk, Der springende Narziß, André Bretons poetischer Materialismus, München 1971, S. 163 ff.

sachliche Personalunion von Marxismus und Surrealismus gegen den tagespolitischen Streit zweier Parteien unverdrossen festhielt, den Anlaß für den Reinigungsprozeß der Gruppe an: ein Traumprotokoll, in dem die »ergreifende Heldin dieser ›Träumerei‹ ... ein kleines elfjähriges Mädchen« ist, Dulita. Das hat großes Aufsehen bei den Leuten von *Humanité* erregt. Der Text von Dalí wurde für pornographisch gehalten. Man hat eine Untersuchungskommission einberufen. Man lädt Aragon, Sadoul, Unik, Alexandre vor. Man ist rot vor Scham. Ist Dulita nicht ein Symbol für die Verschleierung des Klassenkampfes? Man fordert Richtigstellung, öffentliche Verdammung[12].

2. Das Liebesrezidiv – Dalí und Gala

Freuds Studie über den »Wahn und die Träume in W. Jensens ›Gradiva‹« ist eine für Dalí wichtige Lektüre. In der ›Gradiva‹ erkennt Dalí seine geliebte Gala wieder. Er hat allen Grund in dem hysterischen Wahn des jungen Archäologen Norbert Hanold sich wiederzufinden. Wie bei Norbert Hanold, so sind bei Dalí – wie er meint – verdrängt die erotischen Gefühle. Seiner Auffassung nach habe Gala in ihm die schlummernde Erotik aufgeweckt und Kindheitserinnerungen aktiviert. Wegen eines in ihm bestehenden Widerstands gegen die Erotik können, meint Dalí, diese Erinnerungen nur als unbewußte wirksam werden; was sich dabei abspiele, sei ein Kampf der Erotik mit den sie verdrängenden Kräften. Was sich von diesem Kampf äußere, sei sein Wahn[1]. Gala regt Dalí zu Wahnphantasien, »Wahnschöpfungen« an, die mit der wie immer vorgestellten Geliebten spielen. Der Kampf gleicht einer Kompromißhandlung, die niemals voll genügt. Das Gefühl nicht befriedigt zu sein bleibt[2].
Die Lektüre von Freuds Jensen-Studie führt Dalí zu einer literarischen Stilisierung seiner Beziehung zu Gala: Wie Hanold gegenüber Gradiva, so bleibe auch ihm gegenüber Gala gar nichts anderes übrig, als seinen Wahn wieder aufzulösen, nachdem das Objekt desselben ihn der Unrichtigkeit seiner wahnhaften Vermutungen überführt und die natürlichsten Erklärungen für alles Rätselhafte in Aussicht gestellt habe[3]. Und wie Hanold, so sei auch er verändert durch seine für Gala entstehende Liebe und die Werbung um sie, die ihn von seinem Wahn zugleich überzeugt und befreit habe[4]. Der Hinweis Dalís auf Freuds Jensen-Inter-

[12] Thirion, a. a. O., S. 337. Vgl. Dalís Erinnerungen an Dulita in: Dalí, The secret life of Salvador Dalí, New York 1942, S. 75, 79, 91
[1] Vgl. Freud, a. a. O., Bd. VII, S. 75
[2] Vgl. a. a. O., S. 79
[3] a. a. O., S. 115
[4] Dalí, The secret life, a. a. O., S. 233

pretation hat Schlüsselcharakter zum Verständnis für sein Verhältnis zu Gala. In der Verknüpfung der Lösung des Wahns mit dem hervorbrechenden Liebesbedürfnis erkennt Dalí seine eigene Lebensgeschichte wieder. Wie das Mädchen in der Novelle, so vermag Gala in Wirklichkeit »ihm die verdrängten Erinnerungen, die er von innen nicht freimachen kann, von außen her wiederzugeben«. Die Liebe zu Dalí komme ihr dabei zu Hilfe (worauf der Analytiker keinen Anspruch hat), denn Gala hätte für die Heilung des Wahns nichts erreicht, wenn – in Freuds Worten – sie, »die Therapeutin dabei nicht auf die Gefühle Rücksicht nehmen, und die Übersetzung des Wahns nicht schließlich lauten würde: Sieh', das bedeutet doch alles nur, daß du mich liebst«[5].

Freud postuliert die Ähnlichkeit der heilenden Liebe mit der von ihm und Breuer 1895 gefundenen karthartischen bzw. psychoanalytischen Behandlungsmethode, die darin besteht, das Unbewußte gewaltsam zum Bewußtsein zu bringen. Was sonst nur durch Liebe bewirkt werden kann, müsse die Psychoanalyse durch eine besondere Technik zur »Erweckung der Gefühle« nachahmen[6]. Denn es komme nicht nur auf das Bewußtmachen des Verdrängten, die Aufklärung des Patienten an, sondern der Prozeß der Genesung vollziehe sich erst in der Wiederkehr der verdrängten Liebe bzw. aller Komponenten des Sexualtriebs. In diesem ›Liebesrezidiv‹ werde der Kampf zwischen Trieb und verdrängenden Mächten aufs neue konkretisiert. Er wird sich normalerweise – wie in jeder Liebesbeziehung – direkt ausleben, während »in der analytischen Psychotherapie die wiedergeweckte Leidenschaft, sei sie Liebe oder Haß, jedesmal die Person des Arztes zu ihrem Objekt wählt«[7]. Ist der Arzt für den Liebeskranken in der Regel nur ein Ersatzpartner, und ist der Liebespartner meist nur ein mittelmäßiger Therapeut, so fallen im *idealen* Liebespartner der vollkommene Therapeut und Liebhaber zusammen. Die Erfahrung ihrer Identität konstituiert nach Dalí die große Liebe – seine große Liebe mit Gala.

Die Signatur seiner Bilder stellt eine Symbiose seines und Galas Namen dar. Freud selbst stellt in zufälliger Übereinstimmung mit dem liebeskranken Dalí das Liebesrezidiv als einen »Idealfall« vor, »den die ärztliche Technik nicht erreichen kann«[8]. Der Arzt kann nicht Fall für Fall die Liebe seiner Patienten erwidern und »der befreiten Liebesbestrebung sofort ein begehrenswertes Ziel sein«. Den Idealfall der ›Liebesheilung‹ mit allen Konsequenzen der Übertragung der erweckten Leidenschaft auf das begehrenswerte Ziel, nämlich auf die Person des Arztes, kann die bür-

[5] Freud, a. a. O., Bd. VII, S. 117
[6] a. a. O., S. 118
[7] a. a. O., S. 119
[8] Ebd.

gerliche Psychoanalyse sich nicht zu eigen machen. Viele Analytiker haben bekanntlich ihren ersten schweren Fall geheiratet und damit den Konflikt einmalig und unwiederholbar gelöst – einen Konflikt, der gesellschaftlich darin besteht, dem ›Geheilten‹ nicht wirklich helfen, sondern nur raten zu können, seine Liebesfähigkeit im Leben wiederzugewinnen. Der Patient muß sich selber helfen und vermag es doch in diesem Selbstheilungsversuch mit Hilfe der ärztlichen Analyse nur theoretisch. Der begehrte Liebespartner ist nicht herbeizuzaubern, und der Analytiker darf sich nicht erweichen lassen. Die Liebesheilung Dalís durch Gala geht keinen Schritt über die rein private Lösung dieses Konfliktes durch die einmalige Liebe zwischen Patient und Arzt hinaus; sie ist eine virtuose Dublette jenes bei Freud in der Dichtung von Jensen gelobten Liebesrezidivs; sie ist in der kunstvollen Koinzidenz von erfüllter Liebe und erfolgreicher Analyse genau das, als was sie Dalí propagandistisch immer darzustellen bestrebt ist: ein lebendes Kunstwerk, unwiederholbar und außerhalb der Zuständigkeit der wissenschaftlichen Psychoanalyse.

3. Breton als Gutachter Dalís

Für seine Dalí-Interpretation von 1936[1] bemüht Breton die Freudsche Narzißmuslehre und die Auffassungen Kraepelins und Bleulers über Paranoia. Ein früherer Text, *Première Exposition Dalí* von 1929, geht nicht auf die psychiatrischen Voraussetzungen der Dalíschen Bild- und Textproduktion ein und kann hier vernachlässigt werden.
Der psychiatrisch nicht ganz unerfahrene Breton[2] ignoriert für seine eigene Interpretation alle Versuche, die Dalí für einen pathologischen Fall erklären und seine Kunst als private Psychogramme diskreditieren wollen. Er geht aber auch nicht einfach auf die Selbstexplikation eines Künstlers

[1] Vgl. Der Fall Dalí, in: Breton, Der Surrealismus und die Malerei. Berlin 1967

[2] Außer Breton haben Aragon, Boiffard und Giraud Medizin studiert. Breton »war 1916 dem neurologischen Forschungszentrum von Nantes zugeteilt, er hat Kranke psychoanalysiert. Die Entdeckungen von Freud haben seit dieser Zeit den Surrealismus beeinflußt. Zum anderen hat ihm die Beobachtung von Hysterikern eine Vorstellung davon verschafft, was Einbildungskraft und Suggestion vermögen. Er hat in seiner Station Babinski beim Untersuchen der Reflexe zugesehen. Die Art und Weise, in der dieser seine Untersuchungen führte und seine ›leichthin formulierten‹ Überlegungen anbrachte, hatte ihm das ›heilige Fieber‹ offenbart, von dem der große Neurologe ergriffen war. Durch sein Studium und Praktikum ist Breton geprägt worden, was sich auch darin zeigt, wenn er mit Aragon einer Meinung ist, daß die Hysterie die große Entdeckung des Jahrhunderts ist – sie, welche die Gefühlsausbrüche optimal zum Ausdruck bringt.« Zit. aus Jean Vichon, L'art et la folie, Paris 1950, S. 70.
Vgl. die Hinweise bei Lenk, a. a. O., S. 1

ein, der seine persönliche Verrücktheit leugnet oder durch Übertreibungen undurchsichtig zu machen strebt und ein – sei es wissenschaftliches oder poetisches – Interesse an der Begründung einer Methode kritischer Erkenntnis und ästhetischer Gestaltung vorschiebt. Sondern er akzeptiert das Etikett »Paranoia«, um sogleich hinzuzufügen, daß sich diese Krankheitsform bei Dalí in einer milden gutartigen Weise manifestiert. Dafür bezieht er sich zunächst auf die klassische, noch heute für die Psychiatrie akzeptable Definition Kraepelins, wonach Paranoia (laut Bleuler) charakterisiert ist »durch die schleichende Entwicklung eines dauernden unerschütterlichen Wahnsystems bei erhaltener Klarheit und Ordnung im Denken, Wollen und Handeln«[3]. Die Wahnideen haben »einen gewissen logischen Zusammenhang und enthalten wenig innere Widersprüche, wenn auch die Logik gar nicht überall zwingend ist. Daß der Wahn dem Gesunden dennoch meist nicht nur ungenügend fundiert, sondern auch unsinnig erscheint, kommt hauptsächlich von den falschen Prämissen (›krankhaften Eigenbeziehungen und Erinnerungstäuschungen‹) und der Absperrung der Kritik.«[4] Diese Definition will nicht unterschlagen, daß zwischen Wahnideen und überwertigen Ideen, die ein Übergewicht über alle anderen Gedanken kurzfristig oder für dauernd erlangen, ein fließender Übergang stattfindet. Eine wirkliche Abgrenzung, meist im ideologischen Interesse der Unterscheidung einer kranken und gesunden Ideenbildung ist somit unmöglich; »das eine Symptom geht in das andere über, und wir sind keineswegs immer imstande, den Zeitpunkt festzustellen, an dem sich dieser Übergang vollzogen hat. Begrifflich freilich ist die Unterscheidung leicht: Eine Wahnidee ist ein krankhaft entstandener und zugleich unkorrigierbarer Irrtum und sie unterscheidet sich dadurch sowohl von jenen überwertigen Ideen, deren Inhalt überhaupt nicht falsch ist, wie von den anderen, bei denen diese Verkehrtheit wenigstens noch eingesehen werden kann. Aber praktisch bereitet die Diagnose der Wahnideen, wenn sie der überwertigen Idee gegenüber durchgeführt werden soll, oft viel mehr Schwierigkeiten, als es solche Unterscheidungen wert sind.«[5]

Das Wahnsystem wäre im Prinzip von niemand anderem zu erschüttern und zu korrigieren als von ihm selbst, dem Begründer der »wahnhaften Weltanschauung« (Kraepelin). Wo aber liegen und wer bestimmt die Grenzen, die vom Wahn zu sprechen erlauben? Diese Frage berechtigt Breton

[3] Eugen Bleuler, Lehrbuch der Psychiatrie, Elfte Auflage umgearbeitet von Manfred Bleuler, Berlin/Heidelberg/New York 1969, S. 473. Vgl. Oswald Bumke, Die Diagnose der Geisteskrankheiten, Wiesbaden 1919, S. 587. – Vgl. Emil Kraepelin, Einführung in die psychiatrische Klinik, Leipzig 1916, S. 219, 366

[4] Bleuler, a. a. O., S. 473 f.

[5] Oswald Bumke, Lehrbuch der Geisteskrankheiten, München 1924, S. 161

zu seiner in »*Nadja*« (1928) geäußerten Kritik an der negativen Ausgrenzung des Wahns aus dem normativen gesellschaftlichen Lebenszusammenhang. Er nimmt die Unwissenheit der Psychiatrie beim Wort. »Da es bekanntlich zwischen dem Nicht-Wahnsinn und dem Wahnsinn keine Grenze gibt, bin ich nicht geneigt, den Wahrnehmungen und Ideen des einen oder des anderen Zustandes einen ungleichen Wert zuzubilligen.«[6] Und zugleich verwendet Breton die inhaltliche Verkehrtheit der Wahnvorstellung: alles, worin diese vermeintlich unkritisch und realitätsfremd erscheint, zu einer kritischen Frage an die Realität. Er läßt sich auf einen Vergleich der Wahnidee mit der Normativität ein. Die Verkehrtheit des Wahns wird das Medium, um der gesellschaftlichen Realität und ihrem normativen Werthorizont kritisch entgegenzutreten – dies fünf Jahre vor der ausformulierten *activité paranoïaque-critique* Dalís, wenn auch nur knapp zwei Jahre vor Dalís ersten gemalten paranoischen Anamorphosen. »Es gibt Trugschlüsse«, heißt es bei Breton, »die unendlich bedeutungsvoller sind und von größerer Tragweite als die unbestreitbarsten Wahrheiten: sie als Trugschlüsse zu widerrufen, wäre bar der Größe und des Interesses. Wenn es Trugschlüsse waren, so muß zugegeben werden, daß sie mich mehr als alles andere veranlaßten, mir selbst, dem, der von fern auf die Begegnung mit mir selbst zukommt, den immer erschütternden Schrei des ›Wer da?‹ zuzuwerfen. Wer da? Bist du es, Nadja? . . . Bin ich es allein? Bin ich es selbst?«[7]

Diese Erfahrung mußte Breton disponieren, Dalís Fall jenseits der diagnostischen Alternative krank oder gesund zu begreifen. Er hatte 1930 verloren, was Dalí soeben zu gewinnen begann: ein Bündnis der Realität mit dem Liebeswahn. Die theoretische Integration der Psychose und verschiedener psychiatrischer Interpretationsmuster in die surrealistische Ästhetik verdankt sich nicht zuletzt den konkreten experimentellen Erfahrungen dieser beiden großen Liebespaare des Surrealismus – Breton und Nadja, Dalí und Gala.

Breton verfügte darüber hinaus über ein psychiatrisch geschultes Problembewußtsein, das sich auch oder gerade im Falle Dalís bewährte. Im folgenden sei der Erkenntnisstand der Psychiatrie der zwanziger Jahre soweit kurz referiert, wie er für das Paranoiaverständnis Bretons und seine Interpretation des Paranoikers Dalí im besonderen Bedeutung erlangt hat. Man ging und geht noch heute davon aus, daß der für Paranoia typische chronische Krankheitszustand nicht zu einer Zerstörung der Persönlichkeit fortschreitet und darin vom möglichen Verblödungsprozeß

[6] André Breton, Nadja, Pfullingen 1960, S. 109. Vgl. Breton, Nadja, Édition entièrement revue par l'auteur, Paris 1963 (Ausgabe Gallimard)

[7] Breton, Nadja, 1960, S. 109

in den Schizophrenien abgegrenzt werden kann. Da es ebenso paranoide Verlaufsformen bei Schizophrenie gibt *(Dementia paranoides)* besteht differenzialdiagnostisch die Aufgabe, paranoisch gefärbte Schizophrenien bzw. als Wahnbildungen beginnende Schizophrenien von der eigentlichen Paranoia, wo die Wahnbildung die allein vorherrschende psychopathologische Erscheinung ist, abzutrennen. »Chronische Wahnsysteme, neben denen sich keine Zeichen einer anderen Krankheit auffinden lassen, sind als paranoisch zu betrachten.«[8] Es kommt unterscheidend hinzu die relative *Unverständlichkeit* des schizophrenen Denkens und die relative *Verständlichkeit* des paranoischen Wahns. Letzterer verfügt über eine immanente Logik, richtige Konsequenzen bei gleichwohl falschen Axiomen und einen Systemcharakter, der den *ästhetischen* Vergleich mit nicht pathologischen Gebilden häufig provoziert. Darin hat gerade der Surrealismus die produktive Funktion des Wahnsystems gegenüber der systemlosen, inkohärenten und nur von Nützlichkeitserwägungen bestimmten Alltagserfahrung gesehen. Es stellt sich, wie Dalí im Anschluß an den frühen gestaltpsychologisch beeinflußten Jacques Lacan feststellt, als ein vorgegebenes geschlossenes Ganzes dar, während die Alltagserfahrung erst in der Summierung ihrer Bedürfnisse und Bedürfniserfüllungen eine einheitliche, *annähernd* systematische Vorstellung von der Wirklichkeit erwirbt: »Jedes wahnhafte Phänomen paranoischen Charakters, selbst das augenblickliche, plötzliche, schließt bereits ›in Gänze‹ (en entier) die systematische Struktur ein und objektiviert sich erst a posteriori durch Einschalten der Kritik. Die kritische Aktivität schaltet sich lediglich als Entwickler von Vorstellungsbildern, Assoziationen, Zusammenhängen und Finessen des Systems ein . . .«[9] Der Paranoiker kommt nach Kraepelin »regelmäßig zu einer geistigen Verarbeitung des Wahns, zur Bildung einer wahnhaften Weltanschauung, eines ›System‹; die Krankheit führt zu einer ganz allmählichen ›Verrückung‹ des Standpunktes, den der Kranke gegenüber den Lebensereignissen einnimmt. Zunächst tauchen Vermutungen auf, die nach und nach zur Gewißheit und felsenfesten Überzeugung werden. Die Wahnvorstellungen knüpfen sich an wirkliche Beobachtungen an, die jedoch in krankhafter und vorurteilsvoller Weise gedeutet werden.«[10]

Obwohl die mechanistische bzw. funktionelle und auf Kraepelin sich berufende Psychiatrie den ganzheitlichen Ansatz nicht mitvollzieht, so stimmt sie doch mit ihm in der Bewertung der Verständlichkeit und Logizität, der stets geistigen Verarbeitung wie der inneren Entwicklungsfähigkeit des pa-

[8] Bleuler, a. a. O., S. 479
[9] vgl. S. 273
[10] Kraepelin, a. a. O., S. 219

ranoiden Wahnsystems überein. »Schizophrene sind niemals in dem Maße geschlossene, psychologisch verständliche und natürliche Persönlichkeiten wie echte Paranoiker. Ihr Wahnsystem ist nicht so abgerundet und durchdacht und auch niemals so völlig mit dem Ich verschmolzen.«[11]

Die Verständlichkeit der Wahnideen hängt damit zusammen, daß sie »psychoreaktiv« entstehen; wie auch alle überwertigen, affektbetonten Ideen Gesunder gehen sie auf eine psychische bzw. psychopathische Konstitution zurück. Daß sich der Surrealismus bereits zu dieser Zeit auf den fortschrittlicheren Ansatz Lacans eingelassen hatte und dessen Interpretationsversuch über eine umweltbedingte, *ebenso sozioreaktive* Psychose (bei den damals diskutierten Geschwistern Papin) im *Minotaure* abdruckte, darauf sei hier im voraus hingewiesen. Für die individualpsychologisch bestimmte Explikation des Falles Dalí durch Breton hat diese Einschränkung keinerlei Bedeutung. Breton war im Hinblick auf die Lehrmeinungen Kraepelins und Eugen Bleulers gegenwärtig und zum Verständnis der Paranoia Dalís ausreichend, was auch noch die neueste Auflage des von Manfred Bleuler herausgegebenen »Lehrbuches der Psychiatrie« (1969) zur Phänomenologie der Wahnbildungen mitteilt: »Die Paranoia ist eine psychisch verständliche Reaktionsform dazu Disponierter auf innere und äußere Konflikte.« Das ist der Grund, warum nicht nur praktisch, sondern auch prinzipiell eine scharfe Grenze zwischen Paranoia und Norm bzw. bloßer Psychopathie nicht zu ziehen ist[12]. Es gibt »paranoische Psychopathen, die ... sich stark überschätzen, aber nicht bis zur Entwicklung eines eigenen Wahnsystems fortschreiten«[13]. Überwertige Ideen und Wahnideen sind daher Breton zufolge »bekanntlich«, wie er in *Nadja* formulierte, unabgrenzbar.

Auf dem Grenzgebiet zwischen Psychopathie bzw. Paranoia und psychischer Norm plaziert Breton die Paranoia Dalís, obwohl er sich davor gehütet hat, eine genauere Analyse zu geben. Der Übergang von überwertigen Ideen (Beziehungsideen) zum Wahn wäre demnach nicht in der Weise schon vollzogen und komplettiert, daß die Stufe der von Korrektur und Kritik nicht mehr beeinflußbaren Wahnverhärtung erreicht wäre. Sondern Breton erachtet das Stadium des unkorrigierbaren Irrtums, des unkritisch behaupteten Wahnsystems, das erst die Paranoia in Reinform darstellt, als gerade nicht erreicht an. Er hält Dalí für fähig, auf ein Stück erreichter Wahnbildung immer wieder – es rationalisierend und analytisch auflösend – zurückzukommen. Dalí sei somit zugleich auch immer der Saboteur seines Wahns. Er besitze die Virtuosität, als zugleich Subjekt und Objekt der Wahnbildung, als Ausbeuter

[11] Bumke, Diagnose, a. a. O., S. 593
[12] Bleuler, a. a. O., S. 477
[13] Ebd.

(Künstler, Intellektueller, Analytiker) und selbst Ausgebeuteter, als von Paranoia und narzißtischer Neurose Berührter und Inspirierter, ein Gleichgewicht zwischen Wahn und Wirklichkeit herzustellen. Er spiele den Wahn, verstehe in ihm aufzugehen, ohne sich darin ganz zu verlieren, denn er behalte sich zugleich im Auge, werde zum Zuschauer seiner selbst. Er halte die Mitte zwischen dem Genuß, am Reichtum des Wahns teilzuhaben, was einer Panzerung gegen das lustfeindliche (antierotische) Realitätsprinzip gleichkäme, und der kritischen Reflexion, die zur Vergegenständlichung des Wahns *als Wahn,* zur »Verrückung« eines Standpunktes hinführe.

Die Erfahrung eines Unterschiedes zwischen Wahn und Wirklichkeit wird demnach für Dalí nach wie vor konstatiert. Wenn die Psychiatrie annimmt, daß Denken, Fühlen, Wollen des Paranoikers trotz seines Wahnsystems intakt bleiben[14], so müsse sie es erst recht im Falle von Dalís System annehmen, dessen Prämissen haarscharf auf der Grenze von Wahn und Wirklichkeit zu suchen sind. Es ist klar, worauf Bretons Interpretationsversuch hinaus will: Auf die Anerkennung der Dalíschen *activité paranoïaque* als zugleich *critique,* als eine Methode der surrealistischen Erkenntnis und Gestaltung. Die restlose Identifikation des Paranoikers mit »seinem« Wahn, die vollständige Verschmolzenheit des Wahns mit seinem narzißtischen Ich sind für die surrealistische Kritik der Wirklichkeitserfahrung wertlos. Sie wären allenfalls Dokumente eines pathologischen Wahns, der mit dem totalen Verlust seines Gegenstandes: der Wirklichkeit, dem Nicht-Ich auch seinen kritischen (subversiven, schöpferischen) Sinn (für die Sabotage des Wirklichen) verloren hat.

Man kann sich schließlich fragen, ob eine so weitgehende Relativierung der Krankheitsbezeichnung »Paranoia« ihre begriffliche Verwendung im Falle Dalís noch rechtfertigt oder der Gebrauch des psychiatrischen Ausdrucks vielmehr nur die Funktion hat, Widerstand und öffentliches Aufsehen gegenüber dem Surrealismus zu provozieren. Gegen diese Vermutung sprechen zahlreiche, für Dalí und mit seiner Hilfe beobachtete Symptome. Die vor allem auch frühen Tagebuchaufzeichnungen geben Auskunft über Erinnerungstäuschungen (Konfibulationen), Trugwahrnehmungen (Illusionen und Halluzinationen), die für Dalí bekannten Größen- und Beziehungsideen, seine unbändigen Lachanfälle[15], deren Hysterie auch Breton aufgefallen ist, und die durch scheinrationale Anmerkungen und Feuilletons über Dalís Humor und Scharlatanerie unzureichend charakterisiert sind. Diese außerordentliche Plastizität seiner Phantasie hat Dalí eine ganze Morphologie der Sinnes-

[14] Bumke, Diagnose, a. a. O., S. 589
[15] Salvador Dalí, a. a. O., S. 232

täuschungen schreiben lassen. Daß er ein Meister des *trompe l'œil,* des Anamorphotismus und der phantasieerregenden »Objekte mit symbolischer Funktion« ist, beruht sicher nicht nur auf handwerklicher und ästhetischer Aneignung der manieristischen Maltradition. Und seine Abnormität und Exzentrizität sind – oder waren zumindest in der ersten Lebenshälfte – nicht nur raffinierte Täuschungen eines Psychopathophilen.

Unter den Trugwahrnehmungen haben ihn die *Illusionen* am meisten interessiert, doch bleibt für den Leser seiner Tagebücher und Essays der für Dalí anzunehmende Übergang von Illusionen zu echten Halluzinationen unnachprüfbar. Selbstverständlich hat er die von den Surrealisten gemeinsam angestrebten *Pareidolien* bei sich beobachtet. Das sind entweder durch Affekte oder Veränderung der Aufmerksamkeit des Wahrnehmenden entstehende »illusionäre Gebilde, die die produktive Phantasie aus unvollkommenen, fragmentarischen Sinneseindrücken herstellt wie häufig Wolken und Mauerflächen«[16]. Schon Leonardo hat diese Trugwahrnehmung für bemerkenswert gehalten. Die Pareidolien können als sensorielle Grundlage der Dalíschen Anamorphotik angesehen werden. Sie haben für ihn die gleiche Relevanz wie für Max Ernst, der ihnen die Erfindung seiner *frottages* verdankt. Auf der analytischen Ebene des protokollierten Traums – in der ›Träumerei‹ von 1931 – ist das pornographische Vexierbild Dulita–Gala auch ein guter Beleg für *Traum*halluzination[17].

In dem schon massiv surrealistisch beeinflußten Essay *Der heilige Sebastian* von 1927 vergleicht der junge Dalí die Lebhaftigkeit und Plastizität seiner Einbildungskraft mit dem Multiplikationseffekt des Vergrößerungsglases. »Wenn ich mit meinen Augen bei irgendeinem Detail stehenblieb, dann vergrößerte sich dieses Detail, wie im Film, zu einer Nahaufnahme und gewann allerhöchste Plastizität.« Fast könnte man hier parallel zur bekannten »Ideenflucht« von »Bilderflucht« sprechen, die der Maler in seinen fixierenden Anamorphosen ästhetisch organisiert: »Ich sehe eine Polospielerin . . . Ich tue nichts weiter, als meine Neugier auf ihr Auge zu konzentrieren und schon nimmt dieses das ganze Gesichtsfeld ein. Dieses einzige Auge wird plötzlich größer und wie ein einziges Schauspiel ist es nun ein einziger Hintergrund und eine ganze Oberfläche von Ozean, in dem alle poetischen Eingebungen schwimmen und wo sich alle plastischen Möglichkeiten herausbilden. Jede Wim-

[16] Karl Jaspers, Allgemeine Psychopathologie, Berlin/Heidelberg 1948, S. 56

[17] Dalí, The secret life, a. a. O., S. 75–79, 91. – Bei der Lektüre von Freuds »Der Wahn und die Träume in W. Jensens ›Gradiva‹« (Freud, a. a. O., Bd. VII, S. 31 f.) aktualisiert Dalí die Verinnerlichung Galas als »Gradivia«: »Gala, my wife, is essentially a Gradiva« (Dalí, The secret life, a. a. O., S. 233).

per ist eine neue Richtung und eine neue Ruhe; der klebrige und süße Himmel bildet bei seiner mikroskopischen Vergrößerung exakte Kugelsphären, zwischen denen man die Jungfrau von Lourdes oder das Bild von Giorgio de Chirico ›Evangelisches Stilleben‹ sehen kann.«

Die Psychopathologie beschreibt authentische Halluzinationen als »leibhaftige Trugwahrnehmungen, die nicht aus realen Wahrnehmungen durch Umbildung, sondern völlig neu entstanden sind, und die neben und gleichzeitig mit realen Wahrnehmungen auftreten. Durch letzteres Merkmal sind sie von Traumhalluzinationen unterschieden«[18]. Es ist sehr schwer oder gar nicht zu entscheiden, wann die von Dalí literarisch und bildnerisch mitgeteilten Trugwahrnehmungen auf Halluzinationen oder Traumhalluzinationen oder bloß Illusionen zurückgehen. Tatbestände und Ausdeutungen vermischen sich in den Tagebuchaufzeichnungen und Essays ständig. Der Leser kann nie sicher sein, wo die Grenze zwischen Erlebnis und Interpretation bei Dalí verläuft. Diese Grenze zu verwischen und den Leser im unklaren zu lassen, ist sowohl ein Kunstgriff des Schriftstellers und unermüdlichen Autobiographen Dalí, wie ebenso eine beobachtete Fähigkeit des authentischen Paranoikers, um sich zu tarnen und jene irrezuführen, die ihn durchschauen oder diagnostizieren wollen. Daher kommt Bleuler auch zu der Feststellung: »Die Erkennung der Paranoia ist gar nicht immer leicht. Die Kranken wissen, welche ihrer Ideen bei anderen als krankhafte gelten, und können sie verbergen oder so abschwächen, daß sie sich verteidigen lassen ... Prinzipiell unmöglich ist oft die Abgrenzung von bloßer Psychopathie da, wo der Wahn sich auf unbeweisbare Ideenkreise geworfen hat, bei Religionsstiftern, Politikern, Philosophen.«[19]

Der Psychiater vergaß – vielleicht aus Furcht oder Bescheidenheit vor der Größenordnung des Problems – konsequenterweise die Künstler mitaufzuzählen. Nun kann und soll nicht noch einmal die häufig gestellte Frage nach Dalís vermeintlicher oder wirklicher Verrücktheit aufgegriffen werden. Dieses Unterfangen würde bei der nahezu klinischen Unerforschtheit der Paranoia, die nach Bleuler heute soweit gehe, »daß einzelne Psychiater geradezu ihre Existenz bezweifeln«[20], theoretisch nichts Neues erbringen wie auch im klinisch nicht untersuchten Fall Dalís auf bloße Vermutungen angewiesen bleiben. Allzu Beflissene geraten dabei in jene Falle, die der Surrealismus und Dalí im besonderen für eine rein psychiatrisch-diagnostische Aufschlüsselung literarischer und ästhetischer Phänomene aufgestellt haben. Nicht nur Traum und Wirklichkeit, sondern auch Verrücktheit und Normativität waren ihnen, einer

[18] Jaspers, a. a. O., S. 57
[19] Bleuler, a. a. O., S. 478
[20] a. a. O., S. 477

bekannt gewordenen surrealistischen Sprachregelung von 1932 folgend, »kommunizierende Röhren«: eines enthält das andere im Wechsel des unterschiedlichen Maßes, dem gegenüber der Cartesische Dualismus nur eine schlechte Abstraktion darstellt. An welcher Realität werden der Wahn, die Demenz, die Manie meßbar? Dies dünkt den Surrealisten eine schlechte Frage, denn die Realität und ihre Pathologie sollen ebenso meßbar am Wahn, an der Demenz, an der Manie sein können. Daher kommt es 1930 zur Veröffentlichung von »*L'immaculée conception*«, worin Breton und Paul Eluard den Gedanken der Normativität, der Maßstäblichkeit depravieren, indem sie Geistesschwäche, Paralyse, Dementia praecox u. a. m. zu kommunikativ einfühlbaren, ästhetisch wie psychisch nachahmenswerten schöpferischen Sprach- und Verhaltenskodes erklären. Die Simulation des »Minderwertigen« und des »Defekten« durch Künstler hat die Psychiatrie als Fachwissenschaft bisweilen nicht weniger beunruhigt als jener unerhörte Vorgang, da die Patienten von Sainte-Anne die Lektüre von Bretons »Nadja« ernst nahmen und man von ihnen jene Textpassagen unterstrichen fand, die eine Tötung der weiß bekittelten Peiniger anheimstellen. Die Provokation war wichtig genug, in das zweite surrealistische Manifest aufgenommen zu werden – zusammen mit der Reaktion der betroffenen Ärzteschaft.

Heute beginnt man unter dem Einfluß Foucaultscher Gedanken zu ahnen, daß der Surrealismus in der zeitgenössischen Psychiatrie sich so etwas wie sein gesellschaftliches und ideologisches Feindbild, wenn auch modellartig vereinfacht, zurechtrückte, eine besonders gut überschaubare, ebenso moralisch verletzliche wie mit unerhörten Machtbefugnissen über Leben oder Gefangenschaft ausgestattete Berufsgruppe, die den depravierten elitären Erkenntnisanspruch der spätbürgerlichen Klasse in karikaturhafter Vergrößerung repräsentierte und dem surrealistischen Versuch informeller Kommunikation zwischen Vernunft und Wahnsinn konträr gegenüberstand. Wie kompliziert sich diese Gegnerschaft für Breton, der auf psychiatrieimmanente Sachverhalte immer wieder einmal eingeht und im Falle Dalís teilweise auf dem akademischen Boden von Kraepelin und Bleuler interpretiert, gestellt haben muß, sei noch am Rande vermerkt. Die konstante Bedeutung dieser Gegnerschaft dokumentiert die Kontinuität der Bretonschen Veröffentlichungen von *Nadja* (1928), dem *Zweiten Manifest* (1930), von *L'immaculée conception* (1930), von *L'amour fou* (1937) bis zu *Die Kunst der Geisteskranken, das Tor ins Freie* (1948). Diese Kontinuität wird durch den Beitrag Dalís für eine kritisch »umzufunktionierende« Paranoia noch intensiviert. Und es wird durch ihn ebenfalls absehbar, daß der Surrealismus nicht generell psychiatriefeindlich ist, nicht kompromißlos das »Schweigen des Wahns mitschweigen, dem Wahn ins Exil folgen« will[21], sondern den Diskurs mit einer fortschrittlichen Sozialpsychiatrie ebenso anstrebt, wie jenen, freilich von seiten der Wissenschaft unbeantworteten mit der Psychoanalyse. Die psychiatrische Paranoiastudie von Jacques Lacan wird beispielsweise vom Surrealismus akzeptiert, und Dalí trägt zu ihrer verbreiteten Anerkennung in der surrealistischen Bewegung der dreißiger Jahre bei.

4. Paranoia als methodischer Zweifel

Dalí, Breton, der Surrealismus waren in ihrer Rezeption psychiatrischer und psychoanalytischer Theorien gewiß nicht frei von Mißverständnissen, doch sie haben an entscheidender Stelle das tautologische Wesen des pathologischen Wahns begriffen und sich gehütet, aus der skandalösen oder poetischen Umkehrbarkeit und Vertauschbarkeit von Wahn und Wirklichkeit auf ihre Identität zu schließen[1]. Dalí argumentiert aus den Erfahrungen des Wahnsinns, aber nicht wahnimmanent. Er zieht sich immer wieder aus dem unter ihm nachgebenden Boden der doch angestrebten Verwechslung von Wahn und Wirklichkeit heraus. Die stets auch wieder hergestellte Differenz zwischen ihnen läßt ihre Identifikation erst als Choc, als Provokation – als Material von Kritik wirksam werden. Breton verweist auf die von Dalí gegebene Definition der »paranoisch-kritischen Aktivität«: Sie ist »eine ordnende und schöpferische Kraft des objektiven Zufalls«. Was heißt das? Bekanntlich kennt das geschlossene deterministische Ich-System des Paranoikers den Zufall nicht. Für ihn ist die Erfahrung der Wirklichkeit zwangsläufig auf den Horizont eigener Erfahrungen beschränkt und erschöpft sich in der Bedeutung für das einzige eigene Ich. Es begegnet fortwährend Zeichen, Winken, Anspielungen. Im Verfolgungswahn, im Querulantenwahn ist die ganze Welt gegen es verschworen. Nichts geschieht zufällig, sondern nach einem für es vorher bestimmten Plan. Der Beziehungswahn des Paranoikers stellt einen mehr oder weniger durchgehenden Zusammenhang zwischen Bewußtsein und Realität her. Im ausgebildeten Verfolgungs- und Querulantenwahn kann es dazu kommen, daß es ausschließlich Vorkommnisse im Leben des Paranoikers gibt, »bei denen das Naturnotwendige mit dem menschlich Notwendigen auf sehr ungewöhnliche und aufregende Weise derart übereinstimmt, daß die beiden Deter-

[21] Gisela Steinwachs, Mythologie des Surrealismus oder die Rückverwandlung von Kultur in Natur, Eine Strukturanalyse von Bretons »Nadja«, Neuwied/Berlin 1971, S. 141

[1] Auf Dalís distanziertes Verhältnis zu »seinen ernsthaften Brüdern: dem wirklich Verrückten und dem Systemphilosophen« hat sehr treffend Elisabeth Lenk hingewiesen. Vgl. Lenk, a. a. O., S. 160 f.

minationen sich als ununterscheidbar erweisen«[2], während der soeben zitierte Breton solche Vorkommnisse zu den seltenen, wichtigen, im Surrealismus privilegierten Begegnungen des Lebens rechnet, die durch die Feststellung der Betroffenen gekennzeichnet sind: dies kann doch kein Zufall sein! Daß die sporadische Erfahrung des objektiven Zufalls im Beziehungswahn des Paranoikers total werden kann, dieser psychiatrisch beobachtete Fall mag Dalí zu der scheinbar so konfusen und inkohärenten Definition der »paranoisch-kritischen Aktivität« als einer »ordnenden, schöpferischen Kraft des objektiven Zufalls« veranlaßt haben. Er verknüpft die Erfahrung des Zufalls, eine »innere Finalität«: die idée fixe, das Wahnsystem, die wahnhafte Weltanschauung mit einer »äußeren Kausalität«[3]: der Wirklichkeitserfahrung des naiven Realismus, und gewinnt aus ihrer Koppelung die von ihm »kritisch-paranoische Aktivität« genannte methodische Einstellung. Sie überträgt die »Wahngewißheit« des Paranoikers (Bumke) auf die alltägliche Wirklichkeitserfahrung oder, wie die Phänomenologie sagt, auf das Evidenzerlebnis: die Welt ist, ob ich bin oder nicht. In dieser Übertragungsleistung besteht die Differenz zum tautologischen Wahn des pathologischen Paranoikers, der im Sinne Dalís als der *unkritische Paranoiker* anzusehen ist. Er setzt die Welt; nicht überträgt er seinen Wahn auf die abgelehnte Welt, sondern Wahnsystem und Welt sind ein und dasselbe; die literarische Analogie zum subjektiven Idealismus Fichtes drängt sich auf; der kritizistische Ansatz der *activité paranoïaque-critique,* der Wahnübertragung nach Dalí läßt sich dagegen nicht abstreiten.

In der methodischen Übertragung des Wahns auf den naiven Realismus gewinnt dessen Wirklichkeitserfahrung eine neue verfremdende Dimension hinzu, die den Schein der dinghaft, isoliert und an sich (subjektlos) wahrgenommenen Welt des naiven Realismus zerstört, ihre festen, identischen, eindeutigen Strukturen verschwimmen läßt und den Eindruck ihrer unverrückbaren Evidenz (das »Evidenzerlebnis«) verunsichert.

Formallogisch und erkenntnistheoretisch stellt sich das verunsicherte paranoisch verfremdete Realitätsbewußtsein bei Dalí als eine Krise des mechanischen Denkens und der Identitätslogik dar, als ein Auflösungsprozeß aller Kategorien und Denkgesetze, die im Sinne der Lebensphilosophie, des Evolutionismus und der Kritik am verknöcherten Rationalismus und Transzendentalismus den Lebensstrom verfehlen. Den »armseligen Grundsatz vom Widerspruch«, nach dem *nicht* etwas sein und sogleich nicht sein darf, begreift Dalí als striktes Gebot, als »geistige Polizei« einer rationalistischen Gegenstandswelt[4]. Sie kontrolliert

[2] Breton, L'amour fou, München 1970, S. 18
[3] a. a. O., S. 14
[4] Vgl. Peter Gorsen, Kunst, Literatur und Psychopathologie heute, Zur Genealogie der grenzüberschreitenden bürgerlichen Ästhetik. In:

die Phantasie und läßt nur durch, was der Praxis, der Produktivität der gesellschaftlichen Arbeit nützt und wofür ein Verwertungsinteresse besteht. Dagegen mobilisiert Dalí den Luxus, den Überschuß an Phantasie, nämlich ihre gesellschaftlich dysfunktionale, unverwertbare, unterdrückte »Nachtseite« – die pervertierte Sexualität, den unanständigen Traum, das psychopathische Bewußtsein, die wahnhafte Weltanschauung und die Verteidigung des Verbrechens aus uneigennütziger ästhetischer Lust an diesem Gegenstand.

Psychoanalytisch stellt sich für Dalí das verunsicherte, paranoisch verfremdete Realitätsbewußtsein in Anlehnung an Freud, daß der Traum »die (verkleidete) Erfüllung eines (unterdrückten, verdrängten) Wunsches« ist[5], als das kritische Eingeständnis dar, daß der Beziehungswahn nicht nur Wahn ist, sondern im Hinblick auf die Befriedigung unterdrückter Wünsche interpretiert werden kann. Ganz auf der Linie der surrealistischen Theorie vom objektiven Zufall[6] hat es Dalí auf jene irrationalen, deswegen aber noch nicht pathologischen Situationen der Lebenserfahrung abgesehen, wo der Zusammenfall von »innerer Finalität« und »äußerer Kausalität«, von subjektiver Erfahrung und Tatsächlichem im »objektiven Zufall«, von einem *kritischen* Beziehungswahn, der »kritisch-paranoischen Aktivität« *eines jeden* Bewußtseins zu sprechen erlauben. Daher kann sie Dalí als eine »ordnende, schöpferische Kraft des objektiven Zufalls« bestimmen.

Visuell und ästhetisch stellt sich das verunsicherte, para-

Neue Anthropologie, hrsg. v. Hans-Georg Gadamer u. Paul Vogler, Bd. 4, Stuttgart 1973, S. 376

[5] Freud, Ges. Werke, a. a. O., Bd. II/III, S. 166

[6] Vgl. Bretons Ausführungen in: *Les vases communicants,* Paris 1932. Deutsche Ausgabe: Breton, Die kommunizierenden Röhren, München 1973, S. 79 f. und in: *L'amour fou,* a. a. O., S. 17–21

Breton hat selbstkritisch gesehen, daß seine Konzeption vom objektiven Zufall als einem Zusammentreffen einer äußeren Kausalität mit einer inneren Finalität letztlich darauf hinausläuft, »durch einen kühnen Handstreich Engels und Freud ... miteinander zu versöhnen« (vgl. L'amour fou, a. a. O., S. 20). Denn während Engels die Kategorie des objektiven Zufalls nur als Erscheinung der Notwendigkeit und somit im Zusammenhang der Kausalität gelten läßt, legt das Freudsche Traummodell nahe, Erlebnisse und Erfahrungen des Zufalls auch im Hinblick auf die Erfüllung verdrängter Wünsche zu erforschen.

Vgl. auch die Ausführungen von Elisabeth Lenk, a. a. O., S. 174 f. und S. 225 f. Dort heißt es: »Der Terminus ›objektiver Zufall‹ hat wie kein anderer zu Mißverständnissen Anlaß gegeben. Trotzki hat den Verdacht geäußert, daß er, wenngleich dem Vokabular des historischen Materialismus entliehen, nur darum von so großem Interesse für Breton gewesen sei, weil er sich ›ein kleines Fenster ... zum Jenseits‹ habe offenhalten wollen (s. *Clè des champs,* S. 62). Wie um Trotzkis Verdacht zu bestätigen, hat Carrouges in seinem »André Breton et les données fondamentales du surréalisme‹ die Kategorie des objektiven Zufalls zur zentralen Kategorie des Surrealismus erklärt, die jenseits der platt-rationalen Welt ein Netz ›transmentaler Kommunikationen‹ sichtbar mache.« (S. sein Kapitel ›*Le hasard objectif*‹, a. a. O., Paris 1950, S. 245–272)

noisch verfremdete Realitätsbewußtsein in die sublimen Ambivalenzen und Vexierbilder der *interprétation paranoiaque-critique* gebrochen dar, die Wahrnehmung des Gegenstandes als dividiert in eine Kette anamorphotischer, miteinander konkurrierender Bilder, wofür in *La femme visible* (1930) ein frühes Beispiel einer dreiteiligen Anamorphose mit dem Titel »*Dormeuse, cheval, lion etc... invisibles*« (Abb. S. 133) zitiert ist. Auch die Morphologie der »*structures molles*«: der »weichen Uhren«, der »weichen Automobile«, der »weichen Nachttischchen« u. ä. gehört in den Wirkungsbereich der pseudopsychopathologisch verfremdeten Wahrnehmung, obwohl Dalí sich hier ebenso auf die reale »Aerodynamik des Jugendstils« wie die »weiche Kathedrale« Antonio Gaudís in Barcelona berufen hat.

In einem Vortrag über die *moralische Position des Surrealismus* im gleichen Jahre in Barcelona gibt Dalí an, daß er jenes Bild einer *dormeuse,* die ohne die geringste Manipulation ihres Erscheinungsbildes »zu gleicher Zeit ein Pferd darstellt«, aufgrund eines »eindeutig paranoischen Prozesses« habe herstellen können. Es sei dahingestellt, was Dalí einmal darunter verstanden haben mag; auch die »paranoide Schizophrenie« kennt anamorphotische Gestaltungstendenzen[7]. Zumindest hat Kraepelin unter die »wahnbildenden Kräfte« ganz allgemein auch eine »Lebhaftigkeit der Einbildungskraft« gerechnet, »die Lücken in den Beobachtungen durch reichliche Zutaten ausfüllt«[8]. Akzeptiert man dieses dem Surrealismus bekannte Beschreibungsmodell, wird der von Dalí angesprochene Zusammenhang der paranoischen Phantasietätigkeit mit der Gestaltung von anamorphotischen Bildern verständlich: »Man muß sich klarmachen, daß es nur die Frage einer vehementeren paranoischen Intensität ist, um das Erscheinen eines dritten Bildes und eines vierten, und von dreißig Bildern zu erzwingen. In einem solchen Fall wäre es interessant zu wissen, was das erwähnte Bild nun wirklich darstellt, welches die Wahrheit ist; so stellt sich für den Verstand schließlich der Zweifel ein, ob man denken soll, daß die Abbilder der Wirklichkeit selbst nur ein Produkt unserer paranoischen Begabung sind.«

Vom ver-rückten Standpunkt der paranoischen Phantasietätigkeit aus sind alle ihre Visualisierungen gleichwertig. Es kann nicht entschieden werden, welches der Bilder die Abbildung der Wirklichkeit ist, also sind alle Vexierbilder entweder Darstellungen der Wirklichkeit oder die trügerischen Produkte der Wahrnehmung. Es ergibt sich daraus eine Demoralisierung des *common sense,* worin der frühe Surrealist von 1930 die revolutionäre Funktion seiner

[7] Vgl. Hans Prinzhorn, Bildnerei der Geisteskranken, Ein Beitrag zur Psychologie und Psychopathologie der Gestaltung, Berlin 1922
[8] Kraepelin, a. a. O., S. 365

Anamorphosen sieht. Es kommt ihm darauf an, daß beim Betrachter des Vexierbildes der nicht von ihm ohne weiteres zu beseitigende Zweifel entsteht, ob die jeweils subjektiv bevorzugte Wahrnehmung aus der Totalität möglicher Wahrnehmungen auch die wirkliche ist. Alle Wahrnehmungen sind gleichzeitig entweder wahr oder falsch. Die Eingrenzung auf die Cartesianische *perceptio clara et distincta* wird als Fiktion des rationalistischen Denkens hingestellt. Seiner Verknöcherung setzt Dalí den systematischen Irrationalismus der paranoischen Weltanschauung entgegen, um die Intentionen seiner Kritik, seiner ästhetischen »Revolution« pointiert hervortreten zu lassen.

Der Wahnsinnige hat dem »ungeheuerlich vermoderten Normalen«, der das rationalistische Erkenntnisprinzip vertritt, etwas Entscheidendes voraus. Er weiß, wertet und urteilt nicht aus der Perspektive dessen, was alle für wissenswert, wertvoll und wahr halten. Die naiv realistische Bestimmungsebene für die Entscheidung, was die Illusionen und Halluzinationen des Paranoikers von der normativen Wirklichkeitswahrnehmung abhebt: der *common sense* entfällt. Der »*Ehemann,* dieser Automat, der endlos aus seiner Menschlichkeit Schlüsse zog, obwohl er, was diese Menschlichkeit anging, nicht mehr und nicht weniger taugte als sein Kollege, der *Normalmensch,* er wird auseinanderfallen, wird sich in alle vier Himmelsrichtungen zerstreuen samt seinen sophistischen Skrupeln und Konfessionsgelüsten«. (Crevel in: »Dali oder der Anti-Obskurantismus.«) Dennoch wird der Zweifel, die Cartesische Methode des Quasi-Paranoikers Dalí nicht auf die gesamte Erfahrung ausgedehnt. Umfaßte der Zweifel Ich und Außenwelt gleichermaßen total, würde er in solcher Universalisierung und Radikalisierung eines methodischen Ansatzes dem Grenzfall der Psychose verfallen. Das paranoische Ich bezweifelte dann ausnahmslos alles, und im totalen Verlust seiner Gewißheit hätte es schließlich sich selber, die Instanz des Zweifels und der Kritik unterminiert.

Es kann nach der Lektüre seiner Essays nicht zweifelhaft sein, daß sich Dalí nicht zur Propaganda der psychotischen Selbstzerstörung versteigt; dies hätte in der Tat über seine Verrücktheit positiv entschieden und den Wahn als Methode des Zweifels gegenstandslos gemacht. Sondern wie der später bevorzugt verwendete Terminus *interprétation paranoïaque-critique* anzeigt, begreift er die Wahnbildung in Opposition zum herrschenden Realitätsprinzip, zu jener vermeintlichen Normalität, in deren Namen der »abscheuliche Mechanismus des praktischen Lebens« für die Verinnerlichung der Arbeit, die humanitäre Heuchelei, die Mittelmäßigkeit gesellschaftlicher Konventionen wirkt. Der bürgerlichen Sanktionierung und Institutionalisierung des zweckrationalen Handelns setzt der junge, zum Surrealismus stoßende Dalí sein *j'ai craché sur . . .* entgegen, eine noch dadaistisch beeinflußte Protestattitüde, die freilich auch die gleichzeitige Essay- und Bilderproduktion nicht primär zur Durchsetzung eines neuen Kunststils anstrebt, sondern für ein Ritual zur wirksamen Verbreitung der »moralischen Krise« einsetzt. »Die surrealistische Revolution ist vor allem eine Revolution auf moralischer Ebene«, und in den Katalog der so verstandenen surrealistischen Demoralisierung trägt der frühe Dalí auch »den Kommunismus« und Trotzki ein.

Dabei bleibt es nicht. Im Verlauf der späteren dreißiger Jahre wurde der Demoralisierungsakt, die paranoisch-kritische Aktivität zu einer Gestaltungsmethode gleichermaßen erweitert und verkürzt. Beim virtuosen Maler der manieristischen Anamorphose und des *trompe l'œil* überwog schließlich die kulinarische Funktion die demoralisierende. Dalí mochte sich nach wie vor als revolutionärer Surrealist verstehen und in der Propagierung der »kritischen Paranoia« als ein Maler der Konflikte, tatsächlich aber entwickelte sich der Wahn von einer Methode des Zweifels zu einem erfolgreichen Rezept für die Herstellung manieristischer Bilder und Objekte, zu einem Kompositionsprinzip der surrealistischen Malerei und des »phantastischen Realismus«, das seine Fortsetzer und Nachahmer fand. Die Struktur des paranoischen Bewußtseins, in dessen Bann der frühe Surrealist nachvollziehbar steht, gelangt spätestens nach 1940, dem überwältigenden Erlebnis des kapitalistischen Marktes in Amerika, in den restlosen Verwertungsprozeß der surrealistischen Kunst als Ware. Im Pariser Mai 1968 ließ Dalí dem Barrikadenvolk eine Botschaft zukommen. »Jede echte Revolution muß zur Verbindlichkeit eines neuen Stils führen ... Ich bringe der neuen Revolution, was ich habe, nämlich meine paranoisch-kritische Methode, die meiner Meinung nach zum glücklicherweise irrationalen Charakter der gegenwärtigen Ereignisse ausgezeichnet paßt.«

Das Angebot wurde begreiflicherweise nicht zur Kenntnis genommen. Doch sind der Surrealismus und sein einstiger Demoralisierungs- und Politisierungsversuch von psychischer Normativität in der heutigen Diskussion zum »subjektiven Faktor« der sozialen Revolution und zur gegenwärtigen »Antipsychiatrie« wieder aufgegriffen worden (vgl. Kapitel 15 und 6).

5. Kritik am *automatisme psychique* – der handlungsbezogene, aktive Charakter der »paranoischen« Zweifelsmethode

Die Alltagserfahrung des Zufalls erhält durch den frühen Dalí, den Essayisten des *Minotaure,* die Qualität eines quasi-paranoischen Zweifels: Steht das Zufällige nicht doch in einem absoluten Vermittlungszusammenhang? Ist ein unvermitteltes Unmittelbares, die »Sache selbst«, nicht eine Fiktion des positivistischen Denkens und hat die Wahnerfahrung nicht zumindest formal darin recht, alles mit allem in Beziehung zu setzen? Auf dem Hintergrund dieser Fragen kann Dalí mit einiger Plausibilität behaupten, die kritisch-paranoische Aktivität betrachte »die surrealistischen Vorstellungen und Bilder nicht mehr getrennt, sondern im Gegenteil im zusammenhängenden Ganzen systematischer, bedeutungshaltiger Beziehungen. Statt der passiven, gleichgültigen kontemplativen und ästhetischen Einstellung gegenüber irrationalen Phänomenen die aktive, systematische, strukturierende, kognitive Einstellung« ihnen gegenüber.
Dieser Aspekt führte den Surrealismus sicher auch zu einer unkritischen Konsequenz. Der paranoide Systemzwang wurde zum Vorbild des surrealistischen, eigentlich überrealistischen Systematisierungs-, Vermittlungs- und Vereinheitlichungsdranges gegenüber dem in Phantasie und Wirklichkeit, in Lust- und Realitätsprinzip (Freud), *matière et mémoire* (Bergson), *raison et déraison* (Foucault), *non-folie et folie* (Breton), Irrationalität und Kritik bzw. Passivität und Aktivität (Dalí) auseinanderfallenden Bewußtsein[1]. Doch bei aller notwendigen Kritik an der letztlichen Verdinglichung und Ästhetisierung der Vermittlung, die der

[1] Gisela Steinwachs unterstreicht am Vermittlungsdrang der Surrealisten das kritisch antizipierende Moment. »Ihr Protest gegen die Entmischung von Traum und Wachen in der automatischen Schreibweise findet im Protest gegen Entmischung von Vernunft und Wahn in der ›surautomatischen‹ ›*Immaculée conception*‹ seinen Höhepunkt.« (Steinwachs, a. a. O., S. 141)
Aber konnte es den Surrealisten wirklich noch um den Protest an der Entmischung gehen? Oder waren Traum und Wachen, Vernunft und Wahn mit dem Entstehen der ursprünglichen kapitalistischen Akkumulation nicht längst entmischt worden? Die Entfremdung der Träumer von ihrem Produkt: den Träumen, die Entflechtung von geträumter und wirklicher Wunscherfüllung war gesellschaftlich vollzogen und durch ästhetischen oder moralischen Protest schwerlich rückgängig zu machen. Die Antizipation ihrer Versöhnung, worin die rechte Fraktion des Surrealismus mit der Lebensphilosophie konvergierte, kann auch als Kompensationsversuch zur herrschenden Entfremdung interpretiert werden, als erpreßte Versöhnung. Die Verhältnisse konnten so erträglicher gemacht werden. Es gibt auch Traum- und Wahnidylle, zumal wenn die Dialog- und Vermittlungsversuche zwischen Wirklichkeit und Traum, Vernunft und Wahnsinn – wie bei den Surrealisten – »im Felde der poetischen Einbildungskraft« stattfinden (ebd.).
Die im Surrealismus der frühen heroischen Phase vertretene These vom Traum als Wunscherfüllung weist den Protest gegenüber der

Surrealismus nachdrücklich in den Kunstwerken der Spätphase den antagonistisch entfremdeten Lebensverhältnissen im Kapitalismus überstülpt, gilt es auch die kunst-, kultur-, religionsfeindliche Abkapselung der Surrealisten zu sehen, den Gang in die gesellschaftlichen Ghettos, die anarchistische Dezision, die Dalí in den späten zwanziger und frühen dreißiger Jahren ideologisch mitbegründete. Wenn eine genaue Analyse der surrealistischen Theoriebildung auch deren Konvergenz mit der gleichzeitigen spätbürgerlichen Lebensphilosophie nicht wird abstreiten können – Dalí hat seine Beeinflussung durch Bergson nicht abgestritten[2], Julien Gracq hat zum Entsetzen Bretons diesen zu Recht auch durch und von Bergson her interpretiert[3], ich selber habe auf von der Jugendstilphilosophie Bergsons vorweggenommene Elemente des Surrealismus hingewiesen[4] –, so ist doch ebenso die Differenz zwischen einer antibürgerlichen Oppositions- und einer bürgerlichen Fluchtbewegung offenkundig. Wo der Bergsonsche Intuitionismus und mystische Immanenzstandpunkt von den zerfallenden Bürgerschichten begierig aufgegriffen und zur *prima philosophia,* einer neuen Weltanschauungsphilosophie außerhalb der nicht mehr begriffenen Naturwissenschaften verinnerlicht wurde, dort kehrte der Surrealismus jene materialistischen »obszönen«, satanistischen Seiten des Bewußtseinsstroms hervor, die nach wie vor von der gesellschaftlichen Ver-

vom Traum entmischten Wirklichkeit eher als unkritisch aus. Die Entfremdung des Arbeiters von seinem Produkt setzt sich bis in die innerste Zelle seiner Träume hinein fort. Dies in einem doppelten Sinne: 1. Die geträumten Wünsche und Wunscherfüllungen sind die falschen; sie gestatten Lust unter den Bedingungen der gesellschaftlichen Repression des Lustprinzips, und sie entstehen nicht als etwas qualitativ ganz anderes. 2. Die Traumprodukte treten den Traumproduzenten als eine unabhängige Macht gegenüber. Diese träumen ihre Wünsche und deren Erfüllungen, aber sie verfügen nicht wirklich darüber. Es sind nicht *ihre* Wünsche und deren Erfüllung findet nur fiktiv statt. Der Traum hat die Funktion des Surrogats. Seine surrealistische Poetisierung verschuldet insofern die Ablenkung von der gesellschaftlichen Wirklichkeit mit.
Peter Bürger hat auf die aus der Auseinandersetzung mit dem Marxismus resultierende Veränderung der surrealistischen Position hingewiesen. In den *Vases communicants* (1932) begreife Breton »das Individuum als entfremdete Form der Subjektivität..., die im nachrevolutionären Menschen ›aufgehoben‹ erscheint«. »Neu... ist die Feststellung, daß das bürgerliche Individuum bis in sein Unbewußtes hinein durch die Gesellschaft geprägt ist...« Vgl. Peter Bürger, Der französische Surrealismus, Studien zum Problem der avantgardistischen Literatur, Frankfurt 1971, S. 102

[2] Vgl. Salvador Dalí, La femme visible, Paris 1930, und L'amour et la mémoire, Paris 1931

[3] Vgl. Julien Gracq, André Breton, Quelques aspects de l'écrivain, Paris 1948. Die dort vorgetragene Interpretation hat Breton als unzutreffend von sich gewiesen. Ich selber habe die These von Gracq zu stützen versucht in: Peter Gorsen, Zur Phänomenologie des Bewußtseinsstroms, Bergson, Dilthey, Husserl, Simmel und die lebensphilosophischen Antinomien, Bonn 1966. Gracqs und mein Versuch, Breton kritisierend, ihn in einen Zusammenhang mit dem lebensphilosophischen Irrationalismus zu stellen, hat Breton, nach mündlicher Rücksprache von Elisabeth Lenk mit ihm, nicht gebilligt.

[4] Gorsen, Zur Phänomenologie, a. a. O.

drängung voll betroffen waren und in der idealistischen Regression auf den universalen göttlichen Lebensstrom, auf Bergsons *évolution créatrice,* der Sublimation verfielen.

Genau dort, wo der Surrealismus mit dem Intuitionismus Bergsons und selbst der phänomenologischen Wesensschau Husserls am ehesten konvergiert, wo er Elemente der Parapsychologie von F. W. Myers gegen den Rationalismus der Freudschen Psychoanalyse ausspielt[5], im 1924 durch Breton geforderten *automatisme psychique* des ersten surrealistischen Manifestes, worin die *spontane Rezeptivität* des aufmerksamen Träumers, nämlich dessen schöpferisch enthemmtes Gedächtnis, und unerkannt auch die Proustsche *mémoire involontaire*[6], zur wahren Erkenntnismethode erhoben ist, setzt sechs Jahre später Dalís Kritik am hauptsächlich passiven, rezeptiven Charakter der Traum und Wirklichkeit verknüpfenden Bewußtseinsprotokolle an. Er unterstreicht die Bedeutung der spontanen, aktiven Anteile der Introspektion für den Surrealismus[7] und wird zum Kritiker an der irrationalen Attitüde des meditativen, sich selbst gegebenen Zuschauers, des *inspiré.* Der so Inspirierte müsse seine Erfahrungen mit seinem Unbewußten praktisch und realitätsbezogen verwenden können. Erst in der Kollision mit der Realität wird sein Wissen durch Chocs und bewußte Provokationen auch gesellschaftlich effektiv. Dies ist der für die zu Ende gehende »heroische Phase« des Surrealismus so wichtige Augenblick, als Dalí seine *activité paranoïaque-critique* in ihn einbringt und einer schon absehbaren inneren Emigration in die Poesie und Ich-Analyse Einhalt gebietet. Dalí warnt den Surrealismus vor einer »bedingungslosen Kapitulation gegenüber dem unwillkürlichen Funktionieren des Denkens«, vor dem *automatisme psychique* als einem »Ziel an sich . . . ohne Austausch mit der Wirklichkeit« und fordert, daß man »gleichzeitig mit dem Automatismus und anderen passiven Zuständen die Verwirrung systematisieren und zum vollständigen Verruf der realen Welt beitragen« soll. Er kontrastiert die *confusion passive de l'automatisme* mit der *confusion active et systématique illustrée par le phénomen*

[5] Jean Starobinski, Psychoanalyse und Literatur, Frankfurt 1973, S. 154

[6] Ebd.

[7] In *Vases communicants* (1932) revidiert Breton fast gleichzeitig mit Dalí die im ersten surrealistischen Manifest vertretene Synthese von Traum und Wirklichkeit und findet im *désir* als derjenigen »Kraft, die sowohl die Aktivität des Traums wie die des Wachtraums regelt« (Bürger, a. a. O., S. 94), eine Grundlage, den Gedanken der Revolution ins Subjekt einzuholen. »Um zweierlei geht es dabei, einmal darum, den wirklichen konkreten Menschen zum Subjekt der Geschichte zu machen, zum anderen darum, das revolutionäre Verlangen als eine Erscheinungsform des *désir humains éternels* zu begreifen.« (a. a. O., S. 99)

paranoïaque und definiert Paranoia als: *délire d'association interprétative comportant une structure systématique*[8].
Sind Traum und Automatismus Medien der Rezeptivität, die den spontanen Eingriff der Interpretation fordern, so stellt der Wahn bereits eine spontane Stellungnahme und permanente Interpretation von systematischem Charakter dar. Sind Traum und Automatismus intentionslose *évasions idéalistes,* die einigen Poeten zur *ressource récréative et inoffensive* dienen können, so verfügt das Wahnsystem über eine eigene *Intentionalität,* eine offensive Zielrichtung. Es intendiert seine Geltung auf der Ebene praktischen Handelns, geht sozusagen in den Bereich des Handelns hinein. Dalí hält 1932 die experimentellen Osmosen von Traum und Wirklichkeit der heroischen Epoche des Surrealismus für abgeschlossen, »obwohl sie sehr wahrscheinlich weiterhin die ausschließliche Ikonographie eines langen Zeitabschnitts surrealistischer Malerei im weiteren Sinn« begründen. War die Konkretion der Traumprotokolle darauf beschränkt, nur etwas erzählen, nachzeichnen, erinnern zu können, waren ihre Objekte fiktiv, Assoziationen des Bewußtseins, so intendiert der Wahn die körperliche Verwirklichung, die Vergegenständlichung seiner irrationalen Inhalte und Assoziationen. Er ist nicht nur aktiv, permanent interpretierend, systematisch, intentional bzw. handlungsbezogen, sondern auch auf eine körperlich haptische Weise realitätsbezogen, was Dalí an seinen paranoischen Objekten »mit symbolischer Funktion« und z. B. an Skulpturen Picassos illustriert.
Auch impliziert die paranoische Intentionalität noch keine literarische und kunstästhetische Qualifizierung ihrer Objekte, damit sie – wie ihre Vorläufer – wiederum als *évasion poétique* dienen können. Es geht vielmehr darum, dem Mißbrauch passiver ästhetischer Rezeption der paranoischen Phantasieprodukte vorzubeugen zugunsten ihrer aktiven, aggressiven, grundsätzlich außerliterarischen, wenngleich poetischen Wirkung.
Dies zuwege gebracht zu haben, lobt Dalí z. B. an Eluards und Bretons Simulationen pathologischer Verhaltensweisen in *L'immaculée conception* (1930). Wenn ein konservativer Kritiker wie Dieter Wyss noch 1950 diese »bedeutendste Leistung der Surrealisten« vom literarisch-ästhetischen Gesichtspunkt her als »reines Machwerk«[9] einschätzt, so läuft dieses Urteil mit den Absichten der surrealistischen Antiästhetik der dreißiger Jahre konform. Sie stellt sich im Rückblick von 1930 auf die zwanziger Jahre des beginnenden Surrealismus nämlich als radikalisierter Entästhetisie-

[8] Dalí, Interprétation paranoïaque-critique de l'image obsédante ›L'angélus‹ de Millet. In: Minotaure, Nr. 1, Paris 1933, S. 65–67
[9] Dieter Wyss, Der Surrealismus, Eine Einführung und Deutung surrealistischer Literatur und Malerei, Heidelberg 1950, S. 53

rungs- und Desillusionierungsversuch der materialistischen Ansätze ihrer heroischen Epoche dar.
Bereits 1933 geht Dalí in seinen frühen Essays für den *Minotaure* den für die Entwicklung des Surrealismus so entscheidenden Schritt von der wie immer angeeigneten Deskription eines pathologischen Phänomens zu dessen Umdeutung und »Umfunktionierung« in eine Methode »kritisch-paranoischer« Wirklichkeitserkenntnis.

6. *Activité paranoïaque-critique* – Dalís Definition, ihr Stellenwert in der surrealistischen Theorie. *Révolution surréaliste et antipsychiatrie*

Die zentrale, von der surrealistischen Bewegung kanonisierte Definition lautet *Activité paranoïaque-critique: méthode spontanée de connaissance irrationnelle basée sur l'association interprétative-critique des phénomènes délirants*[1]. Wörtlich, allzu wörtlich und nicht unmißverständlich übersetzt: »Spontane Methode irrationaler Erkenntnis, die auf der kritisch interpretierenden Assoziation wahnhafter Phänomene beruht. Das Vorhandensein aktiver, systematischer, für Paranoia typischer Elemente garantiert den entwicklungsfähigen, schöpferischen, für die paranoisch-kritische Aktivität typischen Charakter. Das Vorhandensein aktiver, systematischer Elemente setzt weder willentlich gelenktes Denken noch einen irgendwie gearteten intellektuellen Kompromiß voraus, denn bekanntlich gehört bei der Paranoia die aktive, systematische Struktur zum wahnhaften Phänomen selbst.« So weit die zentrale Definition aus dem 1935 veröffentlichten Aufsatz über »Die Eroberung des Irrationalen«.
Dalí versieht hier für ihn bekannte Auffassungen zur Paranoia aus der zeitgenössischen psychiatrischen Fachliteratur mit der für den Surrealisten bezeichnenden Umwertung bzw. Umdeutung des Krankheitsphänomens. Er übernimmt den psychiatrisch beschriebenen und beobachteten Fund wie z. B. die beim Paranoiker anzutreffende Tendenz, »die Lebenserfahrungen in mehr oder weniger willkürlicher Weise nach rein persönlichen Gesichtspunkten zu werten und zu deuten, sie in Beziehung zu eigenen Wünschen und Befürchtungen zu bringen und das Verhältnis zur Umgebung unter Vernachlässigung der Wirklichkeit derart auszumalen, wie es dem Streben nach Selbstbehauptung entspricht«[2]. Aber gleichzeitig mit der Aneignung dieser Fallbeschreibung distanziert sich Dalí von der psychiatrischen Diagnose und nimmt eine radikale Einstellungs-

[1] Dalí, La conquête de l'irrationnel (1935). In: Dalí, Oui, Méthode paranoiaque-critique et autres textes, Paris 1971, S. 19
[2] Kraepelin, a. a. O., S. 365

änderung gegenüber dem pathologischen Fund vor. Er erklärt das krankhafte für das schöpferische, das irrationale für das rationale sinnstiftende Phänomen. Er wertet Vernachlässigung der Wirklichkeit, Selbstbehauptungsdrang, persönliche Willkür auf seiten der paranoischen Weltanschauung als die kritische und kompromißlose Interpretation durch den unerschütterlichen Wahn, der ein der Wirklichkeitserkenntnis überlegenes Phantasiepotential von überdies ästhetischer Dignität produziere.

Wo Dalí den Wahn als die produktive, aktive, von der Wirklichkeitserfahrung nicht überwindbare und von anderen nicht nur einfühlsame, sondern für sie vielmehr suggestive Instanz einer überwertigen Phantasie herausstellt, dort hat er sich sehr eng an die klinischen Beobachtungen gehalten und auch die wichtige diagnostische Eingrenzung der Paranoia gegenüber der Schizophrenie berücksichtigt. Wolfram Kurth, der einen zusammenraffenden Überblick zur Geschichte des Paranoiabegriffs und der differentialdiagnostischen Abgrenzung von Paranoia und Schizophrenie gegeben hat, hält »die Persönlichkeitswirkung auf die Umgebung charakteristisch für den Paranoiker, während der Schizophrene außerstande ist, ein ›Kraftfeld‹ zu erzeugen und dieses auf seine Umwelt einwirken zu lassen. Seiner Persönlichkeit fehlt die Geschlossenheit, die syntone Komponiertheit, die Fähigkeit sich zu konzentrieren, überhaupt Zentrum zu sein, welches seine Wirkungsstrahlen nach außen abgibt.«[3] Schon »Bleuler weist ... darauf hin, daß der Paranoiker seine Umwelt beeinflussen könne; besonders die ›Propheten auf religiösem, politischem Gebiet‹ sammeln oft viele Anhänger und bekommen eine gewisse Bedeutung«[4].

Die Paranoiaforschung, Bleuler im besonderen, haben ihre Auffassungen hierüber häufig gewandelt, doch die bei Kurth komprimierte Auffassung der frühen 30er Jahre (die Bleuler in der 6. Auflage seines Lehrbuchs von 1938 schon wieder modifizierte[5]) kann als diejenige angesehen werden, die für Dalís Paranoiarezeption bestimmend war und in die literarische Konstruktion seiner »kritisch-paranoischen Methode« vor anderen eingegangen ist. Nebenbei verblüfft die Übereinstimmung des beschriebenen paranoischen Persönlichkeitsbildes mit jenem Dalís, dessen propagandistische Verbreitung er selber betrieben hat.

Dennoch können die literarisch-ästhetische und die diagnostisch-wissenschaftliche Vereinnahmung des Wahns unschwer unterschieden werden. Die grundsätzliche Differenz

[3] Wolfram Kurth, Über Entstehungsursachen von Sektierertum und Konventikelbildung, zugleich eine differentialdiagnostische Erörterung des Paranoia-Schizophrenieproblems. In: Zeitschr. f. die ges. Neurologie u. Psychiatrie, 176. Bd., 3. H., 1943, S. 382
[4] a. a. O., S. 379
[5] Ebd.

zur psychiatrischen Paranoiadefinition liegt vor allem darin, daß der Surrealismus Dalís von ihr einen ästhetisierenden, poetischen Gebrauch macht. Die Paranoia erscheint als frei flottierende Phantasieleistung, als »Assoziationswahn« jenseits aller diagnostischen Wertung von gesund und krank; als solcher sei er aller Vernünftigkeit überlegen und aufgrund seiner aktiven, expansiven Ausrichtung auch ein Kritiker verhärteter Gewohnheiten und Konventionen. Er ist ein antikonservatives Element. In der poetischen Umwertung und Ästhetisierung des psychiatrischen Fundes durch den Surrealismus verkehrt sich der Wahn in die unterdrückte Wahrheit über diese Welt, das »pathologische« Vorurteil des Wahnsinnigen in die schöpferische Kritik an ihrer falschen, unvernünftigen Realität. Der Paranoiker als *Opfer* seiner Krankheit und der gesellschaftlichen Verhältnisse, in denen er lebt (was Lacan im Falle des »induzierten Irreseins« der Geschwister *Papin* exemplifizierte, um die surrealistische These wissenschaftlich zu stützen), wird in einen *Angreifer* seiner Gesellschaft, seine »Krankheit« in überlegene Phantasie und Argumentationskraft verwandelt vorgestellt. Die in die surrealistische Definition eingehenden Bestimmungen *aktiv, spontan, interpretierend, assoziativ* sind – wie gezeigt – annähernd aus dem authentischen Zustandsbild des Paranoikers, des Urhebers einer systematischen Wahnbildung abgeleitet. Die Umfunktionierung – um nicht zu sagen »antipsychiatrische« Umwertung – dieser Bestimmungen durch Dalí und den Surrealismus signalisiert ausschließlich das Adjektiv *kritisch.*

Es ist von kritischer Aktivität und von kritischer Assoziation (im Sinne von Verknüpfung, Erstellung eines systematischen Zusammenhangs oder Bezugsrahmens) *durch den Wahn* – nicht gegenüber dem Wahn – die Rede. Gemeint sind Kritik und Interpretation von der Seite des »Wahnkranken« (surrealistische Einstellung), nicht die Kritik bzw. Interpretation der Wahnkrankheit von seiten der Normativität, was die psychiatrische Einstellung kennzeichnet. Den konvergierenden Bestimmungen *activité paranoïaque-critique* (kritisch-paranoische Aktivität) und *association interprétative-critique* (kritisch interpretierende Verknüpfung, kritischer Beziehungswahn) korreliert als weiterer Begriff *interprétation paranoïaque-critique.* Spiegeln die beiden ersten Begriffe die Umwertung der Paranoia durch den Surrealismus, so weist der letzte Begriff auf die kritische Integration der paranoischen Wirklichkeitsverarbeitung (der paranoischen Intentionalität) in die surrealistische Hermeneutik hin. Er steht für den surrealistischen Gebrauch der paranoischen Aktivität und Assoziation in der Interpretation, bei Dalí fast ausschließlich einer Interpretation von Kunstobjekten, Mythen, Bildern wie dem »Angelusläuten« von Jean-François Millet, der »Mona

Lisa« Leonardos oder der »Wilhelm-Tell«-Sage[6]. Es handelt sich dabei um eine psychologisierende subjektive Deutung von ästhetischen Objekten unter der Annahme, daß ihre Gestaltung von einer verdrängten sexuellen Zwangsvorstellung motiviert ist. Auf die kritisch-paranoische Hermeneutik und das Dalísche Phänomen der sexualpsychologischen Überinterpretation muß gesondert eingegangen werden.

Der Adressat der kritisch gewendeten paranoischen Aktivität sind das *alter ego,* die Intersubjektivität, *les hiérarchies coercitives du monde pratique*[7], der zweckrationale gesellschaftliche Lebenszusammenhang, denn wie Dalí ausdrücklich anmerkt, hat es der Surrealist bei der Paranoia mit einem *indestructible système délirant-interprétatif de problèmes politiques* zu tun[8]. Diese und vergleichbare Anmerkungen zu einer kritisch-paranoischen Einstellung auf Politik bleiben bei Dalí, der die Funktion der kritischparanoischen Intentionalität hauptsächlich als Demoralisierungs- und Entästhetisierungsakt, als psychische Dekuvrierung wie als Kultur- und Kunstkritik begreift, inhaltlich unbestimmt. Er fühlt sich zu keiner parteipolitischen Stellungnahme, auch nicht zu jener Bündnisfrage zwischen Surrealismus und Marxismus, die für Teile der surrealistischen Gruppe seit der Marokkokrise wichtig wurde, verpflichtet.

Die *révolution surréaliste* im Selbstverständnis des frühen Dalí wird vielmehr als Frage der Beziehung von Ästhetik *und Moral* gestellt. Dalí versteht das revolutionäre Prinzip nicht als Tendenz der gesellschaftlichen Entwicklung selbst, sondern als ein Gebot, als eine Forderung, deren Erfüllung von der Wirklichkeit gefordert ist. Insofern bleibt seine Fragestellung von der kapitalistischen Arbeitsteilung unkritisch vorbestimmt. Menschliche Tätigkeit wird nicht als Resultat dieser Arbeitsteilung und daher auch nicht als objektive, der materiellen Produktion und der Veränderung der Gesellschaft zugewandte Produktivkraft aufgefaßt, sondern als ein Sollen oder ein Ideal, das von den zu verändernden gesellschaftlichen Tatsachen mechanisch getrennt und ihnen gegenüber abstrakt erhoben wird. In dieser Gegenüberstellung von gesellschaftlicher Realität und revolutionärer Moral verrät sich die subjektive idealistische Position Dalís innerhalb der *révolution surréaliste,* die in ihrer Gesamtheit nicht auf diese Position zu kürzen ist. Dalís frühe Gesellschaftskritik verfängt sich in der unkritischen Illusion vom Einzelmenschen und Gesinnungskämpfer, der von der feindlichen Gesellschaft wie von etwas Dinghaftem umgeben, manipuliert und eingekreist ist (Milieutheorie). Dalí

[6] Dalí, Le mythe tragique de ›L'angelus‹ de Millet, Interprétation »paranoiaque-critique«, Paris 1963
[7] Dalí, Interprétation paranoïaque-critique, a. a. O.
[8] Dalí, La conquête, a. a. O., in: Dalí, Oui, a. a. O., S. 21

glaubt in der vorgefundenen Konkurrenz der Ideale mit der demoralisierenden Moral des Surrealismus das fortschrittlichste antibürgerliche und damit das revolutionäre Ideal gewählt zu haben. Er bekennt sich zum Surrealismus emotional und poetisch; die nähere inhaltlich-politische Bestimmung dieses Bekenntnisses wird als eine der ästhetischen Praxis nachgeordnete Frage nicht mehr thematisiert. Politische Fragen erscheinen letztlich als weltanschauliche und nicht als permanenter Praxisbezug. Dies prägt bei all ihren anarchistischen Dezisionen und einer antikapitalistischen Moral in den frühen 30er Jahren den wieder bürgerlichen Charakter von Dalís Ästhetik.
Extensive Gesellschaftskritik wird entweder – wie der Barcelonaer Vortrag des frühen Dalí von 1930 zeigt – an die jeweils aktuelle politische Generallinie der *révolution surréaliste* delegiert, oder Dalí erklärt sein politisches Interesse, wie z. B. seine von den Surrealisten monierte »Hitler-Besessenheit«, für »strikt paranoisch und unpolitisch«[9]. Seine politische Unzuständigkeit hat Dalí selber später häufig genug deklariert – mit einer schalkhaften Absichtlichkeit, die den käuflichen Portraitisten und Hofnarren der Geldaristokratie dekuvriert. »Crevel pendelte zwischen den Kommunisten und den Surrealisten hin und her und unternahm verzweifelte und erschöpfende Versöhnungsversuche, wobei er abwechselnd krepierte und wieder auflebte ... Auf Crevels Tränen erwiderte ich, ... daß der Blick und der fleischige Rücken Hitlers unwiderstehlich poetisch seien, was in keiner Weise daran hindere, ihn auf politischer Ebene zu bekämpfen, ganz im Gegenteil.«[10] Das Tagebuch von 1952–63 fährt fort: »Ich war fasziniert von Hitlers weichem und fleischigem Rücken, der immer so prall in seine Uniform geschnürt war. Sooft ich begann, den Lederriemen zu malen, der sich von seinem Gürtel schräg über die Schulter zog, versetzte die Weichheit dieses unter dem Waffenrock komprimierten Hitlerfleisches mich in eine schmack-, nahr- und wagnerhafte Ekstase, die mein Herz heftig schlagen ließ, eine höchst seltene Erregung, die ich nicht einmal beim Liebesakt empfand. Hitlers pralles Fleisch, das ich mir wie das göttliche Fleisch einer sehr weißhäutigen Frau vorstellte, faszinierte mich. Da ich mir trotz allem des psychopathologischen Charakters einer solchen Empfindungsverkettung bewußt war, flüsterte ich mir immer wieder ins eigene Ohr: ›Dieses Mal, ja, dieses Mal komme ich bestimmt dem echten Wahnsinn nahe‹.«[11]
Die nachträgliche Identifikation des Tagebuchverfassers mit dem psychopathologischen Defekt ist genau besehen ein Rückfall hinter die Bestimmung der paranoischen Aktivität

[9] Dalí, Tagebuch eines Genies, a. a. O., S. 28
[10] a. a. O., S. 89
[11] a. a. O., S. 25 f.

als einer Form der materialistischen Kritik und praktischen Intervention, für die der Essayist in *Minotaure* so heftig eingetreten war, und die er im kollektiven Namen des gereiften Surrealismus gegen das ästhetisch-kontemplative Prinzip *de l'évasion poétique* (die »heroische Zeit« des Surrealismus 1923–25) verfocht. Dalí spricht von der *méthode paranoïaque-critique* heute als von seinem persönlichen Besitz[12], ohne noch wahrhaben zu wollen, daß er sie in den Surrealismus der dreißiger Jahre eingebracht hatte und von diesem für die *gemeinsamen* Ziele der Bewegung nicht als individuelle Mythologie Dalís, sondern im Rahmen einer Gesellschaftskritik und für die surrealistische Theoriebildung funktionalisiert worden war. Sie war zu einem Bestandteil der *position politique du surréalisme* geworden, wie die zahlreichen Deklarationen und Resolutionen dieser Jahre dokumentieren[13]. Dalí mag einmal einen scharfen Blick auch für die paranoische Verrückung politischen Standpunktdenkens gehabt haben, doch wenn dem verkappten Manieristen politische Systeme sich zu auswechselbaren modischen Ismen wie Faschismus, Hitlerismus, Leninismus, Imperialismus, Monarchismus, Maoismus[14] – mit allen hat sich Dalí einmal kostümiert – verflüchtigen, wenn das paranoide Erscheinungsbild des Führers zu poetisch faszinierenden Details zerrinnt, dann ist die kritisch-paranoische Blickrichtung längst zur Gefallsucht des manieristischen Künstlers abgeflaut, und dann beinhaltet ihre Reduktion auf vermeintliche politische Neutralität, auf das apolitische kulinarische Interesse des Ästheten eine politische Stellungnahme *malgré tout*.

Trotz dieser Feststellung soll in dieser Studie auf verschiedenen Ebenen ein differenzierteres Bild von Dalís Beitrag zur surrealistischen Bewegung gegeben werden, als es der leicht mögliche globale Faschismusvorwurf ihm heute und als Dalí sich selber einbringt. Dabei interessiert weniger die künstlerische und persönliche Entwicklung Dalís, als seine theoretische Mitverantwortung für ein Denkmodell, das im Kontext einer grenzüberschreitenden antibürgerlichen, gleichwohl nicht auch schon proletarischen Ästhetik heute nicht nur nicht abgeschlossen ist, sondern als radikalisierte Kritik am Unterdrückungscharakter künstlerischer, literarischer und nicht zuletzt wissenschaftlicher Normen erneut

[12] Dalí, Ma révolution culturelle, Tract distribué aux étudiants de la Sorbonne, le 18 mai 1968. In: Dalí, Oui, a. a. O., S. 129

[13] Breton, Position politique du surréalisme, Paris 1970

[14] Der *dernier cri* von modischer Adaption eines politischen Systems ist der Mao-Look in der von Dalí mitgeschaffenen Sonder-Nummer zum 50jährigen Bestehen von *Vogue,* Déc./janv. 1972. Vgl. dort die fotografische Montage von Alex Chatelain. Er portraitiert das Fotomodell *Veruschka en costume Mao de Schreiber et Hollington, et en perruque Mao de Bertrand, perruqier de théâtre et de cinéma* (S. 179). Diese Montage nimmt Dalí zum Anlaß für gleichfalls eine Bildnismontage von Marilyn Monroe und Mao, die als *symbiose dalinienne* das Titelblatt des *Vogue*-Jubiläumsheftes darstellt.

Aktualität gewonnen hat. Für diese Kritik spielte und spielt wieder die subjektive Befragung der Psychose, der Einstieg in die Ghettos von Wahnsinn und Verrücktheit eine Rolle.
Michel Foucault hat für die subjektive Befragung der Psychose eine Generalformel gefunden, in der die Kontinuität der surrealistischen Kulturrevolution gut zum Ausdruck gebracht ist. Er meint, es müßte jetzt die »gegenläufige Bewegung . . ., durch welche eine Kultur sich in den Phänomenen, die sie verwirft, positiv ausdrückt«, gezeigt werden. »Selbst zum Schweigen gebracht, selbst ausgeschlossen, hat der Wahnsinn den Wert einer Sprache, und seine Inhalte empfangen ihren Sinn aus dem, was ihn als Wahnsinn herausstellt und abweist. Nehmen wir als Beispiel die Geisteskrankheit mit den Strukturen und Profilen, die unsere Psychologie an ihr zu erkennen glaubt.«[15]
Wenn man sich vergegenwärtigt, daß die unverständliche, zerfahrene oder verstummende Sprache der literarischen Avantgarde seit Alfred Jarry, seit dem Dadaismus, im Surrealismus, Expressionismus und Lettrismus, sich zur Entlarvung herrschender Sprach- und Kommunikationskonventionen – und sei es durch Kommunikationsverweigerung selber – psychopathologischer Ausdrucksweisen bedient hat wie Mutismus (Schweigesucht) und Echolalie (Papageiensprache, Rededrang), wie Zungensprache, Lallmonolog und Kryptographie, dann rückt die politische Bedeutung des surrealistischen Beitrags für eine Neubestimmung des Verhältnisses von Wahn und Wirklichkeit ins rechte Licht.
Wenn Foucault, wenn die gegenwärtige »Antipsychiatrie« (Basaglia, Cooper, Laing, Mannoni) eine – von Psychoanalyse und moderner Kunst antizipierte – neue Dialogisierung von Wahnsinn *(déraison)* und Vernunft *(raison)* fordern, die mit der Subsumtion der »Geisteskrankheiten« unter das positivistische Wissen der Psychiatrie Schluß macht und den Wahnsinn zum gleichwertigen Partner einer dialektischen Kommunikation mit der Vernunft erhebt[16], so ist der Hinweis auf die antipsychiatrischen Intentionen von Breton, Dalí, Eluard und anderen Surrealisten angebracht. Nicht zu reden von ihrer Aufwertung der »Bildnerei der Geisteskranken« (Prinzhorn) zur Kunst und – später – zur *Art brut,* sondern vielmehr von ihrer skandalösen Abwertung des herrschenden bürgerlichen Geschmacksurteils, das zwischen Kunst und Geisteskrankheit eine qualitative Wertgrenze zieht, zwischen Geniewerken auf der einen und Machwerken auf der anderen Seite einen absoluten Unterschied setzt. Dem Wahnsinn die ihm bestrittene relative

[15] Michel Foucault, Psychologie und Geisteskrankheit, Frankfurt 1968, S. 121 f.
[16] Vgl. Gorsen, Literatur und Psychose, zur Rekapitulation einer grenzüberschreitenden bürgerlichen Ästhetik. In: Ästhetik und Kommunikation, Beiträge zur politischen Erziehung, H. 9, Sept. 1972. Jg. 3, S. 35–54 und Gorsen, Kunst, Literatur und Psychopathologie heute, a. a. O., S. 360 f.

Selbständigkeit und Kreativfunktion zu geben: als Negativität der Vernunft, Breton hätte gesagt: als Kontrolle der Vernunft, dieser Gedanke – von Foucault geäußert – charakterisiert auch das Erkenntnisinteresse der Surrealisten, wenn Breton und Eluard in *L'immaculée conception* (1930) die Einfühlung und mimetische Aneignung der subkulturellen Kodices der Neurose, Psychose, des Asozialismus und der Prostitution einüben. Foucault begründet die beobachtete geistige Emanzipation des Wahnsinns mit der psychoanalytisch erworbenen Dialogfähigkeit der Psychiatrie, mit der anthropologischen Krise der positivistischen Einzelwissenschaften wie ebenso mit dem »lyrischen Ausbruch« der Subjektivität[17] wie paradigmatisch dem »Aufblitzen von Werken wie Hölderlins, Nervals, Nietzsches oder Artauds«[18] und einer »gemeinsamen Sprache von Traum und Delirium«[19], ohne dafür die Kompetenz des Surrealismus ausdrücklich zu nennen.
Gisela Steinwachs hat dieses Versäumnis in ihrer Strukturanalyse von Bretons *Nadja* benannt. Sie grenzt den abgebrochenen Psychiatriestudenten von der zuständigen, aber nicht kompetenten Fachwissenschaft ab und stellt sein kommunikatives Verhältnis zum Wahn, das vielleicht eine Wahlverwandtschaft war, heraus; der Surrealismus hätte dem Wahnsinn und der Vernunft, zumindest im Kontext der surrealistischen Poetik, nachweisbar keinen unterschiedlichen Wert beimessen können[20]. »Die Surrealisten haben sich in das Schweigen des Wahns eingeschaltet, ihn mitgeschwiegen. Und auch wo sie ihn artikuliert haben, da nicht um den Preis eines Verrates an der Vernunft, sondern in Treue zum Projekt einer Vermittlung der Gegensätze.« Die Psychiater von St. Anne waren entsetzt, da sie ihre Patienten als Leser Bretons, eines Büchleins entdeckten, das den Mord der Kranken an ihren Betreuern behandelt und damit die Travestie eines bestehenden Herrschaftsverhältnisses[21]. »Es ist Breton gelungen, einen Skandal heraufzubeschwören. Er hat mit seiner Weigerung Ernst gemacht, sich in die Psychiatrie der Zeit einzufühlen. Er hat damit indirekt, wo nicht den Dialog unterbrochen, so doch das stillschweigende Einverständnis gestört, das zwischen ihnen und der Gesellschaft überhaupt seit Pinel bestanden hat. In dieser Störung, dieser Unterbrechung, ist aber die Bedingung der Möglichkeit für das Zustandekommen eines wirklichen Dialogs von Vernunft und Wahn gelegen.«[22]
Die Form des Widerspruchs, als die der Wahn – *déraison*

[17] Foucault, Wahnsinn und Gesellschaft, Eine Geschichte des Wahns im Zeitalter der Vernunft (Paris 1961), Frankfurt 1969, S. 544
[18] a. a. O., S. 536
[19] a. a. O., S. 545
[20] Steinwachs, a. a. O., S. 142
[21] Vgl. Breton, Die Manifeste des Surrealismus, Reinbek 1968, S. 51 ff. (zweites Manifest von 1930)
[22] Foucault, Wahnsinn und Gesellschaft, a. a. O., S. 141

in der Antithese der Vernunft – nach Foucault begriffen wäre, zeitigt heute in ihrer historischen Gestalt noch zwei – antagonistische – Gesichter: hauptsächlich ein den Wahn beherrschendes und rudimentär ein gegen ihn aufbegehrendes Gesicht, deren Überwindung – selbstverständlich nicht nur eine ästhetische Aufgabe – faktisch noch nicht geleistet ist. Daher der Hinweis Foucaults auf die Antizipationen der umnachteten *Künstler,* in denen die wirkliche Befreiung des Wahns sich ankündigt.

Die Dialektik eines »wirklichen Dialogs« zwischen Vernunft und Wahnsinn hat in der Tat antizipatorischen, genauer ästhetisch-utopischen Charakter. Darauf ist aber der Surrealismus nicht einzuschränken, will man ihn nicht nur als einen Beitrag zur Geschichte der surrealistischen *Kunst* sehen. Seine Theorie arbeitet gleichzeitig daran, was Steinwachs und andere (wie der Verfasser) in Ergänzung Foucaults mit der Bedingung der Möglichkeit einer Kommunikation mit dem Wahn meinen: an der Unterbrechung des psychiatrischen Diskurses, an der Störung, der Subversion der psychiatrischen Verständigung mit der Gesellschaft darüber, wo die Gegensätze zwischen der Unwirklichkeit des Wahns und der Wirklichkeit der Vernunft, von »krank« und »gesund« festzumachen sind. Für ihre Redialektisierung, ihre Hereinnahme in den historischen Prozeß der dialektischen Aufklärung arbeitete auch die *révolution surréaliste.* Was ist Dalís *méthode paranoïaque-critique* anderes als die angestrebte Redialektisierung des Wahnsinns zu einer Form des Widerspruchs, anderes als eine Aufforderung zu dem authentischen surrealistischen Experiment, den – wie Foucault zeigt – seit der Renaissance totgeschwiegenen Wahn zum Sprechen zu bringen, anderes als die formale Denunziation der Unvernunft der herrschenden Vernunft und tendenziell (vom Surrealismus nur teilweise eingelöst) die Rehabilitierung des Wahns zur Erkenntnis- und Vernunftkritik. »Geht Dalí vorbei, schießen ... in der Wüste des Rationalen, des Abstrakten die Quellen konkreter Irrationalität hoch. Sollte uns dieses Konkrete irrational erscheinen, ist einzig und allein die Vernunft daran schuld. Diese alte Schachtel, die Vernunft, hatte schließlich so restriktive Formen angenommen, daß der Geist im Laufe der letzten Jahre gegen sie auftreten mußte ... Die Vernunft, diese Bauernschickse, beschmutzte alles mit ihren realistischen Einsichten. Bei ihr zu Haus lebe sich's gut, sagte diese Megäre. Die Intellektuellen riskieren ungern etwas. Egal also, daß sie nicht mehr das blühendste Lärvchen hatte, sie rannten alle wie die Karnickel und suchten in ihrem Schoß Zuflucht.«

René Crevel weist in seinem Essay »Dalí oder der Anti-Obskurantismus« ausdrücklich nicht auf Dalís surrealistische Kunst, sondern auf den Zusammenhang seiner »kritisch-paranoischen Methode« mit der surrealistischen Revolution hin, wo diese sich als subversiver Agent des bürgerlichen Krisenbewußtseins und des inneren Zerfalls der bürgerlichen Klasse verstanden hat. Crevel beschreibt in »Neue Ausblicke auf Dalí und den Obskurantismus« die untergehende bürgerliche Klasse als »kleine Filzlaus, Todeskandidat, der noch immer nicht tot ist« und den der Surrealismus verhöhnt und schikaniert anstatt ihm durch eine affirmative Kunst des Untergangs beizuspringen.

Dies schließt nicht aus, daß die Zusammenarbeit von »kritisch-paranoischer Aktivität« und surrealistischer Revolution ihre sinnlichen Manifestationen hervorgebracht hat. Der zum Sprechen gebrachte Wahn, der beredte Aufstand des Wahns gegen die Vernunft beanspruchte seine Vermittlung durch Ästhetik und Phantasieproduktion. Dies war die Funktion der psychotischen, nicht für den Markt produzierten »Kunst«. Hier schlägt für den Surrealisten der unterdrückte Wahnsinn die Augen auf, wird sich bewußt, artikuliert sich, hier bricht der Wahnsinn sein Schweigen. Die surrealistische Annexion der schizophrenen Bilder und Texte, der »Bildnerei der Geisteskranken« (Prinzhorn), der Psychopathen und Stigmatisierten hat damit zu tun. Dalí ist neben Breton und Eluard ihr herausragender Annexionist.

Die Befreiung des Wahns und Explikation seines Phantasiepotentials sind unter den gegebenen historischen Bedingungen der Wahnunterdrückung und der wissenschaftlich-psychiatrischen Wahnrezeption nur als Paradoxie denkbar. Dalí fordert die *Kritik* der Vernunft durch die *unkritischen* Erlebnis- und Denkinhalte des Wahns, *par les idées obsédantes*. Diese Kritik leistet der Wahnkranke selbst nicht, sondern er steht unter dem Zwang seines Wahns, er ist nur unkritisch. »Der Zwangskranke«, als der er in den psychopathologischen Lehrbüchern beschrieben ist, »wird verfolgt von Vorstellungen, die ihm nicht nur fremd, sondern unsinnig erscheinen, *und denen er doch folgen muß, als ob sie wahr seien.*« (Jaspers)[23]

Um dieses Paradoxon auf ästhetischer und intellektueller Ebene zu lösen, muß Dalí die Wahnidee vom Zwangscharakter, den sie für den Kranken hat, lösen. Er muß das Wahnprodukt dem Wahnproduzenten amputieren. Die Entfremdung des Wahnproduzenten von seinem Phantasieprodukt ist der Preis dafür, daß der Wahn in der Welt der Vernunft eine kritische Funktion überhaupt erhalten, daß er als surrealistische Kritik an der Vernunft dialektisiert werden kann[24]. Die Ergänzung des Terminus *méthode*

[23] Jaspers, a. a. O., S. 239

[24] In der marxistischen Ästhetik von Georg Lukács und bei Joseph Gabel (in: Gabel, Ideologie und Schizophrenie, Formen der Entfremdung, Frankfurt 1967) wird der pathologische Wahnsinn schon als Ausdruck der gesellschaftlichen Entfremdung des Arbeitenden von seinem Produkt unter Bedingungen der kapitalistischen Produktion behandelt. Der Wahnkranke erfährt »die Wahrheit« der kapita-

paranoïaque durch das Adjektiv *critique* trennt die Wahnbildung vom Zwangscharakter des Wahnkranken ab und behält die »kritische Paranoia« als eine freiwillige operative Methode der Wirklichkeitserkenntnis und der praktischen Intervention. Die Pointe ist hier die genaue Umkehrung des psychopathologischen Sachverhaltes, der *Paranoia* genannt wird. Der »kritische Paranoiker« Dalí und ab 1933 auch programmatisch der kritisch-paranoische Surrealist eignen sich freiwillig und in kritischer Absicht wahnhafte Vorstellungen, Gedanken und Wahrnehmungen an. Jetzt fungiert der Wahn nicht mehr, als ob er wahr wäre, sondern als entfiktionalisierte, ernst genommene Alternative der Realität und im Widerspruch zur Realität. Er hat einen Gebrauchswert bekommen sowohl für die *communication avec le réel*[25] wie im Sinne der Kritik und Negation des herrschenden gesellschaftlichen Wirklichkeitszusammenhanges. Dessen Normativität, die gesellschaftliche Vereidigung auf »gesunden Menschenverstand« und instrumentelle Vernunft werden durch die gezielte Schußrichtung des Wahns auf die Wirklichkeit in Frage gestellt. Ist die Alltagserfahrung im Recht, ihre empirische »Freiheit« von einer pathologisch entfremdeten Form der Zwangserfahrung positiv abzusetzen? Oder flüchtet unter »einem wirklichen Zwang«, wie Foucault sagt, »das Bewußtsein in eine krankhafte Welt, in der es, ohne ihn wiederzuerkennen, denselben wirklichen

listischen Repression unverstellt als Deformation bei sich selbst. Seine Zwangsideen treten ihm als fremd und unsinnig gegenüber. Er muß ihnen folgen, als ob sie wahr wären. Der Wahnkranke hätte demnach außer seiner tatsächlichen Entfremdung noch zusätzlich ein Bewußtsein *von* seiner Entfremdung, ein pathologisches Selbstbewußtsein.
Die Entfremdung des Wahnproduzenten von seinem Produkt, dem Wahnsystem bedeutet, daß er von seinem vermeintlichen Reichtum, seinen Zwangsideen getrennt wird. In der Manipulation durch die *méthode paranoïaque-critique* kommt das Wahnprodukt in die Verfügungsgewalt der *révolution surréaliste* zum Zweck der materialistischen Kritik am gesellschaftlichen Lebenszusammenhang. Doch im Verlauf der Entwicklung des Surrealismus und Dalís im besonderen verändert sich die Zielsetzung der *méthode paranoïaque-critique*. Das Wahnprodukt der Zwangskranken verwandelt sich dem surrealistischen Erfolgsmanieristen zum Rohmaterial seiner Kunst. Die *activité paranoïaque-critique* wirkt und produziert fortan auf dem Kunstmarkt im Interesse der Profitmaximierung. Sind die *authentischen* Produkte des Paranoikers von ihrer ästhetischen Verwertung auf dem kapitalistischen Markt ausgeschlossen und anfangs ein moralisches Potential der surrealistischen Kritik an der »Vernunft« eines Lebens, das unter Bedingungen der kapitalistischen Arbeitsteilung fortwährend Entfremdung herstellt, so bleibt das später in surrealistischer Kunst und Anamorphotik integrierte Wahnprodukt in den Bahnen seiner ästhetischen Rezeption und gerät in die Verfügungsgewalt des Kunsthandels. Die Ästhetisierung und Literarisierung pathologischer Texte und Bilder hat der Surrealismus mitverschuldet. Doch ist dies nur die halbe Wahrheit. In den Jahren 1928/30–35/36 bedeutete der Rekurs auf pathologische Phänomene noch den bewußten Einstieg in die Ghettos der gesellschaftlich unterdrückten, unverwertbaren Phantasieproduktion der Wahnkranken und Schizophrenen. Die Parteinahme für den gesellschaftlich ausgegrenzten Geisteskranken war ein Akt der Opposition gegen den herrschenden Geist.

Zwang wiederfindet: man überschreitet die Wirklichkeit ja nicht dadurch, daß man ihr entrinnen möchte«[26].
Was verrät der Wahn über seine Herkunft, über eine Pathologie der Wirklichkeit? Kann die Gesellschaft im Spiegelbild der Wahnbildungen ihre Urheberschaft verleugnen? Kann im Licht des methodischen Wahnsinns, der nachcartesianischen surrealistischen Zweifelsmethode von einer »pathologischen Gesellschaft«, einer Verkehrung der vernünftigen Funktionen der Naturbeherrschung in unvernünftige gesprochen werden? Die psychiatrische Erforschung oder Wahngenese hat nichts davon thematisiert.
Indem die surrealistische Theorie auf Grund ihrer schonungslosen Problematisierung des Psychopathologischen alle diese Fragen stellen kann und zum größten Teil gestellt hat, und indem sie mit ihrer *méthode paranoïaque-critique* eine zumindest ideologiekritische Funktion gegenüber dem freilich nicht nur begrifflich und wissenschaftstheoretisch bestehenden Unterdrückungszusammenhang zwischen *folie* und *non-folie* ausgeübt hat, konvergiert ihre Opposition mit vielen Teilen der gesellschaftskritischen »Anthropologie« Foucaults und der »Antipsychiatrie«[27].

7. *La conquête de l'irrationnel* – der Einfluß von Lebensphilosophie und Irrationalismus, Dalí und Bergson

Die *Störung* der Absprachen zwischen wissenschaftlicher Psychiatrie und der normativen Wirklichkeit, das ist die antipsychiatrische Einstellung, erbringt *mehr* Kommunikation mit dem Wahn, sie riskiert den ungesicherten assoziierenden Dialog mit ihm, das »Schizophrenesische« (Laing), an dessen Grenze die sprachlose Identifikation mit ihm, die hermetische Einfühlung drohen. Die *révolution surréaliste,* ein Zwitter von wissenschaftlicher Erkenntnis und künstlerischer Intuition, bewegt sich vermittelnd dazwischen. Sie hat sich herausgenommen, in die tabuierten Zonen der Blicklosigkeit und des Schweigens, der pathologischen Kommunikationsverweigerung einzudringen, ohne freilich verhindern zu können, daß ihre Parteinahme im Schuldzusammenhang einer ästhetischen Restdistanz zur Wahnwirklichkeit verbleibt, so wie die von Foucault herausgehobenen Werke Hölderlins, Nervals, Nietzsches und Artauds trotz ihres irrationalen Aufblitzens über dem leeren Horizont der Vernunft gleichwohl für Werke der Kunst gelten.

[25] Dalí, Interprétation paranoiaque-critique, a. a. O.
[26] Foucault, Psychologie und Geisteskrankheit, a. a. O., S. 128
[27] Für eine Entfaltung der Zusammenhänge von Kunst, Literatur, ästhetischer Grenzüberschreitung und Antipsychiatrie sei der Leser auf die Surrealismusstudie von Steinwachs, a. a. O. und auf meine Arbeiten verwiesen in: Literatur und Psychose, a. a. O. und in: Kunst, Literatur und Psychopathologie heute, a. a. O.

Dieses Aufblitzen ist unberechenbar, ist weder vorhersehbar, noch in einer intellektuellen Versuchsanordnung wiederholbar. Der Surrealismus möchte es dennoch in den Griff bekommen, möchte es – ohne es zu verfälschen – kontrollieren können. Das ist der Ansatzpunkt für die *méthode paranoïaque-critique.* Ihr Bezugsobjekt ist das der begrifflichen Fixierung und rationalen Berechnung sich entziehende Hervorbrechen und Wachsen des Wahns: seine spontane, irrationale und sich systematisch entwickelnde Selbsttätigkeit, die in den szientifischen Abstraktionen der zuständigen Psychologie und Psychiatrie verfehlt wird.
Der für die antipsychiatrische Position des Surrealismus wichtigste Essay Dalís trägt den Titel *La conquête de l'irrationnel* (1935). Damit ist auf das weitgehend unerforschte Rohmaterial verwiesen, das vermittels der *méthode paranoïaque-critique* nicht durch Einfühlung nacherlebt bzw. erschaut, sondern *avec la plus impérialiste rage de précision* selbst ergriffen und bestimmt werden soll. Man würde bei Dalí fehlgehen zu vermuten, daß der Begriff *irrationnel* die Funktion anzeigt, eine philosophisch-weltanschauliche Gegenposition zum Rationalismus einzunehmen. Der Begriff zielt vielmehr auf die Evidenz einer Wahnerfahrung, die in der zuständigen psychologischen Wissenschaft und Psychiatrie begrifflich insuffizient erfaßt ist. Dalís wissenschaftskritischer Erfahrungsbegriff wäre mit Intuition im Sinne Bergsons, von dem er sich in *La femme visible* ausdrücklich distanziert, nicht adäquat wiedergegeben, doch glaubt Dalí wie ebenfalls Bergson, daß durch Subsumtion der Erfahrung unter die Allgemeinbegriffe des Denkens *(idées abstraites, ou générales, ou simples – Bergson)* ihre besondere Konkretion *(l'irrationnalité concrète – Dalí)* verfehlt wird. Diese Konkretion drückt sich in Bildern – *images* aus, die zwischen Intuition und Begrifflichkeit ein Mittleres sind, *images qui provisoirement ne sont pas explicables ni réductibles par les systèmes de l'intuition logique ni par les mécanismes rationnels*[1].
Wie seine Essays zeigen, hat Dalí im Rekurs auf eine Bildtotalität die Polemik der Ganzheits- und Gestaltpsychologie seiner Zeit mitbekommen, und er stimmt mit der vorgebrachten Kritik am atomistischen, assoziationistischen oder mechanisch-reflexologischen Denken überein. Das mechanistische und das atomistische Erklärungsprinzip in der Psychologie, aber auch die Rückführung seelischer Erlebnisqualitäten auf einen biologischen Apriorismus, die Ersetzung der Seele durch den Instinktbegriff in der damals entstehenden Evolutionstheorie werden schon in *La femme visible* (1930) als Angriffe der »Psychologie ohne Seele« auf die poetische Einbildungskraft bewertet und abgewehrt.

[1] Dalí, La conquête, a. a. O., in: Dalí, Oui, a. a. O., S. 17

Dabei bleibt sein Verhältnis zu Bergsons Rationalismuskritik durchaus distanziert, weil er dessen Reduktion auf ein evolutionär inspiriertes universales Lebensprinzip wie dem *élan vital* ebenso als poetische Verarmung gegenüber der tatsächlichen Konkretion des Lebens ablehnt. Bergsons Weltbild, das Geburt und Tod der Individuen ausklammert und diese nur *über*individuell, als zunehmenden und abnehmenden Lebensschwung begreift, ist dem beginnenden Surrealisten zu harmonistisch und antiintellektualistisch. Für die von Dalí geforderte »revolutionäre und wirklich zerstörerische Wirksamkeit« des Denkens ist dort kein Platz. Das poetische Denken geht zwar im Sinne Bergsons auf die Intuition zurück, ist mit ihr, einer *vision directe de l'esprit par l'esprit*[2], aber nicht identisch; noch liefert es Dalí zufolge eine harmonische Abfolge von Bildern des Lebensschwunges, sondern seine surrealistische Produktivität bestünde vielmehr ebenso in der Störung und Brechung der evolutionistischen Grundannahmen. Dieses Verständnis rückt Bergson zu Recht näher an die impressionistische Erfahrung des Lebensstroms heran, während sich für die oft, u. a. von Bloch, behauptete Nähe Bergsonscher Gedanken zum Jugendstil bei Dalí, der in der plastischen Kurvatur von Umberto Boccioni und Antonio Gaudí die Inkarnation des dynamischen Gestaltungsprinzips bewundert, keine Bestätigung findet.

Trotz dieser Distanzierung gehen wesentliche ganzheitstheoretische Überlegungen der Bergsonschen Philosophie in Dalís psychologische Intentionen ein. Daß die Einheit des Bewußtseins nicht aus einzelnen Elementen zusammengesetzt, sondern ein fließendes Erlebnisganzes ist, wie Bergson sagt: »das kontinuierliche Leben eines Gedächtnisses, das die Vergangenheit in die Gegenwart verlängert, sei es, daß die Gegenwart das unaufhörlich wachsende Bild der Vergangenheit deutlich in sich einschließt, oder sei es, daß sie durch ihre fortgesetzte Änderung in der Qualität die immer schwerere Last bezeugt, die man hinter sich her schleppt in demselben Maße wie man älter wird«[3] –, diese berühmte Strukturbeschreibung des inneren Zeitbewußtseins wird man in den Filmen Buñuels und Dalís buchstäblich visualisiert finden. *Chien andalou* (1928), ein Filmexperiment, für dessen Montagecharakter immer der Autoren Kenntnisse zur Freudschen Traumanalyse reklamiert werden, gäbe unter dem Interpretationsraster der Bergsonschen *durée intérieure* phänomenologisch einiges her.

Bergsons Konzeption des Bewußtseinsstroms als einer zugleich vergangen-gegenwärtig-zukünftig strukturierten zeit-

[2] Henri Bergson, La pensée et le mouvant, Essais et conférences, Paris 1955[31], S. 42

[3] Bergson, Einführung in die Metaphysik (1903), in: Bergson, Denken und schöpferisches Werden, Aufsätze und Vorträge, Meisenheim 1948, S. 201

lichen Ganzheit verträgt sich außerdem mit dem »umfangreichen experimentellen Erfahrungsmaterial, das die Freudschule zusammengestellt hat«[4]. Da die Freudsche Konzeption des Unbewußten eine zu ihr passende Zeittheorie nicht mitgeliefert hat, was später erst Lacan versuchen wird, kann zumindest für die Fragen einer schnittechnischen Visualisierung des Unbewußten im Film das Interesse der Autoren von *Chien andalou* und *L'âge d'or* (1930) an Bergsons Zeitphänomenologie als sehr wahrscheinlich angenommen werden. Für Dalí ist die raum-zeitliche Visualisierung des Unbewußten wie die kinematographische Verdichtung von Metaphern auch in der Malerei, z. B. in *Monument impérial á la femme-enfant* (1929)[5], von Anfang an wichtig gewesen. Ob nicht einige der suggestiven Metaphern Bergsons zur Veranschaulichung des aus der Intuition herausgefallenen verdinglichten Ich wie die *Schublade* oder der *Schatten* auf Dalí gewirkt haben, kann nur vermutet werden. Dalí selbst tendiert fortwährend zur metaphorischen Interpretation. An einem Beispiel ist es möglich zu zeigen, wie Bergsons und Dalís Metaphorik konvergieren.

Dalí, *Imperiales Monument für die Kindfrau.*

Bergson beschreibt die *durée concrète* des inneren Zeitbewußtseins als ein »beständiges Aufrollen wie beim Faden auf einen Knäuel, denn unsere Vergangenheit folgt uns, sie wächst unaufhörlich mit der Gegenwart, die sie unterwegs aufnimmt; und Bewußtsein bedeutet Gedächtnis«[6]. War diese Beschreibung Dalí gegenwärtig, als er auf einem Bild de Chiricos die dort gemalte »Spule ›ohne Faden‹« als Materialisation eines Bewußtseins ohne Gedächtnis ausmachte? Dalí, der Kants erkenntnistheoretische Abstraktionen gerne verspottet hat, z. B. dessen »ursprüngliche ›reine Prostitution‹« sprich: Apperzeption, will in der Spule ohne Faden eine optische Materialisation der kantischen »reinen Anschauung« (Raum und Zeit als Formen der Anschauung anstelle raum-zeitlich strukturierter Anschauung) erblicken, und er nimmt in dem Essay über »Nicht-euklidische Psychologie einer Fotografie« (1935) die kantische Abstraktion zum Anlaß, eine Reihe weiterer Metaphern zu assoziieren, die im Sinne der paranoischen Interpretation alle auf den gleichen Sachverhalt bezogen werden können. Dalí verteidigt gegen den Transzendentalismus Kants und die anti-individuelle, anti-anthropomorphe Reglosigkeit des »metaphysisch Absoluten« das, was er die *évidente réalité physique, une physique de la psycho-pathologie, une physique de la paranoia* nennt[7].

Die Rückkehr zur Konkretion des »unmittelbar Gegebenen« war eine allgemeine methodische Forderung der

[4] Bergson, a. a. O., Einleitung, S. 93
[5] Descharnes, a. a. O., S. 156
[6] Bergson, Einführung in die Metaphysik, in: Denken und schöpferisches Werden, a. a. O., S. 185
[7] Dalí, La conquête, a. a. O., in: Dalí, Oui, a. a. O., S. 26

Phänomenologie und Lebensphilosophie dieser Zeit. Dalí konnte einverstanden sein mit der von Bergson geforderten »Umkehrung der gewöhnlichen Art des Denkens«, mit der Behauptung, »Denken besteht für gewöhnlich darin, von den Begriffen zu den Dingen zu gehen und nicht von den Dingen zu den Begriffen. Eine Wirklichkeit erkennen, bedeutet, im gewöhnlichen Sinne des Wortes ›Erkennen‹, schon fertige Begriffe nehmen, sie abwägen und untereinander kombinieren, bis man ein praktisches Äquivalent des Wirklichen erhält.«[8] Dagegen setzt Bergson die »normale Arbeit der Intelligenz«, die »uninteressierte Arbeit«, die nicht darauf beschränkt ist, »einen Entschluß zu fassen, ... einen Vorteil zu gewinnen, kurz, ... ein Interesse zu befriedigen«[9]. Äquivalente dieser von Mittel und Zweck-Rationalität unbeeindruckten *uninteressierten Arbeit* suchte und glaubte der Surrealismus zunächst im Traum gefunden zu haben – wie Bergson. Die Traumarbeit wurde zum Vorbild der poetischen Produktion. Die »Domäne des Traums« ist »zum idealen Experimentierfeld« geworden, »sobald es darum geht, und es geht immer darum, die Natur des Individuellen zu erforschen, und zwar ganz, in jenem totalen Sinn, mit dem sie seine Vergangenheit, seine Gegenwart und seine Zukunft umfaßt«[10]. Doch während Breton und ein Teil der Surrealisten sich später an einem antizipierenden Begriff nicht entfremdeter Arbeit, in dem Realitäts- und Lustprinzip, Tat und Traum zusammenlaufen, aus Marx/Engels »Deutscher Ideologie« zu orientieren scheinen, verbleibt Dalí bei einem Denkmodell, das Arbeit und Leben als unversöhnlichen Widerspruch begreift, ihn dadurch verewigt und einen von Arbeit überhaupt befreiten Zustand, den luxuriösen Lebens- und Bewußtseinsstrom anstrebt.

Wenn Bergson darüber hinaus den »wesentlich aktiven Charakter« des Bewußtseinsstroms herausstellt[11], seinen Bewegungs- und Richtungscharakter betont[12], dann wird die Annahme noch wahrscheinlicher, daß Dalí *mit Hilfe Bergsonscher* Auffassungen zu einer Kritik des passiven Traumzustandes, der die Surrealisten von der Aktion abzuschneiden drohte, vorstoßen konnte. Die behauptete Aktivität und Spontaneität der paranoischen Phantasietätigkeit befindet sich jedenfalls im Einklang mit den von Bergson gefundenen allgemeinen Strukturen des zeitlichen Bewußtseinsstroms. Daß Dalí Bergsons Zeittheorie rezipiert haben muß, geht z. B. aus der Beschreibung des Gedächtnisses in *L'amour et la mémoire* (1931), die auf Einsichten von Berg-

[8] Bergson, Einführung in die Metaphysik, in: Bergson, Denken und schöpferisches Werden, a. a. O., S. 199
[9] Ebd.
[10] Breton, Die kommunizierenden Röhren, a. a. O., S. 121
[11] a. a. O., S. 207
[12] a. a. O., S. 140

sons *Matière et mémoire* fußt, eindeutig – wenn auch von Dalí als Quelle nicht kenntlich gemacht – hervor.

8. Die Entdeckung Jacques Lacans für den Surrealismus

Mehr noch als die in seiner Zeit übliche allgemeine Anerkennung des Prinzips der ganzheitlichen Betrachtungsweise des Intuitionismus und einer ganzheitlichen Methodik, die nicht auf die Gestaltpsychologie im engeren Sinne von Ehrenfels, Wertheimer, Köhler, Koffka u. a. beschränkt war, beeinflußte Dalí eine frühe (die erste) wissenschaftliche Arbeit von Jacques Lacan, in der gestalttheoretische und phänomenologische Einsichten ihre psychiatrische Verarbeitung finden. Lacan, der heute als Kritiker und strukturalistischer Reformator der Psychoanalyse gilt, hatte 1932 seine Doktorthese *De la psychose paranoïaque dans ses rapports avec la personnalité* (Le François 1932) in Buchform veröffentlichen lassen, was den Umstand, daß eine medizinische Dissertation von der surrealistischen Bewegung sofort rezipiert und Lacan in Zusammenhang mit ihr brachte, begünstigt haben mag. Der von Lacan verhandelte Fall von *paranoia d'autopunition* bei der Schriftstellerin *Aimée A.* (bei insgesamt dreißig Fallbeschreibungen) findet in Bretons Aufsatz *L'art des fous, la clé des champs* (1948) ausdrückliche Erwähnung. Lacans Studie wird neben den Standardwerken von Marcel Réja *L'art chez les fous* (1905), und Hans Prinzhorn, *Bildnerei der Geisteskranken* (1922), als hauptsächliche surrealistische Lektüre zur psychiatrischen Würdigung von Kunst und Literatur bestätigt. Steinwachs will gar für »Nadjas Inspiration ... in ihren Zeichnungen und Scherenschnitten« eine Parallele in den Romantexten der *Aimée A.* sehen[1]. Lacan selbst erinnert sich des großen Interesses, die seine Veröffentlichung und zwei spätere Aufsätze für den *Minotaure* bei den Surrealisten, bei Dalí und René Crevel[2] im besonderen gefunden hatten[3]. Wenn Dalí 1930 von »unserer paranoischen Begabung« spricht, so ist dies aus der Retrospektive von heute, nachdem literarische und bildnerische Äußerungen in den Kontext der Kunstgeschichte und Kunstpsychologie integriert sind, kaum mehr problematisch. In den dreißiger Jahren war nur erst ein einziger Vertreter der Psychiatrie sachlich in der Lage und auch persönlich bereit, den waghalsigen Formulierungen des *Minotaure*-Essayisten und *stud. surr.* Dalí mit einer wissenschaftlich ernst zu nehmenden These beizuspringen. Es war dies aber nicht der im surrealistischen Schrifttum viel zitierte Freud, an dessen

[1] Steinwachs, a. a. O., S. 147, vgl. S. 134
[2] Vgl. René Crevel, Nouvelles vues sur Dalí et l'obscurantisme, in: Crevel, l'esprit contre la raison, Paris 1969, S. 79
[3] Jacques Lacan, Écrits, Paris 1966, S. 65

Zurückhaltung oder sogar offensiver Ironie gegenüber den »für absolute Narren« gehaltenen Surrealisten, trotz späterer oberflächlicher Wertschätzung der »fanatischen« Persönlichkeit Dalís, sich zeitlebens nichts geändert hat[4] und was auf ein allgemeines Kommunikationsdefizit zwischen dem wissenschaftlichen Fortschritt der Psychoanalyse und dem künstlerischen Avantgardismus des Surrealismus hinweist, das andererseits die surrealistische Theorie vor der gefürchteten Akademisierung und psychologischen Integration ihrer Erfahrungen weitgehend bewahrt hat. Den Gründen für dieses Kommunikationsdefizit zwischen Surrealisten und Psychoanalytikern, zwischen Freud und Breton im besonderen, ist Jean Starobinski im einzelnen nachgegangen[5].

Der junge Psychiater, der den psychopathologischen Spekulationen des Surrealismus beisprang und insbesondere für die Paranoia-Rezeption in ihrer dalíschen Form hauptverantwortlich ist, auf dessen Einfluß aber auch bestimmte Verschiebungen im Freudverständnis der Surrealisten zurückgeführt werden können, ist kein geringerer als Lacan.

[4] Dalí hat auf seinen drei einzigen Reisen nach Wien zwar immer die Werke Vermeers besichtigt, aber nie – den gerade wegen Krankheit stets abwesenden – Freud angetroffen. Dafür hat sich seine Phantasie mit ihm um so mehr beschäftigt. Dazu einige Anmerkungen.

In Paris speist er in einem Restaurant Schnecken, während man sich über die psychoanalytische Arbeit von Marie Bonaparte zu Edgar Allen Poe unterhält. Dalí erblickt währenddessen die Fotografie Freuds in der Zeitung eines in der Nähe sitzenden Gastes. Er jubelt auf: *I had just that instant discovered the morphological secret of Freud! Freuds cranium (Schädel) is a snail (Schnecke). His brain is in the form of a spiral – to be extracted with a needle! This discovery strongly influenced the portrait drawing wich I later made from life, a year before his death.* (Dalí, The secret life, a. a. O., S. 23)

1938, am 19. Juli, besuchte Dalí mit Edward James, mitgenommen von Stefan Zweig, Freud in London. Wie er den Hof der Wohnung überquert, bemerkt er ein Fahrrad an der Hauswand lehnen und auf dem Sattel eine rot eingewickelte Wärmflasche, darauf kriecht eine Schnecke. Die Gegenwart dieses Zusammentreffens schien Dalí befremdlich und auffallend im Hof der Freudschen Wohnung. Sein späteres Zusammentreffen mit Freud beschreibt Dalí in *The secret life:* »Anders als erhofft sprachen wir wenig, aber jeder verschlang den anderen mit den Augen.« (S. 24) Die »treuherzig fanatischen Augen« Dalís und dessen »unleugbar technische Meisterschaft« legte Freud nach dem Bericht Zweigs eine andere Schätzung nahe als vorher. Denn bis dahin war Freud »geneigt, die Surrealisten, die mich scheinbar zum Schutzpatron gewählt haben, für absolute (sagen wir fünfundneunzig Prozent wie beim Alkohol) Narren zu halten«. (Freud, Briefe 1873–1939, hrsg. v. Ernst L. Freud, Frankfurt 1960, S. 441)

Dali überreicht bei seinem Londoner Besuch ein Heft des *Minotaure* mit einem Artikel von sich über die »kritisch-paranoische« Interpretation, von dem Freud nicht weiter Notiz nimmt. Dalí wiederholt im Verlauf seines Aufenthaltes den Titel und betont den ernsthaften, wissenschaftlichen Charakter des Artikels, um Freuds Aufmerksamkeit zu fangen. Freud, der Dalí unverwandt anblickt, aber offensichtlich kein Interesse für den Artikel bekundet, soll zu Zweig gewandt gesagt haben: *I have never seen a more complet example of a Spaniard. What a fanatic!* (Dalí, The secret life, a. a. O., S. 25)

[5] Starobinski, a. a. O.

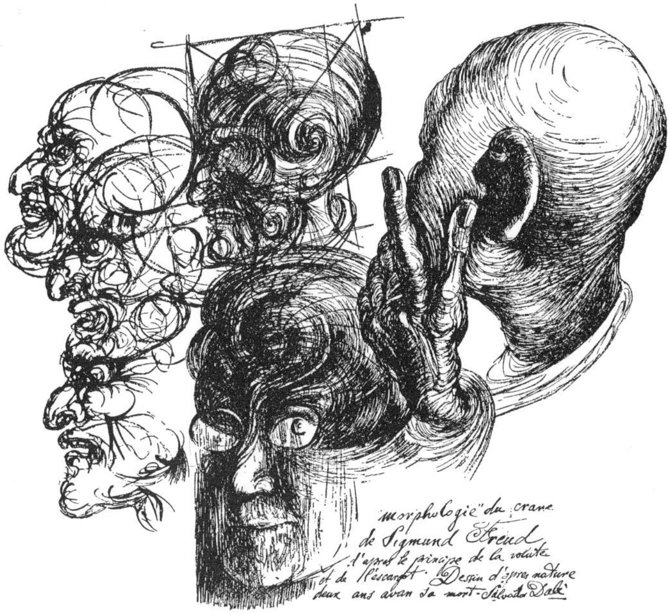

Obwohl sein Einfluß auf den Surrealismus nicht vor 1932, dem Datum seiner ersten Veröffentlichung angenommen werden kann, kommt der Paranoia-Arbeit nicht weniger Bedeutung als z. B. Freuds »Traumdeutung« oder dessen »Drei Abhandlungen zur Sexualtheorie« zu. Die Überbetonung des Einflusses der Freudschen Arbeiten für den Surrealismus, gegen die neben Starobinski auch Peter Bürger Protest anmeldet[6], bedarf einer weiteren Korrektur mit Rücksicht auf jene Ideen, die der surrealistischen Theorie durch den psychiatrischen Ansatz Lacans zwar vermittelt und sozusagen psychologisch mundgerecht gemacht wurden, deren Ursprung aber in den teils lebensphilosophischen, ganzheitspsychologischen oder phänomenologischen Richtungen der Zeit liegt. Der junge Lacan war nicht von der Freudschen Psychoanalyse ausgegangen, als vielmehr am gestalttheoretischen Modell aus der Kinderpsychologie Charlotte Bühlers und Elsa Köhlers orientiert. Erst auf dem »Marienbader Kongress« (1936) hat Lacan nach eigenen Aussagen in die psychoanalytische Theorie kritisch eingegriffen[7], wofür ihn gerade die frühe phänomenologische, nicht-psychoanalytische Auffassung einer *connaissance paranoïaque*[8] prädisponiert habe. Der Einfluß von Edmund Husserl, im besonderen von dessen Theorie der Fremderfahrung aus den »Pariser Vorlesungen« (1929) und den »*Méditations Cartésiennes*« (Paris 1931) ist gleichfalls unverkennbar[9]. In einem Aufsatz für den *Minotaure* rückt

[6] Bürger, a. a. O.
[7] Jacques Lacan, Écrits, a. a. O., S. 67
[8] a. a. O., S. 180
[9] Es grenzt nahezu an Verschleierung dieses Einflusses, wenn Lacan in *Écrits* an einer einzigen unwesentlichen Stelle Edmund Husserl

Lacan seine Doktorarbeit *d'inspiration phénoménologique* in die Nähe der von der Husserlschen Phänomenologie geprägten Psychiatrie Ludwig Binswangers, während er sich von den theoretischen Prämissen der klinischen Psychiatrie Kraepelins, dessen *génie intuitif* er anerkennen muß, distanziert.
Dalí erwähnt erstmals 1933 in seinem *Minotaure*-Aufsatz *Interprétation paranoïaque-critique de l'image obsédante »L'Angélus« de Millet* die Arbeit Lacans. Er stimmt darin mit diesem überein, daß die Annahme einer psychopathischen Konstitution, einer von Geburt an vorhandenen, abnormen seelischen Anlage zur Erklärung und Beschreibung der – immer chronisch verlaufenden – Paranoia unbrauchbar ist. Der Krankheitsprozeß werde nicht auf Grund bestehender konstitutioneller Faktoren allmählich zu voller systematischer Blüte ausgebaut, sondern die Wahnbildung sei – *contrairement aux idées générales des théories constitutionalistes un délire* déjà *systématisé.* Die Eigenschaften des Paranoikers wie *productivité, permanence, accroissement* entwickeln sich nicht erst sukzessiv und additiv zur Gesamtheit des paranoischen Symptomkomplexes heraus, sondern sind der Wahngegebenheit *(fait systématique)* inhärent. Unschwer läßt sich in dieser Ablehnung die Bevorzugung des ganzheits- bzw. einheitstheoretischen gegenüber dem atomistischen Denkmodell wiedererkennen. Die Konstitutionstheorie möchte den Wahnbildungsprozeß als ein aus Elementen oder Bausteinen in der Zeit sich quantitativ zusammensetzendes *compositum* begreifen. Der ganzheitstheoretische Ansatz, dem Dalí folgt, geht von einem raum-zeitlichen *totum* eines bereits vorhandenen und qualitativ entwickelten Wahnsystems aus, das alle seine Erscheinungsformen – die komplette Symptomatologie – als Teile und Potentialitäten in sich enthält (impliziert) und sie nachträglich – *a posteriori* – einzeln aktualisieren bzw. – wie Husserl sagen würde – *enthüllen* kann. Das aktualisierte Wahnleben bricht aus seiner zeitlichen Totalität, seiner Horizontalität dieses oder jenes Stück (Implikat) heraus – eine These, die das diskontinuierliche, schubweise Auftreten, das unangekündigte Hervorbrechen des Wahndenkens wie ebenso seine unberechenbare Spontanei-

erwähnt, während seine Theorie des »Spiegelstadiums« *(stade du miroir)* in Konstruktion und auch terminologisch auf Husserls Arbeiten fußt. Die »Pariser Vorlesungen« wurden am 23. und 25. Februar 1929 an der Sorbonne im Amphithéâtre Descartes unter dem Titel »Einleitung in die transzendentale Phänomenologie« gehalten. Es gab eine französisch abgefaßte *Sommaire des leçons*. Vgl. Husserliana Bd. I, Cartesianische Meditationen und Pariser Vorträge, Haag 1950, S. XXV. Die Darstellung des Zusammenhangs von Lacans Spiegelkonstruktion des »sekundären Narzißmus« und Husserls »transzendentaler Monadologie«, insbesondere seine Theorie der »Fremderfahrung als Appräsentation (Analogische Apperzeption)« würde den Rahmen der vorliegenden Arbeit sprengen.

tät und den blitzartigen Charakter des Wahneinfalls plausibel machen kann.
Die Aneinanderreihung einzelner, aus dem Wahn*totum* herausgebrochener Stücke (Implikate) zu einem symptomatischen Mosaik erscheint den Vertretern der Konstitutionstheorie fälschlich als der chronische Verlauf, die Prozessualität der Krankheit: *tout phénomène délirant de caractère paranoïaque, même instantanée et subit, comporte déjà* ›en entier‹ *la structure systématique et ne fait que s'objectiver a posteriori par l'intervention critique*[10].
Die von Dalí zur »Methode« aufgeblähte *activité paranoiaque-critique* besteht in nichts anderem als in diesem Eingriff in die vorstrukturierte Totalität der Wahngegebenheit. Die kritisch-paranoische Aktivität bzw. Interpretation ist, was schon Bergson für den Künstler im allgemeinen postuliert, *un révélateur.* Sie produziert nicht den Wahn, noch aber rekonstruiert oder fingiert sie ihn, sondern sie belichtet das unmittelbar gegebene (daher als spontan und *irrationnel* apostrophierte) Wahnprodukt »wie ein photographisches Bild« – um eine Metapher Bergsons aufzunehmen –, »das noch nicht in das Bad getaucht worden ist, in dem es sich enthüllen wird«[11].
Des gleichen bildhaften Vergleichs bedient sich Dalí, wenn er sagt: »Die kritische Aktivität wirkt lediglich wie ein flüssiger Entwickler von Bildern, Beziehungen, von systematischen Zusammenhängen und Finessen, die im Augenblick des Wahnausbruches ausgeprägt [eine Gestalt haben, P. G.] und bereits existent sind, und allein die kritisch-paranoische Aktivität ermöglicht augenblicklich, diesen Grad von Wirklichkeit objektiv ins Licht zu rücken« [das Negativ im Positiv sichtbar werden zu lassen, P. G.][12].
Diese Aktivität zeigt etwas – und das macht sowohl ihre kritische wie ihre didaktische Funktion aus – von dem, was wir bei uns selber (durch Introspektion und Selbstauslegung) oder bei anderen (Personen oder geistigen Produkten durch Interpretation) mehr oder weniger schon wahrgenommen haben, ohne es zum ausdrücklichen Gegenstand unserer Aufmerksamkeit zu machen oder machen zu können, weil wir es sogleich wieder verdrängt oder auf

[10] Dalí, La conquête, a. a. O., in: Dalí, Oui, a. a. O., S. 19
[11] Bergson in: La pensée et le mouvant, a. a. O., S. 149 f.: *Le poète et le romancier qui expriment un état d'âme ne le créent certes pas de toutes pièces, ... Au fur et à mesure qu'ils nous parlent, des nuances d'émotion et de pensée nous apparaissent qui pouvaient être représentées en nous depuis longtemps, mais qui demeuraient invisibles: telle, l'image photographique qui n'a pas encore été plongée dans le bain où elle se révélera. Le poète est ce révélateur.*
[12] Dalí in: La conquête, a. a. O., in: Dalí, Oui, a. a. O., S. 19: *L'activité critique intervient uniquement comme liquide révélateur des images, associations, cohérences et finesses systématiques, graver et déjà existantes au moment où se produit l'instantanéité délirante, et que seule pour le moment à ce degré de réalité tangible, l'activité paranoïaque-critique permet de rendre à la lumière objective.*

andere, vermeintlich wertvollere Wahrnehmungsziele abgelenkt haben. Denn für den surrealistischen Freudleser Dalí steht fest, daß die Aktualisierungs- und Enthüllungsfunktion der *activité critique* – Bergson würde sagen: die Apperzeption eines zuvor nur Perzipierten – die befreiende Wiederkehr des Verdrängten und die sexuelle Entsublimierung bewirkt. Dieser Gesichtspunkt veranlaßt ihn sogar zu einer Forderung, der Eduard Fuchs ohne Kenntnis des Surrealismus streckenweise nachgekommen ist: die Kunstgeschichte zu dem Zwecke umzuschreiben, damit das ästhetisch so divergierenden Kunstwerken wie Leonardos »Gioconda«, Millets »Abendläuten« und Watteaus »Einschiffung zur Insel Cythère« zugrunde liegende gemeinsame Motiv der sexuellen Verdrängung hervortreten kann.

Der Surrealist, zumindest in der programmatischen Vergröberung der Dalíschen Essays und der Bretonschen Manifeste, macht unser Unbewußtes sichtbar und allen bemerkbar. Die von ihm zutage geförderten Psychoneurosen und Perversionen sind ebenso Bestandteile eines jeden Seelenlebens wie der paranoische Mechanismus, der einem Größen-, Verfolgungs- oder Eifersuchtswahn zu Grunde liegt. Die Grenzen zwischen Wahnsinn und Vernunft fließen, der Übergang von noch normativen zu schon überwertigen Ideen ist kontinuierlich. Den Bereich der Trugwahrnehmungen haben »Gesunde« und »Kranke« zu einem großen Teil gemeinsam; wir alle sind potentielle Paranoiker. Das kritische Bewußtsein über diesen Tatbestand hält der Surrealismus in der *méthode paranoïaque-critique* wach. Sie zeitigt auch ein ästhetisches Ergebnis, zu dem die Surrealisten durch eine Umkehrung und Pervertierung der psychiatrischen Diagnose angeregt wurden.

Nach Vorstößen von Réjà, Prinzhorn und Morgenthaler (der die künstlerische Seite am Fall Adolf Wölfli hervorhob) geht Lacan in seinen beiden für den *Minotaure* geschriebenen Beiträgen, welche die Thesen seiner Doktorarbeit wiederholen und in den Diskussionszusammenhang des Surrealismus stellen, davon aus, daß die Symbolarbeit des Wahns nur zu oft der Inspiration der größten Künstler ebenbürtig sei. Er findet die jede Symbolbildung auszeichnende Leistung *d'identification itérative de l'objet*[13] nicht nur in der Fähigkeit des Paranoikers zu zyklischen, periodischen oder anderen multiplikatorischen Bildungen, zu Verdoppelungen und komplizierten Verdichtungen (z. B. in der Anamorphose, in der Wortagglutination, der Verbiteration, dem Oxymeron), sondern in jeder Dichtung wieder; sie scheint außerdem eine Voraussetzung des künstlerischen Stils im umfassenderen Sinne zu sein, der an der Periodizi-

[13] Lacan, Le problème du style et la conception psychiatrique des formes paranoïaques de l'expérience, in: Minotaure, Nr. 1, 1933, S. 69

tät, der Wiederholung und Vervielfältigung von Formeigentümlichkeiten als solcher erst verifizierbar werde. An dem von Lacan bemerkten plastischen, bildnerischen, literarischen und poetischen Reichtum der Psychose konnte unter den Surrealisten kein Zweifel bestehen.

Doch geht es Dalí und nachdrücklicher Breton, über die These von der künstlerischen Produktivität der Psychose hinaus, um die Verallgemeinerung psychopathologischer Phänomene, nämlich ihren Einbezug in den Rahmen eines alltagspsychologisch erweiterten Bewußtwerdungsprozesses und für eine »nicht-arbeitsteilige Tätigkeit«, die »den Kontakt ... zwischen den getrennten Welten des Wachens und des Schlafs, der äußeren Wirklichkeit und der inneren, der Vernunft und des Wahnsinns, der leidenschaftslosen Erkenntnis und der Liebe, des Lebens um des Lebens willen und der Revolution« und schließlich zwischen den Grundthesen von Rimbaud und Marx (das Leben ändern – die Welt verändern) herzustellen wünscht[14]. Von der Hypothese individueller psychopathologischer Konstitution führt kein Weg dorthin. Sie kann auch nicht jene Psychosen restlos aufklären, die auf dem Weg allein der psychischen Infektion, des »induzierten Irreseins« übertragen werden und, wie die Paranoia, ansteckend sein können. Wahnideen finden häufig Nachahmung und können, wie das Phänomen des religiösen und politischen Wahns beweist, sich epidemisch ausbreiten. Daß die Psychose ansteckend und nachahmbar sein könne, nicht die vermutete psychopathische oder somatische Disponiertheit einzelner Individuen, ist der Punkt, auf den sich die surrealistische Phantasie festbiß und worauf sie alle Spekulationen über eine *in jedem* Menschen schlummernde paranoische Aktivität stützte. Der von Lacan im *Minotaure* 1933 veröffentlichte Beitrag über das Verbrechen der Geschwister *Papin,* einen Aufsehen erregenden Fall einer *folie communiquée* (von »induziertem Irresein«) hatte – so betrachtet – die Funktion, die surrealistische Deutung der paranoischen Aktivität auf eine psychologisch breitere und wissenschaftlich begründete Basis zu stellen. Von seiten der Hypothese psychopathischer Konstitution her war dies sachlich nicht möglich. Sie war den monistischen Auffassungen Dalís und Bretons diametral entgegengesetzt. Es bestand daher ein zwingender Anlaß für den Surrealismus, einen Kritiker der Konstitutionstheorie bei sich zu Wort kommen zu lassen, dessen Paranoia-Diagnostik zu Schlußfolgerungen gekommen war, die mit der Auffassung der Surrealisten übereinstimmten.

Die Psychiatrie betont heute die große theoretische Bedeutung des »induzierten Irreseins« für eine konsistente Lehre der Psychosen[15]. Nach ihr scheint die Tatsache einer psychi-

[14] Breton, Die kommunizierenden Röhren, a. a. O., S. 74
[15] Bleuler, a. a. O., S. 518

schen Übertragung von Wahnideen und Halluzinationen zwischen Verwandten und innerhalb der Familie *entweder* die Annahme einer sozialen, umweltbedingten psychotischen Infektion zu erhärten. Jedoch ist dieser klassischen Auffassung der Psychiatrie zufolge das doppelte oder mehrfache Auftreten des Wahns *(folie à deux, à trois* etc.) ein Übertragungsphänomen zwischen dafür konstitutionell Disponierten. Es wurde und wird die Frage gestellt, ob es sich dabei nicht um das Auftreten zweier bzw. mehrerer »ursächlich von einander unabhängiger endogener Psychosen« handeln könne[16]. *Oder aber* man gibt die soziale Infektion zu und bestreitet dann, daß Fälle des »induzierten Irreseins« als Psychose anzusehen sind.

Lacan läßt sich auf diese Alternative nicht ein und erklärt den Doppelwahn der mordenden Geschwister *Papin* nach dem dynamischen Schema der vorübergehenden Gleichgewichtsstörung zwischen persönlicher Libido und sozialer Anpassung. Wenn die im Mord oder einem anderen Verbrechen frei werdende Aggressivität befriedigt ist, verflüchtige sich auch der Wahn. Er ist sozusagen Epiphänomen bzw. *superstructure* eines ungelösten, unerträglichen sozialen Konfliktes, kein konstitutioneller Krankheitsherd im Sinne der endogenen Psychosen. Der Wahn selbst ist nicht beständig, sondern von unterschiedlicher Dauer; seine chronische Entwicklung aus einem substantiellen Kern heraus wird bestritten; konstant ist nur die Struktur seines Verlaufs. Soweit die Schlußfolgerung auf Grund des untersuchten Materials, das Lacan, darunter auch den Fall der für die Surrealisten interessanten Schriftstellerin *Aimée A.,* in seiner Doktorarbeit über das Persönlichkeitsbild des Paranoikers veröffentlicht hatte.

Indem die surrealistische Theorie sich der Psychose von der Seite ihres Grenzbereiches her, den die Paranoia und das »induzierte Irresein« markieren, näherte, waren sie noch am ehesten sachlich dazu in der Lage, Äußerungen von »Geisteskranken« nicht in einen konstitutionellen, individualpathologischen, sondern alltagspsychologischen, gesellschaftlichen und kunstästhetischen Gesamtzusammenhang zu stellen. Dalís *méthode paranoïaque-critique* ist nur ein, wenn auch herausragender Spezialfall der Relativierung des konstitutionellen Erklärungsprinzips. Über die fachmedizinische Berechtigung dazu ist hier nicht zu verhandeln. Daneben gibt es aber eine Kontinuität des ideologiekritischen Denkens und seiner politisch-gesellschaftlichen Motive. Man denke an die geistige Vorläuferschaft des Surrealismus für die »Antipsychiatrie«.

[16] Ebd.

9. Die phänomenologische Analyse des Wahns durch Lacan, Dalís Fund der *activité paranoïaque*

Lacan verzichtet auf die psychiatrisch üblichen hypothetischen Angaben über die Konstitution der von ihm untersuchten Wahnkranken, sondern er geht — dies macht seine Stellungnahme im *Minotaure* hinreichend deutlich — von der klinisch gerade vorfindlichen Wahngegebenheit aus, um die Strukturen ihres empirisch beobachtbaren Verlaufs zu beschreiben. Für diese Vorgehensweise greift er auf die phänomenologische Methode Husserls zurück. Im Sinne der »phänomenologischen Epoché« enthält er sich aller Vormeinungen, aller psychologischen bzw. psychiatrischen Interpretationsangebote und Vorurteile, um das »Phänomen selbst« sprechen zu lassen. *La connaissance paranoiaque* soll sich sozusagen selber darstellen und den Arzt oder Analytiker zum Zuhören zwingen. Ausgehend von der *totalité de l'expérience vécue du malade*[1] ist intendiert die Erfassung und Definition der pathologischen Gesamtstruktur *dans son orginalité*[2].

Noch näher an der phänomenologischen Sprachregelung ist das originäre Wahnerleben bestimmt als *déterminations structurales de l'ordre nouménal dans les formes primaires de l'expérience vécue*[3]. Der Totalitätscharakter dieser Gegebenheit hinsichtlich ihrer zeitlichen Erlebnisqualität, ihrer Horizontalität ist bestimmt als *primordialité dynamique et l'orginalité de cette expérience* (Erlebnis) *par rapport à toute objectivation d'événement* (Geschehnis)[4]. Das psychotische Bewußtsein, der Erlebnisstrom des Psychotikers verfügt über intentionale Bedeutungen und spannungsgeladene Kommunikation, die den Charakter von sozialen Akten haben. Das originäre Erlebnis werde nur begreifbar, wenn es in dieser seiner reinen Gegebenheit als Geschehen belassen und als solches beschrieben werde: als die *structure cohérente d'une appréhension nouménale immédiate de soi-même et du monde*[5].

Lacan vertritt hier in ausdrücklicher Anlehnung an die *traveaux d'inspiration phénomènologique* in der neuesten Psychiatrie, wozu er neben Ludwig Binswangers phänomenologische Studien über Ideenflucht seine eigene Doktorarbeit über die paranoische Psychose zählt, ein positivistisches Postulat. Er grenzt sich von allen tradierten rationalistischen, religiösen, anthropologischen und vor allem moralischen und juristischen Vormeinungen, Interpretationen ab, die über den Gegenstand der Psychiatrie im Kurs und undurchschautes Element – sogar bei einem so »genialen

[1] Lacan, Le Problème du style, a. a. O., S. 69
[2] Ebd.
[3] a. a. O., S. 68
[4] Ebd.
[5] a. a. O., S. 69

Beobachter« wie Kraepelin – der psychiatrischen Diagnose selbst geworden seien. Er verweist auf das Studium der Sachen selbst, auf die positivistische Beobachtung und Beschreibung der in den psychotischen Phänomenen selbst gegebenen symbolischen Ausdrucksebene *(expression symbolique).* Diese seien bei aller vermeintlichen Irrationalität und Unverständlichkeit, ihrer oft behaupteten Interpretationsbedürftigkeit, mit intentionaler Bedeutung *(signification intentionnelle éminente)* und einer sehr hoch entwickelten Kommunikationsspannung *(communicabilité tensionnelle très élevée)* ausgestattet. Den Wahnbildungen fehle es keineswegs an Realität, an zumindest realitätsbezogener Bedeutung, an welthaftem Sinn, nur weil sie der gesellschaftlichen Abwertung als unvernünftig verfallen und von der normativen Kommunikation ausgesondert werden. Sondern die »Wahnbildungen bedürfen tatsächlich keinerlei Interpretation, weil sie allein schon durch ihre Themen, und zwar vortrefflich, diese instinktiven und sozialen Komplexe ausdrücken, die die Psychoanalyse bei den Neurotikern unter größten Schwierigkeiten zutagefördert. Nicht weniger bemerkenswert ist, daß die mörderischen Reaktionen dieser Kranken sehr häufig an einem neuralgischen Punkt sozialer Spannungen der historischen Aktualität entstehen.« (vgl. »Das Problem des Stils . . .«)

Auch Lacan vertritt zunächst nicht anders als Kraepelin und die Schulpsychiatrie seiner Zeit die These vom geistig verarbeiteten, daher verständlichen Wahn gegenüber der relativ unverständlichen, schwer einfühlbaren Schizophrenie. Doch abgesehen von dieser Frage fällt auf, daß seine Argumentationsweise sich dem Modell der phänomenologischen *Epoché,* jener Husserlschen Zweifelsmethode aus den »Cartesianischen Meditationen« verdankt, die das positivistische Denken in den Geistes- und Medizinwissenschaften jener Zeit begründen half.

Husserl lehrt die methodische Einklammerung aller meiner »konstitutiven Leistungen der auf fremde Subjektivität unmittelbar oder mittelbar bezogenen Intentionalität«[6], um die Objektivität meiner Aussagen zu gewährleisten. Die vollzogene Einklammerung bewirkt, daß mir der »Gesamtzusammenhang derjenigen Intentionalität, der aktuellen und potentiellen« als unmittelbar gegeben verbleibt, in der sich das *ego* in seiner Einheit konstituiert und in der es von ihr unabtrennbare, also selbst ihrer Eigenheit zuzurechnende synthetische Einheiten konstituiert[7]. Die transzendental-phänomenologische Konstitution (nicht zu verwechseln mit der psychiatrischen Vorstellung von biologischer und psychiatrischer Konstitution) ist verantwortlich für den »Seinssinn objektive Welt«[8]. Doch bleibt diese

[6] Edmund Husserl, Cartesianische Meditationen und Pariser Vorträge, hrsg. u. eingel. v. S. Strasser, Haag 1950, S. 124
[7] a. a. O., S. 124 f.
[8] a. a. O., S. 137

Konstitutionsleistung aus methodischen Gründen einer objektiven, vorurteilslosen Beschreibung zunächst ausgeschaltet und verweist die phänomenologische Beschreibung auf das »mir als *ego* spezifisch Eigene, mein konkretes Sein als Monade rein in mir selbst und für mich selbst in abgeschlossener Eigenheit«, aber auch mit der »auf Fremdes gerichteten Intentionalität«[9]. Da die Phänomenologie der Intentionalität die Narzißmustheorie Lacans, nämlich die spätere These vom *stade du miroir* entscheidend geprägt hat, wird eine kurze Ausführung Husserlscher Gedanken zum Verständnis des Lacanschen Ansatzes förderlich sein. Schließlich soll auch deutlich werden, wie dessen sowohl gestaltpsychologisch wie phänomenologisch beeinflußte Narzißmustheorie sich in dem von Freud, aber eben nicht ausschließlich von Freud bestimmten Narzißmusverständnis Dalís niedergeschlagen hat.

Husserl spricht von der primordialen Sphäre des Bewußtseins, eines für sich selbst gegebenen abgeschlossenen Ich, das auf Grund der ihm eigenen Intentionalität den Seinssinn *objektive Welt* konstituiert. »In dieser ausgezeichneten Intentionalität konstituiert sich der neue Seinssinn, der mein monadisches *ego* in seiner Selbsteigenheit überschreitet und es konstituiert sich ein *ego* nicht als *Ich selbst,* sondern als sich in meinem Ich, meiner Monade *spiegelndes.* Aber das zweite *ego* ist ... als *alter ego* konstituiert, wobei das durch diesen Ausdruck *alter ego* als Moment angedeutete *ego* Ich selbst in meiner Eigenheit bin. Der *Andere* verweist seinem konstituierten Sinne nach auf mich selbst, der Andere ist Spiegelung meiner selbst.«[10] »Es handelt sich also um eine Art des *Mitgegenwärtig-machens,* eine Art Appräsentation.«[11] Damit hängt »nahe zusammen, daß *ego* und *alter ego* immerzu und notwendig in *ursprünglicher Paarung* gegeben sind«[12]. Denn indem »der fremde Körper im Dort eine paarende Assoziation eingeht mit meinem Körper im Hier und, weil er wahrnehmungsmäßig gegeben ist, zum Kern einer Appräsentation wird, der Erfahrung eines mitdaseienden *ego,* muß dieses nach dem ganzen sinngebenden Gang der Assoziation notwendig appräsentiert sein als jetzt mitdaseiendes *ego* im Modus dort *(wie wenn ich dort wäre)«*[13]. Ich und sein Spiegelbild stehen »in der Funktionsgemeinschaft *einer* Wahrnehmung«[14].

Diesen Ansatz einer durch Ichspiegelung, durch das *alter ego* mitbestimmten Ichbildung wird Lacan mit seiner *construction dite »du stade du miroir«*[15] radikalisieren und gleichzeitig zu einer Distanzierung vom transzendental-

[9] a. a. O., S. 125
[10] Ebd.
[11] a. a. O., S. 139
[12] a. a. O., S. 142
[13] a. a. O., S. 148
[14] a. a. O., S. 150
[15] Lacan, Écrits, a. a. O., S. 184

phänomenologischen Ansatz der Ichkonstitution führen. Er wird den idealistischen Rest einer transzendentalen Begründung der Ichspiegelung beseitigen und die paarende Assoziation von Ich und *alter ego* empirisch-entwicklungspsychologisch mit Ergebnissen aus der Kinderpsychologie und Psychoanalyse begründen[16].

Für den gegenwärtigen Zusammenhang mit den Ausführungen in der Doktorarbeit und den Aufsätzen im *Minotaure* ist wichtig festzuhalten, daß Lacan Ich und Welt *(alter ego)* des psychotischen Erlebens als primordiale Gegebenheiten der phänomenologischen *Epoché* begreift. Bewußtseinsleben und Welt, die psychotische Welterfahrung des Paranoikers, um auf das surrealistisch interessante Beispiel zurückzukommen, sind im Sinne phänomenologischer Beschreibung und Analyse »immerfort schon fertig da, Gegebenheit meiner lebendig fortlaufenden objektiven Erfahrung und auch nach dem nicht mehr Erfahrenen in habitueller Fortgeltung. Es handelt sich darum, diese Erfahrung selbst zu befragen und die Weise ihrer Sinngebung intentional zu enthüllen . . .«[17].

Im Mittelpunkt des phänomenologischen Interesses einer Enthüllung des Wahns steht selbstverständlich der Wahnträger, die Art seiner Fremderfahrung und Einfühlung in die Welt[18]. Die enthüllende Analyse braucht Lacan zufolge gewissermaßen nur zuzugreifen, um ihr Material zu kennen. Weil der Mechanismus der Verdrängung weitgehend ausfällt, sind die aktuellen und habituellen Akte des Wahndenkens immerfort schon intentional enthüllt gegeben. Sie bilden eine phänomenale Unmittelbarkeit, am ehesten vergleichbar dem regressiven (nicht sublimierten) Erscheinungsmodus der Perversionen. Die Wahnbildungen bedürfen in der Tat nicht der Interpretation *pour exprimer par leur seuls thèmes, et à merveille, ces complexes instinctifs et sociaux que la psychanalyse a la plus grande peine à mettre au jour chez les névrosés*[19].

Dieser Teil der Lacanschen Paranoia-Abhandlungen, der die Interpretationsleistung und die symbolische Bedeutungsebene des Wahns herausstreicht, ist für Dalí von besonderer Wichtigkeit, sucht dieser doch eine die Phantasie in der Traumarbeit übertrumpfende Selbständigkeit und Aktivität, die er in den *idées délirantes . . . se présentant comme* déjà *systématisées*[20] auch findet. Das Wahnsystem bedarf nicht – wie das Traumgeschehen – erst der Interpretation, um Gestalt anzunehmen. Zum phänomenologischen Status seiner *Selbstinterpretation,* seiner von Dalí geschätzten *activité,* gehört ebenso die größere psychische

[16] a. a. O., S. 178–193
[17] Husserl, a. a. O., S. 136
[18] a. a. O., S. 159 f.
[19] Lacan, Le problème du style, a. a. O., S. 69
[20] Dalí, Interprétation paranoïaque-critique, a. a. O., S. 66

Offenheit und Enthemmtheit des Wahnerlebens, in den Augen Dalís sein hedonistischer Selbstdarstellungsdrang gegenüber der lustfeindlichen Verstocktheit des Psychoneurotikers. Gemeint sind die »Freiheit«, Spontaneität und Ungehemmtheit, mit welcher der so idealisierte Paranoiker seine Wünsche kundtut, zu ganzen Wunschketten assoziiert, die Realität nach ihnen zugerichtet vorstellt und lustbetont interpretiert.

Dies ist der Kern der Dalíschen Adoration des Wahns und zugleich ihre Beschränktheit: daß sein spontaner Irrationalismus aus einer angenommenen energetischen Lustquelle, der Freudschen Libido gespeist, alles mit allem lustabschöpfend zu verknüpfen und auf sich zu beziehen weiß: daß der Beziehungswahn zu einer neuen lustvollen Ordnung der Realität von antizipatorischem Charakter vorstößt – freilich nur in der Phantasie, in der Sphäre kognitiver und ästhetischer Produktion.

Das Programm der kritischen Paranoia fällt zeitlich ungefähr zusammen mit Dalís Beitritt zur surrealistischen Bewegung. Die gedankliche Verknüpfung des Freudschen Lustprinzips mit der *activité paranoïaque,* wie vorher mit dem psychischen Automatismus, wird erstmals in dem erwähnten Vortrag über die »moralische Position des Surrealismus« (1930) und in *La femme visible* des gleichen Jahres vertreten: *Le principe du plaisir agissant contre le principe de la réalité, le délire d'interprétation paranoïaque ... culmine dans l'amour par sa puissance continue et mortelle.*

10. Narzißtische Identifizierung und Zerstückelungsangst, die psychologischen Motive der »konvulsivischen Formzermalmung«. Zur Kooperation von Psychiatrie und Surrealismus

Von größter Bedeutung für die Bild- und Textproduktion Dalís ist die Psychoanalyse des Narzißmus geworden. In der Verschränkung Freudscher und Lacanscher Gedanken hat sie auf den Surrealismus in seiner mittleren und späten Phase, auf Dalí im besonderen einen großen Einfluß gehabt, obwohl die Wege dieser häufig getarnten Beeinflussung im einzelnen heute noch gar nicht erschlossen sind. Offensichtlich verbindet den frühen Lacan mit dem Surrealismus der dreißiger Jahre eine gemeinsame Optik auf das von Freud beschriebene Phänomen. Für eine systematische Analyse der surrealistischen Narzißmusinterpretation ist es noch zu früh. Doch ist mit der Beschränkung auf Dalí immerhin eine Schlüsselfigur der Kommunikation zwischen Surrealismus und Psychoanalyse ins Auge gefaßt.

Um das Entscheidende der dalíschen Narzißmusrezeption gleich vorweg zu nehmen: die Ich- und Identitätsgewißheit

ist nach Dalí nichts Ursprüngliches, sondern ein vermitteltes sekundäres Phänomen der Selbsterfahrung. Die Zweiteilung, Verdoppelung des Ich in der narzißtischen Selbstbespiegelung ist der Ursprung der Identitätsbildung. Identität, Einheit, Dauer sind etwas Abgeleitetes, Gewordenes. Die Erfahrung des Doppeltseins, der Ichgespaltenheit, des zerstückelten Körperichs, der Selbstentfremdung und Präsenz des Ich im *Selbst eines Anderen* ist das Ursprünglichere, und sie liegt der Bevorzugung der ambivalenten Konstruktion der Vexierbilder und Anamorphosen durch Dalí zu Grunde. Die gleiche Erfahrung hat in Lacans These vom Narzißmus als der Identitätskonstitution des Ich durch sein Spiegelbild explizit theoretische Gestalt angenommen. Dalís narzißtische Bilderwelt kann letztlich als ästhetische Analogie dieses theoretischen Ansatzes gelesen werden.
Dalí hat das Kompositionsprinzip seiner Bilder seit 1930 immer wieder als einen »paranoischen Prozeß« beschrieben, der den Rezipienten im ruhelosen Wechsel der wahrnehmbaren Ansichten und Perspektiven keine vorherrschende identische Figuration finden läßt. Die bildnerische Nichtidentität, das Vexierbild, die Visualisierung des außer Kraft gesetzten Widerspruchsprinzips, triumphiert über die eindeutig verifizierbare Darstellung. Die »paranoische« Anamorphose schließt ihre mehrfache, mindestens doppelte Identifikation ein. Das *La métamorphose de Narcisse* betitelte *poème paranoïaque* (1936), dem jenes berühmte gleichnamige Bild von 1936/37 korrespondiert (Abb. S. 280), das Dalí in London Freud vorlegte, wendet das paranoisch-anamorphotische Kompositionsprinzip ausdrücklich auf den Narzißmus an. Im Mittelpunkt der Metamorphose steht die schwindende Identität des Narziß, sein Identitätsverlust und die Wiedergewinnung einer neuen Identität im Selbst eines Anderen. »Der Körper des Narziß wird leer und verliert sich im Abgrund seines Spiegelbildes wie eine Sanduhr, die man nicht umdreht. Narziß, du verlierst deinen Körper . . ., dein vom Tode gezeichneter Körper.« Und noch näher an den Einzelheiten des gleichnamigen Bildes formuliert, heißt es: »Wenn man die hypnotisch reglose Gestalt des Narziß eine Zeitlang aus einiger Distanz und mit einer gewissen ›zerstreuten Starrheit‹ *(fixité distraite)* betrachtet, verschwindet sie immer mehr und wird schließlich völlig unsichtbar. Genau in diesem Augenblick findet die Metamorphose des Mythos statt, denn die Darstellung des Narziß verwandelt sich plötzlich in die Darstellung einer Hand, die aus ihrem eigenen Spiegelbild auftaucht. Diese Hand hält auf den Fingerspitzen ein Ei, einen Samen, eine Zwiebel, aus welcher der neue Narziß geboren wird – die Blume. Daneben erkennt man die Gipsskulptur der Hand, der versteinerten Hand des Wassers, die die erblühte Blume hält.« Narziß, die alte Ichidentität scheint abgestorben.

Der paranoisch-anamorphotische Auflösungsprozeß des personifizierten Narziß in eine anonyme Hand, die ein Ei hält usw., ist selbstverständlich umkehrbar und erlaubt die Wahrnehmung des aus Tod und Anonymität in seine personale Identität zurückgekehrten Narziß. Entscheidend für einen theoretischen Vergleich mit Lacans »Spiegelstadium« ist nicht die einsinnige, bildhaft gestaltete Regression der Ichidentität und des Individuationsprinzips in ein intrauterines Geburtsstadium, symbolisiert durch die Verwandlung der individuellen Kopfform in die überindividuelle Eiform, aus der eine Blume sprießt, sondern der Wechsel von Ichidentität und Ichauflösung – der Prozeß der narzißtischen Selbstidentifikation zwischen ichzerstörenden und ichrestituierenden Kräften. Er steht im Mittelpunkt von Dalís Psychologie und motiviert seine Entscheidung für die bildnerische Dynamik eines Kompositionsprinzips, das wie die kritisch-paranoische Anamorphose Ichidentität und Personalität nicht schon als gesicherte oder normative Werte der Psyche hinstellt.

Eine Analyse unter dem Aspekt der bedrohlichen Ichgefährdung, der Kastrationsangst und eines präpsychotischen Bewußtseinszustandes ihres Urhebers, eine letztlich doch nur psychodiagnostische Bildbetrachtung, mag der ästhetischen Würdigung der Dalíschen Bildwelt abträglich sein. Und wer sich hier zu weit vorwagt, bekommt die Ablehnung Dalís zu spüren, der z. B. einer peniblen Analyse Georges Batailles die Abbildungsgenehmigung des analysierten Bildmaterials verweigerte. Bataille hatte Dalís Gemälde *Le jeu lugubre* (1929) als Beleg für einen bei Dalí feststellbaren Minderwertigkeitskomplex erklärt. Er stellt am Beispiel dieses Gemäldes und einiger Szenen aus *Le chien andalou* die gleiche Zerstückelungs- und Kastrationsangst fest, die auch ein psychoanalytisches Merkmal von *La métamorphose de Narcisse* ist. Hier die doppelte, zwischen Individuation und Anonymität springende Gestalt des Narziß, dort zerrissene Körper, zerschnittene Gesichter, abgeschnittene Gliedmaßen und Köpfe, die Angst vor dem (geschlechtlichen) Identitätsverlust symbolisieren. Die Zerstückelungsangst erscheint nach psychoanalytischer Einsicht immer dann, wenn die narzißtische Identifizierung verloren zu gehen droht[1].

Das *poème paranoiaque* halluziniert für den schrecklichen Fall, daß der Kopf zerspringt, zerplatzt, aufbricht, die Entstehung eines rettenden neuen Narziß – »Gala mein Narziß!« Den von Dalí beschriebenen Prozeß der traumatischen Ichidentifizierung, der Identitätsfindung als Geburtstrauma, visualisiert das Gemälde als ein schillerndes *ovale hallucinant de blancheur*[2], das im Sinne der paranoischen Ana-

[1] J. Laplanche/J.-B. Pontalis, Das Vokabular der Psychoanalyse, Frankfurt 1972, S. 476

[2] Dalí, La métamorphose de Narcisse, poème paranoïaque, in: Dalí, Oui, a. a. O., S. 204

morphose zwischen individueller Kopf- und überindividueller Eiform, den Symbolen von Ichidentität und Ichverlust bzw. Ichgeburt schwankt und im Idealfall narzißtische Ichidentifizierung und Zerstückelungsangst ausbalancieren kann.

Der paranoisch-anamorphotischen Bildkonstruktion entspricht bei Dalí psychodynamisch der Ansatz bei einer ursprünglichen Ich- bzw. Bewußtseinsspaltung, dem selbst beschriebenen Phänomen, daß aus dem eigenen Spiegelbild eine fremde ichzerstörende Hand und der Keim zu einem neuen Narziß und einer Ichidentität herauswachsen. Das Spiegelbild ist kein Abbild, keine Dublette eines ursprünglich sich spiegelnden Ich, sondern es ist Ursprung eines zweiten neuen Ich. Es ist nicht fiktive Spiegelung eines ursprünglichen Ich, sondern konstituiert *als gleichwohl Spiegelphänomen* den zweifachen doppelten Ursprung des narzißtischen Selbstbewußtseins: das *alter ego,* das »mir« meine gefährdete Ichidentität im Selbst eines Anderen sicherstellt. Ausdrücklich endet das *poème paranoiaque: Quand cette tête se fendra . . . ce sera la fleur, le nouveau Narcisse, Gala –, mon narcisse*[3]. Das Spiegelbild ist der Ursprung, Konstitutionsgrund sowohl der Objektivität des *alter ego* (Gala) wie der narzißtischen Identifizierung (Dalí selbst). Die Tautologie eines ausschließlich sich selbst spiegelnden Narziß ist umgangen durch die Annahme des schöpferischen ichkonstituierenden Spiegelbildes (verdeutlicht durch die Gipsskulptur der die erblühten Blumen haltenden Hand). Die Identitätsbildung des Narziß, die Selbstkonstitution ist sozusagen an das Bild, an die Erfahrung *eines Anderen* abgegeben, von dem es die Erkenntnis seiner selbst als dem identischen Ich im Strom seiner Erfahrungen allererst empfängt. Mit Rimbaud könnte Dalí insofern sagen *Je est un autre* – Ich ist ein anderer. Dieser Aphorismus ist auch ein Ausgangspunkt der Lacanschen Narzißmuslehre. Mit ihrer Darstellung kann die für den Dalíschen Surrealismus zentrale Problematik der narzißtischen Selbstexplikation verdeutlicht werden.

Lacans frühe Arbeit über die paranoische Psychose in ihrer Beziehung zur Persönlichkeit (1932) bleibt für seine spätere Beschäftigung mit der Psychoanalyse von grundlegender Bedeutung. Sie ermöglicht ihm das Verständnis Freuds und eröffnet die 1936 vorgelegte Theorie des *stade du miroir*[4], die Lacans Beitrag zur Psychoanalyse des Narzißmus darstellt. Sein Kernstück ist die Phänomenologie der *structure paranoïaque du moi*[5] bzw. der *connaissance paranoïaque*[6]. Die Einsicht in die »paranoische Erkenntnis« verdankt sich dem von der Gestaltpsychologie Charlotte Bühlers, Melanie

[3] a. a. O., S. 205
[4] Lacan, Écrits, a. a. O., S. 184
[5] a. a. O., S. 114
[6] a. a. O., S. 180

Kleins und Elsa Köhlers empirisch untersuchten, aber auch von Freud bemerkten[7] Phänomen des *Transitivismus*[8]. Darunter versteht die Psychiatrie noch heute eine Abspaltung von Teilen einer Persönlichkeit, »wobei Erlebnisse des Patienten von ihm losgelöst und einer anderen Person zugeschrieben werden. Ein Delirant sieht eine schreckhafte Gestalt und schreit heraus; nun meint er, die Gestalt schreie so ... Ganz allgemein verlegen wir Gefühle, die wir selbst haben, im Traum in andere Personen. Bei der Schizophrenie ist der Transitivismus eine ganz gewöhnliche Erscheinung. Die Kranken ... schreiben häufig ihre eigenen Handlungen anderen zu; wenn sie z. B. etwas lesen, so tun es eigentlich andere; ihre Gedanken werden von anderen gedacht usw.«[9].

Die genannten Gestaltpsychologen hatten beobachtet, daß Kinder beim Spielen ihre eigenen Wünsche und Handlungen häufig *anderen Kindern* zuschreiben und von den so objektivierten Ichwünschen und Ichhandlungen in der dritten Person sprechen. Auf diesem von Kindern und in der Psychose, aber auch im Traumbewußtsein festgestellten Phänomen der partiellen Depersonalisierung basiert Lacans Theorie des »Spiegelstadiums«. Außerdem rekurriert er auf experimentelle Einsichten der Kinder- und Verhaltenspsychologie zur Konstituierungsphase der Ichidentität des Kindes in der Zeit vom sechsten bis zum achtzehnten Monat. Es zeigt sich nämlich, daß zur Konstituierung der ersten Ichanfänge das Kind der Wahrnehmung des eigenen Spiegelbildes bedarf. Es antizipiert seine personale Identität und seine motorische Körpereinheit durch Ansichtigwerden seines Körpers in seiner konkreten Ganzheit. Das Kind *denkt* sich noch nicht als Einheit, sondern *erblickt* sich im Bild des Spiegels als körperliche Einheit, als gestalthaftes Ganzes. Es findet eine »affektive Einfühlung« in sein Körperbild statt – *le sujet s'identifie primordialement à la Gestalt visuelle de son propre corps.*[10]

Die vom Spiegelbild ausgehende identifikatorische Faszination drückt sich in der Jubelreaktion des Kindes aus, das somit in der Identifizierung mit dem Bild des ihm Ähnlichen *(semblable)* sich als mit sich selbst identisch zu erkennen beginnt. Das Spiegelbild bestätigt nicht eine bereits vorhandene Identität, sondern trägt zu ihrer Konstituierung allererst bei. Hier knüpft Lacans Versuch, das Spiegelbild als Konstituierungsphase der Ichbildung zu begründen, an: Das Spiegelbild ist also nicht äußerlich und akzidentell gegenüber einem konstitutiven ursprünglichen Ich, das sich spiegelbildlich verdoppelt. Sondern die Ich- und Identitätserfahrung ist ein gewordenes Produkt der Erfahrung im

[7] Freud, a. a. O., Bd. XII, S. 197–226 (»Ein Kind wird geschlagen«)
[8] Lacan, a. a. O., S. 98, 180
[9] Bleuler, a. a. O., S. 75
[10] Lacan, Écrits, a. a. O., S. 113

Medium des Spiegels. Die Spiegelung macht das vorher Unbewußte und Ungefähre bewußt und präzis. Sie zeichnet die Konturen des Ich erstmals auf, nicht also äfft der Spiegel bereits vorhandene narzißtische Identifizierung nach. Das Spiegelbild ist keine Tautologie einer apriorischen Ichstruktur. Es stiftet den abstrakten identischen Ichpol im Bewußtseinsstrom und gliedert mit Hilfe der Raumanschauung diesen in seiner begrifflich noch unentfalteten, nicht differenzierten strömenden Einheit mit dem Unbewußten in die voneinander getrennten Augenblicke der Vergangenheit, Gegenwart und Zukunft[11].

Die Umkehrung der landläufigen narzißtisch-egologischen Konstituierung findet in der Tatsache ihre Fortsetzung, daß in der weiteren Entwicklung des Kindes die Ichidentifizierung durch Mutter, Eltern, Autoritätspersonen, stets durch andere erfolgt. *Ich ist ein anderer* (Rimbaud) – zuerst in Gestalt des körperlichen Spiegelbildes, später schließt die Identifizierung mit dem Bild des Ähnlichen die Selbstbestimmung durch das *alter ego* ein. Bereits Hugo von Hofmannsthal, die »Spaltung des Ich« zur »Daseinsform des reproduzierenden Genies« erhebend (1894), faßte die Selbstentfremdung des Narziß in die Worte:

> Mir ist, als war ich doppelt, könnte selber
> Mir zusehen, wissend, daß ich's selber bin.
> Ich glaube, so sind die Gedanken, die
> Ein Mensch in seiner Todesstunde denkt[12].

Lacan erklärt die Entstehung des Ich nicht aus der *Selbst*konstitution, sondern aus der *Fremd*konstitution durch

[11] Lacans erkenntnistheoretischer Beitrag ist es unter anderem, der Psychoanalyse des Unbewußten eine *Zeittheorie* gegeben zu haben. Wie auch schon Bergson stellt er den Bewußtseinsstrom als nicht von einer identischen Gegenwartsform beherrschten heraus. Gegenwart ist eigentlich eine Abstraktion dessen, was nicht mehr bewußt (vergangen) und noch nicht bewußt (zukünftig) ist. Der Strom des unbewußten Bewußtseins ist das Primäre, was Lacan zu der negativen Bestimmung der Gegenwart als der »antizipierten« oder »zukünftigen Nachträglichkeit« führt (Écrits, a. a. O., S. 830). Die positive identifizierende Fixierung der strömenden Gegenwart als »jetzt« findet genetisch später durch den Identifizierungsakt des Spiegelstadiums statt. Im Bild des Ähnlichen stellt sich erst die Identitätsstruktur des Zeitbewußtseins: die Dauer eines Identischen im Fluß seiner Mannigfaltigkeiten her. Nicht ein ursprüngliches, quasi göttliches Bewußtsein konstituiert das einheitliche Zeitbewußtsein, sondern es bildet sich in der konkreten Erfahrung, bei der das Kind seiner körperlichen Einheit ansichtig wird, erst heraus. Mit dem Primat einer unbewußten Zeitlichkeit, die für die Konstituierung zur identischen Zeitdauer psychogenetisch des Spiegelstadiums zusätzlich bedarf, gerät Lacan allerdings in die gefährliche Nähe der institutionistischen Zeitstruktur Bergsons (der ich- bzw. identitätslosen durée hétérogène à lui-même, dem *un*räumlichen reinen Zeitstrom).

[12] Hugo von Hofmannsthal und das literarische Junge Wien um Hermann Bahr, Rudolf Kassner, Arthur Schnitzler und Ernst Mach standen unter dem Einfluß des auch in Frankreich bekannten und diskutierten Falles von Bewußtseinsspaltung. Der von Morton Prince in: *The dissociation of a personality, A biographical study in a abnormal psychology,* New York 1906, mitgeteilte Fall des Fräulein Beauchamp (vgl. Georges Dwelshauvers, *La synthèse mentale,* Paris

»sein« Spiegelbild, durch das *alter ego* und im weiteren Sinne durch die Geschichte; darin ganz ähnlich Husserl, der – wie gezeigt – in der primordialen Sphäre der Ichkonstitution Ich und Spiegelbild, ego und alter ego »in ursprünglicher Paarung«, »in der Funktionsgemeinschaft einer Wahrnehmung« gegeben bestimmt (vgl. Kap. 9). Lacan kritisiert am traditionellen Denken, daß es den Narzißmus immer nur vom Selbstbewußtsein her begriffen habe, nämlich Ich und Identität als apriorische, transzendentale und idealistische Bestimmungen eines sich selbst konstituierenden Urbewußtseins, wodurch die fremdbestimmte, eigentliche Geschichtlichkeit des Individuums verfehlt werde[13].
Die Vorteile der Lacanschen Konstruktion des »Spiegelstadiums« liegen dem gegenüber in der intersubjektiven, dualen, transitiven oder »paranoischen Struktur des Ich«: es ist als *ein anderer* konstituiert und der andere als *ein alter ego*. Da Lacan zufolge die Ich- und Einheitskonstitution vom Bild des Ähnlichen ausgeht, vom Bild im Spiegel (Spiegel-Ich), kann das Ich auch nicht auf eine objektlose Instanz oder einen subjektiven Pol etwa im Sinne des »primären Narzißmus« Freuds reduziert werden, sondern die intersubjektive, duale Beziehung zwischen Ich und dem Bild des ihm Ähnlichen ist der ursprünglichere bewußtseinskonstituierende Zustand. Freud zufolge verhält es sich umgekehrt. Die intersubjektive Beziehung von Subjekt und Objekt in der Spiegelung erscheint als »sekundärer Narzißmus«, als eine Ableitung jenes anfänglichen narzißtischen Zustandes, der durch das Fehlen einer Beziehung zur Umgebung bestimmt ist, Ich und Es nach dem Vorbild des intrauterinen Lebens noch ununterschieden in sich vereinigt[14].
Die Lacansche Umkehrung des »sekundären Narzißmus« zum ursprünglicheren Entwicklungsstadium erhebt die Erfahrung der Zerstückelung und Spaltung bzw. der Verdoppelung des Ich durch sein Spiegelbild zu einer für das Selbstbewußtsein konstitutiven Bedingung. Lacan kann daher Masochismus und Todestrieb, wie auch die von ihm bevorzugt herausgearbeiteten Phantasien des »zerstückelten Körpers« *(corps morcelé)*[15] zu primären unaufhebbaren Erlebnisphänomenen erklären. Er kann zu konstitutiven

1908, S. 75, der den Einfluß auf die französische Diskussion referiert) übte auf den psychologisch und psychiatrisch interessierten Wiener Literatenkreis die gleiche Faszination aus, wie der von Lacan bekanntgemachte Fall der *Aimée A.* auf den Surrealismus.
[13] Der Strukturalismus ist also *tendenziell* nicht geschichtsfeindlich. Auf den globalen Einwand der Geschichtsfeindlichkeit des Strukturalismus geht in seiner ausgezeichneten Studie Samuel M. Weber kritisch ein in: »Psychoanalyse und literarische Hermeneutik – Jacques Lacan«, 1972, unveröffentl. Manuskript, obwohl ebenso darauf hingewiesen wird, daß letztlich auch Lacan in der Konstruktion der Fremdkonstitution durch das Spiegelbild einem Zirkelschluß erliegt.
[14] Vgl. Laplanche/Pontalis, a. a. O., S. 319
[15] Lacan, Écrits, a. a. O., S. 104

Bestandteilen der Bewußtseinsbildung zählen, was aus der idealistischen Perspektive des schöpferischen Selbstbewußtseins und des »primären Narzißmus« Freuds vielmehr auf die Seite der Psychopathologie der gestörten Persönlichkeit gehört.
So birgt die transitive Beziehung auf Spiegelbild und *alter ego* die Notwendigkeit sowohl der *fiktiven* Spiegelung wie der *Fremd*bestimmung des Selbst in sich: Phänomene der Täuschung, der Aufspaltung wie der Verdoppelung des Ich, der Homosexualität[16], der aggressiven Desintegration des Individuums, der Kastrations- und Zerstückelungsangst, wie der Depersonalisation und des Doppelgängertums. Wenn Ich- und Identitätsstrukturen entwicklungsgeschichtlich sich zuerst auf der Seite des Spiegelbildes artikulieren, dann müssen sie auch etwas von dessen fiktivem, scheinhaften Charakter haben. Daher kann Lacan auch von der *de*-realisierenden Funktion des Ich sprechen[17].
Die duale Struktur des Bewußtseins im Spiegelstadium ist von Anfang an auf Aggression und erotische Anziehung angelegt. Das Ich als ein anderer steht sozusagen in Rivalität mit sich selbst – einer Rivalität, die sich entwicklungsgeschichtlich noch vor der Entstehung des Ödipus- und Elektrakomplexes, der Konkurrenz zwischen Vater und Sohn, Mutter und Tochter ereignet. Das Spiegelstadium des Narziß ist bestimmt durch »eine primäre Identifikation, die das Subjekt als mit sich rivalisierend strukturiert – *par une identification primaire qui structure le sujet comme rivalisant avec soi-même*[18].

[16] Freud hat in Zusammenarbeit mit Ferenczi und Jung der homosexuellen Wunschphantasie »eine konstante Beziehung zur Krankheitsform« der Paranoia zuerkannt. Entlang der Analyse des Falles Schreber kommt er zu dem Schluß, der paranoische Charakter liegt darin, daß zur Abwehr einer homosexuellen Wunschphantasie gerade mit einem Verfolgungswahn reagiert wird«. (Freud, a. a. O., Bd. VIII, S. 295). Es sei auffallend, »daß die bekannten Hauptformen der Paranoia alle als Widersprüche gegen den Satz ›*ich* (ein Mann) *liebe ihn* (einen Mann)‹ dargestellt werden können, ja, daß sie alle möglichen Formulierungen dieses Widerspruches erschöpfen« (a. a. O., S. 299), nämlich dem Satz »ich liebe ihn (den Mann)« widerspricht »der Verfolgungswahn, indem er laut proklamiert: Ich *liebe* ihn nicht – ich *hasse* ihn ja. Dieser Widerspruch ... kann aber beim Paranoiker nicht bewußt werden ... Somit verwandelt sich der Satz ›ich hasse ihn ja‹ durch *Projektion* in den anderen: Er *haßt* (verfolgt) mich, was nicht berechtigen wird, ihn zu hassen. Das treibende unbewußte Gefühl erscheint so als Folgerung aus einer äußeren Wahrnehmung: Ich *liebe* ihn ja nicht – ich *hasse* ihn ja – weil *er mich verfolgt*« (ebd.).
Vgl. Daniel Paul Schreber, Denkwürdigkeiten eines Nervenkranken (1918), Berlin 1973 und die dort gegebene Einführung von Samuel M. Weber.
[17] Weber, Psychoanalyse und literarische Hermeneutik, a. a. O.
Über die Beziehung von Freud und Lacan informiert auch die ausgezeichnete Studie von Herbert Nagel, »Claude Lévi-Strauss als Leser Freuds«, in: Orte des wilden Denkens, Zur Anthropologie von Claude Lévi-Strauss, hrsg. v. Wolf Lepenies und Hans Henning Ritter, Frankfurt, 1970, S. 256 f.
[18] Lacan, Écrits, a. a. O., S. 117

Diese Rivalität und die daraus sich ergebenden psychischen Konflikte sind unaufhebbar an die Konstituierungsphase des Ichbewußtseins geknüpft. Die Formen der Selbstentfremdung und Selbstzerstörung sind ebenso konstituierende Momente des narzißtischen Spielstadiums wie jene der Bewahrung, der Panzerung und Stabilisierung des Ich. Die Ichbildung schließt im Lacanschen Erklärungsmodell Zerstörung und Desintegration als gestaltende Kräfte eines jeden Bewußtseins ein. Die Entstehung und auch die Struktur von Selbstbewußtsein wird nicht als Selbstsetzung, sondern als ein dialektischer Prozeß von identitätsstiftenden und identitätsauflösenden Momenten vorgestellt, deren Ausgleich sich bei normaler Entwicklung bis ins hohe Alter hinein fortsetzt. Ist das Gleichgewicht gestört, kommt es zur Psychose, ähnlich wie es Freud für den gestörten Gleichgewichtszustand zwischen Ichlibido und Objektlibido, für das Phänomen des Autoerotismus (nach Abraham identisch mit *Dementia praecox*) angenommen hat: je mehr die eine verbraucht, desto mehr verarmt die andere. Man könnte »den Paranoiker« und »den Schizophrenen« als Grenzfälle des so gestörten Gleichgewichtes ansehen. Im Beziehungswahn z. B. wird das Einheitsprinzip zur Zwangsvorstellung; beim Schizophrenen wird es assoziativ weitgehend gelockert, wenn nicht ganz verloren. Doch auch Paranoiker und Schizophrene leisten, wenn sie künstlerisch produktiv sind, noch einen Balanceakt zwischen den integrierenden und desintegrierenden Komponenten ihres Bewußtseinsbildungsprozesses.
Es ist verständlich, wenn gerade dieses Teilstück der Lacanschen Lehre: nämlich das in der frühen Arbeit über die paranoische Psychose von 1932 im Ansatz schon vorhandene »Spiegelstadium« der Ichkonstituierung für den Surrealismus von besonderer Faszination sein mußte. Gegenüber der Freudschen Narzißmuslehre bot das abweichende psychoanalytische Erklärungsmodell Lacans doch die interessanteren ästhetischen Implikationen. Die in der Text- und Bildproduktion des Surrealismus zahlreich anzutreffenden Zerstückelungs- und Kastrationsphantasien, der gespaltene oder doppelte Narziß, die sensibilisierte und kultivierte Erfahrung der eigenen psychotischen Gefährdung, wurden hier als Primärphänomene der Ichkonstituierung eines jeden Bewußtseinslebens essentieller genommen, als es Freud je vermochte. Lacan hat mit Recht einmal die Insuffizienz Freuds gegenüber den Intentionen des Surrealismus als keineswegs verwunderlich hervorgehoben[19].
Lacan hatte, auch mit Blick auf den gesellschaftlichen Schuldzusammenhang, der Selbstentfremdung und Desinte-

[19] a. a. O., S. 642. Vgl. Jean-Louis Houdebine, Méconnaissance de la psychanalyse dans le discours surréaliste, in: Tel Quel, été 1971/46. Zur Aufklärung des Verhältnisses zwischen Lacan und dem Surrealismus trägt diese Studie allerdings so gut wie gar nichts bei.

gration des Ich in der Psychose, zumal der *connaissance paranoïaque* etwas von der Normativität und Allgemeinverbindlichkeit zugebilligt, die von der traditionellen neurologischen und nosologischen Psychiatrie mit der Behauptung von der »angeblich paranoischen Konstitution« abgestritten wurde. Dies ließ den Surrealismus aufhorchen und traf ihn Anfang der dreißiger Jahre mitten in den Vorbereitungen für eine der paranoischen Psychose nachgebildete Erkenntnis- und Interpretationsmethode, deren Ausgestaltung zur *méthode paranoïaque-critique* sich vor allem Dalí verdankt.

Der dreiunddreißigjährige Dalí machte die Surrealisten auf Lacan aufmerksam. Dieser besuchte Dalí, worüber in *The secret life* berichtet wird, und revanchierte sich für das Interesse der Surrealisten, Dalís im besonderen zustimmend mit der Veröffentlichung zweier Aufsätze in der 1. Ausgabe des *Minotaure* von 1933. Damit war die erste und einzige engere Kooperation zwischen Surrealismus und Psychiatrie besiegelt.

Die von Lacan erläuterten *imagos du corps morcelé*[20], die pathographische Ausbeute des narzißtischen »Spielstadiums«, das Interesse für die paranoischen Fälle der Schriftstellerin *Aimée A.* und der Geschwister *Papin* kamen den Surrealisten durchaus vertraut vor, und es mag ihnen nicht schwergefallen sein, den zumindest ästhetischen Zusammenhang mit den Montagen und Groteskkoppelungen eines Rimbaud *(déréglement de tous les sens),* Lautréamont *(Zusammentreffen einer Nähmaschine und eines Regenschirms auf dem Seziertisch),* Max Ernst *(Whisky-Marine – like aquamarine. A distorsion, humorous and very serious at the same time*[21]*),* mit de Chirico, Dalí und der poetischen Erscheinung Nadjas zu begreifen.

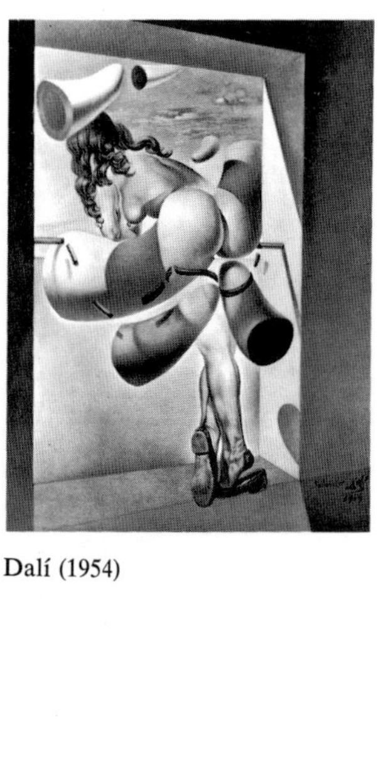
Dalí (1954)

Der Beitrag Dalís läßt die Phantasie des »zerstückelten Körpers« im Surrealismus der dreißiger Jahre favorisiert erscheinen. Auf die frühen paradigmatischen Bilder *Le jeu lugubre* und *Le métamorphose de Narcisse* wurde hingewiesen. Zur Ergänzung sei auch auf eine spätere Arbeit *Jeune Vierge autosodomisée par sa propre chasteté* von 1954[22] aufmerksam gemacht. Die sezierende, in Stücke und Portionen zergliedernde Darstellung des Frauenkörpers ist hier noch vollständig dem von Dalí 1933 formulierten Prinzip der »konvulsivischen Formzermalmung« *(trituration convulsive-formelle*[23]*)* verpflichtet. In dieser Zeit hatte der Essayist Dalí seine persönlichen Zerstückelungsphantasien längst zu systematisieren begonnen. Das

[20] Lacan, Écrits, a. a. O., S. 104
[21] Max Ernst, Beyond painting, And other Writings by the artist and his friends, New York 1948, S. 12
[22] Descharnes, a. a. O., S. 187
[23] Dalí, De la beauté terrifiante et comestible de l'architecture modern style, in: Dalí, Oui, a. a. O., S. 159

Lob der poetischen Qualität, das den Texten *La femme visible* (1930), *L'amour et la mémoire* (1931) und den Filmen mit Buñuel (1928, 1930) galt, genügte ihm nicht mehr. Er versuchte jetzt das Erlebte mit psychiatrischer und psychoanalytischer Begrifflichkeit zu fassen und in Übereinstimmung mit der surrealistischen Norm *de la beauté convulsive* ein ästhetisches Programm des *sex appeal spectral* bzw. der *femme spectral* (1934) zusammenzustellen, in dessen Mittelpunkt das narzißtische Syndrom der Zerstückelungsangst, nämlich die ausführliche Darstellung des *corps démontable*[24], das Seitenstück zu Lacans *corps morcelé,* zu stehen kommt. Dalí kündigte an: *La femme spectral sera la femme démontable*[25]. Im Verlauf der dreißiger Jahre bildete sich schließlich eine schockierende Morphologie der *désarticulation, déformation, décomposition, destruction du volume illusoire* heraus[26], die sinnvoll erst im Gesamtzusammenhang des ästhetischen Hedonismus Dalís mit dem Surrealismus dargestellt werden kann.
Es reicht für den Augenblick, wenn das innere psychische Motiv der »konvulsivischen Formzermalmung« und die Begleitumstände ihrer Entstehung durch die Hilfestellung der zeitgenössischen Psychoanalyse, insbesondere aber des Lacanschen Interpretationsansatzes deutlich geworden sind.

11. Das »kritisch-paranoische« Vexierbild – *déréglement de tous les sens*

Das Geburtsdatum der »kritischen Paranoia« datiert Dalí in seinem Aufsatz im *Minotaure,* der *Interprétation paranoiaque-critique de l'image obsédante »L'Angelus« de Millet* (1933) und in seinem Tagebuch *The secret life of Salvador Dalí* (1942) auf das Jahr 1929. In diesem Jahr begegnete er Lydia Sabana de Costa, einer etwa fünfzigjährigen Fischersfrau, von deren Söhnen Dalí und Gala ihr erstes Domizil in Cadaqués erwerben. Diese *Lydia of Cadaqués, godmother to my madness*[1], die vorher schon Picasso und dem spanischen Schriftsteller Eugenio d'Ors aufgefallen war, konfrontierte Dalí mit einem, nach eigener Erinnerung, *most marvelously paranoiac brain aside from my own that I have ever known ... She ... plays on words that one could not fail to wonder at the bewildering imaginative violence with which the paranoiac spirit can project the image of our inner world upon the outer world, no matter where or in what form or on what pretext*[2].

Lydia

[24] Dalí, Les nouvelles couleurs du sex-appeal spectral, in: Dalí, Oui, a. a. O., S. 59
[25] Ebd.
[26] a. a. O., S. 56
[1] Dalí, The secret life, a. a. O., S. 166/67
[2] a. a. O., S. 266
One day she said to me, »D'Ors was at a banquet in Figueras the

Die Neologismen, Sinnverdichtungen und die Ideenflucht der Lydia[3], which Dalí »*collected and analysed as paranoiac documents of the first order*«[4], waren der Hauptanlaß für die Realisierung der ersten paranoischen Anamorphose im Jahre 1929, auch wenn die gleichzeitige Kenntnis der Arcimboldischen Anamorphotik durch ein Gespräch mit dem spanischen Maler José Maria Sert (1876–1945) erwiesen ist[5]; für die Entstehung des anamorphotischen Bildes *La harpe invisible, fine et moyenne* wird auf diese Quelle ausdrücklich verwiesen[6]. Auf die groteske Erscheinung der Lydia geht wahrscheinlich auch jener wie zum Wappenzeichen der ubiquitären paranoischen Aktivität Dalís emblematisierte Kopf zurück, der in den Bildern Dalís immer wieder auftauchen wird. Die allererste Anamorphose ist ein zeichnerischer Entwurf, *Etude pour l'homme invisible* von 1929, nach der im gleichen Jahr das erste kritisch-paranoische Bild *L'homme invisible* entstand. Es stellt im Umriß einen Mann dar, dessen Binnenformen bei längerem Hinsehen transparent werden und sich in eine Landschaft auflösen. Oder es verdichten sich in umgekehrter Wahrnehmungsrichtung die Elemente einer Landschaft zur Figur eines sitzenden Mannes. Der Funktionswechsel der Konturen bewirkt die doppelte Ansicht eines Mannes und einer Landschaft.[6a]

Dalí, *Entwurf für den ›Unsichtbaren Mann‹*

Doch der *Funktionswechsel der Konturen,* die *optische* Ambivalenz oder Verdichtung ist nur die *formale* Gestalt der Anamorphose, die wahrgenommene Außenseite eines inneren psychischen Komplexes. Dieser findet seinen Ausdruck in der chiffrierten *symbolischen* Gestalt der Anamorphose. Die im Sinne Dalís adäquate Rezeption der Anamorphose wäre demnach zugleich mit dem sinnlichen Genuß einer optischen Täuschung die *Dechiffrierung* eines symbolisch in ihr verborgenen psychischen Komplexes. Dem optischen Verlust eindeutiger Konturen im Vexierbild kann psychisch eine Krise der Ichidentität, das Phänomen der Bewußtseinsspaltung korrespondieren. Die Verknüpfung von Dechiffrierungsarbeit und ästhetischem Genuß ist nichts anderes als die aus *La femme visible* zitierte Verknüpfung der *activité paranoïaque-critique* mit dem Freudschen Lustprinzip, das gegen das Realitätsprinzip steht. Die kritisch-paranoische Aktivität aktualisiert und dechiffriert demnach

day before yesterday«. I knew positively that this was not true, but I asked her how she could have found out. She said, »It was written in the menu that the paper published«, and she showed me the menu, pointing with her finger to »Hors d'œuvres«. I answered her, »The Hors is all right. But what does ›œuvres‹ mean?« She tought for a moment, »œuvres it's as if you were to say ›Incognito‹. D'Ors incognito – he didn't want anyone to know it.« (Dalí, a. a. O., S. 266 f.).

[3] Ebd.

[4] a. a. O., S. 268

[5] Dalí, Paris 1968, Ausg. Draeger

[6] Descharnes, a. a. O., S. 34 f.

[6a] vgl. a. a. O., S. 150 f.

Chodowiecki, *Wilhelm Tell*

mit Vorrang solche Wünsche und Wunscherfüllungsphantasien, die moralisch, kulturell unterdrückt sind und dem gesellschaftlichen Verwertungsinteresse entgegenstehen.
Wenn der Surrealismus ganz allgemein davon ausgeht, daß Bilder Ausdruck des Unbewußten sind, so geht Dalí im Falle der Anamorphosen gesondert von denjenigen Bildern aus, die Ausdruck einer Zwangsneurose sind. Hierher gehört das von Dalí paradigmatisch herangezogene volkstümliche Thema der Wilhelm-Tell-Sage[7], wofür er keinen Beleg aus der Kunstgeschichte und Volkskunst nennt, während die in *L'amour et la mémoire* (1931) gegebene Beschreibung einer »unanständigen Szene«, wo Tell einen

[7] Ob die hier abgebildete oder welche bildnerische Interpretationen der Tell-Sage Dalí bekannt sind, sei dahingestellt. Auf dem Kupferstich von Daniel Chodowiecki (1726–1810) wäre im Sinne Dalís die aggressive Fixierung des Überich vom Vater auf den Vogt Geßler übertragen. Dargestellt ist der anhaltend bedrohliche Augenbick nach der Errettung des Sohnes durch den Vater, der schließlich auch den revolutionären Aufstand des Schweizer Volkes und die Erstürmung der Burgen auslöst.
Lilly Stunzi gibt in »Tell, Werden und Wandern eines Mythos«, Bern/Stuttgart 1973, S. 73, eine Beschreibung dieses Bildes: ... Tell »ist so erregt, daß er das gerettete Kind mit einer Geste an sich drückt, die eher einem Würgegriff als einer Liebkosung gleicht«. Dies ist eine schöne Variante zu der von Dalí aus dem Apfelschuß herausgelesenen Kastration.
Einen dichtungsgeschichtlichen Abriß der Tell-Sage gibt Elisabeth Frenzel, Stoffe der Weltliteratur, Stuttgart 1963, S. 614 f. Eine Reihe von Tell-Darstellungen, welche die Dalísche Deutung als unbewußte Malerei verkraften, sind von Ernst Josephson (1851–1906) überliefert, den die Surrealisten frühzeitig für sich entdeckt hatten.
Vgl. Tristan Tzara über Ernst Josephson und die Hinweise von Ingrid Mesterton in »Schwedische Tage«, Ingelheim 1973, Katalog z. Thema »Normalität, Kunst, Psychose« (üb. Ernst Josephson, Frederik Hill u. a.)

Josephson, *Wilhelm Tell* (1889/90).

Josephson, *Wilhelm Tell* (1889/90).

Baum besteigt, eine verblüffende Ähnlichkeit mit Arbeiten des damals in Pariser Künstlerkreisen rezipierten wahnsinnigen Malers Ernst Josephson (1851–1906) aufweist und mit großer Wahrscheinlichkeit auf Dalís Kenntnis dieser Arbeiten – er nennt die Quelle seiner Tell-Assoziationen jedoch nicht – zurückzuführen ist. Neben der Tell-Sage hat Dalí vor allem das »Abendläuten« auf dem Gemälde Jean-François Millets zu »kritisch-paranoischen« Assoziationen angeregt. Tell-Sage und Millets »Abendläuten« erweisen sich Dalí im *délire d'interprétation paranoïaque* als genaue Umkehrungen oder Verschiebungen ihres dargestellten Themas: Tell als Ödipus, der seinen Sohn verstümmelt, anstatt ihn zu retten: »der seinem Sohn einzig und allein einen Apfel auf den Kopf legte (Kopfbedeckungen haben in der Freudschen Symbolik immer phallische Bedeutung), um besagten Apfel mit einem Pfeil zu durchbohren, als ob der Sohn auf einen Schlag kastriert, sodomisiert und aufgefressen werden sollte ...« (Crevel). Oder jenes andere Beispiel, mit dem die Existenz sexueller Obsessionen in der Kunst nachgewiesen werden soll: das Paar Millets, das nur scheinbar meditativ im Gebet versunken, in Wirklichkeit aber in bereiter Koitushaltung zueinander gekehrt ist. Dalí hat die Sexualsymbolik dieses Bildes verschiedentlich malerisch analysiert und beschrieben. Dabei kommt dann z. B. heraus, daß der dargestellte Mann »durch die schamhafte, kompromittierende Art, wie er seinen Hut hält, seine Erektion zu verheimlichen« sucht. Die Gleichzeitigkeit von dargestelltem Thema und symbolischem Sinn, von beabsichtigter und unwillkürlicher Gestaltung zerlegt diese Bilder in zwei Lesarten. Es sind Vexierbilder, die nach dem Modell Bewußtes-Unbewußtes doppeldeutig strukturiert sind und entsprechend doppeldeutig rezipiert werden wollen.

Auf dem Hintergrund der Biografie, der *vita sexualis* ist Dalís Überinterpretation keineswegs überraschend. Aus seinen Tagebüchern erfährt man, wie sehr er unter der Spannung zwischen Ich und einem grausamen Überich, seinem Vater, gelitten hat, und wie er sich später gegen Verinnerlichungen sadomasochistischer Beziehungen zwischen dem Ich und welchem Überich immer (etwa der Autorität der *groupe surréaliste,* der PCF, politischen Führern, Leitbildern, Ideologien usw.) zu wehren suchte. Mit dem Bild Millets, vordergründig ein Leitbild kleinbürgerlicher Erziehung wie der heroische Wilhelm Tell, verbindet sich eine depressive Erinnerung an das Elternhaus, das Dalí im letzten Kapitel von *La femme visible* mit drastischen Bildern als *loin de l'amour* beschreibt. 1929, nach der endgültigen Abtrennung vom »Schoß der Familie«, »als ich einer Reproduktion des gleichen Angelus ansichtig wurde, war ich von der gleichen Übelkeit und früheren Erregung befallen. Ich unternahm eine systematische Analyse einiger dieser

›Phänomene‹, die in der Umgebung dieses Bildes aufzutreten begannen, das für mich einen zweifellos zwanghaften Charakter annahm, und nachdem ich von diesem Bild des ›Angelusläuten‹ in unterschiedlichster Form wie in Objekten, Malereien, Gedichten etc. Gebrauch gemacht hatte, schrieb ich schließlich einen Essay über paranoische Interpretation mit dem Titel, *The Tragic Myth of Millet's Angelus,* ein Buch, das bald veröffentlicht wird und das ich als eines der fundamentalen Dokumente der Dalíschen Philosophie ansehe.«[8]

De Chirico, *Ariadne* (1913).

In diesem Buch hat Dalí zu dem, was er als Verdrängungskomplex auf dem Bilde vom »Angelusläuten« zu erkennen glaubt, eine Reihe von Analogiebildungen und Symbolgleichungen gesammelt. So findet er die gleiche, nur mühsam zurückgedrängte, aggressive Unterströmung der Milletschen Paar-Bildung in den Kombinationen von Mannequin und Turm auf den frühen Bildern de Chiricos[9], wie ebenso in einer Zeichnung des paranoischen Patienten Joseph Sell aus der Sammlung Prinzhorn[10], die er mit einer volkstümlichen obszönen Scherzpostkarte konfrontieren kann, die das sexuelle Motiv der sublimierten Paardarstellung entschlüsselt und die Symbole der Verdrängung, wie z. B. den phallischen oder »Anal-Schubkarren« dechiffriert, darbietet[11].

Zwei Personen (Prinzhorn).

Schon Georg Groddeck exemplifizierte an Millet, nämlich an dessen Gemälde *L'amour vainqueur* eine offen zutage liegende »ungewollte Symbolik« und genereller die Tatsache »unbewußter Malerei«. »Mythus und Kunst kannten schon längst vor der Einführung der Psychoanalyse die seltsame Tatsache, daß all unser Lieben Wiederholung früheren Liebens der Kindheit ist, und daß es gerade die Nebenumstände sind, die wiederholt werden.«[12] Mit seiner Deutung Millets als einem Verdrängungserotiker *par exellence* steht Dalí nicht allein. Daß hinter dem pathetischen Maler des »Angelusläuten« sich ein zynischer Pornograf verstecken könne, daß so penetrant dargestellte Frömmigkeit und soziale Pathetik zwangsläufig auf eine Kompensation im Gegensätzlichen rückschließen lassen müsse, diese Vermutung zu beweisen gelang Eduard Fuchs, der Millet als einen weitgehend unbekannt gebliebenen verklemmten Autoerotiker vorstellt. »Im größeren Publikum begegnet man . . . stets einem ungläubigen Kopfschütteln, wenn man

Folkloristisches Bild (Amerika, 19. Jahrh.).

[8] Dalí, The secret life, a. a. O., S. 64 (Fußnote). Das hier angekündigte Buch erschien erst in Paris 1963 unter dem Titel: Le mythe tragique, a. a. O.
[9] James Thrall Soby, Giorgio de Chirico, New York 1954, S. 175, 177–180
[10] Prinzhorn, Bildnerei der Geisteskranken, a. a. O., S. 263, vgl. Abb. 148, Fall 180.
[11] Vgl. Gorsen, Das Bild Pygmalions, Kunstsoziologische Essays, Reinbek 1969, S. 140 f. vgl. Abb. 149–151
[12] Georg Groddeck, Psychoanalytische Schriften zur Literatur und Kunst, Wiesbaden 1964, S. 325

von Millets erotischer Produktion spricht. Dieser Unglaube kommt daher, daß Millet in der allgemeinen Vorstellung einzig als der große Pathetiker lebt, als der er sich der Welt in seinen Hauptwerken »Angelus«, »Die Ährenleserin«, »Der Mann mit der Hacke« usw. vorstellte ... Aber gerade in der vorherrschend pathetischen Note von Millets offiziellen Werken ist die Erklärung seiner künstlerischen Nebenbeschäftigung mit erotischen Stoffen zu suchen ... Um sich nicht vor sich selbst verstiegen vorzukommen, bedürfen derart veranlagte Menschen zum Ausgleich einer ebenso krassen Betätigung im Gegensätzlichen. Dieses Gegensätzliche ist bei der Pathetik deshalb der Zynismus, weil dieser ihr natürlicher Gegenpol ist.«[13]

Millet, *Die Liebenden* (1850).

Fuchs mutete sich noch nicht zu – dafür fehlte ihm auch das psychoanalytische Instrumentarium –, die Symbole der Verdrängung zu dechiffrieren, doch ist er durch einen Vergleich der zwiespältigen Produktion von einerseits sozial heroischen und andererseits erotischen Darstellungen zu dem gleichen Ergebnis gekommen. Er meint, ein Bild, so ausgesprochen fromm und sexuell desinteressiert wie das »Angelusläuten«, betrügt den Betrachter über die wahren sexuellen Bedürfnisse seines Urhebers. »Diese bei Millet vorherrschende zynische Gestaltung des Erotischen hebt natürlich die Tatsache der großen sozial-ästhetischen Mission nicht auf, die dieser Künstler mit seinem Werk in der Kunst erfüllt hat, indem er als erster den echten Bauern und die besondere Last seines Lebens und seiner Arbeit für die Kunst entdeckt hat. Aber es ist die Rache der Natur, weil Millet in seinem malerischen Werk nicht nur die zutreffende Geschichte seiner Klasse geschrieben hat, sondern weil er den Bauern außerdem zum Heroen und seine Arbeit zum Heroismus erhoben hat, was weder in dem einen noch in dem anderen Fall zutrifft, und was niemand besser als er, der früher selbst ein Bauernknecht war[14], wissen und

Millet, *Mehrere Personen* (1846–1849).

Millet, *Nymphe, von Putten fortgezogen* (1851).

[13] Eduard Fuchs, Die großen Meister der Erotik, Ein Beitrag zum Problem des Schöpferischen in der Kunst, München 1930, S. 160. »Die logische Konsequenz davon ist, daß die Mehrzahl seiner Erotica tatsächlich gezeichnete Zynismen sind, und zwar von solchem Charakter, daß viele von ihnen direkt als würdige Illustrationen zu dem berüchtigten Gedicht von der ›Wirtin an der Lahn‹ dienen könnten. Um ein einziges konkretes Beispiel anzuführen, nenne ich die Federzeichnung *Mes concièrges* in der Sammlung Rignaud, Paris«. (Ebd.) Bei Fuchs nicht abgebildet; für mich nicht auffindbar.

[14] Die gelegentlich verbreitete Auffassung von Millet, dem armen Bauernknecht, der die Geschichte seiner eigenen Klasse und Herkunft gemalt habe, meint T. J. Clark korrigieren zu müssen. Vgl. *The absolute bourgeois, Artists and Politics in France 1848–1851,* London 1973, S. 98: *He boasts that he remained a labourer till he was twenty-one; that he knew the Bible's dictum at fist hand. In fact he was the son of a wealthy peasant farmer, and at eighteen he was sent off to Cherbourg to study art. So whether Millet's art was a compensatory myth – whether he tried to redefine a peasant status he had lost, or never had; whether it was a way to forget the actual context of his poverty, the long years of painting nudes for the market and feeling bastards in a Paris slum – that is an open question.*

fühlen mußte. Weil sein künstlerisches Schaffen somit außerdem ein Heroisieren seiner selbst war, so brauchte er für diese Übersteigerung ein ausgleichendes Gegengewicht ... Derart angesehen, sind Millets zynische erotische Zeichnungen und Bilder viel bedeutsamer, als jene selteneren, in denen er in idyllischen Motiven seine ungenügend entspannte Autoerotik abreagiert, oder jene, wo er im Erotischen ebenfalls pathetisch wird«[15].

Es ist verschiedentlich, erstmals wohl von Aragon, moniert worden, daß Dalís Bildanalysen mehr von seinen eigenen Zwangsvorstellungen verraten, weniger Analyse als selber analysebedürftig sind und nicht als wissenschaftliche Interpretationen ernst genommen werden können. Diese Kritik übersieht, daß Dalí selber nie auf wissenschaftliche Objektivität versessen war, sondern sowohl auf den subjektiven, obsessiven Ursprung der *association interprétative-critique* der *phénomènes délirants* hingewiesen hat, wie ebenso auf den überinterpretierenden Charakter dessen, was er die »systematische Analyse« einzelner Zwangsvorstellungen oder Crevel den »poetischen Beziehungswahn« bei Dalí nennt. *Mehr* subjektive wahnhafte Projektion und *weniger* vermeintlich objektive Interpretation des Wahns! Diese Forderung umreißt außerdem das surrealistische Programm einer Ablösung des psychiatrischen Herrschaftsverhältnisses gegenüber den Wahnkranken zugunsten herrschaftsfreier Kommunikation mit ihnen.

Die *interprétation paranoïaque-critique* erstrebt keine distanzierte, ausgewogene Beschreibung ihres Materials, sondern vielmehr wird durch *Überdeutung* im Medium von psychischer Einfühlung und Nachahmung des Wahns, eine Anreicherung des Materials mit Assoziationen angestrebt. Auf diese Weise kann in einem einzigen Bild wie dem »Abendläuten« für seine systematische Interpretation eine ganze Kette unbewußter Vorstellungen komprimiert sein –

[15] a. a. O., 161, dazu zwei Abbildungen bei Fuchs, a. a. O. Nicht gerade über pornografische Arbeiten Millets, aber doch einen bemerkenswerten Beitrag zur erotischen Kunst des 19. Jahrhunderts gibt der Oeuvrekatalog von Lucien Lepoittevin Auskunft. Vgl. Jean François Millet, Tome II: *L'ambiguité de l'image, essai,* Paris 1973, Nr. 43–61: *Scène dans un parc, La bonne aventure, Les conseils de l'amour, Daphnis et Chloé, Nu couché, Baigneuse couchée, Baigneuse assise, Baigneuse se déshabillant, Baigneuse se lavant I, II, Baigneuse se coiffant, Satyres et nymphes, Idylle, Suzanne et les vieillards, Caresses, Les amants, Caresses I, II, Plusieurs couples.*

Diese oder vergleichbare Arbeiten hat Clark gesehen, wenn er schreiben kann: *These were the paintings Millet could sell, ... These are pictures ..., with a certain erotic force: not just exercises, though eminently saleable. And Millet's drawings from the nude – some, like »The Lovers«, perhaps as late as 1850 – have not much to do with the market. They are restrained, scrupulous, ... they reveal an artist fascinated by physical love, and capable of drawing it with a fine understatement.* (a. a. O., S. 81)

Eine psychologische Analyse der Persönlichkeit Millets versucht L. Löwenfeld, »Über die geniale Geistestätigkeit mit besonderer Berücksichtigung des Genie's für bildende Kunst«, Wiesbaden 1903 (Grenzfragen des Nerven- und Seelenlebens, H. XXI).

den mehrdeutigen Traumbildern vergleichbar, die mehrere Wunscherfüllungen in sich vereinigen können. Die *interprétation paranoïaque-critique* stellt im Prinzip eine *Überinterpretation* im Interesse der lustvollen Wunscherfüllung des Interpretierenden dar. Überall und fortwährend glaubt sie sich dem Ausdruck unbewußter Wünsche auf der Spur. Ihr Material sind primär nicht Träume, sondern Wahrnehmungen, Bilder, Sinnestäuschungen, Objekte, Realität im weitesten Sinne. Doch haben sie mit den Träumen den unwillkürlichen, nutzlosen, dysfunktionalen, von Dalí als irrational geschätzten Wunschcharakter gemeinsam. Sie fungieren, was der Surrealismus im besonderen an *ready-mades,* den Fundstücken des Flohmarktes, *sculptures involontaires*[16] schätzt, als »Katalysator vielfältiger Wünsche, Sehnsüchte, Triebe, Instinkte«[17]. Sie verfügen im Sinne der paranoischen Anamorphose über mehrere, aber mindestens zwei heterogene »Gesichter«: eines, das die uninteressante, nützliche oder ehemals nützliche Seite z. B. eines Fundobjektes[18] (wie ein Zigarettenende, Dalís Beispiel, oder ein zerknautschtes Bus-Billet) vorzeigt, und eines, das den unwillkürlichen Ausdruck eines unbewußten Wunsches – metaphorisch, symbolisch, surrogathaft – zum Ausdruck bringt, den der Finder des Fundobjektes an diesem wahrzunehmen glaubt (das gleiche Zigarettenende oder unter zerstreuter Hand gezwirbelte Bus-Billett als surrealistische *sculptures involontaires*[19] (Abb. S. 217).

[16] Vgl. die Abb. in Minotaure, Nr. 3/4, S. 68

[17] Maurice Nadeau, Geschichte des Surrealismus (Paris 1945), Reinbek 1965, S. 170

[18] Die gegenwärtig am besten informierende kunsthistorische Studie zur surrealistischen Ikonografie des *ready-made* gibt Hans Holländer, *Ars inveniendi et investigandi: Zur surrealistischen Methode,* in: Jahrb. des Wallraf-Richartz-Museums, Köln 1970, Bd. XXVII, S. 193–234
Brauchbar und über dem Durchschnitt der *kunsthistorischen* Sekundärliteratur ist auch der Bildband *Dada und Surrealismus* von William S. Rubin, Stuttgart 1973. Von allen vorliegenden Kunstgeschichten des Surrealismus ist diese noch am ehesten dem Beitrag Dalís zur surrealistischen Kunst kritisch gerecht geworden.

[19] Eine Analogie bietet sich zu dem auf der Kasseler *documenta 5* (1972) ausgestellten »Maus-Museum« von Claes Oldenburg an. Schon seine äußere grundrißhafte Gestalt: die einer »geometrisierten Micky-Mouse« (gebildet aus zwei Kreisen, einem Rechteck und einem Vorplatz in Zungenform), die zugleich die Silhouette einer Kamera aus der Stummfilmzeit ist, weist auf den trivialmythischen Charakter dieses Museums hin. Seine 370 Ausstellungsstücke bestehen zu einer Hälfte aus einer von Oldenburg seit 1960 zusammengetragenen Spielzeugsammlung und zur anderen Hälfte aus sogen. »Atelier-Relikten« – Objekten, die am ehesten als Fundstücke und Materialabfälle aus dem Oldenburgischen Atelier bezeichnet werden können, wenn sie nicht zugleich für ihren Finder und Sammler die *Entdeckung einer unbeabsichtigt entstandenen Formqualität* bedeuteten. So sind neben der leicht vorstellbaren infantilen Spielzeugwelt von Stofftieren, Scherzartikeln, Jahrmarktstand, Souvenirs, trivialen Andenken und dem, was man gemeinhin Massenschund nennt, auch ausgestellt die verformten Fundstücke des Ateliers wie ausgedrückte Zigarettenstummel, funktionslos gewordene Utensilien des Haushaltes, z. B. ausrangierte elektrische Schalter, Kontakte und andere Überbleibsel oder aber auch bunte Torten- und Eisbecherattrappen,

Der experimentellen Herstellung solcher *objets psycho-atmosphériques-anamorphiques* hat Dalí einen gleichnamigen Essay (1933) gewidmet. Darin empfiehlt er, die *activité paranoiaque-critique* auf die Herstellung surrealistischer Objekte auszudehnen, nämlich über die unwillkürliche Fundskulptur hinauszugehen und die Wunschprojektionen mehrerer Finder sich in *assemblages,* in Montagen vorgefundenen Materials selbständig assoziieren zu lassen. Diese halbautomatische blinde Objektmontage mit vorher nicht bekannten Materialien in einem verdunkelten Raum hat nurmehr teilweise noch Fundcharakter. Denn in den Akt der haptischen Montage gehen die unbewußten Wünsche und Regungen der Finder ein, die somit ihren Fund indirekt »interpretieren«. Die Betonung der subjektiven Projektion im Akt des Findens und Montierens markiert den Übergang von der rezeptiven Spontaneität und *confusion passive de l'automatisme,* vom Schlafzustand, zur aktiven Spontaneität der *interprétation paranoiaque-critique,* der *confusion active et systématique illustrée par le phénomène paranoiaque.* Dieser Übergang charakterisiert die zweite Periode des Surrealismus ab 1932. Auf eine Kurzformel gebracht ist dies der Beitrag Dalís zur ästhetischen Einstellungsänderung des Surrealismus.

Dalís programmatische Entwürfe sind freilich schwer zeitlich abgrenzbar von jenen zahlreichen vereinzelten Experimenten surrealistischer Maler, die wie Arp, Dominguez,

die in der monumentalen Aufstellung und Exponierung als Quasi-Kunstobjekte zur Wahrnehmung ihrer skulpturellen Qualitäten verhelfen. Daß diese fast schon wieder schwelgende Optik auf das ästhetisch Unästhetische ohne Duchamps und surrealistische Anregungen nicht denkbar ist, sei nur erwähnt.

Hinzu kommt aber die diskussionswürdige Annahme Oldenburgs, die ihn vor allem zum Entwurf dieses Trivialitäten-Museums motiviert hat: daß nämlich sowohl der alltägliche Abfall der Haushalte als auch »bestimmte Spielzeugdarstellungen eine Vorstellung geben, wie die Dinge wirklich gesehen werden« (Kaspar König, Dir. des Maus-Museums). Der triviale, sinnlich handhabende Umgang mit Spielzeug oder Wegwerf-Objekten hat Modellcharakter für den unbewußten, d. h. unwillkürlichen und rational unkontrollierten Gebrauch der Dinge im Konsum. Die Verkindlichung, aber auch Verinnerlichung des Menschen in der Manipulation seiner Bedürfnisse durch die warenproduzierende Gesellschaft hat eine Parallele im infantilen Umgang des Kindes mit Spielsachen, im zerstreuten Umgang des Erwachsenen mit allerlei Dingen, die gerade um ihn herumliegen.

Konsumieren, Spielen und sinnliches Zerstreutsein bewegen sich alle auf einer gleichen psychologischen Ebene der Regression und der Bedürftigkeit, *die ihre Signatur hinterläßt.* Dieser ist Oldenburg wie vor ihm die Surrealisten auf der Spur. Wenn man seine Reliquien auf einem Haufen sieht, glaubt man in der Tat, daß sie ein Ausdruck eines gemeinsamen, mehr oder weniger ungestillten Glücksverlangens sind. Es drängt sich die Frage auf, ob nicht der verlockende Reiz der Waren immer aufs neue auch unsere Kindheitswünsche aktiviert und den unbewußten Zauber von Spielsachen und Fundobjekten nachahmt, *um uns zu fangen.* Das Maus-Museum stößt allerdings so wenig wie einst der Surrealismus zur Reflexion des Zusammenhangs von Warenästhetik, Spiel- und Fundsachen vor. Es bleibt bei einer über eine bloße Kuriositätensammlung allerdings hinausgehenden Anregung.

Ernst mit halbmechanischen Herstellungsverfahren wie *collage, décalcomanie, frottage* arbeiteten. So hat bereits Max Ernst die später von Dalí als stereotyp abgelehnte Methode des psychischen Automatismus[20] gleichermaßen überwunden wie benutzt. Seine ersten *frottages* aus der *Histoire Naturelle* (1926), die ihn schon 1925 auf seine an Holzmaserungen eines Fußbodens erprobte Durchreibetechnik brachten, belegen die von Dalí deklarierte Einstellungsänderung von der spontanen Rezeptivität des Wachtraums zur Aktion des *désir* viele Jahre bevor sie surrealistischer Programmpunkt wird. Einerseits begreift Ernst seine *frottages* noch in Analogie zur *écriture automatique* als eine Art Diktat des vorgefundenen Zufalls. Doch andererseits bemerkt er, daß beim Durchreiben des Grundes auf ein weißes Blatt Papier das beobachtende Subjekt aus seiner Reserve herausgelockt wird und durch die anregende halluzinatorische Qualität des durchriebenen Musters den plötzlichen überraschenden Einfall produziert, den – wie Dalí sagen würde – irrationalen Überfall der Zwangsidee. Die mit Hilfe der Durchreibetechnik entstandenen Zeichnungen »verloren vermittels von Suggestionen und Transmutationen, die – wie hypnagogische Visionen – sich spontan herstellen, den Charakter des abgepausten Materials (z. B. des Holzes) und nahmen den präzisen Anmutungscharakter einer Zwangsidee an, wahrscheinlich in der Weise, daß er deren Motiv offenlegte oder vorgab offenzulegen.«[21]

Daß die Aufmerksamkeit während des Durchreibens nicht rein passiv, nicht auf das subjektlose Finden und Protokollieren eingeschränkt ist, berechtigt Ernst zu dem Hinweis, daß die halbmechanische Entstehungsweise seiner *frottages* später auch unter dem Namen der *critical paranoia* bekannt wurde. Und in der Tat veranschaulicht die *frottage* am besten, daß Wahnideen mit psychologisch allgemeinverständlichen Hintergründen, alltägliche »wahnhafte Ideen« auf der einen und »primordiale Wahnideen«, die sich autonom entwickeln, auf der anderen Seite einen gemeinsamen Nenner haben: »die *Plötzlichkeit des Auftretens* läßt ›primordiale Wahnideen‹ nicht von gesunden psychischen Vorgängen abtrennen, treten doch z. B. ›erlösende Einfälle‹ des Gesunden auch unvermittelt ins Bewußtsein.«[22]

Die paradoxe Formulierung »kritische Paranoia« habe nach Ernst für eine Technik wie die des Durchreibens den Vorteil, größere Aufmerksamkeit zu erregen, doch ziehe er dem durch Dalí bekannt gewordenen Terminus und der Definition der *activité paranoïaque-critique* die Berufung auf Rimbauds *dérèglement de tous les sens* vor. Sie sei weniger am medizinischen als am ästhetischen Fakt der

[20] Vgl. Dalí, Interprétation paranoiaque-critique, a. a. O.
[21] Ernst, a. a. O., S. 8
[22] Bleuler, a. a. O., S. 473

Halluzinationen, auf den sich schließlich schon Leonardo berufen habe, orientiert.
In Rimbauds *lettre du voyant* von 1871 mitgeteiltem Vorschlag zur absichtlichen Trübung und Stärkung des Bewußtseins mit Unterstützung von Trugwahrnehmungen erblickt der Surrealismus ebenso eine Vorform der *frottage,* und im weitesten Sinne auch der *collage,* wie in Lautréamonts *idée fixe* einer Nähmaschine mit dem Regenschirm auf dem Seziertisch[23]. *What is collage? The simple hallucination, after Rimbaud; the placing under whyskymarine, after Max Ernst. It is something like the alchemy of the visual image. The miracle of the total transfiguration of beings and objects with or without modification of their physical or anatomical aspect.«*[24] Sieht man von den Idiosynkrasien des Max Ernst ab, so haben die Psychopathophilen des Surrealismus wie Dalí, Crevel, Breton, Eluard und andere eine Überfremdung der eigenen Theorie – sei es mit Kategorien und Denkmodellen der Psychiatrie und Psychoanalyse, sei es durch das schizophrene oder paranoische Idiom niemals befürchtet. Ihr gesuchter Eklektizismus gehört in den Gesamtzusammenhang der Abwehr einer bequemen, rein literarischen und künstlerischen Rezeption der surrealistischen Phantasie auf der einen, und der Herstellung eines Dialogs zwischen Normativität und Psychose auf der anderen Seite.

12. Das konvulsivisch Schöne, Quellen der dalíschen Ästhetik. Über Futurismus und Jugendstil

Wenig bekannt ist heute noch die kunstfeindliche futuristische Startphase Dalís, der den Wechsel der internationalen Avantgarde vom Dadaismus zum Surrealismus auf den katalanischen Kulturalltag polemisch anwendet[1]. In seiner Frühzeit polemisiert Dalí noch gegen lokale Folklore, gegen Sardana, die er später befürwortet, gegen jeglichen Traditionalismus, *gegen »ornamentale Künstlichkeit«,* »unzivilisierte primitive Instinkte«, gegen die akademischen Plagiate des Impressionismus in der sich modern zierenden Malerei Kataloniens, gegen alle Architekturen, die älter sind als zwanzig Jahre, *um für Funktionalismus,* für mehr Hygiene und Technik, Elektrizität, neue Baustoffe, den Beton, für die Pläne Corbusiers, für die »keimfreie Präzision« technischer Apparaturen, für »antikünstlerische Schauspiele«, die »antikünstlerische Welt der Werbeplakate« usw. einzutreten.

[23] Abb. in Minotaure Nr. 2/3, 1933, S. 101
[24] Ernst, a. a. O., S. 12
[1] Vgl. Eine erste Dokumentation hierzu von C. B. Morris, Surrealism and Spain (1920–1936), Cambridge 1972

Diesen antitraditionalistischen Tendenzen korreliert das Bekenntnis zur zeitgemäßen Ästhetik, schön und poetisch sei, was zweckmäßig ist: Das »chloroformierte Seziermesser«, die »Poesie des Massenverbrauchsgegenstandes« (ein Essaytitel von 1928) löst die »schlafende Schöne« des Aktbildes, die Poesie des Luxus ab. In der unreflektierten Apotheose der »Perfektion der Gebrauchsgegenstände« (Telefon, Heliometer, Autoreifen, Windschutzscheiben, Mundstück, Golfschläger, »Hockey-Pullover aus unbekannter englischer Fabrik«, Girls, »Mannequins, die in der elektrischen Pracht der Schaufenster stehen . . .«, Schallplatte, Kodak-Film, Fox-Wochenschau, »anonymer Unterhaltungsfilm zum Lachen«, »blauer Bugatti vom Flugzeug aus gesehen«, »weiße Klinik«, Badezimmerhygiene, Sport usw.) formuliert Dalí den *art deco appeal* der zwanziger Jahre. Am schwelgerischen Bild der »beunruhigenden Röntgenaufnahme des Skeletts meiner Geliebten, auf der sie schöner und zarter aussieht, als auf ihren besten Photos mit feinen durchsichtigen Bekleidungen« wird deutlich, welche Materialreize der futuristisch beeinflußte Dalí unter dem Bretonschen Primat des *konvulsivisch Schönen (beauté convulsive)*[2] in den Surrealismus einbringen wird. Zwischen 1928 und 1931 erwirbt Dalí bereits die wichtigsten surrealistischen Kategorien, um sie seinen frühen ästhetischen Erfahrungen futuristischer Herkunft überzustülpen. Es vollzieht sich ein Integrationsprozeß der futuristischen Sensibilität in die surrealistische Weltanschauung, den Dalí – etwa in seiner Bewunderung für Marcel Duchamp – auch genießerisch nachvollzieht.

Gleichzeitig mit dem Antitraditionalismus und der surrealistischen Verbegrifflichung des futuristischen Erfahrungsstoffes vollzieht sich die allmähliche Entdeckung jenes – scheinbar oder doch noch wirklich – vom Kulturbetrieb unberührten Reservats des auf die Volkskunst zurückgreifenden katalanischen Jugendstils (das Phänomen Gaudí), den Dalí als oppositionellen Unterstrom des Volksgeistes gegen die offiziell herrschende Kultur und Kunst abgrenzt, und auf den er später als einem Potential unverbrauchter Phantasie sich immer stärker beziehen wird – nicht unähnlich dem Abgrenzungs- und Abschöpfungsversuch des griechischen Komponisten Theodorakis gegenüber einer noch als intakt angenommenen, von Stilkunst und herrschender Geschmackskultur unberührten »proletarischen« Musiktradition.

[2] Breton, in: Nadja (1928), a. a. O., S. 155: *La beauté sera convulsive ou ne sera pas.* Ein kurzes nachträgliches Bekenntnis zum konvulsivischen Schönheitsideal findet sich in: Dalí, Les cocus du vieil art moderne, Paris 1956, S. 61. Es ist ein Zitat aus dem frühen Essay im *Minotaure* von 1933, *De la beauté terrifiante et comestible de l'architecture modern style: Retour à la beauté . . . Breton a dit: »La beauté sera convulsive ou ne sera pas.« Le nouvel âge surréaliste du »cannibalisme des objets« justifie également cette conclusion. »La beauté sera comestible ou ne sera pas.«*

Die anarchistische destruktive Einstellung des noch futuristischen Surrealisten oder schon surrealistischen Futuristen tendiert seit den dreißiger Jahren dazu, sich zurückzunehmen und in die substantielle Vereidigung auf die originäre katalanische Volkskunst, auf eine eigenständige Sprache (in der Feier des katalanischen Wörterbuches von Pompeu Fabra), den einmaligen Landschaftscharakter der Küste Katalaniens und eine nationale Religionsphilosophie (Francesco Pujols) umzuschlagen. Von dieser Position hat sich Dalí bis heute nicht nur nicht gelöst, sondern er hat das abgesteckte Reservat in einem nationalistischen Kult der katalanischen Folklore erst recht für die Manipulationen der Stilkunst und ein surrealistisches Genre verfügbar gemacht und damit das erst gehütete Reservat seiner volkstümlichen Emanzipation entfremdet. Zur Dialektik dieser Entwicklung, die Dalí schließlich zu einer Versöhnung von Jugendstil, Surrealismus und Kapitalismus führt, erübrigt sich ein Kommentar.

Für die Rekonstruktion des frühen surrealistischen Dalí ist aber ein Hinweis auf dessen Entdeckung der Volkskunst und ebenso der naiven Religiosität, der zu Mystik und *occultation* tendierenden Phantasie des katalanischen Volkes – und nicht zuletzt des *pompiérisme* des spanischen Katholizismus – angebracht. Denn diesen »primitiven« Quellen verdankt Dalí die »andere Seite« seines Beitrags zum konvulsivisch Schönen des Surrealismus: die poetische Seite der Fäulnis *(putrefacción),* der »organischen Monstrosität« und der erschreckenden Bilder der Tortur und des Todes. Sie beherrscht die Filme Dalís mit Buñuel, die Essays *La femme visible* (1930), *L'amour et la mémoire* (1931) und die Bildproduktionen der dreißiger Jahre. Das Bild des Kadavers geht nahezu alle Verknüpfungen mit den in südlichen Ländern vertrauten Tieren ein. Dem omnipräsenten »*Eselskadaver*« folgen Pferde-, Katzen-, Hühner-, Hahn-, Heuschrecken-, Vogel-, Seeigel-, Einsiedlerkrebs*kadaver,* schließlich mit Rücksicht auf die hedonistische Ästhetik des *corps démontable* auch Frauenkadaver, Mund- und Gliedmaßenkadaver, welche auf Dalís Zerstückelungsangst zurückgehen (vgl. Kap. 10). Nekrophile Phantasien sind im Reliquien- und Totenkult des spanischen Volkes verankert. Dem Nekrophilismus benachbart ist Dalís Insistenz auf alle materiellen Auflösungsprozesse z. B. von Zucker in Wasser, auf den Blutkreislauf, »die tausend Klänge unseres Blutes, wenn es unter Druck aus jeder neuen Wunde spritzt«, ist schließlich Dalís Beharren auf der »morbiden Anziehungskraft für das scheinbar Abstoßende« (das Schleimige, behaarte Weiche, Übelriechende) und die »Taumel des Todestriebes«.

Es würde zu weit führen, auch noch auf die von Dalí für sich beanspruchte *source iconographique pompier du chris-*

tianisme[3] einzugehen. Die volkstümliche Adoration gegenüber Reliquaren, Prozessionspuppen und Weihnachtskrippen, plastischen Nachbildungen von Heiligen, Märtyrern, des »Erlösers« und damit ein wesentlicher Aspekt der religiösen Gebrauchskunst und der »proletarisierten« Religiosität sind im kulinarischen Kult des Tastbaren, Schmeck- und Riechbaren, sind in Dalís *physique de la paranoia*[4] noch gegenwärtig. Er hat dem sentimentalischen Gebrauchskünstler, ebenso dem *pompier* oder Kitschier am Rande der Kunstgeschichte in seinen Essays über Boldini, Cormon, Detaille, Meissonier, Moreau, Millet, de Neuville, Richefeu u. a. ausdrücklich ein Denkmal gesetzt.

Und schließlich hat Dalí die spezifische Landschaft der *Costa Brava* in sein Bild vom konvulsivisch Schönen eingebracht – die Elemente Strand, Meer, Felsenformation als Sinnbilder der Unendlichkeit und der Bewegung, deren metaphysische Bedeutung aus der Lebensphilosophie Bergsons Dalí gleichfalls vertraut war.

Doch es bleibt für Dalí nicht bei einer einseitigen Verarbeitung derjenigen Phantasieprodukte, die ihrer Herkunft nach volkstümlich sind, sondern es kommt zu ihrer grotesken Montage mit Produkten des technischen Fortschritts und der Zivilisation. Die poetische Intention zielt auf die verfremdende Assoziation eines Telefonhörers, einer Rasierklinge mit zwei Spiegeleiern in katalanischer Landschaft, wie es Dalí z. B. in den Gemälden *Le moment sublime* (1938)[5] und abgewandelt in *Violettes impériales* (1938) oder in der filmischen Sequenz einer Rasierklinge, die den Augapfel zerschneidet in *Le chien andalou,* dargestellt hat. Die in verbalen und optischen Groteskmontagen schwelgenden Essays der dreißiger Jahre zeigen meist Verknüpfungen zweck*freier* Naturformen mit zweck*orientierten* Zivilisationsformen, »erster« mit »zweiter Natur«. Hierher gehört ebenso der surrealistische Neologismus *Sanitäts*ziege *(le chèvre sanitaire,* eine Kapitelüberschrift in *La femme visible),* der ein futuristisch adoptiertes Wortelement aus der medizinisch-hygienischen Sphäre mit einem folkloristischen verknüpft. Die emotionalen Anmutungen von keimfreier »weißer Klinik« und »weißer Ziege« sind hier vielleicht absichtlich ästhetisch verschmolzen. – Und bei der »heliometrischen Vision« Dalís, dem Essay *Sant Sebastiá* von 1927, handelt es sich offenbar um eine neomorphotische *assemblage* von religiöser Prozessionsfigur und medizinisch-technischen Apparaturen. Die in den Leib der Märtyrerfigur versenkten Pfeile sind zugleich Fieberthermometer

[3] Dalí, La vision de Gaudí, in: Dalí, Oui, a. a. O., S. 167
[4] Dalí, La conquête de l'irrationnel, a. a. O., in: Dalí, Oui. a. a. O., S. 26
[5] Dalí, Ausstellungskatalog unter Einschluß der Sammlung Edward F. W. James, Staatliche Kunsthalle Baden-Baden, 29. 1.–28. 3. 1971, S. 141 u. S. 144

und Blutgerinnungsmesser; der Opfertod des Heiligen wird gleichzeitig als Gegenstand eines experimentell-medizinischen Eingriffs vorgestellt; im projektionsreichen Bild der Agonie des Heiligen Sebastian kombiniert Dalí den »warmen« hingebungsvollen Blick des Gläubigen mit dem »kalten« unpersönlichen Eingriff der ärztlichen Sonde. Im *Sant Sebastiá* verbindet sich paradigmatisch für den surrealistischen Futuristen ein naiv volkstümlicher Erfahrungsbezug mit einem artistisch futuristischen und zivilisatorischen.
Das futuristische Lob des Massengebrauchsgegenstandes – die »progressive« Ebene des hygienischen, verarzteten und technisch instrumentalisierten Lebens – vereinigt sich mit dem »regressiven« Fund des *pompièrisme,* den vorindustriellen Gebrauchsgegenständen in Religion und Volkskunst – der Erlebnisebene des Unbewußten – in den anziehend abstoßenden Bildern der Verwesung und des Todes.
Bevor der Surrealist von 1929/30 dieses Erfahrungsagglomerat unter den konvulsivischen Schönheitsbegriff subsumieren wird, findet Dalí ein weiteres wichtiges Element des *pompièrisme:* den barceloneser und pariser Jugendstil. Diese Entdeckung ist durch das Naturerlebnis der katalanischen Küstenlandschaft vorbereitet – die Öde und Weite ihres Strandes, ihr bewegtes oder ruhiges, verschlingendes oder unter sich begrabendes Meer, ihre trügerisch-anamorphotischen Felsenformationen. Letztere werden als dauernder Anlaß von Trugwahrnehmungen im positiven Leonardoschen Sinne ein mitbestimmender Faktor für die Definition der kritisch-paranoischen Aktivität. In ihr wird Dalí später jene theoretische Instanz wiederholen und ausbauen, die schon seine noch futuristischen Groteskkoppelungen unbewußt reguliert hat und jetzt, nämlich 1930, die bewußte Poesie von »paranoisch geformten Felsen« in *La femme visible* ermöglicht. *Von der futuristischen Groteskmontage zur surrealistischen Anamorphose gibt es fließende Übergänge.* Wenn auch noch eine »kubistische Phase« für die ikonografische Entwicklung von Dalís Malerei (Beeinflussung durch Picasso, Gris) angenommen worden ist, so kommt eine Lektüre der gesammelten Schriften Dalís jedoch zu dem Ergebnis, daß sie für den Beitritt des jungen Dalí zum Surrealismus von peripherer Bedeutung war.
Den Felsenreliefs der katalanischen Küste, nämlich ihren anamorphotischen Verdichtungen von Fließendem und fester Form, der immateriellen Gesteinsornamentik, ihren unendlichen mehrkonturigen Kurven und asymmetrischen Rhythmen, ein *décorativisme psychique,* welcher der anthropomorphen Projektion des Beschauers gegenüber nachgiebiger ist als der *décorativisme antidécoratif*[6] von »goldenem Schnitt« und rechtem Winkel, kommt die größte Be-

[6] Dalí, De la beauté terrifiante et comestible de l'architecture modern style, a. a. O., in: Dalí, Oui, a. a. O., S. 158

deutung für den beginnenden surrealistischen Poeten zu und führt Dalí per Analogie zur Entdeckung des Jugendstils, die dem futuristischen Befürworter Corbusiers noch verwehrt war. Er findet jetzt die »konvulsivischen Formen der Felsen« und des bewegten Meeres bei Cadaqués im *convulsive-ondulante*[7] der Balustrade des *Mila*-Hauses (1906–10), den Viadukt- bzw. Bankserpentinen des *Guëll*-Parks (1900–14) von Barcelona wieder.

Den optischen Beweis für diese Analogie, den die photographischen Beilagen zum Jugendstil im *Minotaure* (1933) schon divinatorisch vorwegnehmen (Abb. S. 219), wird erst 1966 der Photograph Clovis Prévost erbringen, indem er durch verschiedene phototechnische Manipulationen die imposante Fassadenarchitektur der Portale von *Sagrada Familia* in die konvulsivischen Reliefs der Felsmassive der andalusischen Küste übergehen läßt, in solcher optischen Transformation die ornamentale Bewegtheit des Jugendstils auf ihren landschaftlichen Ursprung zurückführend[8].

Demnach gelingt Gaudí bereits die von Dalí angestrebte Inkarnation des Liquiden – zum Entzücken Dalís das plastische Paradoxon *de l'eau sculptée*[9]. Auf die konvulsivischen Ondulationen des Meeres an einem stürmischen Tag scheinen nicht allein die Balkons des *Mila*-Hauses, sondern auch die ornamentale Struktur des freien vertikalen Sinuskurven-Rhythmus zurückzugehen, der die baumkuchenartigen Türme des *Batlló*- (1904–06) und *Mila*-Hauses (1906–10) bewegt[10]. Der Ornamentik Gaudís scheint die plastische Momentaufnahme des flüssigen Elements in jeder vorstellbaren Bewegung geglückt – als sich ergießendes, als vergossenes, sich kräuselndes, als stehendes und spiegelndes Wasser. Dalí, der beginnende Surrealist, entdeckt den Jugendstil und findet im Stil Antonio Gaudís die vorher schon bei Umberto Boccioni bewunderte futuristische Bewegungsästhetik im doppelten dialektischen Wortsine *aufgehoben* wieder. Brachte Boccioni den reinen Dynamismus, die Bewegung um der Bewegung willen ins Bild, so gelingt doch erst dem Gesamtkunstwerk Gaudís die Versöhnung von Materie und Bewegung, von Raum und Zeit, auch von *matière et l'amour* (die Problematik des Dalí-Essays von 1931) zu realisieren. Sehr viel später, nach dem Ereignis dieser Entdeckung, nämlich erst 1956, bekennt Dalí: »*Les deux génies des formes créatives (dynamisme de la discontinuité de la matière figée instantément) sont*

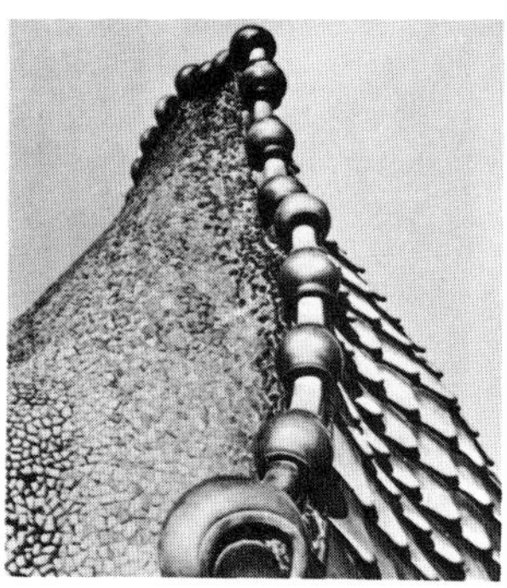

Gaudí, Batlló-Haus

[7] Ebd.
[8] Robert Descharnes, C. Prévost, La vision artistique et religieux de Gaudí, Préface de Salvador Dalí, Lausanne 1969
[9] Dalí, De la beauté terrifiante . . ., a. a. O., in: Dalí, Oui, a. a. O., S. 160
[10] Vgl. das Standardwerk über Gaudí: Cesar Martinell y Brunet, Gaudí, su vida, su teoria, su obra, Biografias 1, Colegio de Arquitectos de Cataluña y Baleares, Comision de cultura, Barcelona 1967, S. 176 f., 386 f.

l'Italien Boccioni et le Catalan Gaudí qui ont fait de Milan et de Barcelone les capitales de la révolution industrialiste[11].

In einzelnen Plastiken, wie der von Dalí ausdrücklich hervorgehobenen mit dem Titel *Développement d'une bouteille dans l'éspace* (1912)[12], sei Boccioni die dialektische Einheit von Raum und Zeitfluß, Materie und Bewegung, von Sehen und Tasten einzufangen geglückt, die Gaudí im monumental-architektonischen und multisensoriellen Maßstab des Doms von *Sagrada Familia* (begonnen 1883) und der Kapelle von *Colonia Guëll* (1898–1916) in Angriff genommen hatte. Hier erblickt Dalí, unter dem Eindruck der surrealistischen Schönheitsnorm, die *trituration convulsive-formelle*[13] sowohl des erbarmungslos praktischen, das ist funktionalistischen, wie des auf kulturelle Repräsentation zugeschnittenen klassizistischen Architekturtypus vollzogen.

Boccioni, *Entwicklung einer Flasche im Raum*

Gaudí, der *anti-Le-Corbusier* und *pompier* und in diesem Sinne häufig karikierter zweifacher Schandfleck Barcelonas[14], markiert für Dalí die Entdeckung einer sowohl dysfunktionalistischen, dekorativen wie ebenso »kitschigen«, für künstlerisch offiziell mißraten geltenden Architektur. Sie gehört zum Typus jener *bâtiments érotisables,* die der infantilen Projektion eines unbewußten Kindheitswunsches gehorchen: *pouvoir le plus réellement manger l'objet du désir*[15].

Was einem gefällt und was man liebt, hat man zum Auffressen gern. Im Lob der Architektur des *modern style* konvergiert Dalís infantiler Kulinarismus mit dem konvulsivischen Schönheitsideal des Surrealismus. Dalí fällt auf, daß »unter den ersten surrealistischen Dingen, die Chirico malte, immer wieder eßbare waren – Hörnchen, Makronen und Kekse zwischen komplizierten Konstruktionen mit Reißschienen und anderen Gebrauchsgegenständen«. Die Analyse habe gezeigt, fährt er in seinem Aufsatz »Der Gegenstand im Lichte surrealistischer Experimente« (1932)

[11] Dalí, Les cocus du vieil art moderne, a. a. O., S. 60. Dem hier angesprochenen Zusammenhang von Gaudí mit der industriellen Revolution wird man sich schwerlich anschließen können.

[12] Dalí, La vision de Gaudí, a. a. O., in: Dalí, Oui, a. a. O., S. 172. Boccioni ging »in drei Büsten dazu über, durch Hohlräume und Volumen Kontrastwirkungen zu erzielen, um schließlich die Skulptur nach den Forderungen des bildnerischen Dynamismus vom Kern her aufzubauen, womit er nicht ›reine Formen, sondern den reinen bildnerischen Rhythmus, nicht die Konstruktion der Körper, sondern die Konstruktion der Aktion der Körper‹ geben will. (Vorwort z. Kat. d. Skulpturenausstellung, Paris 1913.) In der spiralförmigen ›Entwicklung einer Flasche im Raum‹ ist diese Aktion mit sparsamen, strengen Mitteln durchgeführt. (Christa Baumgarth, Geschichte des Futurismus, Reinbek 1966, S. 146)

[13] Dalí, De la beauté terrifiante ..., a. a. O., in: Dalí, Oui, a. a. O., S. 159

[14] Dalí, La vision de Gaudí, a. a. O., in: Dalí, Oui, a. a. O., S. 172

[15] Dalí, De la beauté terrifiante ..., a. a. O., in: Dalí, Oui, a. a. O., S. 162

fort, »daß bei fast allen jetzigen surrealistischen Objekten Dinge vorherrschen, die eßbar sind oder eingenommen werden können (Zuckermandeln, Tabak, grobkörniges Salz bei Breton; Tabletten bei Gala; Milch, Brot, Schokolade, Exkremente und Spiegeleier bei mir; Wurst bei Man Ray; helles Lagerbier bei Crevel)«.

Demnach geht der Surrealismus davon aus, »daß es offenbar nicht genügt, Dinge mit den Augen zu verschlingen, und daß unser Bemühen, an ihrem Dasein aktiv und wirksam teilzuhaben, in uns den Wunsch weckt, *sie zu essen*«. Daß Dalí hier ganz offensichtlich auf die Überwindung der Arbeitsteiligkeit unserer Sinne (z. B. zwischen Sehen und Schmecken), den sinnlich entfremdeten Wahrnehmungsprozeß gegenüber der total und synästhetisch vorstellbaren Wirklichkeit anspielt, diese aus der Romantik tradierte Neigung ist zunächst nur auf dem Hintergrund der im gleichen Jahr von Breton in *Les vases communicants* gemachten Ausführungen zu sehen. Das Apriori zum Selbstverständnis der surrealistischen Gruppe sei immer, so lautet der Bretonsche Text, die »nicht arbeitsteilige Tätigkeit« gewesen – nämlich stets ein »Versuch, den *Kontakt* herzustellen zwischen den getrennten Welten ... der äußeren Wirklichkeit und der inneren ...« usw.[16]. Für Dalí schließt dieser Kontakt oder Wunsch, die Welt zu erfahren und auf allen Ebenen sinnlich und intellektuell zu vereinnahmen, die Erweckung und Stillung des Hungergefühls ein. Das Hungergefühl, die Appetenz bedeutet für ihn die materialistische Grundlage jeder erotischen Beziehung zwischen Menschen, und es wird daher gesondert als Merkmal der surrealistischen Überwindungssehnsucht von Innen- und Außenwelt aufgeführt. Es bildet den sinnlichen Auftrieb für den surrealistischen Monismus. Der surrealistisch verstandene und erlebte »Gegenstand möchte unsere Verschmelzung mit ihm herbeiführen und veranlaßt uns, die Bildung einer Einheit mit ihm voranzutreiben (Hunger auf ein Objekt und eßbare Objekte)«. Der radikal zu Ende gedachte monistische Denkansatz des Surrealismus führt Dalí zur Identifikation des Schönen mit dem Eßbaren und des Liebesaktes, dieser sublimsten Form eines nach Stillung verlangenden Hungers, mit der kannibalischen Inbesitznahme, der lustvollen Verspeisung des geliebten Objekts. In der Bewunderung der mörderischen »Gottesanbeterin«, die Roger Caillois 1934 beschrieb, stand dem Surrealismus dieser erotische Monismus und seine negative Utopie drastisch vor Augen. Er ist der Schlüssel zum Verständnis der Ästhetik nicht nur Dalís, sondern der gesamten Bewegung.

Bretons klassische Definition aus *Nadja* (1928): *la beauté sera convulsive ou ne sera pas* übernimmt Dalí wörtlich.

[16] Breton, Die kommunizierenden Röhren, a. a. O., S. 74

Doch ersetzt er *convulsive* durch *comestible: La beauté sera comestible ou ne sera pas*[17]. Die Gleichung *convulsive = comestible* bzw. *convulsive = ondulante = comestible* zielt auf die Assoziation des surrealistischen Schönheitsbegriffs mit der psychischen Reproduktion der frühkindlichen und sogar pränatalen Libido. Das für schön Gehaltene aktualisiert demnach immer zugleich auch den infantilen Wunsch nach seiner Eßbarkeit, seiner *qualité nutritive,* nach sinnlicher Berührung (Lecken, Saugen, Streicheln usw.) und begründet den erotischen Kannibalismus, den »schlechten Geschmack« und die provozierende ästhetische Banausie Dalís und der Surrealisten. Ihr Appetit nach dem Schönen, *le désir érotique – est la ruine des esthétiques intellectualistes*[18]. In den erotisch gesättigten Schönheitsbegriff des Surrealismus sind nach Dalís Interpretation außer dem weitgehend intellektualisierten Augensinn und dem Hören auch alle sogenannten »niederen Sinne« wie Schmecken, Riechen und Tasten voll integriert. Deswegen nimmt er sich heraus, für den ästhetischen Genuß eines Jugendstilornaments wie für den Verzehr eines köstlichen Backwerks zu werben: *Mange-moi!* (Abb. S. 221). Auch scheut er sich nicht, vom *parfum sacré* eines Bauwerks wie der *Sagrada Familia* zu sprechen. Auf der Ebene einer »regredierten«, »polymorph perversen« Sinnlichkeit, die sich vom Zwang zum Spiritualismus und zur kulturellen Sublimation befreit hat, sind für Dalí das Gesamtkunstwerk eines Gaudí oder Richard Wagner auf der einen und die reproduzierte synästhetische Libido des Kleinkindes bzw. des *intra*uterinen Lebens auf der anderen Seite durchaus vergleichbar.

Beide, Dalí und Breton – psychoanalytisch belesen – sind sich ebenso über die symbolische Anpassung ihres ästhetischen Urteils an eine unbewußte Wunscherfüllung im klaren. Oder wie Dalí, dem ambivalenten lust- und angstbesetzten Wunsch nach Libidobefriedigung Rechnung tragend, sagt, die Architektur Gaudís ist eine einzige »taktile erogene Zone, die sich wie ein Seeigel sträubt«. Das interessevolle Wohlgefallen am Jugendstil, der *faim originale,* den er bei seinem »Betrachtern« oder besser »Mitessern« *(comédons)*[19] auslösen will, ist nach psychoanalytischer Einsicht bestimmt von »möglichster Annäherung an den Zustand der (›polymorph-perversen‹) Urlustsituation«[20]. Diese Annäherung vollzieht sich in instinktiver Erinnerung und psychischer Reproduktion der *intra*uterinen Situation wie dem »embryonalen Schlaf« im wärmenden, schützenden Raum des Mutterleibes, worauf eine fotografische Montage

[17] a. a. O., S. 165
[18] Ebd.
[19] Dalí, Apparitions aérodynamiques des ›êtres-objets‹, in: Minotaure Nr. 6 1935, in: Dalí, Oui, a. a. O., S. 76
[20] Otto Rank, Das Trauma der Geburt und seine Bedeutung für die Psychoanalyse, Leipzig/Wien/Zürich 1924, S. 34

von F. Halsman explizit anspielt: *Dalí in a sleeping pose, within the form of an egg*[21]. Der »kannibalische« Rekurs auf die »weiche«, taktile, orale und schließlich »eßbare« Erogenität der Jugendstilarchitektur, auf ihre – wie Dalí unzweideutig sagt – *figurations aseptiques-convulsives*[22] wäre demnach das ästhetisch-unästhetische Äquivalent jener Annäherung an die spezifischen Sinnesqualitäten der pränatalen, embryonalen Erfahrung.

13. Anleihen bei der Psychoanalyse, die ästhetische Rekonstruktion des *intra*uterinen Glücks, Dalí und Otto Rank

Otto Rank, auf dessen psychobiologischen Thesen zum »Trauma der Geburt« (1924) und des verlorenen Paradieses Dalí in seinem Tagebuch zustimmend verweist[1], stellt fest, daß genau »wie jeder Angst die Geburtsangst zugrunde liegt, jede Lust letzten Endes zur Wiederherstellung der intrauterinen Urlust tendiert. Schon die normalen, von der Analyse als libidinös erkannten Funktionen des Kindes, die Nahrungsaufnahme (Saugen) und die Ausstoßung der Stoffwechselprodukte verraten die Tendenz, die unbeschränkten Freiheiten des pränatalen Zustandes solange als möglich fortzusetzen. Wie wir aus der Analyse der Neurotiker wissen, gibt das Unbewußte diesen Anspruch, den das Ich zugunsten der sozialen Anpassung zurückstellen muß, niemals auf, und ist jederzeit bereit, in Zuständen seiner Vorherrschaft, die sich der Situation annähern (Traum, Neurose, Coma), damit hervorzutreten.«[2]

Ranks These vom ausstrahlenden hysterischen Kern der Zwangsneurose[3], der erkennbar wird an bestimmten körperlichen Lähmungserscheinungen, die zum Symptomkomplex der Hysterie gehören, und »vielfach ganz direkte physische Reproduktionen des Geburtsaktes mit der ausgesprochenen Tendenz ... der Rückkehr in die vorherige Lustsituation des Intrauterinlebens« sind[4], hat Dalí prompt dazu veranlaßt, eine psychopathologische Phänomenologie *de la sculpture hystérique*[5] anzuregen, der er selber mit einer illustrierenden Beilage seines Essays *De la beauté terrifiante et comestible de l'architecture modern style* (1933) im *Minotaure* nachgekommen ist. Der in diesem Essay unter dem Titel »psycho-pathologische Parallele«

Lukas Cranach d. Ä., *Kreuzigung Christi* (Ausschnitt).

[21] Abgebildet in: Dalí, The secret life, a. a. O., S. 70
[22] Dalí, De la beauté terrifiante ..., a. a. O., in: Dalí, Oui, a. a. O., S. 164
[1] Dalí, The secret life, a. a. O., S. 26 f.
[2] Rank, Trauma, a. a. O., S. 20
[3] a. a. O., S. 56
[4] a. a. O., S. 59
[5] Dalí, De la beauté terrifiante ..., a. a. O., in: Dalí, Oui, a. a. O., S. 163

stehende, stichwortartig verkürzte Passus bezieht sich auf die im hysterischen Anfall deutlich manifestierte Sexualablehnung. Die Körpersprache der Hysterikerin zeigt, wie mit der Verleugnung des Sexualwunsches zugleich auch der Wunsch der Rückkehr in den Mutterleib abgewehrt wird, der »sie eben an der normalen sexuellen Einfühlung hindert. Diese pathologische Sexualisierung des Geburtsaktes ist das Zerrbild der zur Erreichung des normalen Sexualzieles notwendigen. Dagegen wird auch das ganze Quantum Sexuallust (Libido) aus der späteren Entwicklung sozusagen in die infantile Ursituation rückverlegt, was dem Anfall den von allen Beobachtern beschriebenen lüsternen Charakter verleiht.«[6]

Die lüsterne Organsprache des hysterischen Anfalls, »in die bewußte Sprache übersetzt« soviel wie der »Schrei: Weg vom (mütterlichen) Genitale!«[7], hat Dalí in seiner illustrierenden Bildmontage gut, wenn auch einseitig dokumentiert (Abb. S. 228). Ihn hat der verzückte »ekstatische« Gesichtsausdruck des hysterischen Anfalls offensichtlich mehr interessiert als das klinische Zustandsbild der hysterischen Lähmung insgesamt. Dalís Bildzitate gehen darauf ein, wie die weitgehende lustvolle Unbeweglichkeit der intrauterinen Situation und der Schreck der plötzlichen Befreiung aus dieser Lage (Geburtstrauma) im hysterischen Anfall vielfältig produziert werden. Die hierbei allgemein beobachteten *attitudes passionelles, grands mouvements* und clownischen Gestikulationen sind entweder embryonale Haltungen wie die bekannte Kreisbogen-Stellung, der *arc de cercle,* »welcher der eingekrümmten Embryonalstellung diametral entgegengesetzt ist«[8]. Der *arc de cercle* ist eine Stellung, »wobei die Patienten ihren Körper emporbäumen und nur mit dem Hinterkopf und den Füßen die Unterlage berühren[9]. Nach älteren Schilderungen wurde der Kreisbogen manchmal zu einer ganz gequälten Stellung, bei der Kopfende und Füße ganz nah aneinanderrücken oder auch die Patienten in solcher Bogenstellung herumzuwandern begannen[10].«

Auch gehören Gehstörungen zum Zustandsbild der hysterischen Lähmung[11]. Dieser Hinweis mag in Anbetracht der fetischistischen Bevorzugung von Krücken- und Stelzen-

Lukas Cranach d. Ä., *Kreuzigung Christi* (Ausschnitt).

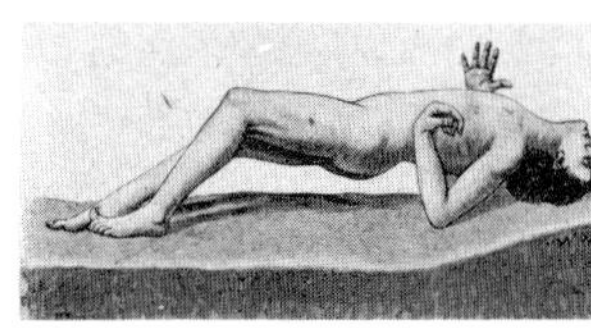

Arc de Cercle, leichten Grades

Rentenhysterischer Simulant

[6] Rank, Trauma, a. a. O., S. 51 f.
[7] a. a. O., S. 52
[8] a. a. O., S. 51
Wilhelm Weygandt, Erkennung der Geistesstörungen (Psychiatrische Diagnostik), München 1920, S. 175, Abb. 278
[9] Rank, Trauma, a. a. O., S. 135 f. Der *arc de cercle* erscheint als Abwehr- und Strafmechanismus auch häufig in Kreuzigungsdarstellungen der Kunst. Rank vergleicht z. B. die Darstellungen Cranachs zum Schächer am Kreuz mit entsprechenden Embryonalstellungen.
[10] Weygandt, a. a. O., S. 175
[11] a. a. O., S. 199, Abb. 304. Vgl. die Bildreportage aus heutigen Asylen Italiens von Carla Cerati/Gianni Berengo Gardin, Morire di Classe, Torino 1969

motiven in der Malerei Dalís, sie greift auch auf den *arc de cercle* zurück, analytisch von Bedeutung sein[12].

Dalí geht es nicht um eine lückenlose Dokumentation hysterischer Phänomene, sondern um eine Parallelisierung von physisch-psychischen Ausdrucksbildern und plastischer Gestaltung mit dem Ziel nicht etwa ihrer psychischen Nivellierung, sondern ihrer ästhetischen Integration in das gleiche Formprinzip. Das in die dokumentarische Bildmontage im *Minotaure* eingeflickte Jugendstilornament soll auf die formale Ähnlichkeit des Konvulsivischen hinweisen, die zwischen diesem *délire ornémentale* aus dem Psychodekor des *modern style* mit z. B. der verschlungenen Anatomie einer Ohrmuschel und den körperlichen Symptomen der Hysterie, den visuellen Reproduktionen des Geburtstraumas besteht, um das so analogisierte Material als Bestandteil einer gemeinsamen Ästhetik des *convulsive-ondulante-comestible* für den Surrealismus vereinnahmen zu können. Es geht Dalí nicht darum, im Sinne einer »psychoanalytischen Auskratzung« (Karl Kraus) des Jugendstils seine Ästhetik auf die subjektiven Projektionen des Unbewußten derer, die ihn hervorgebracht haben oder die ihn sich »anempfinden«, zu beschneiden und das Formgesetz somit psychisch einzuebnen. Sondern das verglichene und für analog erachtete Material will im Gegenteil auf dessen nichtpsychische, nämlich formgesetzliche Realität hinweisen: Die Organsprache der Hysterischen, hier paradigmatisch für das körperliche Ausdruckspotential von Neurosen und Psychosen, sei von ihrem ästhetischen Formcharakter her hermeneutisch genauso wichtig zu nehmen, wie der Jugendstil von der ablehnenden oder zustimmenden Kunstkritik.

Einige Kritiker können sich auch heute noch des Eindrucks nicht erwehren, als ob Dalí – nur dem modischen Trend der dreißiger Jahre zu Pathografien und psychoanalytischen Biografien folgend – Kunstwerke zu Projektionen der Psychologie ihrer Betrachter herabwürdigt. So scheint ihnen die Frage berechtigt, ob seine *interprétation paranoïaque-critique* z. B. des »Angelusläutens« von Millet nicht das Unbewußte im Produktionsprozeß des Künstlers überschätzt und an die Banausie jener ärztlichen Untersuchungen anschließt, die in der Produktion eines großen Künstlers neurotische Komplexe nachweisen.

Doch im Hinblick auf die gesellschaftliche Außenseiterstellung der surrealistischen Bewegung von 1930 stellt sich dieses Interesse für eine psychoanalytische und psychiatrisch begründbare Kunsttheorie anders dar. Einmal hatte der Surrealismus sich mit der gesellschaftlich und kulturell

[12] Das Krückenmotiv erläutert Fleur Cowles, Der Fall Salvador Dalí, Die Biographie eines großen Exzentrikers, München 1960, S. 318 f.

ausgegrenzten Sphäre der geistigen Erkrankung gegen das normative Vorurteil psychischer Gesundheit und die heilen Weltbilder in seinem Gefolge vereinigt. Perversionen, Neurosen, Psychosen, das moralisch und ästhetisch bisher Verachtete, wurden zum bevorzugten Material einer Ästhetik des konvulsivisch Schönen, des gesucht Unästhetischen, und zu Stützen der revolutionären Opposition des Surrealismus samt seinen »antipsychiatrischen« und »amoralischen« Intentionen. Zum anderen hatte er aufklärerisch die eigene Kunst vom Nimbus des absoluten Geistes befreit und auf ihre Verankerung im triebmäßigen, psychischen und sozialen Verband ihrer Rezeption und Produktion aufmerksam gemacht. Diese relativierende Einstellung gegenüber dem bürgerlich vertretenen Anspruch von ästhetischer Autonomie und dem überzeitlichen Geltungscharakter des großen Kunstwerks hat weniger oder gar nichts mit dem ästhetischen Dilettantismus derer zu tun, die Kunstwerke zu diagnostischen Zwecken, zur psychologischen Entlarvung ihrer Urheber mißbrauchen oder alles Ästhetische auf die Sublimation sexueller Energie (Libido) zurückführen. Es kann daher niemand verwundern, wenn einerseits Freuds Sublimationstheorie von den Surrealisten ignoriert und mit der Erhebung der »polymorph-perversen« und »kritisch-paranoischen« Phantasie, das ist der psychischen Entsublimierung, zum Postulat der surrealistischen Ästhetik vom *convulsive-comestible* beantwortet wurde, und wenn andererseits die psychische Realität der Zwangsneurose, der Psychose und des (Tag-)Traums nicht mit psychanalytischen Kategorien, sondern in der konkret ästhetischen Vermittlung von authentischen Formcharakteren – z. B. als *sculpture hystérique, dessin automatique, sculpture involontaire, objet anamorphique, phénomène paranoiaque* – erfaßt wurde.

So war der Surrealismus, der von der Psychoanalyse sonst den regsten intellektuellen Gebrauch machte, zugleich ausgesprochen abstinent gegenüber deren kultur- und kunsttheoretischen Implikationen. Er akzeptierte die These, daß das Unbewußte gegen die Vorherrschaft der sozialen Anpassung niemals aufgibt und in privilegierten Situationen (Tagtraum, Neurose, Psychose) die Herrschaft übernimmt, das normative Verhältnis von Bewußtsein und Unterbewußtsein umkehrend. Diesen Mechanismus galt es aus dem psychotherapeutischen Rahmen, der im Dienst der Wiederherstellung von sozialer Anpassung wirkt, zu eliminieren und mit einer schon bestehenden, vom Dadaismus vorbereiteten Ästhetik[13] abzustimmen, die weit über die analytische Abgrenzung von Lust- und Realitätsprinzip hinaus, für das erstere – gegen das zweite, für die Emanzipation des Lust-Ich – gegen seine Zwangseinweisung als Real-Ich

[13] Michel Sanouillet (éd.), Dada à Paris, Paris 1965

in den zweck- und profitbestimmten gesellschaftlichen Lebenszusammenhang, Partei ergriffen hatte.
Steinwachs hat daher recht, wenn sie z. B. »die gegenläufige Bewegung des Freudschen und des Bretonschen Traumverständnisses« herausarbeitet und zeigt, wie Breton das Freudsche Beziehungsmodell vom Ich und Es umkehrt. »Freud bedient sich des Traumes, in der Absicht bewußt zu machen. Der Übergang vom Unbewußten (Verdrängten) zum Bewußtsein ist das für die analytische Arbeit verbindliche Modell. Indem sie ihm das Es gefügig macht, hat die Traumdeutung die Aufgabe, das Ich zu stärken. ›Wo Es war, soll Ich werden.‹ ... Anders Breton. Breton bedient sich des Traumes nicht als Mittel, sondern er strebt den Traum als Ziel an. Die Vorrangigkeit des Bewußtseins wird zugunsten der Vorrangigkeit des Unbewußten bestritten. Im Gegensatz zur analytischen Arbeit ist der Übergang vom Bewußtsein zum Unbewußten das für die surrealistische Tätigkeit verbindliche Modell. Indem es ihm das Ich gefügig macht, hat das surrealistische Verhalten die Aufgabe, das Es zu stärken.« Steinwachs spitzt diesen Sachverhalt auf die umgekehrte Formel zu: »Wo Ich war, soll Es werden.«[14]
In *La femme visible* (1930) hat Dalí diese Umkehrung thematisiert. Der Fiebertraum der paranoischen Interpretation *(délire d'interprétation paranoïaque)* ist als diejenige Instanz auf der Seite des Lustprinzips bestimmt, die der vorgefundenen herrschenden Realität opponiert (*agir contre* – zuwiderhandelt) und deren wichtigste Manifestationen der schlafende und der liebende Mensch sind. »Wie überraschend müßte eine genaue Dokumentation der Schlafstellungen sein, vor allem bei der Liebe, da sie immer Auflösung oder intra-uterine Verkümmerung aufweisen, was besonders für die Glücklichen zutrifft, die in der leidenschaftlichen kosmischen Stellung 69 einschlafen oder wie die Gottesanbeterin, die das Männchen verschlingt.«
Dalí verhelfen insbesondere Ranks Einsichten, die anthropologisch wie künstlerisch (im Jugendstil) vorgefundene und vom Surrealismus teilweise übernommene *beauté convulsive-ondulante* als regressives *intra*uterines erotisches Phänomen näher zu bestimmen. Auch die Infantilisierung bzw. Hedonisierung des liebenden, erotomanen Betrachters zu einem »mitessenden«, zu einem *comédon*[15], verdankt sich der Entdeckung, daß in der als libidinös erkannten Nahrungsaufnahme des Kindes die Freiheiten des natalen Zustandes solange wie möglich beibehalten werden. Dalí akzeptiert die Theorie über die jeder Lust letztlich zugrunde liegende Tendenz zur Annäherung an die verlorene, aber

[14] Steinwachs, a. a. O. S. 32
[15] Dalí, Apparitions aérodynamiques des ›êtres-objets‹, a. a. O., in: Dalí, Oui, a. a. O., S. 76

doch nie ganz aufgegebene intrauterine Libidosituation und macht sich die These vom verlorenen Paradies, nämlich der »›Urkastration‹ der Geburt« in der Trennung des Kindes von der Mutter, ästhetisch und methodisch zu eigen.

Ästhetisch, indem er gleichzeitig mit der Einfühlung in wirkliche und eingebildete Rekonstruktionen intrauteriner Lust auch die ästhetischen Äquivalente rekonstruiert; Dalís Fund der »weichen Strukturen« *(structures molles),* die das surrealistische Ideal konvulsivischer Schönheit entscheidend mitbestimmt haben. Der angestrebten psychoanalytischen Erinnerung an das verschüttete intrauterine Paradies korrelieren auf ästhetischer Seite die Besinnung auf die »Antigeometrie der weichen Formen« und der gesuchte »unästhetische« Schock, den z. B. die »Behaarung weicher Strukturen«, Beulen, Fettleibigkeit, »Gallertartiges«, »innere Sekretionen«, Speichelartiges, »in Mayonnaise getränkte Haare«, die »bärtige Frau«, »die klebrigen Muskeln Mae Wests«, *cette compressibilité supergélatineuse modern style et nutritive*[16] etc. auf die herrschende ästhetische Anschauung ausüben. Die Malerei und Filme Dalís verdeutlichen, daß dieser Schock der *monstres molles* über die ausgelöste psychische Beunruhigung des gewohnheitsmäßigen Erlebens hinaus die Funktion der *Biomorphisierung,* nämlich der »fleischlichen Zersetzung und Auflösung« fester Formen und Körper hat. Dieser *terreur fine biologique*[17] soll *les nouvelles couleurs du sex-appeal spectral* (Essaytitel von 1934) begründen helfen – nämlich das Schillern eines *sex appeal,* der im Zerfließen, Zergehen, in der Instabilisierung des Körpervolumens (synonym mit *démonter, déformer, désarticuler* und *découper),* anstelle von dessen abstrakter begrifflicher Identität und Festigkeit, das ganze Spektrum eines permanenten Veränderungsprozesses sichtbar macht: *le simulacre du volume*[18]. Zur Spektralanalyse vermeintlich harter und fester Körper gehört auch ein am Gegensatz *intra*uterin-*extra*uterin, dunkel-hell orientiertes Anspielen des Atmosphärischen und Diffusen, des Verschwommenen und Angedeuteten gegenüber der scharfen grafischen Kontur, die das umgrenzte Körpervolumen abflacht, es sozusagen entkörperlicht und entsinnlicht.

Dalís schockierender Biomorphisierungsakt rekurriert vornehmlich auf den weichen, schwammigen, fleischigen oder fetten Körpertypus, auf die *stabilité obèse* z. B. des Ammenkörpers, auf die *contours viscéraux*[19], die inneren Organe wie Leber (Wander-)Niere, Herz, deren Anatomie

[16] a. a. O., S. 73
[17] Dalí, Les nouvelles couleurs du sex-appeal spectral, in: Minotaure Nr. 5, 1934, in: Dalí, Oui, a. a. O., S. 56
[18] a. a. O., S. 56. Vgl. Dalí, Apparitions aérodynamiques des ›êtres-objets‹, a. a. O., in: Dalí, Oui, a. a. O., S. 76
[19] Dalí, Les nouvelles couleurs du sex-appeal spectral, a. a. O., in: Dalí, Oui, a. a. O., S. 56

schon Gaudí ornamental verarbeitete (Abb. S. 218). Er beruft sich auf die Unform des flüchtigen Gespenstes, die Unfixierbarkeit des Phantoms, die relative Unbestimmtheit der Silhouette und ihre Opazität, auf den permanenten Formwechsel der ziehenden Wolke, aber auch auf die »jähe hysterische Augenblicklichkeit des voyeuristischen Aktes«; die Liste der kaum noch beschreibbaren »Formen« des Amorphen ist damit keineswegs abgeschlossen.

Amorphie und *Biomorphie* bestimmen die Feinstruktur des Vexierbildes, mit dem Dalí die gegenständliche Welt, den praktischen Zusammenhang der Gebrauchsgegenstände konfrontiert, um ihren naiven Realismus in der *interprétation paranoïaque-critique* auf das Glatteis fließender Bedeutungen, von Äquivokationen und Trugwahrnehmungen führen zu können. Nach dem kulinarischen Bild des schmelzenden Camemberts ist der Zustand zwischen flüssig und fest zur normativen Aggregatform *de la beauté convulsive-ondulante-molle-comestible* erhoben. So kommt auch Dalís tic-haftes Motiv der »aufgeweichten Uhren« zustande. Wenn gerade die Uhr zum hauptsächlichen Beispiel der kritisch-paranoischen Manipulation ausgewählt worden ist, so auch wohl deswegen, weil hinter der ästhetischen Aufweichung fester Strukturen eine veränderte Zeit- und Raumauffassung steht. Die prozessualen Formen des Biomorphismus – *nicht* der solide Geometrismus, ein gleichsam im Raum festgehaltenes Zeiterleben – *nicht* die räumlich symbolisierende Zeit des Chronometers werden angestrebt. Und es sind damit letztlich die Zeitauffassung Heraklits, Bergsons und Einsteins *wider* Euklid und Kant, die *théorie ondulatoire de la lumière et des corps électromagnétiques* von Maxwell und Faraday *wider* Newtons Vorstellung vom Raum als einem leeren Behälter[20], die mit dem Einstellungswechsel des Surrealisten Dalí von einem statischen (apollinischen) zu einem dynamischen (dionysischen, gaudíschen, wagnerischen) Schönheitsbegriff zusammenstimmen[21]. *Place à l'aérodynamisme pervers, glandulaire et de bonne qualité*[22].

Hans Holbein, *Die Gesandten* (1533).

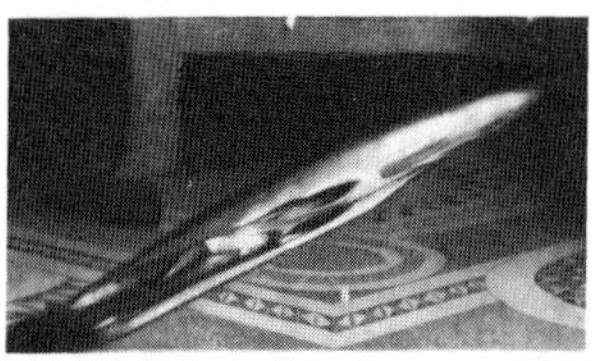

Hans Holbein, Detail aus Die Gesandten in: Minotaure Nr. 6/1935

Lacan hält Dalís »weiche Uhren« für unbewußte Gestaltungen der phallischen Wunschphantasie bzw. der Kastrationsangst. Er vergleicht sie mit einer Anamorphose auf dem Gemälde Hans Holbeins »Die Gesandten« (1533): nämlich mit einer nicht genauer verifizierbaren phallischen Form, die zwischen den Figuren und unterhalb einer Anhäufung von Vanitas-Symbolen plaziert ist. Betrachtet man die Abbildung vom Bildrand her genauer, indem man sie umkippt und in Augenhöhe hält, dechiffriert sich der unbestimmte phallische Auswuchs am Fußboden als ein Totenkopf. (vgl. Lacan, Le séminaire, Les quatre concepts fondamentaux de la psychanalyse, Paris 1973, S. 83) Lacans kurze Auslassung über die anamorphotische Phantombildung bei Dalí und Holbein

[20] Dalí Apparitions aérodynamiques des ›êtres-objets‹, a. a. O., in: Dalí, Oui, a. a. O., S. 75

[21] Bergson, Zeit und Freiheit, Eine Abhandlung über die unmittelbaren Bewußtseinstatsachen, Jena 1920, S. 84 f.
»Verfolge ich auf dem Zifferblatt einer Uhr mit den Augen die Bewegung des Zeigers, die den Schwingungen des Pendels entspricht, so messe ich keine Dauer, wie man zu glauben scheint; ich beschränke mich vielmehr darauf, Simultaneitäten zu zählen, was etwas ganz anderes ist ... In meinem Inneren vollzieht sich dagegen ein Organisations- oder gegenseitiger Durchdringungsprozeß der Bewußtseinsvorgänge, der die wahre Dauer ausmacht ... Schalten wir ... das Pendel und seine Schwingungen aus, so gibt es nichts mehr als die heterogene Dauer des Ich, ohne Momente, die einander äußerlich wären, ohne Beziehung zur Zahl. So findet also in unserem Ich Sukzession *ohne reziproke Exteriorität* statt und außerhalb des Ich reziproke Exteriorität *ohne Sukzession* und zwar reziproke Exteriorität, weil die gegenwärtige Schwingung von der nicht mehr bestehenden vorhergegangenen radikal unterschieden ist; ... Zwischen dieser

Der frühe Dalí stellt die herrschende bürgerliche Geschmacksrichtung seiner Klasse in seiner Zeit infrage. Er verleiht den ästhetisch minderwertigen Qualitäten, die als das Häßliche, Kitschige, Ekelhafte, Grauenerregende, Obszöne der kulturellen Verdrängung verfallen, moralisch unterdrückt sind und dem Tabu ihrer gestalterischen, künstlerischen Verwertung unterliegen, ästhetische Dignität, nachdem von der Psychoanalyse schon ihre psychische Bedeutsamkeit außerhalb allen Zweifels gestellt worden war. Die Konzeption *de la beauté convulsive-ondulante-molle-comestible* wurde schließlich ein Bestandteil der grenzüberschreitenden spätbürgerlichen Ästhetik, die – auf eine Formel gebracht – die *Ästhetisierung des Häßlichen* wie *Entästhetisierung des Schönen*[23] betreibt. Dieser Formel entsprechend heißt es bei Dalí: *Le répugnant peut se transformer en désirable, l'affection en cruauté, le laid en beau, les défauts en qualités, les qualités en misères noires*[24].

Es wurde behauptet, Dalí mache sich Ranks These der intrauterinen Rückerinnerung ästhetisch und methodisch zu eigen. Wie gezeigt, also ästhetisch; aber inwieweit auch methodisch?

Methodisch, indem Dalí geradezu auf den erotischen Analogisierungsrausch einer Phantasie abzielt, die – unschwer wird man darin die zugrunde liegende systematische *activité paranoïaque-critique* wiedererkennen – in der umgebenden Realität überall die neurotischen oder perversen Erinnerungsbilder der »Mutterleibsphantasie« entdeckt, um sie – mit den Augen des intrauterinen Libidomodells

ist rein retrospektiv. Denn bereits Dalí zitierte im *Minotaure* Nr. 6/1935 als Illustration für seinen Essay *Apparitions aérodynamiques des ›êtres-objets‹* jene unbestimmte phallische Form auf dem Gemälde Holbeins, die sich beim näheren Hinsehen als Anamorphose, als verzerrt gezeichnete Darstellung eines Totenkopfes erweist. Kann hier mit Bezug auf die psychoanalytische Feststellung, daß der Kastrationskomplex stets an das Primat des Penis und dessen narzißtische Darstellung geknüpft ist, von einem Vexierbild gesprochen werden? Lacan, indem er Holbeins Anamorphose als *apparition du fantôme phallique* erklärt, das bei Drehung des Bildes sich als *une tête de mort* erweist (a. a. O., S. 82/3), bestätigt indirekt den »kritisch-assoziierenden« »Interpretationswahn« Dalís und stellt auch noch gleich dessen »weiche Uhren«, die der *Minotaure*-Essay von 1935 für die »Epoche des Weichen« u. a. thematisiert, in denselben Kontext. Die von Dalí angestrebte »Antigeometrie der weichen Formen«, die Biomorphisierung und »kritisch-paranoische« Zersetzung fester Formen und Körper stellt sich optisch als Doppelkonstruktion der Anamorphose dar. Psychoanalytisch bedeutet sie darüberhinaus die Visualisierung der untrennbaren Einheit von phallischer Selbstdarstellung und Kastrationsdrohung. Das Selbstbild schließt stets die Darstellung des Phallus ein, der als bedroht erfahren wird. Kastrationsangst kann als psychisches Motiv der anamorphotischen Gestaltung angesehen werden.

Zur Definition der Anamorphose in der manieristischen Kunst vgl. auch G. R. Hocke, Die Welt als Labyrinth, Reinbek 1957, S. 125 f.

Sukzession ohne Exteriorität und dieser Exteriorität ohne Sukzession vollzieht sich nun eine Art Austausch, der dem von den Physikern sogenannten Phänomen der Endosmose ziemlich analog ist. Da die sukzessiven Phasen unseres bewußten Lebens ... jede für sich genommen einer ihrer simultanen Pendelschwingungen entsprechen, ... gewöhnen wir uns daran, zwischen den sukzessiven Momenten unseres bewußten Lebens dieselbe Unterscheidung aufzustellen: die Pendelschwingungen lösen es sozusagen in einander äußerliche Teile auf: hieraus entspringt dann die irrtümliche Vorstellung einer inneren homogenen, dem Raume analogen Dauer, deren identische Momente aufeinander folgen, ohne einander zu durchdringen.«

Die von Bergson beschriebene Zeit-Raum-Endosmose meint auch Dalí, wenn er *de notre épais et personnel ›éspace-temps‹, non euclidien* spricht (Oui, a. a. O., S. 77). Oder wenn er an Newton kritisiert, dessen Raumvorstellung *s'offre à nous moins comme de la viande que comme le récipient de cette viande* (Oui, a. a. O., S. 74). Für die Raum-Zeit-Endosmose steht Dalís Metapher *de la viande même de l'éspace* (a. a. O., S. 76). Ähnlich lautende Formulierungen finden sich in *La femme visible,* Paris 1930; dort fehlende Quellenangaben von Zitaten Dalís konnten allerdings bei Bergson nicht eruiert werden. Mit einiger Wahrscheinlichkeit kannte Dalí auch Bergsons Studie, *Durée et simultanéité, À propos de la théorie d'Einstein,* Paris 1922.

22 Dalí, Apparitions aérodynamiques des ›êtres-objets‹, a. a. O., in: Dalí, Oui, a. a. O., S. 76

23 Gorsen, Sexualästhetik, Zur bürgerlichen Rezeption von Obszönität und Pornographie, Reinbek 1972

24 Dalí, Le phénomène de l'extase, in: Minotaure, Nr. 3/4, 1933, in: Dalí, Oui, a. a. O., S. 110

Cheval, Der ideale Palast (Detail).

Isidore, »Ma ville et le tombeau óu repose le corps. La rosace«.

Massé, La Maison de coquillages

prüfend und dabei ein optimales Lustquantum abschöpfend – schließlich abwehrend und kritisch gegen das lustfeindliche geometrische Gestaltungsprinzip der funktionalistischen Architektur zu richten, das die Phantasie dem Zweck unterwirft anstatt sie »frei« assoziieren zu lassen. Es manifestiert nach Dalí das lustversagende und letztlich lebensbedrohende Überich. Seine gewalttätige Autorität steht hinter der Vorherrschaft und Ubiquität der Architektur des rechten Winkels und der Geraden, einer erbarmungslosen Praxis, die nur von wenigen Beispielen eines anthropomorphen intrauterinen Wohnstils im *modern style,* vor allem bei Gaudí und in der psychotischen Baukunst des *facteur Cheval,* in den Klausen von *Raymond Isidore, Hippolyte Massé*[25] unterbrochen wird. Die lustversagende, triebfeindliche Autorität des Überich verschuldet die erotische Sterilität jeder »intellektualistischen Ästhetik«, die Dalí hauptsächlich in ihren philosophischen Protagonisten Euklid und Kant vor Augen steht.

Die Annahme eines »reinen Zuschauers«, eines sinnlicherotisch unbeteiligten Kunstbetrachters hat Dalí mehrmals verspottet. Er verwirft die Ästhetik eines lustfeindlichen und lustbestrafenden (masochistischen) Pragmatismus im Funktionalismus der Architektur *(Arrière l'architecture d'autopunition*[26]), im Konstruktivismus, in Rodins Impressionismus (z. B. seinem »Denker«), jeglichem (ungegenständlichen) Abstraktionismus. Und paradigmatisch für jede unerotische Malweise in der Kunst verschmäht er »Cézannes Apfel, in den man nicht hineinbeißen kann«.

Adorno hatte recht, am Surrealismus das Komplement zur Sachlichkeit hervorzukehren. Indem der Surrealismus das Grauen vor dem *Ornament als Verbrechen* mobilisierte, sammelte er ein, was die zeitgenössische Sachlichkeit den Menschen versagte. Er zeigt den gesellschaftlich verweigerten Glücksanspruch mit auf, während Sachlichkeit die Verweigerung zudeckt[27]. »Was der Surrealismus den Abbildern der Dingwelt hinzufügt, ist, was uns von der Kindheit verlorenging«; er »möchte vielleicht vergebens, aber der Intention nach unverkennbar, Wahrnehmungen herstellen, so wie sie damals gewesen sein müßten«[28].

Eine Ausdehnung des psychischen Infantilismus zum normativen alltagsästhetischen Stil hat Dalí 1933 prophezeit, ohne vorauszusehen, auf welche Weise sich das surrealistische Lob des erotischen Kannibalismus in der Pop Art, aber vor allem in der Sexualästhetik der Waren im Kapitalismus verwirklichen[29] und die ehemals vielleicht noch auf-

[25] Gilles Ehrmann, Les inspirés et leur demeures, Préface d'André Breton, Paris 1962

[26] Dalí, Apparitions aérodynamiques des ›êtres-objets‹, a. a. O., in: Dalí, Oui, a. a. O. S. 76

[27] Theodor W. Adorno, Rückblickend auf den Surrealismus. In: Noten zur Literatur I, Frankfurt 1958, S. 159

[28] a. a. O., S. 156 f.

[29] Gorsen, Sexualästhetik, a. a. O., S. 143 f.

klärerische Position des surrealistischen Hedonismus in ihr Gegenteil verkehren wird. Die am *modern style* und der intrauterinen Baukunst der schöpferischen Psychose gewonnenen Überlegungen lassen von der späteren Ausweitung der Komestibelität auf den »Konsumhedonismus« (Adorno) noch nichts ahnen, wenn es heißt: »die gekrümmte Linie scheint heute wieder der kürzeste Weg von einem Punkt zum anderen zu werden, der schwindelerregendste, – doch all das ist nur das ›Versagen des Plastizismus‹. Antidekorativer Dekorativismus *(décorativisme antidécoratif),* der im Gegensatz steht zum psychischen Dekorativismus des Jugendstils.« Gemeint ist die Ablösung der *statisch-symmetrischen,* scheinbar plastischen und pseudodekorativen Sockel-Plastik der Klassik durch den *dynamisch-asymmetrischen* Stil Boccionis und Gaudís, durch die ornamentale Phantasie im Futurismus, Jugendstil und Präraffaelismus und – aus einer zusätzlichen Perspektive von 1969 – außerdem die Ablösung des Individualkunstwerks durch die anonyme psychische Ausdruckskunst des *pompièrisme,* das Kollektivphänomen des Kitsches. In dem retrospektiven Aufsatz über die »Vision Gaudís« (1969) deutet Dalí eine lange Genealogie des ebenso psychisch wie plastisch dekorativen *pompièrisme* an, die vom Erfinder des Abgusses nach der Natur aus dem IV. Jahrhundert v. Chr. bis zu George Segal und der Pop Art reicht. Mit dem Hinweis auf sein Objekt »Venus von Milo mit den Schubladen« (1936), wohl auch eine Reminiszenz an die »geschmacklose ›Venus im Pelz‹« von Sacher-Masoch, die der Essay »von der erschreckenden und eßbaren Schönheit« (1933) nennt, stellt sich Dalí in eine Reihe mit Gaudí, Boccioni, Marcel Duchamp und Charles Richefeu.

Ein der dalischen Kitschapologie der dreißiger Jahre immanentes kunstpsychologisches Motiv ist die Frage, wozu denn Kunstwerke überhaupt da sind, wenn sie nicht genossen werden sollen. Die Kategorie des *pompier* dient dabei der Abgrenzung der ästhetischen Erfahrung des kannibalisch Erotischen im Surrealismus von jener funktionslosen toten Kunst- und Denkmalspflege, deren Inventar niemand mehr wahrnimmt und niemand braucht. Der geringste Kitsch hat ihnen voraus, daß er an die Bedürfnisse der lebenden Menschen angeschlossen ist, eine kollektive Gebrauchsfunktion und somit, worauf Dalí freilich nicht mehr reflektiert, eine andere Gestalt gleichwohl derselben gesellschaftlich produzierten Entfremdung hat. Daß der Kitsch, der »schlechte Geschmack«, sich das Leben ungeniert einverleibt, macht ihn für die Phantasie direkter und schneller verfügbar als das »große Kunstwerk«, das in größerer Entfernung zur gesellschaftlichen Entfremdung seiner Rezeption verbleibt. Dieses ist eher abweisend und steril dadurch, daß es sein Phantasiepotential autonom organisiert hat und die Bahnen der Projektion strikt vorschreibt. Möglicherweise erkennt sich einer in so viel künstlerischer Größe gar nicht wieder. In dieser Abwehr war der Surrealismus dem verdinglichten Stand der Erfahrung bei den Massen, zumal ihrem psychischen Infantilismus näher, als seine herausragenden Kunstwerke noch heute ahnen lassen. Er partizipiert am allgemeinen Zerfallsprozeß der bürgerlichen »nachauratischen Kunst« (Habermas), der den Aufschwung des erotischen Kannibalismus im Konsumhedonismus begleitet, wenn Dalí als Surrealist der allgemeinen Entwicklung zustimmend verlauten läßt, es sei »ein weit verbreiteter Irrtum, den schlechten Geschmack für steril zu halten; dabei hat einzig und allein der gute Geschmack eine sterilisierende Wirkung und ist deshalb nach wie vor das größte Handikap für das Kreative überhaupt ... *Er verurteilt die Leute zur Untätigkeit.*« Der Kitsch hingegen regt zur libidinös bestimmten und selbstgesteuerten Aktion an, die freilich – ohne daß bei Dalí darauf reflektiert würde – in den Konsumhedonismus des kapitalistischen Marktes längst integriert ist und für den Kaufakt erotisch sensibilisiert. Kitsch ist Dalí zufolge nicht abstoßend wie nur der gute – durch bürgerliche Konventionen abgesicherte – Geschmack, sondern er macht neugierig; er stimuliert ausschließlich. Er fordert nicht ein ästhetisches Verhalten, wie es noch vom erotisch distanzierten und sterilen »interesselosen Wohlgefallen« der kantischen Ästhetik vorausgesetzt ist und den äußersten Gegensatz zu Dalís Behauptung ästhetischer Komestibelität im Spätkapitalismus darstellt.

Wo daher der Surrealismus das emanzipatorische Potential des Kitsches und der Kitscherfahrung gegen die bürgerliche Kunstgeschichte und ihre verdinglichten (idealistischen, elitär-bürgerlichen) Rezeptionsmuster wendet, ist er heute überholt. Nachdem die Kitscherfahrung in die kapitalistische Warenästhetik integriert wurde, und die Bewahrung der geschichtlichen Erfahrung von auratischer Kunst vom Kapitalismus zusehends zerstört wird, muß die Kulturrevolution von den kunstfeindlichen, antibürgerlichen Tendenzen im Surrealismus Abschied nehmen, um dafür seinen subversiven Zweifrontenkampf gegen das repressive kapitalistische Realitätsprinzip und die hedonistische Manipulation, d. h. Kommerzialisierung des Lustprinzips herauszuarbeiten.

14. Konstruktion des ästhetischen Hedonismus. Zum Mechanismus der gesellschaftlichen Manipulation der surrealistischen Phantasie

In der Bevorzugung der Freudschen Theorie und Psychoanalyse gegenüber dem rigorosen Antipsychologismus Kants hat Dalí, der Essayist von 1933, durchaus die entscheidende Differenz zwischen einer Position gesehen, die das ästhetische Gefühl und damit virutell die Kunst dem begehrenden Verhalten, allen subjektiv triebmäßigen Komponenten verbündet, und einer Position, die ästhetisches und begehrendes Verhalten voneinander abtrennt und das geistige Wesen des Kunstwerks mit der paradoxen Konzeption des »interesselosen Wohlgefallens« erkauft. Doch hat Dalí diese Position als Antagonismus begriffen und sich einfach auf eine der beiden Seiten geschlagen. Theodor W. Adorno, der Parteinahme für den Surrealismus ganz unverdächtig, hat die surrealistische Ablehnung des Kantischen Asketismus gerechtfertigt: Kant »wird Ästhetik, paradox genug, zum kastrierten Hedonismus, zur Lust ohne Lust, gleich ungerecht gegen die künstlerische Erfahrung, in der Wohlgefallen beiher spielt, keinesfalls das Ganze ist, und gegen das leibhafte Interesse, die unterdrückten und unbefriedigten Bedürfnisse, die in ihrer ästhetischen Negation mitvibrieren und die Gebilde zu mehr machen als leeren Mustern«[1]. Aber es wird gleich hinzugefügt, um auch allen Mißverständnissen der Gegenseite vorzubeugen, die den *unkastrierten* Hedonismus etwa von der psychoanalytischen Projektionstheorie erwartet: »Kunstwerke implizieren an sich selbst ein Verhältnis zwischen dem Interesse und der Absage daran, wider ihre Kantische sowohl wie Freudsche Interpretation.«[2] Nach dieser Dialektik haben weder das ästhetische *Interesse* am Kunstwerk noch sein *autonomer* Charakter für sich Geltung. Autonom wäre »künstlerische Erfahrung einzig, wo sie den genießenden Geschmack abwirft. Die Bahn zu ihr führt durch Interesselosigkeit hindurch; die Emanzipation der Kunst von den Erzeugnissen der Küche und der Pornographie ist irrevokabel. Aber sie kommt in der Interesselosigkeit nicht zur Ruhe. Interesselosigkeit reproduziert immanent, verändert, das Interesse ... Um des Glücks willen wird dem Glück abgesagt. So überlebt Begehren in der Kunst.«[3]

Schwerlich dürfte jemand die surrealistische Kunst auf der Höhe dieser Dialektik des nach Adorno »authentischen« Kunstwerks« wiederfinden. Doch das ist nicht das Problem. Das Adornosche Dialektikmodell ist hier nur insofern von Bedeutung, als es den Stellenwert des Hedonismus im Surrealismus und des hedonistischen Surrealismus in der warenproduzierenden Gesellschaft des Spätkapitalismus erkennen hilft. Der Surrealismus als historische Bewegung war in die hedonistische Antithese zum autonomen – projektive Psyche und sinnliches Begehren ausschließenden – Kunstbegriff in einem Maß verwickelt, daß ihm die Augen vor der Objektivität, nämlich der kapitalistischen Ein-

[1] Theodor W. Adorno, Ästhetische Theorie, Gesammelte Schriften Bd. 7, Frankfurt 1970, S. 25
[2] Ebd.
[3] a. a. O., S. 26

ebnung des Unterschiedes von Kunst- und Warengenuß im Konsum nicht aufgingen. Er wurde Opfer der gesellschaftlichen Entwicklung zu einem Hedonismus, den keine kritische »autonome« Instanz mehr bewacht, um zwischen wahren und falschen Bedürfnissen noch unterscheiden zu können. Die Differenz von Kitsch- und autonomer Kunstproduktion, zu Zeiten der *révolution surréaliste* von einer bürgerlichen Restschicht noch substantiell erfahren und selbst auch Dalís Lob des lustbejahenden *pompièrisme* tragend, ist selber hinfällig geworden. Mit der erfolgten Unverbindlichkeit der bürgerlichen Geschmacksnormen in der spätkapitalistischen Industriegesellschaft wurde auch die hedonistische Kritik des Surrealismus am verknöcherten Autonomiestreben der normativen Kunstproduktion gegenstandslos.

Seine Kritik ist insofern heute veraltet, sowohl ästhetisch wie gesellschaftlich überholt oder in das zynische Einverständnis mit der warenproduzierenden Gesellschaft, Bedürfnisse *im Prinzip* gut zu heißen: die Position *Dalís heute,* umgeschlagen. Veraltet, weil die einst revolutionäre Wiederannäherung der Kunst an das Leben nicht mehr erobert werden muß, sondern eingetroffen und zur »subjektiven Basis für die Einreihung der Kunst unter die Konsumgüter« mißbraucht ist[4]. »Die Leidenschaft zum Antasten, dazu kein Werk sein zu lassen, was es ist, ein jegliches herzurichten, seine Distanz zum Betrachter zu verkleinern, ist unmißverständliches Symptom« einer Tendenz[5], die ästhetisches Verhalten entästhetisiert, »das Kunstwerk entqualifiziert«[6]. Es wurde ganz zur Ware unter Waren und ausschließlich zum Vehikel der herrschenden Bedürfnisse seiner konsumierenden Betrachter. Im Fetischcharakter als Ware und vermittelst der totalen Projektion der entfremdeten Bedürfnisse der Konsumenten auf das Kunstwerk ist dessen Untergang beschlossen. *Waren*ästhetik und *Kunst*ästhetik greifen bis zur Unkenntlichkeit ihres Unterschiedes ineinander. Ein autonomer Charakter ist aus ästhetischem Verhalten nicht mehr extrapolierbar. In der totalen Projektion geht der qualitative Unterschied zwischen wahren und falschen Bedürfnissen verloren, den im Gedanken von der Autonomie oder der »ästhetischen Differenz« zum Leben die bürgerliche Ästhetik noch glaubte verbürgen zu können. Eine kritische aufklärerische Einstellung auf den alle Bedürfnisse nivellierenden Konsumhedonismus hätte dort anzuschließen, freilich nicht zur Restauration des angemaßten bürgerlichen Klassenurteils über wahre und falsche Bedürfnisse, sondern zum Widerstand gegen den Hedonismus in seiner kapitalistisch nivellierten und nivellierenden Form. (Der abstrakte Verweis

4 a. a. O., S. 32
5 Ebd.
6 a. a. O., S. 33

auf Bedürfnisbefriedigung allein hat noch keine emanzipative oder revolutionäre Funktion; zu fragen wäre immer, welche Bedürfnisse und für wen sie gemeint sind.)
Der Dalí von heute erweist sich auf dem kapitalistischen Markt als ein Meister der Liquidation und zynischen Ausbeutung der vergangenen ideologiekritischen und eigenen kritizistischen Ansätze im Sinne des revolutionären Surrealismus der 30er Jahre. Daß seine amoralische, grenzüberschreitende Haltung und die bürgerfeindliche Provokation der *activité paranoiaque-critique* mittlerweile den Rang eines schier konkurrenzlosen Markenartikels erreichen konnte, beweist Dalís Anpassung und seine suspekte ästhetische Daueraktualität. Daß er bis heute das Veralten der *révolution surréaliste* ästhetisch überlebt zu haben scheint, spricht nicht etwa für, sondern gegen ihn und weist auf die entscheidende Differenz seiner Entwicklung zur vergangenen antikapitalistischen Opposition der surrealistischen Bewegung hin. Den kritischen Ansatz bei einem dem Leben zurückgegebenen, psychoanalytisch sensibilisierten Kunst- und Ästhetikbegriff haben die veränderten gesellschaftlichen Bedingungen der Rezeption vollends zum alten Eisen geworfen. Weich, komestibel, infantil und mit viel *sex-appeal* schmiegen sich überall die raffiniert verpackten Waren den bewußten und unbewußten Wünschen der potentiellen Käufer an, versprechen alles, um nichts zu halten. Der Konkurrenzkampf um den psychophysisch reizbaren erotisierbaren Konsumenten hat die hedonistische Aufbereitung der Waren mit Hilfe der Psychoanalyse zur Regel gemacht. Die Rechnung mit dem »polymorph-perversen« und »kannibalisch« *mitessenden* projektiven Beschauer, das Beharren auf der ebenso infantilen wie kulinarischen Figur des *comédon,* nach dem Modell der *apparition de l'impérialisme cannibale du Modern Style*[7], stößt in der hedonistisch gleichgeschalteten Konsumgesellschaft auf keinen nennenswerten Widerstand mehr. Nachdem in ihr die Partialtriebsphäre, Sexualphantasien integriert und sogar einst singuläre pornografische, perverse Erfahrungen (Fetischismus, Voyeurismus, Exhibitionismus) dem Warenkleid (Marx) assoziiert sind und somit die Konsumenten in ihrer Bedürfnisstruktur darauf festgelegt werden, hat der Kapitalismus in Dalís Ansatz einen Verbündeten gefunden, und Dalí hat dieses Bündnis allzu gern akzeptiert und kommerzialisiert. Die warenproduzierende Gesellschaft hat die dalísche *barbarie du comédon*[8] eingeholt und als Prinzip der Konsumerotik sanktioniert. In der Warenästhetik ist die subjektive Aneigbarkeit und kannibalische Verbrauchbarkeit des Schönen, ist seine restlose *Entästhetisierung*

[7] Dalí, De la beauté terrifiante ..., a. a. O., in: Dalí, Oui, a. a. O., S. 158
[8] Dalí, Apparitions aérodynamiques des ›êtres-objets‹, a. a. O., in: Dalí, Oui, a. a. O., S. 77

zum *Spiegelphänomen des Begehrens* Trumpf. Was der *ästhetische Schein* der Waren heißt, ist ein Abklatsch des tatsächlichen gesellschaftlichen Zusammenhangs – des ungelebten Lebens; er reproduziert das Begehren in seiner gesellschaftlich gewordenen und entfremdeten Gestalt.

Konnte sich der frühe Surrealist in der gezielten Regression auf die infantile Libido und das Lustpotential der Partialtriebe noch eines provozierenden Verstoßes gegen ein gesellschaftliches Tabu bewußt sein, so müßte Dalí inzwischen erkannt haben, daß die *libido sexualis,* »polymorph-perverse« Wunschphantasien allerdings nach wie vor in der Sozialisation der Individuen unbefriedigt bleiben, aber zusätzlich eine Funktion zur gesellschaftlichen Unterdrückung erhalten haben. Aktualisierte Kindheitswünsche, erinnerte Träume und Hoffnungen werden heute dazu benutzt, sie an das vermeintliche Vergnügen und Glück, das die Waren dem Konsumhedonisten spenden: an die Scheinbefriedigung zu koppeln. Die Befriedigung der Lust wird auf die Waren projiziert, die als Surrogate für die Sexualziele fungieren und die sinnlichen Qualitäten der frühkindlichen prägenitalen oder sogar pränatalen Libido imitieren. So kommen die komestibelen »weichen Strukturen« der Waren zustande, zugeschnitten auf ihre projektive Aneignung durch den Konsumenten, dessen *libido sexualis* dabei gleichermaßen aufgekratzt und nicht befriedigt wird. Erst werden die authentischen Kindheitswünsche aufgeweckt, um dann mit den falschen Erfüllungen gefüttert zu werden, die der Kaufakt besiegelt. Die den Waren assoziierten Partialtriebe lassen sie bei den zugleich sexualisierten und sexuell frustrierten Konsumenten zum Verkaufsschlager werden. Das ist in der warenproduzierenden Gesellschaft der Mechanismus der Manipulation und Ausbeutung der erotischen – und implizit auch surrealistischen – Phantasie[9].

Darüber betrügt sich, wer heute noch Dalís Erotismus als exzentrische Aktion eines psychopathischen Einzelgängers verharmlost. Bei seinen *anticipations utopiques* von 1934 kann einem jedes Lächeln vergehen, weil der vorausgesagte kannibalische *sex appeal* gesellschaftliche Realität geworden ist und Dalí heute gleichermaßen zum Lehrer und Meisterschüler des Waren-appeals im Spätkapitalismus avanciert ist. Man höre nur genauer hin auf einen Passus wie diesen, der die warenspezifische Sexualisierung der Frau zur Wunscherfüllung des Mannes vorformuliert hat: »Die Frau wird durch Auseinandernehmen und Entstellung ihrer Anatomie gespenstig *(spectral)* werden[10]. Der

[9] Gorsen, Sexualästhetik, a. a. O.

[10] Den Doppelsinn in *spectral* von »gespenstig« und analytisch zerlegt (Spektrum: Bild eines zerlegten Lichtstrahls) macht sich Dalí zunutze. Auf die an unversehrten »guten« Gestaltqualitäten orientierte Wahrnehmung üben Zerstückelung und Dekomposition Qualen aus. Nach Roger Caillois heißt »Gottesanbeterin« volkstümlich auch Gespenst, *spectre.*

›zerlegbare Körper‹ *(corps démontable)* ist die Hoffnung und eiskalte Erfüllung des weiblichen Exhibitionismus, der erbarmungslos analytisch werden wird, indem er erlaubt, alle Körperteile einzeln zu zeigen . . ., um sie stückweise zu verzehren.« Diese Voraussage ist tatsächlich eingetreten; die Frau als Lustobjekt der sadistischen Phantasie des Mannes gehört heute zum erotischen Inventar der Warenästhetik.

Dalí als Leser Darwins lenkt von diesem Fund ab, hin auf den biologischen Vergleich mit dem damals bei den Surrealisten geläufigen Phänomen der »Gottesanbeterin«, verweist auf ein Insekt, das vor, während oder nach der Begattung das Männchen verzehrt. Als Leser Freuds und Lacans standen Dalí auch die sexuelle Angst, verschlungen zu werden, Kastrations- und Ödipuskomplex vor Augen. Heute bietet sich zur allgemeingültigen Illustrierung des Lustmordes und erotischer Zerstückelungsphantasien auch der gesellschaftliche Bezug auf die Konsumästhetik an, die ebenso auf das Gefräßige wie selber Verspeisbare der Sinne, auf den Kannibalismus und Infantilismus der *libido sexualis* regrediert. Eine »Spektralanalyse« der Anatomie des ästhetischen Warenkörpers im Dalíschen Sinne würde diesen nicht weniger *spectral* und *érotique* vorfinden als den mörderischen klauenbewerten Körper der »Gottesanbeterin«.

Dabei setzt sich Dalí der gesellschaftlichen Nivellierung des ästhetischen und künstlerischen Hedonismus auf überraschende Weise zur Wehr. Er tut es nicht, um auf diesen Entwicklungsprozeß kritisch und abweisend zu reagieren, sondern durch kalkulierte Unterwerfung. Er paßt sich der gesellschaftlichen Realität des Hedonismus mit der hypertrophen Manier desjenigen an, der die Anerkennung seiner Vorläuferschaft und seines vorausschauenden Scharfblicks für den vorherrschenden Trend fordert und wie ein Avantgardist der kapitalistischen Ästhetik gefeiert und honoriert zu werden beansprucht – nicht unähnlich der noch radikaleren »revolutionären« Unterwerfung Andy Warhols unter die massenspezifische Ästhetik von Waschpulverpackungen und Suppenkonserven. Wofür hat Dalí seine Rechte, der Erste, der Größte und viel Kopierte zu sein, nicht alles geltend gemacht.

Verrät die New Yorker *Declaration of the Independence of the Imagination and the Rights of Man to His Own Madness* von 1939 noch ein subjektives Aufbegehren des exmittierten Surrealisten gegen die *absolute tyranny . . . by the industrial mind over the new creative ideas of the poetic mind,* so paßt sich Dalí später zusehends nachgiebiger und kritikloser einer Entwicklung an, die »polymorph-perverse« Phantasietätigkeit, erotische Entsublimierung und paranoische Tics immer mehr in den gesellschaftlichen Verwertungszusammenhang einbezieht und vorher unverwertbare, aus dem System herausfallende oder von ihm unterdrückte Erfahrungen, Bedürfnisse, Wünsche, Hoffnungen zu normativen verwandelt. Die Warenästhetik des Kapitalismus[11] hat zunehmend auch ausgefallene, infantil erotische Reize, die bisher für surrealistisch galten, dem Warengenuß assoziiert und dadurch für die Konsumenten sozialisiert. Weite Teile des ehemals psychopathologischen Potentials der Deviation sind heute gesellschaftlich in Funktion[12]. Was noch 1930 als Perversion und sexuelle Abweichung vom gesellschaftlichen Lebenszusammenhang ausgegrenzt werden konnte, muß es heute nicht mehr sein. Dalís »perverse« Sexualfetische mit symbolischer Funktion können selbstverständlich auch als Rezept dafür mißbraucht werden, wie der Fetischcharakter der Waren auf pikfeine surrealistische Art zu sexualisieren sei.

Konsequenterweise hat sich Dalí als Fachmann für originelle und verrückte »kritisch-paranoische« Dekoration jenen *middle-man of culture* gleichmachen lassen, vor denen er in der *Declaration of the Independence* von 1939 das keinen merkantilen Zwecken verpflichtete poetische Denken noch in Schutz genommen hatte. Jetzt möchte er selber nur noch auswählen und mitbestimmen dürfen, *welchen* Zwekken die »kritisch-paranoische« Poesie dient. In dem von Dalí zum fünfzigjährigen Bestehen der Modeillustrierten *Vogue* anteilig gestalteten Jubiläumsheft sind – jetzt programmatisch – Kunst- und Warendesign, »autonomer« Bildbeitrag und Bildannonce, surrealistische Phantasie und Verkaufsinformation unter den gleichen konvulsivischen Schönheitsbegriff gestellt. Die übereinstimmende Funktion von surrealistischer Gestaltung und surrealistischer Selbstinszenierung und kommerzieller Werbung besteht im Anreißerischen, in jenem offenherzigen »imperialistisch-kannibalischen« Akt der Dekoration, der sich als erotischer Blickfang der Ware einbekannt hat. Dalí 1939: *It is man's right to love women with the ecstatic heads of fish. It is man's right to decide that lukewarm telephones are disgusting, and to demand telephones that are as cold, green and aphrodisiac as the augurtroubled sleep of the cantharides.* Diese und ähnliche phantastische Montagen Dalís und jenes unübersehbaren Schwarms von Dalíanern in den Werbebüros und Agenturen der kapitalistischen Welt haben mit Fleiß daran gearbeitet, die surrealistische *beauté convulsive-ondulante-molle-comestible* in den Ästhetisierungsprozeß der Warenproduktion hinüberzuretten und zu entgiften. Hier schlug die heute vergessene antikapitalistische hedonistische Rebellion der surrealistischen Phantasie in hedonistische Überanpassung an die Warenästhetik des kapitalistischen Marktes um.

[11] Wolfgang Fritz Haug, Kritik der Warenästhetik, Frankfurt 1971
[12] Gorsen, Sexualästhetik, a. a. O.

15. Die gespaltene Funktion der Phantasietätigkeit im gesellschaftlichen Lebenszusammenhang. Die »kritische Paranoia« als Restpotential dysfunktionaler Phantasie

Im offensichtlichen Gegensatz zu Dalís persönlicher Depravation und zur Geschichtlichkeit der surrealistischen Bewegung stehen heute praktische und theoretische Wiederbelebungsversuche der surrealistischen Phantasie zu einem bewußtseinsverändernden dysfunktionalen Faktor im Überbau der kapitalistischen Gesellschaft. So stellte anläßlich der Pariser Mai-Revolution Herbert Marcuse die »triebmäßige Transformation« des sinnlich und triebökonomisch gleichgeschalteten Massenmenschen in eine qualitativ neue psychobiologische Dimension als einen Übergang von »Marx zu Fourier«, »vom Realismus zum Surrealismus« und als eine Vereinigung von »Karl Marx und André Breton« vor – als ein Bündnis von Revolution und der psychophysischen Utopie ihrer in der surrealistischen Theorie und Ästhetik[1]. »Die Entdeckung der Bretonschen Ästhetik für eine triebmäßige Neuorganisation des revolutionären Bewußtseins, anstelle der eingefahrenen bürgerlichen Kontemplation des Surrealismus als Kunststil, bietet sich seit langem an. Marcuses anthropologische Besinnung auf ein individuelles Revolutionsprinzip, auf eine produktiv revoltierende Phantasie und eine neue praktische Sensibilität, auf eine schöpferische Triebstruktur mit sozialistischen und anarchistischen Vorzeichen ist im Surrealismus vorbereitet.«[2] Mit ihren historisch anderen Erwartungen zur revolutionären Umwälzung allein von den gesellschaftlichen Tatsachen her und im Hinblick auf die vorausgesagten sozial wie wirtschaftlichen selbstzerstörerischen Konflikte hatte die Marxsche Theorie den *subjektiven Faktor* der Revolution vernachlässigt. Der Surrealismus hingegen faßte den Proletarisierungs- wie Revolutionierungsprozeß von den Bewußtseinstatsachen und ihren avanciertesten Theorien – wie der Psychoanalyse – her ins Auge. So erklärt sich seine Aktualität für die neomarxistische Revolutionstheorie aus der Sicht Marcuses.

Sowohl die Psychoanalyse, insbesondere die Wilhelm Reich berücksichtigende, wie die sie verarbeitende surrealistische Theorie haben den Gedanken Marcuses und des aktuellen »antipsychiatrischen« Modells vorweggenommen, daß regressives und psychopathisches Verhalten den Boden für seine »Politisierung und Revolutionierung (wider den verkehrten Fortschritt und wider eine vernunftlose Vernunft) abgeben können, daß sie nicht nur als Weltverlust, Autismus, als Rückschritt, Krankheit und psychische Mangelerschei-

[1] Herbert Marcuse, Versuch über die Befreiung, Frankfurt 1969, S. 40 f.
[2] Gorsen, Marxismus und Kunstanalyse in der Gegenwart (II), in: Ästhetik und Kommunikation, H. 3, April 1971, S. 52

nung verstanden werden können, sondern daß sie ... Möglichkeiten darstellen, jene Erlebnis- und Erfahrungsqualitäten ... und darüber hinaus alles ins Bewußtsein zurücktreten zu lassen, was als dessen Nachtseite verdrängt und zu sozial wünschenswerten Leistungen ›kultiviert‹ worden ist.«[3]

Besonders anregend ist für die gegenwärtige Diskussion zum subjektiven Faktor revolutionärer Einstellungen der Surrealismus dort, wo er sich sozial sanktionierten Kommunikationsmustern entzogen, ein negativistisches, »verrücktes«, asoziales Verhalten hervorgekehrt hat – in den pathischen Existenzformen sei es der Vagabondage, des sozialen Parasitismus, des Rausches, des Deliriums und des schizophrenen Obskurantismus oder der sexuellen Regression und »perversen« Fehlhaltungen, der pornografischen Enthemmung, des Infantilen und der Verschärfung der ödipalen Situation.

Vom wiedererwachten, politisch motivierten Interesse am Surrealismus ist im besonderen auch Dalís *interprétation paranoïaque-critique* betroffen. Daß sich Dalí seinerzeit nach der Paranoia-Deutung Jacques Lacans orientiert hatte, die ein sozialpsychologisches Interpretationsmodell dem konstitutionalistischen vorzieht und den gesellschaftlich produzierten Charakter der paranoischen Psychose hervorkehrt, trägt zur Modernisierung seiner *interprétation paranoïaque-critique* auf dem Hintergrund derjenigen theoretischen wie praktisch organisatorischen Bestrebungen bei, die heute die – weitgehend an der Sozialisation in der bürgerlichen Kleinfamilie klebende – Psychoanalyse kontrollieren oder sogar ersetzen möchten durch eine Schizo-Analyse der Gesellschaft und eine ihr kooptierte Klassenanalyse.

In der Theorie der »Wunschproduktion« *(production désirante)* und der »Wunschmaschinen« *(machines désirantes)* von Gilles Deleuze und Félix Guattari kommt die große Bedeutung, die der Surrealismus der Herstellung von Wunschphantasien nach den Vorstellungen des Traums und der paranoischen Phantasietätigkeit gegeben hat, erneut ins Blickfeld[4]. Als Urheber von Wünschen, die gesellschaftlich nicht verwertbar und daher unterdrückt sind, bilden Künstler, Revolutionäre und Schizophrene gemeinsam *une instance d'antiproduction*[5]*:* Sie produzieren Bedürfnisse, Hoffnungen, Träume, Utopien, Ideen, die vom kapitalistischen Verwertungsprozeß nicht erfaßt sind und auf den gesellschaftlichen Produktionszusammenhang sich dysfunktional auswirken können. Die Kunst ist ein möglicher Pro-

[3] a. a. O., S. 53. Vgl. Gorsen, Kunst, Literatur und Psychopathologie heute, a. a. O.
[4] Gilles Deleuze/Félix Guattari, L'anti-oedipe, Capitalisme et schizophrénie, Paris 1972
[5] a. a. O., S. 38

duzent dieser gesellschaftlich »unproduktiven« Wunschphantasien; sie hat in diesem Sinne eine *fonction de détraquement*[6] gegenüber dem gesellschaftlich verwerteten, »produktiven« Teil der Phantasietätigkeit, so z. B. in den Objektdemontagen und Defetischisierungen des *Nouveau Réalisme,* einer einflußreichen Kunstrichtung im Paris der sechziger Jahre, und in Dalís Methode der »kritischen Paranoia«: »*Tels les violons brûlés d'Arman, les voitures comprimées de César. Plus généralement la méthode de paranoia critique de Dalí assure l'explosion d'une machine désirante dans un objet de production sociale*[7].«
Im Unterschied zu den Maschinen und Apparaten, die im Interesse der bestehenden Produktionsverhältnisse aufgeboten und Mittel zur Profitmachung sind, zeichnet die »Wunschmaschinen« ein gespaltenes Verhältnis zur Realität aus. Ihre Phantasieprodukte sind insofern »frei«, als sie aus dem gesellschaftlichen Produktionszusammenhang als unbrauchbar herausfallen können – »unfrei«, insofern sie unterm Emblem der gesellschaftlichen Entfremdung sich darstellen müssen und ihre Freiheit in verzerrter Form abbilden. Den Künstler der derealisierenden Objekt-Demontage, den Deformitätsfetischisten wie den kritisch-paranoischen Querulanten erheben Deleuze und Guattari zum Prototyp des – den gesellschaftlichen Produktionszusammenhang stören bzw. dysfunktionalisieren könnenden – Wunschproduzenten, wenn auch die objektiven Voraussetzungen dafür gegeben sind. »*L'artiste est le maître des objets:* er integriert seiner Kunst die zerbrochenen, verbrannten, zerstörten Dinge, um sie dem Regime der Wunschmaschinen zu unterstellen, zu deren Funktion die Störung der Realität [die Funktion der Dysfunktionalisierung, P. G.] selber gehört«; dieser Künstlertyp »erstellt die paranoischen Maschinen *(machines paranoïaques),* wunderbare, jungfräuliche [d. i. unfruchtbare, P. G.], scheinbar technische Maschinen; er unterminiert die technischen mit Wunschmaschinen. Oder vielmehr: das Kunstwerk ist die Wunschmaschine selber. Der Künstler sammelt seine Kräfte für künftige Veränderungen, die – wie er findet – wahrlich auf sich warten lassen«[8].
Mit besonderer Berücksichtigung der Studie von Michel Carrouges (Les machines célibataires, 1954) wird auf die Werke der Kunst und Literatur verwiesen, in denen die Maschine und ihr Mechanismus zu Metaphern der menschlichen Sexualtätigkeit ernannt wurden und den Mythos der »Liebesmaschine« begründeten, nachdem der Kapitalismus den arbeitenden Menschen zur Anpassung an den Rhythmus und das Organisationsprinzip der Maschine längst gezwungen und seiner Mimesis den Stempel des Automati-

[6] a. a. O., S. 39
[7] Ebd.
[8] Ebd.

schen aufgeprägt hatte. Es werden z. B. Marcel Duchamps Werk *La mariée mise à nu par ses célibataires,* Poes Novellen (Der goldene Skarabäus, Der Brunnen und das Pendel könnten gemeint sein), *L'eve future* von Villiers de l'Isle-Adam, *Le surmâle* von Jarry, Roussels *Locus solus,* Kafkas Strafkolonie genannt[9]. Der Entwurf einer »Junggesellenmaschine« durch Duchamp (»Großes Glas« von 1915–23) weist auf die im Surrealismus schon *vor* Dalís Beitritt diskutierte Funktion der sexuellen Zwangsidee hin. Sie war ein Erbe der spätbürgerlichen erotischen Literatur, die den Mythos der folgenlosen sterilen Liebe pflegte, lange bevor der Surrealismus durch seine Kritik an Ehe und Familie mit diesem Mythos zu arbeiten begann. Die Verselbständigung der erotischen Phantasie, ihre Abtrennung von den Gebär- und Fortpflanzungsfunktionen der Sexualität: das Prinzip der Libertinage und *de l'amour fou* bereitete den Boden für die zahlreichen Manifestationen der Liebes- oder Wunschmaschine von Duchamp über Dalí zu Robert Müller. Und wenn sie heute im Rahmen einer psychiatrischen Analyse der Gesellschaft, die in Wahrheit eine Analyse der psychiatrischen Lebensverhältnisse genannt werden muß, aktualisiert und reflektiert wird, so kann dies nur bedeuten, daß man die der sexuellen Obsession zugehörigen subversiven Qualitäten erkannt hat. Die funktionslose, leerlaufende, frei verpuffende Energie der Wunschmaschine, Gegenbild der industriellen Produktion, ist erotische Metapher und obszönes Prinzip einer dysfunktionalen subversiven Einstellung im Spätkapitalismus. Deleuze/Guattari, die heutige Analyse der psychiatrischen Lebensverhältnisse tun recht daran, den Abbildzusammenhang von gesellschaftlicher Unterdrückung und subjektiver Entfremdung aufzubrechen und das Moment des Widerspenstigen und Unbelehrbaren in der Entfremdung, was der Surrealismus in seiner »kritisch-paranoischen Methode« anreflektiert hat, herauszustellen.

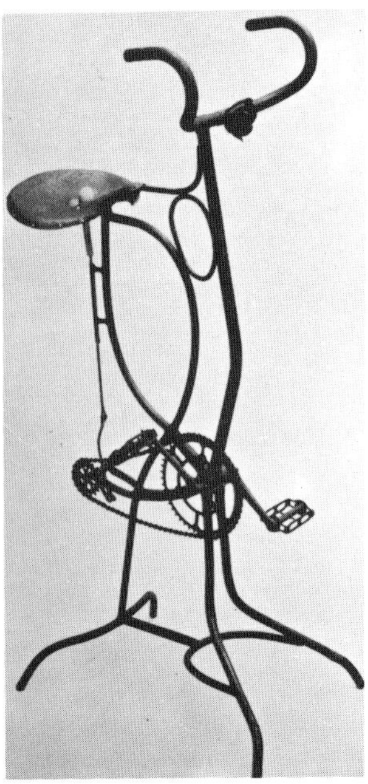

Robert Müller, *La bicyclette,* Eisen (1957).

Die gesellschaftliche Unterdrückung der Phantasietätigkeit bedeutet nicht immer ihre vollständige Liquidation als vielmehr nur die Feststellung ihrer Wertlosigkeit für das kapitalistische Verwertungsinteresse. Unterhalb seines Herrschaftsbereiches wuchert sie als nicht weiter assimilierter und nicht zusätzlich unterdrückter, als gesellschaftlicher Aufmerksamkeit und Kontrolle sich entziehender Rest eines »Blocks wirklichen Lebens, das gegen das Verwertungsinteresse steht«, weiter[10] und erhält sich als quasi lebendiger Rohstoff gegenüber unerträglichen entfremdeten Verhältnissen[11]. An die Unverwertbarkeit und Nicht-Assi-

[9] a. a. O., S. 24
[10] Oskar Negt/Alexander Kluge, Öffentlichkeit und Erfahrung, Zur Organisationsanalyse von bürgerlicher und proletarischer Öffentlichkeit, Frankfurt 1972, S. 107
[11] a. a. O., S. 67

milierbarkeit dieses Phantasierestes knüpfen Oskar Negt/ Alexander Kluge die Hoffnung und politische Einschätzung, daß er eine starke Tendenz bekommt, proletarische Organisationsformen unterhalb der Schwelle bürgerlicher Herrschaft zu entwickeln. Phantasie ist zwar dem üblichen Sprachgebrauch zufolge zunächst nur »ein Produkt des Bürgertums«[12] und wird nach den Regeln des kapitalistischen Verwertungsprozesses schematisiert, doch kann sie zugleich, wozu schon Ernst Bloch provozierte, »als Wetterwinkel auch für später, auch für den siegreichen Marxismus«[13] angesehen werden.

Die Phantasieproduktion erfährt im Kapitalismus eine Art Zellteilung in funktionale und dysfunktionale, »realistische« und »unrealistische« Momente der herrschenden affirmativen Kultur mit entgegengesetzten Bedürfnisstrukturen und Fähigkeiten[14], nämlich indem die Phantasieproduktion einerseits »als Kitt zur Aufrechterhaltung der entfremdeten Arbeits- und Lebensverhältnisse, der Kultur« wirkt[15]: als »wirklicher oder eingebildeter Liebesverlust, Strafen, Isolierung usf. –, die den Menschen treffen, wenn er dem Zwangsverhältnis einfach davonläuft; Phantasie verwandelt sich hier in Disziplin, ›Realismus‹, Apathie«[16] – und indem sie andererseits als unmittelbar unterdrückte und gesellschaftlich unverwertbare Phantasieproduktion durch ihre Konfrontation mit dem Herrschaftsinteresse bestimmt ist: diese Teile »derselben Phantasiekraft, die scheinbar frei flottieren, durchschweifen die Vergangenheit, Gegenwart und Zukunft, suchen aber wegen ihrer eigenen libidinös gesteuerten Bewegungsgesetze die Berührung mit der entfremdeten Aktualität, mit dem bürgerlichen Realitätsprinzip, von sich aus zu vermeiden. Sie werden kaserniert in den Ghettos der Künste, der Träumereien, der schönen Gefühle«[17].

Dieser Doppelcharakter der Phantasie, einerseits in Funktion für den kapitalistischen Verwertungsprozeß, andererseits von ihm ausgeklammert und gegebenenfalls dysfunktional ihn behindernd, läßt Negt/Kluge die Phantasietätigkeit und die Sexualität hervorheben als »ein spezifisches Produktionsmittel, das für einen Arbeitsvorgang gebraucht wird, den das kapitalistische Verwertungsinteresse nicht ins Auge faßt: die Veränderung der Beziehung der Menschen untereinander, zur Natur und die Wiederaneignung der in der Geschichte gebundenen toten Arbeit der Menschen. Die Phantasie ist also ... der Organisator der Vermittlung, also der besondere Arbeitsprozeß, über den sich Trieb-

[12] a. a. O., S. 72
[13] Ernst Bloch, Erbschaft dieser Zeit, Erweiterte Ausgabe, Gesammelte Werke Bd. 4, Frankfurt 1962, S. 16
[14] Negt/Kluge, a. a. O., S. 73
[15] a. a. O., S. 72
[16] a. a. O., S. 72 f.
[17] a. a. O., S. 73

struktur, Bewußtsein und Außenwelt miteinander verbinden.«[18] Sie organisiert, psychoanalytisch gesprochen, »die Wiederaneignung des Verdrängten, wie Freud es für die individuelle Lebensgeschichte entwickelt hat«[19], obwohl die bio-psychologische, triebmäßige Selbstbefreiung der Arbeiter erst im Rahmen ihrer *kollektiven* Lebensgeschichte als Arbeiterbewegung einen Sinn haben kann.

Daher wird »das Unrealistische der wiederholten historischen Versuche der Arbeiterbewegung« herausgestrichen, wo diese »ihre Interessen ohne die Aufhebung des bürgerlichen Gesellschaftszusammenhanges, separat zu ihm«, durchsetzen will[20]. Zugleich kann man aber schlecht von *den* proletarischen Interessen der Arbeiter sprechen, denn »ihre Interessen sind wirklich in den Lebenszusammenhang der Gesellschaft einbezogen – so wie sie es auch in der künftigen Programm- und Bewußtseinsindustrie sein werden –, aber sie sind es als bloß objektive, als Gegenstände der Befriedigung verdinglichter Bedürfnisse«[21]. Die Arbeiter führen »der bürgerlichen Familie nachgebildete Ehen«, benutzen »Sprache und Kultur der bürgerlichen Gesellschaft« und müssen ihre meist zentralistischen Institutionen und Organisationen benützen, »um diesen Status quo zu halten«[22]. Die sich hieraus ergebende Aporie für die Arbeiter: daß sie diesen Zustand nicht einfach aufgeben können, »sonst müßten sie sich von ihren Erfahrungen und Interessen, die in diesem Zustand organisiert sind und dessen Formen angenommen haben, trennen«[23], und daß sie »diesen Zustand aber auch nicht beibehalten« können, denn das wäre »Blindheit gegenüber den Bewegungsgesetzen des Kapitals und der gesamten geschichtlichen Entwicklung«[24] – diese *Aporie*[25] weist darauf hin und macht

[18] Ebd.
[19] a. a. O., S. 74
[20] a. a. O., S. 109
[21] a. a. O., S. 110
[22] Ebd.
[23] Ebd.
[24] Ebd.
[25] Die These aufgespaltener bzw. doppelter Phantasieproduktion führt Negt/Kluge in eine ihre gesamte Arbeit kennzeichnende Aporie. Diese Phantasietätigkeit ist »ihrer Produktion nach ... unbewußte praktische Kritik an den entfremdeten Verhältnissen« (a. a. O., S. 67). Und dies im Prinzip, weil der Kapitalismus zur Erhaltung der bestehenden entfremdeten Verhältnisse es so wollen muß. Er produziert zugleich mit den entfremdeten Verhältnissen immer auch einen (rudimentär proletarischen) »Block wirklichen Lebens, das gegen das Verwertungsinteresse steht« (a. a. O., S. 107), und das in diesem Gegensatz – als kompensatorische Instanz gegenüber der erfahrenen Entfremdung – zugleich *für* das Verwertungsinteresse fungiert.
Dieser Block ist nicht als systemsprengender Faktor des kapitalistischen Systems hypostasiert, sondern es wird von den Autoren nur sein Doppelcharakter bzw. seine Ambivalenz innerhalb des gesellschaftlichen Unterdrückungszusammenhangs herausgestellt, wenn es heißt: »Das Kapital kann diesen Block nicht zerstören, und das Proletariat kann aus diesem Block heraus die Gesellschaft nicht ergreifen.« (a. a. O., S. 108) Der Kapitalismus erzeugt bzw. leistet sich den Block und eine aus dem Verwertungsinteresse permanent aus-

erklärlich, daß in einigen Bereichen der Gesellschaft sich »*Mischform(en) aus proletarischem Interesse und universaler, ubiquitärer bürgerlicher Organisationsnorm*« gebildet haben[26]. Sie erlauben »nicht mehr, einfach von bürgerlicher Öffentlichkeit« zu sprechen. »Sie ist in diesen Bereichen untergegangen, aber noch als untergegangene präsent.«[27] Ebenso wenig kann es daher sinnvoll sein, in diesen Bereichen schon von *der* proletarischen Öffentlichkeit zu sprechen und die schwierige Frage, wie das Proletariat aus dem Block des kapitalistisch unverwertbaren Lebensrestes heraus die Gesellschaft ergreifen könne, auf die allein revolutionäre Arbeiterklasse zuzuspitzen. Deswegen hat Bloch in »Erbschaft dieser Zeit« (1934) die Aufmerksamkeit mit aller Entschiedenheit auf »das Bewußte-Unbewußte proletarisierter, doch nicht proletarischer Schichten«, sowohl auf »den verspellten Experimentblick höchst *anfälliger kultureller Oberschichten*«[28] wie auf den heute fortwirkenden »*anfälligen Kleinbürger*«[29] aus der Zeit der »Berauschung« im Deutschland von 1924–33 gelenkt.

»Ein antikapitalistischer ›Trieb‹ ist auch außerhalb der

gegrenzte Domäne des Widerspruchs, um nicht aus seinem »triebökonomischen Gleichgewicht« zu geraten, das zwischen unerträglichen entfremdeten Verhältnissen und dem widerspenstigen Block wirklichen Lebens besteht und die Fortdauer des Kapitalismus garantiert, nämlich garantiert, daß eigentlich unerträgliche Verhältnisse dennoch ertragen und positiv verinnerlicht werden. Und aus demselben Block heraus kann das Proletariat die Gesellschaft nicht ergreifen und wirklich umgestalten, weshalb die Autoren zu Recht »das Unrealistische der wiederholten historischen Versuche der Arbeiterbewegung« herausheben, wo diese »ihre Interessen ohne die Aufhebung des bürgerlichen Gesellschaftszusammenhanges, separat zu ihm«, konstituieren will (a. a. O., S. 109).

Es ergibt sich also die Aporie eines »emanzipativen Minimums« nicht verwertbarer und unterdrückter Phantasietätigkeit, Sexualität usw., das *erstens* vom Kapitalismus selber unzerstörbar ist. Und *zweitens* können von diesem Minimum her die, wenn auch kollektiv organisiert vorgestellte »proletarische« Phantasietätigkeit, Sexualität usw. gegenwärtig den bürgerlichen Gesellschaftszusammenhang nicht aufheben. Vielleicht können sie sich noch unterhalb der Schwelle bürgerlicher Herrschaft rudimentär weiter entwickeln bzw. organisieren, aber sie erreichen *deshalb* noch keine reale Aufhebung des bürgerlichen Unterdrückungszusammenhanges. Was da unterhalb der Schwelle als Widerspruch zum Kapitalismus von ihm gleichwohl mitproduziert wird, mag Phantasietätigkeit, libidinöse Selbststeuerung im Sinn der vorindustriellen Produktionsweise sein, die der »Umwelt absolut überlegen« ist, aber sie bleibt dennoch »vom Vergesellschaftungsgrad der gesamtgesellschaftlichen Kommunikation abgeschlossen« (a. a. O., S. 50). Die emanzipative Phantasietätigkeit und eine vorstellbare libidinöse, sich selbst steuernde Sozialisation verlören ihre Privatheit und ihre kompensatorische Funktion für das System doch erst, wenn sie »das Ganze der Gesellschaft erfassen« könnten (a. a. O., S. 50). Wie das möglich wird, ist revolutionstheoretisch vorweg nicht angebbar, sondern wird an die Praxis des sich bildenden proletarischen Lebenszusammenhanges selbst verwiesen. Vgl. die Diskussion mit Oskar Negt in: Ästhetik und Kommunikation, H. 12 Juli 1973, Jahrg. 4.

[26] Negt/Kluge, a. a. O., S. 109

[27] Ebd.

[28] Ernst Bloch, a. a. O., S. 21

[29] a. a. O., S. 15

proletarischen Schicht, obwohl diese, theoretisch wie praktisch, das wirkliche Werden voranträgt. Obwohl die proletarische Befreiung und damit, letzthin, die aller Menschen nur das Werk der Arbeiterklasse selbst sein kann«[30], stellt sich die Frage, ob »das untergehende Bürgertum, eben als untergehendes, Elemente zum Aufbau der neuen Welt« beiträgt und welche Elemente dies sind[31]. »Denn nicht nur im revolutionären Aufstieg oder in der tüchtigen Blüte einer Klasse, auch in ihrem Niedergang und den mannigfachen Inhalten, die gerade die Zersetzung freimacht, kann ein dialektisch brauchbares ›Erbe‹ enthalten sein.«[32]
Damit hat Bloch die dysfunktionalen, »unrealistischen« Phantasiekräfte des kapitalistisch unverwertbaren Lebensrestes in der Übergangsgesellschaft, anstatt sie an eine verkürzte Kampfperspektive der proletarischen Arbeiterklasse zu ketten, als eine Sache auch jenes *relativ fortgeschrittenen* Bewußtseins bestimmt, das »vor allem auf Beute ausgeht«, nämlich auf »Beute an unruhig gewordenen Menschen, an dem häufig zweideutigen, ja revolutionären Material, das allein als zweideutiges dem ›antikapitalistischen‹ Betrug dienen kann«[33]. Dieser Beutezug der antibürgerlichen, antiästhetischen, antikapitalistischen Intelligenz, vorfindbar etwa im die Verdinglichung tendenziell sprengen wollenden Expressionismus und Surrealismus[34], stellt sich vom marxistischen Standort nicht als eine Einstellung der kleinbürgerlichen Opposition, auch nicht der großbürgerlichen Infektion »oder was sonst das Lied der alten Walze singt«[35]. Gegenüber jeder »Art vulgärmarxistischer Fähigkeit, die alles recht arbeitsteilig an seinem Ort weiß und alles recht abstrakt im Rahmen«[36], erkundet das relativ fortgeschrittene Bewußtsein, wo inmitten der »bloßen, wesenlosen Fäulnis des Zerfalls« ihr dialektischer Übergang sich ankündigt[37] und das *Irreguläre* als »ein im kapitalistischen Schoß entstandener Widerspruch ... aus Heute und konkretem Morgen« durchschlägt[38].
Das Subjekt bürgerlich-ästhetischer Opposition kann zum Objekt seiner marxistischen Ausbeutung, zu einem »Feldzug« eingezogen werden (Bloch), ganz anderer Art als es der gängigen Kritik an der kleinbürgerlichen ästhetischen Opposition vorschwebt. Brecht nannte das Umfunktionierung. Und an »manchen merkwürdigen Versuchen der Surrealisten, von Max Ernst bis Aragon«, bemerkt Bloch »eine Art Kristallbildung am gekommenen Chaos, die die

[30] Ebd.
[31] Ebd.
[32] a. a. O., S. 16
[33] a. a. O., S. 19
[34] a. a. O., S. 224
[35] a. a. O., S. 19
[36] a. a. O., S. 228
[37] a. a. O., S. 19
[38] a. a. O., S. 226

kommende Ordnung bizarr versucht zu spiegeln«[39]. Für wichtiger als die Feststellung, daß die Kleinbürger nichts anderes zur Verfügung haben als eben kleinbürgerliche Opposition, »solches weiß man längst«[40], hält Bloch die Differenzierung am konkreten Material, z. B. der spätbürgerlichen Montage, nämlich ihre Durchleuchtung nach jenen Partikeln, die über die Leerform von Bilderrätseln und interessanten Techniken hinausgehen und den Anschluß an den revolutionären Prozeß der Subjekt-Objekt-Vermittlung suchen – bei Proust, Joyce, den Expressionisten, manchen Surrealisten, in den »philosophischen Querbohrungen« von Benjamins Passagen-Arbeit und bei dem politisch am meisten entwickelten Brecht.

Die authentische marxistische Optik in der Übergangsgesellschaft eignet sich von dem zweideutigen Material des bürgerlichen Erbes und der bürgerlichen Avantgarden nach Möglichkeit etwas zum eigenen Gebrauch oder besser zum revolutionären Mißbrauch an. Daher kann Bloch sagen, der Akzent im Verlauf solcher Aneignung »liegt nicht nur auf der Entlarvung des ideologischen Scheins, sondern auf der *Musterung des möglichen Restes.* Zwar fehlt die Art nicht, mit Hexen umzugehen, ja sie ist die kritische Musik jeden Beginns, doch wichtiger gerade ist, aus der Konkursmasse zu nehmen, was anfällig, was vermittelt brauchbar erscheint.«[41]

Die prinzipielle, früher oder später erfolgende kapitalistische Verwertbarkeit literarischer und künstlerischer Produktionsweisen im Unterschied zur Phantasieproduktion der proletarischen Massen ist eines; die Feststellung der *Anfälligkeit* und *mittelbaren Brauchbarkeit* »ererbter« ästhetischer Produktionsweisen des Bürgertums für die Organisierung eines proletarischen Lebenszusammenhanges ist ein anderes. Die metaphorischen ästhetischen Figuren der »scheinbar frei flottierenden Phantasie«, bei Negt/Kluge »der Zigeuner, der Arbeitslose unter den intellektuellen Fähigkeiten«[42], sind daher im Blochschen Sinne empirisch durchaus auf das Bewußte-Unbewußte proletarisierter, doch nicht proletarischer Kleinbürger- und Oberschichten zu erweitern. Es umfaßt möglicherweise und mit zeitlicher rauschten und Delirierenden, des surrealistischen Tagträudes Flaneurs, des Vagabunden, des Opiumessers, des Berauschten und Delirierenden, des surrealistischen Tagträumers, des »polymorph Perversen«, der subversiven *production désirante* wie des »kritischen Paranoikers« – kurzum ein »sich der bürgerlichen Einordnung entziehendes Restpotential der unentfalteten Wünsche«[43]. Dieses vom Kapitalinteresse jeweils nicht erreichte Restpotential, eine bei Negt/

[39] a. a. O., S. 227
[40] a. a. O., S. 19
[41] a. a. O., S. 18
[42] Negt/Kluge, a. a. O., S. 73
[43] Ebd.

Kluge verbal ausgesparte subkulturelle Dimension des »Blocks«, ist zwar im einzelnen nicht empirisch z. B. auf bestimmte Verhaltens- und Kunstformen festzulegen und zu normieren, weil diese gewöhnlich nur für eine historisch vorübergehende Zeit kapitalistisch unverarbeitet bleiben, doch im Prinzip erhält sich stets ein in seinen Inhalten fluktuierender Block des vom Kapitalinteresse ausgegrenzten Lebensrestes. Er verändert im Prozeß der wechselnden Verwertung und Ausgrenzung und neuerlichen Verwertung die empirische Gestalt seiner Phantasieproduktion, doch es verbleibt dabei stets »die differenzierte Substanz eines neu sich herstellenden Blocks«[44], deren empirische Erscheinung freilich heute wieder anders zu bestimmen wäre, als Bloch in »Erbschaft dieser Zeit« für die berauschenden Jahre 1924–33 unternahm.

Vielleicht stellt sich der Surrealismus heute in seiner Gesamtheit nur noch als interessante historische Zerfallsbewegung des proletarisierten Teils der bürgerlichen Intelligenz heraus; einzelne surrealistische Zerfallsfiguren scheinen jedoch unter marxistischem Blickwinkel ebenso als Träger revolutionärer Produktivkraft durchaus brauchbar und wegen ihrer Anfälligkeit für das Interesse der Arbeiter auch zur mittelbaren Waffe für den proletarischen Lebenszusammenhang umfunktionierbar. Der Hinweis von Deleuze/Guattari auf die Konstruktion des »kritischen Paranoikers« bei Dalí macht darauf aufmerksam. Marcuses Rekurs auf »surrealistische Protest- und Verweigerungsformen« zur Organisierung einer von Phantasie anstatt von »repressiver Rationalität« gelenkten Sinnlichkeit[45] hat in der hier zuständigen Diskussion ebenso eine Funktion wie der Politisierungsversuch der vom gesellschaftlichen Leben ausgegrenzten Psychosen durch den antipsychiatrischen Ansatz, der – wie sich herausgestellt hat – auch ein Erbe aus dem Surrealismus ist.

Bei allen diesen Rückverweisen auf den Surrealismus bleibt zu berücksichtigen, daß die *révolution surréaliste* der Ebene noch der individuellen Lebensgeschichte verhaftet blieb. Das hat ihn nicht daran gehindert, einen empfindlichen Blick für proletarische Interessen zu bekommen, wo die nicht proletarische Schicht insgesamt blind blieb. So hat er beispielsweise den vom kapitalistischen Verwertungsinteresse ausgegrenzten Spiel- und Phantasieraum frühkindlicher Sozialisation durchaus erkannt, darin sich eingenistet und z. B. Elemente der polymorph-perversen Sexualität in das subversive Widerstandspotential der *révolution surréaliste* hereingenommen. Darin gründet die partielle Aktualität des Surrealismus für die Diskussion zum subjektiven Faktor der sozialen Revolution[46].

[44] a. a. O., S. 107
[45] Marcuse, a. a. O., S. 51 f.
[46] Vgl. Die Diskussionen in der Zeitschrift *Tel Quel* über den

Die Aktualität des Surrealismus muß seine kritische Rezeption einschließen. War er der Gefahr gewachsen gewesen, die sich aus der zeitweiligen Freisetzung der spezifisch surrealistischen Phantasietätigkeit vom kapitalistischen Verwertungsprozeß ergab? Und war er dadurch schon für das Bündnis mit dem Marxismus reif geworden? Soweit Phantasie und Sexualität ihren eigenen, nicht vom Verwertungsinteresse strukturierten Produktionsweisen folgen, stehen sie dauernd in Gefahr, »sich vom entfremdenden Produktionsprozeß zu entfernen und sich in zeit- und geschichtslose Produktionsformen, die es nicht gibt und nicht geben kann, zu übersetzen«. Als von der Produktionsrealität abgespaltene geistige und nur-ästhetische Produktion würde surrealistische Phantasie den proletarischen Bündnispartner, »den Arbeiter überhaupt daran hindern, sein Interesse in der Realität zu vertreten . . . Entfernen sich die Phantasien von der Produktionsrealität, so wird auch der Stachel, der sie vorwärtstreibt, weniger empfindlich.«[47] Am Ende konnte die surrealistische Phantasie irregulär und dysfunktional womöglich nur deswegen sein, weil sie regulär und in praktischer Funktion auf die zu verändernde kapitalistische Wirklichkeit ohnmächtig bleiben mußte. Daß ihr wie der expressionistischen Phantasie nur ein schmaler Aktionsraum zubemessen ist, gab Bloch zu bedenken. »Bilderrätsel und Vexierbilder, die zum Teil dem Kapitalismus zwar irregulär sind, ihm aber doch zum Glanz dienen, eben zum ›interessanten‹ Glanz einer geistigen Produktion, die regulär hier gar nicht mehr möglich wäre. *In und nach der Revolution freilich pointiert sich auch die Brauchbarkeit dieses Einzelnen . . .*«[48]
In der Tat war für die surrealistische Bewegung ebenso die Tendenz charakteristisch, vom gesellschaftlichen Produktionsprozeß fortzustreben und *separat* zur Produktionswirklichkeit ein Reich des Phantastischen, des Wunderbaren und *de l'amour fou* zu erfinden. Traum und Wahn hatten dann die Funktion, den Blick vor der Wirklichkeit zu verschleiern und ihn in eine neue, qualitativ andere Traum- und Wahnwirklichkeit zu richten. Diese hatte dann mit Antizipation einer besseren, gerechteren und schöneren Wirklichkeit nichts mehr zu tun. Wo der surrealistische *Kunst*stil die surrealistische Gruppen*aktivität* überlebt hat, ist für die gesellschaftliche Rezeption in der Tat diese Funktion der ästhetischen Abkehr vom Tatsächlichen zu einer phantastischen zweiten Realität die Hauptsache ge-

politischen Stellenwert des Surrealismus und die Möglichkeiten seiner Nachfolge, u. a. bei Jean-Louis Houdebine, *Position politique et idéologique du néo-surréalisme,* in: Tel Quel, Été 1971/46, S. 35–40, ebenso bei der Gruppe *Cinéthique,* Filmische Avantgarde und politische Praxis, hrsg. v. B. Schumacher, Gl. Behrens, L. Borchard u. R. Gansera, Reinbek 1973.
[47] Negt/Kluge, a. a. O., S. 71 f.
[48] Bloch, a. a. O., S. 226

worden. Daher hatte Brecht tendenziell recht, am Dadaismus und Surrealismus zu monieren, daß sie ihre Gegenstände zwar in die Verfremdung stoßen, dann aber diese leider nicht mehr in die – mit ihrer Hilfe zu verändernde – Realität zurückkehren lassen[49]. Die Bretonsche Metapher vom Wahn bzw. Traum und Außenwelt als den »kommunizierenden Röhren« *ein und derselben* Wirklichkeitserfahrung intendierte es zumindest anders[50]. »In den Apologien, die den Traum für einen Zufluchtsort ausgeben wie in den Appellen an ein übernatürliches Leben drückt sich gleichermaßen ein ganz und gar platonischer Wille zur Änderung aus und, in einem, die radikale Absage an diese. Solch ohnmächtigem Willen widersetzt sich ein Wille zur Veränderung der eigentlichen Ursachen des menschlichen Widerwillens, und zunächst nur er allein, ein Wille zur universellen Umwälzung der sozialen Verhältnisse, ein Wille zur *Praxis,* nämlich der Wille zur Revolution.«[51]

Walter Benjamin rät, den Surrealismus an diesem eigenen Anspruch zur Realitätsveränderung zu messen. Revolutionäre Phantasietätigkeit erschöpft sich in der Tat nicht darin, einen neuen proletarischen Stil anstelle des bürgerlichen, eine neue revolutionäre Kunst für die Massen zu fordern, die von den tatsächlichen kapitalistischen Produktionsverhältnissen sich ganz entfernt und sie in Gedanken schon überwunden hat. Sondern in enger Berührung mit ihnen ist für die vom Verwertungsinteresse nicht strukturierte Produktionsweise der surrealistischen Phantasie, ist für ihre traum- und wahnhafte Bilderwelt ein Aktionsraum zu erstellen, der sie als symbolischen Bestandteil der Veränderbarkeit der herrschenden Produktionswirklichkeit transparent werden läßt und für politisches Handeln verfügbar macht. Es geht nicht darum, wie phantastisch, sondern wie realistisch die surrealistische Phantasie sein kann und für welchen Realismus sie wirkt. Wenn es nach dem Surrealismus »die doppelte Aufgabe der revolutionären Intelligenz ist, die intellektuelle Vorherrschaft der Bourgeoisie zu stürzen und den Kontakt mit den proletarischen Massen zu gewinnen, so hat sie vor dem zweiten Teil dieser Aufgabe

[49] Diese Kritik erhebt prinzipieller auch Bloch, wenn er einen revolutionären Gebrauch bürgerlicher Kunststile, Techniken und Kategorien fordert. »›Leben‹, ›Seele‹, ›Unbewußtes‹, ›Nation‹, ›Ganzheit‹ ›Reich‹ und ähnliche Anti-Mechanismen wären nicht so hundertprozentig reaktionär verwertbar, wollte die Revolution hier nicht bloß, mit Recht, entlarven, sondern, mit ebensoviel Recht, konkret überbieten und sich des alten Besitzes gerade dieser Kategorien erinnern. Des alten Besitzes: was nicht bedeutet, daß er unverändert seit der Zeit des jungen Marx der heutige sein kann. Doch die Pflicht zur Prüfung und Besetzung möglicher Gehalte besteht auch hier« (a. a. O., S. 18).

[50] André Breton, Les vases communicants, Paris 1932; vgl. Ders., Die kommunizierenden Röhren, Mit drei Briefen von Sigmund Freud an André Breton, München 1973, S. 97 f., 43 f.

[51] Breton, Die kommunizierenden Röhren, a. a. O., S. 100

fast völlig versagt, weil er nicht mehr kontemplativ zu bewältigen ist.«[52]

So bleiben auch für Adorno die subversiven Erfahrungen des Surrealismus solche »einer Dialektik der subjektiven Freiheit im Stande der objektiven Unfreiheit«[53]. Die schockierenden Collagen bleiben sexuelle Fetische, »Erinnerungsmale ... der Partialtriebe, an denen einst die Libido aufwachte«[54]; sie zeigen den gesellschaftlich verweigerten Glücksanspruch auf, den die Neue Sachlichkeit verschweigt. Aber sie könnten trotz aller Aufklärung die Verweigerung nicht rückgängig machen. Insofern ist alle surrealistische Phantasie dem Tod verschworen, ihre Bilder – unbewußte Darstellungen der nature morte – paraphrasieren nur den Untergang, »in ihnen schleudert die bürgerliche Gesellschaft die Hoffnung auf ihr Überleben von sich«[55].

Benjamin schlägt die Beurteilung des Surrealismus in zweierlei Hinsicht vor: inwieweit er eine destruktive, krisenauslösende und schockierende Wirkung auf die bürgerliche Intelligenz und ihre normativen Werte gehabt hat, was gewiß sei, und wieweit er einen proletarisch-revolutionären Standpunkt eingenommen hat, was zweifelhaft sei. Seine Kritik an der »proletarischen Mimikry« Intellektueller, die mit ihrer Klasse einen internen Streit angefangen haben, und den Primat bzw. die Diktatur der Arbeiterklasse deklamieren, bezieht sich auf diese Unterscheidung und schließt die Surrealisten in diese Kritik ein. Er hat sich von der tagespolitischen Verurteilung und moralischen Beschimpfung der Surrealisten – dem Eindruck, als bestünde ein wesentlicher Unterschied zwischen surrealistischer Avantgarde und Bourgeoisie, nicht täuschen lassen. Diese von seiten der bürgerlichen Rezeption entstandene falsche Verinnerlichung und Fundamentalisierung seiner antibürgerlichen Einstellung hat den Surrealismus beeinflußt und in der Einschätzung des objektiven gesellschaftlichen Stellenwerts seiner Revolte bisweilen mit Blindheit geschlagen. Spuren davon finden sich selbst noch in der Beurteilung des Surrealismus durch André Thirion, der das subversive Moment an ihm überschätzt und z. B. jenen »Wahnbildern«, die Dalí und Buñuel in »Das goldene Zeitalter« an die Stelle der Wirklichkeit gesetzt haben, zutraut, daß sie »die Widerstandskraft einer verfaulenden Gesellschaft, die überleben will und sich der Priester und Polizisten als einzige Stützen bedient«, schwächen werden.

Eine vergleichbar optimistische Einschätzung findet sich auch bei René Crevel, der »Ein andalusischer Hund« und

[52] Walter Benjamin, Der Sürrealismus, Die letzte Momentaufnahme der europäischen Intelligenz (1929), in: Benjamin, Angelus Novus, Ausgewählte Schriften, Bd. 2, Frankfurt 1966, S. 214
[53] Adorno, Rückblickend auf den Surrealismus, a. a. O., S. 158
[54] a. a. O., S. 159
[55] a. a. O., S. 158

»Das goldene Zeitalter« für subversive Filme erklärt und Dalí – freilich 1931 noch mit berechtigter Hoffnung – für einen der wenigen hielt, »dessen surrealistische Aktivität im Dienst der bevorstehenden Bewußtseinskrise, im Dienst der Revolution« wirkt.
Es gehört heute zur noch seltenen kritischen Aufarbeitung des Surrealismus, wenn zwischen seinem Rufmord als einer kleinbürgerlich-anarchistischen Künstlerbewegung oder seinem Renommee als Gruppe von marxistischen Intellektuellen, für die die PCF nicht links genug war, und seiner wahren, nämlich historisch zu rekonstruierenden revolutionären Funktion unterschieden wird. Einen kleinen Anfang machte die Gruppe *Cinéthique* 1972 mit ihrer Analyse der von vielen Legenden umwobenen Filme *L'Age d'Or* und *Mediterranée* (von Pollet und Sollers aus dem Jahr 1963). Dort wird die, auch gerade für Dalí bezeichnende, vorschnelle Identifizierung von revolutionärem Lust- und revolutionärem Realitätsprinzip, von »perverser« Libido und richtiger Praxis, zum Anlaß genommen. »Es ist an der Zeit, die Auflehnung des ›Helden‹ aus *L'Age d'Or* genauer zu bestimmen: sie richtet sich gegen den Vater und nicht gegen die Bourgeoisie ... Der Kampf gegen die Bourgeoisie verflüchtet sich in *L'Age d'Or* zum Mythus von Ödipus, bis nichts mehr weiter bleibt als eine schicksalhafte Wendung des Vatermordes. Die Bourgeoisie hat von einem solchen Film im *wesentlichen* nichts zu befürchten. Um denen zu antworten, die den Skandal, den der Film 1930 ausgelöst hat, und die darauf folgende Zensur so deuten, daß es sich hier um einen revolutionären Film handle (das heißt, man kann es nicht oft genug wiederholen, um einen der Bourgeoisie antagonistisch entgegengesetzten Film): weder ein Skandal noch eine Zensur bedeuten, daß sich die Bourgeoisie damit von einem wirklichen Feind abgrenzt. Weder das eine, noch das andere sind revolutionäre Auszeichnungen; wenn man sie jedoch in ihrem Kontext betrachtet, können sie uns Aufschluß geben über die Klassen und Schichten, die zum damaligen historischen Zeitpunkt in unterschiedlichem Ausmaß von der Herrschaft der Bourgeoisie profitieren.«[56]
Das Problem einer kritischen Surrealismusrezeption stellt sich andererseits auch nicht als die schlichte Beschreibung einer immanent bürgerlichen Kulturbewegung und einer mehr oder weniger irrationalistischen Kunstübung, deren äußersten linken Flügel Aragon, die oppositionelle Aktion eines Kleinbürgers und sein politisch konsequenter Austritt aus der Gruppe zugunsten der KPF, und deren äußersten rechten Flügel Dalí, die konterrevolutionäre Meditation und der Pakt der surrealistischen Avantgarde mit dem kapitalistischen Markt repräsentieren. Die Sub-

[56] Gruppe Cinéthique, a. a. O., S. 152

sumtion Dalís und der surrealistischen Opposition unter einen bürgerlichen Kunst- und Kulturbegriff ist, soviel sollte deutlich geworden sein, ebenso wenig gerechtfertigt, wie ihre propagandistische Zurechnung zur Erfahrung der proletarischen Schichten.

Zuletzt hat die »Antipsychiatrie« dafür aufmerksam werden lassen, daß der Beitrag des Surrealismus nicht auf die dekorative Funktion des konvulsivisch Schönen, des Wunderbaren und Phantastischen oder welcher Neuerungen der künstlerischen Avantgarde immer zu reduzieren ist, sondern daß mit ihm ein Restpotential unentfalteter, gesellschaftlich unterdrückter Verhaltensweisen, Wünsche, Forderungen und Hoffnungen gegeben ist, die gerade wegen ihrer zeitweisen Abspaltung vom kapitalistischen Verwertungszusammenhang und wegen ihrer Pathologisierbarkeit durch die gesellschaftliche Erfahrungsnorm zeitweise auch einen Ansatz zur Entwicklung dysfunktionaler Phantasie- und Wissensproduktion boten, die am ehesten von Patientenkollektiven, therapeutischen Kommunen, Resozialisierungszentren, Randgruppen usw. politisch verarbeitet werden können.

Der »kritische Paranoiker«, die *machines paranoïaques désirantes,* die sexuelle Obsession der surrealistischen Phantasie, ihre antikapitalistischen Lebens- und Widerstandsformen sind daher nicht prinzipiell, aber unter besonderen gesellschaftlichen Bedingungen als Positionen eines subjektiven Widerstandspotentials unterhalb der Schwelle des bürgerlichen Herrschaftsbereiches ernst zu nehmen. Sie bezeichnen nicht mehr eindeutig bürgerliche, aber auch noch keine proletarischen Positionen, und es bedürfte zusätzlich erst ihrer Transformation in revolutionär-proletarische Positionen, wenn aus einem proletarisierten, noch schwankenden Bündnispartner und Sympathisanten wie dem arbeitslosen Surrealisten mehr als ein rimbaudhafter Marx oder ein marxistischer Rimbaud werden soll.

Was könnte mit der angestrebten Versöhnung von Karl Marx und André Breton unter kapitalistischen Bedingungen nach Herbert Marcuse anderes gemeint sein als der Versuch, das tückische subversive, antiästhetische, antikapitalistische Prinzip der surrealistischen Phantasieproduktion für den vielleicht sehr langfristigen Prozeß der gesellschaftlichen Revolution zu sensibilisieren und den Surrealismus aus seiner widersprüchlichen Stellung zwischen Bourgeoisie und Arbeiterklasse zu befreien. Eine der Parolen auf den umkämpften Straßen des Pariser Mai von 1968 deutet den Umschlag des ästhetischen Prinzips, der Gestaltung, in praktische Phantasie an: *La plus belle sculpture c'est le pavé de grès, le lourd pavé cubique c'est le*

[57] *Transform the world! Poetry must be made by all!* Kat. der Ausstellung i. Moderna Museet, Stockholm 1969, S. 109

pavé qu'on jette sur la gueule des flics[57]. Dieser Satz begehrt gegen die Ambivalenz von ästhetischer und politischer Revolution im Surrealismus auf, aber er ist gleichzeitig auch ein Beweis für die revolutionäre Anwendung der surrealistischen Phantasie.

Quellenverzeichnis

Gesammelte Schriften von Dalí

1927

Sant Sebastià, L'Amic de les Arts, no. 16, S. 52–54. Aus dem Katalanischen übertragen von Tilbert Diego Stegmann.
Reflexions, L'Amic de les Arts, no. 17, S. 69. Aus dem Katalanischen übertragen von Tilbert Diego Stegmann.
La fotografia pura creació de l'esperit, L'Amic de les Arts, no. 18, S. 90–91. Aus dem Katalanischen übertragen von Tilbert Diego Stegmann.
Temes actuals, L'Amic de les Arts, no. 19, S. 98–99. Aus dem Katalanischen übertragen von Tilbert Diego Stegmann.
Dues proses, L'Amic de les Arts, no. 20, S. 104. Aus dem Katalanischen übertragen von Tilbert Diego Stegmann.
Federico García Lorca: Exposició de dibuixos colorits, La Nova Revista, no. 9, S. 84–85. Aus dem Katalanischen übertragen von Tilbert Diego Stegmann.
Film-arte film-antiartistico, La Gaceta Literaria, no. 24. Aus dem Katalanischen übertragen von Tilbert Diego Stegmann.

1928

Nous límits de la pintura, L'Amic de les Arts, no. 22, S. 167–169; no. 24, S. 185–186; no. 25, S. 195–196. Aus dem Katalanischen übertragen von Tilbert Diego Stegmann.
Poesia de l'útil standarditzat, L'Amic de les Arts, no. 23, S. 176–177. Aus dem Katalanischen übertragen von Tilbert Diego Stegmann.
Manifest groc. Aus dem Katalanischen übertragen von Tilbert Diego Stegmann.
Per al »Meeting« de Sitges, L'Amic de les Arts, no. 25, S. 194–195. Aus dem Katalanischen übertragen von Tilbert Diego Stegmann.
Joan Miró, L'Amic de les Arts, no. 26, S. 202. Aus dem Katalanischen übertragen von Tilbert Diego Stegmann.
Poema de les Cosetes, L'Amic de les Arts, no. 27, S. 211. Aus dem Katalanischen übertragen von Tilbert Diego Stegmann.
Peix perseguit per un raïm, L'Amic de les Arts, no. 28, S. 217–218. Aus dem Katalanischen übertragen von Tilbert Diego Stegmann.
Butlletí, L'Amic de les Arts, no. 29. Aus dem Katalanischen übertragen von Tilbert Diego Stegmann.
... ¿Que he renegat, potser? ..., L'Amic de les Arts, no. 30, S. 233. Aus dem Katalanischen übertragen von Tilbert Diego Stegmann.
Poema, La Gaceta Literaria, no. 28 (Februar 1928). Aus dem Spanischen übertragen von Tilbert Diego Stegmann.
Realidad y sobrerrealidad, La Gaceta Literaria, 15. Oktober 1928. Aus dem Spanischen übertragen von Tilbert Diego Stegmann.

1929

La dada fotogràfica, Gaseta del les Arts, no. 6, S. 40–42. Aus dem Katalanischen übertragen von Tilbert Diego Stegmann.

Con el Sol, La Gaceta literaria, no. 54 (März 1929). Aus dem Spanischen übertragen von Tilbert Diego Stegmann.
UNA PLUMA,..., La Gaceta Literaria, no. 56. Aus dem Spanischen übertragen von Tilbert Diego Stegmann.
En el moment..., L'Amic, de les Arts, no. 31 (S. 1). Aus dem Katalanischen übertragen von Tilbert Diego Stegmann.
...sempre, per damunt de la música, Harry Langdon, L'Amic de les Arts, no. 31, S. 3. Aus dem Katalanischen übertragen von Tilbert Diego Stegmann.
Nr. 1 bis 6, L'Amic de les Arts, no. 31, S. 5, 12, 13. Aus dem Katalanischen übertragen von Tilbert Diego Stegmann.
... L'alliberament dels dits..., L'Amic de les Arts, no. 31, S. 6–7. Aus dem Katalanischen übertragen von Tilbert Diego Stegmann.
Revista de tendències anti-artístiques, L'Amic de les Arts, no. 31, S. 10. Aus dem Katalanischen übertragen von Tilbert Diego Stegmann.
... UN JOVE..., L'Amic de les Arts, no. 31 (S. 13–14). Aus dem Katalanischen übertragen von Tilbert Diego Stegmann.
Luis Buñuel, L'Amic de les Arts, no. 31 (S. 16). Aus dem Spanischen übertragen von Tilbert Diego Stegmann.
Un Chien Andalou (scénario), La Révolution surréaliste, no. 12, S. 34–37. Aus dem Französischen übertragen von Brigitte Weidmann.

1930

Posició moral del surrealisme (Katalanischer Vortrag im Ateneo zu Barcelona am 22. März 1930), Hélix, no. 10, S. 4–6. Aus dem Katalanischen übertragen von Tilbert Diego Stegmann.
Intellectuels castillans et catalans – Expositions – Arrestation d'un exhibitionniste dans le Métro, Le Surréalisme au Service da la Révolution, no. 2, S. 8–9. Aus dem Französischen übertragen von Brigitte Weidmann.
La femme visible, Paris 1930. Aus dem Französischen übertragen von Brigitte Weidmann.
L'Age d'Or (scénario), Paris 1930. Aus dem Französischen übertragen von Brigitte Weidmann.
Manifeste des surréalistes à propos de L'Age d'Or, Paris 1930. Aus dem Französischen übertragen von Brigitte Weidmann.

1931

Objets surréalistes, Le Surréalisme au Service de la Révolution, no. 3, S. 16–17. Aus dem Französischen übertragen von Brigitte Weidmann.
Communication, visage paranoïaque, Le Surréalisme au Service de la Révolution, no. 3, S. 40. Aus dem Französischen übertragen von Brigitte Weidmann.
Rêverie, Le Surréalisme au Service de la Révolution, no. 4, S. 31–36. Aus dem Französischen übertragen von Brigitte Weidmann.

1932

Babaouo; scénario inédit, Paris 1931. Aus dem Französischen übertragen von Brigitte Weidmann.
The Object as Revealed in Surrealist Experiment, This Quarter, vol. 5, no. 1, S. 197–207. Aus dem Englischen übertragen von Brigitte Weidmann.

Binding cradled – cradle bound, This Quarter, vol. 5, no. 1, S. 47–48. Aus dem Englischen übertragen von Brigitte Weidmann.

1933

Interprétation paranoïaque-critique de l'image obsédante »L'Angélus« de Millet. Prologue, Minotaure, no. 1, S. 65–66. Aus dem Französischen übertragen von Brigitte Weidmann.
De la beauté terrifiante et comestible de l'architecture modern style, Minotaure, no. 3–4, S. 69–76. Aus dem Französischen übertragen von Brigitte Weidmann.
Le phénomène de l'extase, Minotaure, no. 3–4, S. 76–77. Aus dem Französischen übertragen von Brigitte Weidmann.
Objets psycho-atmosphériques-anamorphiques, Le Surréalisme au Service de la Révolution, no. 6, S. 45–48. Aus dem Französischen von Brigitte Weidmann.
Notes – communications, Le Surréalisme au Service de la Révolution, no. 6, S. 40–41. Aus dem Französischen übertragen von Brigitte Weidmann.
Si je dois m'exprimer brièvment sur les questions du 'modèle', Minotaure, no. 3–4, S. 18, 20. Aus dem Französischen von Brigitte Weidmann.

1934

L'Angélus, de Millet. In: Maurice Nadeau, Histoire du Surréalisme, vol. 2: Documents Surréalistes, Paris 1948, S. 248–251.
Derniers modes d'excitation intellectuelle pour l'été 1934, Documents 34, no. 1, S. 33–35. Aus dem Französischen übertragen von Brigitte Weidmann.
Les nouvelles couleurs du sex appeal spectral, Minotaure, no. 5, S. 20–22. Aus dem Französischen übertragen von Brigitte Weidmann.

1935

El Surrealismo (Erster Teil eines spanischen Vortrags am Instituto de las Españas in New York am 7. 1. 1935), Revista Hispanica Moderna I, 1934–1935, S. 233–234. Aus dem Spanischen übertragen von Tilbert Diego Stegmann.
La Conquête de l'irrationnel, Paris 1935. Aus dem Französischen übertragen von Brigitte Weidmann.
Les pantoufles de Picasso, Cahiers d'Art, vol. 10, no. 7–10, S. 208 bis 212. Aus dem Französischen übertragen von Brigitte Weidmann.
Apparations aérodynamiques des »Êtres-objets«, Minotaure, no. 6, S. 33–34. Aus dem Französischen übertragen von Brigitte Weidmann.
Psychologie non-euclidienne d'une photographie, Minotaure, no. 7, S. 56–57. Aus dem Französischen übertragen von Brigitte Weidmann.

1936

Honneur à l'objet! Cahiers d'Art, vol. 11, no. 1–2, S. 53–56. Aus dem Französischen übertragen von Brigitte Weidmann.
Le surréalisme spectral de l'eternel féminin préraphaélite. Minotaure,

no. 8, S. 46–49. Aus dem Französischen übertragen von Brigitte Weidmann.
Première loi morphologique sur les poils dans les structures molles, Minotaure, no. 9, S. 60–61. Aus dem Französischen übertragen von Brigitte Weidmann.
La métamorphose de Narcisse, poème paranoïaque, Paris 1936. Aus dem Französischen übertragen von Brigitte Weidmann.

1937

I defy Aragon, Art Front, vol. 3, no. 2, S. 7–8. Aus dem Englischen übertragen von Brigitte Weidmann.

1939

Declaration of the independence of the imagination and the rights of man to his own madness, Art Digest, vol. 13, no. 19, S. 9. Aus dem Englischen übertragen von Brigitte Weidmann.

1940

Geological foundations of Venusberg, Program, 6. April 1940 (S. 9, 11), Metropolitan Opera House, New York. Aus dem Englischen übertragen von Brigitte Weidmann.
Les idées lumineuses, L'Usage de la Parole, vol. 1, no. 2, S. 24–25. Aus dem Französischen übertragen von Brigitte Weidmann.

1955

Aspects phénoménologiques de la méthode paranoïaque-critique. In: Dali, Oui, Paris 1971. Aus dem Französischen übertragen von Brigitte Weidmann.

1959

The King and the queen traversed by swift nudes, Art News, vol. 58, S. 22–25. Aus dem Englischen übertragen von Brigitte Weidmann.

1961

Ecumenical »chafarrinada« of Velásquez, Art News, vol. 59, S. 30 bis 31. Aus dem Englischen übertragen von Brigitte Weidmann.

1962

Tàpies, Tàpies, classic, classic! Art News, vol. 61, S. 41, 67. Aus dem Englischen übertragen von Brigitte Weidmann.

1963

Why they attack the Mona Lisa, Art News, vol. 62, S. 36, 63–64. Aus dem Englischen von Brigitte Weidmann.

1967

Hommage à Meissonier, Catalogue de l'exposition du tableau de S. Dalí »La pêche au thon« – Hôtel Meurice, Paris. Aus dem Französischen von Brigitte Weidmann.

1968

Ma révolution culturelle, Tract distribué aux étudiants de la Sorbonne, 18. Mai 1968. Aus dem Französischen von Brigitte Weidmann.

1969

La vision de Gaudí, Préface à »La vision artistique et religieuse de Gaudí« par Robert Descharnes et Clovis Prévost, Lausanne. Aus dem Französischen übertragen von Brigitte Weidmann.
De Kooning's 300 000 000th Birthday, Art News, vol. 68, S. 56–57, 62–63. Aus dem Englischen übertragen von Brigitte Weidmann.

Ausgewählte Sekundärliteratur

1929

André Breton, Première Exposition Dalí, in: André Breton, Point du jour, Paris 1934, S. 67–70. Aus dem Französischen übertragen von Brigitte Weidmann.
Georges Bataille, Le »Jeu lugubre«, Documents, no. 7, S. 297–302. Aus dem Französischen übertragen von Brigitte Weidmann.

1931

René Crevel, Dalí ou l'Anti-obscurantisme, Paris. Aus dem Französischen übertragen von Brigitte Weidmann.

1933

Jacques Lacan, Le problème du style et la conception psychiatrique des formes paranoïaques de l'expérience, Minotaure no. 1, S. 68–69. Aus dem Französischen übertragen von Brigitte Weidmann.
Jacques Lacan, Motifs du Crime Paranoïaque, Minotaure, no. 3–4, S. 25–28. Aus dem Französischen übertragen von Brigitte Weidmann.
René Crevel, Nouvelles vues sur Dalí et l'obscurantisme. Erstdruck in: R. Crevel, L'esprit contre la raison, Paris 1969. Aus dem Französischen übertragen von Brigitte Weidmann.
Vane Bore, Correspondance à Dalí, Le Surréalisme au Service de la Révolution, no. 6, S. 46–47. Aus dem Französischen übertragen von Brigitte Weidmann.

1934

Roger Caillois, La mante religieuse, Minotaure, no. 5, S. 23–26. Aus dem Französischen übertragen von Brigitte Weidmann.

1946

James Thrall Soby, Salvador Dalí, New York

1954

Juan Antonio Gaya Nuño, Salvador Dalí, Barcelona

1955

Jan Brams, Salvador Dalí und seine religiöse Malerei, München

1959

Fleur Cowles, The Case of Salvador Dalí, London (München 1960)

1967

André Breton, L'art des fous, la clé des champs, in: André Breton, La clé des champs, Paris. Aus dem Französischen übertragen von Brigitte Weidmann.

1968

William S. Rubin, Dada and Surrealist Art, New York (Stuttgart 1972)

1972

C. B. Morris, Surrealism and Spain 1920–1936, Cambridge

1974

Peter Gorsen, Der »kritische Paranoiker«, Kommentar und Rückblick

Personen-Register

Inhalt

1. Kunstkritische Manifeste und Aufsätze sowie literarische Texte Dalís aus den Jahren 1927–1929

2. Beiträge zum Film

3. Die sichtbare Frau

4. Liebe und Gedächtnis

5. Die Eroberung des Irrationalen

6. Die Metamorphose des Narziß

Anhang

Peter Gorsen: Der »kritische Paranoiker«, Kommentar und Rückblick

Dank gebührt SALVADOR DALÍ, der die Entstehung dieses Bandes ermöglicht hat.

Buchausstattung: Claus J. Seitz
Gesetzt aus der Times-Antiqua
Papier durch die BEGRA Papierhandelsgesellschaft, München
Gesamtherstellung: Druckerei Ludwig Auer, Donauwörth
Printed in Germany
ISBN 3 8007 0004 8